August Boeckh

August Boeckhs gesammelte kleine Schriften

August Boeckh

August Boeckhs gesammelte kleine Schriften

ISBN/EAN: 9783741168673

Hergestellt in Europa, USA, Kanada, Australien, Japan

Cover: Foto ©Andreas Hilbeck / pixelio.de

Manufactured and distributed by brebook publishing software (www.brebook.com)

August Boeckh

August Boeckhs gesammelte kleine Schriften

AUGUST BOECKH'S

GESAMMELTE

KLEINE SCHRIFTEN.

FÜNFTER BAND:
AKADEMISCHE ABHANDLUNGEN.

LEIPZIG,
DRUCK UND VERLAG VON B. G. TEUBNER.
1871.

AUGUST BOECKH'S

AKADEMISCHE

ABHANDLUNGEN

VORGETRAGEN IN DEN JAHREN 1815—1834 IN DER
AKADEMIE DER WISSENSCHAFTEN ZU BERLIN.

HERAUSGEGEBEN

VON

PAUL EICHHOLTZ UND ERNST BRATUSCHECK.

LEIPZIG,
DRUCK UND VERLAG VON B. G. TEUBNER.
1871.

VORWORT.

Der vorliegende fünfte Band von Boeckh's Kleinen Schriften erscheint vor dem vierten, weil sich bei der Bearbeitung des letztern, welcher die Abhandlungen aus den Lektionskatalogen der Berliner Universität enthalten wird, so erhebliche in der Sache selbst liegende Schwierigkeiten herausgestellt haben, dass er bis jetzt nicht vollendet werden konnte. Der bisherige Herausgeber der Sammlung, Herr Dr. F. Ascherson, wird hierüber in der Vorrede zu jenem Bande die erforderlichen Aufschlüsse geben. Im Einverständniss mit ihm hat der Herr Verleger, um die Vollendung des Werkes zu beschleunigen, die Herausgabe des 5. und 6. Bandes, welche Boeckh's akademische Abhandlungen umfassen, den Unterzeichneten übertragen. Herr Dr. Ascherson hat dieselben indess in der zuvorkommendsten Weise mit seinem Rathe unterstützt, wofür sie ihm hiermit ihren Dank aussprechen.

Die akademischen Abhandlungen sind nach Separatabzügen der ersten, in den Schriften der Berliner Akademie erschienenen Ausgabe abgedruckt, welche zahlreiche Bemerkungen und Zusätze von Boeckh's Hand enthalten. In dem Abzuge der Abhandlung Nr. 3 an einer, Seite 175 Anm. 4. bezeichneten Stelle war der ursprüngliche Text durch einen Carton verändert; diese Veränderung ist selbstverständlich hier ohne Weiteres aufgenommen. (Vergl. S. 477.) Im Uebrigen weicht der vorliegende Text nur selten, nämlich da, wo der Verfasser selbst handschriftliche Correcturen in demselben vorgenommen hat, von der ersten Ausgabe ab; die ursprüngliche Fassung ist stets angegeben.

Unter dem Text ist alles auf die Abhandlungen bezügliche handschriftliche Material abgedruckt, welches sich theils in den Handexemplaren selbst, theils sonst in dem literarischen Nachlasse des Verfassers vorfand, und ausserdem ist durch zahlreiche Citate auf Stellen in Boeckh's Werken, die zur Ergänzung der Abhandlungen in wesentlichen Punkten beitragen, namentlich auf das *Corpus Inscriptionum* und die zweite Ausgabe der Staatshaushaltung hingewiesen. Die Citate des Verfassers sind, soweit die betreffenden Werke zu erlangen waren, sämmtlich verglichen; die in den Ziffern bemerkten Versehen, ebenso wie die offenbaren Druckfehler im Texte, stillschweigend verbessert. Alle Zusätze sind durch eckige Klammern kenntlich gemacht.

Die Herausgeber haben sich in die Arbeit in der Weise getheilt, dass die Abhandlungen No. III, IV und V von Dr. Eichholtz, No. I, II, VI und VII von Dr. Bratuscheck für den Druck vorbereitet sind. Da, abgesehen von den Citaten aus Boeckh's Werken, grundsätzlich nur Zusätze von Boeckh's Hand und mit seinen eigenen Worten aufzunehmen waren, hat der betreffende Herausgeber jede eigene Bemerkung ausser jenen Citaten, sowie jede erhebliche redactionelle Aenderung in den beigefügten Noten durch den Anfangsbuchstaben seines Namens bezeichnet. Der Druck des ganzen Bandes ist von beiden Herausgebern und ausserdem von Herrn Dr. Ascherson corrigirt worden.

Die der Abfassungszeit nach zwischen No. V und No. VI liegenden Abhandlungen sind hier nicht aufgenommen: drei derselben, welche sich auf Sophokles Antigone beziehen, sind in Boeckh's Ausgabe dieser Tragödie wiederholt, wovon Herr Professor Dr. Köchly eine neue Auflage veranstalten wird, und die lateinische Abhandlung: *De archontibus pseudeponymis* aus dem Jahre 1827 wird im vierten Bande der Kleinen Schriften im Anschluss an den auf denselben Gegenstand bezüglichen Lektionskatalog abgedruckt.

BERLIN, den 15. Juli 1871.

Paul Eichholtz.   Ernst Bratuscheck.

INHALT.

Aus den Abhandlungen der historisch-philologischen Klasse der Königlich
Preussischen Akademie der Wissenschaften zu Berlin.

	Seite
I. Ueber die Laurischen Silberbergwerke in Attika. 1815 u. 1816	1.
II. Vom Unterschiede der Attischen Lenäen, Anthesterien und ländlichen Dionysien. 1817	65.
III. Von den Zeitverhältnissen in Demosthenes' Rede gegen Meidias. 1818	153.
IV. Erklärung einer Aegyptischen Urkunde auf Papyrus in Griechischer Cursivschrift. 1821	205.
V. Ueber die kritische Behandlung der Pindarischen Gedichte. 1820. 1821. 1822	249.
VI. Ueber den Plan der Atthis des Philochoros. 1832	397.
VII. Erklärung einer Attischen Urkunde über das Vermögen des Apollinischen Heiligthums auf Delos. 1834	430.
Nachträge und Berichtigungen	477.

I.

Ueber die Laurischen Silberbergwerke in Attika.

Vorgelesen den 23. Febr. 1815 und 27. Juli 1815, und auszugsweise in der öffentlichen Sitzung am 24. Jan. 1816.*)

Unter den vielfältigen Segnungen, womit die Götter den geliebten Wohnsitz der Pallas ausgestattet hatten, räumen wir jener Silberquelle, dem Schatz der Erde, wie Aeschylos[1]) sagt, ohne Bedenken eine ausgezeichnete Stelle ein[2]), wenn wir die Vortheile erwägen, welche daraus für Athen erwuchsen. Durch sie erwarben viele Privatleute einen verhältnissmässig beträchtlichen Reichthum; durch sie ernährte man eine bedeutende Anzahl Sklaven, welche nöthigenfalls zur Bemannung einer ansehnlichen Flotte brauchbar waren[3]); durch sie gewann der Staat Einkünfte, welche, weil niemand darunter leidet, ein alter Schriftsteller[4]) sehr richtig die schönsten der politischen Staatswirthschaft nennt. Ausser der glücklichen Lage des Landes, der Freiheit der Verfassung und der geistigen Ueberlegenheit der Einwohner hat vielleicht kein einzelner Umstand zur Blüthe des Staates mehr bei-

---

*) [Die Abhandlung ist übersetzt von Lewis (The public economy of Athens to which is added a dissert. on the silvermines of Laurion. By Aug. Boeckh) mit Hinzufügung weniger und kleiner Bemerkungen. In der 2. Ausgabe dieser Uebersetzung (1842) sind S. 677 f. die Notizen der Engländer über die Bergwerke in Attika nach heutigen Reisen zusammengestellt.]

1) Perser 238.
2) Vergl. Xenoph. vom Einkommen 1, 5.
3) Vgl. Xenoph. a. a. O. 4, 42.
4) Der Verfasser der Einleitung zum sogenannten zweiten Buche der Aristotelischen Ockonomik, über welches s. J. A. L. Z. Ergänzungsbl. 1810. St. 10. und Schneiders Vorrede.

getragen, als diese Bergwerke. Athens Macht beruhte in seinen Kriegsschiffen, sein Wohlstand auf dem Handel: aus den Silberminen gründete Themistokles zuerst die Seemacht der Athener, und nichts wirkte günstiger auf ihren Verkehr als ihr feines Silbergeld, welches, während viele Hellenische Staaten eine mit unedlem Metall stark vermischte, im Ausland verlierende Münze prägten, überall mit Gewinn umgesetzt wurde [5]): eine weise Einrichtung, die ohne Zweifel durch den Besitz des Silbers in den eigenen Gränzen zunächst veranlasst war.

Der Berg oder vielmehr Hügel, wo die Silbergruben sich befanden, wird Laurion oder Laureion, niemals Lauron genannt, die Bergwerke selbst Laureia oder Lauria, und die Gegend Lauriotike [6]). Die Höhe ist unbeträchtlich. Attika wird vom Hymettos herab gegen Sunion niedriger; und wo von den Bergen dieses Landes gesprochen wird, findet man wohl den Brilessos, Lykabettos, Parnes, Korydallos, Hymettos, Anchesmos und andere genannt [7]), aber nirgends Laurion, ungeachtet letzteres keinem der andern an Merkwürdigkeit nachsteht. Hobhouse [8]) beschreibt

---

5) Xenoph. a. a. O. 3, 2. [Man erhielt auswärts beim Verkauf des Attischen Silbergeldes *πλεῖον τοῦ ἀρχαίου*, d. h. mehr als das ursprüngliche Kapital oder den Attischen Werth. Seltsam hat diese Worte des Xenophon missverstanden Beuld: les monnaies d'Athènes S. 105.] Vgl. Aristophanes 730—738. Polybios XXII, 15, 8. und dazu XXII, 26, 19.

6) *Λαύριον* u. *Λαύρειον*, beides mit oder ohne ὄρος, wird häufig gefunden; Jones bei Thukyd. II, 55, wo s. die Ausleger, Pausanias I, 1. Schol. Aristoph. Ritter 361. Suidas in γλαῦξ ἵσταται, Hesychios in γλαῦκες Λαυριωτικαί, Schol. Aeschyl. Pers. 238. Libanios XX. dieses bei Herodot VII, 144. Andokides von den Myst. S. 19. 20. wo falsch betont *Λαυρίον* steht (eine Handschrift hat jedoch in beiden Stellen I statt EI). Bei Thukyd. VI, 91. schwankt die Lesart in den Handschriften. Die erstere Schreibart, welche man anzweifeln könnte, wird gesichert durch das abgeleitete *Λαυριωτικός*, mit kurzem Jota bei Aristoph. Vögel 1106. *Λαυριωτική* von der Gegend sagt Plutarch im Niklas 4. wo Reiske falsch *Λαυρεωτικῇ* will. *Λαύρεια* von den Bergwerken findet sich bei Hesychios, folglich war auch *Λαύρια* vorhanden; aber dass *Λαύριον* statt *Λαύρειον* gesagt wurde, kann man demselben (in *Λαύριον*) nicht glauben.

7) Strabo IX. S. 275. (Ausg. d. Casaub. 1587.) [399 Cas. 2. Ausg.] Pausan. I, 32. Plinius N. G. IV, 11. u. andere mehr.

8) Reise durch Albanien u. s. w. Bd. I. S. 417. Man könnte hieraus schliessen, dass das Silbererz in Marmor brach: allein ich möchte

die Gegend von Laurion als hohe und abschüssige Hügel, bedeckt mit Fichten und reich an Marmor; und schon Stuart erkannte in Legrion und Lagriona, nahe bei Sunion, den Namen Laurion, der sich ausserdem in den Namen Lauronorts, Mauronorts, Mauronorue (Λαύριον ὄρος) deutlich erhalten hat: nach seiner Angabe ein unebner Gebirgsstrich voll ausgeschöpfter Minen und Schlacken, der sich von Porto Raphti bis Legrina erstreckt, und dort das Mauronise genannte Vorgebirge bildet. Der höchste Theil ist, wie es scheint, näher an der Südwestküste, wie die Karten auch annehmen; denn nach Pausanias, im Anfange seines Werkes, erscheint dieser Berg den von Sunion nach dem Piräeus schiffenden in der Gegend der wüsten Insel des Patroklos: die Silbergruben aber erstreckten sich von Küste zu Küste in einem Strich von ungefähr sechzig Stadien oder anderthalb deutschen Meilen, von Anaphlystos im Südwest bis Thorikos am nordöstlichen Meer*): die Ausdehnung nach Sunion herab und aufwärts gegen den Hymettos ist unbekannt. In Xenophons Zeitalter erweiterte man den Bezirk des Bergbaues immer noch, indem sich neue silberhaltige Orte fanden [10]): aber in keines der angränzenden Gebiete, weder im Meere noch auf dem festen Lande, ging eine einzige Silberader hinüber; nur Attika hatte diesen göttlichen Segen empfangen [11]). Bei der ansehnlichen Bevölkerung dieses Landes musste vorzüglich die Gegend der Bergwerke sehr menschenreich*) sein,

darauf wenig gehen: die nachher berührte Stelle von Stuart ist *Ath. Ant.* Bd. III. S. XIII. Vgl. die Anm. 16. angeführte Stelle der *Unedited antiquities of Attica.*

9) Xenoph. a. a. O. 4, 43. In einem Briefe von Franz Vernon, welcher Griechenland besucht hatte, aus den *Philosophical transactions* von Spon übersetzt (Reisen Bd. IV. S. 801.), findet sich die Bemerkung, der Verfasser habe zwischen Phaleron und Sunion eine Insel gesehn, *Phiebes* (Φλίβις) genannt, woselbst die Athener einst Minen gehabt. Damit man nicht hiebei an einen Ort bei Anaphlystos denke, wo die Adern auf eine Insel herübergelaufen wären, bemerke ich, dass *La Phlega* (Wheler Reise S. 424 d. Engl. Ausg.) gemeint ist, welche weiter nordwärts bei Zoster lag, unweit des Phalerischen Hafens, und nach Wheler Strabo's Phanra ist, wie die Lage zeigt. Erz möchte aber dort nicht gewesen sein, eher Salz.

10) Ebendas. 4, 3.
11) Ebendas. 1, 5.
*) [Vergl. Staatshaush. d. Ath. I, S. 58.]

und mehrere Ortschaften einschliessen, welche den Arbeitern zur Wohnung dienten: nach diesen konnte die Lage der Gruben näher bezeichnet werden. Laurion selbst ist zwar weder ein Hafen, wie Meletios in seiner Geographie und Lauremberg auf einer alten, jetzt unbrauchbaren Karte angiebt [12]), noch ein Gau (δῆμος), welches Corsini gegen Meursius und Spon richtig bemerkt hat [13]); aber wenn die Grammatiker [14]) es einen Ort in Attika nennen, so ist darunter wahrscheinlich nicht allein der Berg des Namens zu verstehn, sondern theils mögen öffentliche Gebäude an einer gewissen Stelle angelegt, theils andere Häuser und Hüttenwerke daselbst befindlich gewesen sein, welche die Ortschaft Laurion ausmachten. Anaphlystos ist einer der vorzüglichsten Gaue; Thorikos war ehemals eine der unabhängigen Zwölfstädte, nachher ein Gau, wird aber noch von Hekataios und andern Spätern eine Stadt genannt. In Mela's Zeitalter nur ein Name, indem es nach Chandlers wahrscheinlicher Muthmassung zugleich mit dem Bergbau sank. Leroy, von widrigen Winden getrieben, lief im Jahr 1754 in einen Hafen ein bei einem Orte, welcher ihm noch Thorikos genannt wurde; er beschreibt ihn als gelegen in einer mit Hügeln begränzten Ebene, über welchen südlich, nach unsern Karten im Südwest, ein Berg hervorragt, den er für Laurion erkannte [15]). Chandler hingegen hält das jetzige Keratea, das Meletios ein Dorf (κώμη) nennt, und welches nach Hobhouse ungefähr zweihundert und fünfzig Häuser zählt, für Thorikos, ohne dort gewesen zu sein. Wheler, der eine andere Meinung aufstellte, hatte Keratea besucht, eine Stadt, welche fünfzig bis

---

12) Melet. Geogr. S. 349. der alten Ausgabe, Lauremberg *Graecia antiqua* p. 23. Im Gronovischen *Thes. A. Gr.* Bd. IV.

13) Meursius *de pop. et pag.* Spon Reise Bd. III. Th. II. S. 163. Corsini *F. A.* Bd. I. S. 249. Schon Sigonius, der überall Verstand zeigt, obgleich er viele Untersuchungen unvollendet lässt, liess Laurion im Verzeichniss der Gaue aus.

14) Suidas und Photios.

15) Strabo IX. S. 274. [307]. Hekataios beim Steph. von Byzanz in Θορικός, Plinius N. G. IV, 11. Mela II, 3. IV, 7. Wheler Reise S. 446. Engl. Ausg. Chandler Reise C. 33. Leroy *les plus beaux monuments de la Grèce*, 2. Ausg. Bd. 1. S. 3. Die meisten Stellen über Thorikos hat Meursius (*de pop. et pag.*) gesammelt; vgl. Ducker zum Thukyd. VIII, 95.

sechzig Jahre vor seiner Ankunft, ehe sie von Corsaren verwüstet ward, nicht unbedeutend und im Besitz besonderer Vorrechte gewesen sein soll; aber dieses kann Thorikos der Lage nach nicht sein. Nur durch einen groben Irrthum konnte Spon das heutige Porto Raphti für das alte Thorikos halten: vielmehr ist die in den neuern englischen Schriftstellern seit Stuart vorkommende Angabe, dass der noch jetzt Theriko genannte, anderthalb Stunden südöstlich von Keratea gelegene Hafen Thorikos war, zumal nach der Herausgabe der Ueberreste desselben, unzweifelhaft [16]. Die Gegend dabei wird als ein besonderer Bezirk der Bergwerke genannt [17]. Aeschines der Redner erwähnt auch eine Werkstätte in den Silbergruben von Aulon; welcher Ort den Namen hatte, weil er kanalähnlich ein langgestrecktes und enges Thal bildete [18]; ob mit Wohnungen, ist ungewiss. Eine Grube bei Maronela kommt so in Demosthenes [19] vor; die Gleichnamigkeit dieses Ortes mit dem Thrakischen Maronea, der Pflanzstadt der Chier, ist entweder zufällig, oder durch Uebertragung der Benennung von Attika nach Chios, und daher nach Thrake entstanden, wogegen wenigstens der Weinheros Maron, welchen die Odyssee schon verherrlicht, und von welchem die Thrakische Stadt ihren Namen haben soll, keinen gegründeten Einwurf abgiebt. Werkstätten beim Thrasyllos werden von beiden ebengenannten Rednern angeführt; der Platz erhielt seine Benennung von einem Denkmal des Thrasyllos, wie Harpokration berichtet, und muss im Bezirke von Maronela gelegen haben, da bei Demosthenes das Bergwerk beim Thrasyllos nach dem Zusammenhange der Sache mit dem Maroneischen eius und dasselbe ist [20]. Endlich findet man auf meh-

---

16) Spon Reisen Bd. III, Th. II. S. 135. Stuart a. a. O. Hobhouse Reisen Bd. I. S. 411. 420. *The unedited Antiquities of Attica, comprising the architectural Remains of Eleusis, Rhamnus, Sunium and Thoricus.* London 1817. 8. 57.

17) Plinius XXXVII, 18. Schol. Aeschyl. n. a. O.

18) Aeschines gegen Timarch S. 121. Suidas in αὐλώνις. *Lex. Seg.* S. 208. Αὐλὼν τόπος τῆς Ἀττικῆς καλεῖται, ἐπειδὴ ἐπιμήκης καὶ στενὸς ὡς αὐλῷ ἐοικέναι.

19) Gegen Pantaenetos S. 967. 4. und daraus das Inhaltsverzeichniss dieser Rede, Harpokration, Suidas, Photios und *Lex. Seg.* S. 279.

20) Aeschines a. a. O. nennt die Gegend ἐπὶ Θρασύλλῳ, Demosthe-

reren Karten von Attika den Gau Besa in dem Striche der Bergwerke, mehr oder weniger in der Mitte zwischen Thorikos und Anaphlystos [21]); eine Ortsbestimmung, welche aus einer Stelle des Xenophon entnommen ist. Nach diesem befanden sich nämlich an beiden Küsten Befestigungen in Thorikos und Anaphlystos: wollte man aber auf dem höchsten Punkte „der Besa" ein drittes Werk anlegen, so würden durch dieses die beiden ersteren in Verbindung gesetzt werden, und bei Bemerkung feindlicher Angriffe könnte jeder aus den Bergwerken sich in einen der festen Orte leicht zurückziehen [22]). Die Worte des Schriftstellers sind allerdings zu unklar, um einen sichern Schluss darauf zu gründen, weil theils die Lesart nicht hinlänglich sicher, theils der Name Besa zweideutig ist: letzterer kann entweder Eigenname des Gaues sein, oder eine mit Buschwerk bewachsene Niederung bezeichnen; unwahrscheinlich ist es jedoch keineswegs, dass eben von dieser Beschaffenheit die Gegend den Namen Besa erhielt, und dieser Gau hier zu suchen sei, welchem bei Stuart auch der heutige Name Bessa entspricht. Uebrigens sind unter den Befestigungswerken keine langen Mauern, sondern Kastelle zu verstehn, wohin die Arbeiter sich zurückziehen können; der Zusammenhang, von welchem Xenophon spricht, entsteht durch das nahe

---

nos a. a. O. S. 973. 25. *ἐπὶ Θρασύλλου*; Harpokration in *ἐπὶ Θρασύλλῳ* liest jedoch in letzterer Stelle gleichfalls *Θρασύλλῳ*, obgleich man der Erklärung *ἐπὶ τῷ Θρασύλλου μνήματι* folgend den Genetiv vorziehen möchte. Meursius *Lect. Att. I*, 30 will den Harpokration des Irrthums zeihen, indem er das Badehaus des Thrasyll für dasselbe mit diesem Denkmal erklärt; ausser dieser rein willkührlichen Annahme begeht er aber den Fehler, diesen Ort nach Amphitrope zu verlegen, wozu ihn die falsche, jetzt längst berichtigte Abtheilung der Worte bei Aeschines verleitete. [Doch ebenso Osann Sylloge p. 100. S. Corp. Inscr. N. 162.]

21) Wie schon auf der Karte von Philipp Argelatus bei Sigonius Worken Bd. V. und auf der Kitchinschen bei Chandlers Reisen.

22) Xenoph. a. a. O. 4, 43 ff. wovon ich diese Worte hersetzen will: ἔστι μὲν γὰρ δήπου περὶ τὰ μέταλλα ἐν τῇ πρὸς μεσημβρίαν θαλάττῃ τεῖχος ἐν Ἀναφλύστῳ, ἔστι δὲ ἐν τῇ πρὸς ἄρκτον τεῖχος ἐν Θορικῷ· ἀπέχει δὲ ταῦτα ἀπ' ἀλλήλων ἀμφὶ τὰ ἑξήκοντα στάδια. εἰ οὖν καὶ ἐν μέσῳ τούτων γίγνοιτο ἐπὶ τῷ ὑψηλοτάτῳ βήσσης τρίτον ἔρυμα, συνήκοι τ' (nicht wie gewöhnlich συνήκοιτ') ἂν τὰ ἔργα εἰς ἓν ἐξ ἁπάντων τῶν τειχῶν καὶ εἴ τι αἰσθάνοιτο πολέμικον, βραχὺ ἂν εἴη ἑκάστῳ εἰς τὸ ἀσφαλὲς ἀπογραφῆσαι. Βήσσης hat zuerst Stephanus gesetzt; ist

Zusammenliegen der drei Plätze, von welchen aus die Zwischenräume beherrscht werden konnten. Die Werke bei Thorikos und Anaphlystos sind die Befestigungen dieser Ortschaften selbst, welche man zu Kastellen gemacht hatte, weil sie militärisch wichtig waren: Thorikos hatten die Athener im ersten Jahr der drei und neunzigsten Olympiade vielleicht mit einer Nebenrücksicht auf die Bergwerke in Vertheidigungsstand gesetzt[23]); dass Anaphlystos ein Kastell (τεῖχος) war, bemerkt auch Skylax der Küstenbeschreiber; und nachdem bereits im vierten Jahr der ein und neunzigsten Olympiade Sunion zur Feste gemacht war[24]), deckten diese Orte gegen Angriffe von der Seeseite vollkommen. Einfälle vom festen Lande her, wogegen Xenophons neues Kastell berechnet ist, waren mit grossen Schwierigkeiten verbunden, indem nach des kriegskundigen Schriftstellers Bemerkung die Feinde an der Hauptstadt vorbeiziehen müssten: kleine Haufen aber könnten dieses nicht wagen ohne die Gefahr, von der Athenischen Reiterei und der streifenden jungen Mannschaft aufgerieben zu werden; und grosse Heere würden theils ihre eigene Heimath Preis geben, theils aus Mangel an Lebensmitteln sich nicht halten können: und würden sie auch Meister der Bergwerke, so wüssten sie vom Silbererz 91 keinen bessern Gebrauch zu machen, als von Steinen. Im zweiten Jahre des Peloponnesischen Krieges (*Ol.* 87. ⅔.) rückten jedoch die Spartaner und Verbündeten im Lande Paralos bis Laurion

---

der Gau gemeint, so wäre *ἐν Βήσῃ* das natürlichste: wird bloss eine bewachsene Niederung bezeichnet, so sollte man den Artikel τῆς βήσσης wünschen. Für den Gau entschied sich schon Valesius zum Harpokration in *Βησῆς*. Strabo IX. S. 203. [426] bemerkt, der Gau werde *Βῆσα*, nicht *Βῆσσα* geschrieben, welches die Inschriften bestätigen: aber ohne Zweifel schrieben die Alten ursprünglich auch das Appellativ eben so, und in dem Eigennamen erhielt sich nur die alterthümliche Schreibart, während sie im andern bald verschwand. Schneider, dessen Ausgabe der Xenophontischen Schrift nach Abfassung dieser Abhandlung erschienen ist, hat *Βήσης* in den Text aufgenommen; Chandler und Hobhouse a. a. O. S. 420. nehmen die Erwähnung von Besa ebenfalls an. [Gestützt wird diese Annahme durch Isaeus von Pyrrh. Erbsch. S. 27, wo aus Bekker's Handschriften *Βήσαζε* zu lesen, hiernach würden an dieser Stelle *ἐργαστήρια* zu Besa erwähnt. S. Corp. Inscr. N. 162.]

23) Xenoph. Hellen. Gesch. I, 2, 1.
24) Thukyd. VIII, 4.

vor [25]); dass sie der Bergwerke sich bemächtigten, wird nicht
erzählt. Indessen konnte der Benutzung derselben geschadet werden, selbst ohne so weit vorzudringen: schon die Befestigung und
fortdauernde Besetzung von Dekeleia durch die Spartaner, welche
auf Alkibiades Rath ausgeführt wurde, entzog dem Staate die
Laurischen Einkünfte [26]), wahrscheinlich weil wegen des fortdauernden Krieges im eigenen Lande der regelmässige Betrieb des Bergbaues gehindert wurde, die Sklaven entliefen und der Zusammenhang mit der Hauptstadt häufig unterbrochen war.

Dass die Laurischen Bergwerke schon im fernen Alterthum
bearbeitet wurden, ist nach Xenophon [27]) anerkannt: niemand versuchte nur zu sagen, wann sie angefangen hätten. Der Bergbau
ist im Morgenlande und Aegypten sehr früh entstanden; da die
edlen Metalle gewöhnlich nahe am Tage liegen, wurden sie leicht
bemerkt, und zogen wahrscheinlich den einfachen Menschen wie
mit geheimnissvollen Kräften an. Gleichwie die Biene und der
Biber einen Kunsttrieb hat, so scheint der Mensch, welchen Aristoteles mit Recht ein politisches Thier nennt, weil die Natur
selbst ihn zum geselligen Leben bestimmt hat, ursprünglich einen
mit höhern Gaben nicht unverträglichen Instinkt gehabt zu haben
für dasjenige, was zur ersten Einrichtung des geselligen Lebens
gehört; einen Instinkt, welcher in dem Maasse verschwand, als
er überflüssig ward, indem die Geister in dem Nebel unendlich
verwickelter Verhältnisse, in welche sie verwebt wurden, jenen
natürlichen Scharfblick für das Einfachste verloren; wie der Instinkt der Thiere und die Schärfe ihrer Sinne durch Zähmung
vermindert wird. Was ist aber nächst der Nahrung durch Viehzucht und Ackerbau wesentlicher für den geselligen Zustand als
der Besitz der Metalle? Wie also der Mensch gewiss nicht aus
Zufall, sondern durch Naturtrieb, die ihm angemessene Speise
fand, so kann ohne Schwärmerei angenommen werden, er habe
aus angeborenem Trieb den Metallen nachgespürt und ihre Benutzung erfunden; welche Voraussetzung die Mitte hält zwischen
zwei entgegengesetzten gleich unbeweisbaren Annahmen, einer

---

25) Ebendas. II, 55.
26) Ebendas. VI, 91. VII, 27.
27) Vom Einkommen 4, 2.

ursprünglichen gänzlich thierischen Rohheit des Menschengeschlechtes, und einer hohen Erleuchtung und Weisheit desselben, und das Wahre beider Ansichten ohne das Irrige enthalten möchte. Ob indess dem Bergbau und der Metallbearbeitung in Hellas gleiche Ursprünglichkeit zukomme, ist eine andere Frage; sicher ist, dass viele Bergwerke in diesen Gegenden zuerst von Morgenländern benutzt wurden, wie die Thasischen von den Phöniciern. Die Attischen Silbergruben scheinen indess lange nach der wahrscheinlich Aegyptischen Einwanderung eröffnet zu sein; was auch Xenophon vom Alter ihres Betriebes sagen mag, die Seltenheit des Silbers noch in Solons Zeiten deutet dahin, dass ein regelmässiger und künstlicher Betrieb derselben damals kaum angefangen hatte. Aber unter Themistokles, vor Xerxes Feldzug gegen Hellas, als auf dieses Staatsmannes Rath eine bedeutende Flotte aus den Einkünften der Bergwerke für den Aeginetischen Krieg angeschafft wurde, musste der Bergbau lebhaft betrieben werden. Im Zeitalter des Sokrates finden wir von Einzelnen zwar eine grosse Anzahl Arbeiter in den Bergwerken angestellt; aber die Staatseinkünfte von Laurion waren viel geringer als früherhin[28]), und folglich der Silbergewinn weniger bedeutend. Dessenungeachtet hat Xenophon in dem Büchlein vom Einkommen so übertriebene Vorstellungen von der Vortrefflichkeit dieser Silberminen, dass er nichts Geringeres als ihre Unerschöpflichkeit geglaubt zu haben scheint, wenn er mit Wichtigkeit darauf aufmerksam macht, wie wenig der abgebaute Theil der silberhaltigen Hügel gegen das noch übrige betrage, obgleich die Werke seit undenklichen Jahren im Gange seien; wie der Raum immer sich erweitere, je mehr gearbeitet werde; endlich dass sie, nachdem unzählige Menschen darin gegraben hätten, immer dieselben wie zur Zeit der Vorfahren schienen, und als die meisten Arbeiter darin angestellt waren, doch mehr Arbeit als Menschen da gewesen sei. Die Zahl der Arbeiter hatte dennoch nach seiner eigenen Angabe damals schon abgenommen; die meisten Besitzer der Bergwerke waren damals Anfänger[29]): der Bergbau scheint also vor den letzten

---

28) Xenoph. Denkw. d. Sokr. III, 6, 12.
29) Ders. v. Einkommen 4, 2. 3. 25. 28.

Lebensjahren dieses Schriftstellers, in welchen das Büchlein verfasst ist, beinahe ganz gelegen zu haben, entweder wegen der vielen Kriege, oder weil die Geringhaltigkeit der Erze keinen bedeutenden Vortheil mehr gewährte. Aus dem nächsten Philippischen Zeitalter finden wir starke Klagen über Unglücksfälle beim Bergbau*), und spätere Erfahrung zeigte, dass die Silberminen so weit erschöpft werden konnten, um keine Hoffnung eines belohnenden Gewinns zu lassen. Im ersten Jahrhundert der christlichen Zeitrechnung bemerkt Strabo[30]), dass diese früher ansehnlichen Gruben ausgingen: da das Graben in der Erde keine hinlängliche Ausbeute mehr abwarf, machte man sich über den herausgeschafften Berg und die Schlacken her, woraus die Alten das Silber rein abzuscheiden nicht verstanden hatten, und schmolz dieselben noch einmal aus. Pausanias in der andern Hälfte des zweiten Jahrhunderts erwähnt Laurion mit dem leidigen Zusatze, ehemals wären dort der Athener Silberbergwerke gewesen**).

Das Erz, woraus das Silber gezogen wurde, heisst gewöhnlich Silbererde ($\dot{\alpha}\varrho\gamma\upsilon\varrho\tilde{\iota}\tau\iota\varsigma\ \gamma\tilde{\eta}$ oder $\dot{\alpha}\varrho\gamma\upsilon\varrho\tilde{\iota}\tau\iota\varsigma$)[31]): dass aber darunter keine lockere Erde zu verstehen, beweist Xenophons Ausspruch, der Feind könne von den Laurischen Erzen keinen andern Gebrauch als von Steinen machen. Erde ist den Hellenen ein sehr allgemeiner Ausdruck, welcher die Erze einschliesst, selbst wenn sie festes Gestein sind; auch die Römer nennen das Silbererz Erde[32]). Von welcher Beschaffenheit die Laurischen Silbererze waren, wird nirgends ausdrücklich gesagt: aus wenigen zufälligen Nachrichten lassen sich indess einige Folgerungen ziehen. Da die Laurischen Werke jederzeit Silbergruben heissen, von Blei-, Kupfer- oder andern Bergwerken aber nirgends die Rede ist, so müssen wenigstens in den ersten Zeiten sehr silberreiche Erze gefunden worden sein, zumal da die Alten bei ihrer unvollkom-

---

*) [S. unten S. 127 der 1. Ausg.]
30) IX. 8. 275.
**) [Vergl. Plutarch de orac. def. c. 43.]
31) So Xenophon, vergl. Pollux VII, 98. [Schol. Aristid. Fromme S. 416.] $\dot{\alpha}\varrho\gamma\upsilon\varrho\tilde{\iota}\tau\iota\varsigma\ \ddot{\alpha}\mu\mu\varrho\varsigma$ bei den Grammatikern (wie Lex. Seg. S. 260, in ψίμμιθα) ist ein schiefer Ausdruck, da Erde und Sand den Alten keineswegs einerlei ist.
32) Plin. XXXIII, 31.

mencn Scheidekunst Erze, welche wenig Silbertheile enthielten, nicht auf Silber benutzten: dass die Erze Silbererde genannt werden, nicht Blei- oder Kupfererde, führt gleichfalls dahin. Die edle Metalle führenden Minen pflegen indess näher am Tage ergiebiger zu sein, als in grösserer Tiefe, und der Silbergehalt mancher Erze ist tiefer unter der Erde geringer, als weiter oben: als daher der Bergbau mehr ins Innere des Gebirges ging, mochte man auf dürftigere Erze stossen, woraus die schon bemerkte Verminderung des Vortheils zum Theil erklärlich ist. Das Erz der Laurischen Gruben scheint ferner meistens in mächtigen Gebirgsschichten vorgekommen zu sein; sonst würde man den ganzen Berg nicht so ausgehöhlt haben, dass nur Bergfesten stehen gelassen wurden; aber Erze, in welchen das Silber die Mehrheit des Stoffes ausmacht, pflegen nur in Gängen vorzukommen. Ausserdem weisen andere Spuren dahin, dass ein beträchtlicher Theil der Erze silberhaltige Bleierze waren. Nach Spon[33]) erinnerten sich Greise in der dortigen Gegend einer Bleimine, welche die Einwohner hatten verloren gehen lassen, aus Furcht, die Türken möchten sie bauen wollen und ihnen dadurch beschwerlich fallen. Man bringt, erzählt er, von den benachbarten Ortschaften Blei, welches eine gewisse vollkommenere Eigenschaft hat, als das gewöhnliche, indem die Goldschmiede beim Reinigen desselben etwas Silber darin finden. In auffallendem Widerspruch hiermit steht freilich Wheler's[34]) Aussage, welcher auf einer ohne Spon unternommenen Reise von Porto Raphti an der Nordostküste von Attika nach Sunion, anderthalb starke Stunden vor letzterm Orte auf einem kleinen Berg ankam, wo man seiner Erzählung nach ehemals viel Kupfer gewonnen habe, aus welchem die Athenischen Goldschmiede, wie die Leute sagten, Silber absonderten: indess liesse man dieses nicht zur Kenntniss der Türken gelangen, damit der Grossherr die Einwohner nicht zu Sklaven mache, um Bergbau zu treiben; die daselbst bemerkte Asche bestätigt ihm

---

33). Reisen Bd. II, S. 265.

34) A. a. O. Hobhouse spricht a. a. O. S. 420. gleichfalls von Kupfer in dieser Gegend, aber offenbar nur aus Wheler, wie Chandler. Die Aschenhaufen sah auch Hobhouse. [Von Bleierzen Hawkins in Walpole's Memoirs relating to Asiatic Turkey p. 428.]

den ehemaligen Metallgewinn. Drollig fügt er hinzu, ob eine Stadt
Laurion da gewesen sei, wisse er nicht; habe es aber eine gegeben, so sei sie gewiss auf Xenophons Anrathen erbaut worden,
welcher die Anlegung einer Feste an dieser Stelle vorschlage:
wahrscheinlich jedoch sei sie näher am Meere gewesen, wo ein
Hafen für die Böte gefunden werde, welche nach Makronisi, ehemals Helena, fahren. Beide Reisenden sprechen offenbar von
derselben Sache: hätten beide Recht, so müsste man an eine Erz-
mengung denken, in welcher Kupfer und Blei, wie häufig, verbunden war. Die Erwähnung der Smaragde bei Thorikos, wovon
ich hernach sprechen werde, könnte allerdings auch auf Kupfererze führen, wiewohl der Hügel, von welchem Wheler spricht,
mehr landeinwärts war, etwa wo Desa gesetzt wird. Hobhouse
hatte in Athen eine kürzlich gefundene Probe des Erzes gesehen:
was es aber war, verschweigt er; Clarke, der als Mineralog am
ersten Aufschluss zu geben im Stande war, konnte nichts von den
Silberminen erfahren[35]). Aber Spons Angabe gewinnt durch Zusammenstellung mit einer Nachricht aus dem Alterthum. Nach
dem unächten, aber glaubwürdigen zweiten Buch der Aristotelischen Oekonomik[36]) gab der Athener Pythokles dem Staate den
Rath, von den Privatleuten das Blei zu dem gewöhnlichen Preise
für zwei Drachmen anzukaufen, sich den Alleinverkauf vorzube-
halten und den Preis auf sechs Drachmen zu bestimmen. Nach

---

35) Reisen Th. II. Abth. II. S. 577. Was Walpole in der Anmerkung daselbst aus den Alten beibringt, ist höchst unbedeutend; ergötz-
lich aber, dass die Athener Kupfer von Kolonos gezogen haben sollen;
doch wohl nur, weil Sophokl. Oed. Kol. 57 falsch verstanden worden ist.

36) [Bekker 1353ᵃ, 15.] Πυθοκλῆς Ἀθηναῖος Ἀθηναίοις συνεβούλευσε
τὸν μόλυβδον τὸν ἐκ τῶν Τουρίων παραλαμβάνειν παρὰ τῶν ἰδιωτῶν
τὴν πόλιν ὥσπερ ἐπώλουν διδράχμου, εἶτα τάξαντα αὐτοῖς τιμὴν ἑξά-
δραχμον οὕτω πωλεῖν. Statt τάξαντα αὐτοῖς ist entweder τάξασιν αὐτοῖς oder τάξαντας αὐτοὺς zu schreiben. L'osio Verbesserung hat Sylburg zuerst vorgeschlagen: τοῦ Λαυρίου oder Λαυρείου nach ebendemselben zu schreiben ist überflüssig, da die Bergwerke Λαύρια und
folglich auch Λαύρια heissen. Salmasius de usuris Cap. 9. S. 656 befolgt
stillschweigend die wahre Lesart: Camerarius Vermuthung Τυρρηδῶν
verdient keine Rücksicht. Reitemeier in der lehrreichen Schrift vom
Bergbau und Hüttenwesen der Alten (Göttingen 1785.) hat das Blei von
den Tyriern zu rasch für Spanisches erklärt. S. S. 18.

der gewöhnlichen Lesart in der alten Schrift wäre dieses Blei von Tyriern hergekommen: wer konnte aber Alleinhandel mit einer eingeführten Waare vorschlagen, welche in einem kleinen Lande wie Attika nicht einmal viel mochte verbraucht werden? Auch würde, wenn eingeführtes Blei gemeint wäre, gesagt seyn, der Staat sollte es von den Kaufleuten an sich bringen, nicht von den Privatleuten. Wie viel näher lag der Gedanke, von einem inländischen in Menge vorhandenen Erzeugniss den Alleinverkauf zu übernehmen: brauchten viele Fremde Attisches Blei, so gewann der Staat ansehnlich, wenigstens so lange die bisherigen Käufer keinen Markt fanden, wo sie billiger einkaufen konnten. Bedenkt man ferner, wie leicht der sonderbare Ausdruck τὸν ἐκ τῶν Τυρίων in den sprachgemässern τὸν ἐκ τῶν Λαυρίων zu verwandeln ist, so wird man die Stelle für ein vollwichtiges Zeugniss halten, dass Laurion eine beträchtliche Menge Blei lieferte: wobei ich aus guten Gründen nicht in Betracht ziehen will, dass wir die Bleiglätte von den Attischen Silberhütten besonders angeführt finden. Ausser Blei und vielleicht Kupfer brachen zinkhaltige Erze auf Laurion, wie unten erhellen wird. Einige Grammatiker nennen diese Bergwerke Goldminen, ohne des Silbers zu gedenken[37]: und der Scholiast des Aristophanes nebst Suidas, welcher ihn auszuschreiben pflegt, erklären demgemäss die Lauriotischen Eulen für Goldmünzen. Ich läugne nicht, dass Athen Gold geprägt habe, welches ich vielmehr an einem andern Orte gegen Eckhel erweisen will[*]: auch mögen auf dem Attischen Golde Eulen zu schauen gewesen seyn; aber ausgemacht ist, dass gewöhnlich die Stater oder Tetradrachmen, auch andre mit demselben Gepräge versehene Silberstücke, Lauriotische Eulen heissen. An einer andern Stelle erwähnt der Ausleger des Aristophanes[38] Gold in Laurion mit Silber zusammen: aber da kein guter Schriftsteller irgend eine Spur hiervon zeigt, glaube ich einem so verwirrten Erklärer nicht. Auch Meletios behauptet, zwischen Sunion

---

37) Hesych. in Λαύρεια, Schol. Aristoph. Ritter 1091. Suidas in γλαῦξ ἵπταται.

*) [Dies ist geschehen Staatshaushaltung der Athener I, b. S. 33. 2. Aufl.]

38) Ritter 301.

und Kerateia, also bei Thorikos etwa, seien Gold- und Silberminen gewesen; vielleicht aus den angeführten Grammatikern. Ein anmuthiges Mährchen erzählt, wie einst die edlen Kekropiden durch ein Gerücht verführt mit bewaffneter Macht auf den Hymettos ausgezogen, um dort verwahrten Goldsand den Wächtern desselben, streitbaren Ameisen, abzukämpfen, nach vielen Mühseligkeiten aber unverrichteter Sache nach Hause gegangen seien[39]): von gleichem Gehalt ist die Behauptung dieser Schriftsteller. Mochte auch in dem Laurischen Silbererz etwas Gold enthalten sein, so war dies viel zu unbedeutend, um bei dem unvollkommnen Verfahren der Alten mit Vortheil ausgeschieden zu werden.

Noch verdienen die Smaragde, der Zinnober und das Attische Sil Erwähnung. Von zwölf Arten Smaragden, welche die Alten annahmen, wurden drei vorzüglich geschätzt, und waren wirkliche Smaragde nach jetzigem Begriff; die übrigen neun sind smaragdähnliche Steine, und wurden nach Plinius alle in Kupfergruben gefunden: die vornehmsten unter letzteren waren die Kyprischen, welche Theophrast schon mit den Chalkedonischen unächte nennt; wie viel mehr also die Attischen, unter deren Fehlern Plinius besonders eine gewisse Bleifarbe und das Abbleichen des Grüns durch Sonnenlicht anführt. Sie kamen in den Silbergruben von Thorikos vor; spricht also Plinius genau, welcher kurz vorher alle neun unächte den Kupferbergwerken zuschreibt, so folgt hieraus, dass bei Thorikos Kupfererze in den Silberminen brachen[40]). Der Zinnober (κιννάβαρι) ist, abgesehen vom Indischen, welcher aus dem Pflanzenreiche stammt, nach Theophrast[41]) zweierlei, natürlicher, wie in Spanien, welcher hart und steinicht ist, und bereiteter, vorzüglich oberhalb Ephesos. Der Stoff, woraus letzterer

---

39) Harpokration und Suidas in χρυσοχόϊον, und dort Eubulos der Komiker.
40) [Vergl. Lüdde's Zeitschrift für vergl. Erdkunde 3. Bd. S. 458: Im Kyprinosthale des Laurion-Gebirges trifft man krystallinisch-körnigen Kalk, in dem sich Bleiglanz befindet, der auf den Centner 8 Loth Silber enthält. Dieses Erz ist mit Quarz oder Kalkspath oder Braunspath und mit Malachit und Kupferlasur verwachsen.] Von den Smaragden s. Plinius XXXVII, 17. 18. Theophrast von den Steinen §. 40. der Ausgabe von Hill.
41) A. a. O. §. 103. 104. αὐτοφυὴς und τὸ κατ' ἐργασίαν.

gemacht wird, ist ein glänzender Sand von der Farbe des Scharlachs oder der Koschenille (κόκκος), welcher in ein feines Pulver gerieben und ausgewaschen wird. Der Athener Kallias, welcher Silberbergwerke betrieb, fand denselben in seinen Minen: wegen des glänzenden Scheines glaubte er Gold darin enthalten, und sammelte ihn; als er sich getäuscht sah, aber die schöne Farbe des Sandes bewunderte, gerieth er auf die Bereitung des Zinnobers aus demselben, um das vierte Jahr der drei und neunzigsten Olympiade [42]. Dieser bereitete Zinnober ist folglich keineswegs aus Quecksilber und Schwefel verfertigt, aber doch wirklicher Zinnober, welches meines Wissens noch nicht dargethan ist. Unterscheidet ihn nämlich Theophrast vom natürlichen, so erklärt er ihn hierdurch nicht für unächten, sondern giebt gleich hernach [43] zu verstehen, er sei nichts eigenthümliches durch Kunst erzeugtes, vielmehr ahme die Kunst in seiner Bereitung die Natur nach. Ebendaselbst lehret er die Bereitung des Quecksilbers aus Zinnober, ohne zu bemerken, dass man natürlichen Zinnober dazu nehmen müsse; konnte aber aus dem künstlich bereiteten Zinnober Quecksilber gewonnen werden, so ist derselbe wirklich dasjenige, was wir Zinnober nennen. Auch Plinius [44] rechnet den von Kallias erfundenen unter das ächte *Minium*, oder Zinnober, dessen Kennzeichen ihm die Scharlachfarbe ist, und unterscheidet es vom *Minium secundarium*, einem schlechteren Erzeugniss der Silber- und Bleihütten. Aber den vollständigsten Beweis, dass der bereitete Zinnober aus einem Quecksilbererz gezogen war, giebt die Vergleichung des Vitruv mit den beiden schon genannten Schriftstellern. Der Zinnober oberhalb Ephesos wurde durch Kunst bereitet, nach Kallias Erfindung; Plinius nennt aus einem vollständigen Text des Theophrast genauer das Kilbianische Gefilde; und nach Vitruv [45] wurde eben hier der Zinnober auf die Weise, wie Theophrast angiebt, aus einem Stoffe verfertigt, welcher nichts

---

42) Theophrast a. a. O. Plinius XXXIII, 37. Vgl. Corsini *F. A.* Dd. III, S. 262.
43) §. 105.
44) XXXIII, 37. 40.
45) VII, 8. 9.

anderes ist als theils Zinnoberstaub, theils festes Quecksilbererz mit untergemischten Tropfen gediegenen Quecksilbers; aus dem Erze selbst verflüchtigt sich nach Vitruv in der Hitze das Quecksilber. Der Unterschied zwischen dem natürlichen Zinnober und dem Sande, woraus der künstliche bereitet wurde, lag also nur darin, dass in letzterem ein fremdartiger Stoff beigemengt war, welcher durch Waschen ausgesondert wurde: etwa wie im Quecksilberbranderz von Idria der Zinnober mit Brandschiefer innig vermengt ist: wogegen natürlichen Zinnober Theophrast nur denjenigen nennt, welcher unvermischt gefunden wird. Uebrigens muss sogar das *Minium secundarium* des Plinius, welches weit unter dem von Kallias erfundenen künstlichen Zinnober steht, Zinnober enthalten haben, weil daraus eine obgleich schlechtere Sorte Quecksilber bereitet wird, welche zum Unterschied vom ächten *argentum vivum*, *hydrargyrus* genannt wurde[46]). Ausser dem Quecksilbererz, welches demgemäss in Laurion vorkam, wurde daselbst das Sil gefunden, ebenfalls ein Farbenstoff. Die Römer erhielten es von verschiedenen Orten, auch aus Italien, zwanzig römische Meilen von der Stadt: aber am meisten schätzte man das Attische[47]). Wurde in den Silberbergwerken eine Ader davon entdeckt, so verfolgte man sie wie das edle Metall, da es zum Anstreichen der Wände gebraucht, auch damit gemalt wurde, letzteres zuerst von Polygnot und Mikon; zu Vitruv's Zeiten war keines mehr aus Attika zu haben: später spricht Plinius davon wie von einer noch im Gebrauch befindlichen Sache, entweder weil er ältere Schriftsteller ausschreibt, was Salmasius meinte, oder weil wieder einiges war gefunden worden. Der letztgenannte Gelehrte[48]) behauptet übrigens, Sil sei derselbe Stoff mit dem Zinnober, verführt durch eine leichte Aehnlichkeit in der Erzählung vom Einsammeln eines Sandes durch Kallias mit der andern von Verfolgung der Adern des Sil in den Attischen Gruben, und sucht der einmal gefassten Meinung durch noch schwächere Nebengründe aufzuhelfen: der Herausgeber des Theophrast von den

---

46) Vgl. Plin. XXXIII, 39. 41. und dazu Hardouin.
47) Vitruv VII, 7. Plinius XXXIII, 56. 57.
48) *Salmas. Exercitt. Plin.* B. 1157 ff. Par. Ausg.

Steinen spricht ihm ohne Prüfung nach⁴⁹). Aber nicht genug, 99 dass Vitruv und Plinius vom Sil und Zinnober an ganz verschiedenen Stellen handeln; die Angaben von beiden Stoffen sind unvereinbar. Der Zinnober kostete zu Rom siebzig Sesterzen das Pfund⁵⁰), das Attische Sil nur zwei Denare oder acht Sesterzen: der künstliche Zinnober wird aus festem Erz oder Sand bereitet, Sil ist Schlamm (*limus*), das heisst Erde*). Vitruv, welchen Salmasius des Irrthums zeiht, liefert uns gerade den klarsten Aufschluss über das Wesen des Sil, indem er den Griechischen Namen ὤχρα (Oker) angiebt. Die Ochra nennt Theophrast⁵¹) ausdrücklich eine Erde, welche er dem Sande entgegensetzt, und Dioskorides nebst Zosimos dem Chemisten erwähnt besonders den Attischen Ocker⁵²). Sil und Zinnober sind folglich ganz andere Stoffe, und unter ersterem, wovon die Schriftsteller freilich sehr unklare Kennzeichen angeben, kann schwerlich etwas anderes als ein Eisenocker von gelber, bald hellerer, bald dunklerer Farbe verstanden werden**). Ich bemerke noch, wie unwahrscheinlich Salmasius dem Plinius und Vitruv eine Verwechselung des Sil mit dem Zinnober aufbürdet, da ersteres sogar in der Nähe von Rom vorkam, und wie unnöthig er dem Griechischen Ursprung des Namens Sil nachspürt, da Italien denselben Stoff, obwohl schlechter, eigenthümlich besass: aber freilich, da das Attische Sil nun einmal der Zinnober des Kallias sein musste, schickte sich's den Namen in Hellas zu suchen. Uebrigens ist vermuthlich das sogenannte Γαμφάνιον, worüber Dinarch die Rede gegen Polyeuktos schrieb, eine solche Silgrube: die Grammatiker sagen ausdrücklich, es sei gelbliche Erde (γῆ ξανθοτέρα), welche die Maler brauchten; vielleicht, setzen sie hinzu, Röthel (μίλτος) oder Töpfererde oder

---

49) Hüll an f. 103.
50) Plinius XXXIII, 40.
*) [Plin. XXXIII, 56.]
51) Von den Steinen §. 71.
52) Dioskorides V, 108. Zosimos bei Salmas. a. a. O.
**) [Vergl. Lüdde's Zeitschrift für vergl. Erdkunde a. a. O. S. 468: „Bei Theriko trifft man einen alten Schacht von Quarz, mit Eisenocker durchwachsen, an. Am Abhange des Velaturi-Berges sieht man einen andern Schacht in eisenochrig-kalkspatigem Gestein."]

sonst Erde zu andern Arbeiten[53]). Von Röthelgruben hatte auch Ameipsias der Athenische Komiker gesprochen[54]), welches gut hierher passt. Weiter habe ich nichts über die Fossilien in den Laurischen Bergwerken finden können; als eine Merkwürdigkeit verdient aber noch angeführt zu werden, dass unter dem Attischen Honig, welcher, der Hymettische besonders, sehr geschätzt war, wiederum der bei den Silbergruben vorzüglich hoch gehalten wurde, und den Namen ἀκάπνιστον oder ἄκαπνον führte[55]).

Ueber das Technische auch des Laurischen Bergbaues würde bessere Auskunft gegeben werden können, wenn dasjenige, was die Nachfolger des Aristoteles über Metalle und Bergwerke geschrieben hatten, noch vorhanden wäre. Theophrast beruft sich in seinem Buche von den Steinen auf seine frühere Schrift von den Metallen, worin von einem jeglichen einzeln gehandelt war; nach Diogenes Verzeichniss bestand sie aus zwei Büchern; häufig wird sie das Metallikon genannt und ohne einen Zweifel dem Theophrast zugeschrieben; nur Pollux fügt einmal bei: „das Buch möge nun von Aristoteles oder Theophrast herrühren," obgleich er an einer andern Stelle wieder kurzweg den Theophrast nennt. Wahrscheinlich stand das Werkchen zuerst unter des Stagiriten Schriften, und wurde später nach kritischen Untersuchungen richtiger seinem Schüler zugeeignet. So unbedeutend die Bruchstücke sind, so zeigen sie doch, dass der gelehrte Naturforscher eine

---

53) Etym. in γεωφάνιον, Lex. Seg. S. 227. Harpokr. Hesych. u. Suid. in γεωφάνιον und daselbst die Ausleger. Dionys. v. Halik. im Leben des Dinarch. Verschieden hiervon ist das Γεωφάνιον in Samos, wovon Ephoros handelte (Harpokr. in γεωφάνιον, Pollux VII, 99. Vgl. Marx Ephor. S. 262 ff.). Nach Pollux könnte es zwar scheinen, als habe Dinarch vom Samischen Γεωφάνιον geschrieben; allein die Worte ὑπὲρ ὧν ὁ Δείναρχος λέγει, welche in einer Handschrift fehlen, sind offenbar von späterer Hand, und Dinarchs Rede gegen Polyenktos bezog sich auf ein Vergehn des letztern in Attika, nicht in Samos, wiewohl dieses damals von Athenischen Kleruchen besetzt war. Ich begnüge mich dieses anzudeuten; die weitere Ausführung erlaubt der Raum nicht.

54) Pollux VII, 10. Phot. in μελιτουργία: τόπος ἐν ᾧ μέλιτος ὁρύσσεται· οὕτως Ἀμειψίας. Vgl. Hesych. in μελιτουργία und Eustath. an Il. β, 637.

55) Strabo IX, 8. 275. [399.] Vgl. Plinius N. G. XI, 15.

besondere Rücksicht auf den Bergbau oder das Hüttenwesen genommen hatte [56]). Sein Nachfolger, Straton von Lampsakos, handelte von den Vorrichtungen des Bergbaues (περὶ τῶν μεταλλικῶν μηχανημάτων) [57]), worunter alle technischen Anstalten zu verstehen sind; und ein Metallikon eines unbekannten Philon erwähnt Athenäos [58]) in einem Zusammenhange, woraus erhellt, dass unter andern die Aegyptischen Bergwerke, welche Agatharchides und Diodor beschrieben haben, darin vorkamen *). Was Heltemeier in der verdienstlichen Abhandlung vom Bergbau und Hüttenwesen der Alten über die Attische Bergarbeit zusammengestellt hat, ist zwar besser, als was über die andern Beziehungen, unter welchen der Attische Bergbau betrachtet werden muss, gesagt ist, wo Missverständnisse auf Missverständnisse gehäuft werden; aber eine umständlichere Untersuchung ist dadurch so wenig überflüssig gemacht, dass vielmehr die hierher gehörigen Gegenstände, besonders das Hüttenwesen, unabhängig von jener Darstellung behandelt werden müssen [59]).

---

56) Theophrast von den Steinen §. 3. περὶ μὲν οὖν τῶν μεταλλευομένων ἐν ἄλλοις τεθεώρηται: worin der Ausdruck μεταλλευόμενα zu bemerken, welcher absichtlich gewählt ist, weil μέταλλον eigentlich ein Bergwerk bezeichnet; auch Alexander von Aphrodisias (s. Menage zum Diog. L.) nennt die Schrift περὶ τῶν μεταλλευομένων; doch folgt hieraus keineswegs, dass das Berg- und Hüttenwesen davon ausgeschlossen war. Diog. L. V, 44. und daraus Suidas in Θεόφραστος haben den allgemeinen Namen περὶ μετάλλων, da in späterer Zeit μέταλλον Bergwerk und Metall ohne Unterschied heisst. Die übrigen Anführungen des Buchs sind bei Olympiodor zu Aristot. Meteor. III. ὁ μέντοι τούτου (Ἀριστοτέλους) μαθητὴς ἔγραψεν ἰδίᾳ περὶ ἑκάστου μετάλλου, Pollux VII, 99. X, 149. Harpokr. in κηγχρεών und daraus Suidas, Hesychios in προσφανῆ, σκωρφάν, σύζωσμα.

57) Diog. L. V, 59. Dies ist der wahre Name des Buches; die abweichenden Lesarten und Menage's Verbesserungsversuch sind gleich verwerflich.

58) VII, S. 322. A.

*) [Allerlei geodätische Aufgaben, die durch die διόπτρα zu lösen, in Betreff der Anlage von Schächten und Stollen s. bei Heron über die διόπτρα, herausgeg. v. Vincent Not. et Extr. Bd. XIX P. II. S. 236 ff.]

59) Die Schrift des Abtes Paschalis Karyophilus de antiquis metallifodinis (Wien 1757.) habe ich nicht benutzen können: nach seinen Abhandlungen de marmoribus antiquis und de thermis Herculanis et de thermarum usu lässt sich jedoch wenig davon erwarten.

Man legte in Laurion theils Schächte (φρέατα, *putei*), theils Stollen (ὑπόνομοι, *cuniculi*) an: bei keiner von beiden Arten zu graben kam man in Xenophons Zeiten auf ein Ende der Erze[60]. Zur Zimmerung in denselben, deren man auch in Spanien nach Plinius[61]) sich bediente, ist wahrscheinlich die Holzzufuhr nöthig, welche die Silberbergwerke von der See haben[62]. Hobhouse[63]) erwähnt, dass unfern der See an der Ostküste ein oder zwei Schächte in einer buschigen Ebene entdeckt worden seien; und war das Loch, welches Chandler[64]) auf dem Hymettos sah, wirklich, wie er vermuthet, ein Schacht, so folgt daraus, dass die Schächte wenigstens zum Theil eine beträchtliche Weite hatten: denn die kreisförmige Oeffnung zeigte einen Durchmesser von mehr als vierzig Fuss: in der Tiefe gingen in entgegengesetzter Richtung zwei enge Gänge unter dem Berg hin. Ausserdem machte man in den Silbergruben grosse Höhlen, welche Vitruv[65]) nennt; die zur Unterstützung des darüber liegenden Berges stehen bleibenden Säulen oder Bergfesten wurden ὅρμοι und gewöhnlicher μεσοκρινεῖς genannt[66]), weil sie zugleich zur Gränzscheide

---

60) Xenoph. v. Eink. 4, 28.
61) XXXIII, 21.
62) Demosth. gegen Meidias S. 568, 17.
63) A. a. O. S. 417. Die Stelle, auf welche ich mich oben schon bezogen habe, lautet so: *One or two of the shafts of the ancient silvermines, for which this mountainous region was so celebrated, have been discovered in a small shrubby plain not far from the sea, on the eastern coast; and a specimen of ore, lately found, was shown to me at Athens.*
64) Reise Cap. 50.
65) VII, 7.
66) Leben der sehn Redner im Plutarch Bd. VI, S. 256. Tüb. Ausg. Pollux III, 87. VII, 98. *Lex. Seg.* S. 280. [Appendix zum Photios ed. Dobree p. 673.] Phot. S. 191. der sie ausdrücklich als Gränzen angiebt. Ὅρμοι heissen sie im *Lex. Seg.* S. 205. ἀποσίξειν τοὺς ὅρμους τοῦ μετάλλου· ἀποσίξαι τὸ διασκάσαι καὶ κινῆσαι. ὅρμοι δέ εἰσιν ὥσπερ κίονες τοῦ μετάλλου, οὗτοι δ' ἦσαν καὶ ὅροι τῆς ἑκάστης μερίδος, ἣν ἐμισθώσατο παρὰ τῆς πόλεως. Schon das paragogische N von ἀποσίξειν zeigt, dass die Glosse verderbt ist, und wollte man auch ἀποσίξειν schreiben, so bleibt doch diesen sowohl als der Aorist ἀποσίξαι unbekannt und verdächtig: aber der Sinn ist deutlich. Es ist nämlich vom Aufbrechen oder Hohlmachen der Bergfesten die Rede, wodurch sie untergraben und erschüttert werden, so dass Gefahr des Einsturzes

der verschiedenen Grubentheile oder sogenannten Werkstätten dienten. Da diese selbst Erze enthielten, so wurde die Habsucht gereizt, auch sie anzugreifen, wiewohl das Gesetz ein scharfes Verbot darauf gelegt hatte; unter dem Redner Lykurg wurde der reiche Diphilos wegen dieses Verbrechens zum Tode verurtheilt⁶⁷). Das Eröffnen neuer Gruben heisst καινοτομεῖν und καινοτομία⁶⁸), welcher Ausdruck hiervon auf alles Neuern übergegangen ist: wegen der grossen Gefahr unternahm man es ungern: wer glücklich war, wurde reich; wer leer ausging, verlor sogar die Kosten; weshalb Xenophon Gesellschaften hiezu vorschlägt, von welchen ich unten sprechen werde. So wie übrigens die Alten von der üblen Ausdünstung der Silbergruben überhaupt sprechen⁶⁹), so wird namentlich die schädliche und ungesunde Luft der Attischen Gruben erwähnt⁷⁰); obgleich auch die Hellenen, wie die Römer, die Anwendung der Wetterzüge kannten, welche ψυχαγώγια 103 heissen⁷¹). Wie das Wasser aus den Gruben herausgeschafft wurde, ist unbekannt: vermuthlich bediente man sich aber derselben grossentheils kunstlosen Mittel wie die Römer⁷²). Auch die Herausschaffung der Erze geschah vermuthlich theils durch Maschinen, theils durch Menschen, wie in Spanien und Aegypten, an wel-

---

entsteht; was das Lohen der zehn Redner nennt τοὺς μισθωτοὺς ὀφείλειν und *Lex. Seg.* S. 816. ὑπορύττειν τὸ μέταλλον. Auf dieselben Bergfesten beziehen sich zwei andere Glossen *Lex. Seg.* S. 286. die vielleicht zusammen gehören: ὁμοσπεῖς κίονες: οἱ τῶν μετάλλων κίονες, und ὅροι: ὅτι κατὰ μέρη τινὰ ἐμισθοῦντο τὰ ἐργάσια, ὅροις διατετριμμένα. Von den Bergfesten beim Römischen Bergbau s. Joh. Chr. Jac. Bethe *Commentatio de Hispaniae antiquae re metallica ad locum Strabonis lib. III.* Göttingen 1808. 4. welche Abhandlung auch über die andern technischen Gegenstände, bei welchen sie nicht angeführt ist, nachgelesen werden kann.

67) Leben der zehn Redner a. a. O.
68) Pollux VII, 99. Photios in καινοτομεῖν. [Hyperides für Euxenippos. S. 15 f. d. Ausg. von Caesar.]
69) Casaubonus zum Strabo III, S. 101. [146.]
70) Xenophon Denkw. d. Sokr. III, 6. 12. Plutarch Vgl. des Nikias und Crassus im Anfang.
71) *Lex. Seg.* S. 317. und *Etym.* in ψυχαγωγία: αἱ θυρίδες τῶν μετάλλων αἱ πρὸς τὸ ἀναψύχειν γινόμεναι.
72) Von diesen s. Reitemeier a. a. O. S. 114 ff. Bethe a. a. O. S. 32 ff. Amellhon in der unten [Anm. 68] angeführten Abhandlung S. 404.

chem letzteren Orte die jüngern Sklaven das Erz durch die Stollen zu Tage förderten: ob aber in Attika die Bergleute hierzu lederne Säcke hatten und deshalb Sackträger (θυλακοφόροι) hiessen, ist wenigstens unsicher, da den Grammatikern zufolge diese Säcke ihre Nahrung enthielten [73]. Das Puchen der Erze auf den Hütten, um die Sonderung vom tauben Gestein möglich zu machen, geschah allgemein in steinernen Mörsern mit eisernen Keulen. So zerstiessen die Aegypter das Golderz bis zur Grösse einer Erbse, mahlten es dann auf Handmühlen und wuschen es auf abhängig gelegten Brettern, indem Wasser darüber gegossen wurde: eben so giebt ein Hippokratischer Schriftsteller die Behandlung der Golderze an [74]: in Spanien wurden sie gleichfalls gestossen, dann aber, wenn anders Plinius die Ordnung nicht verkehrt, zuerst gewaschen, hernach geröstet und gemahlen; selbst das Quecksilbererz, woraus der Zinnober bereitet wird, wurde ähnlich behandelt, nämlich zuerst geröstet, wobei ein Theil des Quecksilbers sich verflüchtigte, sodann mit eisernen Keulen gepucht, gemahlen und gewaschen [75]. In Hellas bedienten sich die Hüttenarbeiter zum Waschen des zerkleinten Erzes der Siebe, welche daher, wie das Durchsieben unter den Verrichtungen, bei den Werkzeugen der Bergleute erwähnt werden, mit dem eigenthümlichen Namen σάλαξ [76]). Diese Behandlung der Erze war nicht allein im Alterthum, sondern auch durch die mittlern und neuern Zeiten bis zur Erfindung der Puchwerke die einzige [77]).

---

73) Pollux VII, 100. X, 149. mit den Auslegern, und Hesych. in Θυλακοφόροι, wonach sie auch πηροφόροι heissen. Beides, θύλακος und πήρα, heisst gewöhnlich nur ein kleiner Sack, wie ein Reise- oder Brodsack.

74) Diodor XIII, 12. 13. Agatharchides v. rothen Meer bei Phot. Biblioth. S. 1342. Hippokrates de victus rat. I, 4.

75) Plinius XXXIII, 21. *Quod effossum est, tunditur, lavatur, uritur, molitur in farinam:* der Zusatz, *ac pilis tundunt,* scheint auf das *tunditur* sich zurück zu beziehen, steht aber so, dass die Stelle verderbt sein möchte. Vom Quecksilbererz s. Vitruv VII, 8. 9.

76) Pollux VII, 97. X, 149.

77) Vergl. über diesen Gegenstand Heckmann Beitr. zur Gesch. der Erf. Bd. V. St. 1. Num. 3. Chaumel de Florencourt über die Bergwerke der Alten (Götting. 1785.) S. 24 ff. Reitemeier a. a. O., S. 121 ff.

Ueber die Schmelzarbeit auf den Laurischen Hütten findet sich durchaus nichts Bestimmtes. Dass die Athener sich des Gebläses und der Kohlen bedienten, ist nicht unwahrscheinlich; letzteres folgt jedoch keineswegs nur entfernt, wie Reitemeier meint, aus der Erwähnung von Kohlenhändlern, oder vielmehr Kohlenbrennern, von welchem Gewerbe vorzüglich ein Theil der Acharner lebte. Uebrigens war die Schmelzung der Alten überhaupt so unvollkommen, dass sogar in Strabo's Zeiten, als sie bereits bedeutend verbessert war, das Silber aus Illeierzen, worin es in geringem Verhältniss vorhanden war, auszuschmelzen unvortheilhaft schien[78]; und die frühern Athener hatten wieder gegen ihre Nachkommen, welche eben auch nicht die vollkommensten Meister in der Scheidekunst waren, so wenig Kenntnisse von der Behandlung der Erze, dass nach demselben Schriftsteller damals nicht allein das als taubes Gestein weggeworfene, sondern auch die alten Schlacken noch einmal auf Silber benutzt wurden[79]. Nach Plinius[80] konnten die Alten kein Silber ausschmelzen, ausser mit Blei (*plumbum nigrum*) oder Bleiglanz (*galena, molybdaena*); welches indess nur von Erzen gemeint scheint, in welchen neben dem Silber ein anderes Metall vorhanden ist, zu welchem dasselbe eine geringere Verwandschaft hat als zum Blei; auf Laurion brauchte man, wenigstens an manchen Orten, Blei nicht erst zuzusetzen, da dasselbe schon im Erz vorhanden war. Die Art aber, wie silberhaltige Bleierze behandelt wurden, giebt Plinius im Allgemeinen an[81], und sicherlich war diese auch in Attika die gebräuchliche. Die Erze wurden nämlich zuerst zu Werken (*stannum*) geschmolzen, einer Verbindung des reinen Silbers und Bleis; hierauf wurde diese Masse auf den Treibofen gebracht, wo das

---

78) Illarzu vgl. Beckmann a. a. O. Bd. IV, St. 3. S. 332. Chaussot de Florencourt S. 37. 51. Reitemeier S. 133.

79) Strabo IX, S. 275. καὶ δὴ καὶ οἱ ἐργαζόμενοι τῆς μεταλλείας ἀσθενοῦς ὑπκεισούσης τὴν παλαιὰν ἐκβολάδα καὶ σκωρίαν ἀναχωνεύοντες εὕρισκον ἔτι ἐξ αὐτῆς ἀποκαθαιρόμενον ἀργύριον, τῶν ἀρχαίων ἀπείρως καμινευσάντων.

80) XXXIII, 31.

81) XXXIV, 47. vgl. Beckmann a. a. O. Bd. IV, St. 3. S. 332—335. Chaussot de Florencourt S. 35 ff. Ueber die Zuschläge der Alten bei der Ausschmelzung s. Reitemeier S. 79 ff.

Silber ausgeschieden und das Blei halb verglaset als Bleiglätte erscheint, welche die Alten wie den Bleiglanz wiederum *Galena* und *Molybdaena* nennen: endlich wird die letztere gefrischt, und der Bleikönig (*plumbum nigrum*, μόλυβδος, zum Unterschied vom Zinn, *plumbum album* oder *candidum*, κασσίτερος), hergestellt. Hiermit könnten wir die Betrachtung des Technischen schliessen*), wenn nicht übrig wäre zu untersuchen, was unter dem Attischen Silberschaum (*spuma argenti*), unter κέγχρος und κεγχρεών, endlich unter der von Laurion benannten *Lauriotis* zu verstehen sei.

Die *Spuma argenti*, welche in der Arzneikunst angewendet wird, ist ein Erzeugniss vorzüglich der Silberhütten, und enthält

---

*) [Ein sachverständiges Urtheil über die Attischen Bergwerke vom Standpunkte unserer Zeit findet sich in Ottfr. Müller's ungedrucktem Tagebuch unter der Rubrik: „Aus Bergrath Russeggers Reisebericht, in der Geh. Kabinets-Registratur zu Athen, v. J. 1839": „Die ausgedehnten Grubenbaue der Alten am Laurischen Vorgebirge besuchten wir von dem Hafen Mandri auf der Ostküste von Attika aus. Die vielen Halden, die unzähligen, zum Theil noch offenen Grubenbaue, die Anhäufungen von Schlacken zeugen für die grosse Ausdehnung des einstigen Bergbaues, und beweisen, dass die Alten die Verschmelzung ihrer Erze sogleich an den Gruben selbst vornahmen. Die Erze, welche auf Lagern und contemporären Gängen im Glimmerschiefer und körnigen Kalke der Laurea einbrachen, sind Brauneisenstein, Rotheisenstein, Glaskopf, Spatheisenstein und silberhaltiger Bleiglanz. Von den Eisenerzen gewannen die Alten sicher nur die leichtflüssigsten, die einzigen, die zu schmelzen ihnen möglich war. Daher sieht man noch heutzutage ungeheure Haufen der besten, aber strengflüssigen Eisenerze unberührt neben den Gruben liegen. Der Hauptgegenstand scheint jedoch den Alten die Eroberung des silberhaltigen Bleiglanzes gewesen zu sein, zu welchem Zweck sie eine Masse von Grubenbauten betrieben, deren aber keiner unseren heutigen Begriffen zufolge und in Bezug auf seine Ausdehnung für sich bedeutend genannt werden kann; denn sie konnten bei dem damals so beschränkten Stande der Bergbaukunst und der sehenswerthen Unregelmässigkeit ihres Abbaues unmöglich in grosse Tiefen niedergegangen, noch weit ins Feld vorgedrungen sein. Beobachtet man diese Grubenbaue unter den heutigen Verhältnissen, so erslebt man, dass sie ihres grossen Reichthums an Eisenerzen halber allerdings für den Staat von höchster Bedeutung sind. In Betreff der silberhaltigen Bleierze hege ich bei dem oben berührten mangelhaften Bergbau der Alten allerdings die Hoffnung, dass besonders in grösserer Tiefe noch ein bedeutender Nachhalt von Erzen sich finden möge." Vergl. Russegger, Reisen in Europa, Asien und Afrika Bd. IV, S. 181 ff.]

nach Einigen dreierlei Arten, die beste *Chrysitis*, zunächst *Argyritis*, und die geringste *Molybditis*, welche besonders in der Farbe verschieden gewesen zu sein scheinen, wiewohl nach Plinius die erste aus den Erzen selbst, die zweite aus dem Silber, welches nichts anders heissen kann, als beim Ausschmelzen des Silbers, die dritte aus Blei, wie zu Puteoli, gemacht worden sein soll. Von Schlacke, bemerkt derselbe, unterscheidet sie sich wie Schaum von Hefen: jene ist Unrath (*vitium*) des sich reinigenden Stoffes, diese des schon gereinigten. Für die beste gilt die Attische. Dioskorides und andere Hellenische Schriftsteller nennen sie *Lithargyros*[82]). Da Einige bei Plinius eine Gattung derselben *Molybdaena* nannten, womit die Bleiglätte bezeichnet wird, und jetzt noch Italiener und Franzosen demselben Stoff eben diesen Namen (*Litargirio*, *Litargio*, *Litarge*) geben, so ist die herrschende Meinung allerdings wahrscheinlich, dass der Silberschaum nichts anders als Glätte sei*): welche als eine unedlere nicht metallisch erscheinende Absonderung der schon gereinigten Werke ein Unrath des schon gereinigten Stoffes genannt werden konnte, im Gegensatz gegen die bei der Schmelzung der Erze abfliessende Schlacke, welche von dem noch viele nicht metallische Theile enthaltenden Stoffe sich aussondert, ehe der aus Silber und Blei bestehende Metallkönig erscheint. Ungenauer sprechende konnten indessen selbst die Glätte als Schlacke ansehen, daher auch die Lithargyros unter die Schlacken gerechnet wird[83]). Indessen wird wieder 100 der Silberschaum von der *Molybdaena* oder Glätte unterschieden, indem diejenige Glätte die beste genannt wird, welche wie Lithargyros aussehe[84]): allein um nicht irre zu werden an der eben gegebenen Deutung, muss man bedenken, dass unter *Spuma argenti*

---

82) Plinius XXXIII, 35. meistens aus Dioskorides V, 102. Vgl. den von Harduin nachgewiesenen, aber etwas abweichenden Oribasios XII. *Fol.* 228. *b.*

*) [Auf Siphnos findet sich auf den Feldern ein Metall, stein- und bleihaltig, womit man die Töpfe verglast; dies wird von den heutigen Griechen ἀλιθάργυρος genannt; α ist hier blosse Vorschlagsylbe. Ross Reisen auf den gr. Inseln des Aeg. Meeres I. S. 140. Vergl. Athen. X. S. 461. Über diese mit λιθάργ. (Glätte) glasirten Gefässe der Alten.]

83) S. Salmas. *Exerc. Plin.* S. 1070, 1082.

84) Dioskorides V, 100. vgl. Plin. XXXIV, 53.

uud Lithargyros eine zu ärztlichem Gebrauche besonders zubereitete Glätte zu verstehen, welche nicht wesentlich, sondern nur durch eine hinzutretende Behandlung von der gemeinen *Molybdaena* verschieden war: ein Gedanke, welcher alle Schwierigkeiten hebt. Dunkler sind die Ausdrücke *κέγχρος* und *κεγχρεών*. Mit letzterem bezeichnet ein Kläger im Demosthenes[85]) offenbar ein besonderes Hüttenwerk bei den Laurischen Silberminen, ohne irgend einen Aufschluss über das Wesen der Sache zu geben; die Erklärungen der Grammatiker aber sind so unbestimmt und unklar, dass man ihnen keinen anschaulichen Begriff davon zutrauen kann. Photios und der Sammler der rhetorischen Glossen[86]) geben *κεγχρεών* für einen Ort in Athen aus, sie wollen sagen in Attika, wo die *ἀργυρίτις κέγχρος* und der aus den Silbergruben kommende Sand gereinigt worden. Man könnte also darunter die Werke verstehen, auf welchen das kleingemachte Erz gewaschen wurde. Dieses wäre dann *κέγχρος* oder Hirse genannt worden, weil es vorher zur Kleinheit eines Hirsenkorns zerstossen oder gewaschen war, gleichwie gesagt wird, dass auf den Aegyptischen Hütten das Golderz zur Grösse einer Erbse zermahlut worden sei. Aber andre Angaben zwingen, diese Vorstellung aufzugeben. Pollux[87]) bemerkt, die Schlacke des Eisens heisse *σκωρία*, womit auch allgemein alle Schlacke bezeichnet wird, so wie die Blüthe des Goldes *ἀόπμας* genannt werde, und der Unrath vom Silber *κέρχνος*, welches von *κέγχρος* nur eine verschiedene Form ist. Offenbar kann letzteres hier kein gepuchtes Erz bedeuten, sondern bezeichnet einen Abgang beim Schmelzen des Silbererzes, wie Skoria beim Eisen, Adamas beim Gold. Letzterer ist nämlich nach Platons[88]) deutlichen Zeugnissen ein wie Kupfer und

---

85) Gegen Pantänetos S. 974, 15.
86) *Lex. Seg.* S. 271. *Κεγχρεών: τόπος Ἀθήνησιν οὕτω καλούμενος, ὅπου ἐκαθαίρετο ἡ ἀργυρίτις κέγχρος καὶ ψάμμος ἡ ἀπὸ τῶν ἀργυρίων ἀναφερομένη.* Aehnlich Photios im ersten Artikel.
87) VII, 90. *Ταύτης δὲ (γῆς σιδηρίτιδος) τὸ κάθαρμα σκωρίαν ὠνόμαζον, ὥσπερ τοῦ χρυσοῦ τὸ ἄνθος ἀδάμαντα καὶ τὸν τῶν ἀργυρίων κονιορτὸν κέρχνον. Κονιορτός* ist *ἀκαθαρσία* v. Salmasius *Exerc. Plin.* S. 1082.
88) *Politikos* S. 303 E. Tim. S. 59 B. Bei Plinius XXXVII, 15. heissen gewisse Demante *Cenchri*, worin Salmasius eine Verwechselung des wah-

Silber dem Gold innig verbundener, nur im Feuer trennbarer, uns unbekannter Stoff von schwarzer Farbe und grosser Sprödigkeit, von Pollux Goldblüthe genannt, wahrscheinlich als eine beim Schmelzen dieses Metalls entstehende Efflorescenz. Von welcher Art jedoch dieser Abgang, welcher beim Silber κέγχρος heisst, gewesen sei, kann mit Sicherheit nicht bestimmt werden, da unsre Kenntnisse vom Schmelzprozess der Alten so unvollkommen sind: aber am wahrscheinlichsten finde ich die Meinung des Salmasius[89], dass κέγχρος und *Spuma argenti* oder *Lithargyros* einerlei seien: durch die verschiedenen Namen wird man nicht genöthigt, die Stoffe für wesentlich verschieden zu halten, da kleine durch die verschiedene Art der Erzeugung bestimmte Unterschiede damit bezeichnet sein können; auf welche Art aber diejenige Glätte, welche κέγχρος hiess, gewonnen wurde, werden wir sogleich sehen. Dass Pollux die κέγχρος, obgleich sie als Glätte ein brauchbarer Stoff ist, Unrath nennt, kann nicht befremden, indem ja selbst die *Spuma argenti* Schlacke und unreiner Abgang (*vitium*) heisst. Stellt Pollux den Adamas mit der κέγχρος richtig zusammen, so haben wir einen besonderen Grund, letztere für Glätte zu halten, da Lithargyros auch Silberblüthe genannt wird, wie Adamas Goldblüthe. Hiermit ist nun Harpokrations dunkle Erklärung von κεγχρεών nicht unvereinbar. Ihm ist dieser nämlich der Reinigungsort, wo die κέγχρος aus den Metallen abgekühlt werde, wie Theophrast zeige[90]. Der Ausdruck erhält einiges

---

ren Domants mit diesem Abgange beim Goldschmelzen erkennt. Hardulu erklärt sich dagegen, und obwohl Plinius häufig Verwirrung macht, so gut als Salmasius sein Ausleger, so können doch wirklich Demante von der Kleinheit der Hirsenkörner κέγχροι genannt worden sein, wie ein andrer Stein bei Plinius XXXVII, 13. *cenchrius* heisst. Vergeblich habe ich über jenen bei der Goldschmelzung entstehenden Adamas eine Untersuchung zu finden gehofft in Amellhons Abhandlung: *Exploitation des mines d'or*, in den Abhandl. d. Akad. d. Inschr. und sch. W. Bd. XLVI. S. 477 ff., wo doch S. 505 ff. von der Goldschmelzung und Reinigung gehandelt wird. Diese Schrift übrigens könnte, da sie mehrere Dinge gut entwickelt, öfter angeführt werden, als ich gethan habe; aber das meiste darin liegt entweder zu entfernt von unserm Zweck, oder steht bereits in andern bekannten Schriften.

89) A. a. O. S. 1078—1082. wo jedoch vielerlei widerlich durch einander gemischt wird.

90) Harpokrat. in κεγχρεών: τὸ καθαριστήριον, ὅπου τὴν ἐκ τῶν

Licht durch Vergleichung dessen, was andere Schriftsteller von der Kupferblüthe (χαλκοῦ ἄνθος, *flos aeris*) sagen, deren Name schon auf eine Verwandtschaft oder ähnliche Entstehung mit der Lithargyros oder Silberblüthe führt. Wenn nämlich das Kupfer geschmolzen ist und die letzte Unreinigkeit oder das Fremdartige davon gesondert werden soll, wird es zum Garmachen in eben demselben oder einem andern Ofen wieder geschmolzen und mit kaltem Wasser abgekühlt; dabei bildet sich auf der Oberfläche der Metallkuchen eine Efflorescenz, welche Kupferblüthe genannt wird; Dioskorides nennt sie ausdrücklich hirsengestaltig (κεγχροει-δὲς τῷ ῥυθμῷ), Plinius vergleicht sie mit Hülsen oder Schuppen der Hirse (*milii squamae*), der Schollast des Nikander mit Senf-körnern[91]). Wer erkennt nicht, dass diese Arbeit beim Kupfer dieselbe ist, von welcher Harpokration in Bezug auf Silber spricht, und die κέγχρος, welche auf den Silberhütten vorkommt, eben-falls eine schuppenartige, auf den Silberkuchen aufsitzende Efflo-rescenz sein muss? Bei dem gargemachten Kupfer, besonders schlechtern Gattungen, findet sich etwas Aehnliches auch heutzu-tage. Demgemäss ist κεγχρεών bei den Silberhütten das Brennhaus, wo das schon ausgeschmolzene oder Blicksilber feingebrannt wird; die hierbei sich absondernde Unreinigkeit wurde κέγχρος genannt, und mag vorzüglich in verglastem Blei bestanden haben. Hierbei wird das Silber jetzt noch mit Wasser abgekühlt. In dieser Ansicht finde ich keine Schwierigkeit: denn dass Harpokration von einer Abkühlung nicht des Metalls, sondern der κέγχρος selbst spricht, ist bei einem sonst achtungswerthen, aber der Metallurgie unkundigen Grammatiker sehr natürlich. Warum unser Schneider[92]) κέγχρος für gekörntes Metall erklärt, lässt sich eben so wenig absehn, als warum das Silber in Körnerform sollte ge-schmolzen worden sein. Kürzer endlich können wir uns über

---

μετάλλων κέγχρον διάφορον, ὡς ὑποσημαίνει Θεόφραστος ἐν τῷ περὶ μετάλλων. Hieraus Suidas und Photios im zweiten Artikel. Küsters Vermuthung ἐργαστήριον statt καθαριστήριον, und seine Zufriedenheit mit der Erklärung des Photios im ersten Artikel beweisen nur seinen Mangel an Nachdenken über die Sache.

91) Dioskorides V, 88. Plinius XXXIV, 24. und dazu Harduin nebst Salmasius a. a. O. S. 1078. Schol. Nikand. Ther. 257.

92) Gr. Wörterbuch in χαλκάνθη.

die Lauriotis fassen. Die Alten begriffen bekanntlich unter dem Namen *Kadmia* nicht nur Zinkerze und Galmei, sondern auch den Ofenbruch, welcher sich bei Schmelzung zinkhaltiger Erze an den Wänden der Oefen anhängt[93]), und bemerken ausdrücklich, die *Kadmia* oder der Ofenbruch komme auf Silber-[109] hütten vor[94]). Im Zusammenhange hiermit erwähnen sie die Zinkblumen (*pompholyx*) als das feinste und weisseste Sublimat, und die Spodos, einen verwandten, aber schwerern, gröbern und schwärzern Ofenbruch, welcher von den Ofenwänden abgekratzt wird, mit Asche, bisweilen auch Kohlen vermischt: beide wurden wie die *spuma argenti* und Kupferblüthe in der Arzneikunst gebraucht[95]). Die Spodos der Silberhütten heisst *Lauriotis*[96]): ein Beweis, dass in Laurion Zinkerze brachen. Wahrscheinlich war diese Attische Spodos besonders geschätzt, weil der Ofenbruch der Silberhütten, nach der Bemerkung der Alten, weisser und leichter war als auf Kupferhütten.

War Laurion auch die Münzstätte der Athener? Man möchte es darum glauben, weil die Attischen Silbermünzen scherzhaft Lauriotische Eulen heissen[97]); aber die Benennung kommt vom Fundort des Silbers, nicht vom Prägen des Geldes daselbst; und eine ungedruckte Inschrift, welche anderwärts behandelt werden soll[*]), lehrt unwidersprechlich, dass die Silbermünzstätte (ἀργυροκοπεῖον) in Athen war. Hatten untergeordnete Gemeinen in Attika Münzgerechtigkeit, so könnte man annehmen, es seien Münzwerkstätten in verschiedenen Attischen Ortschaften gewesen: und wirklich sprechen die Münzkenner von Stücken, welche einzelne Gemeinen des Attischen Staats geprägt haben sollen, Anaphlystos, die Azetiner, Dekeleia, Eleusis, Eroda, Laurion, Marathon, Helena und

---

93) Beckmann Beitr. zur Gesch. d. Erf. Bd. III, St. 3, Num. 5.

94) Dioskorides V, 84. Daraus Plinius XXXIV, 22. und aus diesem Isidor, welchen Harduin anführt.

95) Dioskor. V, 85. Plin. XXXIV, 33. Vgl. Galen und Oribasios in den von Harduin angemerkten Stellen.

96) Plinius XXXIV, 34. Ich bemerke am Schluss dieser technischen Untersuchungen, dass ich hierin durch die Einsichten zweier kunstverständigen Freunde unterstützt worden bin.

97) Aristoph. Vögel 1106. Schol. Aristoph. Ritter 1091. Hesych. Suid. und andere Sammler von Glossen und Sprüchwörtern.

*) [Staatshaush. d. Ath. II. 368.]

Salamis⁹⁸): aber ich finde mich nicht bewogen, von irgend einer derselben anzunehmen, sie habe das Münzrecht vor der Römerzeit ausgeübt, zumal da eine einfache Untersuchung hinlänglich beweist, dass die meisten der hieher gezogenen Münzen nicht Attischen Ursprungs sind. Wer hat jemals von Eradā oder Azetineru in Attika gehört? welche gewiss nicht mit dem Gaue Azenia und Eroiadā einerlei sind. Um Geld zu prägen bedarf es
110 einer Gemeine; wie sollte also Laurion, ein Hüttenort und kein Gau, Münzen mit seinem Namen geschlagen haben? Die angebliche Inschrift ΛΑΥΡΕΩΝ auf zwei Münzen im Museum Theupoli muss mit Sestini in ΜΥΡΕΩΝ verwandelt und auf Myra in Lykien gedeutet werden, um so mehr da ΛΑΥΡΕΩΝ nicht einmal eine von Laurion ableitbare Form ist, sondern ΛΑΥΡΙΕΩΝ oder ΛΑΥΡΙΩΤΩΝ heissen müsste, nicht, wie Eckhel meint, ΛΑΥΡΙΩΝ. Was von Anaphlystischen Münzen beigebracht wird, gehört nach Anaktorion, ausgenommen eine kupferne, welche Goltz ersonnen hat. Die mit ΣΑΛΑΜΙΝΙΟΝ bezeichneten Stücke sind nach Kypros zu verweisen, woher sie Pellerin erhalten hatte; andere mit den Buchstaben ΣΑ beweisen doch wahrhaftig nichts für Salamis den Attischen Gau. Wie aber Marathon? Nur der faselnde Harduin führt eine Münze davon an, mit unabgekürzter Aufschrift ΜΑΡΑΘΩΝ ΔΗΜΟΣ; ein Umstand, der seine Aussage verdächtig macht. Wo sie aufbewahrt wurde, bemerkt er nicht, und niemandem ist eine solche wieder zu Gesicht gekommen, so dass er, wenn nicht Alles erdichtet ist, auf einer Münze etliche Anfangsbuchstaben dieser Wörter gelesen haben mochte, deren Deutung er als Thatsache gab. Am unerklärlichsten wird es jeder finden, dass Helena oder Kranaē, eine Insel, worauf, so viel bekannt, nicht einmal eine Ortschaft war, Münzen geprägt haben soll. Nun sind freilich die sogenannten autonomen Silbermünzen von Helena sicherlich Goltzens Erfindung, und andere aus den Kaiserzeiten mit der Umschrift der Kranäer brauchen nicht auf das Attische Eiland bezogen zu werden; die von Harduin erwähnte mit der wunderlich ausführlichen Inschrift ΈΛΕΝΙΤΩΝ ΤΩΝ ΚΑΙ ΚΡΑΝΑΑΤΩΝ war schwerlich je vor-

---

98) S. Eckhel D. N. Bd. II. S. 225 f.

handen: aber ein Kupferstück mit den Worten KPANAIΩN AΘH lässt sich dem Attischen Kranaë nicht wohl absprechen, ist aber aus den Kaiserzeiten, wo die Kranäer ein Gau geworden sein können, wahrscheinlich seit der Hadrianische Stamm errichtet war, und um denselben zu füllen, mehr Gaue gemacht wurden. Ausser diesem Stücke giebt es sichere eherne von Eleusis und Dekeleia, welche jedoch ohne Zweifel ebenfalls aus dem Zeitalter der Römerherrschaft herrühren: je mehr aber unter dieser das Ansehn des ehrwürdigen Athens gefallen war, desto gedenklarer ist es, dass den Gauen gestattet wurde, kupferne Scheidemünze zu prägen. Die angeblichen Münzen von Prasiä, dem Attischen Gau, sind schon von Eckhel beseitigt.

Wer hatte aber das Eigenthumsrecht der Laurischen Gruben? Von wem und für wessen Rechnung wurden sie gebaut? Welche Vortheile gewährten sie durch ihren Ertrag dem Staate und den Privatleuten? Welches waren die Verpflichtungen, Rechte und Freiheiten der Bergbautreibenden? Hierüber finden sich überall nur unbestimmte Ansichten, schwankende, falsche oder halbwahre Annahmen ohne hinlänglichen Beweis: unsere Darstellung wird durch Gründe und Innern Zusammenhang sich rechtfertigen. So lange Attika frei war, wurde weder vom Ertrag noch Werth des Grundeigenthums eine unmittelbare Abgabe erhoben, ausser dass im Frieden die Verpflichtung zu den Liturgieen, durch welche der Glanz des Staates, die Feste der Götter verherrlicht wurden, auf dem Vermögen, und der Natur der Sache nach vorzüglich auf dem offenbaren (οὐσία φανερά) oder dem Grundeigenthum lastete, bei kriegerischen Rüstungen aber eben davon Trierarchie und ausserordentliche Steuer (εἰσφορά), nach Massgabe der jedesmal geltenden Gesetze, geleistet wurden. Aber gerade umgekehrt ist das Verhältniss der Steuerpflichtigkeit vom Bergwerksbesitz: der Inhaber einer Grube zahlt eine jährliche Abgabe in die Staatskasse; zu Liturgieen und ausserordentlichen Vermögensteuern trägt er von solchem Gute nichts bei. Diese Thatsache, welche ich unten ausser Zweifel setzen werde, führt zu dem Satze, womit alles übereinstimmt, dass Bergwerke nicht wie andere Grundstücke freies Eigenthum der Bürger waren, sondern des Staates, und von diesem unter gewissen gesetzlichen Bedingungen Einzelnen zur Nutzung überlassen. Die Römer gaben eine Zeitlang die dem Staate gehörenden Bergwerke in Zeitpacht*), bis es vortheilhafter gefunden wurde, sie selbst zu betreiben 99): dass aber diese Art der Verpachtung die nachtheiligste sei, beweist die Erfahrung älterer und neuerer Zeit. Indem der Pachter einen Raubbau treibt, die reichen Erze wegnimmt, die ärmern stehen lässt, wo möglich durch eine grosse Anzahl Arbeiter die Gruben während seiner Pachtjahre auszuschöpfen sucht, und auf längere Dauer der Unterstützung und Zimmerung nicht bedacht ist: auf die Beobachtung beschränkender Gesetze zu halten, ist schwierig, und die Gruben bringen bei der nächsten Verpachtung weniger Ertrag für das gemeine Wesen, weil sie schlechter geworden sind. Der Attische Staat, ob aus Klugheit oder weil die Umstände es so fügten, hatte diese schädliche Einrichtung vermieden: er gab Privatleuten die Bergwerke in seinem Gebiete zu immerwährendem Besitz, welcher durch Erbschaft oder Verkauf 100), überhaupt durch jegliche Art rechtlicher Uebertragung, auf einen Dritten übergehen konnte; das heisst, der Besitzer des Bergwerks war Erbpachter. Die Erwerbung geschieht daher mittelst Erlegung einer verhältnissmässigen Summe ein für allemal, als Kaufpreis oder Einstandsgeld. So erwähnt Demosthenes den Kauf der Bergwerke vom Staat als das gewöhnliche, und Pantänetos kauft vom Volke eine Grube für neunzig Minen 101). Diese können nicht etwa das jährliche Pachtgeld sein, welches, da die jährliche Abgabe vom Ertrag

---

) [In der ersten Ausgabe der Abh. war durch Versehen Erbpacht statt Zeitpacht gedruckt. Hierauf bezieht sich C. I. G. N. 162 p. 288 a. Staatshaush. d. Ath. Bd. I, S. 421. (2. Ausg.) Dr.]

99) Reitemeier a. a. O. S. 99 ff.

100) Aeschines gegen Timarch S. 121. Demosth. gegen Pantänetos hier und da. [S. hierüber besonders die Urkunden C. I. G. N. 162. 163. sowie eine in Gerhard's Archäol. Anzeiger 1854. N. 65. 66 durch A. von Velsen veröffentlichte Inschrift.]

101) Demosth. a. a. O. S. 977. 13: ὅστις ἂν μέταλλα παρὰ τῆς πόλεως πρίηται. Ebendaselbst 973 oben: καταβολὴν τῇ πόλει τοῦ μετάλλου, ὃ ἐγὼ ἐπριάμην ἐνενήκοντα μνῶν. Die dem Dinarch fälschlich zugeschriebene Rede πρὸς Μήκυθον μεταλλικός begann mit den Worten: πρίασθαι μέταλλον ὦ ἄνδρες. S. Dionysios Dinarch. S. 119. 11. Sylb. Dionysios nennt dies nachher μισθώσασθαι, aus eigener Sprache; was aber, da der Kauf nur Erbpachterwerbung war, natürlich ist und häufig bei den Grammatikern vorkommt.

abhängt, nicht in einer bestimmten Summe zum voraus angegeben werden kann. Nur eines könnte man einwenden: vielleicht habe es frei gestanden, neue Werke ohne Erlegung eines Kaufpreises zu eröffnen, das von Pantänetos erstandene aber möchte ein bereits eröffnetes Werk gewesen sein, welches der Staat durch Einziehung, die nicht selten war, an sich gebracht habe; und zur Unterstützung dieser Meinung könnte einer das Inhaltsverzeichniss der Rede gegen Pantänetos [102]) gebrauchen, wonach der Kaufpreis in Silber bezahlt wird, welches aus dem Bergwerke gewonnen war, wobei eine bereits Ertrag gewährende Grube vorausgesetzt wird. Allein wenn dieser Grammatiker auch Glauben verdiente in einer Sache, wovon er nicht im mindesten mehr wissen konnte als wir, so folgt doch keineswegs, dass von einem eingezogenen Bergwerke die Rede sei: denn schwerlich musste ein Unternehmer eines neuen Werkes dem Staate den Kaufpreis erlegen, wenn er Mühe und Kosten vergeblich angewandt und keine Erze gefunden hatte, sondern jeder konnte auf gutes Glück nach Erz graben in unverkauften Theilen des Berges, und musste erst alsdann, wenn er brauchbare Erze fand und diese benutzen wollte, den Raum kaufen. Unter dieser Voraussetzung, welche nicht willkührlich ist, weil das Gegentheil unsinnig sein würde, ist es begreiflich, wie jemand den Kaufpreis selbst eines neu angefangenen Bergwerkes mit Silber aus demselben bezahlen konnte: aber Pantänetos besass überdies andere Gruben, und ausserdem ist es unnöthig anzunehmen, dass dieses Silber unmittelbar aus den Bergwerken kam. Nach Harpokration endlich, welcher dem Aristoteles 113 zu folgen pflegt, hatten die Poleten das Geschäft, allen Verkauf des Staates zu besorgen, namentlich den Verkauf der Zölle und Gefälle, Bergwerke, Pachtungen und eingezogenen Güter [103]). Unzweideutig wird in dieser Stelle der Verkauf der Bergwerke von der Veräusserung des dem Staate verfallenen Privatvermögens und der Pachtungen unterschieden; und die Gruben, welche verkauft werden, können nur neueröffnete sein. Bei dieser Uebertragung

---

102) S. 964. 13.
103) Harpokr. in πωληταί: διοικοῦσι δὲ τὰ πιπρασκόμενα ὑπὸ τῆς πόλεως πάντα, τέλη καὶ μέταλλα καὶ μισθώσεις καὶ τὰ δημιευόμενα. Hieraus Suidas, Phot. und *Lex. Seg.* S. 291.

des Staatseigenthums an Erbpächter wurde zugleich genau bestimmt, wo der verkaufte Raum anfange und endige, und darüber eine Urkunde (διαγραφή) aufgenommen [104]). Hierzu war eine gewisse Markscheidekunst nothwendig, welche beim Mangel erforderlicher Werkzeuge sehr unvollkommen sein musste [105]). Ausser dem Kaufgelde zahlt der Inhaber den vier und zwanzigsten Theil der Ausbeute des neuen Bergwerkes, nämlich des rohen, nicht des reinen Ertrags, indem letzteres viel zu wenig wäre [106]). So wurde allem Nachtheil ausgewichen, welcher aus Zeitpacht der Gruben entstehen konnte: erschöpfte einer die Erze in kurzer Zeit, so vermehrten sich auch die Abgaben vom gewonnenen Metall; und wer allein die reichen Erze abbaute, that sich selber Schaden. Verletzte der Besitzer die Gesetze und Bedingungen, unter welchen die Grube zugestanden war, so konnte der Staat dieselbe wieder an sich nehmen, zum Beispiel wenn die Abgabe nicht entrichtet wurde: aber handelte einer nicht gegen den Vertrag, so war dieser Besitz so sicher als anderer Grundstücke. Kurz es fand dasselbe Verhältniss statt, wie nach Römischem Recht beim Vektigalbesitz in den Municipien [107]).

104) Harpokr. Suid. u. Zonaras in διαγραφή: ἡ διατύπωσις τῶν πιπρασκομένων μετάλλων δηλοῦσα διὰ γραμμάτων ἀπὸ ποίας ἀρχῆς μέχρι πόσου διαρκέσεται πέρατος. Vgl. über die Gränzen Demosth. a. a. O. S. 977. und oben Anm. 66. [Vgl. Corp. Inscr. Gr. N. 162.]

105) Vgl. Reitemeier S. 112 ff.

106) Suidas u. Zonaras in ἀγράφου μετάλλου δίκη· οἱ τὰ ἀργύρεια μέταλλα ἐργαζόμενοι ὅπου βούλοιντο καινοῦ ἔργου ἄρξεσθαι (richtiger Zon. ἄρασθαι) φανερὸν ἐποιοῦντο τοῖς ἐπ᾽ ἐκείνοις τεταγμένοις ὑπὸ τοῦ δήμου (den Poleten), καὶ ἀπεγράφοντο τοῦ τελεῖν ἕνεκα τῷ δήμῳ εἰκοστὴν τετάρτην τοῦ καινοῦ μετάλλου. Vgl. Harpokr. u. Suidas in ἀπονομή, welche Worte ich unten beisetzen werde. Dass Kaufpreis und jährliche Abgabe verbunden waren, sah schon Barthélemy Anachars. Bd. V. S. 34. der deutsch. Uebers. Suidas übergeht das Kaufgeld nach der gewöhnlichen Unvollständigkeit der Grammatiker: wenn er von neueröffneten Werken allein spricht, so liegt dieses im Zusammenhange mit dem, was er erklären will, und es versteht sich von selbst, dass auch die übrigen die Rente des Vierundzwanzigstels zahlten. Dass irgend ein Bergwerk ursprünglich freies, nicht vom Staate übertragenes Eigenthum gewesen wäre, und keine Abgabe bezahlt hätte, ist unerweislich. Das Vierundzwanzigstel ist übrigens die Abgabe von den Schmelzöfen (ἀπὸ καμίνων), von welcher Xenophon spricht v. Eink. 4, 49.

107) Vgl. Niebuhr Röm. Gesch. Bd. II. S. 376 ff.

Wir sind berechtigt anzunehmen, dass alle Bergwerke von Laurion auf die angegebene Art erworben waren: von einem Unterschied zwischen solchen, die durch Erbpacht besessen wurden, und andern, welche freies Eigenthum gewesen wären, findet sich keine Spur. Alle Inhaber von Gruben, welche in den Alten angeführt werden, ein Niklas, Kallias, Kimons Schwager und jener andere, welcher die Zinnoberbereitung erfand, Diphilos, Timarch, und vorher sein Vater, Pantänetos, und andre mehr sind nur Erbpächter. Dass vor Themistokles die Bergwerke unabhängiges Eigenthum von Familien gewesen, beruht auf einem Missverstand des urtheilslosen Meursius[108]). Der Staat war jederzeit ausschliesslicher und ursprünglicher Eigenthümer; aber er nützte dieses Eigenthum niemals anders als durch Vererbpachtung. Nirgends giebt es einen Beweis, dass er dasselbe in Zeitpacht gegeben habe; zu eigenem Betrieb konnte er eben so wenig Lust und hinlängliche Einrichtung haben, als zur Erhebung der Zölle und Gefälle, und nur grosse Unkunde der Athenischen Staatsverhältnisse erlaubte daran zu denken[109]). Und womit unterstützt man diese Behauptung? Mit den Einkünften, welche die Volksgemeine in Themistokles Zeitalter aus den Bergwerken zog; als ob diese nicht von den Kaufgeldern und jährlichen Renten herrührten! Selbst Xenophons gutmüthige Planmacherei versteigt sich soweit nicht, dem Staat eigenen Betrieb des Berghaues zu empfehlen; er begnügt sich mit dem Vorschlag[110], das gemeine Wesen möge, die Privatleute nachahmend, öffentliche Sklaven anschaffen und an Unternehmer in die Bergwerke verpachten, wahrscheinlich mit Gruben, welche noch nicht vererbpachtet wären: um nämlich ausser der Silberrente von der Sklaven-vermiethung Einkünfte zu ziehen: man kann jedoch versichert

---

108) F. A. Cap. 7. ans Vitruv VII, 7. wo *familiae* Sklaven sind, und nicht einmal bestimmt von der Zeit vor Themistokles die Rede ist. Dem Meursius haben mehrere nachgesprochen, unter andern Chandler Reise Cap. 30.

109) Wie Reitemeier a. a. O. S. 70. und Manso Sparta Bd. III, B. 495. thun. Schon Meiners vom Luxus der Athener S. 57. bemerkt richtig, dass der Attische Staat den Bergbau niemals auf eigene Rechnung betrieb.

110) Vom Eink. 4.

sein, dass keine Rücksicht darauf genommen wurde. Kurz der Staat befasst sich auf keine Weise mit dem Bergbau, ausser dass er seine Rechte und die Gesetze wahrnimmt; darauf allein erstreckt sich seine Aufsicht. Die Poleten verkaufen den Besitz der Gruben und die Renten; auf die Beobachtung der Gesetze sehen alle Bürger, und können öffentliche Klagen anstellen, wenn sie dieselben für verletzt halten: was ein neuerer Schriftsteller von einem öffentlich angestellten „Bergdirektor" erzählt, ist meines Wissens eine Fabel. Seitdem Athen die Goldbergwerke in Thrake, Thasos gegenüber, sich zugeeignet hatte, benutzte es auch diese wahrscheinlich eben so: die Besitzer, mögen nun die alten geblieben, oder durch Schenkung nach Weise der Kleruchieen und Verkauf neue eingesetzt worden sein, zahlten eine Rente vom Metall, welche vermuthlich schon Thasos sich hatte entrichten lassen; neue Gruben kaufte man vom Athenischen Volke. Aber die Erzgruben in Thasos selbst und die Bergwerke anderer unterwürfiger Länder behielt ohne Zweifel der zinsbare Staat als Eigenthümer; Athen verschaffte sich von ihm unter der Form des Tributes wieviel es wollte, ohne sich die Bergwerke anzumassen. Doch dieses ist der Gegenstand anderer Untersuchungen *).

Der Kaufpreis der vom Staate veräusserten Bergwerke wurde vom Ersteher unmittelbar in die öffentliche Kasse gezahlt [111]): von der jährlichen Rente aber lässt sich dies bezweifeln. Alle regelmässigen Gefälle, selbst diejenigen, deren Erhebung leicht und mit keinen Kosten verknüpft, und deren Betrag ziemlich genau bestimmbar war, wie Schutzgeld und Pachtzins der Ländereien, waren an Einzelne oder Gesellschaften als Generalpächter verkauft: sollte man davon beim Vierundzwanzigstel des Metallgewinnes eine Ausnahme gemacht haben, dessen Summe nach der Natur der Sache in verschiedenen Jahren sehr verschieden ausfiel, und wobei ohne genaue Aufsicht des Erhebenden der Abgabenpflichtige im Stande war, grosse Unterschleife zu machen? Ich meines Ortes glaube, auch dieses Gefäll sei an Generalpächter

---

*) [Vergl. Staatshaush. d. Ath. Bd. I. S. 422 ff., II. S. 532 f.]
111) Demosth. gegen Pantänet. S. 973. oben.

durch die Poleten verkauft worden, aber so wenig Gründe dagegen vorhanden sind, eben so wenig lässt sich ein Gewährsmann dafür nennen. Beim Demosthenes wird erzählt, wie der bekannte Vorsteher des Theorikon, Eubulos, den Möroklës verklagt habe, weil er unrechtmässiger Weise von jedem derer, welche die Bergwerke gekauft hatten[112], zwanzig Drachmen eingefordert habe: an Generalpächter der Rente ist aber hiebei gewiss nicht zu denken. Unter den Käufern der Bergwerke können nämlich nur solche verstanden werden, welche den Besitz von Bergwerken selbst an sich gebracht hatten: und wegen des bestimmten Artikels „die" Bergwerke, muss vorausgesetzt werden, es sei von einer bekannten kürzlich vorgefallenen Veräusserung vieler Gruben die Rede: denn alle Bergwerksbesitzer, alte und neue, könnten nur mit läppischer Ziererei und auf die Gefahr missverstanden zu werden mit der Umschreibung „die welche die Bergwerke gekauft hatten" bezeichnet worden sein, zumal da diese herkömmlich Bergbauer (οἱ ἐργαζόμενοι ἐν τοῖς ἔργοις oder ἐν τοῖς μετάλλοις) hiessen: folglich erscheint hier Möroklës nur als Einsammler von Kaufgeldern, auf welche er sich von jedem Käufer zwanzig Drachmen unter irgend einem Vorwande hatte auszahlen lassen, ohne berechtigt zu sein. Wenn der Wursthändler beim Aristophanes[113] dem Kleon droht Bergwerke zu kaufen, um sich nämlich, wie der Scholiast bemerkt, beim Volke durch Bereicherung des Staats beliebt zu machen, so kann allein die Erwerbung des Grubenbesitzes gemeint sein, indem nur diese, nicht aber die Uebernahme der Generalpacht, dem Staate bedeutende Summen zuwendet, welche er ohne den Wursthändler nicht erhalten hätte, und überdies, wenn von Pachtung des Gefälls die Rede wäre, dies deutlicher bezeichnet sein müsste. Was sollen wir endlich zu Ulpians Behauptung sagen, Meidias habe die Silberbergwerke vom Staate in Pacht gehabt[114]? Ladet die Aff-

---

112) παρὰ τῶν τὰ μέταλλα ἐωνημένων, Demosth. de fals. leg. 8. 435. 5.

113) Ritter 362. ἀλλὰ σχιλίδας ἰδηδοκὼς ὠνήσομαι μέταλλα.

114) Μεμίσθωτο γὰρ τὰ μέταλλα παρὰ τῆς πόλεως, ἃ ἦν τοῦ ἀργυρίου, 8. 685. e. der Wolf. Ausg. Μίσθωσις für Erbpacht der Bergwerke kann nicht auffallen, da die Sprache für diese kein besondres

gemeinheit des Ausdruckes ein, an Generalpacht der Rente zu denken, so verlässt man diese Meinung wieder, wenn man bedenkt, dass jener Ausleger dadurch erklären will, warum Meidias Holzzufuhr nach den Bergwerken trieb: wozu ein Generalpächter der Rente keinen Anlass hat. War also Meidias Erbpachter oder Besitzer von Gruben? Der Artikel „die" Bergwerke beweist dagegen bei einem so elenden Schriftsteller nichts. Doch wer wollte sich über den sogenannten Ulpian in Gedanken geben? Welcher Scholiast könnte diesem Wust von Bemerkungen den Rang des Leichtsinnes, der Unwissenheit und Verworrenheit ablaufen? Weil eben Meidias Holz nach den Bergwerken führt, vielleicht nur um damit zu handeln, oder während er mit seiner Triere dem Staate dienen sollte, sich für die Kosten der Trierarchie durch gute Fracht schadlos zu halten, darum schliesst Ulpian frischweg aus Demosthenes Worten, Meidias habe Bergwerke gepachtet gehabt. Diese Art zu erklären findet sich häufig bei ihm, und ist nicht immer hinlänglich gewürdigt worden.

Unter den Athenischen Einkünften sind die Bergwerksgelder ein stehender Posten[115]); sie fliessen aus den Kaufgeldern und der Metallrente, abgerechnet was der Markt und die öffentlichen Gebäude einbrachten[116]), und waren folglich grösser oder geringer, je nachdem mehr oder weniger Gruben vom Staate verkauft wurden, reichere oder ärmere Erze brachen, und der Grubenbau eifriger oder lässiger betrieben ward; wornach natürlich der Pachter der Rente mehr oder weniger bot. Schon in Sokrates Zeiten, wie oben bemerkt worden, waren die Einkünfte gefallen. Ihr Betrag wird für Themistokles Zeitalter angegeben, aber in Nachrichten, aus welchen das Wahrscheinliche erst ausgemittelt werden muss. Die Bergwerkseinkünfte wurden nämlich ehemals an alle Bürger vertheilt, nach der Weise des spätern Theorikon;

Wort hatte. Vgl. Photios in μεσοκρινές, Harpokr. u. Suid. in ἀπονομή, und oben Anm. 66. und 101. Alle diese Belspiele aber, wo Μισθοῦσθαι von den Bergwerken vorkommt, sind in Spätern, den Grammatikern und Dionysios, enthalten. Bei den Alten ist dafür πωλεῖσθαι u. ὠνεῖσθαι.

115) Vgl. Aristoph. Wespen 657 ff.
116) Xenoph. v. Eink. 4, 49.

zum Empfange solcher berechtigte die Einschreibung ins lexiarchische Buch[117]). Als Themistokles aber das Athenische Volk bestimmte, statt dieser Verschleuderung die Summen zum Schiffbau im Kriege gegen die Aegineten anzuwenden, hatte jeder für seinen Theil zehn Drachmen erhalten sollen, wie Herodot angiebt[118]). Rechnet man mit diesem Geschichtsschreiber dreissigtausend Bürger in Athen, so betrug das Ganze funfzig Talente (68750 Thlr.); aber mit grösserer Sicherheit nehmen wir als Mittelzahl der erwachsenen Athener zwanzigtausend, so dass drei und dreissig und ein Drittel Talente ungefähr zu vertheilen waren, oder nach Sächsischem Gelde beinahe 46000 Thlr. Dass die Austheilung jährlich geschah, müsste man den Grundsätzen der Athenischen Verwaltung gemäss auch ohne das Zeugniss des Nepos[119]) glauben; an Ersparniss mehrerer Jahre ist also nicht zu denken, oben so wenig an einen blossen Ueberschuss; sondern alle Grubeneinkünfte des Staates wurden, weil sie zu keinem andern Zweck angewiesen waren, an die Glieder der Volksgemeine vertheilt[120]). Vorausgesetzt nun, dass unter diesen Einkünften keine Kaufgelder in Besitz gegebener Bergstücke begriffen und die Einkünfte eines ganzen Jahres gemeint sind, so würde damals die Ausbeute jährlich über achthundert Talente (1,100,000 Thlr.) betragen haben: ich sage über achthundert, weil der Gewinn der Generalpächter bei der Rechnung nicht in Anschlag gebracht ist*). Aber nach Polyän[121]), dessen Darstellung ausführlicher ist, hätten die Athener wie gewöhnlich hundert Talente vertheilen wollen, welche die Bergwerke abgeworfen hatten, als

---

117) Demosthenes gegen Leochares 8. 1091.
118) VII, 144.
119) Themistokles 2.
120) Ich bemerke dies wegen einer Stelle des Aristides in der zweiten Platon. Rede, wo von Ueberschuss geträumt wird. Vgl. *Herald. Animadv. in Salmas. Observ. ad J. A. et H.* VI, 3, 9. Einige diese Geschichte betreffende Stellen späterer Schriftsteller übergehe ich, weil sie nichts Neues enthalten.
*) [Ueber die Ausbeute der Bergwerke macht Letronne gute, aber doch wohl zu berichtigende Bemerkungen: Mém. de l'Institut. Acad. des Inscr. et B. L. Bd. VI. S. 211 ff. Indessen ist sein Zweck polemisch gegen die Annahme grosser Bevölkerung in Attika.]
121) Strateg. 1, 30, 5. [Vgl. Staatsh. d. Ath. 1. 156.]

Themistokles es unternahm, ihnen dieses abzugewöhnen, und sie
beredete, den hundert reichsten Bürgern jedem ein Talent zu
geben, um davon ein Schiff zu stellen: würde das Schiff gut befunden, so sollte das empfangene Talent nicht wieder zurück-
gefordert, im entgegengesetzten Falle aber vom Empfänger er-
stattet werden: so hätten die Athener hundert vortreffliche und
schnelle Schiffe erhalten. Soll diese Erzählung als blosse Aus-
schmückung späterer Schriftsteller ganz verworfen werden? Leicht
könnte man hierzu geneigt sein, wenn man erwägt, dass bei
hundert Talenten Staatseinkünften aus den Bergwerken, die et-
wanigen Kaufgelder abgerechnet, eine jährliche Ausbeute von vier
und zwanzig hundert Talenten (3,300,000 Thlrn.) vorausgesetzt
würde: welches doch unglaublich ist, obgleich wir wissen, dass
viele Bergwerke im Alterthum, wie die Spanischen und Thasischen, einen hohen Ertrag gewährten. Aber konnte denn Herodot
annehmen, die Athener hätten von drei und dreissig oder funfzig
Talenten zweihundert Schiffe gebaut? oder konnten davon, um
der geringern Angabe zu folgen, auch nur hundert Trieren gestanden werden? und was machte man mit den Bergwerksgeldern
in den folgenden Jahren, da sie ferner nicht vertheilt werden
sollten[122])? Herodot meinte wohl, die zweihundert Schiffe wären
nicht aus den Einkünften eines Jahres, sondern in einer Reihe
von Jahren erbaut worden; und so müssen wir bei Polyän ebenfalls voraussetzen, die hundert Talente wären die Einkünfte mehrerer Jahre, welche man seit Themistokles Rath nicht mehr vertheilt, sondern aufgespart habe, um allmählich hundert Trierarchen jeglichem ein Talent zu geben. Diese Ansicht vereinigt beide
Erzählungen und ist ausserdem an sich am wahrscheinlichsten;
sogar dass nach Einigen hundert, nach Herodot zweihundert Schiffe
aus den Bergwerksgeldern gebaut werden, kann nach derselben
beides wahr sein, indem, wenn Themistokles Grundsatz längere
Zeit befolgt wurde, in einer grössern Reihe von Jahren die doppelte Anzahl von Schiffen angeschafft werden konnte, als dieje-

---

122) Plutarch Themistokl. 4. Auf den Nepos ist am wenigsten zu
geben, welcher sogar von einem Korkyräischen Kriege, statt des Aeginetischen, spricht.

nigen angeben, welche bloss auf die nächsten Jahre sahen. Wenn Diodor[133]) unter dem vierten Jahr der fünf und siebzigsten Olympiade von einem Gesetze des Themistokles spricht, dass jährlich zwanzig neue Trieren gebaut werden sollten, so ist dieses wahrscheinlich dieselbe Sache, und die Erzählung, welche sonst richtig sein mag, von diesem sorglosen Schriftsteller in spätere Zeit versetzt worden*).

Obgleich die Bergwerke kein freies Eigenthum sind, ist ihr Besitz doch sicher und kommt dem Besitz des freien Grundeigenthums am nächsten. Wahrscheinlich durfte daher die Erbpacht der Gruben nur solchen übertragen werden, welche zum Besitz von Grundeigenthum berechtigt waren, folglich nur Bürgern und Isotelen, nebst Proxenen; denn auch Isotelen können Eigenthümer von Grundstücken sein[124]), indem sie, die Hoheitsrechte ausgenommen, in allen Dingen den Bürgern gleichstehen: hingegen Fremde im engern Sinn (ξένοι) und Schutzverwandte (μέτοικοι) hatten weder in Athen noch irgendwo in Hellas das Recht des Grundeigenthums. Xenophon ist der Meinung, man sollte wenigstens einzelnen Schutzverwandten, welche würdig schienen, das Recht geben, Häuser zu bauen und Eigenthümer derselben zu sein[125]); woraus hinlänglich erhellt, dass sie gesetzlich davon ausgeschlossen waren: das Recht des Grundbesitzes pflegt zugleich mit dem Bürgerrecht der Isopolitie oder der Proxenie durch Volksbeschluss ertheilt zu werden[126]). Daher kann ein Schutzverwandter auf Grundeigenthum kein Capital mit Sicherheit aus-

---

123) XI, 43.
*) [Ueber die Zeit des Schiffbaues handelt Finck de Themistoclis aetate S. 20 ff. Seine Meinung ist von der meinigen nicht wesentlich verschieden und ich verstehe nicht, was er gegen mich sagt.]
124) Lysias gegen Eratosth. S. 395. wornach Lysias und Polemarch, beide Isotelen, drei Häuser besassen.
125) Vom Eink. 2. zu Ende.
126) [S. den, wenn auch unsicheren,] Volksbeschluss der Byzantier bei Demosth. v. d. Krone [256.] u. die aus Inschriften gezogenen Beschlüsse, welche Taylor daselbst anführt, Gruter S. CCCCXIX, 2. Beschluss der Arkader in Kreta bei Chishull Asiat. Alt. S. 119. [Corp. Inscr. Gr. No. 3052. vergl. 2558.], der Chalcier in Böotien bei Chandler Marm. Oxon. II, XXIX, 1. [Corp. Inscr. Gr. No. 1567.] und sonst häufig in Steinschriften. [Vergl. Staatshaushalt. d. Ath. Bch. I, Cap. 24.].

leihen, indem er ausser Stand ist es einzufordern, ehe er Bürger wird [127]); es sei denn, dass die Volksgemeine dazu ermächtige, wie Byzanz, um seiner gewöhnlichen Geldnoth abzuhelfen, den Schutzverwandten die Berechtigung gab, die Grundstücke, welche ihnen verpfändet waren und deren Eigenthum sie nimmermehr anders hätten erhalten können, zu erlangen, wenn sie den dritten Theil ihrer Schuldforderung an die öffentliche Casse bezahlten [128]). Dass nun ausser den Bürgern Isotelen in Besitz von Gruben gesetzt wurden, sehen wir aus Xenophon [129]): die Attische Volksgemeine gab sogar die dazu erforderliche Isotelie, welche eine Vergünstigung und keine Belästigung ist, denjenigen der Fremden oder Schutzverwandten, welche Bergwerke vom Staat übernahmen, zur Aufmunterung von selbst, weil es wesentlich vortheilhaft für die Einkünfte war, wenn viele Bergwerke gekauft und gebaut wurden, und folglich der Zutritt soviel als möglich erleichtert werden sollte: aber ohne zugleich Isoteles zu werden, konnte kein Schutzverwandter oder Fremder eine Grube in Erbpacht erhalten, obgleich ihnen die Zeitpacht der Gefälle verstattet war [130]). Uebrigens mag die Anzahl der Bergwerksbesitzer ziemlich bedeutend gewesen sein: In der Rede gegen Phänippos werden sie als eine besondere Klasse der Erwerbenden mit den Ackerbauern zusammengestellt. Sie hatten theils einzelne oder wenige Grubenantheile, wie Timarch, Pantänetos und andere, theils viele zusammen, wie Nikias, Diphilos, Kallias Kimons Schwager, deren Reichthum auf den Bergwerken beruhte. Der Werth einzelner Stücke oder Werkstätten (ἐργαστήρια) war verschieden. Pantänetos kaufte eine vom Staat für neunzig Minen (2062½ Thlr.) [131]);

---

127) Demosth. f. Phormion §. 946. 4. ὁρῶν ὅτι μήπω τῆς πολιτείας αὐτῷ παρ' ὑμῖν οὔσης οὐχ οἷός τε ἔσοιτο εἰσπράττειν ὅσα Πασίων ἐπὶ γῇ καὶ συνοικίαις δεδανεικὼς ἦν.

128) Der sog. Aristoteles im zweiten Buch v. d. Oekonomie.

129) V. Eink. 4, 12. παρέχει γοῦν (ἡ πόλις) ἐπὶ ἰσοτελείᾳ καὶ τῶν ξένων τῷ βουλομένῳ ἐργάζεσθαι ἐν τοῖς μετάλλοις. Ἐργάζεσθαι ἐν τοῖς μετάλλοις ist der gewöhnliche Ausdruck von den Besitzern. Die Stelle 4, 22. führe ich nicht an, weil dort blosse Zeitpächter gemeint sein können.

130) Plutarch Alkib. 5.

131) Demosth. gegen Pantän. S. 973. 5.

ebenderselbe hatte auf eine andre nebst dreissig Sklaven hundert und fünf Minen aufgenommen, nämlich auf die Sklaven von Nikobulos fünf und vierzig Minen, auf das Bergwerk von Energos ein Talent (1375 Thlr.), wofür es von einem andern Privatmanne gekauft war [131]. Bald wird gesagt, es sei nicht mehr gewesen, bald das Gegentheil, und nachher soll es zusammen mit den Sklaven für zweihundert und sechs Minen verkauft worden sein [133]. Der gewöhnliche Preis scheint allerdings ein Talent. So muss der Bergwerksinhaber, welchem die Rede gegen Phänippos geschrieben ist, als die Grube, an welcher er Antheil hatte, dem Staate verfallen war, drei Talente erlegen, für jeden Antheil ein Talent, weil er das eingezogene Gut wieder an sich bringen will [134]. Wie hier mehrere Theilnehmer an einer Grube vorkommen, so auch anderwärts [135]; in der Regel scheint aber diese Gemeinschaft nur eine solche gewesen zu sein, dass mehrere zusammentraten, um ein neues Werk zu eröffnen, nachher aber, wenn erzhaltige Stellen gefunden waren, der Raum in verschiedene Werkstätten getheilt wurde, welche alsdann von vielen unabhängig gebaut wurden, indem jeder einen abgesonderten Theil besass. So trugen also diese Theilnehmer nur so lange Kosten und Schaden gemeinsam, bis sie, was sie suchten, gefunden hatten: doch kann dieses nicht vor Xenophons Schrift vom Einkommen geschehen sein, in welcher [136] zuerst der Rath gegeben wird, zur Unternehmung neuer Werke Gesellschaften zu bilden, welche Glück und Unglück theilten: der verständige Vorschlag scheint Eingang gefunden zu haben. Indessen fand auch eine Gemeinschaft mehrerer in Betreibung einer einzigen Werkstätte statt [137]. An den

---

132) Ebendas. S. 967, 8. 972. 21.
133) Ebendas. S. 981, 8. und S. 970. 3. S. 975. 21.
134) S. 1039. 20. καὶ τοὐλεύταῖον τὸν ἐπὶ Θρᾷ τῇ πόλει τρία τάλαντα καταθεῖναι, τάλαντον κατὰ τὴν μερίδα· μετέσχον γὰρ, ὡς ἡμῖν ἄφιλον, κἀγὼ τοῦ δημευθέντος μετάλλου.
135) Vgl. Demosth. gegen Pantänet. S. 977. 21. S. 969. 11. (Hyperides für Euxenippos S. 15 f. Ausg. v. Caesar.)
136) 4, 32.
137) Wie zu schliessen aus Dem. gegen Pantän. S. 969. 11. Wenn die Grammatiker das Wort ἀνοσορή erklären wollen, sind sie ungewiss, ob darunter der Antheil des Staates am Ertrag der Bergwerke, oder

122 Gränzen der vom Staate gekauften Grubenantheile mussten Bergfesten stehen gelassen werden, wie wir bereits gesehen haben.

Wie bei allen andern Gewerben, so wurde beim Bergbau die Handarbeit von Sklaven verrichtet [138]. Dass freie Bürger in Hellas auch nur von Tyrannen gezwungen Berg- oder Hüttenarbeit gethan hätten, wie behauptet wird, ist unerweislich [139]. Die Römer verurtheilten von Staatswegen zu Sklaven gemachte Verbrecher zum Grubenbau, wie solche in die Sibirischen Bergwerke geschickt werden: in Athen ist diese Strafe ungedenkbar, weil das gemeine Wesen keinen Bergbau auf seine Rechnung oder durch Verpachtung auf eine Reihe Jahre sammt den Arbeitern treibt, welches nur Privatpersonen thun. Wohl aber konnte der Sklave von seinem Herrn, wie mit Arbeit in der Mühle, so durch Verstossung in die Bergwerke bestraft werden: und allerdings wurden in der Regel nur schlechtere Sklaven zum Bergbau gebraucht, Barbaren und Missethäter. Ihr Zustand war freilich so furchtbar nicht, wie in den Aegyptischen Bergwerken, wo die dazu verdammten Arbeiter ohne Rast angestrengt wurden, bis sie erschöpft den Geist aufgaben: aber ungeachtet in Attika der Freiheitsinn selbst auf Sklavenbehandlung einen milden und wohlthätigen Einfluss gehabt hatte, sollen doch Myriaden dieser Unglücklichen gefesselt in den ungesunden Gruben geschmachtet haben [140]. Bei dieser Herabwürdigung der Menschheit fühlte aber der Athener so wenig als

---

derjenige, welchen jeder von mehreren Theilnehmern am Gewinn hatte, zu verstehen sei. Wäre letzteres richtig, so müsste hierbei an gemeinsamen Betrieb einer und derselben Werkstätte gedacht werden. Harpokration, und aus ihm Suidas, in ἀπονομῆ· ἡ ἀπόμοιρα, ὡς μέρος τι τῶν περιγιγνομένων ἐκ τῶν μετάλλων λαμβανούσης τῆς πόλεως· ἢ ὡς διαιροῦμενον εἰς πλείους μισθωτούς (ἤτοι μισθωτάς, Erbpächter) ἵν' ἕκαστος λάβῃ τι μέρος. Δείναρχος ἐν τῷ πρὸς τοὺς Λυκούργου παῖδας πολλάκις.

138) Diese sind die *familiae* bei Vitruv VII, 7. wo Schneider nachzusehen.

139) Das Beispiel, welches Reitemeier S. 73. anführt, ist nicht Hellenisch, sondern bezieht sich auf einen Persischen Satrapen Pythios oder Pythes von Kelänae in Phrygien, welcher einen ungeheuern Goldschatz gehabt haben soll. S. Herod. VII, 27 ff. u. dort die Ausleger.

140) Athenäos VI, S. 272 E. [Vergl. Staatshaush. d. Ath. I. S. 68*] Plutarch Vergleichung des Nik. und Crassus im Anfang.

irgend ein Volk des Alterthums jemals eine Regung des Mitleids; vergeblich suchen wir in den geselligen Verhältnissen der Hellenen Spuren der Humanität, welche ihre Wissenschaft und Kunst athmet: wie das weibliche Geschlecht unwürdig behandelt ward, wie gegen Ueberwundene Schonung eine seltene Ausnahme machte, so unterdrückte auch gegen die Sklaven Gewöhnung von Jugend auf jede menschliche Empfindung. Kein Weiser des Alterthums, nicht einmal Sokrates, findet Anstoss an der Sklaverei: Platon will im vollkommenen Staate nur keine Hellenen zu Sklaven gemacht wissen: Aristoteles begründet das bestehende Verhältniss scheinbar wissenschaftlich. Aber wer wollte den Alten diese Hartherzigkeit nicht verzeihen, welche mit ihren Sitten und Grundsätzen, ihrer Religion, ihrem Gewissen und Völkerrecht übereinstimmt, wenn, nachdem das Christenthum die Herrschaft sanfterer Gefühle und Gesinnungen verbreitet hat, nachdem die sittlichen, religiösen und völkerrechtlichen Ansichten Sklaverei verwarfen, die Europäischen Völker sich nicht schämten, dasselbe Verhältniss wieder einzuführen, und noch in Friedensschlüssen darüber markten und dingen? Wie in Italien und Sicilien, wie in der neuen Welt, war Empörung dieser Sklavenhorden in Hellas weder selten noch ohne Gefahr. Nach Posidonios, dem Fortsetzer der Polybischen Geschichten, ermordeten die Bergsklaven in Attika ihre Wächter, bemächtigten sich der Feste von Sunion und verheerten von hier aus das Land geraume Zeit; ein Vorfall, welcher, wenn Athenäos sich richtig ausdrückte, in die Zeit des sogenannten ersten Sicilischen Sklavenkriegs gesetzt werden müsste, ums Jahr der Stadt 620, als die Römer dieser Insel schon geboten[141]), wahrscheinlich aber ans Ende der einundneunzigsten Olympias gehört, um welche Zeit im Dekelischen Kriege den Athenern mehr als zwanzigtausend Sklaven, meist Handwerker, entliefen[142]). Doch möchte Sunion damals schwerlich ein haltbarer Ort gewesen sein, weil Thukydides sonst die Einnahme desselben durch die Sklaven nicht würde übergangen haben; erst im vierten Jahr der einundneunzigsten Olympiade wurde es zur Sicherung der Getreide-

---

141) Athen. a. a. O. n. dort Schweighäuser.
142) Thukyd. VII, 27.

ausfuhr befestigt, wahrscheinlich nachdem es eben den Sklaven erst entrissen war, deren Verheerungen wohl kaum über einen Sommer hinaus dauerten. Uebrigens waren die in den Gruben arbeitenden Sklaven theils den Bergbauern eigenthümlich, theils gemiethet gegen einen dem Herrn zu leistenden Miethlohn (ἀποφορά)[143]; die Verköstigung fiel dem Miether anheim. Der Kaufpreis der Sklaven war der körperlichen und geistigen Beschaffenheit nach sehr verschieden, von einer halben Mine (11 Thlr. 11 Gr.) bis fünf und zehn (114 Thlr. 14 Gr. und 229 Thlr. 4 Gr.): ein gewöhnlicher Bergwerksklave aber kostete nicht, wie Barthélemy behauptet, zu Athen drei bis sechs Minen, sondern in Xenophons und Demosthenes Zeitalter nur hundert fünf und zwanzig bis hundert und fünfzig Drachmen (28 Thlr. 15½ Gr. bis 34 Thlr. 9 Gr.)[144]. Wenn Niklas, Nikeratos Sohn, einen Aufseher über die Bergwerke, wie er ihn haben wollte, sogar mit einem Talent bezahlt haben soll[145], so ist darunter ein solcher zu verstehen, welchem er wegen grosser Redlichkeit und Einsicht das ganze Geschäft überlassen konnte, um keines Pächters noch eigener Besorgung zu bedürfen, das ist ein solcher, der gewiss fast nicht zu bekommen war; hieraus folgt also nichts für den gewöhnlichen Preis. Da nun Sklaven weder theuer zu kaufen noch kostbar zu unterhalten waren, wurde durch die Sklaverei der Bergbau erleichtert: aber weil grösstentheils allein Zwang und Furcht sie zur Arbeit brachte und wenig Aufmunterung gegeben war, musste die Kunst des Bergbaues leiden, abgerechnet das wenige, was freie Aufseher oder Vorsteher thaten; und das Edle, was der Bergbau in neuern Zeiten hat, ging gänzlich verloren. Durch das Miethen der Sklaven floss der Gewinn in mehrere Hände, und auch solche, welchen es sonst an Vorschuss für ein so kostspieliges Geschäft gefehlt haben würde, wurden in den Stand gesetzt, Gruben zu übernehmen.

---

143) Andokid. v. d. Mysterien 8, 19.
144) Dieses ist durch Algebra aus Xenophon v. Eink. 4, 23. und durch einen leichtern Schluss aus Demosthenes gegen Pantän. 8, 967. herauszubringen. Letztere Stelle ist oben schon berührt worden; mehr über die verschiedenen Sklavenpreise anderwärts. [Staatsh. d. Ath. Buch I. Cap. 13.]
145) Xenoph. Denkw. d. Sokr. II, 5, 2.

Manche hatten eine bedeutende Sklavenmenge in den Bergwerken. Nikias, der berühmte und unglückliche Feldherr, nicht der jüngere, wie man sonderbar ausgesonnen, hatte dort nicht weniger als tausend, Hipponikos der dritte, Kallias des Fackelträgers Sohn, sechshundert, Philemonides dreihundert, andere jeglicher nach seinen Umständen [146]). Diese reichen und angesehenen Männer hatten dieselben an Unternehmer verpachtet, welche ärmere Bürger, Isotelen, Freigelassene, Schutzverwandte [147]), vielleicht auch manchmal den Besitzern eigene Sklaven sein mochten, unter der Bedingung, dass der Pächter ausser der Beköstigung der Sklaven von jedem Kopf täglich einen Obolos (11 Pf.) ohne allen Abzug erlege und die Anzahl stets vollständig erhalte und zurückliefere. So empfing Nikias von Sosias dem Thraker täglich eine Mine und zwei Drittel (38 Thlr. 4 Gr. 8 Pf.), Hippouikos eine Mine (22 Thlr. 22 Gr.), Philemonides halb so viel. Unter derselben Bedingung waren nach Xenophon [148]) auch in seiner Zeit noch viele Sklaven in die Gruben verpachtet*). Dass jedoch jenes bedeutende Pachtgeld bloss für die Sklaven bezahlt wurde, finde ich unwahrscheinlich. Rechnet man nämlich dreihundert und fünfzig Arbeitstage (und Xenophon, wo er den jährlichen Gewinn von sechstausend Bergsklaven angiebt, nimmt sogar dreihundert und sechzig an, indem er die Schaltmonate in die gewöhnlichen Jahre vertheilt und nur fünf freie Tage abzieht)**), nimmt man ferner als Mittelpreis eines gewöhnlichen Bergsklaven hundert und vierzig Drachmen an, so würde der Sklave fast fünfzig vom Hundert ($47\frac{1}{7}$) seines Werthes Ertrag geben: welches, in Vergleichung mit dem weit geringern Vortheil,

---

146) Xenophon v. Eink. 4, 14. und daraus Athen. VI, S. 272 E. (Staatshaush. d. Ath. I. S. 088 ff.]

147) Vgl. Xenophon a. a. O. 4, 22.

148) A. a. O. 4, 16.

*) [Diese Bergwerke sind natürlich die Attischen, wie man aus Xenoph. sieht, der ja nur von den Att. handelt; sehr ungeschickt hat jemand es auf Thrakische beziehen wollen, weil der Pächter ein Thraker war; natürlich ein μέτοικος.]

**) [Dies ist Hypothese; Xen. rechnet rund fürs ganze Jahr von 360 Tagen. Es wurde wohl auch für die Festtage an die Sklaven bezahlt. S. meine chronol. Abh. in den Schr. d. Akad. v. J. 1816 S. 377. ff.]

den bessere Handwerksklaven ihren Herrn gewähren, unverhältnissmässig zu viel ist, ungeachtet letzteren die Besitzer die zu verarbeitenden Stoffe liefern [149]), zwar gegen Bezahlung ohne Zweifel, aber doch immer mit Aufwand eines Capitals, dessen Zinsen sie wieder herausschlagen müssen. Sollte ein Bergbauer wie Sosias der Thraker nicht lieber ein Capital aufgenommen haben, um Sklaven zu kaufen, als dass er in einem zweijährigen Zeitraum den ganzen Werth derselben als Miethsgeld bezahlte? Konnte er gegen Bürgschaft Sklaven pachten, so würde er Bürgen auch für eine Geldsumme gefunden haben. Der Ertrag der Sklaven musste allerdings viel höher sein als vom baaren Gelde, weil vor ihrem Ableben ausser den Zinsen das Capital wieder herausgeschlagen werden muss; und da der gewöhnliche Zinsfuss schon zwölf vom Hundert ist, so musste der Sklave mehr als zwölf vom Hundert abwerfen: aber wie ungeheuer ist der Sprung auf beinahe funfzig! Sollte es also nicht wahrscheinlicher sein, dass Niklas und andere, welche unter der genannten Bedingung Sklaven in die Bergwerke vermietheten, nicht für erstere allein, sondern zugleich für die Gruben, als Besitzer der letztern, täglich einen Obolos von jedem Kopf als Pachtgeld zogen? Ein Beispiel solcher Verpachtung der Bergwerke sammt Sklaven liefert die Rede gegen Pantänetos; dreissig Sklaven nebst der Werkstätte werden gegen die Zinsen eines Capitals von hundert und fünf Minen verpachtet, zwar eigentlich zum Schein, indem jenes Capital in Wahrheit nur darauf ausgeliehen war, wie unten erhellen wird: aber was einmal zum Schein gethan wird, muss wirklich Sitte sein *). Und war Niklas nicht Besitzer vieler Bergwerke? Bemerkt doch Plutarch [150]), derselbe habe sein Vermögen in diesem gefahrvollen Geschäft stecken gehabt. Wer wird diese Aussage auf Sklavenvermiethung beziehn, bei welcher durchaus keine Gefahr gedenkbar ist, da der Miether die Anzahl jederzeit vollständig zurückliefern muss und dafür Bürgen stellt? Wozu hätte sich

---

149) Demosth. gegen Aphob. I. S. 816. Aeschines gegen Timarch. S. 118., welche Stellen ich anderwärts genauer erwägen werde. [Staatshaush. d. Ath. Bd. I, S. 102 f.]

*) [Vergl. Staatsh. d. Ath. I. S. 199.]

150) Niklas 4. und Vergl. des Nik. und Crassus im Anfange.

Niklas einen Aufseher der Bergwerke für ein ganzes Talent kaufen sollen, wenn er nicht eignen Bergbau trieb? Selbst seinen Wahrsager soll er dazu nicht weniger als wegen der Staatsangelegenheiten unterhalten haben; wegen der Bergwerke opferte er täglich, und zu ihrem Betrieb hatte er seine Sklavenheerden angeschafft. Aber die eigene Verwaltung mag dem vielbeschäftigten Staatsmann und Feldherrn, zumal bei seinem ängstlichen Wesen, lästig geworden sein, und er entledigte sich derselben durch Verpachtung von Gruben und Sklaven: eine Annahme, welche wenigstens wahrscheinlicher und einfacher ist, als die andere, die allein noch übrig bliebe, dass Niklas neben den Sklaven, welche seine eigenen Bergwerke betrieben, noch tausend andere bloss zum Vermiethen gehalten habe! So dürfte also ein Theil des Pachtgeldes, welches dem Niklas gegen zehn Talente (13750 Thlr.) jährlich abwarf, auf die Bergwerke gerechnet werden. Wenn Xenophon dem Staate vorschlägt, dieselben Vortheile von Sklavenverpachtung zu ziehen, so setzt er wahrscheinlich eine damit verbundene Pacht solcher Gruben voraus, welche noch nicht in Erbpacht gegeben sind; wobei sich von selbst versteht, dass der Pächter, welcher das Metall gewinnt, ausserdem die Silberrente bezahlte, die auch Niklas und die andern Vermiether ebendemselben ohne Zweifel zuschoben.

So lange die reichern Erze nicht abgebaut waren, mochte der Bergbau den Besitzern ausserordentlich vortheilhaft sein, zumal da die Preise der Lebensmittel gegen das Metall niedrig standen*). Wenn nach Nikeratos Tode, welcher seinen Vater Niklas beerbt hatte, sich weniger Vermögen gefunden haben soll, als erwartet wurde, so galt dessen Vater doch für einen der reichsten Bürger: das Vermögen des Diphilos, eines andern Bergwerksbesitzers, der freilich widerrechtlich selbst die Bergfesten antastete, betrug bei der Einziehung hundert und sechzig Talente (220000 Thlr.)[151]: ein Reichthum, welcher für Athen und das

---

*) [S. Staatsh. d. Ath. I, S. 86 ff.]
151) Leben der zehn Redner im Plutarch Bd. VI. S. 252. Von Diphilos Vermögen erhielt jeder Bürger funfzig Drachmen, welches 19200 Bürger voraussetzt, vollkommen übereinstimmend mit den bewährtesten

Zeitalter des Lykurg sehr beträchtlich ist: und gewiss war in Diphilos Händen sein Vermögen noch grösser, indem eingezogene Güter selten unbeschnitten an den Staat kamen, und unter dem Preise verschleudert wurden. Jener Kallias, von unedler Geburt und nicht aus Phänippos berühmtem Hause, der aus Liebe zu Kimons Schwester und Gattin Miltiades Busse von fünfzig Talenten tilgte, hatte seinen Reichthum gleichfalls aus den Bergwerken gewonnen [152]): sein Enkel könnte jener Kallias sein, welchen die Erfindung der Zinnoberbereitung bekannt machte, der also in eigener Person sich um den Bergbau bemühte, und folglich gewiss nicht der verschwenderische Kallias Hipponikos Sohn ist, noch überhaupt aus dem vornehmen und stolzen Hause, wie Schneider zu glauben scheint*). Zu verwundern ist indess nicht, dass besonders in spätern Zeiten, als die Erze ärmer wurden, viele Bergwerksbesitzer Schaden litten, zumal da der Grubenbau in Ermangelung des Pulvers schwierig war, die Maschinerie unvollkommen und geringfügig, und das Hüttenwesen so schlecht eingerichtet, dass viel edles Metall verloren ging. Zur Zeit als Xenophon über das Einkommen schrieb, waren die meisten Bergwerksbesitzer Anfänger, denen es an Vorschuss fehlte, um gleich den frühern neue Werke anzulegen, obgleich dies wie zuvor unter den gesetzlichen Bedingungen frei stand [153]): jedoch vermehrte man damals noch die Arbeiter [154]). Bald nachher unter Demetrios dem Phalerer fehlte es wenigstens an gutem Willen nicht, Mühe und Aufwand daran zu setzen, welchen die menschliche Habsucht stets rege erhält. Sie gruben so eifrig, sagt Demetrios, als glaubten sie den Pluton selbst heraufzuholen, aber sie erhielten gewöhnlich nicht was sie hofften; und was sie hatten, verloren sie [155]): daher man endlich das Graben in der Erde ver-

---

Ausgaben. Die Worte des Textes ἢ ὥς τινες μᾶν verdienen keine Betrachtung, sie mögen eingeschoben oder ächt sein.

152) Plutarch Kimon 4. Nepos Cimon 1. Schneiders nachher berührte Meinung s. zu Xenoph. v. Eink. 4, 15.

*) [Epikrates von Palleno soll 300 Talente aus Bergwerken gewonnen haben. Hyperides für Euxenippos S. 17 f. der Ausg. von Caesar.]

153) Xenoph. a. a. O. 4, 23.

154) Ebendas. 4, 4.

155) S. Demetrios und aus diesem Posidonios b. Strabo III. S. 101

[147.]

liess und noch allein die Schlacken und das weggeworfene Gestein [129] benutzte. Ausser der nothwendigen Holzzufuhr, wozu wohl der Thorikische Hafen, der andere von Anaphlystos und die beiden von Sunion gebraucht wurden, vertheuerte in schlimmen Zeiten der erhöhte Getreidepreis den Bergbau. Auf die meisten erzreichen Gegenden hat die Ordnung der Natur den Fluch gelegt, Mangel an Getreide zu haben [156]: Athen als Markt von Hellas deckte denselben in seiner Blüthe durch Zufuhr: aber wenn die Seekriege sie hemmten, was besonders seit dem Verlust der Meerherrschaft häufig war, oder weil verbreiteter Misswachs eine Steigerung der Preise hervorbrachte, litten die Bergbauer am härtesten, da sie ganze Familien von Sklaven zu unterhalten genöthigt waren. Kostete der Medimnos Getreide, beinahe ein Berliner Scheffel, unter Solon in Athen eine Drachme (5 Gr. 6 Pf.), in Sokrates und Aristophanes Zeiten zwei bis drei, und unter Demosthenes schon fünf bis sechs Drachmen (1 Thlr. 3 Gr. 6 Pf. bis 1 Thlr. 9 Gr.) ohne besondere Theurung, so wurde der Preis im letzteren Zeitraum sogar so hoch getrieben, dass die Gerste achtzehn Drachmen (4 Thlr. 3 Gr.) galt [157]. Jetzt verunglückten selbst solche Bergbauer, welche vorher ihr Gewerbe mit Vortheil getrieben hatten: der Staat soll ihnen zu Hülfe gekommen sein, wir wissen nicht mit welchen Mitteln [158]: aber wir hören doch, dass Bergwerke um diese Zeit eingezogen wurden [159], ohne Zweifel, weil die Besitzer ausser Stand waren, ihre Verpflichtungen gegen den Staat zu erfüllen, während, wie der Verfasser der Rede

---

Athen. VI. S. 233 D. vgl. Diodor V, 37. Demetrios Ausdruck enthielt ein Räthsel, ähnlich dem Homeridischen vom Läusefang: s. d. Ausleger der genannten Schriftsteller, besonders Casaubonus zu Strabo; da aber das Räthselhafte darin selbst ein unauflösliches Räthsel ist, habe ich oben nur den ungefähren Sinn übertragen können.

156) Ein Beispiel geben die Alten an Thasos (s. Archilochos bei den Auslegern zu Herod. VI, 46.) und dem glückseligen Spanien: wo nur wenige Orte eine Ausnahme machten: Plin. XXXIII, 21. Strab. III, S. 146. [Cas. 2. Ausg.]

157) Rede gegen Philippos S. 1039. 18. S. 1044. an Ende. S. 1045. im Anf. S. 1049. zu Ende. [Staatsh. d. Ath. Bd. I, S. 134.]

158) Ebendas. S. 1018, 27.

159) Ebendas. S. 1039, 20 ff.

gegen Phänippos sagt, die Ackerbauer über die Gebühr sich bereicherten.

Ich wende mich endlich zur Betrachtung einiger rechtlichen Verhältnisse in Bezug auf den Grubenbesitz. Da die Volksgemeine das Eigenthum der Bergwerke hat, so durfte kein Bergstück ohne Anzeige an die öffentliche Behörde gebaut werden; geschah dieses dennoch, so fand gegen den Thäter, als Verletzer des Staates, die jedem freistehende Klage eines uneingeschriebenen Bergwerkes ($ἀγράφου$ $μετάλλου$ $δίκη$) statt[160]; die Klage konnte aber auch durch Anbringung der Sache bei der Volksversammlung selbst ($προβολή$) anhängig gemacht werden[161]. Kaufte jemand gesetzmässig vom Staate einen Antheil, so muss derselbe in der bestimmten Frist das Einstandsgeld erlegen; versäumt er sie, so tritt gegen ihn das gewöhnliche Verfahren gegen öffentliche Schuldner ein, zunächst also Ehrlosigkeit, nach Befinden Gefängniss, ferner Einschreibung mit dem doppelten[162], und wenn die verdoppelte Schuld nicht eingezahlt wurde, Einziehung des Vermögens, mit Vererbung auf die Kinder, bis die Summe getilgt war. Wenn ein Bergwerksbesitzer die Metallrente nicht abtrug, so konnte natürlich der Generalpächter eine öffentliche Klage gegen ihn einreichen; aber das Verfahren gegen den Beklagten musste von dem gewöhnlichen gegen Staatsschuldner in so fern verschieden sein, als das gemeine Wesen in jenem Falle vernünftiger Weise nur das Bergwerk, wovon das Vierundzwanzigstel nicht erlegt würde, nicht das gesammte Vermögen des Schuldners in Anspruch nahm; indem die Verpflichtung zur Erlegung des Kaufpreises auf der Person, und dadurch auf dem ganzen Vermögen des Schuldners beruht, die Verbindlichkeit der Bezahlung der Abgabe aber auf dem Besitz des Bergwerkes allein: daher gewiss

---

160) Suidas und Zonaras in $ἀγράφου$ $μετάλλου$ $δίκη$: Εἴ τις οὖν ἐδόκει λάθρα ἐργάζεσθαι μέταλλον, τόν μὴ ἀπογραψάμενον ἐξῆν τῷ βουλομένῳ γράφεσθαι καὶ ἐλέγχειν. [Ein Beispiel s. bei Hyperides für Euxenippos 8, 15 f. Anag. v. Caesar.]

161) S. Taylor Vorr. zu Demosth. g. Meid. [p. 169.] der dieses aus einer Cambridger Handschrift berichtet, welche Zusätze zum Harpokration enthält [herausg. v. Dobree als Anh. z. Photios]. (Vgl. Staatsh. d. Ath. I, 492*.)

162) Demosth. g. Pantänet. S. 973. oben.

auch keine Gefängnisstrafe bei säumiger Zahlung der Rente eintrat. Ein klares Beispiel von Einziehung eines Bergwerkes, woran mehrere Theil hatten, ohne dass das übrige Vermögen der Besitzer dem Staate verfiel, giebt die Rede gegen Phänippos[163]); denn der Sprecher besitzt ausser dem, was ihm entrissen war, noch anderes Vermögen, welches er dem Phänipp zum Umtausch anbietet, ja sogar noch andere Bergwerke[164]), welche keineswegs zugleich mit jenem dem Staate zugefallen waren. Nur unter besonders beschwerenden Umständen mochte der Staat gegen solche, welche die Rente nicht erlegten, härtere Strafen eintreten lassen, da vermöge der Natur solcher Rechtshändel die Bestimmung der Busse in den Händen der Richter lag. Ueberall nämlich beim Bergwesen, wo der Staat verletzt schien, war die Klage eine öffentliche und zwar meistens eine Phasis, wie bei Verletzung des Staats im Emporium, Unterschlagung oder Vorenthaltung öffentlichen Eigenthums, Zoll und Gefällsachen, Sykophantie und Vervortheilung der Waisen, welche unter unmittelbarem Schutz der Regierung stehen[165]). Hieher gehört insonderheit das Untergraben oder Wegbrechen der Bergfesten[166]), wodurch die Sicherheit der Gruben gefährdet und zugleich die Gränze verrückt wurde. Nun hatte aber das Gesetz für einen grossen Theil der öffentlichen Verbrechen und namentlich alle durch Phasis verfolgte Vergehen keine bestimmte Strafe festgesetzt; sondern der Kläger bestimmte sie in seiner Eingabe, und der Beklagte machte eine Gegenschätzung ($\mathring{α}ντιτίμησις$), worauf der Gerichtshof nach Gutbefinden entschied, ohne an die Meinungen der Parteien über die Busse gebunden zu sein; die Strafe konnte aber nicht allein auf Geldbussen, Ehrlosigkeit oder Verbannung, sondern sogar auf Hinrichtung gesetzt werden, wie Diphilos wegen des begangenen Bergwerkverbrechens mit dem Tode bestraft und sein Vermögen eingezogen wurde. Die Phasis wurde nach Pollux beim Archon, worunter der Eponymos zu verstehen, eingegeben; indessen ist

---

163) S. 1039. 22.
164) Siehe S. 1044.
165) Pollux VIII, 47. Epitome des Harpokr. bei den Ausl. des Pollux, Etymol. Photios und Suidas in φάσις, Lex. Seg. 8. 313. 315.
166) Lex. Seg. 8. 315. φάσις: μήνυσις πρὸς τοὺς ἄρχοντας κατὰ τῶν ὑποφυτιόντων τὸ μέταλλον. Vgl. Phot. a. a. O.

dieser keineswegs der Vorsitzer des Gerichtshofes (ἡγεμὼν δικαστηρίου) in Bergwerkssachen; entweder muss also angenommen werden, der Eponymos habe jede Phasis angenommen, und sie alsdann der Behörde, welche dem Gericht vorstand, zugetheilt, oder Pollux Behauptung auf die Phasis in Waisensachen beschränkt werden, welche der Eponymos allerdings einleitete [167]. Alle Bergwerksprozesse, mögen sie nun durch Phasis oder auf andere Art angefangen worden sein, werden von den Thesmotheten eingeleitet [168]: den hiezu bestellten Gerichtshof nennt ein Grammatiker das Berggericht [169]. Die Rede gegen Pantänetos ist eine Paragraphe gegen eine Bergwerksklage; aus ihr erhellt, dass ein Prozess, wie der von Pantänetos als Bergwerkssache anhängig gemachte, unter die monatlichen (δίκας ἐμμήνους) gehörte [170], das ist, binnen einem Monat entschieden werden musste, ohne Zweifel damit der Bergbauer nicht von seinem Geschäft zu lange abgezogen würde: eine Begünstigung, welche den Bergprozessen, wie den Rechtshändeln über Handelssachen (δίκαις ἐμπορικαῖς) und Streitigkeiten über Mitgift und zwischen Eranisten (ἐρανικαῖς δίκαις) [171] zugestanden war. In Handelssachen jedoch, und vermuthlich auch in allen übrigen, war diese Einrichtung erst eingeführt nach Xenophons Schrift vom Einkommen, worin vorgeschlagen wird, Handelsprozessen einen rascheren Rechtsgang zu geben: in den Philippischen Zeiten werden die monatlichen Prozesse als etwas ehemals nicht vorhandenes und neu eingeführtes erwähnt [172].

Zu den Bergwerksprozessen gehörten alle den Bergbau, namentlich die Gemeinschaft der Gruben betreffende Rechtshändel, und wessen sonst das Berggesetz (μεταλλικὸς νόμος) erwähnte [173].

---

167) Pollux VIII, 89. u. andern.
168) Demosth. g. Pantän. S. 976, 18. Pollux VIII, 88.
169) Μεταλλικὸν δικαστήριον, im Inhalt der Rede gegen Pantän. S. 965. 24.
170) Rede g. Pantän. S. 966. 17.
171) Pollux VIII, 63. 101. Harpokr. und Suid. in ἔμμηνοι δίκαι, Lex. Seg. S. 237. unten.
172) Xenoph. v. Eink. 3, 3. Rede über Halonesos S. 79. 18 ff.
173) Die einzige Stelle über die Gegenstände der μεταλλικῶν δικῶν ist bei Demosth. g. Pantän. S. 976. 977.

Ueber letzteres haben wir keine hinlänglichen Nachrichten: wir kennen nur vier Theile desselben, vom Ueberschreiten des Gebietes, vom Verjagen aus dem Geschäft, vom Unterbrennen und vom bewaffneten Angriff; beide letztere waren ohne Zweifel immer Gegenstand einer öffentlichen Klage, der erste wenigstens dann, wenn Staatsgebiet verletzt wurde; aber keineswegs waren überhaupt alle Bergwerksprozesse zu öffentlichen gemacht. Wenn Demosthenes sich richtig ausdrückt, so konnte das Gesetz sogar nur diese vier Punkte enthalten [174]; aber Sachen, welche die Gemeinschaft der Gruben betreffen, gehörten doch auch unter die Bergwerksprozesse [175], und von ihnen ist nichts in jenen vier Theilen enthalten, man müsste denn annehmen, dass die Gesetze vom Ueberschreiten des Gebietes und vom Vertreiben aus der Arbeit insbesondere auf Theilnehmer an einer und derselben in verschiedene Werkstätten vereinzelten Grube bezüglich wären. Sicher ist nach der Rede gegen Pantänetos, dass Privatsachen zwischen einem Bergbauer und einem andern Privatmann, welche nicht den Bergbau unmittelbar betrafen, sondern allgemeine Rechtsverhältnisse, wobei ein Bergwerk in Betracht kommt, nicht zu den Bergprozessen gehören, wie wenn ein Rechtshandel entsteht über eine auf Bergwerke geliehene Geldsumme: was sich freilich von selbst versteht. Auch die Klage wegen eines uneingeschriebenen Bergwerkes, und Nichtbezahlung des Einstandgeldes und des Vierundzwanzigstels gehörten nicht zu den Bergsachen, und kommen im Berggesetz nicht vor; sondern die erste fiel ohne Zweifel unter den Gesichtspunkt entwandten Staatseigenthums, die andere richtete sich nach den Gesetzen über die öffentlichen Schuldner, die dritte ward nach den Bestimmungen der Gefällpachtgesetze (νόμοι τελωνικοί) beurtheilt, und diesen gemäss fand im letzten Falle die Phasis statt. Uebrigens bedarf der Theil des Berggesetzes, worin verboten war, ausserhalb der eigenen Gränzen zu schürfen, oder einen Stollen in fremdes Gebiet zu führen [176], keiner weitern Erläuterung, wohl aber die übrigen

---

174) B. a. a. O. S. 976. 27—977. 9.
175) A. a. O. S. 977. 20.
176) Im Texte steht ἐπικατατέμνειν τὸν μέταρν ἐντός S. 977. 10.

drei. Darunter findet sich die Bestimmung gegen die, welche einen Bergwerksbesitzer aus seinem Geschäft vertreiben (ἐξείλλουσιν ἐκ τῆς ἐργασίας). Austreibung (ἐξούλη) nennt das Attische Recht zunächst die Besitznahme eines fremden Gutes, welches dem rechtmässigen Inhaber entzogen wird, vermuthlich jedoch nur eines unbeweglichen[177]: die Klage des Beeinträchtigten hierüber ist δίκη ἐξούλης: eben dieselbe findet aber statt, wenn einer an der Nutzung dessen, was er vom Staate gekauft, das ist, gepachtet hat, oder an dem Betrieb seines Gewerbes gehindert wird[178]. Wenn ferner Jemand den Besitz einer Sache zugesprochen, und folglich auch die Erlaubniss erhalten hat, seinen Gegner zu pfänden, und derselbe durch Widerstand an der Besitzergreifung oder Pfändung verhindert wird; wurde dieses als Vertreibung angesehen, so wie das Nichtbezahlen einer Geldbusse eines Privatmannes an den andern in der festgesetzten Frist: in

---

Man hat vorgeschlagen ἐντός zu schreiben, welches allerdings den Sinn klarer giebt, aber doch eine unwahrscheinliche Verbesserung ist. Ἐντός scheint gleich dem lateinischen citra das Diesseits und Jenseits zu bezeichnen, je nachdem der Betrachtende den Standpunkt wählt, wie bei Herodot III, 116. ἐντὸς ἀπέργονται heisst sie schliessen jenseits von uns betrachtet ab, aber diesseits von den Ländern aus, welche abschliessen. So heisst also ἐπισκατατέμνειν ἐντὸς τῶν μέτρων jenseits der eigenen Gränzen schürfen, aber diesseits der Gränzen in Bezug auf diejenigen, deren Gebiet verletzt wird. Ein anderer Ausdruck für das Ueberschreiten der Gränzen liegt S. 977, unten in den Worten: τοῖς ἕτερον (μέταλλον?) συντρήσασιν εἰς τὰ τῶν πλησίον. Ob εἰς τὰ τ. πλ. auszustreichen sei, lässt sich schwerlich entscheiden.

177) Nach Hudtwalcker (v. d. Diät. S. 135.), welcher sich auf Suidas stützt, auch eines beweglichen. Allein die Klage über Wegnahme eines beweglichen Eigenthums ist die δίκη βιαίων. Ich glaube daher, dass die δίκη ἐξούλης nur alsdann auf bewegliches Gut geht, wenn sie eine actio rei judicatae ist, und wenn der hypothekarische Gläubiger an der Ausübung des ihm zustehenden Pfandrechtes auf eine bewegliche Sache verhindert wird. Vgl. die Staatshaushaltung der Athener Bch. III, Cap. 13. (2. Aufl. S. 496 ff.) [Anders Meier und Schoemann: der Attische Process, aber ohne allen Beweis. Denn die S. 373. angeführten Stellen beweisen nichts.]

178) Pollux VIII, 59. ἡ δὲ τῆς ἐξούλης δίκη γίγνεται, ὅταν τις τὸν ἐκ δημοσίου πριάμενον μὴ ἐᾷ καρποῦσθαι ἃ ἐπρίατο. Suidas in ἐξούλης δίκη: καὶ ἀπ' ἐργασίας δὲ εἴ τις εἴργοιτο, δίδωσιν ὁ νόμος δικάζεσθαι πρὸς τὸν εἴργοντα ἐξούλης.

beiden Fällen findet gleichfalls die δίκη ἐξούλης statt[179]). Allein selbst ohne richterliche Entscheidung hatte der Gläubiger auf die Hypothek, sei sie beweglich, wie Sklaven und Waaren, oder unbeweglich, ein Pfandrecht, sobald die Zahlungsfrist verflossen war; wird ihm Widerstand geleistet bei Ausübung dieses Pfandrechts, so kann er gleichfalls die δίκη ἐξούλης erheben, indem das ihm verschriebene Gut nach dem Zeitpunkt, da er hätte befriedigt werden sollen, unmittelbar als das seinige angesehen wird[180]). So findet auch eine δίκη ἐξούλης statt, wenn einer eine Sache gekauft zu haben behauptet und deshalb darauf Anspruch macht, ein anderer aber als hypothekarischer Gläubiger[181]),

---

179) Die Ausübung des Pfandrechtes bei unbeweglichen Gütern und Schiffen heisst gewöhnlich ἐμβατεύειν; bei Sklaven oder andern beweglichen Sachen kann dieser Ausdruck nicht gebraucht werden. Vom Pfandrecht nach richterlichem Urtheil und von der δίκη ἐξούλης wegen nicht geleisteter Zahlung der Busse (actio rei judicatae) s. besonders Hudtwalcker von den Diäteten S. 134 ff. und in Bezug auf Erkenntnisse der Diäteten und Schiedsrichter S. 152. 183.

180) Dass der Gläubiger das Recht hatte, ohne richterliches Urtheil sich in Besitz des Pfandes nach Ablauf der Zahlungsfrist zu setzen, wie Salmasius de M. U. Cap. 13. annimmt, kann schwerlich geläugnet werden. Ein deutliches Beispiel giebt Demosth. g. Apatur. S. 894. 5. ἴσως δὲ οὑτοσὶ ὀφείλειν ἐπὶ τῇ νηὶ τῇ αὐτοῦ τεσσαράκοντα μνᾶς, καὶ οἱ χρῆσται κατήμειψον αὐτόν ἀπαιτοῦντες, καὶ ἐνεβάτευον εἰς τὴν ναῦν εἰληφότες τῇ ὑπερημερίᾳ, wo von keinem vorgängigen Rechtsurtheil die Rede ist. Die Stelle des Etymol. in ἐμβατεῦσαι ist nicht entscheidend; aber Suidas in ἐξούλης unterscheidet sehr bestimmt die δίκη ἐξούλης, welche auf einen richterlichen Ausspruch gegründet ist, von derjenigen, welche der Gläubiger anstellte, wenn er bei Ausübung des Pfandrechts verhindert wurde: ἐδικάζετο δὲ ἐξούλης καὶ ὁ χρήστης κατέχειν ἐπιχειρῶν κτῆμα τοῦ χρεωστοῦντος καὶ κωλυόμενος ὑπό τινος. In dem Bodmereivertrag bei Demosth. g. Lakrit. S. 926. wird das Pfandrecht auf die Waare ohne rechtskräftiges Urtheil besonders festgesetzt. Pfändung in Schuldsachen ohne richterliches Urtheil kommt vor Aristoph. Wolk. 34.

181) Pollux VIII, 65. καὶ μὴν, εἰ ὁ μὲν ὡς ἐωνημένος ἀμφισβητεῖ κτήματος, ὁ δὲ ὡς ὑποθήκην ἔχων, ἐξούλης ἡ δίκη. Warum Hudtwalcker v. d. Diät. S. 143. diese Worte dunkel findet, sehe ich nicht. L'obrigens liegt dasselbe schon in demjenigen, was Suidas in den oben angeführten Worten sagt, nur dass dieser sich allgemein ausdrückt: κωλυόμενος ὑπό τινος. Dieser τὶς ist in unserm Falle der ἀμφισβητῶν ὡς ἐωνημένος.

134 wo dem Gläubiger, als einem aus seiner Hypothek vertriebenen, diese Klage ganz natürlich zustehen musste, wenn der Käufer die Hypothek nicht anerkannte. Die Vertreibung aus einem Bergwerke nun kann betrachtet werden als Entreissung oder Vorenthaltung eines Besitzes, als Verhinderung an der Nutzung des vom Staate gekauften und als Störung beim Betrieb des Gewerbes. Da aber das Berggesetz hierüber besondere Bestimmungen enthielt, so muss die Vertreibung aus Bergwerken mehr verpönt gewesen sein, als die gewöhnliche in den allgemeinen Gesetzen verbotene, oder es mussten den Bergbauern besondere Vorrechte gegeben sein gegen solche, welche nach allgemeinem Rechte befugt gewesen wären, von ihren Bergwerken Besitz zu ergreifen. Ich glaube, ein Gläubiger, welcher ein Bergwerk zur Hypothek hatte, durfte sich ohne richterliches Urtheil nicht des Pfandrechtes bedienen, wie bei anderer Hypothek: wagte er dieses, so konnte der Schuldner ihm die δίκη ἐξούλης anhängen. Wir finden nämlich, dass bei Ausleihung der Capitalien auf Bergwerke letztere nicht schlechthin zur Hypothek gegeben werden, wie andere Grundstücke; sondern der Gläubiger wird als Eigenthümer eingesetzt mittelst eines zum Schein gemachten Verkaufs gegen die geliehene Summe, der Schuldner aber als Pächter des Werkes gegen Erlegung der Zinsen des Capitals betrachtet. Mnesikles hatte dem Pantänetos von Telemachos ein Bergwerk nebst dazu gehörigen Sklaven gekauft. Mnesikles ist Pantänetos Gläubiger, aber er erscheint als Eigenthümer des Grubenantheils. Denn als Euergos und Nikobulos auf dieses Werk dem Pantänetos Geld ausleihen wollen, tritt ihnen Mnesikles, nicht Pantänetos, dasselbe ab als Verkäufer: nun werden jene beiden Eigenthümer, und verpachten Bergwerk und Sklaven an Pantänetos, mit Bestimmung der Zinsen des Capitals als scheinbaren Pachtgeldern, und einer Frist zur Heimzahlung der Geldsumme und Aufhebung des Kaufs[182]). Als Pantänetos späterhin den Euergos und Nikobulos befriedigen will, wollen die Käufer, welchen Pantänetos jetzt das Bergwerk überlässt, dasselbe nur unter der Bedingung annehmen, dass jene beiden sich als Verkäufer desselben und

---

182) Demosth. gegen Pantänet. S. 967.

der Sklaven nennen [183]). Nirgends wird nur entfernt angedeutet, [135] dass diese öfter wiederholte Förmlichkeit etwas ungewöhnliches oder besondres gewesen sei. Wozu nun alle diese Weitläufigkeiten, wenn ein hypothekarischer Gläubiger das Recht hatte, ohne richterliches Erkenntniss sich in Besitz eines ihm verschriebenen Grubenantheils zu setzen, und wegen Verhinderung an der Pfändung eine $δίκη$ $ἐξούλης$ gegen den Schuldner einzugeben? Aber hatte der Gläubiger kein Pfandrecht auf ein Bergwerk, so erforderte die Vorsicht, dass sich derselbe als Käufer nennen liess, um rechtmässiger Besitzer des Bergwerks zu sein, und seine Ansprüche nicht von einem unsichern richterlichen Urtheile abhängig zu machen*). Gründe zu einer solchen Begünstigung der Bergwerke in Beziehung auf hypothekarische Schulden lassen sich viele denken; zum Beispiel, dass nicht der Bergwerksbesitzer, nachdem er vielen Aufwand ohne Erfolg gemacht hat, in einer spätern Zeit, wo er die Früchte seiner Bemühungen erst ernten kann, diese wider Willen verliere, oder der Betrieb der Bergwerke zum Nachtheil des Staats durch solche Besitzergreifung unterbrochen werde. Uebrigens versteht sich von selbst, und kann aus Demosthenes [184]) auch gefolgert werden, dass Vertreibung aus der Grubenpachtung, welche ein Privatmann von andern übernommen, gleichfalls eine $δίκη$ $ἐξούλης$ begründet, als eine Verhinderung am Betrieb des Gewerbes. Die beiden übrigen Theile des Berggesetzes sind sehr undeutlich. Beim Unterbrennen, wie der Hellenische Ausdruck lautet ($ἐὰν$ $ὑφάψῃ$ $τις$) [185]),

---

183) Ebend. S. 970. 971. 975. Eine Erläuterung des ganzen Handels giebt Heraldus Anim. in Salmas. Obss. ad J. A. et R. II*, 8.

*) [Doch kommt diese mancipatio sub fiducia auch bei Schiffen vor: Dem. g. Apatur. S. 894. 96. und scheint weiter keiner Erklärung zu bedürfen als aus dem Misstrauen gegen Pantänetos. Vergl. Meier u. Schöm. Att. Proc. S. 526 ff, vgl. S. 507. Ein solcher Verkauf ist $ἐπὶ$ $λύσει$, wie es in dem $ὅρος$ $χωρίον$ $πεπραμένον$ heisst, den ich 1835 erhalten habe, gefunden am Hymettos, und in dem dazu von mir angeführten in der Erklärung desselben Hallische Allg. Lit. Z. 1835. S. 275.]

184) A. a. O. S. 968, 9, und S. 974. Ein Beispiel von Vertreibung eines Besitzers, nicht aber eines blossen Afterpächters, ist in der Rede gegen Mekythos enthalten gewesen. S. Dionys. a. a. O. Anm. 101.

185) Demosth. a. a. O. S. 977. 7. Von dem Feuersetzen bei den

kann theils an Anzünden der Zimmerung gedacht werden, theils an das den Alten wohlbekannte Feuersetzen, um die zur Unterstützung des Berges dienenden Pfeiler wegzunehmen, nachdem sie mürbe gemacht sind. Worauf sich das Verbot bezog, mit Waffen Bergleute anzugreifen, und wodurch es veranlasst sein mochte, kann nicht entschieden werden; gewiss ist aber, dass von bewaffnetem Ueberfall, nicht vom Wegnehmen der Werkzeuge oder Geräthe, wie Petitus faselt, die Rede ist[186]).

136 Als eine besondere Begünstigung des Bergbaues wird insgemein die Steuerfreiheit angesehen, welche die Gesetze dem Vermögen in den Bergwerken gegeben hatten[187]). Die Sache ist unläugbar; weil sie aber gerade in der Rede gegen Phänippos vorkommt, worin von der Unterstützung gesprochen wird, welche der Staat den Bergbauern habe angedeihen lassen, könnte man eine augenblickliche Erleichterung darin finden für Jahre, wo die Besitzer harte Schläge getroffen hatten, zumal da Aeschines[188]) behauptet, Timarch habe seine Grundstücke, darunter zwei Bergwerke, verkauft, um durch Versteckung seines Vermögens sich den Liturgieen zu entziehen. Allein da Aeschines seine Worte eben nicht auf die Goldwage zu bringen pflegt, so kann Timarchs Furcht vor den Liturgieen vorzüglich auf seine übrigen Grundstücke bezogen werden, neben welchen nur gelegentlich die Bergwerke angeführt würden: und verpflichteten auch Bergwerke nicht Liturgie zu leisten, so bestärkte doch der Besitz derselben die Meinung vom Reichthum eines Mannes vorzüglich, und die öffentliche Meinung über den Vermögenszustand hatte einen nicht unbedeutenden Einfluss auf die Ernennung zur Leistung der Litur-

---

Alten kann man, ausser Reitemeier u. andern, nachsehn Amellhon a. a. O. S. 490 ff.

186) Bei dem erstern Gesetz denkt auch Petitus Att. Ges. VII, 12. an Zimmerung und Bergfesten, drückt sich aber wunderlich darüber aus. Die Worte ἂν ὅπλα ἐπιφέρῃ, verändert er lächerlicher Weise; schon Wesseling bemerkt, dass Waffen gemeint sind, nach den Worten: πλὴν εἰ μὴ τοὺς κομιζομένους, ἃ προσίετό σοι, μεθ' ὅπλων ἥκειν νομίζεις. Petitus ganzer Artikel über das Berggesetz ist eben so übel gerathen, als die meisten andern.

187) Rede gegen Phänipp. S. 1044. 17.

188) G. Timarch S. 121.

gleen. In der Rede gegen Phänippos aber würde nicht unterlassen worden sein zu bemerken, dass die Steuerfreiheit der Bergwerke erst kürzlich zur Erleichterung der Besitzer eingeführt worden, wenn dieses wirklich der Fall wäre: denn da der Sprecher das Wohlwollen des Volks gegen die Bergbauer vorzüglich in Anspruch nimmt, würde die Anführung der ihnen neulich bewilligten Gunstbezeugung ganz besonders zum Zwecke des Redners gepasst haben. Statt dessen spricht er allgemein von den Gesetzen, welche die Bergwerke frei gemacht hätten. Wir müssen also vielmehr die Befreiung der Bergwerke von der Vermögenssteuer und den Liturgieen als eine durch alle Gesetze längst bestehende Sache ansehen: ob als Begünstigung des Bergbaues, ist eine andere Frage. Sollte die Athenische Volksgemeine aus keinem andern Grunde denn Begünstigung, einer bedeutenden Anzahl der Bürger vom Vermögen in den Bergwerken Befreiung gegeben haben für alle Leistungen, selbst für die Trierarchie, von welcher, ausser den neun Archonten, niemand eine unbedingte und persönliche Freiheit hatte, sondern nur eine durch Umstände bedingte, wie die Waisen, so lange sie minderjährig sind und ein Jahr darüber, und für die Vermögenssteuer, von welcher in der Regel, wenigstens nach Demosthenes, gar keine Befreiung statt findet? Dies ist desto unwahrscheinlicher, je reicher ein grosser Theil der Bergbauer in gewissen Zeiten war, und je leichter jeder nach Willkühr durch Ankauf und Betrieb der Bergwerke den Staatsleistungen sich entziehen konnte. Ich meine: als Begünstigung des Bergbaues und der Bergbauer kann das Volk diese Freiheit nicht bewilligt haben, sondern nur aus einer rechtlichen Ansicht. Der Bergwerksbesitzer ist nämlich Erbpächter, welcher das Gut des Staates benutzt, für die Erlaubniss der Benutzung eine Summe erlegt hat, aber ausserdem einen Theil des jährlichen Ertrages für die Erbpacht zahlt. Vermögenssteuer und Liturgieen ruhen aber nur auf freiem Eigenthum; die Bergwerke sind kein solches, sondern dem Staate zinsbarer Besitz, welcher vom Volke gegen gewisse Verpflichtungen übertragen ist: darum wurden sie als steuerfrei anerkannt. Ob übrigens unter dem in den Bergwerken befindlichen Vermögen auch die Sklaven begriffen werden, wage ich nicht zu bestimmen: ein triftiger Grund, warum von ihnen keine Steuer geleistet worden wäre, lässt sich freilich nicht anführen, und ich finde daher wahrscheinlicher, dass unter dem in den Silberbergwerken befindlichen Vermögen nur die einem Bürger gehörenden Grubenantheile verstanden seien. Eine rechtliche Folge der Steuerfreiheit der Bergwerke ist die Ausschliessung der letztern von dem Vermögen, welches in den Umtausch ($ἀντίδοσις$) einging [189]. Alles bewegliche und unbewegliche Gut der beiden Partheien geht beim Umtausch von einem auf den andern über, weil Alles bei der Vermögenssteuer und den Liturgieen angezogen wird, mit Ausschluss der Silbergruben, weil diese zu keiner dieser Leistungen verpflichten.

Zum Beschluss sei es erlaubt, einen Blick auf Xenophons Vorschläge in der Schrift vom Einkommen [190]) zu werfen. Der edle Greis, ungeachtet seiner entschiedenen Vorliebe für Sparta das Wohl des Vaterlandes nicht vergessend, machte nach aufgehobenem Verbannungsurtheil auf die Quellen des Wohlstandes in dem Staate selbst aufmerksam, damit man aus ihnen der Armuth der Bürger zu Hülfe kommen und die nachtheilige Bedrückung der Bundesgenossen ersparen könne, für welche die unbemittelte Lage der Athener zum Vorwand genommen wurde. Gut gemeint ist alles in der kleinen Schrift; aber wie die Vorschläge über die Vermehrung und Begünstigung der Schutzverwandten und die auf den Handel bezüglichen Pläne jedem Athenischen Staatsmanne theils unzulänglich und unausführbar, theils gegen die Grundsätze des Staates anstossend erscheinen mussten, so blieben gewiss auch die Schwächen der ziemlich ausführlichen Abhandlung über die Bergwerke nicht unbemerkt, und die Volksgemeine konnte schwerlich dadurch bestimmt werden, von der bisherigen Verwaltung derselben im Wesentlichen abzugehen. Wie übertrieben gleich die Vorstellungen über die Unerschöpflichkeit der Attischen Silbergruben seien, von welchen Xenophon ausgeht, habe ich bereits bemerkt: wahr ist, dass beim Bergbau durch vermehrte Anzahl der Arbeiter die Einträglichkeit des Geschäftes nicht abnehme, wie bei andern Gewerben durch die Concurrenz: aber

---

189) Rede gegen Philipp. a. a. O.
190) Im ganzen vierten Capitel. [Vergl. Staatshaush. d. Ath. I, 784 ff.]

ein stärkerer Betrieb erzeugt eine frühere Erschöpfung, und je näher man dieser kommt, desto mehr vermindert sich der Gewinn. Die Furcht, das Silber möchte bei zu starkem Betrieb der Gruben zu häufig und wohlfeil werden, gegen welche Xenophon mit vortrefflichen Gründen kämpft, hatte wahrscheinlich kein Athener jemals. Der Hauptplan aber, welchen Xenophon vorlegt, ist im wesentlichen folgender. Wie Privatpersonen Sklaven in den Bergwerken gegen die tägliche Abgabe von einem Obolos für jeden Kopf verpachten, so stelle das Athenische Volk öffentliche Sklaven auf, und verpachte sie unter denselben Bedingungen, wie einzelne Sklavenbesitzer; und zwar schaffe es so viele an, bis auf jeden Bürger drei kommen, welches etwa sechzigtausend betragen würde. Sehr leicht könne der Staat nicht allein den Kaufpreis aufbringen, sondern auch Pächter und Bürgen finden; es sei nicht zu besorgen, dass er betrogen werde, da die Sklaven, wenn sie einer dem Staate entziehen wollte durch Ausführung ausser Landes, an der Bezeichnung mit dem Staatsinsiegel leicht erkannt würden, und folglich der Betrüger, oder wer ihm abkaufte, scharfer Bestrafung schwer entgehen könne. Dass der Staat durch Concurrenz anderer Sklavenvermiether leiden würde, befürchtet Xenophon nicht; ob die Privatpersonen, welche dieses Gewerbe treiben, durch Unternehmungen des gemeinen Wesens leiden oder nicht, ist zwar gewöhnlich kein Gesichtspunkt für einen Hellenischen Weisen oder Staatsmann, hätte aber doch gerade hier bedacht werden müssen, wo von der Verbesserung des bürgerlichen Wohlstandes gehandelt wird. Uebrigens sollen zuerst zwölfhundert Sklaven angekauft werden: verwende man den Ertrag derselben jährlich auf neuen Ankauf, so werde die Anzahl in fünf bis sechs Jahren auf sechstausend steigen, wobei der Preis eines Sklaven auf ungefähr hundert und fünf und zwanzig Drachmen gerechnet ist. Alsdann betrüge das jährliche Einkommen von der Verpachtung sechzig Talente, wovon vierzig zu Staatsbedürfnissen, zwanzig zum fortgesetzten Ankauf von Sklaven benutzt werden könnten. Wäre die Zahl auf zehntausend angewachsen, so zöge der Staat jährlich hundert Talente; man könnte aber noch mehr halten, da die Gruben nicht würden erschöpft werden, und vor dem Dekelischen Kriege eine sehr grosse Sklavenmenge in Attika gewesen sei. Indessen müsse man dieselben nicht auf einmal anschaffen, um sie nicht theuer zugleich und schlecht zu bekommen, auch nicht zu viele, sondern nur die jedesmal erforderliche Zahl in die Bergwerke thun. Hier widerlegt sich meines Bedünkens Xenophons Ansicht sehr leicht. Dass ausser den Privatsklaven jemals sechzigtausend öffentliche in den Silbergruben konnten untergebracht werden, ist ungedenkbar; und hätten ausser jenen zehntausend öffentliche auch Arbeit gefunden, was sich bezweifeln lässt, so würden einer so grossen Anzahl von Händen die Erze bald ausgegangen sein. Xenophon bemerkt noch, dass die Staatskasse überdies von den Marktgefällen, den Schmelzöfen, das ist dem ausgeschmolzenen Silber, und den öffentlichen Gebäuden bei dem vermehrten Gewerbe und der gestiegenen Bevölkerung mehr Einkünfte gewinnen, und der Werth der Grundstücke in dem Bezirk der Silbergruben so hoch steigen würde, als in den Umgebungen der Stadt. Unter andern Betrachtungen macht er endlich die verständigen Vorschläge über das sicherste Unternehmen neuer Werke. Der Staat solle jedem der zehn Stämme eine Anzahl Sklaven zutheilen: jeder Stamm grabe nach Erzen. Vortheil aber und Schaden sei gemeinschaftlich: was der eine findet, kommt alsdann allen zu gute; finden zwei, drei, vier oder gar die Hälfte, so sei der Bau bereits vortheilhafter: dass alle unglücklich sein sollten, liesse sich den vergangenen Erfahrungen gemäss nicht erwarten. Eben so könnten Privatpersonen zu demselben Endzweck zusammentreten, wobei nicht zu besorgen sei, dass diese und der Staat einander Schaden zufügten.

II.

Vom Unterschiede der Attischen Lenäen, Anthesterien und ländlichen Dionysien.

Vorgelesen den 24. April, 1. und 8. Mai 1817.*)

1. Unzweifelhaften Angaben zufolge feierten die Athener im sechsten Monat Poseideon die ländlichen Dionysien (*Διονύσια τὰ κατ' ἀγρούς* oder *τὰ μικρά*), im achten Anthesterion die Anthesterien, ein dreitägiges Dionysosfest, dessen erster Tag, der elfte des Monats, *Πιθοίγια*, der zweite *Χόες*, der dritte *Χύτροι* hiess; und im neunten Monat Elaphebolion die grossen oder städtischen Dionysien (*τὰ ἐν ἄστει* oder *κατ' ἄστυ, τὰ μεγάλα*). Sehr häufig endlich wird das Dionysische Fest der Lenäen erwähnt, aber so, dass über die Zeit, wann sie gefeiert wurden, und über ihren Zusammenhang mit den übrigen Festen ein Streit entstehen konnte, welcher die Gelehrten bereits im dritten Jahrhundert beschäftigt. Zwei entgegengesetzte Ansichten wurden immer mehr und mehr ausgebildet: die eine, dass die Lenäen dasselbe Fest seien wie die ländlichen Dionysien, welcher von den ältern unter andern der grosse Scaliger[1]), Casaubonus[2]), Petitus[3]),

---

*) [Die Abhandlung ist reproducirt Philolog. Museum Cambr. II. vol. 1833, S. 273—307. Rinck „Die Religion der Hellenen" II, S. 88 ff. will die alte Seidensche Meinung über die Lenäen aufrecht halten; er wird leicht zu widerlegen sein.] [Vgl. Boeckh: „Zur Geschichte der Mondcyclen der Hellenen" S. 94. Br.]

1) *Emend. temp.* I, S. 29.

2) *Satyr. poes.* I, 6. vgl. zu Athen. V, S. 218. D. zu Theophrast Char. 8. Es befremdet in der That, dass Ruhnken den Scaliger, Casaubonus und Petau als Gewährsmänner seiner Meinung anführt. Scaliger und Casaubonus sagen mit klaren Worten das Gegentheil; und Petau zum Themist. XII. B, 647 f. spricht von den Lenäen gar nicht, folgt aber in dieser Hinsicht offenbar dem Scaliger, da er ihn nicht widerlegt, ungeachtet er in derselben Stelle anderes gegen Scaliger's falsche Ansicht von den Dionysosfesten und Mysterien vorbringt.

3) *Legg. Att.* B. 42.

Palmerius[4]) und Spanheim[5]) zugethan sind; die andere, die Lenäen fielen zusammen mit den Anthesterien, welches zuerst Selden[6]) zu erweisen unternahm. Diesem folgte Corsini[7]), vorzüglich gestützt auf den vermeintlichen Beweis, dass der Monat Lenäon der Anthesterion sei; und in dem Anhang zum Hesychios führte endlich Ruhnken die Seldensche Meinung mit Gründen aus, welche nach Spalding's Ausdruck kein Scaliger würde umwerfen können. Elf Jahre später trat der Genueser Kasp. Aloys Oderici in seiner Schrift *de marmorea didascalia in urbe reperta* mit der alten Meinung wieder auf, und versuchte im Anhang den Beweis des Holländischen Gelehrten zu entkräften, während zugleich Barthélemy[8]) die Seldensche Ansicht mit ähnlichen Gründen wie Ruhnken unterstützte: eine Uebereinstimmung, welche die Holländer als ein günstiges Zeichen für die Wahrheit ansahen, unser Spalding ohne hinlängliche Gründe aus der Bekanntschaft des Franzosen mit Ruhnken's Untersuchung ableitet. Mit zu grossem Eifer für die Holländische Ehre erhob sich gegen Oderici Wyttenbach in der *Bibliotheca critica*[9]), der späterhin in Ruhnken's Lebensbeschreibung behauptete[10]), durch eine neue, zuerst von Barthélemy benutzte Inschrift sei die Ruhnkensche Behauptung bestätigt worden. Gegen jenen Angriff vertheidigte sich Oderici in einem Sendschreiben an Marini, welches letzterer in seinen *Iscrizioni Albane*[11]) hat drucken lassen: auf der andern Seite aber suchte Spalding die Kenntniss von den Dionysien in der Vorrede zu

---

4) *Exercitt.* S. 617. f.

5) Inhalt zu Aristoph. Fröschen S. 298 f. Küsterscher Ausg.

6) *Marm. Oxon.* S. 166 ff. Maitt. Ausg., statt dessen Corsini und die ihm folgen, immer den Prideaux nennen.

7) F. A. Bd. II. S. 325 ff.

8) Abh. d. Ak. d. Inschr. Bd. XXXIX. S. 133 ff. Dieser Band erschien 1777, in demselben Jahre, da Oderici schrieb: die Abhandlung war 1770 gelesen. Hätte Barthélemy die in einem Anhange versteckte Abhandlung von Ruhnken gelesen gehabt, so würde er sich nicht die Blösse gegeben haben, so ungelehrt zu erscheinen, dass er sie nicht kenne.

9) Bd. II. Th. III. S. 41 ff.

10) S. 172.

11) S 161 ff.

seiner Ausgabe der Rede gegen Meidias[12]) dadurch zu erweitern, dass er vorzüglich die Piräischen Dionysien nebst den Brauronischen mit den ländlichen vereinigte, und diese Ansicht der Piräeischen Dionysien hatte Barthélemy bereits in einer 1791 vorgelesenen und 1808 herausgegebenen Abhandlung durchgeführt[13]). In meiner Schrift *de Graecae tragoediae principibus*[14]) nahm ich die von Spalding vervollständigte Lehre des Ruhnken an, und unterstützte namentlich des erstern Behauptung über die Piräelschen Dionysien mit einigen andern Gründen; zwei Jahre später las Spalding der Akademie seine Abhandlung *de Dionysiis Atheniensium festo*[15]) vor, worin er die Hauptgründe für Ruhnken's Meinung, theils jedoch nur mit Beziehung auf den Vorgänger entwickelt, und eine Erklärung versucht, wie die Lenäen in den Anthesterion gekommen seien; wozu noch Buttmann in seiner Abhandlung über die Saturnalien einen Zusatz lieferte. Die Sache schien abgethan; aber siehe Kanngiesser widerlegt, zur andern Meinung gewandt, ein Blatt von Ruhnken auf beinahe hundert Seiten[16]), und findet an einem bedächtigen und vorurtheilsfreien Beurtheiler[17]), an Hermann, einen Vertheidiger, welcher gerade diesen Theil des Buches als das Verdienstliche anerkennt, und in der ausführlichen Prüfung der beiderseitigen Gründe sich gleichfalls dafür erklärt, dass die Lenäen die ländlichen Dionysien seien. Wer möchte nicht, wenn er die Geschichte dieses Streites erwägt, den Unsegen der Arbeit beklagen? und doch dürfen wir uns dieselbe nicht verdriessen lassen: ungeblendet vom Glanze der Namen müssen wir nur die Gründe erwägen. Ich werde aber so verfahren, dass ich die Hauptbeweise für die entgegengesetzten Meinungen kritisch beleuchte: wobei ich mir die Erlaubniss nehme, die Kanngiesserschen Zusammenstellungen der Kürze wegen zum Theil zu übergehen, und mich meistens an seinen Beurtheiler zu halten, welcher das Wichtigste davon sorgfältig und in der Kürze zusammen-

---

12) S. XIII. ff.
13) Abhandl. d. Ak. d. Inschr. Bd. XLVIII. S. 401 f. [Vgl. Stantsh d. Ath. II, S. 12.]
14) Cap. XVI. S. 205 ff.
15) Abh. d. Königl. Akad. v. 1804—1811, hist.-philol. Kl. S. 70 ff.
16) Die alte komische Bühne in Athen, Breslau 1817.
17) Leipz. Litt. Zeit. 1817. Num. 59. 60.

gestellt hat. Wollten wir anders thun, so müssten wir ein Buch schreiben, um alle Missgriffe dieses Schriftstellers aufzudecken.

50   2. Giebt es ein ausdrückliches Zeugniss oder sichere Schlüsse, dass die Lenäen zu den ländlichen Dionysien oder zu den Anthesterien gehören? stimmen sie der Zeit nach mit diesen oder jenen überein, entweder nach ausdrücklichen Zeugnissen oder sicheren Schlüssen? stimmt der Ort ihrer Feier mit den einen oder andern zusammen, und folgt daraus etwas? lässt sich aus der Bedeutung der Feste und der Art der Feier irgend ein unterscheidendes Merkmal abnehmen? Diese Fragen sind es, von welchen das Urtheil abhängt, und wir werden diese zu beantworten suchen, unbekümmert jedoch um die ängstliche Beibehaltung der eben angegebenen Ordnung, weil bei kritischen Untersuchungen eines ins andere hinüberläuft. Wir fangen daher wie Spalding von der Betrachtung des Monates an. Dass die ländlichen Dionysien im Poseideon, die Anthesterien im Anthesterion gefeiert wurden, ist unläugbar[18]); von den Lenäen ist keines von beiden nachzuweisen. Doch fehlt es nicht an Stoff für eine Zeitbestimmung der Lenäen, welchen zunächst der Monat Lenäon darbietet. Dieser kommt zuerst im Hesiod[19]) vor, dessen Stelle schon hätte abhalten sollen, den Lenäon für den Anthesterion zu halten, da er nach Hesiod's Beschreibung der vollkommenste Wintermonat ist. Nach Plutarch ist er kein Böotischer Monat, was in Bezug auf die spätern Zeiten selbst wir aus dem Böotischen Kalender beurtheilen können, und Plutarch der Chäroneer wohl wissen musste; dass er aber ein alter Monat dieses Landes sei, ist höchst unwahrscheinlich, da die noch bekannten Böotischen Namen, und besonders der dem Lenäon entsprechende Bukatios selbst, das Gepräge des hohen Alters tragen. Hesiod spricht hier nach Ionischer Weise: der Lenäon war ein Ionischer

---

18) Theophrast Char. 3. Thukyd. II, 15. und andere mehr, welche die Schriftsteller über die Dionysien nachweisen.

19) Werke und Tage 504. Eine schlechte Aushülfe wäre es, wenn wir mit Twesten Comm. crit. de Hesiod. Opp. et D. S. 62, um den Lenäon zu beseitigen, den Vers strichen: denn er bliebe doch ein Zeugniss für ein grosses Alter dieses Monats, wenn er auch nicht für Hesiodisch gälte. Und allerdings ist nicht zu läugnen, dass die Erwähnung dieses einzigen Monates in dem Gedicht auffallend ist. Vgl. Twesten S. 61.

Monat, wie Proklos ausdrücklich sagt. Welchem Attischen Monat entspricht aber der Lenäon? Dieses ist zunächst zu untersuchen, und nicht, welchem Monat unserer Zeitrechnung er entspreche, indem nur die Monate der Mondenjahre unter sich eine reine Vergleichung leiden. Die Meinung eines unbedeutenden Grammatikers im Anhange zum Stephanus, dass der Lenäon der Poseideon sei, könnte allerdings, wie Spalding[20]) urtheilt, eher zugegeben werden, als die andere, er sei der Anthesterion: aber sie wird durch Schriftsteller und Inschriften entschieden widerlegt*). Wir finden den Lenäon als Asianischen Monat in in einem alten Hemerologion aus einer Medicelschen Handschrift[21]), als einen Ephesischen beim Josephus[22]), bei Aristides dem in Smyrna lebenden Adrianenser[23]), in dem Bündniss der Smyrnäer und Magneter unter den Arundelschen Steinschriften[24]), endlich in einer Kyzikenischen Steinschrift bei Caylus[25]), also in den verschiedensten Ionischen Städten. Aus Aristides erhellt mit Zuverlässigkeit, dass der Poseideon vor dem Lenäon unmittelbar hergeht[26]); aus dem Kyzikenischen Stein ersieht man, dass die Reihefolge der Monate diese ist[27]): Poseideon, Lenäon, Anthesterion. Dies geht hervor aus folgenden unmittelbar nach einander stehenden Ueberschriften von Listen der Kyzikenischen Prytanen, wovon wir die Anfänge hersetzen:

[Ε]ΠΡΥΤΑΝΕΥΣΑΝ ΜΗΝΑ ΠΟΣΕΙΔΕΩΝΑ Κ [ΕΚΑ][ΛΛΙ]ΑΣΑΝ ΜΗΝΑ ΛΗΝΑΙΩΝΑ
ΕΠΡΥΤΑΝΕΥΣΑΝ ΜΗΝΑ ΛΗΝΑΙΩΝΑ Κ ΕΚΑΛΛΙ[ΑΣΑΝ] ΜΗΝΑ ΑΝΘΕΣΤΗΡΙΩΝΑ

20) S. 73, 74, 76 der Abhandl. *de Dionys.*

*) [Vgl. C. I. Gr. No. 3664, wo gezeigt wird, wie jene Angabe sich dannoch mit den übrigen vereinigen lässt.]

21) Van der Hagen *Obss.* in *Fast. Gr.* S. 314 ff. Andrichi *Inst. Antiq.* S. 19. Abh. d. Akad. d. Inscbr. Bd. XLVII.

22) In der von Corsini F. A. Bd. II. S. 447 ang. St.

23) Rd. I. S. 274—280 Jebb.

24) S. O. oben. Maitt. Ausg. [C. Inscr. No. 3137. II, 34.]

25) *Rec. d'Ant.* Bd. II, Th. III. Taf. 68—70. [C. Inscr. No. 3664.]

26) Wie schon Noris *Epoch. Syro-Mac.* S. 34 ff d. Leipz. Ausg. 1696 gelehrt hat.

27) Schon von Odericl bemerkt, *de marm. didasc.* S. 23.

Ich füge hinzu, dass die Epheser, bei denen wir eben den Lenäon nachwiesen, auch einen Poseideon hatten [28]; dass in dem Hemerologion unter den im übrigen von den Ionischen meist abweichenden Monaten doch der Lenäos oder Lenäon unmittelbar auf den Poseideon folgt; dass auch in Smyrna ein Anthesterion ist [29], der doch vom Lenäon verschieden sein musste; und dass in der Ueberschrift eines Volksbeschlusses der Milesischen Pflanzstadt Kios bei Pococke noch der Name des Monates Anthesterion durchschimmert [30]. Nach der Reihefolge der Monate müssen wir folglich den Ionischen Lenäon für den Attischen Gamelion erklären, welcher als der erste Monat nach der Wintersonnenwende dem Ende unseres Decembers und dem grössten Theil des Januars entspricht, und also zu der Beschreibung des Hesiod eben so gut passt als der Poseideon, oder noch viel besser, indem der Poseideon sich durch den ganzen November bis gegen Ende Decembers bewegt, der Gamelion aber niemals aus den strengsten Wintermonaten December und Januar bedeutend heraustritt. Nun aber gingen die Ioner Kleinasiens aus dem Prytaneion von Athen aus unter Kodros Söhnen; von hier erhielten sie ihre Heiligthümer, wie so viele Beispiele und die Natur der Sache erweisen, und mit den Heiligthümern die Anordnung der Festzeiten, wenn auch die Monate noch keine ganz bestimmte Namen gehabt haben sollten. Alle Attischen Monate, ausser dem Elaphebolion, von welchem es aber wahrscheinlich nicht bekannt ist, haben ihre Namen von Festen; der Lenäon muss nothwendig auch von dem Feste der Lenäen genannt sein. Wir müssen annehmen, dass zu Kodros und seiner Söhne Zeiten die Lenäen, der Monat mag geheissen haben wie man immer wolle, im Gamelion gefeiert wurden, wodurch sie für die ältesten Zeiten, wohin wir dringen können, als gänzlich verschieden von den ländlichen Dionysien sowohl als den Anthesterien bezeichnet sind. In Bezug auf die letzteren lässt sich dieses noch deutlicher beweisen. Thukydi-

---

28) Corsini F. A. Bd. II. S. 447 f. [C. I. Gr. No. 3028. Auch im Ephes. As. Sonnenjahr. Vergl. No. 3664.]

29) S. Selden Marm. Oxon. S. 168.

30) Pococke Inschr. I, 2, 13. S. 30. Num. 18. Z. 11. Dschemblick (Gemblick) ist nämlich das alte Kios oder Prusias. [C. Inscr. No. 3723, desgl. in Olbia, C. Inscr. No. 2085, b. Addenda.]

des[31]) sagt ausdrücklich, die von Athen stammenden Ioner feierten noch zu seiner Zeit die Anthesterien oder ältern Dionysien (τὰ ἀρχαιότερα Διονύσια) wie die Athener den 12. Anthesterion, woraus folgt, dass als die Ioner von Athen auswanderten, in Athen selbst zwei verschiedene Feste waren, die sie mitnahmen, nämlich die Lenäen, wovon der Ionische Monat benannt ist, und die Anthesterien, die anerkannter Massen im folgenden Monat Anthesterion fortwährend von den Ionern sowohl als Athenern gefeiert wurden. Beispiele der Ionischen Anthesterien geben eine sehr alte Teische Inschrift und ein Kyzikenischer Volksbeschluss, in welchem eine an den Anthesterien als Dionysosfest vorzunehmende Bekränzung im Theater und anderes mehr verordnet wird[32]): ein anderes Smyrna, wo ebenfalls im Anthesterion Dionysische Feierlichkeiten vorkommen[33]). Man bemerke noch, dass der Lenäon, Poseideon und Anthesterion sicher bei den Ionern dieselben Monate waren, wie der Gamelion, Poseideon und Anthesterion zu Athen. Der Lenäon und Poseideon der Ioner sind Wintermonate, ersterer nach Hesiod, letzterer nach Anakreon und Aristides[34]): welche Monate konnten aber in Ionien Wintermonate sein, als der Attische Poseideon und Gamelion, jener in der Regel vor, dieser nach der Wintersonnenwende? Ich führe dieses, was manchem überflüssig scheinen mag, deshalb an, weil man bei den Ionern so viele Monatsnamen findet, welche in Attika unbekannt sind, wie den Artemision, Kalamaeon, Panemos, Apaturaeon; wonach gedenkbar scheinen könnte, bei der geringen Uebereinstimmung des Ionischen und Attischen Kalenders hätten selbst die gleichnamigen Monate sich nicht entsprochen, zumal da wir im Asianischen Kalender die Monate Poseideon und Lenäon wirklich verschoben finden: denn das Asianische Sonnenjahr beginnt mit dem Poseideon den 25. December, worauf vom 24. Januar an der Lenäon folgt; zwischen diesem und dem Heka-

---

31) II, 15.
32) Chishull *Antt. Asiat.* S. 96 ff. giebt die Teische Inschrift, die andere Spon *Misc. Erud. ant.* X, 45, S. 336. Montfaucon *Diar. Ital.* S. 38. Die Schriftzüge dieses alten Denkmals giebt derselbe *Palaeogr. Gr.* S. 144. [C. I. No. 3044. 3655.]
33) S. Selden a. a. O.
34) S. Spalding Abhandl. S. 76.

tombäon aber liegen nur vier Monate, statt dass im Attischen Jahre fünf dazwischen sind*).

Während ich die beiden streitenden Theile beurtheilen wollte, bin ich der Natur der Untersuchung gemäss gleich zu einer eigenen Meinung gekommen, und ich glaube dieser Darstellung zufolge, dass die Lenäen als ein besonderes Fest müssen angesehen werden, wenn nicht einer nachweisen kann, dass entweder zu Athen nach der Neileischen Auswanderung das Lentenfest mit den ländlichen Dionysien oder mit den Anthesterien verbunden worden sei, oder die Ioner die Lenäen von den Anthesterien getrennt hätten gegen die väterliche Sitte der Athener; welches nicht gezeigt werden kann, obgleich ich zugebe, dass gewisse Abweichungen in den Festen zwischen den Ionern und Athenern sich einschlichen; wovon dies ein Beispiel ist, dass das Alt-Ionische Fest der Apaturien, welches die Athener im Pyanepsion feierten, in Kyzikos im Apatureon gefeiert wurde, der davon nothwendig den Namen haben muss**); während doch dieselbe Stadt einen vom Apatureon verschiedenen Alt-Attischen Monat Pyanepsion oder Kyanepsion hatte[35]). Ehe wir nun weiter gehen, müssen wir die Grammatiker abhören, welche für die Hesiodische Stelle allerlei über den Lenäon vorbringen. Der erste Platz gebührt dem gelehrten Proklos, welcher nach dem Trincavellischen Text, in welchem ich die offenbaren Schreibfehler verbessere, folgendes sagt: Πλούταρχος οὐδένα φησί (nach Ruhnken's Verbesserung) μῆνα Ληναιῶνα Βοιωτοὺς καλεῖν. ὑποπτεύει δὲ ἢ τὸν Βουκάτιον αὐτὸν λέγειν, ὅς ἐστιν ἡλίου τὸν αἰγόκερων διϊόντος, καὶ τοῦ βούϋδρα τῷ Βουκατίῳ συνᾴδοντος, διὰ τὸ πλείστους

---

*) [Diese Verschiebung hat auch im Byz. Sonnenjahre stattgefunden in Bezug auf die Zeit; obgleich dort der Hecatomb., soweit wir wissen, nicht vorkommt. S. ad C. I. No. 3664.]

**) [Der Apatureon findet sich auch in Olbia, Corp. Inscr. Gr. n. 2083 (s. Add.)]

35) Der Apatureon und Kyanepsion kommen in den Kyzikenischen Inschriften bei Caylus vor. Im Asianischen Sonnenjahre geht der Apatureon vor dem Poseideon her, jener [ungefähr] der letzte, dieser der erste des [Julianischen (dritte und vierte des Asianischen)] Jahres; es scheint also, dass der Apatureon ursprünglich als fünfter Monat dem Attischen Mämakterion entsprach. [Hiernach ist S. 71. unten zu emendiren. Br.]

ἐν αὐτῷ διαφθείρεσθαι βόας, ἢ τὸν Ἕρμαιον, ὅς ἐστι μετὰ τὸν Βουκάτιον, καὶ εἰς ταυτὸν ἐρχόμενος τῷ Γαμηλιῶνι, καθ' ὃν (so Spalding statt καθ' ὃ) τὰ Λήναια παρ' Ἀθηναίοις. Ἴωνες δὲ τοῦτον οὐδ' ἄλλως, ἀλλὰ Ληναιῶνα καλοῦσιν. Hieraus ergiebt sich folgendes. Erstlich: Plutarch, der über die Werke und Tage geschrieben hatte, setzte den Lenäon als den Böotischen, auch aus mehren Inschriften bekannten Bukatios, aber wie es scheint, durch Vermuthung, einmal, weil der Name des Bukatios von βοῦς καίνειν mit dem Hesiodischen βούδορα übereinstimmt; dann aber, wie wir gleich aus Hesychios sehen werden, weil es kalt ist um den Bukatios. Der Bukatios ist aber nach der einzig möglichen Auslegung der Worte des Proklos der erste Monat nach der Wintersonnenwende oder dem Eintritt der Sonne in den Steinbock; denn es heisst: der Bukatios sei der Monat, da die Sonne durch den Steinbock gehe. Dies ist vollkommen richtig. Das Böotische Jahr fängt nämlich nach der Wintersonnenwende an, und der Bukatios ist der erste Böotische Monat[36]; folglich entspricht der Bukatios dem Attischen Gamelion, und Plutarch setzte ihn mit Recht dem Ionischen Lenäon gleich. Für's andre vermuthete aber Plutarch, oder da nicht erwiesen ist, dass dieser Theil der Rede auch von Plutarch herrührt, andere (ἔνιοι sagt Hesychios): Hesiod's Lenäon könnte auch der Hermäos sein, welcher auf den Bukatios folge, und dem Gamelion entspreche. Letzteres ist offenbar in Rücksicht des Jahresanfanges und der daraus sich ergebenden Zählung der Monate falsch: denn der Hermäos entspricht dem Anthesterion: aber es konnte, wenn die Böoter, wie wahrscheinlich, eine andere Schaltperiode hatten, theils alle drei, theils alle zwei Jahre[37] der Hermäos in dem Gamelion fallen, wie in Bezug auf die drei Jahre folgende Tafel zeigt: wobei ich, worauf jedoch

---

36) Corsini F. A. Bd. II, S. 410.

37) Ich sage, theils alle drei, theils alle zwei Jahre, weil in der Oktaeteris, welche am füglichsten zum Grunde gelegt wird, da die Trieteris zu unvollkommen und zweifelhaft, und die Enneakäidekaëteris zu künstlich ist, und bei den Böotern vielleicht nie eingeführt war, die Schaltjahre diese waren: 3, 5, 8; so dass einmal im zweiten, und zweimal im dritten Jahre eingeschaltet wurde. Von der Ordnung der Monate Damatrios und Alalkomenios s. meine Staatsh. Bd. II, S. 375 f. [I. Ausg.]

nichts ankommt, den Böotischen Schaltmonat zu Ende des Jahres angenommen habe, da ich mich mit Scaliger und Ideler in seiner Abhandlung über die Metonische und Kallippische Periode überzeugt halte, dass auch das alte Attische Jahr mit dem Poseideon endigte und mit dem Gamelion begann.

Attische Monate.	Böotische Monate.
VII. Gamelion.	I. Bukatios.
VIII. Anthesterion.	II. Hermaeos.
IX. Elaphebolion.	III. Prostaterios.
X. Munychion.	IV. Vierter Monat.
XI. Thargelion.	V. Fünfter Monat.
XII. Skirophorion.	VI. Sechster Monat.
I. Hekatombaeon.	VII. Hippodromios.
II. Metageitnion.	VIII. Panemos.
III. Boedromion.	IX. Neunter Monat.
IV. Pyanepsion.	X. Damatrios.
V. Maemakterion.	XI. Alalkomenios.
VI. Poseideon.	XII. Zwölfter Monat.
Poseideon II.	I. Bukatios.
VII. Gamelion.	II. Hermaeos.
VIII. Anthesterion.	III. Prostaterios.
IX. Elaphebolion.	IV. Vierter Monat.
X. Munychion.	V. Fünfter Monat.
XI. Thargelion.	VI. Sechster Monat.
XII. Skirophorion.	VII. Hippodromios.
I. Hekatombaeon.	VIII. Panemos.
II. Metageitnion.	IX. Neunter Monat.
III. Boedromion.	X. Damatrios.
IV. Pyanepsion.	XI. Alalkomenios.
V. Maemakterion.	XII. Zwölfter Monat.
VI. Poseideon.	Schaltmonat.
VII. Gamelion.	I. Bukatios.
VIII. Anthesterion.	II. Hermaeos.
IX. Elaphebolion.	III. Prostaterios.
X. Munychion.	IV. Vierter Monat.

Attische Monate.	Böotische Monate.
XI. Thargelion.	V. Fünfter Monat.
XII. Skirophorion.	VI. Sechster Monat.
I. Hekatombäon.	VII. Hippodromios.
II. Metageitnion.	VIII. Panemos.
III. Boedromion.	IX. Neunter Monat.
IV. Pyanepsion.	X. Damatrios.
V. Maemakterion.	XI. Alalkomenios.
VI. Poseideon.	XII. Zwölfter Monat.

Ja noch mehr. Wenn nicht, wie hier angenommen ist, die Schaltjahre der Athener und Böoter so auf einander folgten, dass das Böotische Schaltjahr jedesmal das nächste nach dem Attischen vom Gamelion an gerechneten ist, sondern erst das zweite, so traf in drei Jahren, in welchen einmal eingeschaltet wurde, der Hermaeos zweimal auf den Attischen Gamelion, und der Bukatios nur einmal. Sonach sind diejenigen, welche den Lenäon mit dem Hermäos vergleichen, vollkommen gerechtfertigt, ungeachtet es dabei bleibt, dass der Lenäon der Attische Gamelion ist. Und wenn die Ionische Schaltperiode von der Attischen abwich, so konnte der Attische zweite Poseideon bisweilen auf den Ionischen Lenäon fallen, woraus sich die Behauptung des oben angeführten Grammatikers bei Stephanus erklären liesse. Betrachten wir nun drittens die Worte des Proklos: ἢ τὸν Ἑρμαιον, ὅς ἐστι μετὰ τὸν Βουκάτιον, καὶ εἰς ταυτὸν ἐρχόμενος τῷ Γαμηλιῶνι, καθ' ὃν τὰ Λήναια παρ' Ἀθηναίοις. Die Lenäen, sagt der Verfasser, sind zu Athen im Gamelion, den er dem Hermäos vergleicht: καθ' ὃν kann vernünftiger Weise nur auf Γαμηλιῶνι bezogen werden, welches zuletzt steht, und an welches man es auch darum anschliessen muss, weil es am natürlichsten ist, dass, wer von einem Attischen Feste sagt, es sei in einem gewissen Monat gefeiert worden, den Attischen Monat anführe. Doch zugegeben, es gehe auf Ἑρμαιον, so ist doch offenbar, dass der Verfasser und seine Gewährsmänner nur darum die Attischen Lenäen in den Hermäos setzen, weil sie den Hermäos mit dem Attischen Gamelion vergleichen. Wir haben hier also das sicherste Zeugniss, dass die Lenäen nicht allein in den ältesten Zeiten, sondern selbst in denen, aus welchen man Denkmäler hatte, oder worin unsre Gewährsmänner lebten, zu Athen im Gamelion gefeiert wurden. Endlich sagt Proklos: Ἴωνες δὲ τοῦτον οὐδ' ἄλλως ἀλλὰ Ληναιῶνα καλοῦσιν: welches sich wieder auf den Gamelion, der eben genannt war, und dem der Hermäos hier entspricht, bezieht und mit allem bisherigen durchaus übereinstimmt. Wir können nun die andern Stellen der Grammatiker kurz hinzufügen, ich meine die des Hesychlos: Ληναιῶν μήν· οὐδένα τῶν μηνῶν Βοιωτοὶ οὕτω καλοῦσιν· εἰκάζει δὲ ὁ Πλούταρχος Βουκάτιον· καὶ γὰρ ψυχρός ἐστιν· ἔνιοι δὲ τὸν Ἑρμαῖον, ὃς κατὰ τὸν Βουκάτιόν ἐστιν· καὶ γὰρ Ἀθηναῖοι τὴν τῶν Ληναίων ἑορτὴν ἐν αὐτῷ ἄγουσιν. Ob κατὰ hier circa heissen soll, oder aus Proklos μετὰ zu schreiben, lasse ich dahin gestellt sein. Die Stelle ist aber aus den Erklärern des Hesiod genommen, und erhält ihre vollkommene Klarheit dadurch, dass man den Hermäos mit dem Proklos für den Gamelion nehmen muss, welches Hesychlos ausliess. Zwar könnte einer wegen der Hesychischen Stelle sagen, der Gamelion sei in den Proklos hereingeschrieben: allein abgerechnet, dass dann die Angabe eines Attischen Festes in einem Böotischen Monate unpassend ist, kommt noch hinzu, dass wenn die Alten den Hermäos nicht für den Gamelion, sondern nach der Reihenfolge der Monate für den Anthesterion gehalten hätten, theils die Uebereinstimmung mit dem aus andern Quellen richtig gesetzten Ionischen Lenäon wegfiele, theils unbegreiflich wäre, wie man den Hesiodischen Wintermonat Lenäon, der mit den grellsten Farben gezeichnet ist, für den Blüthenmonat Anthesterion gehalten hätte[*]). Man wende sich wie man wolle, immer wird man zu keinem befriedigenden Ergebniss gelangen, als wenn man anerkennt, der Ionische Lenäon sei der Attische Gamelion, welchem aber vermöge der Verschiedenheit der Schaltperioden mehrentheils der

---

[*]) (Agathon siegte in den Lenäen; damals aber waren die Nächte lang: Platon Sympos. 8. 223. C. Dies passt am besten auf den Gamelion. Es wird von Platon die Länge der Nächte ohne nähere Veranlassung hervorgehoben, welches nur durch eine sehr bedeutende Länge motivirt ist, wie im Wintersolstitium. Vergl. unten Abschn. 28.]

Böotische Hermäos, und beinahe um die Hälfte seltener der Bukatios entsprochen habe.

3. Bis hierher haben wir gute und rein zusammenstimmende Quellen: wir setzen aber der Vollständigkeit wegen nun auch die schlechten hinzu. Den Worten des Proklos ist Folgendes angefügt: Ἄλλως. Μῆνα δὲ Ληναιῶνα: ὄνομα μηνὸς [38] κατὰ τοὺς Βοιωτούς, offenbar ohne Kenntniss, da Plutarch nicht einmal mehr davon wusste; und hernach: Ληναιών δὲ εἴρηται διὰ τὸ τοὺς οἴνους ἐν αὐτῷ εἰςκομίζεσθαι. οὗτος δὲ ὁ μὴν ἀρχὴ χειμῶνός ἐστιν. οἱ δὲ Ληναιῶνα φάσκουσιν αὐτὸν καλεῖσθαι διὰ τὰ λήναια, ὅ ἐστιν ἔρια. Das Chronologische hierin, was uns jetzt allein angeht, ist, dass der Lenäon Winters Anfang sei: dies ist auch der Gamelion. Endlich folgt: ἢ ἐπειδὴ Διονύσῳ ἐποίουν ἑορτὴν τῷ μηνὶ τούτῳ, ἣν Ἀμβροσίαν ἐκάλουν, worauf wir am Schluss der Abhandlung zurückkommen werden. Ungefähr so spricht auch Moschopul: Κατὰ τὸν μῆνα δὲ τὸν Ληναιῶνα, ὅςτις ἐστὶν ὁ Ἰανουάριος, ἐκλήθη δὲ οὕτως, ἐπειδὴ τῷ Διονύσῳ τῷ τῶν ληνῶν ἐπιστάτῃ ἐτέλουν ἑορτὴν τῷ μηνὶ τούτῳ, ἣν Ἀμβροσίαν ἐκάλουν. Die Vergleichung mit dem Januar ist auf den Gamelion gegründet: in dem alten Mondenjahre weicht aber der Gamelion in zwei Jahren einer dreijährigen Schaltperiode stark in den December aus, so dass er dem Januar kaum verglichen werden darf: aber eben darum bleibt er für den Winter am bezeichnendsten, weil er sich gerade zwischen dem December und Januar bewegt.
Johann Tzetzes: Μῆνα δὲ Ληναιῶνα τὸν Χοιάκ, ἤτοι τὸν Ἰανουάριον, ὃς Ληναιὼν παρὰ Ἴωσι καλεῖται, ὅτι τὰ Πυθόγια ἐν τούτῳ ἐγίνετο, ἢ ὅτι τῷ Διονύσῳ ἑορτὴν τὴν λεγομένην Ἀμβροσίαν ἐτέλουν, worauf noch etwas Ungereimtes über die angeblichen Brumalien, und eine Vergleichung der Aegyptischen, Römischen, Griechischen, Athenischen und Hebräischen Monate folgt, in welcher, wunderbar zu hören, unter den Athenischen Monaten ein Lenäon nach dem Hekatombäon, nach jenem ein Kronios, und der Anthesterion vor dem Poseideon steht. Mit diesen Stellen stimmt zusammen der Etymologe[39]): Ληναιών:

---

38) B. 664. 7.

Ἡσίοδος, μῆνα δὲ Ληναιῶνα, κάκ' ἤματα, βούδορα πάντα:
τὰ τοὺς βοῦς ἐκδέροντα διὰ τὸ κρύος· τὸν κατ' Αἰγυπτίους
Χύακον καλούμενον. ἐκλήθη δὲ Ληναιὼν διὰ τὸ τοὺς οἴνους
ἐν αὐτῷ κομίζειν. οὗτος δὲ ὁ μὴν ἀρχὴ μηνῶν ἐστιν, οἱ
δὲ Ληναιῶνά φασιν, ἐπειδὴ Διονύσου ἐποίουν ἑορτὴν ἐν τῷ
μηνὶ τούτῳ, ἣν Ἀμβροσίαν ἐκάλουν· καὶ Λήναιον, ἱερὸν
Διονύσου. Tzetzes und der Etymologe vergleichen hier den
Lenäon mit dem Choiak, jener zugleich mit dem Januar: dieser
nennt ihn den Anfang der Monate, also den ersten Monat. Die
Vergleichung mit dem Choiak hat gar keinen Sinn, ausser nach
dem festen Aegyptischen Jahre, in welchem der Choiak vom
27. November bis 26. December geht, so dass sie nur in so fern
passt, als der Lenäon im Mondenjahre sich in dem December
und Januar bewegt. Merkwürdiger ist die Nachricht, dass der
Lenäon der Anfang der Monate ist. Die Böoter fingen ihr Jahr
immer nach der Wintersonnenwende an, und so entspricht ihr
Bukatios in Bezug auf den Jahresanfang und abgesehen von der
Verschiedenheit der Einschaltung dem Attischen Gamelion und
Lenäon der Ioner. Ich habe nämlich schon bemerkt, dass ich
wegen des Schaltmonates oder zweiten Poseideons den Gamelion
für den Anfang des alten Attischen Jahres halte; dieser ist der
Ionische Lenäon: also ist wahrscheinlich, dass der Lenäon im
Alt-Ionischen Kalender der erste Monat war. Denn schwerlich
kann man annehmen, dass die Ioner erst in der spätern Zeit,
als sie das Sonnenjahr annahmen, dem römischen Kalender zu-
liebe den dem Januar entsprechenden Lenäon zum Jahresanfang
gemacht hätten, zumal da der Etymologe kein Wort vom Januar
sagt, welchen nur Tzetzes nennt*). Wir sehen übrigens hiernach, dass das, was einigermassen vernünftig ist in den Angaben
unserer Grammatiker, genau mit dem Obigen übereinkommt.
Nur Tzetzes sagt, im Lenäon seien die Πιθοίγια gewesen,
welche in Athen, als zu den Anthesterien gehörig, im Anthesle-
rion waren. Hier ist also ein Zeugniss für die Einerleiheit der
Lenäen mit den Anthesterien. Aber was für eines? Weniger als
gar keines; denn offenbar spricht der gute Mann hier ganz aus

---

*) [Ohnehin beginnt das Asianische Jahr d. 24. Sept.]

dem Siegreile, und denkt selber nicht an die Anthesterien, indem er ja eben gesagt hat, der Lenäon sei der Choiak oder Januar, womit er doch den Anthesterion nicht vergleichen kann.

4. Gehen wir nun zu den übrigen Stellen der Grammatiker, welche den Monat des Lenäenfestes nennen. Wir haben nämlich einige Angaben, in welchen die Zeit der ländlichen Dionysien, der Lenäen und der städtischen genannt wird, unter welchen ich zuerst das rhetorische Wörterbuch aufführe[39]): Διονύσια: ἑορτὴ Ἀθήνησι Διονύσου. ἤγετο δὲ τὰ μὲν κατ' ἀγροὺς μηνὸς Ποσειδεῶνος, τὰ δὲ Λήναια Γαμηλιῶνος, τὰ δὲ ἐν ἄστει Ἐλαφηβολιῶνος. Diese Worte stimmen vollkommen mit Proklos und allem aus den Monaten mit Sicherheit gezogenen überein. Hesychios: Διονύσια, ἑορτὴ Ἀθήνησιν, ἣ Διονύσῳ ἤγετο, τὰ μὲν κατ' ἀγροὺς μηνὸς Ποσειδεῶνος, τὰ δὲ κλαῖα μηνὸς Ληναιῶνος, τὰ δὲ ἐν ἄστει Ἐλαφηβολιῶνος. Dass κλαῖα in Λήναια zu verwandeln, erhellt aus dem rhetorischen Wörterbuch und den gleich anzuführenden Stellen. Der Lenäon ist der Gamelion; folglich ist diese Nachricht ganz für uns. Ebenso Schol. Aesch.[40]): Διονυσίων ἑορτὴ Ἀθήνησιν ἤγετο, τὰ μὲν κατ' ἀγροὺς μηνὸς Ποσειδεῶνος, τὰ δὲ Λήναια μηνὸς Ληναιῶνος, τὰ δ' ἐν ἄστει Ἐλαφηβολιῶνος. Nur der Scholiast des Platon[41]) weicht ab, welcher denselben Artikel giebt, aber mit der verschiedenen Leseart: τὰ δὲ Λήναια μηνὸς Μαιμακτηριῶνος, was gar nicht in Betracht kommen kann gegen die Uebereinstimmung alles Uebrigen, zumal da noch ein besonderer Grund dagegen ist. Nach der andern Leseart sind nämlich die Feste in der richtigen Zeitfolge der Monate gesetzt, welches den Kenner verräth; der Halbgelehrte würde die grossen Dionysien als das wichtigste Fest vorausgeschickt, daran als Gegensatz die ländlichen angereiht, und zuletzt die Lenäen gesetzt haben. In allen diesen Stellen ist aber keine Silbe von den Anthesterien gesagt, welches offenbar viel beigetragen hat zu der Meinung, dass die Lenäen die Anthesterien sind; aber wir müssen vielmehr urtheilen, dass der Grammatiker, welcher diesen Artikel verfasste,

---
[39]) S. 255, 6.
[40]) Reiske Redner Bd. III. S. 729.
[41]) S. 167.

die Anthesterien darum ausliess, weil sie in ihrem Namen nichts Dionysisches enthalten, obgleich sonst die Grammatiker wohl wissen, dass sie Dionysien sind. So Hesychios: Ἀνθεστήρια, τὰ Διονύσια. Oder wollte der Grammatiker bloss die Schauspielfeste anführen, und wurden an den Anthesterien keine Schauspiele gegeben? Dies soll unten untersucht werden. Da nun sogar diese Artikel der Wörterbücher weder der Ruhnkenschen noch der Kanngiesserschen Meinung günstig sind, sondern nur für unsere dritte sprechen, so ist der Mühe werth, zu sehen, wie man sie verdreht und verändert hat, um sie in Uebereinstimmung zu bringen. Mit Ruhnken, als einem geraden Manne, werden wir leicht fertig: da er wusste, der Lenäon sei der Anthesterion, so wird der Gamelion in den Lenäon verwandelt, weil der Verfasser der Stelle des rhetorischen Wörterbuchs den Lenäon nicht gekannt habe; da nun aber unwidersprechlich erwiesen ist, der Lenäon sei der Gamelion, so wird man dieses nicht weiter behaupten wollen, sondern einsehen, dass beide genau übereinstimmen, und der eine den andern mit Kenntniss verändert hat, ohne ihn zu verfälschen. Nach Ruhnken wählte aber Hesychios den Namen Lenäon, weil dieser mit dem Namen des Festes übereinstimmt, statt des Anthesterion, welches man ihm als eine unverzeihliche Akrisie vorwirft; indem die Erwähnung eines fremden Monates unter Athenern sehr abgeschmackt sei. Da dieser letzte Gegengrund auch uns trifft, so müssen wir hierauf bemerken, dass wir von dem Geschmack der Grammatiker keine so hohe Meinung haben, deshalb etwas für verderbt zu erklären; auch kann man nicht wissen, aus welcher Quelle der Schriftsteller schöpfte, in welcher die Erwähnung des Lenäon gut begründet sein konnte, so dass sie nur durch Abkürzung der Worte des ersten Verfassers auffallend wurde. Wie beseitigen aber Ruhnken's Gegner diese Stellen? Da in einer andern Handschrift der Scholiast des Aeschines[17] so lautet: Διονυσίων ἑορτὴ Ἀθήνησιν ἤγετο, τὰ μὲν κατ' ἀγροὺς μηνὸς Ποσειδεῶνος, τὰ δ' ἐν ἄστει μηνὸς Ἐλαφηβολιῶνος, so werden die ausgelassenen Worte τὰ δὲ Λήναια μηνὸς Ληναιῶνος verdächtig gemacht.

---

17) Bei Reiske ebendas.

Also dieser Armseelige hätte einen bessern Text gehabt, als die andern Ausschreiber des Hesychios oder der Scholiast des Aeschines in einer andern Handschrift? Wahrlich es ist offenbar, dass nur das Homoioteleuton *Ποσειδεῶνος* und *Ληναιῶνος*, oder das Homoioarkton *τὰ δὲ Λήναια* und *τὰ δ' ἐν ἄστει* die Auslassung erzeugte, oder beides. Nun aber wird eine zusammengesetzte Hypothese gemacht: Hesychios habe geschrieben: *τὰ μὲν κατ' ἀγροὺς μηνὸς Ποσειδιῶνος, τὰ Λήναια· τὰ δ' ἐν ἄστει Ἐλαφηβολιῶνος*: ein Abschreiber habe aus dem Hesychios selbst in *Ληναιῶν* die Ergänzung *τὰ δὲ Λήναια Ληναιῶνος* erfunden; andere hätten dann die fremden Namen in den Gamelion oder Mänakterion verwandelt, und nur der Scholiast des Aeschines, der glückliche, habe die Sache verstanden. Es ist nicht unglaublich, dass Hesychios den Lenäon bei den Lenäen nennt, weil er schon weiss, dass er unten einen Artikel bringen wird *Ληναιῶν*, worin er sagen werde, dass die Lenäen im Lenäon gefeiert seien: aber dass ein Schreiber gleich beim Worte *Διονύσια* den Artikel *Ληναιῶν* nachschlage, und daraus jenen verfälsche, geht über alle Schreibergelehrsamkeit weit hinaus. Uebrigens giebt es keine einzige Stelle, welche die Lenäen in den Poseideon setzte: nur der Scholiast der Acharner[13]) sagt höchst unbestimmt: *τὰ δὲ Λήναια ἐν τῷ μετοπώρῳ ἤγετο*, welches höchstens gegen Ruhnken, kaum gegen unsere Ansicht brauchbar sein möchte*).

Ehe wir die Zeit der Lenäen, den Monat Gamelion, verlassen, müssen wir noch eine Spur Dionysischer Feierlichkeit in diesem Monat nachweisen, welche sich in einer Athenischen, zwar nicht vor den Kaiserzeiten verfassten, aber äusserst merkwürdigen Inschrift findet[44]). Sie enthält ein Verzeichniss von Opfern, aber nur kleinen, Kuchen oder in allerlei Formen gebackenen Broden oder geringen Thieren, die zu bestimmten Zeiten mussten dargebracht werden; das Bruchstück fängt mit dem Metageitnion an,

---

13) Schol. Acharn. 377.

*) [Weil nämlich das Kelterfest des Gamelion immer noch unbestimmt dem *πιτοπώρῳ* zugeschrieben werden konnte.]

44) Diese ist zuerst von Corsini *Inscr. Att.* I. S. 1 ff. und besser von Chandler *Marm. Oxon.* II, XXXI. herausgegeben. [Corp. I. No. 523.]

lässt, dann den Boedromion und in der alten Reihefolge den Pyanepsion und Maniakterion folgen, und schliesst mit dem Munyehion. Schon beim achtzehnten Boedromion kommt ein Opfer für den Dionysos vor, welches mit den grossen Eleusinien zusammenhängt: die Stelle aber, welche die vier Monate Poseideon, Gamelion, Anthesterion und Elaphebolion umfasst, lautet wie folgt*):

ΠΟΣΙΔΕΩΝΟΣΗΙΣΤΑΜΕΝΟΥΠΟΠΑΝΟΝ
ΧΟΙΝΙΚΙΑΙΟΝΔΩΔΕΚΟΝΦΑΛΟΝΚΑΘΗΜΕ[ΝΟΝ]
ΠΟΣΙΔΩΝΙΧΑΜΑΙΣΗΛΟΝΗΦΑΛΙΟΝΘ
ΑΝΕΜΟΙΣΠΟΠΑΝΟΝΧΟΙΝΙΚΙΑΙΟΝΟΡΘΟΝ
ΦΑΛΟΝΔΩΔΕΚΟΝΦΑΛΟΝΝΗΦΑΛΙΟΝ
ΓΑΜΗΛΙΩΝΟΣΚΙΤΤΩΣΕΙΣΔΙΟΝΥΣΟΥΣΘΙ
ΑΝΘΕΣΤΗΡΙΩΝΟΣΙΕΡΕΙΣΕΚΛΟΥΤΡΩΝ . .
[ΕΛΑ]ΦΗΒΟΛΙΩΝΟΣΕΪΚΡΟΝΩΠΟΠΑΝΟΝ
ΔΩΔΕΚΟΜΦΑΛΟΝΚΑΘΗΜΕΝΟΝΕΠΙ [ΠΕΠΛΑΣΜΕΝΟΝ]
. . ΣΕΙΣΒΟΥΝΧΟΙΝΙΚΙΑΙΟΝΑΝΥΠΕ[ΡΘΕ]
ΤΩΣ

Wir haben hier am achten Poseideon das Opfer für die Poseidonien; später eines für die Winde; im Anthesterion ἱερεῖς ἐν λούτρων, wahrscheinlich auf die Hydrophorien bezüglich; am fünfzehnten Elaphebolion dem Kronos ein Opfer, um die Zeit der grossen Dionysien. Die Anthesterien fehlen ganz, ohne Zweifel weil an denselben nur mystische Feierlichkeiten ohne solche Opfer, wie dies Verzeichniss enthält, begangen wurden. Aber im Gamelion haben wir den neunzehnten ΚΙΤΤΩΣΕΙΣ ΔΙΟΝΥΣΟΥ, Epheubekränzungen des Dionysos, und diese mochten etwa den Lenäen verbunden sein, oder vor denselben hergehen. Offenbar ist nämlich Θἰ die Zahl, wie der darüber gesetzte Strich zeigt, und ΚΙΤΤΩΣΕΙΣ die wahre Leseart. Corsini's schlechterer Text hat ΚΙΤΤΟΣΕΙΣ; aber darin ist er richtiger, dass er das Σ nach ΔΙΟΝΥΣΟΥ auslässt, welches durchaus nicht in den Zusammenhang passt. Ebendesselben Ergänzung εἰς Διονύσου θιάσους ist unstatthaft; eher könnte man noch lesen: κιττὸς εἰς Διονύσου (nämlich ἱερόν).

---

*) [Eine ähnliche Inschrift bei Rang. Ant. Hell. n. 2252, wo ζριφος zu lesen. V. Hermann Gr. Rel. Alt. §. 58. 5) Starkscho Ausg.]

5. Merkwürdig in der That ist es, dass ausser dem Leipziger Kritiker, der bei der Aufzählung der möglichen Fälle mit logischem Sinne auch den ausfindet, dass die Anthesterien und ländlichen Dionysien beide von den Lenäen als einem besonderen Feste verschieden seien, den Satz aber alsbald fallen lässt[45], niemand der Streitenden diesen Gedanken ahnete. Man sieht hieraus, wieviel bei jeder zweifelhaften Untersuchung von der Stellung der Fragen abhängt, und wie wenig man sich durch diejenigen, welche im Kampfe begriffen sind, die Gesichtspunkte darf stellen lassen, da jene gewöhnlich durch die Ansichten der Gegner schon einseitig bestimmt sind. Nachdem wir nun aber das Wichtigste, die Zeit, auf die sicherste Weise bestimmt haben, ohne irgend eine Veränderung der Stellen machen zu müssen, ausgenommen dass wir den Mimakterion des Scholiasten des Platon mit Gründen verwerfen, wollen wir nunmehr betrachten, was der Alten ausdrückliche Zeugnisse besagen. Für die Meinung, die Lenäen seien zu den Anthesterien gehörig, giebt es kein einziges Zeugniss, als den eben abgefertigten Johann Tzetzes, der die *Πιθοίγια* an die Lenäen setzt, und einen Schein von Zeugniss, indem nach Apollodor beim Scholiasten des Aristophanes[46], als Orest nach Athen kam, das Fest des Lenäischen Dionysos gefeiert worden sein, und da Pandion damals, damit Orest nicht aus Einem Mischgefäss mit den übrigen tränke, jedem einen besondern Chus Wein vorstellte, dieser Tag den Namen Choes erhalten haben soll. Die Worte sind: *Φησὶ δὲ Ἀπολλόδωρος, Ἀνθεστήρια καλεῖσθαι κοινῶς τὴν ὅλην ἑορτὴν Διονύσῳ ἀγομένην· κατὰ μέρος δὲ Πιθοιγίαν, Χόας, Χύτραν. καὶ αὖθις· ὅτι Ὀρέστης μετὰ τὸν φόνον εἰς Ἀθήνας ἀφικόμενος (ἦν δὲ ἑορτὴ Διονύσου Ληναίου), ὡς μὴ γένοιτο σφίσιν ὁμόσπονδος ἀπεκτονὼς τὴν μητέρα, ἐμηχανήσατο τοιόνδε τι Πανδίων. χοᾶ οἴνου τῶν δαιτυμόνων ἑκάστῳ παραστήσας ἐξ αὐτοῦ πίνειν ἐκέλευσε μηδὲν ὑπομιγνύντας ἀλλήλοις, ὡς μήτε ἀπὸ τοῦ αὐτοῦ κρατῆρος πίοι Ὀρέστης, μήτε ἐκεῖνος ἄχθοιτο καθ' αὑτὸν πίνων μόνος. καὶ ἀπ' ἐκείνου Ἀθηναίοις*

---

45) S. 167.
46) Acharn. 960. Vgl. Spalding S. 74, der sich dadurch bestechen liess.

ἑορτὴ ἐνομίσθη οἱ Χόες. Wir haben hier, obgleich Heyne[47]) zweifelhaft ist, sichtbar Apollodor's Worte, wie theils die Reinheit der Sprache beweist, theils dass Apollodor eben genannt war, und die folgende Rede mit καὶ αὖθις eingeleitet wird, wodurch nothwendig bezeichnet sein muss, dies sage derselbe Schriftsteller, so wie der Scholiast gleich hernach mit καὶ αὖθις zwei Aristophanische Stellen[48]) verbindet. Nur das zwischengesetzte ἦν δὲ ἑορτὴ Διονύσου Ληναίου, worauf es hier eigentlich ankommt, könnte als Zuthat des Scholiasten erscheinen; da jedoch hierzu weiter kein Grund vorhanden ist, als dass uns dieses belästigt, so wäre es partheiisch, diese Worte dem Apollodor absprechen zu wollen. Gestehen wir also unverhohlen: Apollodor begründete die Entstehung des Choenfestes durch einen Kunstgriff des Pandion an einem Feste des Lenäischen Dionysos, bei welchem Orest ankam. Offenbar soll dies an demselben Tage geschehen sein, an dem später die Choen gefeiert wurden, weil sonst die ganze Begründung nichtig wäre: folglich waren die Choen, ein Tag der Anthesterien, die Lenäen. So schlossen Barthélemy und Spalding, die Choen und Lenäen für eins nehmend. Wir müssen aber bedenken, dass Apollodor keinesweges sagt, die Choen wären die Lenäen, sondern dass er jene nur als ein Fest des Lenäischen Dionysos ansieht: es konnte das Fest der Anthesterien, oder an demselben ein Tag, die Choen, dem Lenäischen Dionysos geweiht sein, und dabei doch noch ein besonderes Fest der Lenäen gefeiert werden. Dieselbe Geschichte erzählt übrigens Phanodemos beim Athenäus[49]) von dem Könige Demophoon mit ausführlichern auf die Choen bezüglichen Nebenumständen, ohne die Lenäen oder einen Lenäischen Dionysos zu erwähnen. Es sind aber noch zwei Stellen da, in welchen die Lenäen und Choen unterschieden werden, die eine des Alkiphron[50]), welcher den Menandros seiner Glykera schreiben lässt, er vertausche nicht alle die von ihm genannten Kostbarkeiten mit den jährlichen Choen und Lenäen im Theater: Ἡρα-

---

47) *Fragm. Apollod.* S. 399.
48) Wolken 1240. Horm. Ekkles. 44.
49) X, S. 437, C. D.
50) II, S. S. 230.

πλείους 'Θηρικλείους) καὶ τὰ καρχήσια καὶ τὰς χρυσίδας καὶ πάντα τὰ ἐν ταῖς αὐλαῖς ἐκίφθονα παρὰ τούτοις ἀγαθὰ φυόμενα τῶν κατ' ἔτος Χοῶν καὶ τῶν ἐν τοῖς θεάτροις Ληναίων καὶ τῆς χθιζῆς ὁμολογίας καὶ τῶν τοῦ Λυκείου γυμνασίων καὶ τῆς ἱερᾶς 'Ακαδημίας: die andere bei Suidas: Τὰ ἐκ τῶν ἁμαξῶν σκώμματα, ἐπὶ τῶν ἀπαρακαλύπτως σκωπτόντων. 'Αθήνησι γὰρ ἐν τῇ Χοῶν ἑορτῇ οἱ κωμάζοντες ἐπὶ τῶν ἁμαξῶν τοὺς ἀπαντῶντας ἔσκωπτόν τε καὶ ἐλοιδόρουν. τὸ δ' αὐτὸ καὶ τοῖς Ληναίοις ὕστερον ἐποίουν: offenbar Bemerkung eines gelehrten Grammatikers, der die beiden Feste ganz unzweideutig unterscheidet. Doch wenn die Choen nicht die Lenäen sein können, sind es vielleicht die Chytren. Aber diese werden von den Lenäen bestimmt gesondert. Ich will dafür nicht die Stelle des Diogenes anführen, da diese anerkannt verfälscht ist; dagegen sind klare und gute Zeugnisse die des Aelian in der Thiergeschichte[51]): Κεκήρυκται γὰρ Διονύσια καὶ Λήναια καὶ Χύτροι καὶ Γεφυρισμοί, als Beispiele der Trägheit der Menschen angeführt, welche sich gerne viel Festtage machten, und des Hippolochos beim Athenäos[52]): Σὺ δὲ μόνον ἐν 'Αθήναις μένων εὐδαιμονίζεις τὰς Θεοφράστου θέσεις ἀκούων, θύμα καὶ εὔξωμα καὶ τοὺς καλοὺς ἐσθίων στρεπτούς, Λήναια καὶ Χύτρους θεωρῶν. Nun wären noch die Pithöglen übrig; aber dass von diesen nicht bewiesen werden kann, sie seien die Lenäen, haben wir bereits bemerkt. Endlich stellen Corsini und Ruhnken die Meinung auf, die Lenäen seien der vierte Tag der Anthesterien; eine Annahme, die, so lange nicht gezeigt ist, dass sie zu den Anthesterien gehören, gar keine Rücksicht verdient. wäre aber auch jenes bewiesen, doch verwerflich sein würde, weil wir gerade über die Tage der Anthesterien die bestimmtesten Nachrichten haben, und nirgends von vier Tagen gesprochen wird, ungeachtet von den dreien die Namen so genau angegeben werden.

6. Für die andre Meinung, welche die Lenäen mit den ländlichen Dionysien einerlei macht, führt man mehre ausdrückliche Zeugnisse an, und sonderbar genug muss derselbe Apollodor,

51) IV, 43.
52) IV. S. 130. E.

der für die entgegengesetzte der vorzüglichste Gewährsmann war, auch hier als Zeuge auftreten. Die Stelle findet sich bei Stephanos von Byzanz: *Λήναιος, ἀγὼν Διονύσου ἐν ἀγροῖς, ἀπὸ τοῦ ληνοῦ· Ἀπολλόδωρος ἐν τρίτῳ χρονικῶν. καὶ Ληναϊκός καὶ Ληναιεύς. ἔστι δὲ καὶ δῆμος.* Dieser Artikel ist so verwirrt, dass man ihn nur für einen Auszug aus einem bessern des Stephanos selbst halten kann. Stephanos hat einen geographischen Zweck, und konnte nur den Gau Lenäon anführen wollen, welcher aber hier ganz in den Hintergrund gestellt wird wie beiläufig angebracht, und auch im Uebrigen ist alles durcheinander gewürfelt. *Ληναϊκός* ist vermuthlich ein Adjectiv von *ἀγών*, *ἀγὼν Ληναϊκός*, wovon man sich zum Beispiel aus dem Scholiasten des Aristophanes[53]) überzeugen kann; aber *Ληναιεύς* ist der Name eines Lenäischen Gaugenossen, und dieser steht da, ehe von dem Gau selbst etwas gesagt ist*). Doch davon abgesehen, woher wissen wir denn was Apollodor sagte? Eine so nackte Anführung giebt keinen Beweis. Endlich um zuzugeben, Apollodor habe das gesagt, was hier steht, so folgt daraus noch keineswegs, dass die Lenäen die ländlichen Dionysien sind. Hier ist ein *ἀγὼν Διονύσου ἐν ἀγροῖς*, und die ländlichen Dionysien sind auch *ἐν ἀγροῖς*: aber die Authesterien sind *ἐν ἄστει*, und sind doch nicht die *Διονύσια ἐν ἄστει*. *Διονύσια ἐν ἄστει* sind ein förmlicher, durch den Gebrauch gestempelter Ausdruck für das grosse Dionysosfest im Elaphebolion, welcher die Anthesterien, obgleich sie ebenfalls in der Stadt gefeiert werden, vollkommen ausschliesst; eben so können die *Διονύσια ἐν ἀγροῖς* durch den bestimmten Sprachgebrauch von einem andern auf dem Lande gefeierten Dionysosfeste unterschieden worden sein. Daher beweisen auch Ausdrücke, in welchen die *Διονύσια ἐν ἄστει* den Lenäen entgegengesetzt werden[54]), nicht das Mindeste dafür, dass letztere die ländlichen

---

53) Frösche 406.

*) [*Λήναιον* ist als Gau nicht nachweislich. Vergl. Stephan. Byzant. ed. Meineke I. S. 413.]

54) Kannglesser S. 261. Man kann ausser andern hinzufügen: Leben der zehn Redner im Isokrates, Plut. Bd. VI. S. 245: *διδασκαλίας ἐστιακὼς καθῆκεν ἕξ, καὶ δὶς ἐνίκησε διὰ Διονυσίου καθεὶς, καὶ δι' ἑτέρων*

seien, weil jene vermöge des herkömmlichen Gebrauches immer *ἐν ἄστει* heissen und dadurch von jedem andern auch in der Stadt gefeierten Dionysosfeste eben so gut als von dem ländlichen unterschieden werden. Diesem Sprachgebrauche folgen auch die Formeln καθιέναι δρᾶμα εἰς ἄστυ und εἰς Λήναια in ihrem Gegensatze. Wie steht es aber überhaupt mit der Nachricht, dass die Lenäen *ἐν ἀγροῖς* gefeiert wurden? Sehr schlecht; denn das Lenäon war nicht auf dem Lande. Es konnte jenes sehr leicht aus dem Namen, der von der Kelter kommt, geschlossen werden; und nur so viel kann man zugeben, dass die Lenäen als Kelterfest ursprünglich ein ländliches Fest waren, nachher aber ein städtisches wurden. Doch hören wir die andern Zeugen für die Lenäen als ländliche Dionysien. Es sind zwei Stellen im Scholiasten zu den Acharnern [55]): *Τὰ κατ' ἀγροὺς Διονύσια*] *τὰ Λήναια λεγόμενα· ἔνθεν τὰ Λήναια καὶ ὁ ἐπιλήναιος ἀγὼν τελεῖται τῷ Διονύσῳ, διὰ τὸ πλεκτοὺς ἐνταῦθα γεγονέναι, ἢ διὰ τὸ πρῶτον ἐν τούτῳ τῷ τόπῳ ληνὸν τεθῆναι.* Und *Οὐ' κἀν Ληναίῳ τ' ἀγών*] *ὁ τῶν Διονυσίων ἀγὼν ἐτελεῖτο δὶς δι' ἔτους· τὸ μὲν πρῶτον ἔαρος ἐν ἄστει, ὅτε οἱ φόροι Ἀθήναζε ἐφέροντο· τὸ (δὲ) δεύτερον ἐν ἀγροῖς, ὅτε ξένοι οὐ παρῆσαν Ἀθήνησι· χειμὼν γὰρ λοιπόν ἦν.* Diese Zeugnisse, meint man, stehen vollkommen fest; man könne zwar allenfalls die Scholiasten verdächtig machen; aber ausserdem, dass gegen obgenannten Apollodor nichts einzuwenden sei, so sprächen doch selbst die Scholiasten so entschieden und ausführlich, dass man nicht zweifeln könne, sie haben aus alten und guten Quellen geschöpft. Ich behaupte dagegen, dass diese Scholiasten den Stempel der Nichtswürdigkeit an der Stirn tragen. Nicht zu gedenken, dass aus Aristophanes selbst [56]) sie die Einerleiheit der Lenäen mit den ländlichen Dionysien leicht erschliessen mochten, so zeigt beinahe jedes Wort, dass sie nichts wissen. Was sagt denn die erste Stelle von den Lenäen? dass

---

ἑτέρας δύο Ληναϊκάς. Dass dies aber nichts beweiset, sieht man schon aus dem Gesetze des Lykurg, in welchem *εἰς ἄστυ* dem Chytrentage der Anthesterien entgegengesetzt wird. S. unten Abschn. 20.

55) Zu 201. und 603.
56) Vs. 503. und 201. 249 ff. der Acharner.

sie auf dem Lande gefeiert würden: denn das Lenäon sei ein
Tempel des Dionysos auf dem Lande, wozu er nun Gründe angiebt, die vom Namen entlehnt sind. Welch ein Schriftsteller ist
der, welcher weiter nichts zu sagen weiss, als das Lenäon sei
ein Tempel auf dem Lande? Sagt jemand, ‚ein Fest werde auf
dem Lande gefeiert, so versteht man darunter, es werde hier
und da auf dem Lande begangen; spricht aber einer von einem
Tempel auf dem Lande, so muss er, wenn er Kenntniss von der
Sache hat, den Ort auf dem Lande anzugeben wissen. Die ersten
Worte der ersten Stelle τὰ Λήναια λεγόμενα sind übrigens ein
besonderes, vom folgenden zu trennendes Scholion, wie das ἔνθεν τὰ Λήναια zeigt, welches auf die Worte des Aristophanes selbst zurückgeht; und wahrscheinlich gab jene erste nackte
Behauptung zum folgenden den Anlass. Das Scholion zur andern
Stelle ist ganz ungelehrt. Hat es nicht den Anschein, dass unser
Scholiast weiter keine Dionysosfeste kenne, als die städtischen
und ländlichen? Hier wird man aber sagen, wenn an den Anthesterien keine Schauspiele gegeben wurden, sei er entschuldigt.
Dies möge sein: nur hat er alles folgende offenbar aus der eben
zu erklärenden Stelle seines Aristophanes gezogen: das Bringen
der Tribute nach Athen; das Nichtdasein der Fremden; die höchst
gelehrte Nachricht: χειμὼν γὰρ λοιπὸν ἦν, barbarisch genug
ausgedrückt, wird man nicht hoch rechnen. Diese Scholien lauten
auf ein Haar wie die Ulpianischen zum Demosthenes, deren
grösster Theil aus dem Demosthenes selbst durch Fehlschlüsse
geschöpft ist: und sie können uns nicht mehr gelten. Dass die
Scholiasten zu den Acharnern von den Dionysosfesten nichts verstehen, kann schon die Anmerkung zu einer frühern Stelle[57])
zeigen, wo der feine Erklärer über die Dionysien nur zu sagen
weiss, sie seien ein Fest des Dionysos bei den Naupaktiern, und
wiederum kennt der Scholiast zum Frieden, wo Aristophanes
die Brauronischen Dionysien nennt, wieder nur diese und keine
andere. Sollen wir solchen Scholiasten gegen die oben angeführten chronologischen Zeugnisse glauben, so werden wir auch
dem Ulpian[58]) glauben müssen, dass die grossen Dionysien im

---
57) Acharn. 94.
58) Z. Demosth. g. Lept. S. 83 der Ausg. v. Fr. A. Wolf.

Anthesterion gefeiert wurden, oder dem Inhalt zur Rede gegen
Meidias [59]), dass es nur zweierlei Dionysien gab, und die grossen
trieterisch gefeiert wurden bei den Keltern, wodurch die grossen
Dionysien zu Lenäen werden. Oder will man, wie Palmerius
und Ruhnken bei Ulpian, letzterer auch beim Inhalt der Rede
gegen Meidias Lust haben, die Blösse dieser jämmerlichen Gelehrten mit Verbesserungen zudecken?

7. Fragen wir nun nach ausdrücklichen Zeugnissen des Un-
terschiedes zwischen den Lenäen und den beiden in Betracht
kommenden Festen, so bezeugen die Verschiedenheit von den
ländlichen Dionysien die bereits angeführten Grammatiker, Hesychios, das rhetorische Wörterbuch, der Scholiast des
Aeschines, der Scholiast des Platon; sie hatten eine gemeinsame Quelle, aber eine gelehrte, da alles was sie von den beiden
übrigen Festen sagen, vollkommen richtig ist, und dies war ein
Schriftsteller, der mit Bedacht schreibend die drei vom Dionysos
genannten Feste zusammennahm, nicht bloss gelegentlich eine
flüchtige Bemerkung zu einem Schriftsteller schrieb: einem solchen müssen wir folgen oder gar keinem. Rücksichtlich der
Anthesterien sind die ausdrücklichen Unterscheidungen von den
Choen und Chytren bereits angeführt: wobei wir nur noch eine
Bemerkung zu der oben berührten Stelle des Hippolochos zufügen. Hippolochos beschreibt in einem Briefe dem Peripatetiker Lynkeus das Gastmahl des Karanos, bei welchem er ge-

---

59) S. 810, 10 *Ἥγετο δὲ παρ' αὐτῶν καὶ τὰ Διονύσια, καὶ ταῦτα
διπλᾶ, μικρά τε καὶ μεγάλα, καὶ τὰ μὲν μικρὰ ἥγετο κατ' ἔτος, τὰ
δὲ μεγάλα διὰ τριετηρίδος ἐν ταῖς ληνοῖς.* Fälschlich giebt Cornini P.
A. Bd. II. S. 829, wo er etwas verwirrt von den angeblichen trieterischen und penteterischen Dionysien spricht, dem Scholiasten des Aristophanes zum Frieden Schuld, dass er die grossen Dionysien trieto-
risch nenne; wovon ich nichts finde: dagegen spricht dieser zu Vs. 876,
von den Dionysien allgemein so, als ob sie penteterisch wären, was
nur von den Brauronischen gilt, von welchen er vorher so redete, als
ob sie die einzigen wären. Selbst Joseph Scaliger und Selden glaubten
aber an die trieterischen grossen Dionysien in Athen. Ohne Zweifel
ist der Irrthum des Verfassers des Inhaltsverzeichnisses aus derselben
Quelle wie Scaliger's entsprungen, nämlich aus einer Verwechselung
mit den Thebanischen Dionysien. Vgl. Petau zum Themist. XII, S. 646 ff.
(Par. 1618.)

wesen war, und sagt ihm: er Lynkeus bleibe nur in Athen, und sehe dort Lenäen und Chytren. Offenbar will er nicht bloss grosse Schaufeste aufführen: sonst hätte er nicht bloss diese, sondern viel eher die grossen Dionysien und Panathenäen nennen müssen: es müssen also während der Zeit, als Lynkeus etwa hätte zum Gastmahl nach Macedonien reisen und zurückkehren können, die Lenäen und Chytren begangen worden sein. Setzen wir nun die Lenäen als die ländlichen Dionysien, so liegt ausser einem Theil des Poseideon und Anthesterion der ganze Gamelion zwischen den Lenäen und Chytren, welches offenbar zu viel Zeit für eine Reise ist: setzen wir aber die Lenäen als ein besonderes Fest in den Gamelion, so wird Hippolochos Ausdruck weit erklärlicher, weil die Feste nun nur einen Monat, vielleicht nicht einen vollen auseinander liegen.

8. Im genauesten Zusammenhange mit dem eben vorgetragenen steht die Erwägung, an welchem Orte die Feste gegeben wurden. Statt der Schriftsteller, welche nur gelegentlich und in allgemeinen Ausdrücken von der Feier der Lenäen ἐν ἀγροῖς sprechen, haben wir bei Hesychios eine Nachricht, welche durch ihre Klarheit und Bestimmtheit sich sogleich empfiehlt. Sie bezieht sich auf dieselbe Stelle des Aristophanes, wie eines der angeführten Scholien, sagt aber von letzteren das Gegentheil: Ἐπὶ Ληναίῳ ἀγών· ἔστιν ἐν τῷ ἄστει Λήναιον περίβολον ἔχον μέγαν, καὶ ἐν αὐτῷ Ληναίου Διονύσου ἱερόν, ἐν ᾧ ἀπετελοῦντο οἱ ἀγῶνες Ἀθηναίων, πρὶν τὸ θέατρον οἰκοδομηθῆναι. Die alte Lesart ist allerdings: ἐπὶ Ληναίῳ ἀγών ἐστιν ἐν τῷ ἄστει. Λήναιον περίβολον ἔχων μέγαν; allein es ist eine bewundernswürdige Unkritik, wenn man an der Richtigkeit der von uns befolgten, von Meursius und Ruhnken gemachten, höchst geringen Veränderung zweifelt. Das Lenäon ist nach dieser Stelle in der Stadt: dasselbe sagen mit anderen Worten der Etymologe: Ἐπὶ Ληναίῳ· περίαυλός τις μέγας Ἀθήνησιν, ἐν ᾧ ἱερὸν Διονύσου Ληναίου, καὶ τοὺς ἀγῶνας ἦγον τοὺς σκηνικούς· und Photios: Λήναιον περίβολος μέγας Ἀθήνησιν, ἐν ᾧ τοὺς ἀγῶνας ἦγον πρὸ τοῦ θέατρον οἰκοδομηθῆναι, ὀνομάζοντες ἐπὶ Ληναίῳ· ἔστι δὲ ἐν αὐτῷ καὶ ἱερὸν Διονύσου Ληναίου. Unvollständiger drückt sich Suidas aus:

Ἐπὶ Ληναίῳ· περίβολός τις μέγας, ἐν ᾧ τοὺς ἀγῶνας ἦγον τοὺς σκηνικούς, und das rhetorische Wörterbuch: Λήναιον· ἱερὸν Διονύσου, ἐφ' ᾧ τοὺς ἀγῶνας ἐτίθεσαν πρὸ τοῦ τὸ θέατρον ἀνοικοδομηθῆναι[60]). Aus diesen Stellen erhellt, ausser zu dass das Lenäon in der Stadt war, auch dieses, dass ehemals die Schauspiele, ehe ein Theater da war, im Lenäon gegeben wurden, welches nur auf den hölzernen Gerüsten (ἰκρίοις) geschehen sein kann: das Theater wurde aber später natürlich an demselben Orte oder nahe bei demselben gebaut, wo vorher die Schauspiele gegeben wurden, weil dieser dafür durch den heiligen Gebrauch geweiht war: endlich sehen wir, dass das Lenäon ein grosser ummauerter Raum war, worin sich die Heiligthümer befanden. Nun aber beschreibt Pausanias[61]), wo er von dem Dionysischen Theater spricht, das Lenäon sehr deutlich, ohne es zu nennen, indem er in der Nähe des Theaters das älteste Heiligthum (ἀρχαιότατον ἱερόν) des Dionysos nennt, wo innerhalb der Mauer (ἐντὸς τοῦ περιβόλου) zwei Tempel waren für den Eleutherischen und einen andern Dionysos, den Alkamenes gemacht habe, und den er wahrscheinlich nach seiner gezierten Herodotischen Manier aus frommer Scheu nicht nennen will, den Gott der mystischen Anthesterien, dessen Tempel in Limnä der älteste und heiligste unter den Dionysischen war[62]). Hier also beim Theater, in dieser Mauer in der Stadt, südlich von der Burg, haben wir das Lenäon. Wie übereinstimmend nun derjenige, aus welchem Hesychios schöpfte, mit sich und diesen Quellen sei, zeigt er in einer andern Stelle, wo er ohne des Lenäon zu erwähnen, die Feier der Lenäen, die er vorhin im Lenäon setzte, in Limnä anmerkt: Λιμναγενές (ohne Zweifel Beiwort des Dio-

---

60) *Etym.* B. 361, 59. *Phot.* S. 162. In Αἴναιον. *Lex. Seg.* B. 278. 8.
61) I, 20.
62) Thuk. II, 15. Τὰ γὰρ ἱερὰ ἐν αὐτῇ τῇ ἀκροπόλει καὶ ἄλλων θεῶν ἐστι, καὶ τὰ ἔξω πρὸς τοῦτο τὸ μέρος (πρὸς νότον) τῆς πόλεως μᾶλλον ἵδρυται, τό τε τοῦ Διὸς τοῦ Ὀλυμπίου καὶ τὸ Πύθιον καὶ τὸ τῆς Γῆς καὶ τὸ ἐν Λίμναις Διονύσου, ᾧ τὰ ἀρχαιότερα Διονύσια τῇ δωδεκάτῃ ποιεῖται ἐν μηνὶ Ἀνθεστηριῶνι. Rede g. Neära S. 1371, 4. καὶ διὰ ταῦτα ἐν τῷ ἀρχαιοτάτῳ ἱερῷ τοῦ Διονύσου καὶ ἁγιωτάτῳ τῷ ἐν Λίμναις ἵστησαν: und hernach: ἅπαξ γὰρ τοῦ ἐνιαυτοῦ ἑκάστου ἀνοίγεται τῇ δωδεκάτῃ τοῦ Ἀνθεστηριῶνος μηνός. Vgl. auch Iskos v. Kirons Erbsch. S. 219. und dazu Harpokr. in Ἐν Λίμναις Διονύσου.

υγιής)· *Λίμναι ἐν Ἀθήναις τόπος ἀνειμένος Διονύσῳ, ὅπου τὰ Λήναια ἤγετο**).

9. Diese Zusammenstellung zeigt unwidersprechlich, dass die Lenäen in Limnä in oder bei dem Lenäon in der Stadt gefeiert wurden, und dort unter andern der Lenäische Dionysos ein Heiligthum hatte: da aber nur zwei Tempel daselbst, der des Eleuthereus und des andern Dionysos erwähnt werden, so ist offenbar, dass der Lenäische Dionysos derselbe ist mit dem der Anthesterien. Dies ist ein Hauptbeweis der Ruhnkenschen Ansicht, der aber schwach genug ist: denn auch die grossen Dionysien stehen mit dem Heiligthum in Limnä in Verbindung: dort ist der Tempel, an dessen Feier sie gebunden sind, dort ist gegenüber vom Lenäon am Fusse der Burg das Theater, worin die Schauspiele der grossen Dionysien gegeben werden: und dennoch sind diese von den Anthesterien gänzlich verschieden; warum sollen also die Lenäen einerlei mit den Anthesterien sein? Gewiss wurden auch die Schauspiele an den Lenäen, seit das grosse Theater gebaut war, nicht mehr im Lenäon auf Holzgerüsten gegeben, sondern in demselben Theater, wo die Schauspiele der grossen⁶³): und umgekehrt, ehe das Theater gebaut war, gab man ohne Zweifel die Schauspiele der grossen Dionysien auf denselben Gerüsten des Lenäon, wie die der Lenäen. Die Einerleiheit des Ortes

---

*) [Photios und Eustathios sprechen von ἱερόις und Orchestra auf dem Markt; dort sollen die Dionysischen Kämpfe zuerst gehalten worden sein. Dies glaubt Hr. Fritzsche, 2ter Anhang zu Müllers Eumeniden S. 103. Wahrscheinlich sind hier zwei verschiedene Dinge, die Sitze für die Volksversammlungen und die Theatersitze verwechselt; niemand wird die von uns angeführte Stelle, wonach im Lenäon auch vor dem Theaterbau gespielt wurde, diesen schlechten Notizen nachsetzen. — Schneider Att. Theaterwesen p. 6. hat Aehnliches wie Fr.; und eine Stelle des Platon zeigt, dass dergleichen geschehen konnte: aber Schn. giebt doch zu, dass im Lenäon ἱερά waren. — Vgl. Welcker Gr. Trag. nach dem epischen Cykl. Bd. III, S. 996. — Wieseler disp. de loco, quo ante theatrum Bacchi lapideum exstructum Athenis acti sint ludi scenici, Gött. 1860. 4. sucht zu beweisen, in allen Stellen über ἱερά sei der Markt gemeint. Die Hauptstelle gegen diese Annahme hat er aber nicht beseitigt.]

63) Dies folgt von selbst aus den oben angeführten Stellen, wonach die Gerüste im Lenäon „vor Erbauung des Theaters" zu Schauspielen dienten. Lenäen im Theater nennt Alkiphron a. a. O.

kann also nichts erweisen. Auch nicht die Einerleiheit des Gottes, da Einem Gott oder zwei zu Einem umgeformten zwei Feste gefeiert werden können. Nun aber den andern Fall angenommen, dass die Lenäen und ländlichen Dionysien eins seien, was kann man sagen, um die aus dem Orte sich ergebenden Schwierigkeiten zu beseitigen? Man tadelt und verstümmelt die Stelle des Hesychios in Λιμναγενές so, dass schon der Leipziger Beurtheiler sich dagegen aufgelehnt hat[64]): der letztere räth uns zu glauben, Hesychios habe irgendwo gefunden: Λήναιον τόπος ἐν Ἀθήναις, ὅπου τὰ Λήναια ἤγετο, und weil es undeutlich geschrieben gewesen, habe er Λίμναι statt Λήναιον daraus herausgelesen: Oder ici aber beschenkt uns statt der Lenäen in dieser Stelle durch eine Verbesserung des Λήναια in Λιμναῖα mit Limnäen, well Spanheim[65]) die Anthesterien ganz willkührlich *Limnaea* getauft hat. Die andere Stelle des Hesychios in Ἐπὶ Ληναίῳ wird ungeachtet der schlagenden Verbesserung für verderbt erklärt. In dieser Dämmerung der Unkritik erscheint uns die Kannglesser'sche Behandlung der Didaskalie der Wespen 72 als ein freundlicher Stern. Man liest daselbst: Ἐδιδάχθη ἐπὶ ἄρχοντος Ἀμεινίου διὰ Φιλωνίδου ἐν τῇ πόλει Ὀλυμπίων ἦν β´, εἰς Λήναια: eine Stelle, der ich früher durch eine Veränderung der Interpunktion, die mich dann verleitete eine doppelte Aufführung der Wespen anzunehmen, hatte aufhelfen wollen, ohne jedoch die Dunkelheit der Erwähnung der Olympien wegbringen zu können[66]): und welche Wyttenbach durch Ausstreichung der Worte Ὀλυμπίων ἦν β´ zu einem Beweise benutzte, dass die Lenäen in der Stadt (ἐν τῇ πόλει) gefeiert worden seien; wogegen Kannglesser[67]) das unstatthafte ἐν τῇ πόλει statt des gebrauchsmässigen ἐν ἄστει bemerkend verbessert: Ἐδιδάχθη ἐπὶ ἄρχοντος Ἀμυνίου διὰ Φιλωνίδου ἐν τῇ ΠΘ

---

64) Num. 59, S. 469. Auch das ἐν Ἀθήναις statt Ἀθήνησιν hat man angegriffen; obgleich es öfter vorkommt, z. B. Aristot. Polit. V, 2, 8. Eben so Harpokr. a. a. O. Schol. Pind. Pyth. IX, 177. und sonst: welcher Scholiast, da er meistens Auszug aus Didymos ist, gar wohl angeführt werden darf.

65) Zu Aristoph. Fröschen B. 297. 298.

66) *De trag. Gr. princ.* S. 208. Vgl. S. 22.

67) S. 267 ff.

Ὀλυμπ. ἔτει β' εἰς Λήναια; woran zwar noch, wie der Leipziger Kritiker bemerkt, etwas zu ändern sein dürfte, nämlich in Rücksicht der Stellung, welche nach den Didaskalien des Aristophanes und Euripides etwa so zu machen wäre: Ἐδιδάχθη ἐπὶ ἄρχοντος Ἀμεινίου ἐν τῇ ΠΘ Ὀλυμπ. ἔτει β' διὰ Φιλωνίδου εἰς Λήναια. Bisweilen steht in den Didaskalien Olympiade und Jahr, beim Aristophanes aber nicht; es ist daher einleuchtend, dass ἐν τῇ ΠΘ Ὀλυμπ. ἔτει β' erst später an einer verkehrten Stelle eingeschaltet worden.

10. Aber beweiset denn nicht der Name des Kelterfestes für das Land? Ich zweifle; denn die erste Kelter, deren Andenken, wie der Scholiast des Aristophanes nicht unwahrscheinlich meint, in diesem Feste lebte, kann in der Stadt gebaut worden sein. Nun liegt aber Lenäon, wie Meursius den Namen richtig fasste, in der Stadt*), ist der Bezirk des Lenäou, wie sich von selbst versteht: In einem Bezirk aber, der Stadt geworden ist, kann man doch keine ländlichen Dionysien feiern, so wenig als auf dem Lande städtische. Hingegen wenn Lenäon ehemals vor Erweiterung der Stadt auf dem Lande lag, so konnte dort ein Fest gefeiert werden, welches damals ἐν ἀγροῖς war. Und hat Apollodor wirklich gesagt, der Λήναιος ἀγὼν sei ἐν ἀγροῖς gefeiert, so meinte er, der auf die ältesten Zeiten zurückgeht, die ursprüngliche Feier der Lenäen im Lenäon, so lange es ausser der Stadt war. Dies konnten die Scholiasten, nachdem sie es wer weiss durch die wie vielte Hand erhalten hatten, leicht missverstehen. Selbst diese Stellen lassen sich also erklären: Lenäon war anfänglich ausser der Stadt, der erste Ort wo eine Kelter war, und das Lenäenfest die Feier der ersten Keltereinrichtung, darum aber keine ländlichen Dionysien in ihrer bestimmten Form: auch gab es weiter keine Lenäen auf dem Lande; ein Umstand, der gerade erweiset, dass dieses Fest eine ganz einzelne, auf einen bestimmten Ort und einen bestimmten Anlass beschränkte Bedeutung müsse gehabt haben. Diese Be-

---

*) [In der 1. Ausgabe stand: „Nun ist aber Lenäon, wie M. den Namen richtig fasste, ein Gau; doch dieser Gau liegt in der Stadt"; die Correktur im Texte ist von Boeckhs Hand. Br.]

trachtung führt uns zu einer andern, in welcher wir von einer durch den Leipziger Kritiker aufgestellten Ansicht ausgehen müssen.

11. Dieser fühlt nämlich am Schlusse seiner Untersuchung[68]), dass noch die Schwierigkeit für Ruhnken's Gegner zu beseitigen, welche das städtische Lenäon, das Geben der Schauspiele daselbst vor Erbauung des Theaters, also auf den Gerüsten, endlich der Umstand macht, dass wenn die Rede von Schauspielen ist, immer nur Lenäen, nicht ländliche Dionysien genannt werden. Nun werden zwar die öfter vorkommenden Gerüste immer ohne Verbindung mit dem Lenäon genannt[69]); aber dieses benutzt er selbst nicht, um zu zweifeln, dass sie im Lenäon waren, weil dieses aus der Natur der Sache folgt, und Kanngiesser[70]) sie nur willkührlich in den äussern Kerameikos verlegt. Jene Bedenklichkeiten nun zu heben, stellt man folgendes auf. $\Delta\iota o\nu\acute{\upsilon}\sigma\iota\alpha$ $\tau\grave{\alpha}$ $\kappa\alpha\tau'$ $\mathring{\alpha}\gamma\varrho o\acute{\upsilon}\varsigma$ heisst das Fest selbst, das auf dem Lande in den Gauen und wie bei uns die Kirmess und das Erntefest an jedem Ort besonders gefeiert worde. Nun war $\Lambda\acute{\eta}\nu\alpha\iota o\varsigma$ oder $\Lambda\acute{\eta}\nu\alpha\iota o\nu$ ein Gau, und wahrscheinlich ganz nahe bei der Stadt, so dass von ihm $\mathring{A}\vartheta\acute{\eta}\nu\eta\sigma\iota$ gesagt werden konnte, was Anlass geben mochte durch eine Verwechselung mit den $\Delta\iota o\nu\upsilon\sigma\acute{\iota}o\iota\varsigma$ $\kappa\alpha\tau'$ $\mathring{\alpha}\sigma\tau\upsilon$ das Lenäon $\mathring{\epsilon}\nu$ $\mathring{\alpha}\sigma\tau\epsilon\iota$ zu setzen. Schauspiele nun für die Athener konnten natürlich nicht in jedem Flecken, wo die ländlichen Dionysien begangen wurden, aufgeführt werden, sondern man gab sie an einem bestimmten Orte, und zwar vor Erbauung des Theaters auf Gerüsten: daher man, wenn von Schauspielen die Rede sei, nicht die $\Delta\iota o\nu\acute{\upsilon}\sigma\iota\alpha$ $\kappa\alpha\tau'$ $\mathring{\alpha}\gamma\varrho o\acute{\upsilon}\varsigma$, die an den meisten Orten ohne Schauspiele gefeiert wurden, sondern $\Lambda\acute{\eta}\nu\alpha\iota\alpha$ oder $\mathring{\epsilon}\pi\grave{\iota}$ $\Lambda\eta\nu\alpha\acute{\iota}\omega$ erwähne, und es sei nicht undenkbar, dass unter dem Theater, vor dessen Erbauung man auf dem Lenäon an dem Feste der ländlichen Dionysien Schauspiele gab, das im Piräeus gemeint ist, so dass, wenn Schauspiele auf dem Piräeischen Theater erwähnt werden, an die ländlichen Dionysien oder Lenäen zu denken sein dürfte: dies Theater sei wohl einerlei

---

68) S. 176 f.
69) Die Stellen, oder wo sie angegeben werden, nennt der Kritiker selbst S. 178.
70) S. 218.

mit dem in Munychia. Auch setzt er die Διονύσια ἐν Πειραιεῖ als die im Piräeus gefeierten ländlichen Dionysien. Uebrigens könne das Fest immer Lenäen genannt worden sein, wenn auch die Schauspiele nicht mehr auf dem Lenäon gegeben wurden: doch möge noch geprüft werden, ob wie Kanngiesser meint, die ländlichen Dionysien ebenfalls drei Tage hindurch gefeiert worden seien, und der erste derselben Θεοίνια, der zweite Ἀσκώλια, der dritte Λήναια geheissen habe. Fassen wir diese Ansicht, bei deren Darstellung wir nur weniges Unwesentliche ausgelassen haben, näher ins Auge, so verschwindet sie als unhaltbar, und nur einige wahre Sätze finden wir untergemischt. Unläugbar wurden die ländlichen Dionysien in den Gauen gefeiert, und zwar der Natur der Sache nach in den ausserhalb der Stadt belegenen. Dikäopolis, die Land-Dionysien feiernd, sagt ausdrücklich bei Aristophanes[71]: Ἕκτῳ δ' ἔτει προςεῖπον ἐς τὸν δῆμον ἐλθὼν ἄσμενος. Sie mussten also an verschiedenen Orten begangen werden, und unter diesen war keiner bedeutender, als der Piräeus, wohin viel mehr Menschen kamen als in irgend einen andern. Hier war ein Theater, welches schon Xenophon erwähnt in der Geschichte der Rückkehr unter der Regierung der Dreissigmänner[72]; ob ich gleich sonst das Munychische Theater für verschieden davon hielt mit Meursius[73], gebe ich jetzt zu, dass dieses dasselbe sei, erwähnt von Thukydides[74] als das Dionysische Theater bei Munychia, also im Piräeus an der Seite von Munychia, weshalb Lysias[75] gar wohl von einer im Theater zu Munychia gehaltenen Volksversammlung sprechen kann*). Dies war aber kein Eigenthum des Staates, sondern des Gaues, der es verpachtet, und die Unterhaltung desselben entweder selbst oder durch seine Pächter besorgt[76]: wo-

---

71) Acharn. 265.
72) Hellen. II, 4, 22. Vgl. Meurs. Pir. 6.
73) Pir. 9. 8. meine Schrift Gr. trag. princ. S. 207.
74) VIII, 93. τὸ πρὸς τῇ Μουνυχίᾳ Διονυσιακὸν θέατρον.
75) O. Agorat. S. 464. 479.
*) [Dtergegen spricht Fritzsche a. a. O. S. 104. er bedarf keiner Widerlegung, ebensowenig als seine ganze Abhandlung über die Lenäen.]
76) Inschrift bei Chandler II, 109. S. 74. [C. I. No. 102.]

durch es sich schon ausweiset als ein den ländlichen Dionysien
geweihtes. In diesem feiert der Gau die Dionysien, lässt solchen,
denen er eine Ehrenbezeugung geben will, vom Demarchen im
Theater bei den Dionysien einen Ehrenplatz anweisen, und bei
der Aufführung der Tragödien Dekränzungen verkünden, welches
durch eine Inschrift des Gaues selbst alles urkundlich überliefert
ist[77]). Dass Euripides im Piräeus Tragödien gab im Wettkampf mit andern, wissen wir aus Aelian[78]); endlich finden
wir bei Demosthenes[79]) in einem Gesetz einen Festzug im Piräeus, Tragödien und Komödien, und zwar unter höchst heiligen
Festen genannt, so dass es scheint, der gesammte Staat habe
angefangen daran Theil zu nehmen. Dass zuerst Barthélemy,
nachher Spalding dieses Piräische Fest als zu den ländlichen
gehörig erkannt habe, ist bereits oben bemerkt. Was die andern Gaue betrifft, so kommen in Salamis Dionysien mit Tragödien vor, wobei zwar kein Theater erwähnt wird, aber ganz wie
in der Piräischen Inschrift der Gau der Salaminier den Kranz
des von ihm geehrten Theodotos verkünden lässt[80]). Schauspiele
in Eleusis lassen sich so wenig nachweisen als ein angebliches
Theater daselbst, sondern nur ein Heiligthum des Dionysos[81]);

77) Piräische Inschrift bei Chandler II, 108. S. 78. [C. I. No. 101.]
εἶναι δὲ αὐτῷ καὶ προσεδρίαν ἐν τῷ θεάτρῳ ὅταν ποιῶσι Πειραιεῖς τὰ Διονύσια, οὗ καὶ αὐτοὺς Πειραιεῦσι κατανέμεται, καὶ εἰσαγέτω αὐτὸν ὁ δή-
μαρχος εἰς τὸ θέατρον, καθάπερ τοὺς ἱερεῖς καὶ τοὺς ἄλλους, οἷς δίδοται
ἡ προσεδρία παρὰ Πειραιέων. Und hernach: ἀνειπεῖν δ' ἐν τῷ θεάτρῳ
τὸν κήρυκα τραγῳδῶν τῷ ἀγῶνι ὅτι στεφανοῦσι Πειραιεῖς und so fort.
[Vergl. C. I. No. 112.]

78) V. H. II, 13. ὁ δὲ Σωκράτης σκάνιον μὲν ἐκφοίτα, εἴποτε
δὲ·Εὐριπίδης ὁ τῆς τραγῳδίας ποιητὴς ἠγωνίζετο καινοῖς τραγῳδοῖς,
τότε γε ἀφικνεῖτο· καὶ Πειραιεῖ δὲ ἀγωνιζομένου τοῦ Εὐριπίδου καὶ
ἐκεῖ κατῄει.

79) G. Meld. S. 517 unten.

80) Salaminischer Beschluss bei Köhler Dörpt. Beiträge 1814. Th. I.
S. 43. καὶ ἀνειπεῖν τὸν στέφανον τοῦτον Διονυσίων τῶν ἐν Σαλαμῖνι
τραγῳδοὺς ὅταν πρῶτον γίγνηται. Diese vom Baron Stackelberg gefundene Inschrift ist leider noch nicht vollständig herausgegeben. Sie
war verfasst unter dem Archon Ergokles, der nicht bekannt ist, möchte
aber etwas spät sein, da in ΤΡΑΓΩΔΟΤΣ das Jota fehlt. Unten steht
ὁ δῆμος Σαλαμινίων. [C. I. No. 108.]

81) Schol. Aristoph. Frösche 340.

auch von den Brauronischen Dionysien[87]) wissen wir nicht, dass
Schauspiele damit verbunden waren; ja ich halte diese nicht für
ländliche Dionysien, sondern für ein eigenthümliches Fest, auf
welches ich unten zurückkommen werde[83]). Dagegen kennen
wir noch einen Gau, wo die ländlichen Dionysien nach Aeschines mit Komödien gefeiert wurden, nämlich Kollytos; und aus
Demosthenes erhellt, dass ebendaselbst Tragödien, namentlich
der Oenomaos des Sophokles gegeben wurden. Aber niemand
glaube, dass diese vom Staate selbst gegeben wurden. Der Gau
beging das Fest, so gut er konnte, mit wiederholten Stücken,
vorgetragen von Schauspielern, die spottweise die schwerstöh-
nendes hiessen; welche wie der junge von einem Sklaven und
einer gemeinen Dirne abstammende Aeschines, den Oenomaos
zu Grunde spielten, und in der Zeit der Weinlese, während sie
ihres Gewerbes halber sich daselbst aufhielten, sich Feigen, Trauben und Oliven stahlen, nicht ohne von den Herrn eine Tracht
Prügel zu erhalten[84]): und so möchte man noch an mehren Orten

---

82) Von diesen s. Pollux VIII, 107. und die Ausleger nebst Hemst.
s. Pollux IX, 74. Schol. Aristoph. Frieden 874, 876. und Aristophanes
selbst, Suidas in Βραυρών und Schol. Demosth. S. 1415. Wolf. Vergl.
Corsini F. A. Bd. II, S. 316.

83) Abschn. 24.

84) Ich fasse die Beweise hierzu in folgenden Stellen zusammen.
Aeschin. g. Timarch. S. 168: ὅτε κωμῳδῶν ὄντων ἐν Κολλυτῷ καὶ Παρμένοντος τοῦ κωμικοῦ ὑπο-
κριτοῦ εἰπόντος τι πρὸς τὸν χορὸν ἀνάπαιστον, ἐν ᾧ ἦν, εἶναί τινας
πόρνους μεγάλους Τιμαρχώδεις.

Demosth. v. d. Krone S. 288, 19. ἢ ὃν ἐν Κολλυτῷ ποτε Οἰνόμαον κακῶς κακῶς ὑποκρινόμενος ἐπέτριψας· τότε τοίνυν κατ᾽ ἐκεῖνον τὸν και-
ρὸν ὁ Παιανιεὺς ἐγὼ Βάταλος Οἰνομάου τοῦ Κοθωκίδου σου πλείονος
ἄξιος ἂν ἐφάνην τῇ πατρίδι. Als verächtlich stellt die Sache Demosthenes dar S. 307, 25, wo Aeschines heisst αὐτοτραγικός πίθηκος, ἀρουραῖος Οἰνόμαος, wozu Ηesych. Ἀρουραῖος Οἰνόμαος· Δημοσθένης Αἰ-
σχίνην οὕτως ἔφη, ἐπεὶ κατὰ τὴν χώραν περινοστῶν ὑπεκρίνετο Σοφο-
κλέους τὸν Οἰνόμαον. Endlich die vortreffliche Stelle von der Krone
S. 314, 9. οὐ κατέρχετας μὰ Δί᾽ οὐδὲν τῶν προϋπηργμένων τῷ μετὰ
ταῦτα βίῳ, ἀλλὰ μισθώσας σαυτὸν τοῖς βαρυστόνοις ἐπικαλουμένοις
ἐκείνοις ὑποκριταῖς Σιμύλῳ καὶ Σωκράτει τριταγωνίστεις, σῦκα καὶ
βότρυς καὶ ἐλάας συλλέγων, ὥσπερ ὀπωρώνης ἐκείνος ἐκ τῶν ἀλλοτρίων
χωρίων, πλείω λαμβάνων ἀπὸ τούτων τραύματα, ἢ τῶν ἀγώνων οἷς

Schauspiele gegeben haben, wenn man dem Hesychios glauben darf, dass Aeschines auf dem Lande umherziehend gespielt habe. Hiervon ist noch eine Spur von dem Gau Phlya. Der Sprecher beim Isäos von Kirons Erbschaft[85]) will zeigen, dass Kiron sein mütterlicher Grossvater sei, und führt daher an, wie Kiron ihn stets als Enkel behandelt habe; niemals habe er ohne ihn weder grosse noch kleine Opfer dargebracht; ja er habe ihn sogar auf das Land zu den Dionysien mitgenommen, wo er neben ihm sitzend zugeschaut und alle Feste mit ihm gefeiert habe: καὶ οὐ μόνον εἰς τὰ τοιαῦτα παρεκαλούμεθα, ἀλλὰ καὶ εἰς Διονύσια εἰς ἀγρὸν ἦγεν ἀεὶ ἡμᾶς, καὶ μετ' ἐκείνου τε ἐθεωροῦμεν καθήμενοι παρ' αὐτόν, καὶ τὰς ἑορτὰς ἤγομεν παρ' ἐκεῖνον πάσας. Hier bezieht sich das Zuschauen und Sitzen unzweifelhaft auf Schauspiel; und es ist nicht von ländlichen Dionysien überhaupt die Rede, sondern von denen auf dem Gau des Kiron; sonst stände nicht εἰς ἀγρὸν (nämlich ἑαυτοῦ), sondern Διονύσια τὰ κατ' ἀγρούς. Kirons Gut lag aber in Phlya[86]): hier sind also Schauspiele in Phlya. Eben so wurden wahrscheinlich in Ikaria Schauspiele gegeben, weil gerade dort und zwar in der Zeit der Weinlese, von welcher die ländlichen Dionysien ausgingen, das Attische Schauspiel entstanden sein soll[87]; und Thespis selbst war von Ikaria*).

12. Nach dieser Abschweifung kehren wir zur Erwägung der Hermannschen Hypothese zurück. Sie beruht darauf, dass man Schauspiele nicht auf jedem Flecken habe geben können, dass man dazu einen bestimmten Ort, nämlich den nahe der Stadt gelegenen Gau Leuäon genommen habe, wo auf Gerüsten gespielt worden sei vor Erbauung des Theaters: dass nachher das Theater

---

ὑμεῖς περὶ τῆς ψυχῆς ἠγωνίζεσθε· ἦν γὰρ ἄσπονδος καὶ ἀκήρυκτος ὑμῖν ὁ πρὸς τοὺς θεατὰς πόλεμος, ὑφ' ὧν πολλὰ τραύματ' εἰληφὼς εἰκότως τοὺς ἀπείρους τῶν τοιούτων κινδύνων ὡς δειλοὺς σκώπτεις.

85) S. 206.
86) Ebend. S. 218.
87) Athen. II, S. 40. B.
*) [Ein Theater, dessen Ruinen noch übrig sind, war auch in Thorikos; Leake über die Demen S. 68. der D. Uebers. von Westermann. Ebenso Welcker Gr. Tragg. Th. III. S. 926.]

im Piräeus erbaut worden, und die Spiele vom Lenäon dahin verlegt worden seien, aber dennoch das Fest seinen Namen Lenäen behalten habe; und endlich könne der dritte Tag der ländlichen Dionysien Lenäen geheissen haben. Um nun das letzte zuerst abzufertigen, so wird man keine Spur finden, dass die ländlichen Dionysien gerade dreitägig waren, welches Kanngiesser[88]) bloss aus der Analogie der übrigen Dionysien ersonnen hat; von den Θεοινίοις wollen wir zugeben, dass sie zu den ländlichen Dionysien gehören, da Harpokration sagt: Θεοίνια, κατὰ δήμους Διονύσια[89]), auch von den Askolien, von den Lenäen nicht. Aber dass auf vielen Flecken mochten ländliche Dionysien mit Schauspielen gefeiert werden, haben wir eben wahrscheinlich gemacht, und dass das Lenäon in der Stadt, nicht vor der Stadt war, ist aufs bündigste bewiesen. Darum kann auch das Fest nicht in den Piräeus verlegt worden sein; man verlegt kein Fest aus der Stadt in einen Gau ausser der Stadt; ja man kann überhaupt die Feste nicht wie Regierungskollegien oder Soldaten verlegen, weil sie an heilige Orte gebunden sind. Nie konnte das Eleusinische Fest, nie das Brauronische, das Delische nach Athen verlegt werden; der Boden ist heilig, wo die Götter wandelten und wohnten: sie wohnen immer da. Und dann, wenn auch das Fest verlegt wäre und seinen Namen dennoch behalten hätte, kann es dann noch einen ἀγὼν ἐπὶ Ληναίῳ geben? Dieser Sprachgebrauch mit ἐπὶ ist lächerlich, wenn das Fest nicht mehr beim Lenäon gefeiert wird. Doch um kurz zu sein, lassen wir den Euegoros in dem Gesetze bei Demosthenes vortreten: Ὅταν ἡ πομπὴ ᾖ τῷ Διονύσῳ ἐν Πειραιεῖ καὶ οἱ κωμῳδοὶ καὶ οἱ τραγῳδοί, καὶ ἡ ἐπὶ Ληναίῳ πομπὴ καὶ οἱ τραγῳδοὶ καὶ οἱ κωμῳδοί, καὶ τοῖς ἐν ἄστει Διονυσίοις ἡ πομπὴ καὶ οἱ παῖδες καὶ ὁ κῶμος καὶ οἱ κωμῳδοὶ καὶ οἱ τραγῳδοί. Diese deutliche Unterscheidung schliesst alle Möglichkeit aus, das Lenäenfest als das Piräeische anzusehen. Und wenn die Piräeischen

---

88) S. 220.

89) Die Θεοίνια im Eide der Gerären gehören aber nicht hierher, sondern zu den Anthesterien. S. diesen Eid II. g. Nchr. S. 1371. Von den Askolien vgl. Corsini F. A. Bd. II. S. 300.

Dionysien ländliche sind, so können hiernach die Lenäen auch keine ländliche sein; denn dass, während ein Festzug im Piräeus war und Komödien und Tragödien dort gespielt wurden, dasselbe an einem andern Orte im Lenäon geschah, etwa gar bei dem unbedeutenden Ikaria, wohin es Kannglesser[90]) verweiset, dass zu gleicher Zeit zwei so grosse Feste und nebenbei noch einzelne in den andern Gauen gefeiert wurden, übersteigt allen Glauben.

13. Gesetze pflegen schon den Gleichzeitigen dunkel zu sein, wie viel mehr der Nachwelt, der sie nicht mehr deklarirt werden können. So finden wir es auch beim Gesetz des Euegoros, welches sich entgegengesetzte Auslegungen gefallen lassen muss. Schon Spanheim[91]) hatte nämlich Lust Feste zu verlegen; aber pfiffiger, um aus Demosthenes nicht überwiesen werden zu können, verlegt er in den Piräeus nicht die Lenäen sondern die Anthesterien, welche in dem Gesetze fehlen, und macht das Piräeische Fest in dem Gesetze zu den Anthesterien. Dies hatte früher Petitus[92]), der schlechteste aller Lehrer des Attischen Rechtes, ausgedacht, und obendrein das Gesetz nach seiner gewohnten Art verderbt. Wir werden nicht bloss mit Wyttenbach[93]) antworten, dass von dieser Verlegung nichts bekannt sei, sondern jene Annahme aus dem Gesetze selbst widerlegen. In jedem Gesetze muss Ordnung sein, welche in den Athenischen, obgleich sie zum Theil keinesweges musterhaft geschrieben sind, nicht vermisst wird, wenn man sie tiefer studirt: selbst dass beim Lenäischen Fest die Tragöden, bei den andern die Komöden in unserem Gesetz zuerst stehen, hat gewiss einen Grund, nämlich die Ordnung, in welcher die Spiele bei jedem gehalten wurden, die wahrscheinlich von der frühern oder spätern Einführung derselben an diesen Festen herrührte. Nun werden in Euegoros Gesetz vier Feste genannt in dieser Folge: das Piräeische, die Lenäen, die grossen Dionysien, die Thargelien. Worauf beruht diese Anordnung? Entweder auf dem Alter der Feste, oder auf

---

90) S. 219.
91) Zu den Fröschen S. 208.
92) Att. Ges. S. 46.
93) A. a. O. S. 58.

der Würde und Pracht der Feier, oder auf der Zeitfolge im bürgerlichen oder natürlichen Jahre: ein anderes ist nicht denkbar. Vom Alter der Feste zu reden wird man uns erlassen; die alten Staatsmänner hatten weder Zeit noch Lust so spitzfindige chronologische und archäologische Untersuchungen anzustellen, als wir thun. Nach der Würde und Pracht ist die Anordnung nicht gemacht; sonst würden die so heiligen Thargelien nicht zuletzt, die an Pracht weit herrlichern grossen Dionysien nicht nach den Piräischen und Lenäischen stehen. Es bleibt also die Zeit übrig, welche die natürlichste Anordnung giebt. Wären die Feste nach dem natürlichen Jahre, welches im Frühling beginnt, an einander gereiht, so müssten die Thargelien, das Maifest, oder die grossen Dionysien zuerst kommen, und ausserdem, da Spanheim und die ihm folgen die Lenäen für die ländlichen Dionysien halten, die Lenäen vor den angeblichen Anthesterien im Piräeus vorangehen. Nehmen wir nun endlich das bürgerliche Jahr, was zuverlässig das einzig richtige ist, und wonach die beiden zuletzt stehenden Feste, deren Zeit bekannt ist, sowohl gegen einander als gegen die beiden übrigen in regelmässiger Ordnung stehen, so müssten wieder die Lenäen, wenn sie als ländliche Dionysien in den Poseideon fallen, vor das Piräische oder Anthesterienfest gesetzt werden. Folglich ist Spanheim's Annahme gänzlich ungegründet. Weit verständiger erkannte Spalding[91]) unter der Voraussetzung, dass die Lenäen, die Anthesterien und die Piräischen Dionysien ländliche seien, in dem Gesetze des Euegoros die natürliche Zeitfolge der Feste im Jahre; aber sie beweiset so nichts für seine Meinung gegen den dritten, welcher die Lenäen als ein besonderes Fest in den Gamelion stellt, wobei dieselbe Zeitfolge besteht. Nur bleibt den Gegnern übrig zu fragen, warum denn die Anthesterien fehlen: worauf wir einstweilen erwidern könnten, warum denn die Panathenäen, grosse und kleine, dies prächtige Hauptfest der Athener fehlen? Dergleichen lässt sich heutzutage nicht leicht beantworten. Wenn indessen an den Anthesterien um die Zeit jenes Gesetzes wahrscheinlich keine Schauspiele gegeben wurden, dann ist auch jener Frage der Gegner

---

91) Abhandl. S. 81.

Genüge geschehen, und es bleibt nur übrig, dass jemand die unsrige beantworte.*)

14. Hier ist der gelegenste Ort, eine Attische Inschrift in Betracht zu ziehen, ein unbestreitbar ächtes Denkmal aus der 111. Olymp. ¾. welches in meiner Schrift über die Staatshaushaltung der Athener in der achten Beilage zuerst herausgegeben und ausführlicher behandelt ist**). Es enthält eine Rechnung über das Hautgeld, welches unter den Archonten Ktesikles und Nikokrates einging; wer aber das Ganze mit Sorgfalt untersucht, wird sich überzeugen, dass die Aufzählung der Feste unter Ktesikles nicht das ganze Jahr, sondern nur die zweite Hälfte etwa, um mich hier unbestimmter auszudrücken als ich in dem genannten Werke gethan habe, umfasst: das erste klar erscheinende Fest sind die Lenäen; vorher geht nur ein einziges. Man denke von der Zeit der Lenäen wie man wolle, so kann man sie nicht vor den sechsten Monat hinaufrücken, und vor ihnen sind alle Feste weggelassen bis auf ein einziges; alle vorhandenen sind aber genau der Zeitfolge nach gestellt. Was nun davon hierher gehört, setze ich nach neuen, wenn ich Z. 13. abrechne, ganz sichern und bereits am angeführten Orte gerechtfertigten Ergänzungen hierher, ausgenommen Z. 7. welche nach der Pourmontischen Leseart gegeben ist; doch stehen die Ausfüllungen, desgleichen Z. 12. und 14. eine Verbesserung in Klammern.

*) [Die Panathenäen sowie die Mysterien, mit denen die Anthesterien verbunden waren, hatten eigene Gesetze. Daher ist von diesen Festen hier nicht die Rede, weil in jenen Gesetzen das schon verordnet war, was Enegoros jetzt supplementarisch für die übrigen Dionysien und die Thargelien verordnet.]

**) (Vgl. auch die Inschrift VIII. b. in der 2. Aufl. d. Staatshaush. In dieser Aufl. II, 126. ist nachgewiesen, dass Z. 12. und Z. 13. der umstehend abgedruckten Inschrift (VIII. C. I. No. 157.) anders zu ergänzen sind: [π]αρὰ μυστηρίων [ἐπι]ελησῶν· — — 'Εκ τῆς (Θ)υσίας τῆ[ι Ἀγαθ]ῆ Τύ[χη παρά]. Dadurch wird die unten (S. 104. u. S. 105.) folgende Beweisführung modificirt.]

 ὃ [ΕΚ ΤΟΥ ΔΕΡ]ΜΑΤΙΚΟΥ
 [ΕΠΙΚΤΗΣ]ΙΚΛΕΟΥΣΑ[ΡΧΟΝ]ΤΟΣ
 . . . . . ΛΥΕΙΩΝΤΩΝ . . . . . . ΡΑ
 [ΒΟΩΝ]ΩΝ : ΗΗΗⱵ
 [ΚΑΙ]ΤΟΠΕΡΙΓΕΝΟΜΕ[ΝΟΝΕΚ]ΤΗ[Σ]
10 [ΒΟ]ΩΝΙΑΣ : ΗΗⱾΔΔΔ
 [ΕΓ]ΔΙΟΝΥΣΙΩΝΤΩΝ[ΕΠΙΛ]ΗΝΑΙΩ[Ι]
 [Π]ΑΡΑΜΥΣΤΗΡΙΩΝ[ΚΑΙΤ]ΕΛ[Ε]ΤΩΝ
 ΕΚΤΗΣΘΥΣΙΑΣΤΗ[ΙΔΗΜΗΤΡΙΠΑΡΑ]
 ΙΕΡΟΠΟΙΩΝ : [Ȿ]ⱾΔ . . . . .
15 ΕΞΑΣΚΛΗΠΙΕΙΩΝΠΑ[ΡΑ]
 ΙΕΡΟΠΟΙΩΝ : ΗΗⱾΔΔΔΔⱵ
 ΕΓΔΙΟΝΥΣΙΩΝΤΩΝΕΝΑΣΤΕ[Ι]Π[ΑΡΑ]
 ΒΟΩΝΩΝ : ⱾΗΗΗΠⱵⱵⱵ . . .

Hier folgen sich die Lenäen und Dionysien in der Stadt eben so wie im Gesetz des Euegoros und bei Hesych und den übrigen Grammatikern in *Διονύσια*[95]: gleich nach den Lenäen stehen aber die Mysterien und Weihen, und ein Opfer der Demeter höchst wahrscheinlich nach dem ganzen Zusammenhange; und zwar, da bei jedem einzelnen der übrigen Feste die Summe des Hautgeldes steht, ist sie hier nur im Ganzen für alle drei Feierlichkeiten, das Lenäenfest, die Mysterien und Weihen, und das Opfer angegeben: denn dass Z. 11. und 12. die Summen weggefallen wären, verbietet der Mangel des Raumes für dieselben und die zu nennenden Behörden anzunehmen. Diese Zusammenfassung ist nur daraus erklärlich, dass die Feste bald aufeinander folgten, so dass die Opfervorsteher das Hautgeld von allen dreien auf einmal einzahlten und darüber eine einzige Rechnung einreichten. Nun fallen die Mysterien in den Anthesterion, nämlich die kleinen, von welchen hier allein die Rede sein kann, da die grossen nicht in die Zeitfolge passen; nach der Ruhnkenschen Meinung aber sind die Lenäen als Anthesterientag gleichfalls in diesem Monat, nämlich entweder der vierzehnte, oder als Choen der zwölfte; daher man denn die kleinen Eleusinien nach dem vierzehnten zu setzen hätte, was allerdings möglich wäre. Der entgegengesetzten Annahme, wonach die Lenäen als ländliche

---

95) S. oben Abschn. 4.

Dionysien in den Poseideon fallen, ist unsere Inschrift eben so ungünstig als das Gesetz des Euegoros, weil von der Feier der ländlichen Dionysien bis zu den kleinen Eleusinien der Zeitraum zu gross ist, als dass die Opfervorsteher für beide Feste eine Rechnung hätten eingeben können. Setzen wir dagegen die Lenäen in den Gamelion als besonderes Fest, um den zwanzigsten des Monates, so sind die Forderungen unserer Inschrift befriedigt: denn die kleinen Eleusinien können im Anfange des Anthesterion gewesen sein, gleich nach dem Trauerfeste der Hydrophorien, welches den ersten Anthesterion in der Stille, ohne Sang und Klang begangen wurde[96]), und folglich mit keinem grossen Opfer konnte verbunden sein. Vermisst nun wieder jemand in unserer Inschrift die Anthesterien zwischen den Lenäen des Gamelion und Mysterien und den grossen Dionysien, so kann man ihm entgegnen, dass dies alte und heilige Fest nicht mit einem Volksschmause auf Staatskosten begangen wurde und daher kein Hautgeld davon einging: die grössten Schmäuse waren an den zugesetzten Festen (ἐπιθέτοις ἑορταῖς), zu welchen das Anthesterienfest nicht gehört. Die ländlichen Dionysien endlich[97]) finden sich in unserer Inschrift nicht deutlich; aber vor den Lenäen fehlt ein Fest, wozu Stiere waren gekauft worden; daher bei der Einzahlung des Hautgeldes von jenem Feste 280 Drachmen Ueberschuss vom Ochsenkauf vorkommen, τὸ περιγενόμενον ἐκ τῆς βοωνίας. Da vor den Lenäen, man mag sie in den Gamelion oder Anthesterion setzen, die Dionysien auf dem Lande nicht weit hergehen, und schon gezeigt ist, dass hier die Lenäen nicht als ländliche Dionysien genommen werden können, so wenig als im Gesetze des Euegoros: so ist es erlaubt, jenes fehlende Fest darauf anzusehen, ob es nicht die ländlichen Dionysien sein könnten. Es fehlen vorn fünf Buchstaben, genau abgezählt: dann folgt ΛΥΕΙΩΝΤΩΝ. Man wird vergeblich ein Fest suchen, welches auf ΛΥΕΙΩΝ endigte; und fände man eines, so muss es auch in die Zeit passen, nämlich ungefähr in die Mitte des Jahres. Aber E und Σ wird überhaupt, und insbesondere von Fourmont sehr häufig ver-

---

96) Corsini F. A. Dd. II. 8. 873.
97) Vergl. Abschn. 11.

wechselt; desgleichen Λ und Ν und zumal hier, wo vor dem Λ eine Lücke ist, konnte der eine Strich des Ν sehr leicht erloschen sein. So springt für uns vollkommen klar hervor [ΕΓ ΔΙΟ]-ΝΥΣΙΩΝΤΩΝ. Diese Verbesserung gewinnt um so mehr Wahrscheinlichkeit durch das ΤΩΝ, indem wir ein Fest um die Mitte des Jahres haben müssen, welches ausser dem Hauptnamen einer nähern Bestimmung bedarf: wozu sich gerade die ländlichen Dionysien darbieten. Um nun ΚΑΤΑΓΡΟΥΣΠΑ in die folgende Lücke zu bringen, dazu ist freilich der Raum zu klein; aber bei einer grossen Lücke kann der Leser des Steines die Zahl der Buchstaben zumal gegen das Ende der Zeilen, wo der Steinschreiber gewöhnlich wegen der Beengung des Raumes selbst unregelmässiger schreibt, nicht mehr sicher beurtheilen, und nimmt es daher nicht mehr so genau mit der Setzung der Punkte: und ΡΑ des Fourmont kann auch ΓΑ gewesen sein, da er Γ und Ρ häufig verwechselt. Wir wagen daher zu lesen:

[ΕΓΔΙΟ]ΝΥΣΙΩΝΤΩΝ[ΚΑΤΑΓΡΟΥΣ]ΠΑ[ΡΑ]
[ΒΟΩΝ]ΩΝ : ΗΗΗΗ

welche letztere Ausfüllung βοωνῶν vollkommen gewiss ist, und nehmen an, dass da das Piräeische Dionysosfest vermuthlich bald die Aufmerksamkeit des Staates auf sich zog, er dazu einen Festaufzug (πομπή) führte, welchen das Gesetz des Euegoros nennt, und der schwerlich von dem Gau allein konnte gehalten sein[*]. Hierzu ist dies Stieropfer, dessen Hautgeld angegeben ist: von einem Gaufest ohne Antheil des Staates kann natürlich der Staat kein Hautgeld empfangen. Dies angenommen fängt unsere Inschrift unter dem Archon Ktesikles mit dem sechsten Monat Poseideon an, wovon ich den vermuthlichen Grund anderwärts[**] angegeben habe, und die Ordnung der drei Feste, der ländlichen oder Piräeschen Dionysien, Lenäen und städtischen ist wieder dieselbe wie bei den Grammatikern[96] und im Gesetz des Euegoros.

15. Nachdem wir nun vom Orte der Lenäen gehandelt haben, woran sich die letzten Bemerkungen anschlossen, und

---

[*] [Staatsh. d. Ath. 2. Ausg. II, 124. wird *in Piraeei* statt *kat'*
agrous conjicirt.]

[**] [Staatsh. d. Ath. II, S. 123 f.]

96) S. Abschn. 4.

früher bereits nach den ausdrücklichen Zeugnissen von der Zeit und dem andern Punkt, ob die Einerleiheit des Festes mit einem der beiden anderen überliefert sei: kommen wir dazu, ob sichere Schlüsse die Gleichheit der Zeit oder die Einerleiheit des Festes begründen. Hier haben wir es bloss mit Ruhnken und seinen Genossen zu thun, gegen welche Oderici unglücklich, Kannegiesser in der Hauptsache richtiger und der Leipziger Kritiker am verständigsten kämpfte; alle jedoch mit Einmischung gar wunderlicher Dinge, von welchen wir die wichtigsten werden beseitigen müssen. Ruhnken will nämlich den Beweis der Seldenschen Meinung aus dem Aristophanes allein führen. In den Acharnern[99]), sagt er, verlangt Lamachos Krammetsvögel zu den Choen, die gerade gefeiert werden: εἰς τοὺς Χοᾶς αὐτῷ μεταδοῦναι τῶν κιχλῶν, womit zu verbinden die spätere Stelle[100]): τοῖς Χουσὶ γάρ τις ξυμβολὰς ἐπράττετο. Ueberdies wird in der Mitte zwischen beiden gesagt, die Böoter hätten gerade gegen das Bacchusfest hin einen Einfall in Attika gemacht[101]): ὑπὸ τοὺς Χοᾶς γὰρ καὶ Χύτρους αὐτοῖσί τις Ἤγγειλε λῃστὰς ἐμβαλεῖν Βοιωτίους. Was kann aus diesen Zeitbestimmungen geschlossen werden? Offenbar dass das Stück an den Choen gegeben sei. Aber aus zwei anderen Stellen folgt[102]), das Stück sei an den Lenäen aufgeführt: Αὐτοὶ γάρ ἐσμεν οὑπὶ Ληναίῳ τ' ἀγών, und Ὅς γ' ἐμὲ τὸν τλήμονα Λήναια χορηγῶν ἀπέλυσ' ἄδειπνον: und eben dieses bezeugt die Didaskalie. Es ist also klarer als der Tag, dass die Choen ein Theil der Lenäen sind, die Lenäen einerlei mit den Anthesterien. Freilich wird an zwei Stellen der Acharner, nämlich bald nach dem Anfang gesagt[103]): Ἄξω τὰ κατ' ἀγροὺς εἰσιὼν Διονύσια, und Ἀγαγεῖν τυχηρῶς τὰ κατ' ἀγροὺς Διονύσια: wer sollte also nicht glauben, Aristophanes halte die ländlichen Dionysien für einerlei mit den Lenäen, da er nachher zweimal die Lenäen nennt? Das habe nun freilich auch die meisten in die Irre geführt, da doch die Stellen

99) Vs. 960.
100) Vs. 1209.
101) Vs. 1075.
102) Vs. 503. und 1153.
103) Vs. 201. 251.

selbst, genauer ausgeschüttelt, den Unterschied aufs klarste bewiesen. Der Schauplatz des Stückes ist Athen; man hält Volksversammlung über die wichtigsten Dinge: die Acharner sind gegenwärtig, unter ihnen Dikäopolis, der für sich Frieden mit Lakedämon unterhandelt. Nachdem er diesen erhalten, jauchzt er auf vor Freude, geht auf seinen Gau Acharnä, und feiert daselbst die den Gauen eigenen Dionysien auf dem Lande; kehrt dann nach Athen zurück, feiert dort mit den Athenern die Lenäen und erwähnt diese selbst. Ferner lehren die alten Didaskalien, dass die Frösche an den Lenäen gespielt wurden; aber im Stücke selbst stehe[104]), dass es an den Chytren gegeben sei: ἦν ἀμφὶ Νυσήϊον Διὸς Διόνυσον ἐν Λίμναισιν ἰαχήσαμεν, ἡνίχ' ὁ κραιπαλόκωμος τοῖς ἱεροῖσι Χύτροισιν χωρεῖ κατ' ἐμὸν τέμενος λαῶν ὄχλος, wo ἰαχήσαμεν heisse „cantare solemus". Hieraus folge, dass unter den Lenäen auch die Chytren enthalten seien; wenn also die Choen und Chytren von den Lenäen unterschieden würden, so seien erstlich die Lenäen der allgemeine Begriff, der das ganze Fest der Anthesterien umfasse; aber vermuthlich sei der vierte Tag des Festes wieder insbesondere der Tag der eigentlichen Lenäen im engern Sinne. Dies ist Ruhnken's Beweis aus dem Aristophanes, vollständig ausgeschöpft: dieser zerrinnt uns aber unter den Händen.

10. In der Stelle der Frösche, durch deren falsche Deutung auch ich ehemals[105]) mich hatte täuschen lassen, sagt der Chor[106]): „Wir Frösche, die wir jetzt auf dem Theater erscheinen, in diesem Schauspiele am Lenäenfest, wollen das Lied singen, welches wir dem Dionysos (der nämlich jetzt gerade auf der Bühne ist), sonst in Limnä sangen zur Zeit wenn am Chytrenfeste das Heiligthum die berauschte Menge umschwärmt." Die Chytren werden dem Dionysos im Blüthenmond Anthesterion in Limnä gefeiert; zu dieser Zeit sangen wir, sagen die Frösche: natürlich singen sie um diese Zeit wirklich in Athen, dasselbe Lied, was sie nachher anstimmen: Βρεκεκεκὲξ κοὰξ κοάξ. Sie

---

104) Frösche 217 ff.
105) Trag. Gr. pr. S. 209.
106) Die folgende Erklärung hat Hermann der Hauptsache nach aufgestellt in der L. L. Z. a. a. O. S. 472. 473.

sangen aber in einem nahen Sumpfe, der sogar in den Ringmauern der Stadt sein konnte, und wovon Limnä genannt ist: wie wir hier in der Stadt auch Sumpf haben. Es ist also ἐν Λίμναις in dieser Stelle nicht bloss ein Wortspiel, wie man sagt, sondern ein Sinnspiel. Die frommen Thiere sprechen aber so, als quackten sie bei den Anthesterien dem Dionysos zu Ehren, einstimmend in die Verehrung der Menschen: sie erkennen dies Fest als ein auch von ihnen gefeiertes an, und nennen das Heiligthum selbst das ihrige. Dass Aristophanes nun gerade das Chytrenfest nennt, hat seinen Grund bloss in der Jahreszeit, dem Anthesterion, da dann die Frösche sich hören lassen: das Stück selbst aber ist an den Lenäen gegeben, nach unserer Ansicht vor dem Anthesterion, im Gamelion: da quacken sonst noch keine Frösche, und darum kann der Dichter gerade seinen Scherz spielen und die Thiere sagen lassen, sie wollten dem Dionysos, weil er eben da ist, auch jetzt ihre Stimme hören lassen, die sonst bei den Chytren ertönte. Nicht lange irrte mich die Stelle der Acharner: Ὅς γ' ἐμὲ τὸν τλήμονα Λήναια χορηγῶν ἀπέ- 86 λυσ' ἄδειπνον, wo ja der Chor offenbar nur sagt, dass Antimachos der Schuft ihm früher einmal, da er an den Lenäen unter dessen Choregie spielte, nicht einmal ein Gastmahl gegeben habe, wahrscheinlich beim vorhergegangenen Lenäenfest: auf die Acharner selbst kann niemand diese Stelle beziehen.

17. Da der Rest der Ruhnkenschen Beweisführung ausschliesslich auf den Zeitverhältnissen der Acharner beruhet, müssen wir diese genauer untersuchen. Ein Schauspiel hat aber eine doppelte Zeit, die bürgerliche, in welcher es aufgeführt wird, und die dichterische, in welcher die Fabel spielt: auch die erstere kann aber von einem Komiker in das Stück eingemischt werden, zumal in der alten Komödie, die nicht bloss ein Spiegel des Lebens und der Sitten ist, sondern mitten im Leben steht, wirkliche Personen und Verhältnisse darstellt, sich in alle geselligen und öffentlichen Angelegenheiten mengt, und sogar mit den Zuschauern den Dichter sich unterhalten lässt, wozu man sich nur der Parabasen erinnern darf. Die bürgerliche Zeit nun, da die Acharner aufgeführt wurden, ist das Lenäenfest Olymp. 88, 3. nach dem deutlichen und ausführlichen Zeugniss der Didaskalien:

Ἐδιδάχθη ἐπὶ Εὐθυμένους (nach unsern Fasten Euthydemos*) ἄρχοντος ἐν Ληναίοις διὰ Καλλιστράτου, καὶ πρῶτος ἦν· δεύτερος Κρατῖνος Χειμαζομένοις· οὐ σώζεται· τρίτος Εὔπολις Νουμηνίαις. Eben dies von den Lenäen sagt der Scholiast [107]), worauf Ich jedoch nichts geben will. Diese Didaskalie macht aber Kanngiesser verdächtig, und ihm stimmt sein Kritiker ziemlich bei: sie sei nämlich nur aus einer irrigen Erklärung der Stelle entstanden: αὐτοὶ γάρ ἐσμεν, οὑπὶ Ληναίῳ τ' ἀγών. Wir missbilligen ein solches Verfahren; es giebt keine bestimmter und gelehrter redende Didaskalie als gerade diese, deren Verfasser gewiss nicht aus dem Aristophanes geschlossen hat, da er viele andere Nachrichten hier mittheilt, die er nirgends her schliessen konnte. Den Archon konnte er aus dem Stücke noch abnehmen, aber nicht dass Aristophanes siegte, nichts von Kallistratos, nichts von Kratinos und Eupolis; ja das Stück des Kratinos war nicht einmal mehr vorhanden, so dass hier alle Schlusskunst zu Ende ging. Ich wage es zu sagen: die Didaskalien sind nächst den Münzen und Inschriften und den Werken der ersten Geschichtschreiber die lautersten und zuverlässigsten Quellen, gleichzeitige Urkunden über die wirklich aufgeführten Stücke, gesammelt von Schriftstellern, denen eine längst untergegangene Welt von Denkmälern offen lag, von Aristoteles, Dikäarch, Kallimachos, Aristophanes von Byzanz, Apollodor**), Eratosthenes und andern, die nicht aus ihrem Kopfe noch nach Meinung, sondern aus Nachrichten sie zusammensetzten, wobei ausser Versehen der Sammler oder Schreibfehlern kein Irrthum unterlaufen konnte: und ich bedaure, dass auch Spalding [108]) sich dieser Verachtung der Didaskalien theilhaftig machte. Schlimm genug, dass schon Kallimachos sie tadelte: Eratosthenes wies ihm bereits nach, dass er nur durch Missverstand dazu kam [109]). Warum sollen denn aber die Acharner nicht an den Lenäen gegeben sein, selbst wenn, was wir zugeben, die

---

*) [Jetzt als falsch anerkannt. S. Clinton Fasti Hellenici.]
107) Z. Acharn. 503 und 377.
**) [Apollodor hat die Didaskalien wohl nur benutzt.]
108) De Dionys. S. 75.
109) Schol. Aristoph. Wolken 549.

Lenäen nicht die Chytren oder Choen oder überhaupt Anthesterien
sind, woran sie Ruhnken spielen lässt? Darum, damit die Worte
des Dikäopolis, aus welchen man eben schliesst, die Acharner
seien an den Lenäen gegeben, Salz bekommen:

> Οὐ γάρ με καὶ νῦν διαβαλεῖ Κλέων ὅτι
> ξένων παρόντων τὴν πόλιν κακῶς λέγω.
> αὐτοὶ γάρ ἐσμεν, οὑπὶ Ληναίῳ τ᾽ ἀγών·
> κοὔπω ξένοι πάρεισιν· οὔτε γὰρ φόροι
> ἥκουσιν, οὔτ᾽ ἐκ τῶν πόλεων οἱ ξύμμαχοι·
> ἀλλ᾽ ἐσμὲν αὐτοὶ νῦν γε περιεπτισμένοι.

Diese Stelle soll ironisch sein. Aristophanes, in dessen Sinn
und Person hier Dikäopolis aus seiner Rolle heraustretend
spricht, hatte nämlich im vorigen Jahre in den Babyloniern an
den grossen Dionysien über die Stadt geschändet, und Kleon
damals dem Aristophanes vorgeworfen, dass er in Gegenwart
der bei den grossen Dionysien zahlreichen Fremden und besonders der unterwürfigen Bundesgenossen, welchen man eher Ehrfurcht als Verachtung des Athenischen Staates einzuflössen bemüht
sein sollte, den Staat heruntergerissen habe. Nun sagt nach dem
gemeinen Wortsinne Dikäopolis: „Heute wird mir Kleon dieses
doch nicht vorwerfen, und ich kann also frisch von der Leber
weg sprechen; denn wir sind heute allein rein ausgeschält: es
ist ja das Lenäenfest, wo keine Fremde da zu sein pflegen: noch
sind ja keine da: es sind keine Tribute angekommen noch Bundsgenossen aus den Städten." Unbefriedigt von dieser Einfachheit
der Rede behauptet man, die Worte οὐχὶ Ληναίῳ τ᾽ ἀγών seien
matt, wenn heute wirklich die Lenäen gefeiert würden; denn da
hätte man ja nicht zu sagen nöthig gehabt was jedermann wusste.
Als ob nicht gerade in der Einmischung des Wirklichen in das
Spiel der Reiz und zum Theil das Komische der alten Komödie
läge, in diesem Uebergange aus der selbstgeschaffenen in die
gegebene Welt, diesem Herausplumpen aus der Rolle! Und ist es
denn matt, wenn man am Sonntag sagt: Heute wollen wir nicht
arbeiten, heute ist Sonntag? Um kurz zu sein, man behauptet, die
Acharner seien an den grossen Dionysien gegeben; diese Stelle
aber sage: „Jetzt kann Kleon nicht, wie vor einem Jahre, mir

vorwerfen, in Gegenwart der Fremden spräche ich zu frei: denn wir sind dermalen ganz allein; unser grosses Dionysosfest ist nicht was es sonst war; es ist nur Lenäenfest. Fremde sind ja noch nicht angekommen; denn es gehen ja weder Tribute ein, noch lassen sich die Bundsgenossen sehen." Würde nun das Stück wirklich an den grossen Dionysien gegeben, fährt unser Kritiker[110] fort, so konnte der Dichter nicht οὔπω sagen, weil dadurch angedeutet wäre, sie würden noch kommen, da doch die Fremden schon aufs grosse Dionysosfest da waren, besonders die aus den Inseln, um die Tribute abzutragen; das Folgende streite aber damit, indem es die Gründe enthalte, warum sie gar nicht kämen. Wäre aber das Stück an den ländlichen Dionysien oder Lenäen, welche er für eins nimmt, gegeben; so wäre zwar das οὔπω richtig, wenn damit gesagt sein soll: Jetzt ist noch nicht die Jahreszeit, wo die Fremden kommen: aber dann wären die folgenden Worte ganz widersinnig, welche den Grund angäben, warum auch in der Jahreszeit, in welcher die Fremden zu kommen pflegen, keine da sind. Und so würde ein durchaus nothwendiger Mittelsatz fehlen: „Und die Fremden sind noch nicht da, die auch überhaupt nicht kommen werden; denn es gehen keine Tribute ein." Man müsse daher auch die Worte οὔπω ξένοι πάρεισιν ironisch nehmen: „Es ist ja das Lenäenfest: die Jahreszeit, wo die Fremden kommen, ist ja noch nicht eingetreten." Nun fahre denn Aristophanes ohne Ironie fort: „denn es gehen keine Tribute ein, und keine Bundsgenossen lassen sich sehen." So gewinne die Stelle ein ganz anderes Ansehen und werde überall scharf und beissend. Ungern haben wir diese Erklärung mitgetheilt, in welcher alles gezwungen und verrenkt ist, und der richtige Takt einer gesunden Erklärung vermisst wird. Um vom Letzten anzufangen, wie kann man denn die Worte οὔπω ξένοι πάρεισιν als ironisch so fassen: „die Jahreszeit, wo die Fremden ankommen, ist noch nicht da," wenn sie nämlich, wie jene wollen, wirklich da ist, zur Zeit der grossen Dionysien? Eine Hyperironie, die zur Albernheit wird, und nicht bloss Berge, sondern was noch unmöglicher ist, Zeiten versetzt.

---

[110] Leipz. Litt. Zeit. a. a. O. S. 477.

Ferner dass die Worte οὔτε γάρ φόροι ἥκουσιν οὔτ' ἐκ τῶν πόλεων οἱ ξύμμαχοι den Grund angeben, warum auch in der Jahreszeit, wo die Fremden zu kommen pflegen, keine da sind, ist ungegründet; sie sind bloss eine Erweiterung des Vorhergehenden: Es sind noch keine Fremde da; „denn jetzt kommen ja keine Tribute an, keine Bundsgenossen, wie bei den grossen Dionysien." Der Hauer hebt aber die Tribut bringenden Bundsgenossen deshalb heraus, weil gerade diese an den grossen Dionysien am wenigsten die innere Schlechtigkeit des Athenischen Staates hören dürfen; und zudem fällt einem Athenischen Bürger bei den Fremden nichts eher ein als Tribute und unterwürfige Bundsgenossen, wie Strepsiades, wenn er von der Geometrie hört, gleich an die das Kleruchenland eintheilende Feldmesserei denkt. Auch hätte nur dann die eben verworfene Annahme, dass der Grund angegeben werde, warum selbst zur gehörigen Jahreszeit keine Fremden kämen, eine Möglichkeit, ich will nicht sagen Nothwendigkeit, welche gar nicht vorhanden ist, wenn erst bewiesen wäre, dass Olymp. 88, 3. Athen keine Tribute erhalten habe. Nun hat man freilich unternommen die bedrängte Lage der Athener in dieser Zeit zu erweisen[111]), worunter das wichtigste die Erschöpfung der Staatskasse ist; aber alles dieses verschwindet gegen die übrige Macht Athens, und es ist wunderbar zu glauben, Athen habe von seinen tausend Städten und bei seiner Meerherrschaft damals keine Tribute empfangen, weil Attika im fünften Jahre des Peloponnesischen Krieges von den Peloponnesiern verwüstet, die Plataeer aufgerieben, Lesbos von den Athenern selbst erobert und mit Kleruchen besetzt worden sei, und was dergleichen Dinge mehr sind, die zum Theil gerade das Gegentheil beweisen. Mit solchen Gründen kann man nur diejenigen fangen, die von dem Umfange der Attischen Bundsgenossenschaft[112]) keinen Begriff und von der Hellenischen Geschichte nur eine oberflächliche Kenntniss haben; wer ein Gemälde jener Jahre entwerfen wollte, würde finden, dass gerade damals die Uebermacht der Athener und zugleich ihr Uebermuth auf dem höchsten

---

111) Kanngiesser S. 250. 251.
112) S. meine Schrift von der Staatshaushaltung der Athener, Buch III, Cap 16.

90 Gipfel waren, woraus ein Gegenkampf der andern entstand, der lange ohnmächtig, erst mit der grossen Niederlage in Sicilien unter Nikias und Demosthenes auf kurze Zeit die Kraft zu einem fast allgemeinen Abfall erhielt. War die Staatskasse erschöpft, so lag die Ursache wahrlich nicht im Mangel der Tribute, welche sogar in den nächsten Jahren unverhältnissmässig erhöht wurden [113]), sondern in dem ungeheuern Kriegsaufwand und gleicher Verschwendung zu Hause. Folglich können die Worte, οὔτε γὰρ φόροι ἥκουσιν und was folgt, nur auf eine Zeit gehen vor der gewöhnlichen Ablieferungsfrist, wo noch keine Tribute und Fremde ankommen konnten, und dieses liegt in dem οὔπω, ohne dass das Nachfolgende dagegen stritte. Verschont man also den Aristophanes mit schaalem Witz, so verschwindet der Grund die Acharner an die grossen Dionysien zu setzen: denn was sonst dafür noch vorgebracht wird, übergehen wir billig. So treten denn die Lenäen wieder in ihr Recht ein, und nun erscheinen die Worte des Dikäopolis als ein Zeugniss, dass eben jetzt an den Lenäen gespielt werde. Unläugbar spricht der Dichter durch Dikäopolis; in solchen Stellen gerade aber tritt der Schauspieler aus seiner Rolle in die wirkliche Welt, so dass hier die Nennung des Festes, an welchem gespielt wird, höchst passend ist; und da οὑξὶ Ληναίῳ τ' ἀγών nicht bloss heisst: **Heute ist Lenäenfest**, sondern: **dies Schauspiel ist ja das Schauspiel der Lenäen**, so muss sogar hier das Fest, an welchem gespielt wird, verstanden werden, wohin auch schon der Gegensatz führt gegen die grossen Dionysien, an welchen die Babylonier waren gegeben worden.

18. Die dichterische Zeit der Acharner springt am deutlichsten in einer Uebersicht des Stücks hervor, in welcher die Zeitverhältnisse der Handlung besonders herausgehoben werden [*]). Das Schauspiel beginnt mit einer Volksversammlung in der Pnyx, wo zwischen den verschiedenen Geschäften, die daselbst vorgenommen werden, Dikäopolis den aus der Versammlung weg-

---

113) B. ebendas. Buch III, Cap. 15. 19.

*) [Gegen die Localbestimmungen in Abschn. 18. hat Dr. Alb. Müller „die scenische Einrichtung in den Acharnern des Aristoph." Lüneburg 1856, 4. S. 9, geschrieben. S. Jahrb. f. Philol. Bd. 77. S. 555 f.]

gewiesenen Amphitheos bewegt, ihm von den Lakedämonern
einen Frieden auszuwirken (130—134). Nachdem die Volksversammlung beendigt ist, kommt (175) Amphitheos aus Lakedämon mit verschiedenen Sorten von Friedensverträgen zurück,
fünfjährigen, zehnjährigen, dreissigjährigen, welche er alle den
Dikäopolis kosten lässt, woron ihm aber nur das dreissigjährige
Bündniss recht schmecken will, bei dessen Genuss dem Begeister-
ten alsobald die Dionysien einfallen, so dass er ausruft: ὦ Διο- ὑι
νύσια (195), und nun geht er ab um die ländlichen Dionysien
zu feiern (201):

Ἐγὼ δὲ πολέμου καὶ κακῶν ἀπαλλαγείς
ἄξω τὰ κατ' ἀγροὺς εἰσιὼν Διονύσια.

Wohin er geht, wird nicht bestimmt gesagt; aber *εἰσιών* führt
darauf, dass er in sein eigenes an einer entfernten Stelle der
Scene vorgestelltes Haus gehe. Jetzt tritt der hochsinnige Chor
der Acharnischen Köhler auf, welcher den Amphitheos als einen
Hochverräther verfolgt, um ihn einzufahen (203—235). Bis hieher
ist sicher alles in der Stadt verhandelt; die Acharnischen Leute
hatten den Amphitheos mit dem Frieden nach Athen kommen
sehen, und verfolgten ihn offenbar in die Stadt. Aber nun feiert
Dikäopolis die ländlichen Dionysien mit seiner Familie und
seinen Sklaven (236—278), ausdrücklich dabei rühmend, wie
schön es sei

ἀγαγεῖν τυχηρῶς τὰ κατ' ἀγροὺς Διονύσια,

(249) jetzt seit sechs Jahren wieder zum erstenmal (265) und
zwar *ἐς τὸν δῆμον ἐλθών*. Er ist also, indem er in sein Haus
ging, aufs Land gegangen, zwar nicht nach Acharnä, wie Bahn-
ken sagt, sondern nach dem Gau der Chollelden, zu denen er
gehört[114], der vermuthlich nahe bei dem Berge Phelleus lag,
daher Dikäopolis sich eine anmuthige ländliche Scene entwirft,
wie viel süsser es sei als Kriegführen eine reife Thrakische Dirne,
die er beim Holzdiebstahl auf dem Phellens ertappe, zu umfangen
(270—275), nämlich hier in seinem Gau bei seinem Gute, wozu
die Waldung wahrscheinlich gehören soll. Das Innere Haus oder

---

114) Acharn. 406.

Gut des Dikäopolis, wo dieses vorgeht, mochte etwa durch ein
ἐκκύκλημα gezeigt werden. Plötzlich kommt aber der Chor an
(279), wirft mit Steinen drein, weil er hier den Hochverräther
erkennt, so dass Dikäopolis um seinen Topf besorgt wird, der
ihm zur Feier der ländlichen Dionysien dient; mit Mühe erlangt
er die Erlaubniss sich zu vertheidigen, und nachdem er sie erlangt, kündigt er an (383), er müsse sich erst umkleiden, um
nach Art der Beklagten durch einen jämmerlichen Aufzug Mitleid
zu erregen, weshalb er den Chor verlassend nach dem Hause
des Euripides geht, um von diesem die Lumpen seiner Jammer-
helden und das übrige Zubehör eines armen Teufels zu erhalten,
worüber er eine lange Unterredung mit dem Dichter hat (406—
487). Hier sind wir offenbar wieder in der Stadt, und zwar
erscheint Euripides durch ein ἐκκύκλημα (408). Hierauf tritt
Dikäopolis wieder vor den Chor, zu welchem er gleich vom
Euripides weg hingeht (485), und führt seine Vertheidigung,
worin die Worte vorkommen: Jetzt werde ihm Kleon nicht vorwerfen, dass er in Gegenwart der Fremden den Staat schmähe,
da die Athener hier allein seien und da man Lenäenschauspiel
gehe. Die Dazwischenkunft des Lamachos (571) verlängert den
Streit, der endlich zu Dikäopolis Vortheil entschieden wird
(626); dieser aber verkündet, er werde den Peloponnesiern, Me-
garern und Böotern einen Markt eröffnen; aber Lamachos solle
davon ausgeschlossen sein (623—625). Dies alles scheint in der
Nähe der Stadt vorgestellt, oder in der Stadt selbst; und nothwendig musste der Landsitz des Dikäopolis mit der Stadt zusammen auf dem Schauplatz dargestellt sein, so dass der Chor
und Dikäopolis auf dem Theater sich nur hin und her beweg-
ten, wenn sie vom Lande in die Stadt oder umgekehrt gingen:
welches um so leichter war, wenn wie Kanngiesser behauptet,
die Pnyx durch die Orchestra dargestellt wurde. Zunächst wird
dann die Handlung durch die Parabasis mit allerlei Reden und
Gesängen unterbrochen (628—718); wonach Dikäopolis auf
seinem eigenen besonders abgesteckten Markte zu Athen erscheint
und die Marktleute aus verschiedenen Gegenden ankommen, ihm
wohlfeil Lebensmittel in Menge verkaufen und seine Mitbürger
ihn um kleine Maasse Frieden ansprechen, aber abgewiesen werden.

Auch der Feldherr Lamachos lässt ihn, jedoch ohne Erfolg
ersuchen (958 ff.), ihm Krammetsvögel zu den Choen und einen
Kopaischen Aal abzulassen; der Chor lobt die Klugheit des Di-
kaopolis und Dikäopolis seinen Frieden (970 ff.). Unmittelbar darauf (999) werden vom Herold die Choen verkündet, und
dass wer zuerst den Chus würde ausgetrunken haben, den Schlauch
oder Balg des dicken Ktesiphon erhalten solle, indem an den
Choen ein Schlauch der Preis des Siegers im Wetttrinken war;
Dikäopolis aber ruft gleich das ganze Haus zusammen, und
lässt für das Fest kochen und braten, namentlich seine Krammetsvögel (1010) und Aale (1042), nicht ohne Neid des hungernden
Chors. Unterdessen ist schon ein Landmann angekommen (1017),
dem die Böoter zu Phyle seine Ochsen weggetrieben haben, und
gleich darauf trifft ein Eilbote an Lamachos ein (1070), durch
welchen die Feldherrn ihm befehlen noch heute aufzubrechen,
weil sie Nachricht erhalten haben von dem bevorstehenden Einfall:

$$\dot{\upsilon}\pi\dot{o} \ \tau o\dot{\upsilon}\varsigma \ X o\tilde{\alpha}\varsigma \ \gamma\dot{\alpha}\varrho \ \varkappa\alpha\dot{\iota} \ X\acute{\upsilon}\tau\varrho o\upsilon\varsigma \ \alpha\dot{\upsilon}\tau o\tilde{\iota}\sigma\acute{\iota} \ \tau\iota\varsigma$$
$$\H{\eta}\gamma\gamma\varepsilon\iota\lambda\varepsilon \ \lambda\eta\sigma\tau\dot{\alpha}\varsigma \ \dot{\varepsilon}\mu\beta\alpha\lambda\varepsilon\tilde{\iota}\nu \ B o\iota\omega\tau\acute{\iota}o\upsilon\varsigma,$$ 93

was natürlich blosse Dichtung, und auf keine geschichtliche Thatsache, wie man geträumt hat, bezüglich ist. So kann Lamachos nicht einmal das Fest feiern (1079): dagegen wird (1083)
Dikäopolis vom Priester des Dionysos enthoten mit dem Brod-
kasten und Chus zum Gastmahle zu kommen, wo alles schon
bereit sei und nur auf ihn gewartet werde, worauf er sich denn
mit seinen sämmtlichen Gerichten und der Kanne aufmacht, während Lamachos, der unterdessen sich gerüstet, zu Felde zieht.
Beiden giebt der Chor einen schönen Nachruf (1142), zu welchem
verschiedenen Loose sie hinzögen. Nach einem vortrefflichen
Zwischengesange, in welchem der gierige Chor den Antimachos
verwünscht, der ihm als Chorege vordem kein Gastmahl gegeben
habe, woran er sich bei Dikäopolis köstlichem Essen erinnert,
kommt (1173) ein Bote, der Lamachos gefährliche Verwundung
in dessen Haus anmeldet, und alsbald (1188) wird der Feldherr
selbst hergebracht, worauf dann in die Wette Lamachos Jammer-
ruf und Dikäopolis Jubeltöne erschallen, und da Lamachos
das harte Zusammentreffen in der Schlacht bejammert (τάλας ἐγὼ
τῆς ἐν μάχῃ Νῦν ξυμβολῆς βαρείας). Dikäopolis ihn mit

dem Wortspiele verspottet: τοῖς Χουσί γάρ τις ξυμβολῆς ἐπράττετο (1209), es habe einer an den Choen einen Beitrag zum
Gastmahl gefordert. Dikkopolis hatte beim Feste, von dem er
zurück ist, seinen Chus zuerst ausgetrunken (1201), und fordert
nun von den Richtern und dem Könige des Schlauch, den Preis
(1222). Der Chor will den Sieger und seinen Schlauch singen
(1230—1233).

19. Nach dieser Anlage des Stückes wird schwerlich darin
jemand Einheit der Zeit finden wollen. Nach der Volksversammlung kommt Amphitheos von Sparta zurück, wohin er während derselben geschickt war: gegen alle Wahrscheinlichkeit der
Zeit, die den vortrefflichen Komiker gar nicht hemmt; er zieht
Wochen in etliche Minuten zusammen. Nun feiert Dikäopolis
zum ersten Male seit sechs Jahren die ländlichen Dionysien, wird
bei der Feier überfallen, und vertheidigt sich gleich hernach,
wobei er des Lenäenfestes Erwähnung thut; dann erklärt er seinen
Willen einen Markt zu eröffnen, welches alles von der Rückkunft
des Amphitheos an hintereinander an demselben Tage gedacht
werden muss und kann. Aber bis nun die Markteröffnung bekannt wird und die Megarer und Böoter erscheinen, dazu wird
gute Zeit erfordert, deren Verfluss durch die eingeschobene Parabase und was mit ihr zusammengehört angedeutet wird. Unterdessen ist das Choenfest herangerückt, an welchem schnell, nachdem es erst verkündet worden, der Schmaus bereitet, gespeiset,
Krieg geführt, Lamachos verwundet und zurückgeführt wird:
alles letztere an dem Tage der Choen selbst. Es ist hiernach
beinahe thöricht zu fragen, wie lange das Stück spiele; denn der
Dichter hebt die Zeiten selbst auf, und will nur Handlung und
Gedanken beachtet wissen; will man aber pedantisch messen, so
spielt das Stück wenigstens zwei Monate, vom Poseideon bis in
den Anthesterion. Denn der Tag der Absendung des Amphitheos nach Sparta muss nach dem Maassstabe der Wirklichkeit
geraume Zeit vor den ländlichen Dionysien gedacht werden, dann
fallen in den Poseideon diese selbst; denn hierin bin ich allerdings mit Oderici [115] einverstanden, dass Dikäopolis die

---

[115] *De marm. diduse.* S. CII.

Dionysien zu ihrer Zeit feiern will, weil er ja ausdrücklich sagt, seit sechs Jahren sei er nicht dazu gekommen, was doch, hätte er sie jeden Tag feiern wollen, wenn die Feinde nicht da waren, wunderlich gesprochen wäre: dass Attika keinen Tag in den sechs Jahren vor Feinden sicher war, wird niemand behaupten. Aber er konnte in den sechs Jahren niemals um diese Zeit ruhig auf dem Lande leben, weil der Feind gerne die Weinlese hindert und verdirbt; jetzt kann er zum erstenmal wieder die Lust des ausgelassensten Festes im Frieden auf dem Lande geniessen. Nach den ländlichen Dionysien endlich werden auf der Bühne die Choen gefeiert, welche in den Anthesterion fallen, so dass also das Schauspiel mindestens zwei Monate umfasst. Dies schien dem Oderici unmöglich; da Aristophanes die Gesetze der Dichtung nicht so verletzen könne; Gesetze, die kein alter Komiker kannte. Er wollte daher den Ruhnken dadurch widerlegen, dass aus seiner Meinung über die Lenäen eine Ungereimtheit folge; wogegen wenn die ländlichen Dionysien eins mit den in der Vertheidigung des Dikäopolis bezeichneten Lenäen seien, eine gewisse Einheit der Zeit herauskomme; wobei er völlig unstatthaft voraussetzen muss, dass bei den ländlichen Dionysien auch Choen und Chytren seien. Dessen ungeachtet kann Ruhnken's Meinung aus den Acharnern vollständig widerlegt werden. Es werden nämlich zwei Feste auf der Bühne gefeiert, im Anfange die ländlichen Dionysien, am Ende die Choen: das Fest aber, an welchem die Acharner wirklich gespielt werden, sind die von Dikäopolis erwähnten Lenäen. Gesetzt die Lenäen, die 95 wirkliche Zeit des Stückes, seien einerlei mit dem einen der auf der Bühne gefeierten Feste; so würden sie nothwendig einerlei sein mit den ländlichen Dionysien, unmöglich mit den Choen. Nachdem nämlich Dikäopolis gesagt hat, es sei heute das Lenäenfest, kündigt er erst die Errichtung seines Marktes an, und es kommen nachher die Marktleute, geraume Zeit hernach, hinter der nicht zur Handlung gehörigen die Zeit ausfüllenden Parabase; ja nachdem der Markt aus ist, erscheint erst der Herold, um die Choen zu verkünden, die im Folgenden angeben sollen und erst zu Ende des Stücks gefeiert werden. Der Dichter selbst hat also die Choen so deutlich getrennt von der Vertheidigung des Dikäopolis, in welcher die Lenäen erwähnt werden, dass kein Zweifel über ihre Verschiedenheit obwalten könnte, wenn die Erwähnung der Lenäen die Einerleiheit mit einem beider auf der Bühne gefeierten Feste erforderte. Umgekehrt erhellt, dass die Vertheidigung des Dikäopolis an demselben Tage gesetzt ist, da er die Dionysien auf dem Lande feiert: folglich müssten unter der genannten Voraussetzung beide einerlei sein. Ruhnken hat also sich und andern unwissend einen Betrug gespielt. Aber auch für die entgegengesetzte Meinung folgt nichts, weil die Annahme selbst falsch ist, dass eines beider auf der Bühne gefeierten Feste einerlei mit den Lenäen sein müsse. Die Anhänger der Ruhnkeuschen Ansicht könnten freilich noch fragen, warum denn Aristophanes gerade die Choen zu seiner Darstellung gewählt habe; denn der Grund möchte darin zu liegen scheinen, weil ihre Feier eben jetzt in Athen begangen worden sei, wodurch ihre Vorstellung auf der Bühne den Reiz der lebendigen Gegenwart erhalte: und die andre Parthei könnte wieder fragen, warum gerade die ländlichen Dionysien von Dikäopolis gefeiert würden. Da letzteres bereits im Vorhergehenden seine Antwort hat, erwidere ich nur auf das Erstere. So wie nämlich Aristophanes in demjenigen Theile des Stückes, welcher der Erwähnung der wirklichen Zeit, des Lenäenfestes im Gamelion vorhergeht, die nächste Vergangenheit vorgestellt hat, die ländlichen Dionysien im Poseideon: so stellt er nach jener Erwähnung die nächste Zukunft dar, die Choen im Anthesterion: wie sollte aber diese nicht denselben Reiz als die Gegenwart haben?

20. Soviel über die vermeintlichen Beweise aus dem Aristophanes. Aber kann aus der Art der Festfeier nichts geschlossen werden? Gewiss nicht aus den heiligen Handlungen, weil wir von keinem Feste so bestimmte und vollständige Beschreibungen haben, dass man behaupten könnte, ein Gebrauch, der von den Lenäen angeführt wird, habe entweder an den ländlichen Dionysien oder an den Anthesterien nicht statt gehabt. Am bekanntesten dagegen ist die Feier der Dionysosfeste durch Schauspiele, von welchen zu reden um so nöthiger scheint, da die Zahl der Dionysosfeste vielen vorzüglich wegen des Schauspielwesens wichtig ist. Der Scholiast der Acharner

behauptet[116]), der Wettkampf der Dionysien sei zweimal im Jahre
angestellt worden, an den grossen Dionysien im Frühling. und an
den Lenäen: woraus einer die Einerleiheit der Lenäen mit den
ländlichen Dionysien könnte erweisen wollen, weil an den ländlichen sicher Spiele der Art gegeben wurden: wenn nur der
Scholiast nicht allzu kläglich wäre. An den grossen Dionysien
wurden Tragödien und Komödien gegeben, und zwar neue[117]),
welches wenigstens von den Tragödien gewiss ist; mir ist kein
altes Stück bekannt, was an den grossen Dionysien aufgeführt
wäre, ausser solchen, die so verändert waren, dass sie als neue
erscheinen konnten, wie Euripides zweite Iphigenie in Aulis
nebst dessen Bacchen und Alkmäon[118]), und es lag in der Natur
der Sache, dass jeder ein neues Stück erst in der Stadt zeigen
und wiederum das Athenische Volk es dort zuerst sehen wollte,
ehe es in die Gaue wanderte*). An den ländlichen Dionysien
finden wir alte Tragödien und Komödien; neue sind ausser den
ersten Anfängen der Kunst nicht nachweisbar: die im Aelian
vorkommende Zusammenstellung der neuen Tragödien in der Stadt
und der Piräelschen würde vollkommen erweisen, dass bei den
ländlichen Dionysien keine neuen Tragödien gegeben wurden,
wenn klar wäre, dass beide einen Gegensatz bilden sollten, was
jedoch nicht mit Sicherheit behauptet werden kann[119]). Aber ob
an den Anthesterien Schauspiele gegeben wurden oder nicht, oder
ob nur in gewissen Zeitaltern, ist streitig. Ich stellte ehemals
auf[120]), an den Choen und Chytren habe man gespielt, aber das

---

116) Vs. 503.
117) Vgl. zum Beispiel den Beschluss des Ktesiphon bei Demosth.
v. d. Krone S. 267, 1. und S. 243, 16. 28., des Aristonikos ebendas. S.
258, 26., des Kallias S. 265, 15. und den andern ebendas. 27. Desgleichen Aeschines g. Ktesiph. S. 428.
118) S. *de Trag. Gr. princ.* S. 225 f. S. 221 ff.
*) [Die Gründe, welche G. Hermann: „Aristophanis Nubes" 2. Aufl.
S. XXII ff. gegen diese Ansicht vorbringt, hielt Boeckh für durchaus
nnzureichend. Dr.]
119) S. die Stelle Abschn. 11. Ich habe *Trag. Gr. princ.* S. 207 vermuthet, man habe an den ländlichen Dionysien auch neue Stücke gegeben, sehe aber dazu keinen Grund.
120) A. a. O. S. 205. Die auf diese Annahme begründete Zeitbestimmung des Todes des Sophokles und Euripides, welche ich *de Trag.*

gründete sich zum Theil auf die vorausgesetzte Einerleiheit der Lenäen mit den Anthesterien, besonders den Choen; hier wo erst untersucht werden soll, ob von den Schauspielen ein Schluss auf die Feste gemacht werden könne, müssen wir unabhängig von den Lenäen betrachten, was sich für Schauspiele an den Choen und Chytren sagen lasse. Palmerius[121]) behauptete zuerst, es seien an den Anthesterien keine Schauspiele gegeben, Petitus[122]) sie seien Olymp. 93, 3. eingeführt worden; Oderici[123]) widersetzt sich beiden. Aber Kaungiesser behauptet wieder, dass zwar in der Regel keine Schauspiele an den Anthesterien gegeben wurden, aber um Olymp. 93, 3. sich eine Spur derselben für die Chytren finde. Den Petitischen Einfall von Einführung der Schauspiele an den Chytren hatte schon Küster[124]) zerstreut, die Wiederholung desselben vernichtet der Leipziger Kritiker[125]) mit leichter Mühe, da die Beweise auf Missverständnissen beruhen. Von keinem Schauspiel wird ausdrücklich gesagt, es sei an einem Anthesterientage gegeben; eine Anzahl Stellen finden sich allerdings, welche Schaufeierlichkeiten an diesem Feste beweisen: aber diese müssen noch keine Dramen gewesen sein. Aristophanes

Gr. prim. 8, 304 ff. versucht habe, fällt über den Haufen, wenn die Frösche nicht im Anthesterion an den Chytren Olymp. 93, 3. gegeben sind. Die Frösche sind nach meiner jetzigen Ansicht im Gamelion jenes Jahres aufgeführt an den Lenäen; Euripides aber starb vermuthlich Olymp. 93, 2., wie die Parische Chronik angiebt, und das letzte Stück des Sophokles, vor welchem Euripides schon gestorben war, möchte an den Choen desselben Jahres, also im Anthesterion Olymp. 93, 2. vorgelesen sein, nicht gegeben an den ländlichen Dionysien. Von dem letztern s. unten. Im Uebrigen wird durch diese Berichtigung den dort gemachten Folgerungen nichts entzogen.

121) *Exerc.* 8. 618.
122) Att. Ges. 8. 72. 73.
123) *De marm. diduc.* 8. 18 ff.
124) Zu den Fröschen 406.
125) S. 472. 473. Ich füge noch hinzu, dass Kanngiesser, um diesen Einfall durchzufechten, 8. 274. 275. den Archon Kallias im Gamelion muss eintreten lassen statt im Hekatombäon; dass aber Olymp. 93, 3. das Jahr nicht mehr mit dem Gamelion anfing, kann man ganz unbesorgt behaupten, und dem Läugnenden des Gegenbeweis zuschieben. Die Inschrift bei Chandler II, XXVI. 8. 64. (C. I. No. 71.) enthält schon die gewöhnliche Folge der Monate, und ist nach dem sichern Kennzeichen der Schriftzüge gewiss älter als Olymp. 90.

sagt In den Fröschen [175]): ἡνίχ' ὁ κραιπαλόκωμος τοῖς ἱεροῖσι
Χύτροισι χωρεῖ κατ' ἐμὸν τέμενος λαῶν ὄχλος, nämlich In
Limnä; aber hier wird deutlich genug nur ein Dionysischer Komos bezeichnet, wie er auch an den grossen Dionyslen gehalten
wurde [177]). Hippolochos [178]) Worte Λήναια καὶ Χύτρους θεωρῶν beweisen nicht mehr als dass etwas zu schauen war, wie
ein Komos, ein Festaufzug oder dergleichen; bei Alklphron [129])
nennt zwar der Komiker Menandros die jährlichen Choen, aber
ohne vom Theater zu reden, und setzt dann die Lenäen mit ausdrücklicher Nennung des Theaters hinzu: καὶ τῶν ἐν τοῖς θεάτροις Ληναίων. Philochoros [130]) bezeugt, dass an den Chytren
Spiele gehalten wurden, welche ἀγῶνες χύτρινοι hiessen; ein
Name, der zu Schauspielen übel passen will. Philostratos
erzählt von Apollonios von Tyana [131]), er hätte zu Athen an
den Anthesterien ins Theater zu gehen geglaubt, um Monodien
und Weisen zu hören, welche bei der Tragödie und Komödie
gebräuchlich sind, wie an andern Dionysosfesten; aber er habe
sich getäuscht gefunden; Flötenspiel mit mimischem Tanz habe
er gehört und Orphische Theologie, Horen, Nymphen, Bacchen
gesehen; also mystische Handlungen, kein profanes Schauspiel.
Aus diesen und ähnlichen Stellen kann also nichts geschlossen
werden.

21. Nur zwei Nachrichten reden von Schauspielen an den
Chytren. Die eine findet sich beim Diogenes [132]), nach welcher

126) Vs. 219.
127) Gesetz des Euegoros bei Dem. g. Meid. S. 517, unten.
128) S. oben Abschn. 5. 7.
129) S. oben Abschn. 5. Warum die Choen an dieser Stelle genannt sind, s. Abschn. 21.
130) beim Schol. Frösche 220.
131) Leben dess. IV. S. 177. Morell. Ausg. Ἐπικλήξαι δὲ λέγεται
περὶ Διονυσίων Ἀθηναίοις, ἃ ποιεῖται σφίσιν ἐν ὥρᾳ τοῦ Ἀνθεστηριῶνος. ὁ μὲν γὰρ μονῳδίας ἀκροασόμενος καὶ μελοποιίας παραβά-
σεών τε καὶ ῥυθμῶν, ὁπόσαι κωμῳδίας τε καὶ τραγῳδίας εἰσίν, ἐς τὸ
θέατρον συμφοιτᾶν ᾤετο· ἐπειδὴ δὲ ἤκουσεν ὅτι αὐλοῦ ὑποσημήναντος
λυγισμούς ὀρχοῦνται καὶ μεταξὺ τῆς Ὀρφέως ἱεροποιίας τε καὶ θεολο-
γίας τὰ μὲν ὡς Ὧραι, τὰ δὲ ὡς Νύμφαι, ὡς Βάκχαι πράττουσιν, und
das übrige.
132) III, 56. Die ganze Stelle hat Suidas ausgeschrieben in τετραλογία.

die Tragiker an vier Festen mit Tetralogien kämpften: Θράσυλ-
λος δέ φησι καὶ κατὰ τὴν τραγικὴν τετραλογίαν ἐκδοῦναι
αὐτὸν τοὺς διαλόγους· οἶον ἐκεῖνοι τέτρασι δράμασιν ἠγω-
νίζοντο, Διονυσίοις, Ληναίοις, Παναθηναίοις, Χύτροις· ὧν
τὸ τέταρτον ἦν σατυρικόν· τὰ δὲ τέτταρα δράματα ἐκαλεῖτο
τετραλογία. Thrasyll spricht aber in dieser Stelle bloss von
den Tetralogien, und die Namen der Feste sind ganz albern dazwischen gestellt; ὧν bezieht sich auf τέτρασι δράμασι zurück.
Mit Recht erklärten daher Wyttenbach[133]) und andere[134]) die
Festnamen für ein Einschiebsel, mag es nun der urtheilslose
Diogenes selbst oder ein anderer gemacht haben. Der Urheber
desselben bildete sich offenbar ein, die vier Stücke wären an
vier verschiedenen Festen gegeben worden; und da er keine doppelten Dionysien zu kennen scheint, fügt er, um die Vierzahl
herauszubringen, die Panathenäen zu, weil er von musischen
Spielen an diesen gehört hat, endlich die Chytren, entweder aus
demselben Grunde, oder weil er Kunde hat von der Lykurgischen
Einrichtung, auf die wir jetzt übergehen. Von Lykurg berichtet
nämlich der Verfasser des Lebens der zehn Redner[135]):
Εἰσήνεγκε δὲ καὶ νόμους, τὸν περὶ τῶν κωμῳδῶν, ἀγῶνα τοῖς
Χύτροις ἐπιτελεῖν ἐφάμιλλον ἐν τῷ θεάτρῳ, καὶ τὸν νική-
σαντα εἰς ἄστυ καταλέγεσθαι, πρότερον οὐκ ἐξόν, ἀναλαμβάνων τὸν ἀγῶνα ἐκλελοιπότα: worauf noch ausser andern das
Gesetz erwähnt wird, dass die Tragödien der drei grossen Tragiker
in eigens gefertigten Abschriften öffentlich sollten aufbewahrt werden, und der Schreiber des Staates bei der Aufführung dieser
und vielleicht ähnlicher Schauspiele das Gesprochene mit diesen
Abschriften vergleichen solle, um Verderbung und Verfälschung
der Stücke zu verhüten [136]). Von jenen Worten nun hat man

133) A. a. O. S. 56.
134) S. dies *Trag. Gr. princ.* S. 808.
135) Tüb. Plut. Bd. VI. S. 252.
136) Dieses Gesetz führt Hermann *de choro Eumenidum Aeschyli* Abh.
II. S. XVIII. gegen mich zum Beweis an, dass die alten Tragiker, besonders Aeschylos, nicht seien interpolirt worden; wobei er vergessen
hat zu bemerken, dass ich (*Trag. Gr. princ.* S. 12 ff. vgl. S. 328 ff. und
in Rücksicht auf die verschiedenen Möglichkeiten der Auslegung Petersen
de Aeschyli vit. et fab. S. 79 f.) aus eben dieser Stelle das Gegentheil

verschiedene Auslegungen gemacht. Petitus die, dass die Komödien an den Chytren oder Anthesterien sollten Schauspiele aufführen; Spanhelm [137]) zwei andere, die Komöden sollten an den Chytren ein mit dem Theaterspiele wetteiferndes Schauspiel geben; oder es sollten Komödien gegeben werden gleicher Weise wie an den Chytren. Die erste der Spanhelmischen Auslegungen ist von dem Leipziger Kritiker [138]) bereits als sprachwidrig verworfen; am natürlichsten ist aber die Petitische, nach welcher man schliessen muss, es sei ehemals ein Komödienspiel an den Chytren gegeben worden, welches aber allmälig eingegangen und erst von Lykurg wieder hergestellt worden sei. Wir hätten also mindestens eine Zeitlang keine komischen, vielleicht auch keine tragischen Spiele an den Anthesterien; und gerade in diese Zeit kann das Gesetz des Euegoros, worin die Anthesterien nicht unter den übrigen Schauspielfesten vorkommen, passend gesetzt werden, weil die Rede gegen Meidias, in welcher das Gesetz angeführt wird, sich auf Olymp. 106, 4. bezieht; so dass selbst wenn in gewissen Zeiten die Anthesterien mit Schauspielen gefeiert wurden, dennoch aus jenem Gesetz keine Veranlassung entstände, die Lenäen und Anthesterien für einerlei zu nehmen. Aber das Gesetz des Lykurg kann nach Petitischer Auslegung die Vertheidiger der Ruhnkenschen Meinung über die Lenäen auf eine andere Vorstellung führen. An den grossen Dionysien konnte kein Fremder im Chor auftreten, wohl aber an den Lenäen, bei welchen Fremde sogar Choregie leisten konnten [139]); und die Lenäen geriethen nach Olymp. 93, 3. in Verfall: ἦν τις καὶ περὶ τὸν Ἀηναϊκὸν συστολή, sagt der Scholiast der Frösche [140])

---

folgere. Wer von beiden richtiger schliesse, kann der Unbefangene leicht entscheiden. Von gleicher Art ist die Widerlegung meiner Ansicht von einer Aeschyleischen Dichterschule, die ich hinlänglich bewiesen zu haben noch überzeugt bin.

137) Zu den Fröschen S. 298.

138) S. 471.

139) Schol. Aristoph. Plut. 954. wo Hemsterhuis unnöthige Schwierigkeiten macht und ungegründeten Zweifel erregt. [Staatsh. der Ath. I, S. 694.]

140) Zu Vs. 400. Vgl. im Allgemeinen Platonios vor Küsters Aristoph. S. XI.

aus dem Aristoteles, weil nämlich die Choregen ihre Leistungen
kärglich machten. Was ist natürlicher als die Verbindung mit
dem Lykurgischen Gesetz? Nachdem das Lenäenschauspiel allmälig
ganz ausgegangen war durch Mangel an Choregen, stellte es Lykurg, das alte Spiel erneuernd (ἀναλαμβάνων τὸν ἀγῶνα ἐκλελοιπότα) wieder her an den Chytren, die also einerlei mit den
Lenäen sind; und der Aufmunterung halber wurde verordnet, dass,
da vorher kein Fremder bei den städtischen Dionysien auftreten
konnte, nun die Lenäensieger, vielleicht die Künstler nicht allein
sondern auch die Choregen die Ehre geniessen sollten, selbst bei
den grossen Dionysien Schauspiele aufführen oder ausstatten zu
dürfen (εἰς ἄστυ καταλέγεσθαι, πρότερον οὐκ ἐξόν). Diese
Zusammenstellung ist das haltbarste, was sich für Rukuken's
Meinung sagen lässt, und kann nicht widerlegt werden, ausser
wenn man zeigte, dass von Olymp. 94. bis auf Lykurg's Thätigkeit und jenes Gesetz fortwährend an den Lenäen Komödien gegeben seien; wozu die Thatsachen, die uns überliefert sind, nicht
hinreichen [141]: aber man kann zeigen, dass die Stelle des Lebens
der zehn Redner noch einer andern Auslegung fähig sei. Zwar ver-
wirft der Leipziger Kritiker die Erklärung des Petitus als ganz
unzulässig, weil bei derselben das Wort ἐφάμιλλον ganz überflüssig
dastehen würde: als ob man bei einem so mittelmässigen Sammler eine Kritik anbringen könnte, wie sie etwa beim Thukydides passte, und als ob nicht Plutarch [142] selbst im Solon
von der Tragödie ganz ähnlich sagte: οὔπω δὲ εἰς ἅμιλλαν
ἐναγώνιον ἐξηγμένον: dagegen nimmt derselbe die dritte Erklärung an, welche er also umschreibt: „Es soll in dem Theater
in die Wette mit den Chytren ein Wettstreit der komischen Dichter
angestellt, und der Sieger, was vorher nicht erlaubt war, für die

---

141) Man könnte sich an einem solchen Beweise der Nachricht über
Aphareus bei dem Verfasser des Lebens der zehn Redner S. 245. bedienen wollen, wo zwei Lenäische Schauspielaufführungen erwähnt werden,
die nothwendig zwischen Olymp. 102. 4. und Olymp. 109, 3. fallen: aber
wir wissen ja nicht, ob das Lykurgische Gesetz nicht schon geraume
Zeit vor Olymp. 109, 3. gegeben war, und zudem ist von Tragödien in
demselben nicht die Rede. Auch aus der Römischen Didaskalie lässt
sich nichts mit Sicherheit folgern.

142) Solon 29.

Stadt, das heisst in die Zahl derer eingeschrieben werden, deren
Stücke an den Stadt-Dionysien aufgeführt werden sollen; diesen
ausser Gebrauch gekommenen Wettstreit brachte Lykurg wiederum
in Gang." Die Worte „in die Wette mit den Chytren" könnten
aber nur zweierlei bedeuten, entweder „an demselben Tage, wo
das Chytrenfest begangen wird," welche Art zu reden sehr seltsam wäre, oder was ohne Zweifel der wahre Sinn sei, „eben so
wie an den Chytren." Wären nun die Lenäen und Chytren eins,
so würde nicht gesagt sein, es wären Schauspiele wie an den
Chytren angeordnet worden, sondern geradezu, die an den Chytren
vormals gewöhnlichen Schauspiele wären erneuert und in das
Theater verlegt worden; seien aber die beiden Feste verschieden,
so wäre jener Zusatz wieder abgeschmackt, weil eben so gut auch
die Lenäen erwähnt werden konnten: es müsse also mit den
Spielen an den Chytren eine ganz besondere Bewandniss haben,
und das Stillschweigen von Schauspielaufführungen an denselben,
die Bemerkung, dass jener von Lykurg erneuerte Wettstreit vorher aus der Gewohnheit gekommen war, der Zusatz, dass vorher
der Sieg bei denselben kein Recht zu Darstellungen an den Stadt-
Dionysien gab, lasse vermuthen, dass wenn ja Stücke an den Chytren gegeben wurden, dies nur eine Art von Probe gewesen sei;
er möchte sogar vermuthen, es hätten die Dichter nur vor einer
Versammlung in Vorlesungen der Stücke gewetteifert, dergleichen
in der Lebensbeschreibung des Sophokles erwähnt würden, obwohl darauf nicht viel zu bauen sei; auch könne man dahin des
Philochoros ἀγῶνες χύτρινοι beziehen, und es passe dazu
die zweimalige Erwähnung des Festes, nämlich der Choen und
dann der Chytren beim Menandros des Alkiphron [143]) sehr
gut. Dieser Wettstreit habe als eine Privatsache können ausser
Gebrauch kommen, sei dann von Lykurg gesetzlich gemacht, ins
Theater verlegt, und mit dem Siege das Recht auf die wirkliche
Aufführung an den Stadt-Dionysien gegeben worden. Diese Erklärung nimmt also an, τοῖς Χύτροις gehöre zu ἐφάμιλλον, wovon es getrennt ist; sie setzt ferner voraus, es sei nicht die Fest-
zeit des gesetzlich gemachten Wettstreites, sondern nur des alten

---

(43) II, 3.

ausser Gebrauch gekommenen angegeben, der an den Chytren als
Privatsache bestanden habe, und mit welchem in die Wette nun
der neue eingerichtet wäre, der aber auch wieder auf die Chytren
wäre gelegt worden, so dass das Gesetz diesen Sinn hätte: „Es
sollen Komiker an den Chytren in die Wette mit dem Kampfe
an den Chytren, der jetzt aber abgekommen ist, Komödien vorlesen." Welche Verwirrung! Es ist einleuchtend, dass die Zeitbestimmung des gesetzlichen Wettstreites einer der wesentlichsten
Punkte ist, und τοῖς Χύτροις nur diese enthalten kann. Was
also die Wortfügung betrifft, müssen wir zur Petitschen Erklärung
wieder zurückkehren; dagegen bleibt allerdings unentschieden, ob
der abgekommene und von Lykurg erneuerte Gebrauch auf
wirklich aufgeführte oder bloss gelesene Komödien sich beziehe.
Wenn die Verfasser ihre Stücke vorlasen, so würde man freilich
περὶ τῶν κωμικῶν erwarten; aber κωμῳδοί sagt man überhaupt
statt κωμῳδία oder κωμῳδίαι, und darum lässt sich nichts entscheiden. Ueberdies ist nicht nöthig anzunehmen, dass die Verfasser selbst lasen: sie konnten von Schauspielern lesen lassen,
ohne dass es deshalb eine förmliche und öffentliche Aufführung
mit allem Pomp des Choragiums wurde; ja der ausdrückliche Zusatz ἐν τῷ θεάτρῳ könnte sogar deshalb gemacht scheinen, weil
das Spiel an sich keine förmliche Schauspielaufführung war, und
es daher erst der Bestimmung bedurfte, es solle im Theater gegeben werden. Die Zeit der Chytren passt übrigens sehr gut zu
einer Probe, da vom dreizehnten Anthesterion bis zu den grossen
Dionysien, die um die Mitte des Elaphebolion fallen, gerade ein
Monat zur weitern Vorbereitung übrig bleibt. Doch kann ich
mich nicht überzeugen, dass eine solche Vorlesung jemals Privatsache sein konnte; auch vor dem Lykurgischen Gesetze war dabei
ein Sieg, wie aus der Stelle selbst folgt: und ein Sieg, ein Urtheil setzt eine anerkannte Behörde voraus, wenigstens eine gelehrte Gesellschaft oder einen dichterischen Verein, dergleichen
in Athen vermuthlich doch nicht war. Wenn früherhin dem
Sieger in dieser angenommenen Chytrenvorlesung noch nicht der
Zutritt zu den grossen Dionysien gestattet war, so möchte dies
vielleicht so zu erklären sein, dass zu diesen Vorlesungen auch
fremde Komiker oder Schauspieler zugelassen wurden, die aber

dennoch von den grossen Dionysien ausgeschlossen werden mussten, dagegen aber durch Lykurg's Gesetz schlechthin dem Sieger in der Chytrenvorlesung der Zugang zu den grossen Dionysien offen stand, er mochte her sein woher er wollte; so dass auch in früheren Zeiten jene Vorlesung eine Probe gewesen wäre für die grossen Dionysien, nur mit Zulassung Fremder um eine Vergleichung zu gewähren. Und gerne mochten sich Fremde dahin verfügen um ein günstiges Vorurtheil für ihre Stücke zu erlangen, die sie anderwärts geben wollten. Bei Diogenes [144]) finden wir aus Apollodor den Sikuler Eudoxos, der fünf Lenäische und drei städtische Siege in der Komödie erlangt hatte: hier haben wir also einen Fremden, der dennoch an den grossen Dionysien Stücke spielen liess; wogegen ich nicht zweifle, dass vor Lykurg's Gesetz eben so wenig ein fremder Dichter als ein fremder Chorege, Schauspieler oder Choreute an den städtischen Dionysien auftreten konnte.*) Eine Prüfung der Schauspiele muss doch auch immer bestanden haben und diese konnte an den Anthesterien sein. Dass aber solche Vorlesungen Sitte waren, dahin führt die von unserem Kritiker berührte Ueberlieferung. Sophokles soll an den Choen gestorben sein, nachdem er einen Sieg errungen hatte, wie sie sagen, ermüdet vom Lesen; gesetzt auch die Ermüdung ist falsch, und er las sogar nicht selbst, so ist doch der Gedanke merkwürdig, dass man Tragödien gelesen habe; und nicht ein Scholiast, sondern Satyros der Peripatetiker erzählte dies. Und endlich soll das Andenken des Euripides von Sophokles und seinen Schauspielern bald nach dessen Tode in einem Schauspiele begangen worden sein [145]). Nun aber werden an den Choen und Chytren dem Hermes Chthonios Todtenopfer gebracht, um ihn

---

[144]) *Diog. L.* VIII, 90.

*) [S. jedoch Welcker Gr. Tragg. III. S. 931.]

[145]) Die hierher gehörigen Stellen sind gesammelt *Trag. Gr. princ.* S. 210—213. Ich habe dort den Tod des Sophokles an die ländlichen Dionysien gesetzt, weil ich ihn Olymp. 93, 3. gestorben glaubte: was aber nicht angeht, wenn die Frösche des Aristophanes im Gamelion des Jahres an den Lenäen gegeben sind; denn Aristophanes musste sie doch gewiss schon vor den ländlichen Dionysien im Poseidoon angefangen haben. Auch ist die von mir gemachte Annahme, die Choen seien mit

den Verstorbenen zu gewinnen, wie dieses die aus der Ueberschwemmung Geretteten wegen der Umgekommenen zuerst gethan hätten [146]: womit die Zeit der Hydrophorien, die zwölf Tage früher zum Andenken der Ueberschwemmung selbst gefeiert werden, zusammenstimmt. Es ist also wohl möglich, dass an den Choen Sophokles durch seine Schauspieler seine letzte Tragödie der Probe halber lesen liess*), und zugleich dabei Euripides Tod betrauert wurde, Sophokles aber mit diesem gelesenen Stücke siegte. Dieselbe Probe, welche die Tragiker an den Choen hatten, konnten die Komiker den folgenden Tag an den Chytren haben, und hierauf möchte sich denn allerdings Alkiphron [147]) beziehen, wenn er den Komiker Menandros von dem grossen Vergnügen, welches ihm die Chytren gewährten, sprechen lässt.**)

---

den ländlichen Dionysien verwechselt worden, nach meiner jetzigen Ansicht unrichtig. Nur die Lenäen verwechselt der Scholiast des Aristophanes mit den ländlichen Dionysien, und nur weil ich damals Choen und Lenäen für gleichbedeutend hielt, konnte ich behaupten, wie der Scholiast des Aristophanes, so könnten auch die Ueberlieferer der Geschichte vom Tode des Sophokles an den Choen diese mit den ländlichen Dionysien verwechselt haben. Wie bei den Choen von unreifen Trauben die Rede sein kann, ist freilich unbegreiflich, aber ich übergehe dies jetzt, ohne mich auf die bekannte allegorische Deutung einzulassen; wollte man aber auch statt der Choen die ländlichen Dionysien setzen, so würde diese Schwierigkeit nicht gehoben sein.

146) Schol. Frösche 220. 1075.

*) [Dies bestätigt sich durch das neu gefundene Stück einer Biogr. des Euripides (Rh. Mus. v. Welcker u. Näke Jahrg. I. S. 297, s. auch in Westermanns βίογρ. 135, 46), wo die Sache geradezu als geschehen ἐν τῷ προαγῶνι angegeben wird, was eben nichts anderes als eine solche Probe ist. cf. Aesch. Ktesiph. p. 457., der aber sagt, der προαγών sei am 8. Elapheb. gewesen, also Proagon der grossen Dionysien. Vgl. Helbig in der Zeitschrift für Gymnasialwesen XVI, S. 103.]

147) Die Choen lassen sich daraus noch nicht erklären, von welchen Menandros auch redet. Aber hierüber s. Abschn. 22.

**) [Hanow Exercitat. crit. in comic. Gr., I. p. 72—77 sucht zu zeigen, dass auch an den Anthesterien Stücke gegeben seien. Er dreht die von mir angeführte Stelle anders herum und will nicht gelten lassen, was ich von der Probe gesagt habe. Dies hat er aber nicht so dargestellt wie ich gethan und sich deshalb die Widerlegung leicht gemacht, die selbst nicht mehr zu widerlegen nöthig ist, nachdem die Notiz aus der Eurip. Biogr. meine Darstellung bestätigt hat. Dass zu Ar. Zeiten Stücke an

So unsicher die wirkliche Aufführung von Schauspielen an
den Choen und Chytren ist, so gewiss ist es, dass an den Lenäen
Tragödien und Komödien gegeben wurden. Um die Stellen der
Grammatiker und übrigen Schriftsteller, die schon berührt worden, nicht noch einmal alle anzuführen, erinnere ich zunächst
an die erste Tragödie des Agathon, welche Olymp. 90, 4. an
diesem Feste aufgeführt wurde[148], und an die Tragödien des
Aphareus: ich zweifle nicht, dass an den Lenäen neue Tragödien gegeben wurden; nur muss man annehmen, es seien auch
welche daran wiederholt worden, weil sonst nicht zu begreifen,
warum die καινοὶ τραγῳδοί gerade bei den städtischen Dionysien
als etwas Besonderes bemerkt werden. Von den Komödien möchte
ich gleichfalls behaupten, dass theils neue theils alte bei den
Lenäen gegeben wurden: indessen lässt sich's nur von neuen
nachweisen; denn zuverlässig sind die Angaben solcher Auf-
führungen, wenn nicht gesagt wird, sie seien zum zweitenmal
gegeben, von der ersten Aufführung zu nehmen; die zweite Aufführung ist seltner verzeichnet worden, wie bei den Wolken.
An den Lenäen aufgeführt sind die Acharner des Aristophanes
nebst zwei anderen Stücken, gegeben Olymp. 88, 3., woron ich
oben gehandelt habe[149]); desselben Ritter mit Kratinos Satyrn
und Aristomenes Olophyren, nach der Didaskalie und dem
Aristophanes selbst[150], Olymp. 88, 4.; die Wespen mit Glau-
kons Gesandten und einem dritten Stück Olymp. 89, 2., nach der
Didaskalie[151]); die Wilden des Pherekrates Olymp. 89, 4.[152]);

den Anthesterien gegeben worden, behauptet er nicht; aber ist es wohl
wahrscheinlich, dass Lykurg eine ältere Sitte wieder hergestellt hätte,
und dass die Dramenaufführung eines ganzen Festes so früh abgekommen sei?]

148) Athen. V, S. 217. A. Vgl. Plat. Gastm. S. 173. A.
149) S. Abschn. 17.
150) Ritter 544; wo der Scholiast aus einer alten Quelle sagt, es
kämpften noch auf den heutigen Tag die Dichter an den Lenäen.
151) Vgl. oben Abschn. 9.
152) Athen. V, S. 218. D. in Bezug auf Platons Protag. S. 327. D.
Ἄγριοί τινες, οἷοί περ οὓς πέρυσι Φερεκράτης ὁ ποιητὴς ἐδίδαξεν ἐπὶ
Ληναίῳ. Es ist nicht erweislich, mir jetzt auch nicht mehr glaublich,
dass hier eine zweite Aufführung gemeint sei, wie man wünschen

Aristophanes Amphiaraos Olymp. 91, 2. nach der Didaskalie der Vögel; desselben Frösche mit Phrynichos Musen und Platon's Kleophon, nach der vollständigern Didaskalie im zweiten Inhalt, Olymp. 93, 3. Ausserdem kommen in der zu Rom gefundenen steinernen Didaskalie zwei an den Lenäen gegebene Stücke, ohne Zweifel Komödien vor, aber Namen, Verfasser und Zeiten fehlen; nach der Umgebung zu schliessen gehören sie unter die hundertste Olympiade herab.

22. Aus dieser Untersuchung ergiebt sich nun freilich nichts Bestimmtes für die Entscheidung der Streitfrage; aber was wir wissen oder vermuthen können, führt eher auf Verschiedenheit als Gleichheit der Lenäen und ländlichen Dionysien oder Anthesterien. Bei den Lenäen sind entschieden neue Tragödien und Komödien gegeben, wahrscheinlich auch alte; bei den Anthesterien kann man bloss Proben und Lesungen annehmen, oder Aufführung von Komödien, keines von beiden mit Sicherheit; an den ländlichen Dionysien gab man vermuthlich nur alte Stücke. Am bedenklichsten ist die Gleichheit der ländlichen Dionysien und Lenäen: denn dass so viele Stücke, die an den Lenäen aufgeführt sind, zuerst sollten an ländlichen gegeben sein, hat keine Wahrscheinlichkeit. An den Lenäen war auch Fremden die Choregie gestattet; die Fremden aber stehen mit dem Gaue in keiner Beziehung, sondern nur mit dem Staate; es ist daher nicht glaublich, dass in den Gauen Fremde Choregie zu Schauspielen leisteten; der Chorege ist eine heilige Person, die ländlichen Dionysien sind besondere Feste der Gaue, zu welchen wie zu allen besondern Heiligthümern gewisser Gemeinschaften, Fremde nicht zugelassen werden können. So möchten also die ländlichen Dionysien und Lenäen nicht eins sein. Und wieder dass bei dem so heiligen Feste der Anthesterien, an welchem nur die Königin mit ihren auserwählten Frauen im Tempel die mystische Feier vollbringt, und selbst Athener nicht in das Heiligthum gehen dürfen, Fremde Choregen waren, ist auch nicht wahrscheinlich; besser nimmt man ein drittes allgemein zugängliches Fest der Lenäen an. An

möchte, um die Zeitbestimmungen des Platonischen Protagoras auf eine Einheit zurückzuführen.

die Betrachtung der Schauspiele knüpfe ich eine andere Bemerkung, durch welche die Einerleiheit der Choen und Lenäen gänzlich vernichtet wird. Wir sehen nämlich aus der oben angeführten Inschrift [153]), dass die Lenäen mit einem öffentlichen Schmause verbunden waren, wobei der Staat das Fleisch lieferte, daher das Hautgeld von den Lenäen. Ganz anders die Choen; an diesen zahlt der Staat den Bürgern Theorikon, damit sie sich selbst verköstigen können [154]); die Gastgeber, vielleicht nur geheiligte Personen beim Dienste des Gottes, wie in den Acharnern der Priester des Dionysos, luden Gäste: der Wirth liefert die Tische und Ruhebetten, Kränze, Salben, Kuchen, Naschwerk, Tänzerinnen, etwa auch gefällige Dirnen: aber die eigentliche Mahlzeit bringt jeder Gast von Hause mit, nebst seinem Chus Wein [155]). Aus dieser Sitte scheint die andere entstanden, dass an den Choen, den Sophisten der Ehrensold, und Geschenke gesandt wurden und die Sophisten selbst ihre Bekannten einluden [156]). Was aber von Sophisten gilt, wird ebensowohl von den übrigen Gelehrten gelten, die eine Kunst als Gewerbe trieben: und so setze ich hiermit den Ausdruck des Menandros bei Alkiphron in die natürlichste Verbindung, welcher nämlich alle kostbaren Geräthe eines königlichen Gastmahls den jährlichen Choen und den Lenäen im Theater nachsetzt, dort die Mahlzeit und die gastlichen Geschenke, hier seinen Dichterpreis berücksichtigend; so dass aller Schein von Schauspielen an den Choen, welcher aus jener Stelle entsteht, vollends verschwindet. Denn dass Alkiphron, selbst ein Sophist, hieran vorzüglich dachte, wird jeder natürlich finden. Dass an den Lenäen wie an den Choen

---

153) Abschn. 14.

154) Plutarch. praec. reip. ger. 25.

155) Aristoph. Acharn. 1084—1141. nebst dem Schol. zu 1085. Athen. VII, S. 276. D. C. Die Dirnen könnten ein Scherz des Komikers scheinen; aber vgl. Athen. X, S. 437. E. Mit Unrecht zieht man hierher die Stelle des Hippolochos bei Athen. IV, S. 130. E., wo von den Lenäen und Chytren gesprochen wird; denn die θύρα, εὔζωμα und καλοὶ στρωτοί sind überhaupt Athenische Gerichte, und gehen bloss auf das μόνον ἐν Ἀθήναις γίνων.

156) Athen. X, S. 437. D.

der Spott vom Wagen herab vorkommt [157]), ist eine geringfügige Uebereinkunft, um so mehr da es mit ausdrücklicher Unterscheidung beider Feste und mit der Bemerkung, dass diese Sitte bei den Lenäen später aufgekommen sei, erwähnt wird. An den Choen giebt bei dem öffentlichen Gastmahle der König den Preis [158]), welcher nach Aristophanes [159]) in dem Schlauche, nach anderen ursprünglich in einem Kuchen [160]) bestand; er wählt die heiligen Frauen (γεγαιραί) [161]), und erscheint in den mythischen Erzählungen überhaupt als Ordner des Festes [162]); welches auch dem späteren Archon König bleiben musste, wie der Königin die Vermählung mit dem Dionysos und der übrige heilige Dienst an diesem Feste und zwar gerade an dem Choentage blieb [163]); er ist der Vollbringer aller altväterlicher Opfer (πάτριοι θυσίαι) [164]). Dass nun ebenderselbe die Lenäen besorgt [165]), kann nichts für Ruhnken beweisen, so wenig als der Gebrauch des Schlauches bei den Choen eine Einheit der Choen mit den ländlichen Askolien begründet. Ungedenkbar aber ist es, dass der König ländliche Dionysien besorge, welche von jeher nur Feste der Landbewohner waren und Feierlichkeiten der Gaue blieben: diese mussten den Demarchen anheim fallen, da ja der König ohnehin nicht an einem Tage im ganzen Lande herumreisen kann, und heilige Geschäfte sich nicht durch Stellvertreter abmachen lassen. Selbst die Dionysien im Piräeus, obgleich der Festzug ohne Zweifel vom Staate zugesetzt war, konnte nur der Demarch ordnen: er ist es, der die Priester und alle, die einen Ehrensitz im Theater haben, hineinführt [166]), offenbar als der Vorsteher des Festes. Also sind die Lenäen verschieden von den ländlichen Dionysien. Das grosse

---

157) Suidas in τὰ ἐκ τῶν ἁμαξῶν, vgl. in ἐξ ἁμάξης, Schol. Aristoph. Ritter 544. und sonst.
158) Aristoph. Acharn. 1222. und Schol.
159) Aristoph. Acharn. 1001. und Schol. auch Aristoph. Vs. 1223.
160) Phanodemos bei Athen. X. S. 437. C.
161) Pollux VIII, 108.
162) Apollodor beim Schol. Acharn. 960. Phanod. a. a. O.
163) Rede gegen Neära S. 1369 ff. vgl. Thuk. II, 15.
164) Pollux VIII, 90.
165) Pollux ebendas.
166) S. oben Abschn. 11.

Opfer au den Lenäen zur Volkspeisung besorgen die Opfervorsteher (ἱεροποιοί), welche grossen Opfern des Staates vorstehen; bei den ländlichen Pirkelschen Dionysien sorgen für das Stieropfer des Festzuges, welches der Staat brachte, allein die Boonen [167], wodurch es sich als ein spät zugesetztes, ursprünglich gar nicht zu den ländlichen Dionysien gehöriges Opfer ausweiset.

23. Fragen wir endlich nach dem Gotte der verschiedenen Dionysosfeste und der Veranlassung und Bedeutung der Feier, so giebt uns Kanngiesser [168] als den Gott der städtischen Dionysien den aus Eleutherä eingeführten Böotischen Dionysos mit ausschweifendem Phallosdienst, der jünger wäre als der Dionysos der Anthesterien, der Nyseische aus Thrake, der nach Indien gekommen sei und zu Athen mystisch verehrt wurde; der Gott der ländlichen Dionysien aber oder Lenäen sei Semele's Sohn, Dionysos Lenäos, der Ikarische, wonach man die Lenäen mit den ländlichen Dionysien einerlei machen möchte. Doch wozu erzähle ich dies? Dass der Gott der Anthesterien der Nyseische sei, ist aus einem Froschgesang bei Aristophanes [169] geschlossen, wo er Νυσήιος Διὸς Διόνυσος heisst, welchem an den Chytren der Komos geführt werde; aber dies ist bloss ein allgemeines Beiwort, welches auch dem Sohn der Semele gegeben werden kann, und der Beweis der Verschiedenheit vom Sohne der Semele wird nur aus der Eusebischen Chronik geführt, wogegen wir in dem Homerischen Hymnos [170] den Nyseischen mit dem Sohn der Semele schon als gleichbedeutend finden, worauf doch in der Erklärung des Aristophanes mehr Rücksicht zu nehmen sein wird. Hört man auf Zeugnisse, so ist dem Apollodor zufolge der Gott der Choen, des Tages der Anthesterien, an welchem die heiligste mystische Feier vorgenommen, an welchem allein im ganzen Jahre der Tempel in Limnä geöffnet wurde, gerade der Lenäische [171]; und die Grammatiker sagen ausdrücklich, dass in dem Lenäon zu

---

167) S. ebendas.
168) S. 213 ff.
169) Frösche 217, vgl. Schol. zu 218.
170) XXVI, 2. 5.
171) S. Abschn. 5 und 9.

Limnä ein Tempel des Lenäischen Dionysos war [172]); dieser Lenäische ist aber kein anderer als der Gott der Anthesterien; denn der Gott der grossen Dionysien ist der Eleutherische. Dass der Lenäische Gott der der ländlichen Dionysien sei, ist rein ersonnen: der Gott, welcher den Phallosdienst hat, der Eleutherische, ist auch der Gott der ländlichen Dionysien [173]). Aus der Betrachtung der Götter würde also eher die Einerleiheit der Choen und Lenäen folgen. Ferner sind die ländlichen Dionysien ohne Zweifel das Weinlesefest; wir finden bei den ländlichen Schauspielen in Kollytos, dass noch Trauben, Feigen und Oliven hingen [174]), und wenn die Weinlese im Poseideon zu spät scheint, so hat dagegen Kanngiesser [175]) gut erinnert, dass man in Attika, wo der Winter sehr gelinde war, den Wein wahrscheinlich sehr lange hängen liess, damit er milder würde; wie in Ungarn zu Tokay die Weinlese in freien Gärten nicht vor dem 29. November und in den der Krone zehntpflichtigen sogar nicht vor dem 6. December erlaubt sei; die Trauben, die im December schon getrocknet und durchgefroren, und öfters mit Schnee bedeckt seien, verlören dadurch die Wässerigkeit, und gäben einen sehr feurigen Wein, welcher den von der Novemberlese, wie dieser die Weine die schon im Oktober eingeerntet worden, an Stärke und Güte übertreffe: wenn dieses in einem über sieben Grad nördlicheren Lande geschähe, könne man gegen die Feier des Festes im Poseideon nichts einwenden. Um anderes zu übergehen, füge ich hinzu, dass man das Fest in die möglichst späte Zeit setzen musste, wenn es immer auf denselben Tag desselben Monats gefeiert werden sollte, weil das Athenische Mondenjahr von 354 Tagen in einer dreijährigen Schaltperiode um 22 Tage zurückgeht. Wenn der Poseideon in dem ersten Jahre mit dem 21. November beginnt, fängt er im zweiten schon den 10. November und im dritten den 30. Oktober an, und nun wird erst durch die Einschaltung des zweiten Poseideon die Abweichung wieder gehoben, wenn nicht,

172) S. Abschn. 8.
173) Aristoph. Acharn. 242—278. u. Schol. zu Vs. 242.
174) S. oben Abschn. 11.
175) S. 226—228.

was jedoch alle acht Jahre nur einmal vorkommen durfte, schon im zweiten Jahre eingeschaltet wurde. Setzte man also das Fest nicht spät, so konnte es für die Feier der beendigten Weinlese einmal zu früh eintreten. Das Anthesterienfest ist dagegen kein Fest für die Weinlese, wozu schon sein mystisches Wesen nicht passt: man öffnet dann die Fässer am ersten Tage (Πιθοίγια) und trinkt den neuen Wein am zweiten (Χόες): welches Kanngiesser [176]) treffend dadurch erläutert, dass auch in Ungarn im Februar die durchlöcherten Spunde, mit welchen bis dahin die Fässer versehen sind, mit luftdichten vertauscht werden, weil die allerletzte Gährung vollendet ist. Dass nun die Lenäen, da sie offenbar auf die Kelter bezüglich sind, hierzu nicht stimmen, bedarf keiner Worte; aber zu dem Feste der Weinlese passt ein Kelterfest ziemlich gut: auch wird, wie Kanngiesser bemerkt, überliefert, dass die Dichter an dem Lenäenfeste süssen Most zum Lohn empfingen[177]), welches gar wohl auf die ländlichen Dionysien, durchaus nicht auf die Anthesterien anwendbar ist. Allein ohne alles Uebrige zu wiederholen, was nicht erlaubt, die Lenäen für die ländlichen Dionysien zu halten: so streitet schon der Umstand dagegen, dass die Lenäen als an einem einzigen Orte gefeiert, eine bestimmtere wenigstens mythische Veranlassung haben mussten[178]). Als solche nehmen wir mit dem Scholiasten des Aristophanes die erste Keltererrichtung auf dem Platze Lenäon an, welche etwa einen Monat nach den ländlichen Dionysien im Gamelion gefeiert wurde, nachdem der Landmann bereits den Wein vollkommen besorgt hatte. Gekeltert musste freilich auch da noch werden, aber nachdem der gemeine Wein längst gekeltert war; dazu liess man Trauben hängen oder liegen, welche bis dahin etwas eintrockneten, und kelterte daraus stärkern Wein. *

---

176) S. 270 f.
177) Abh. v. d. Komödie vor Küster's Aristoph. S. XI. unten.
178) S. Abschn. 10.

*) [Böttcher setzt nach dem attischen Festkalender an der Panagia Gorgopico zu Athen (Philologus 1865 S. 391 f.) die Lenäen in den Pyanepsion. Auf jenem Bildwerk sind die Monate durch die Bilder des Thierkreises getrennt. Den Skorpion durchläuft nun die Sonne im festen Athyr = Nov., welchem Plutarch den Pyanepsion zu vergleichen scheint

Von diesem schönen Most erhielten die Dichter einen Preis, der wahrlich nicht in gewöhnlichem Moste möchte bestanden haben [179]. Es ist der Göttertrank, der an diesem Feste bereitet wurde; und weil ἀμβροσία Göttertrank ist, wurde das Lenäenfest selbst Ἀμβροσία genannt [180].

24. Die Vertheidiger der Ruhnkenschen Meinung fühlten das Unpassende des Kelterfestes an den Anthesterien um den Februar, und Wyttenbach [181] ersann daher zuerst, die Lenäen seien ursprünglich ländliche, nachher in die Stadt übertragene Dionysien gewesen. Hiermit ist so viel als nichts gesagt, wenn man nicht nachweiset, wie dies zugegangen sei, und welche Gründe zu einer solchen Annahme berechtigen. Dies hat nun Spalding nachgeholt, welcher davon ungefähr folgende Vorstellung giebt. Die Athener wohnten vor Theseus auf dem Lande, in den Dörfern und Flecken, und thaten dies auch gerne später noch, wie Thukydides lehrt. Dieser geistreiche Geschichtschreiber erwähnt aber an derselben Stelle [182] die älteren Dionysien oder Anthesterien, die im Monate Anthesterion gefeiert wurden; wie wir anderwärtsher wissen, auf dem Lenäon. Es sind aber die ländlichen Dionysien das älteste Fest des Gottes, welches schon vor der Vereinigung in die Stadt gefeiert wurde

(s. mein Buch „Über die vierjährigen Sonnenkreise der Alten" S. 208). Dass das Zeichen jedesmal den Monat schliesst, scheint klar (hiernach finge übrigens der Hekatombaeon hier wie primitiv bei Meton spät, nämlich tief im Juli, an). Dann ist aber allerdings im Pyanepsion eine Kelterung angedeutet. Allein dies ist nur die im Spätjahr gewöhnliche, und es ist natürlich, dass auch dabei ein kleines Kelterfest stattfand, was oben auf dem Bildwerk dargestellt ist; für das Staatsfest der Lenäen beweist die Darstellung nichts.]

179) Dass die Alten aus getrockneten Trauben einen Sekt bereiteten, ist bekannt.

180) S. oben Abschn. 3. und über ἀμβροσία Athen. II, S. 39. Timotheos in Kyklops bei Athen. XI, S. 465. C. nennt einen Becher noch ungemischten Weines δέπας σταγόνος ἀμβρότας.

181) A. a. O. S. 52. 70. Gegen ihn spricht Oderici Iscriz. Alb. S. 169 f., was er aber dagegen vorbringt ist geringfügig, wie der ganze Brief, in welchem das Beste, dass er die Bitterkeit seines Beurtheilers, die aus partheilicher Vorliebe für die Holländer entstanden ist, zurückweiset.

182) II, 15.

in den einzelnen Ortschaften, und jeder sieht in dieser Auseinandersetzung, dass wie die Orte, so auch die Feste in eins zusammengezogen wurden; dies so entstandene neue Fest in der Stadt habe aber, damit die ans Land gewöhnten Leute noch das alte hätten feiern können, aus dem Poseideon in den Anthesterion verlegt werden müssen; der Poseideon habe aber wegen der Einschaltung des zweiten Poseideons mit dem Lenäon, der bald ausser Gebrauch gekommen, leicht verwechselt werden können. Die ländlichen Dionysien wurden im Poseideon gelassen, zur Erlustigung der Menschen in der Winterzeit, und sind mit den Saturnalien zu vergleichen, die ebenfalls in den Winter fallen, in den December: ungeachtet auch die Athener ihre Kronien hatten, zeigt die Sitte der Geschenke und die Freiheit der Sklaven an den Anthesterien noch die Uebereinstimmung mit den Saturnalien; und eben so hatte nun schon vor der Verbreitung des Christenthums (durch welches bekanntlich die Sitte der Weihnachtsgeschenke aus den heidnischen Saturnalien auf uns übertragen ist) im entferntesten Norden Winterbelustigungen. Diese Darstellung kränkelt aber offenbar an Unzusammenhang und unbestimmter Allgemeinheit. Man kann nur eine in der Art des menschlichen Lebens und im menschlichen Gemüthe begründete Aehnlichkeit der Saturnalien und Dionysien behaupten, und die Einheit beider Feste durchaus nicht geschichtlich begründen; am wenigsten ist irgend eine Spur vorhanden, dass die Geschenke der Anthesterien bei den ländlichen Dionysien Sitte gewesen seien; vielmehr haben wir diesen Gebrauch der Choen befriedigend von der alten Gewohnheit abgeleitet, dem Gastgeber die Speisen zu schicken; wobei wir noch gelegentlich bemerken, dass die Geschenke der Kinder elf Tage nach den Choen an dem Feste der Diasien am 23. Anthesterion bescheert wurden[183]. Die Freiheit der Sklaven haben freilich die ländlichen Dionysien mit den

---

183) Aristoph. Wolk. 861. Ueber die Zeit der Diasien belehrt uns Schol. Aristoph. Wolk. 407. ἄγεται δὲ μηνὸς Ἀνθεστηριῶνος ἡ φθίνοντος. Der Anthesterion ist ein hohler Monat: ἡ φθίνοντος, wie die Ravenner Handschrift hat, ist aber doch der 28., indem die δευτέρα φθίνοντος ausgelassen wurde. [Nach Procl.; scheint jedoch unwahr. Vergl. C. I. I. S. 226.]

Anthesterien gemein[184]): wie denn bei Aristophanes[185] die ländlichen Dionysien von Dikäopolis mit seinen Sklaven gefeiert werden: Xanthias stellet selbst den Phallos auf, und der Bauer sagt, es sei schön mit den Sklaven opfernd die ländlichen Dionysien zu begehen. Aber dieses liegt in der Natur des Freiheitspenders Dionysos, und konnte ohne nähern Zusammenhang so gut am Tage der Fassöffnung und der Choen[186] als an den ländlichen Dionysien statt haben. Man lösete auch die Gefangenen an den Dionysien; wenn nicht an allen, gewiss doch an den grossen[187]: weil Dionysos der Befreier der Menschen von Noth und Sorgen ist. Endlich um das Uebrige zu übergehen, so ist die Art, wie aus der Stelle des Thukydides die Vereinigung der ländlichen Dionysien zu dem Stadtfeste der Anthesterien gefolgert wird, vollkommen unzulässig, indem wer die Stelle des Geschichtschreibers betrachtet, gar nicht verkennen kann, dass aus ihr das Gegentheil hervorgeht. Theseus, sagt er, löste die Rathhäuser und Behörden der Attischen Städte auf, stellte einen Rath und ein Prytaneion in der jetzigen Stadt dar, und machte alle zusammenwohnen: vorher aber war nur die jetzige Burg Stadt, und was unter der Burg nach Süden liegt. Zum Beweise dient, dass die Tempel in der Burg sind, diejenigen aber, welche sich ausser der Burg befinden, gerade im Süden derselben liegen, wie des Olympischen Zeus, des Pythischen Apollo, der Erde, des Dionysos in Limnä, wo die ältern Dionysien im Anthesterion gefeiert werden, wie die Ionier auch noch thun, die von Athen stammen; auch sind daselbst andere alte Tempel und die Quelle

---

184) Plutarch. g. Epikur. [ὅτι οὐδὲ ζῆν ἐστιν ἡδέως κ. Ἐπίκ.] 16.
185) Acharner 240. 249.
186) Von letzteren gilt es nämlich eben so gut als von den Πιθοιγίαις, von welchen Spalding und Buttmann handeln. Die οἰκέται beim Choenfeste bei Athen. X, S. 437. D. sind offenbar Sklaven, nicht bloss Hausgenossen.
187) Ulpian zum Demosth. g. Androt. S. 725. II. Hier, Wolf, in Bezug auf die Stelle S. 614. 23. Heisk., wo die Erwähnung des Festzuges (Διονυσίων τῇ πομπῇ) und der Name der Dionysien schlechthin ohne nähern Zusatz dahin führt, dass die grossen gemeint seien: denn die Piräeischen und Lenäon, wobei auch ein Festzug war, werden nicht so ohne nähere Bezeichnung Dionysien genannt. [Müller Panathenaica p. 19. bürdet mir etwas auf, was ich nicht sage.]

Kallirrhoe, welcher man in den wichtigsten Dingen nach alter Sitte sich bedient. Ganz deutlich setzt Thukydides hier den Tempel zu Limnä und die Anthesterien vor die Vereinigung der Ortschaften zur grossen Stadt; hieran müssen wir uns halten, wenn wir nicht willkürliche Zusammenstellungen machen wollen. Und nun ordnen sich die Sachen so. Thukydides nennt die Anthesterien die ältern Dionysien im Gegensatze gegen die grossen, die dabei jedem zunächst einfallen mussten; die Lenäen und ländlichen übergeht er als minder bedeutend. Die grossen Dionysien sind aber, abgesehen von ihrer geschichtlichen Entstehung, das nach der Gründung der Gesammtstadt in eins zusammengefasste Fest, welches alle ländlichen Dionysien in sich darstellte. Darum heisst es κατ' ἄστυ, im strengsten Gegensatze gegen die vereinzelten ländlichen κατ' ἀγρούς, und wir haben so eben gezeigt, dass auch der Gott der städtischen kein anderer ist als der ländlichen. Die ländlichen Dionysien behielten die Zeit der Weinlese, von welcher sie der Natur der Sache nach nicht getrennt werden konnten; die städtischen mussten in eine andre Zeit verlegt werden: dazu nahm man die nächst mögliche nach den Dionysien des Poseideon, und da die beiden folgenden Monate Gamelion und Anthesterion jeder schon sein Dionysosfest hatten, den Elaphebolion, der unmittelbar nach diesem kommt; wenn nicht noch ein besonderer Grund zum Frühling bestimmte, wie in Kranae vor Gythelon ein Dionysosfest Anfangs Frühling gefeiert wurde [188]). Will man nun die Aehnlichkeit der ländlichen Dionysien mit dem Kronosfeste behaupten, wozu ich nicht geneigt bin, so kann man anführen, dass wirklich in den Tagen der grossen Dionysien, die wir als entstanden aus den ländlichen betrachten, den 15. Elaphebolion Kronos einen Opferkuchen erhielt [189]). Aber neben den zur Feier der Weinlese überall von selbst entsprungenen und allen gemeinsamen ländlichen Dionysien

---

188) Pausan. III, 22, 2.

189) Nach der oben angeführten Inschrift: [Ἐλα]φηβολιῶνος ΕΙ Κρόνω πόπανον καθήμενον ἐπι[τετελεσμένον]. Diese Zeit ist aber auf jeden Fall um die grossen Dionysien, oder fällt gar in dieselben hinein.

gab es in Attika noch mehr Dionysosfeste, welche sich an örtliche Umstände, Sagen und Religionsgebräuche knüpften. Von diesen mochten viele eingehen, seit Theseus die Städte in Eine Stadt verband: aber die Feste der Kekropia, die selbst zur Hauptstadt wurde, hielten sich. Dies waren zwei Feste des Lenäischen Dionysos, der eben so in andern Städten mochte verehrt worden sein, aber in den übrigen verschwand, weil es genug war, ihn in der Hauptstadt zu verehren. Der Lenäische Gott ist der Gott der Weinbehandlung: diese begreift zwei Haupthandlungen, die Kelterung und die Fassöffnung. Die erste Kelter der Kekropia setzte die Sage ins Lenäon zu Limnä, welches ursprünglich zum Lande der Kekropia gehört hatte, weshalb von den Lenäen auf dem Lande gesprochen wird, hernach aber bei der Vergrösserung der Kekropia, schon ehe Theseus alle übrigen Städte zur Gesammtstadt verband, mit der Stadt vereinigt wurde: denn die sumpfige Gegend war natürlich ursprünglich nicht zur Stadt gezogen worden, sondern erst mit der Erweiterung der letztern: wie auch zu Sparta Limnä uur Vorstadt war. Da feierte man nach den ländlichen Dionysien um den zwanzigsten*) des Gamelion das Kelterfest, ursprünglich mit der Kelterung liegengelassener Trauben, woraus der schönste und edelste Wein bereitet wurde, später auch mit Schauspielen, deren Preis von diesem herrlichen Moste gegeben wurde. Das andere Fest ist das der Anthesterien, welche nicht nur Thukydides, sondern auch Apollodor vor Theseus setzt, letzterer schon unter Pandion, wiewohl statt dieses Namens Phanodemos den Demophoon nennt, aber nicht gerade als den ersten der es feierte. Dies war der Fassöffnung und dem Kosten des neuen Weines bestimmt, und mystischen Feierlichkeiten, deren Betrachtung nicht hieher gehört. Beide beging man, weil der Gott derselbe war, bei einem und ebendemselben ältesten Heiligthume des Dionysos. Hierbei kann man noch die Frage aufwerfen, wie die Kekropier dazu

---

*) [Vgl. oben S. 82 und 137. Allerdings ist diese Annahme in Betreff des Datums nur Vermuthung; aber sie ist erlaubt in Ermangelung anderer Nachrichten. Rud. Hanow: *Exercitat. critic. in comicos graecos* (S. 82) will beweisen „*Lenaea intra priores duas Gamelionis partes celebrata fuisse*"; aber sein Grund ist ganz nichtig.]

kommen mochten, die Kelter gerade in dem Sumpfe zuerst aufzurichten, wo doch gewiss kein Wein wuchs. Gewiss ist, dass der Dionysosdienst zum Theil an Sümpfe gebunden ist, nicht allein in Athen, sondern selbst in Sparta, dessen Dorische Heiligthümer von den Ionischen sonst so verschieden sind, dass schwerlich der Spartanische und Attische Dionysos unmittelbar von einander abstammen. In Strabo's [190]) Zeit war freilich kein Sumpf mehr in Sparta: aber vor Alters war die Vorstadt morastig, und wurde Limnä genannt, und der Tempel des Dionysos in Limnä, der später auf dem Trocknen stand, war früher auf dem Feuchten gegründet. Dass bei Kyparissia Dionysos mit dem Stabe eine Quelle öffnete, wie Pausanias erzählt, führt nicht minder auf Nothwendigkeit des Wassers zu seinem Dienst. Man könnte sagen, Dionysos sei in den Sümpfen verehrt worden als Herr der feuchten Natur überhaupt, als welchen ihn Creuzer [191]) darstellt: oder man habe die Dionysischen Tempel am Wasser angelegt weil man Wasser zur Reinigung brauchte [192]), oder weil Osiris Tod am Wasser gefeiert wurde, wie die Dionysischen Lernäen in Argolis [193]); aber man bedenke, ob nicht alle diese Feiern am Wasser einen einfachern Ursprung hatten: wohin die Darstellung der Alten selbst leitet. Phanodemos [194]) erzählt, Dionysos sei der Limnäische genannt worden, weil bei dem Tempel des Dionysos in Limnä die Athener den dahin gebrachten Most (γλεῦκος) aus den Fässern dem Gott gemischt und dann selbst getrunken

---

190) Strabo VIII, S. 250. [363, Cas. 2. Ausg.] *Ἔστι μὲν οὖν ἐν κοιλοτέρῳ χωρίῳ τὸ τῆς πόλεως ἔδαφος καίπερ ἀπολαμβάνον ὄρη μεταξύ· ἀλλ' οὐδέν γε μέρος αὐτοῦ λιμνάζει. τὸ δὲ παλαιὸν ἐλίμναζε τὸ προάστειον, καὶ ἐκάλουν αὐτὸ Λίμνας· καὶ τὸ τοῦ Διονύσου ἱερὸν ἐν Λίμναις ἐφ' ὑγροῦ βεβηκὸς ἐτύγχανε, νῦν δ' ἐπὶ ξηροῦ τὴν ἵδρυσιν ἔχει.* Die im folgenden berührte Stelle des Pausanias ist IV, 36, 7.
191) Symbolik Bd. III, S. 117. [IV, S. 14. 3. Ausg.]
192) Creuzer Bd. III, S. 338. [IV, 92.]
193) Creuzer Bd. III, S. 176. [IV, 35.]
194) Bei Athen. XI, S. 465. A. Casaubonus zu dieser Stelle und Creuzer Symbol. Bd. III, S. 331. thun dem Phanodemos Unrecht, wenn sie meinen, er läugne die Abkunft des Namens des Limnäischen Dionysos von dem Orte Limnä. Der Hellenische Gelehrte wollte nur erklären, wie es komme, dass Dionysos gerade in Limnä verehrt und also von Limnä der Limnäische genannt worden sei.

116 hätten; man habe dann gerade, setzt er hinzu, den mit Wasser gemischten Most oder jungen Wein getrunken, und weil der Wein durch das zugemischte Wasser vermehrt werde, seien die Nymphen, die Quellen, Nährerinnen des Dionysos genannt worden; und wiewohl Theophrast die Nymphen als Ammen des Dionysos aus der Natur des Weinstockes erklärt, weil letzterer wenn er geschnitten wird, viel Feuchtigkeit ausgiesst und von Natur weint, so spricht doch ein älterer mit den Dionysischen Dingen vertrauter Mann, der Dithyrambiker Timotheos im Kyklops[195], für die Vorstellung des Phanodemos, wenn er sagt: „Er ergoss einen Epheubecher schwarzer ambrosischer Tropfen sprudelnd von Schaum, und zwanzig Maasse des Wassers goss er darauf, und mischte des Bacchios Blut mit neuentströmten Thränen der Nymphen." Wir haben bei Phanodemos eine deutliche Anspielung gerade auf die Pithögien und Choen; aus den Fässern (ἐκ τῶν πίθων), sagt Phanodemos, holten sie den Wein. Hieraus scheint es uns ziemlich deutlich, dass man darum die Feste des Gottes der Weinbehandlung in Limnä hielt, weil man zur Bereitung des gewöhnlichen Weines des Wassers bedurfte, welches freilich nicht aus dem Sumpfe, sondern aus einem daraus gebildeten Teiche wird genommen worden sein; und jenes kann auch zu den Dionysischen Heiligungen mit Wasser veranlasst haben. Uebrigens bieten zu den beiden in Limnä gefeierten Festen der alten Zwölfstadt Kekropia eine schöne Vergleichung die Dionysien von Brauron dar[196], welches gleichfalls unter die zwölf Städte vor Theseus gehört, und dessen Fest nicht als ein Theil der ländlichen oder Weinlesefeierlichkeiten angesehen werden kann, weil es nur alle vier Jahre gefeiert wurde: nur dieses, soviel wir wissen, erhielt sich wegen seiner alten Heiligkeit, welche schon daraus erhellt, dass es penteterisch gefeiert wurde: denn alle Penteteriden waren ursprünglich grosse Feste. So dauerten die Eleusinien, obgleich ursprünglich nur Fest einer Zwölfstadt,

---

195) Bei Athen. ebendas. C. nach der Berichtigung der Ausleger. Von den Nymphen als Ammen des Dionysos giebt es viele Stellen: z. B. Anel. zu Athen. II, S. 38. D. Ueberhaupt steht Dionysos mit dem Wasser vielfältig in Verbindung; vgl. Welcker zu Zoega Bassrl. Taf. 74.

196) S. oben Abschn. II.

ihres alten Ansehens wegen fort. Der Staat nahm das Brauronische Fest auf als ein ihm gehöriges Heiligthum und sandte dahin eine Theorie; sie besorgt nicht etwa der Demarch, wie die ländlichen Dionysien, sondern die Opfervorsteher des Staates selbst (ἱεροποιοί)[197], wie sie das Opfer des Eleusinischen Festes und selbst der Lenäen[198] ordneten.

25. Nach dieser Darstellung erscheinen uns die ländlichen Dionysien als das mit der Weinlese entstandene natürliche Fest, die städtischen als ein davon abgeleitetes, die Lenäen und Anthesterien als besondere Feste des Gottes der Weinbehandlung: beide letztere setzten wir über die Gründung der Gesammtstadt hinaus; ob die ländlichen Dionysien älter oder jünger als dieselben seien, bestimmten wir nicht: aber augenscheinlich müssen sie als Weinlesefest wenigstens eben so alt sein, als die Feste des Lenäischen Gottes, wenn gleich dem Thukydides zugegeben werden kann, dass der Tempel zu Limnä älter als alle andern sei; denn die bestimmte Art des Dienstes, welcher an dieses Heiligthum gebunden ist, mag allerdings älter sein als die bestimmte Art des Dienstes der ländlichen und städtischen Dionysien. Um nun zu sehen, in wie fern die Angaben der Alten über die Verbreitung des Dionysosdienstes in Attika mit unserer bisherigen Auseinandersetzung zusammenstimmen, will ich zum Schluss auch jene noch berücksichtigen. Wir sondern hier zuerst den Melampus aus, welchem Herodot[199] die Einführung des von Kadmos und den Kadmeern erkundeten und von Aegypten abgeleiteten phallischen Dionysosdienstes bei den Hellenen überhaupt zuschreibt, weil dieser Gedanke offenbar nichts mit den Attischen Sagen gemein hat. Aus einem andern Grunde übergehen wir den Dionysosdienst, in wie fern er in die Eleusinischen Geheimnisse verflochten ist. Von diesen beiden Punkten abgesehen finden wir den dritten rein mythischen König der Kekropier Amphiktyon als den ersten, welcher den Dionysos aufnahm; damals, sagen Eusebios und Synkellos[200], sei Dionysos nach Attika gekommen und

---

197) Pollux VIII, 107.
198) B. Abschn. 22.
199) II, 49.
200) S. Meurs. *Reg. Ath.* 1, 15, S. 74. Synkellos S. 157. (125.)

habe von Semachos bewirthet dessen Tochter mit einem Rehfelle beschenkt; hinter dem aus Polytions Haus zu Athen gebildeten Heiligthum des Dionysos standen in einem Häuschen Bildwerke aus ungebrannter Erde, welche den Amphiktyon darstellten, wie er andern Göttern und dem Dionysos ein Mahl giebt [201]). Er lernte, was andere dem Melampus zuschrieben [202]), nach des Attischen Geschichtsforschers Philochoros Angabe zuerst die Weinmischung von Dionysos, wodurch die Menschen gerade worden, da sie vorher der Wein beugte; darum habe er einen Altar des geraden Dionysos (Διόνυσος ὀρθός) gesetzt in der Horen Tempel, welche die Weintraube nähren, und nahe dabei den Nymphen einen andern Altar als Denkmahl für die, welche sich der Weinmischung bedienten. Die Nymphen aber seien die Nährerinnen des Dionysos. Auch habe er festgesetzt, nach der Speise ungemischten Wein zu bringen, nur um zu kosten, dass man die Kraft des guten Gottes erkenne: dann könne jeder gemischten trinken, soviel er wolle [203]). Wir müssen gestehen, dass der gerade Dionysos uns etwas anderes zu bedeuten scheint, nämlich die phallischen Geheimnisse, wie denn die Ithyphallen selbst von dem geraden Gotte (θεός ὀρθός) sangen [204]): und gewiss war dem geheimen Dionysosdienst der Phallus von jeher verknüpft: die Horen hingegen bezeichnen die von Amphiktyon angegebene richtige Mischung *(temperatura)* und die Nymphen die Wässerung des Weines. So erscheint daher der Dionysos des Amphiktyon als der Limnäische Gott, dessen Heiligthümer ohnehin auf ihn zurückgeführt werden mussten, da nach Thukydides deutlicher Hinweisung in Limnä der älteste Dienst war. Nachdem nun die Feste des Lenäos in Kekropia eingebracht waren, wurde dem Apollodor gemäss unter Pandion die besondere Sitte der Choen bei Gelegenheit der Ankunft des Orest angeblich hinzugefügt: welches Phanodemos

---

201) Pausan. I, 2, 4. [B.]
202) Staphylos b. Athen. II, S. 45. D. und daraus Eustath. zu Odyss. ϱ. [v. 205.]
203) Athen. II, S. 38. C. V, S. 179. E. wo jedoch statt eines Altars des Διόνυσος ὀρθός ungenau ein Tempel steht. Vgl. Eustath. zu Odyss. ϱ. und Theophrast und Philochor. beim Athen. XV, S. 693. D. E. Philonides b. Athen. XV, S. 675. A. B.
204) Semos b. Athen. XIV, S. 622. D. C.

höchst wahrscheinlich deshalb unter Demophoon herabrückt, um die Erzählung mit der mythischen Zeitrechnung in Uebereinstimmung zu bringen. Unter Pandion dem ersten aber, unter welchem auch Demeter von Keleos soll aufgenommen worden sein, kam Dionysos zum zweitenmale nach Attika; er gab dem Ikarios eine Weinrebe und Wein selbst, und lehrte ihn was zum Weinbau und Weinmachen (οἰνοποιΐα) gehört: Ikarios gab ihn den Hirten und Bauern im Lande umher, welche trunken davon ihn erschlugen; seine Tochter Erigone erhenkt sich; die Rache der Götter und der Erigone Fluch treibt auch die Töchter des Landes zum Strang; der Hundstern sendet den Feldfrüchten Verderben, den Menschen Krankheit: man sühnte auf einen Orakelspruch das Unheil durch Aufhängen der *Oscilla* bei der Weinlese *(per vindemiam)*, wie man aus Hygin[205]) schliessen kann, was offenbar öffentlicher, nicht mehr geheimer Phallosdienst ist*). Man kann nicht verkennen, dass dieser ganze Mythos auf die ländlichen Dionysien geht: Ikaria ist ein Gau, und gerade der, wovon das ländliche Schauspiel ausgegangen sein soll; es ist nur von Weinbau und Weinmachen, nicht von der Mischung, nur von Hirten und Landleuten die Rede. Wird dessenungeachtet dieses Alles später gesetzt als der Amphiktyonische Dienst des Lenäos, da doch die ländlichen Dionysien das erste sein müssen, so bedenke man, dass nur die Einführung des öffentlichen Phallosdienstes bei den ländlichen Dionysien damit erklärt werden soll, welchen man allerdings später setzen konnte als die Geheimlehre des Lenäos. Unverkennbar ist ferner schon aus dem öffentlichen Phallosdienst, dass dieser Dienst der Gottheit nach einerlei sei mit dem Eleutherischen, wie wir oben annahmen; zum Ueberfluss sagt aber Pausanias[206]),

---

205) Apollodor III, 14, 7. Hygin. Astron. II, 4. Im Arktophylax, Fab. 130. Schol. Ven. A. D. und Schol. Valck. zu II. χ, 29. Servius zu Virgil Landb. II, 389. Schol. Aristoph. Ritter 697. und die übrigen von Meursius *Reg. Att.* II, 2. angeführten Stellen.

*) [Die Oscilla scheinen aber nur Schaukeln, αἰῶραι gewesen zu sein, nicht Phalli noch Masken: vgl. Köhler „Masken" zu Ende.]

206) Pausan. I, 2, 4. [5.] Μετὰ δὲ τὸ τοῦ Διονύσου τέμενός ἐστιν οἴκημα ἀγάλματα ἔχον ἐκ πηλοῦ, βασιλεὺς Ἀθηναίων Ἀμφικτύων ἄλλους τε θεοὺς ἑστιῶν καὶ Διόνυσον. ἐνταῦθα καὶ Πήγασός ἐστιν Ἐλευθε-

das Delphische Orakel habe die Aufnahme des Eleutherischen Gottes des Pegasos in Athen dadurch unterstützt, dass es an dessen vormalige Anwesenheit unter Ikarios erinnert habe; auch die Erzählung, wie man die *Oscilla* oder Phallen zur Sühnung des Unglückes aufgehängt habe, kehrt nebst dem Orakelspruch bei der Einführung des Eleutherischen Gottes durch Pegasos unter veränderter Form wieder. Wann wurde aber endlich das Heiligthum der grossen Dionysien nach Athen gebracht den Sagen nach? Gewiss setzten letztere sie nicht vor Theseus Verbindung der zwölf Städte in eine Hauptstadt, da es zu einleuchtend sein musste, dass die grossen Dionysien ein Gesammtfest der Theseischen Stadt seien wie die Panathenäen: wäre aber dem Theseus selbst die Einrichtung des Gesammtfestes zugeschrieben worden, so würde uns, da wir gerade dieses Heros mythische Geschichte am ausführlichsten kennen, die Kunde davon nicht fehlen, zumal da uns die dem Theseus zu Theil gewordene Erscheinung des Dionysos auf Naxos, die Liebe der Ariadne und die von ihm angeordneten auf Dionysos bezüglichen Oschophorien überliefert werden [207]). Wir sind daher genöthigt, mit der Einführung der grossen Dionysien noch weiter herabzugehen; wobei es darauf ankommt zu finden, wann der Eleutherische Gott, dem die grossen Dionysien geweiht waren, nach Athen verpflanzt wurde. Eleutherä in Böotien eignete sich den Dienst des Dionysos so sehr zu, dass der Ahnherr des Ortes Eleuther, vielleicht selbst Dionysos *(Liber)*, das erste Bild desselben aufgestellt und die Art der Verehrung gezeigt haben soll [208]). Den uralten Dienst aber und das Bild selbst bringt Pegasos der Eleutherer vom Orakel unterstützt nach Athen [209]); das alte Holzbild (ξόανον), welches die Athener jährlich an dem Feste

---

ριός, ὃς Ἀθηναίοις τὸν θεόν εἰσήγαγε. συνειλάβετο δέ οἱ τὸ ἐν Δελφοῖς μαντεῖον, ἀναμνῆσαν τὴν ἐπὶ Ἰκαρίου ποτὲ ἐπιδημίαν τοῦ θεοῦ. Diese Stelle hat man ohne Grund so verstanden, als ob Pegasos unter Amphiktyon eingewandert sei, und war daher genöthigt gegen den gesunden Verstand und gegen alle Sprache das ἀναμνῆσαν τὴν ἐπὶ Ἰκαρίου ποτὲ ἐπιδημίαν τοῦ θεοῦ als eine Prophezeiung der Zukünftigen zu erklären!

207) Die Stelle giebt Meursius Theseus C. XVI.
208) Hygin. Fab. 225. Vgl. Diodor. III, 66. Schol. Hesiod. Theog. 54.
209) Pausan. I, 2, 4. [5.]

aus dem Tempel des Eleutherischen Dionysos nach der Kapelle in der Akademie brachten, stand früher in dem Tempel im Eleutherischen Felde, und wurde dann daselbst durch ein nachgemachtes ersetzt, welches noch Pausanias sah[210]). Nicht gerne jedoch hatten die Athener den Gott aufgenommen. Nachdem Pegasos, lehrt der Aristophanische Scholiast[211]), die Eleutherischen Bildnisse des Gottes genommen hatte und damit nach Athen gekommen war, empfingen ihn die Athener nicht mit Ehren; da sandte ihnen des Gottes Zorn eine unerträgliche Krankheit der männlichen Geschlechtstheile, und erst nachdem das Orakel, zu welchem sie Theoren gesandt hatten, ihnen aufgab, auf alle Weise den Gott zu ehren, stellten sie öffentlich und einzeln für sich die Phallen auf. Die Krankheit der Geschlechtstheile kam von der Vernachlässigung des phallischen Dienstes. Warum drang sich aber Pegasos den Athenern auf, und verpflanzte mit aller Gewalt den heimischen Gott sammt seinen Bildern? Offenbar kann dies nur geschehen sein, weil den Priester und seinen Staat eine feindliche Macht aus ihren Sitzen trieb. Kurz die Verlegung des Dienstes von Eleutherä nach Athen geschah gewiss zugleich mit dem Beitritt der Eleutherer zu Athen, welchen Pausanias[212]) nicht von Ueberwindung im Kriege herleitet, sondern von ihrem Wunsche dem Athenischen Staate einverleibt zu werden und von ihrem Hass gegen Theben. Wann dieser Beitritt erfolgte, davon weiss die Geschichte nichts, ungeachtet sie Aehnliches von dem nahen Plataeä so bestimmt erzählt; Beweises genug, dass er nicht in die rein geschichtliche Zeit falle. Eleutherä selbst lag, als Pausanias reisete, in Trümmern, und man sah nur noch Spuren der Mauern und Häuser[213]; man wuste nicht, wie Strabo[214]) zeigt, ob es zu Böotien oder Plataeä gehörte; Pausanias[214]) zählt es zu Attika seit seinem Uebertritt, welches jedoch von keinem andern geschieht. Auch dieses scheint zu der Annahme

---

210) Pausan. I, 38, 8. 29, 2. Vgl. 20, 2.
211) Acharn. 242.
212) I, 38, 8.
213) Ebendas. 9.
214) IX, 8. 284. [412.]
215) I, 38, 8.

zu berechtigen, dass Eleutherä in noch nicht rein geschichtlicher Zeit zu Athen überging, die ganze Bevölkerung sammt ihren Heiligthümern, die alte Stadt aber, nachdem sie verlassen war, zerstört wurde und das Land dem nächsten besten Preis gegeben war; weshalb denn auch Eleutherä kein Gau von Attika wurde, theils weil es vor der Errichtung der Gaue seine Bevölkerung in Attika zerstreut hatte, theils weil das Land von Eleutherä nicht dauernd von Athenern bewohnt war. Letzterer Umstand wird noch durch einen andern Vergleichungspunkt klar. Thukydides[216] erzählt, dass im zwölften Jahre des Peloponnesischen Krieges die Böoter den zwei Jahre vorher den Athenern entrissenen festen Ort Panakton wieder zurückgaben, aber zerstört; weil die Böoter behaupteten, aus ehemaligen Gränzstreitigkeiten bestände zwischen ihnen und den Athenern ein alter Vertrag (ὅρκοι παλαιοί), dass keine von beiden diesen Ort bewohnen, sondern beide ihn gemeinsam nutzen sollten (νέμειν). Nun liegt aber Panakton östlich von Eleutherä und Oenoe, aber näher gegen Athen als Eleutherä; wenn also selbst Panakton nicht von Athenern bewohnt sein sollte, so lässt sich dieses von Eleutherä noch viel weniger denken; und so musste das Eleutherische Land eben auch höchstens gemeinsam benutzt werden: eine Ortschaft sollte es aber nicht sein, wenn sich auch vielleicht Gehöfte bildeten. Auch scheut sich Diodor[217], wo er von denen spricht, die sich die Geburt des Dionysos zueigneten, Eleutherä oder die Eleutherer zu nennen, obgleich er die Eleer, Naxier, Teier anführt, sondern sagt umschreibend, die Eleutherä bewohnen (οἱ τὰς Ἐλευθεράς οἰκοῦντες), weil keine geschlossene Gemeine, Stadt oder Gau daselbst war*); und wenn Arrian in Alexanders Geschichte von dem Thore Thebens spricht, welches nach Eleutherä und Athen führt, so folgt daraus auch nicht, dass Eleutherä damals ordentlich bewohnt war, sondern er nennt nur den nächsten bekannten wegen des alten Heiligthums immer noch merkwürdigen Ort auf dem einen, nämlich westlichen Wege nach Athen. Xenophon erwähnt die durch

---

216) Thukyd. V, 42. Vgl. V, 3.
217) A. a. O.
*) [Myron von Eleutherae beweiset dagegen nichts.]

Eleutherá gehende Strasse; aber weiter erhellt aus ihm nichts[218]). Anderseits aber den Beitritt von Eleutherá zu Athen in die ganz ungeschichtliche Zeit zu setzen, verbietet die politische Beschaffenheit der ganzen Erzählung, und wir werden ihn daher in dem Helldunkel der Halbgeschichte suchen müssen. Halbgeschichtlich nennen wir die Zeit um die Rückkehr der Herakliden, von welchen vertrieben Melanthos der Messenerfürst König von Attika ward, einer der vielen Flüchtlinge welche in dem gastlichen Attika Schutz fanden. Zwanzig Jahre vor der Herakliden Einfall hatten die Böoter von Arne, von den Thessalern gedrängt, Böotien in seinem ganzen Umfange eingenommen, selbst das Orchomenische Land, welches vorher nicht Böotisch war[219]); hierdurch wurden die alten Einwohner zum Theil vertrieben, wie die Gephyräer, nach Herodot Kadmeer aus Phönike, welche Tanagra in Böotien an der Gränze von Attika bei dem stets streitigen Oropos besessen hatten, von den Böotern damals verjagt und unter gewissen einschränkenden Bedingungen in Athen als Bürger aufgenommen wurden[220]). Eben so mochten an der nordwestlichen Gränze, wo ebenfalls zwischen Athen und Böotien alte Gränzstreitigkeiten waren, die Einwohner von Eleutherá nach Athen gezogen und vertragsweise, aber nicht ohne Widerstreben aufgenommen sein. Namentlich war unter Melanthos Vorgänger Thymötas den Athenern ein Streit entstanden mit dem Böoterkönig Xanthios über Oenoe oder Kelänä (Melänä) oder beide, wovon Oenoe nahe bei Eleutherá liegt, wahrscheinlich auch Kelänä, dessen Lage ich nicht weiter kenne, als dass es an der Böotischen Gränze und Attischer Gau war. Bei dieser Gelegenheit besiegte Melanthos mit einem von Dionysos begünstigten Betrug den Xanthios im Zweikampfe, und führte den Dionysosdienst an den Apaturien ein, weil er dem Gott zu opfern versprochen hatte, wenn er mit List den Sieg erhielte[221]). Jeder sieht, wie natürlich sich hier die Erzählung von Eleutherá und auch von Panakton anschliesst. Aus Hass gegen die Thebanischen Böoter, welche ganz Böotien an

---

[218] Arrian Felds. Alex. I, 7, 13. Xenoph. Hell. Gesch. V, 4, 14.
[219] Strab. IX, S. 276. [401.] Vgl. Thukyd. I, 12.
[220] Herodot V, 57.
[221] Die Stellen giebt Meurs. Reg. Ath. III, 10.

sich zu bringen suchten, nachdem aus Arne ihre Macht verstärkt war, verliessen die Eleutherer ihre Stadt und wanderten mit dem Dionysos nach Athen: die Böoter besetzen ihr Land, und immer weiter gehend nehmen sie auch benachbarte Orte in Attika in Anspruch. Da will Melanthos den neulich eingewanderten von den Böotern verjagten Gott prüfen, und er hilft ihm durch eine seiner nicht ungewöhnlichen Erscheinungen, weil die Athener seinen Dienst aufgenommen hatten. In die Zeit zwischen der Einwanderung der Böoter aus Arne und dem Herakliden zug möchte also am wahrscheinlichsten die Einführung der grossen Dionysien, als des jüngsten Dionysischen Festes der Athener zu setzen sein.

26. Die Dauer des Streites, die Menge und das Ansehen der Kämpfenden, und die Schwierigkeit der Untersuchung, in welcher ich keinen Punkt, der zur Entscheidung beitragen könnte, glaubte auslassen zu dürfen, wird die Ausführlichkeit der Behandlung entschuldigen, durch welche, ohne dass wir das Ergebniss der einzelnen Betrachtungen noch einmal in einer Uebersicht zusammenstellen und die Gründe für und wider jede der drei Ansichten abwägen, von selbst sich ergiebt, dass diejenigen, welche die Anthesterien und Lenäen, und die andern, die die Lenäen und ländlichen Dionysien zu Einem Feste machen wollen, gleich Unrecht haben, und die Lenäen als ein besonderes Fest dem Gamelion gegeben werden müssen, der während manche Monate mit Festen überladen sind, kein anderes Fest hat als die Gamelien. So liegt die Wahrheit hier recht eigentlich in der Mitte. Es ist nur übrig zu bemerken, dass Wyttenbach's Angabe in Ruhnken's Leben, als ob dessen Meinung von Barthélemy durch eine neue Inschrift bestätigt worden sei, vollkommen falsch ist. Barthélemy hat in der Erklärung einer Attischen Steinschrift in dem 48sten Bande der Abhandlungen der Akademie der Inschriften die Einerleiheit der ländlichen Dionysien und der Piräeischen darzulegen versucht, wie Ruhnken richtig an Spalding geschrieben hatte, und benutzte dabei die oben angeführte Chandlersche Inschrift, in welcher die Piräeischen Dionysien erwähnt werden. Hieraus ist die Wyttenbachische Fabelsage entstanden.

III.

Von den Zeitverhältnissen der Demosthenischen Rede gegen Meidias.*)

Vorgelesen am 13. August 1818.

Beim Gebrauch der Attischen Redner für die Hellenische Geschichte und vorzüglich für die Kenntniss der innern Verhältnisse und Einrichtungen Athens, sobald man dieselben am Faden der Zeit verfolgen und ihre Entwickelung und Veränderung darstellen will, ja sogar in der Auffassung des Zusammenhanges der in einzelnen Reden berührten Thatsachen und Umstände ist kaum irgend eine andere Schwierigkeit so störend, als die so häufige Ungewissheit, wann diese oder jene Rede gesprochen oder geschrieben worden. Selbst wo eine Bestimmung bei den Alten vorhanden ist, unter welchen doch hier beinahe allein Dionysios von Halikarnass genannt werden kann, bleibt jederzeit dem Zweifel Raum, weil die Grammatiker und Rhetoren nicht, wie bei den

---

*) [Vieles zur Midiana gehörige setzt C. Fr. Hermann auseinander in der Abh. *de Midia Aeogyrasio* Göttingen 1851. 4. vor dem Winterkatalog 1851—52. Schäfer Demosth. u. s. Zt. II. p. 80 ff. und besonders p. 103 ff. — Schäfers Bemerkung a. a. O. I. p. VII. „dass Böckh seine frühere Ansicht über die Zeitverhältnisse der Midiana nicht mehr aufrecht erhalte," ist veranlasst durch folgende briefliche Mittheilung Böckhs vom 25. Mai 1856 an Schäfer, welche ich der Güte des Letzteren verdanke: „Meiner Untersuchung über das Geburtsjahr des Demosthenes lege ich selber keinen grossen Werth bei: ich bin an vielen Punkten selber irre geworden, wenn ich mich auch noch nicht entschieden gegen mich erklärt habe, was ich schon eher gethan haben würde, wenn nicht andere, einmal auch Sie selbst, mir wieder beigestimmt hätten, als ich meine Sache schon aufgegeben hatte; neuerlich auch wieder W. Dindorf." S. unten S. 77 der alten Zählung. A. 3. — E.]

Schauspielen auf Didaskalien, auf alte schriftliche Ueberlieferung ihre Angaben stützten, sondern sie auf ebendemselben Wege fanden, auf welchem auch wir etwas finden können, nämlich durch Vergleichung des Inhaltes der Reden mit dem anderwärtsher geschichtlich bekannten: und jeder kann aus den Kritiken des Dionysios sich überzeugen, dass die ersten Sammler der Attischen Redner nicht einmal über die Verfasser der Reden mässig zuverlässige Nachricht hatten, sondern erst aus deren Inhalt, Geist und Schreibart schlossen, wem dieselben angehören möchten: und wollte man ihnen auch zutrauen, dass sie, mit grösserer Kenntniss der Thatsachen ausgerüstet, vieles sicherer auffinden konnten, als wir nach so unermesslichen Verlusten: so muss man wieder zugeben, dass ihre Beurtheilung etwas flüchtig war; wie Dionysios mit Wahrscheinlichkeit zeigt, dass dem Dinarch Reden zugeschrieben wurden, die er, wären sie wirklich von ihm, in seinen Kinderjahren müsste verfasst haben.[1]) Eine ausserordentliche Unklarheit der Zeitverhältnisse schwebt nun eben auch über Demosthenes Rechtshandel gegen Meidias, welchen die neuern Untersuchungen[2]) um vier Jahre früher setzen als Dionysios die Rede, während man zugleich doch anerkennt, dass in der Rede, die wahrscheinlich nicht gehalten sei, Thatsachen vorkämen, welche sich mit dem frühern Zeitpunkt nicht vereinigen liessen: ein Widerspruch, der einzig durch die selbst wieder in Verlegenheit setzende Behauptung aufgehoben werden kann, dass der Rechtshandel früher geführt, die Rede aber weit später niedergeschrieben sei. Da ich indess in meinem Werke über die Attische Staatshaushaltung, in welchem ich bei vielen Untersuchungen auf diese in mehrfacher Hinsicht wichtige Schrift zurückkommen und dabei einen bestimmten Zeitpunkt für den Rechtshandel und die Rede zum Grunde legen musste, auszusprechen genöthigt war, dass ich diese Annahme für völlig grundlos halte, meine Ansicht selbst aber mehr andeuten als ausführen konnte,[3]) so habe ich jetzt eine genaue und umfassende Lösung dieser ziemlich verwickelten Aufgabe unter-

---

1) Dionysios Dinarch S. 116. Sylb. [c. 11. Tom. V. 654 R.]

2) Wolf Prolegg. Lept. S. CVIII., welchem Becker Demosth. Bd. II. S. 307 ff. meist folgt.

3) Bd. II. S. 62. S. 109. (I². 681. 733.). An letzterer Stelle habe

nommen, und vermöge derselben noch genauere Bestimmungen gefunden, als die daselbst gegeben sind.

Die Rechtssache, welche in dieser Rede behandelt wird, ist eine tödtliche Beleidigung, die Demosthenes als Chorege für einen Chor flötender Männer ($αὐληταῖς ἀνδράσιν$)[1]) an dem Feste der Dionysien von Meidias erlitten hatte. Weil nun aber der Dionysischen Feste, wie früher von mir gezeigt worden ist,[2]) vom Attischen Staate vier gefeiert wurden, so müssen wir vor allen Dingen die zuerst von Spalding[3]) aufgeworfene und kurz beantwortete Frage untersuchen, an welchen Dionysien diese Sache vorfiel. Da unser Redner immer nur die Dionysien schlechthin nennt, so muss man entweder annehmen, er habe vorausgesetzt, dass jeder der Richter wohl wisse, von welchem der Feste er spreche, oder es sei ihm überhaupt nicht darauf angekommen, seine Zuhörer darüber zu unterrichten; welches bei der Ausführlichkeit, womit der Gegenstand vorgetragen wird, keine grosse Wahrscheinlichkeit hat; oder man muss glauben, dass nach einem herrschenden Sprachgebrauche nur eins der vier Feste, und natürlich das grösste und bedeutendste, ohne nähere Bezeichnung mit dem Namen der Dionysien belegt wurde. Müssen wir uns also schon deshalb für die grossen Dionysien entscheiden, so werden wir in unserer Voraussetzung noch mehr bestärkt werden, wenn wir bedenken, dass von den übrigen Dionysosfesten zwei in der gewöhnlichen Sprache gar nicht Dionysien genannt zu werden pflegen, sondern das eine Anthesterien und die einzelnen Tage Choen, Chytren und Pithögien, das andere aber Lenäen: und das dritte, die ländlichen Dionysien, giebt eben keinen Einwurf dagegen ab, da es ungeachtet des Antheils, welchen der Staat am Piräeischen Feste nahm, doch nur eine Feierlichkeit der einzelnen Gaue von Attika war: auch hat bereits Ruhnken[4]) durch Vergleichung einiger Stellen mehrer,

---

ich offen gelassen, die kurz vor der Rede geschehenen Thatsachen etwas vor Olymp. 106, 4. zu rücken, welches hier bestätigt wird.

1) S. 519. 1. S. 520. 9. S. 565. 5.

2) Vom Unterschied der Attischen Lenäen, Anthesterien und ländlichen Dionysien, in den Abhandlungen der Akademie vom Jahr 1817. [Oben S. 63—152.]

3) Vorrede zu seiner Ausgabe S. XIV ff.

4) Anhang z. Hesych.

zum Theil freilich nicht vollwichtiger Schriftsteller gezeigt, dass unter den Dionysien schlechthin die grossen oder städtischen verstanden wurden; und dieser Sprachgebrauch muss so fest gewesen sein, dass man sogar, wo ein Gegensatz gebildet werden soll, nicht nöthig hatte, die grossen oder städtischen zuzusetzen, da in einer Rede[1]) auf diese Weise die Choen mit den Dionysien schlechthin zusammengestellt werden. Kann man jedoch noch stärkere Gründe finden, dass jener Vorfall auf die grossen Dionysien fiel, so muss man sie dankbar annehmen. So wird nun angeführt,[2]) Demosthenes sei in Gegenwart vieler Bürger und Fremden beleidigt worden,[3]) Fremde hätten aber wenigstens die Lenäen nicht besucht, an welchen, indem man dieselben mit den Anthesterien für einerlei hielt, aus einem unten berücksichtigten Grunde die Beleidigung des Demosthenes zu setzen man geneigt sein konnte: da aber an den Lenäen den Fremden sogar die Choregie und der Chor selbst offen stand,[4]) so ist die Ausschliessung der Fremden von diesem Feste falsch, und wenn Aristophanes[5]) sagt, es seien an dem Feste der Lenäen noch keine Fremden in Athen anwesend, so bezieht sich dieses bloss darauf, dass in seinem Zeitalter die Fremden aus den zinspflichtigen Staaten zu den grossen Dionysien, an welchen sie den Tribut ablieferten, einige Zeit nach den Lenäen zusammenflossen, auf die Lenäen selbst aber noch nicht da waren; welches jedoch nicht hindert, dass viele in Athen schon befindliche oder ansässige Fremde bei den Lenäen gegenwärtig zuschauten. Indessen wird jener an sich unhaltbare Beweis wieder dadurch etwas gehoben, dass Demosthenes an einer andern Stelle[6]) alle in Athen anwesende Hellenen (τοὺς ἐπιδημοῦντας ἅπαντας τῶν Ἑλλήνων) Zeugen der erlittenen Schmach nennt; woraus man auf die allein bei den grossen Dionysien stattfindende Anwesenheit einer

---

1) O. Böcl. v. Namen. S. 999. 9.
2) Spalding S. XIV.
3) S. 538. 17.
4) S. meine oben angeführte Abhandlung über die Dionysien. Abschn. 21, 22.
5) Acharn. 501. 502.
6) S. 584. 6.

grossen Zahl auswärts ansässiger Fremden schliessen kann. Hierzu kommen noch zwei völlig entscheidende Umstände. Der Redner erwähnt nämlich im Zusammenhange mit den in Frage stehenden Dionysien als die diesem Feste vorstehende Behörde immer den Archon,[1]) mit welchem Namen jederzeit der Archon Eponymos gemeint wird; und auch bei einem andern in der Rede erzählten Falle, in welchem an den Dionysien Anlass zu einer öffentlichen Klage entstand, wird der Archon schlechtweg genannt, und zwar Charikleides, der wirklich der Eponymos von Olymp. 104, 2. ist.[2]) Nun schreibt zwar Pollux[3]) dem Archon nur überhaupt die Besorgung der Dionysien zu; da aber alle übrigen Dionysischen Feste nicht vom Eponymos, sondern von andern Beamten geleitet wurden,[4]) so folgt unwidersprechlich, dass sowohl bei Pollux als in unserer Rede die grossen verstanden werden müssen. Ferner lernen wir aus einem von Demosthenes angeführten Gesetz,[5]) dass in jenem Zeitalter nur an drei Dionysischen Festen öffentliche Feierlichkeiten und Wettstreite statt fanden, und zwar an den ländlichen im Piräeus ein Aufzug, Komödien und Tragödien (ἡ πομπὴ Διονύσῳ ἐν Πειραιεῖ καὶ οἱ κωμῳδοὶ καὶ οἱ τραγῳδοί), an den Lenäen ein Aufzug, Tragödien und Komödien (ἡ πομπὴ καὶ οἱ τραγῳδοὶ καὶ οἱ κωμῳδοί), an den städtischen Dionysien ein Aufzug, ein Knabenchor, ein Komos, Komödien und Tragödien (ἡ πομπὴ καὶ οἱ παῖδες καὶ ὁ κῶμος καὶ οἱ κωμῳδοὶ καὶ οἱ τραγῳδοί). Da unter diesen Spielen des Demosthenes flötender Männerchor nothwendig einbegriffen sein muss, so fallen nicht nur die Authesterien, welche in dem Gesetze nicht vorkommen, für die Untersuchung gänzlich weg, sondern es kann auch, da der Knabenchor, die Tragöden und Komöden von dem Chor flötender Männer sicher verschieden sind, nur noch die Frage sein, ob der letztere für einen der Festaufzüge oder für den Komos bestimmt war. Wenn man aber schon

---

1) S. 517. 11. S. 518. 29 ff. S. 520. 16.
2) S. 572. 11 ff.
3) VIII, 89. [342 Bk.]
4) Abh. von den Dionysien Abschn. 22.
5) S. 517. 24 ff. Ueber das Fehlen der Anthesterien vergl. meine Abhandlung von den Dionysien Abschn. 13 und 21.

im Allgemeinen es passender finden wird, dass ein Flötenchor, welcher nichts anderes als ein kyklischer mit einem Dithyrambos oder einem ähnlichen Gedicht und Tonstück verbundener Chor ist, mit dem lustigen Komos zusammen sei, da schon bei jedem andern einigermassen stattlichen und heitern Gastmahle Flötenspiel nicht zu fehlen pflegte: so überzeugt uns der Umstand noch vollkommener, dass bei einem festlichen Aufzug kein Wettstreit der Chöre denkbar ist, und die Wettstreite ($ἀγῶνες$) in einem andern Gesetze dem Aufzuge graderzu entgegen gesetzt werden.[1] Der flötende Männerchor des Demosthenes, welcher im Wettstreit auftrat und angeblich durch Meidias Schuld besiegt wurde, kann also nur zu dem Komos gehört haben, und da dieser bloss an den grossen Dionysien gehalten wurde, so bezieht sich die Rechtssache auf diese letztern. Auch allein an den grossen Dionysien kommt ein Knabenchor vor in dem Gesetz: so schliesst sich unserer Ansicht ganz natürlich eine bald nach der Anarchie aufgestellte Attische Inschrift[2] des Pandionischen Stammes an, desselben für welchen Demosthenes die Choregie leistete, wo unter der allgemeinen Ueberschrift der Dionysien, nämlich der grossen, nebeneinander die zwei Spiele des Männer- und Knabenchores ($ἀνδράσι$, $παισίν$) aufgeführt werden, gerade die in dem Gesetz genannten Chöre, indem unter den Männern der Komos oder die Flötenspieler des Demosthenes verstanden sind. Nach diesen stärkern Gründen für die grossen Dionysien ist es kaum nöthig, einen ohnehin nur halb scheinbaren Widerspruch zu entfernen.[3] Aus einem Gesetz und Demosthenes selbst[4] erhellt nämlich, dass die hierher gehörigen Dionysien vor die Pandien fielen, indem die Volksversammlung, in der über die dabei vorgekommenen Sachen verhandelt werden soll, den nächsten Tag nach den Pandien im Dionysosheiligthum gehalten wird. Nun hielt Taylor[5] die Pandien und Diasien für dasselbe Fest; die Diasien fallen aber

---

1) S. 617. 5.
2) Chandler Inschr. II, 0. S. 48. [C. I. no. 213.]
3) S. Spalding Vorr. S. XIV. XV.
4) S. 617.
5) Z. Meid. S. 574. Bd. 1. App. Reisk.

auf den 23. Anthesterion, neun Tage nach den Anthesterien;[1]) daher man geglaubt hat, es könnten unter den Dionysien bei Demosthenes die Lenäen, welche man nämlich als die Anthesterien betrachtete, verstanden sein. Allein abgesehen davon, dass nur die Anthesterien gemeint sein könnten, indem die davon verschiedenen Lenäen in den Gamelion fielen, wie ich früher gezeigt habe, und dass an den Anthesterien überhaupt keine Chöre und Wettstreite der Art nachgewiesen werden können, sondern nur mysteriöse Festlichkeiten und heilige Gastmahle mit andern Volksvergnügungen: so hat Taylor die Einerleiheit der Pandien und Diasien so schlecht und oberflächlich begründet, dass er keine Widerlegung verdient; Theodoret[2]) unterscheidet beide Feste ganz bestimmt: und die Pandien müssen vielmehr nach unserer Rede selbst mit Corsini[3]) in den Elaphebolion hinter die grossen Dionysien gestellt werden. Harpokration, den Suidas ausschrieb, und Photios wissen von der Zeit der Pandien weiter nichts, als was aus der Rede gegen Meidias geschlossen werden konnte.

Nach den auf die grossen Dionysien folgenden Pandien hielten die Prytanen gesetzmässig im Dionysischen Heiligthum, im Theater nämlich,[4]) die Volksversammlung, in welcher sie die mit dem Namen der προβολή bezeichneten Klagen in Bezug auf den Festzug und die Wettstreite der Dionysien, wenn dieselben noch nicht durch Geldbusse beseitigt wären, vortragen sollten;[5]) und dieser gleich nach dem Feste vorgebrachten Probole bediente sich der Redner gegen Meidias. Die Klageform der Probole, über welche Taylor Stellen gesammelt und Matthiä[6]) mit Urtheil gehandelt hat, kommt selten vor, und der eigentliche Sitz der Lehre von derselben ist unsere Rede selbst; gewiss ist, dass sie

---

1) Schol. Aristoph. Wolk. 407. [1. 227 Ddf.] Vergl. die Abb. v. d. Dionys. Abschn. 24.
2) Gr. Aff. Cur. VIII., S. 923. Schula.
3) F. A. Bd. II., S. 320. 362.
4) Ἐν Διονύσου, S. 583, 28. steht zwar ἐν ἱεροῖς; auch S. 585. 22. aber das Theater, wo bisweilen Volksversammlungen gehalten wurden, ist auch heilig, und heisst τὸ τοῦ θεοῦ ἱερόν S. 532. 15. Auch ist S. 540. 24. das Theater ausdrücklich genannt.
5) S. 517.
6) Misc. philol. Bd. I., S. 238. Vergl. Lux. Neg. S. 288.

überhaupt gegen solche eingelegt werden konnte, welche das Ansehen des Volkes verletzt oder es getäuscht hatten; wohin erstlich amtliche Personen (ἄρχοντες) gehören, welche ihr Amt nicht recht verwalten,[1]) dann die Störung der grossen Feste,[2]) namentlich die Beleidigung oder Festnehmung einer Person oder die Pfändung an denselben, sodann Sykophantie, Veruntreuung öffentlicher Gelder und Betrug am Staate in Bergwerksachen.[3]) Da aber in allen diesen Fällen auch verschiedene andere Klagen gestattet waren, so erkennt man sogleich, dass der Begriff der Probole, wie der meisten öffentlichen Klageformen, auf ihrer Form selbst beruht, und sie unterscheidet sich von den meisten übrigen öffentlichen Klagen theils dadurch, dass sie an die höchste Staatsgewalt gelangt, theils durch den Mangel einer gesetzlichen Bestimmung über die Strafe: nur wie sie von der Eisangelie verschieden war, deren Eigenschaften in den meisten Fällen dieselben sind, kann man nicht sogleich finden. Dürfte man annehmen, bei der Probole habe der Kläger eine Schätzung gemacht, so wäre der Unterschied nachgewiesen; denn bei der Eisangelie findet offenbar keine Schätzung von Seiten des Klägers statt, da nirgends eine Spur davon in den Schriftstellern erscheint, wiewohl der Gegenstand oft vorkommt. Und wirklich lässt Demosthenes den Beklagten bei der Probole sich darüber beschweren, dass er gegen ihn eine Schätzung geltend mache, was er leiden oder zahlen solle (τίμημα ἐπάγειν ὅ,τι χρὴ παθεῖν ἢ ἀποτῖσαι),[4]) Fasst man aber diese Worte näher ins Auge, so scheint es vielmehr, dass Demosthenes keine Schätzung gesetzt hatte, weil er sonst den Meidias nicht würde sagen lassen, er bringe in die Sache eine Schätzung, was er leiden oder zahlen solle, und setze

---

1) Dies hat Schoemann *de comitiis Atheniensium* S. 229 ff. nach Abfassung dieser Abhandlung auseinandergesetzt. (Es steht nur bei Harpokr. in κατασκοποτοσία und Lex. Seg. S. 268. und es fragt sich, ob der Ausdruck in Bezug auf die Beamten genau ist. Es ist in jenen Gramm. davon nicht unter προβολή, sondern unter κατηγ. gehandelt, was Verdacht gegen die Sache erregt. Vgl. zu S. 73 d. ersten Ausg.].
2) S. 517. und das Gesetz des Euegoros S. 518. und von den Mysterien S. 571.
3) Staatsh. d. Athen. Bd. I S. 401. [I². 402.]
4) S. 623. 1.

ihn in Gefahr, dass zwischen einer Capitalstrafe und Geldbusse gewählt werde, sondern vielmehr die Strafe selbst, die er in seiner Schätzung vorgeschlagen hatte, nennen würde. Hierzu kommt, dass Demosthenes zwar öfter von der Strafe spricht, den Meidias zehnfach und vielfach des Todes würdig erachtet, die Richter ermahnt, ihn am Leben zu strafen, oder wenigstens alles Vermögens zu berauben, ihnen auch nichts unedles zutraut, sondern glaubt, sie würden das wirklich thun, und ihnen viele Beispiele solcher Strenge vorerzählt,¹) aber nirgends nur von fern andeutet, dass er irgend eine Schätzung gesetzt habe, auch ohne von der seinigen zu reden, die der Richter als völlig unbestimmt ansieht.²) In der Probole des Menippos, worin der Beklagte 67 zum Tode verurtheilt werden sollte, kommt freilich vor, dass der Kläger sich habe überreden lassen, und dadurch die Strafe auf den Verlust einer dem Beklagten zustehenden Schuldforderung und auf Ersatz des Schadens ermässigt worden sei, welchen der Kläger durch den Verlust der auf den Rechtshandel verwandten Zeit erlitten und berechnet habe;³) aber weder darin, dass die Strafe mit des Klägers Bewilligung gemildert wurde, liegt nothwendig, dass er vorher eine höhere Schätzung gemacht hatte, noch führt die Berechnung seines Schadens auf einen Schätzungsansatz, da sie, offenbar nach Eingebung der Klage, erst bei Beendigung der Sache gemacht war, oder wenigstens erst in der vor dem Gerichtshof gehaltenen Rede. Daher bin ich überzeugt, dass in der Probole der Kläger dem Beklagten keine Schätzung stellte. Wiederum könnte man aber den Unterschied darin suchen, dass die Eisangelie, mit Ausschluss der beim Archon eingelegten, jederzeit an den Rath der Fünfhundert gekommen, und von diesem entweder selbst abgeurtheilt oder nach Befinden ans Volk gebracht worden sei, die Probole hingegen gleich vor die Volksversammlung gehört habe; allein die Eisangelie wurde häufig zuerst, ohne Zweifel jedoch mit Bewilligung der vorsitzenden Abtheilung des Rathes, an das Volk gebracht,

---

1) S. 518. 22. S. 544. 12. S. 546. 15. S. 547. 23. S. 553. 9. S. 537. 5. S. 542. 11. S. 543. 29. S. 571 ff.
2) S. 563. 24.
3) S. 671 f.

und nicht vorher an den Rath; und ungeachtet Isokrates[1]) in Bezug auf Sykophantie die Eisangelie beim Rathe und die Probole im Volke entgegensetzt, so sehen wir ja doch aus dem Gesetz, dass die Probole vorher an die Prytanen kam, und nur diejenigen Klagen dieser Art in die Volksversammlung gebracht werden mussten, welche noch nicht durch Geldbusse erledigt waren (ἐκτετισμέναι): so dass der Rath wie bei der ihm eingegebenen Eisangelie, jedoch mit Zustimmung des Klägers, innerhalb des ihm zustehenden Strafmaasses die Sache abzumachen befugt sein musste.[3]) Oder lag der Unterschied in der Erlaubniss, die eine oder andere Klage, Eisangelie oder Probole in der Volksversammlung zu richten, ohne sie an einen Gerichtshof zu verweisen? Dies ist in der That die einzige Annahme, welche uns übrig bleibt: und sie rechtfertigt sich näher bestimmt durch die aufbehaltenen Thatsachen. Denn wir sehen, dass die Eisangelie je nach den Umständen vom Volke konnte geurtheilt oder an einen Gerichtshof gewiesen werden, so dass das letztere durch einen Volksbeschluss festgesetzt, und zugleich angegeben wurde, von welchem Gericht und welchem Kläger, zu welcher Zeit und in Bezug auf welches Verbrechen die Sache sollte verhandelt werden, bisweilen wenigstens auch noch, welche Strafe der Beklagte, wenn er schuldig befunden wurde, erleiden sollte; wogegen in der Probole der Kläger bloss ein Vorurtheil des Volkes erhält, und hernach die Rechtsache vor dem gewöhnlichen Gerichtshofe und im gewöhnlichen Rechtsgange selbst verfolgen muss.[3])

---

1) Vom Umtausch 28. [§ 314 Bk.].

2) Ich kann mich nämlich nicht überzeugen, dass hier von blosser Privatgenugthuung die Rede sei: ist aber ἐκτετισμέναι von richterlich erkannten Bussen zu verstehen, so kann nur an den Rath als erkennende Behörde gedacht werden, nicht etwa an den Archon. Zwar könnte man einwenden, die Probole über die Vergehen an den Dionysien, welche den ersten Tag nach den Pandien gleich an die Volksversammlung kommen musste, hätte der Kürze der Zeit wegen gar nicht im Rathe vorkommen können; allein wer weiss denn gewiss, dass zwischen den Schauspielen und dem Aufzuge der Dionysien und den Pandien durchaus keine Rathsversammlung war?

3) Diese Ansicht hat Schümann *de comit. Att.* S. 209 ff. S. 227 ff. meines Wissens zuerst aufgestellt, und überhaupt das Wesen der προ-

Hatte also die Volksversammlung durch Aufhebung der Hände den in der Probole Belangten schuldig geachtet, so ist durch diese ihm ungünstige Abstimmung (καταχειροτονία) die Klage genehmigt und ein Vorurtheil gegen den Beklagten festgesetzt; die endliche Entscheidung aber steht dem Gerichtshofe zu, in welchem die Klage nach Pollux[1]) von den Thesmotheten eingeleitet wird. So wurde Demosthenes Probole gültig befunden, und auf den vor dem Gerichtshofe schwebenden Rechtshandel bezieht sich unsere Rede. Unwidersprechlich jedoch nach Aeschines[2]) Zeugniss ist es, dass Demosthenes seine Klage nicht aus Ende führte, sondern ehe ein Spruch erfolgte, sich mit Meidias abfand; auch finde ich nicht unglaublich, dass er von Meidias sich dreissig Minen (687½ Thlr.) zahlen liess. Obgleich nämlich so der Vergleich (διάλυσις) in öffentlichen Sachen verboten und verpönt war, sobald die Klage anhängig geworden, so kam er dennoch öfter vor, weil die darauf gesetzte Strafe allmählig aufhörte ausgeführt zu werden.[3]) Was konnte aber den Demosthenes zu dem eben nicht ehrenvollen Fallenlassen der Klage bewegen?

βολή und εἰσαγγελία so befriedigend auseinandergesetzt, dass diese Untersuchung abgeschlossen zu sein scheint.

1) Pollux VIII, 87. [342 Bk.] καὶ τὰς εἰσαγγελίας εἰς τὸν δῆμον καὶ τὰς χειροτονίας (καταχειροτονίας) καὶ τὰς προβολάς εἰσάγουσι καὶ τὰς τῶν παρανόμων γραφάς. Vergl. über diese Stelle Schömann *de comit. Athen.* S. 205. S. 209. Jedoch halte ich die Angabe, die Eisangelie sei von den Thesmotheten vor das Volk gebracht worden, wie Pollux behauptet, für falsch und auf irgend einem Missverständnisse beruhend; ohne Zweifel gab sie der Kläger bei der die Volksversammlung leitenden Rathsabtheilung ein, und diese brachte sie zum Vortrag entweder selbst oder durch den Kläger. Die Thesmotheten hatten wol vielmehr in der Regel, wie bei der Probole, so auch bei der Eisangelie, die Einleitung in dem Gerichtshofe, wenn nämlich die Eisangelie vom Rathe oder Volke an den Gerichtshof gewiesen wurde. Ein Beispiel giebt der Rathsbeschluss gegen Archeptolemos, Onomakles und Antiphon im Leben der zehn Redner. [833 E. F. ed. Franc.]

2) G. Ktesiph. S. 441. 2 ff. Nur auf dieser Stelle beruhen die Zeugnisse des Plutarch Demosth. 13. Phot. [cod. 265. p. 493, 39 Bk.] Bild. des Lebens der zehn Redner [844 D.] und des Ungenannten im Leben des Demosthenes. [Westerm. Biogr. 306.] Vergl. Aesch. ebendas. S. 608.

3) Hudtwalcker v. d. Diät. S. 159 ff. Staatshaush. d. Athen. Bd. I., S. 406, 409. [I², 498, 501. Anm. e.]

Gewiss nicht die dreitausend Drachmen: denn sein Hass gegen Meidias ist zu heftig, als dass er durch eine so unbedeutende Geldsumme sich beschwichtigen liesse: sondern, wie Plutarch[1]) trefflich auseinander gesetzt hat, er fürchtete des Meidias Macht, Reichthum und grosse Freundschaften, gegen welche er im Gericht den kürzern ziehen konnte, und gab den Bitten der Vertrauten seines Gegners nach, da sein eignes Ansehen im Staate noch nicht erwachsen und befestigt war: eine Furcht, die in der ganzen Rede hinlänglich ausgesprochen ist, vorzüglich aber in demjenigen, was von der Feindschaft des Eubulos gegen ihn selbst gesagt wird,[2]) jenes Eubulos von Anaphlystos, der die Athener damals allgewaltig beherrschte: immerhin mag er aber eine Geldsumme dazu angenommen haben, da er Gefahr lief, wenn die Sache zur Sprache käme, die auf das Fallenlassen der Klage gesetzte Geldstrafe von tausend Drachmen, und bei möglicher Versäumung der gesetzlichen Frist sogar vom doppelten zu erlegen, und weil die Athener überhaupt kein so zartes Ehrgefühl hatten, um ein kleines Gewinnchen vom Feinde zu verschmähen. Die Aufgebung der Klage ist aber unmöglich, wenn der Handel schon vor den Gerichtshof gebracht ist, wo dann die Reden gehalten werden; und folglich kann die Rede gegen Meidias nicht öffentlich vorgetragen sein: sondern man liess die Klagen entweder gleich nach der Eingabe und vor der vorläufigen Untersuchung (ἀνάκρισις) fallen,[3]) oder nach dieser selbst, oder in einer vorkommenden Hypomosie des Gegners,[4]) indem der Kläger die nächste Frist nicht wieder benutzte. Da die Rede also nicht gehalten ist, so verfasste sie Demosthenes entweder nach dem Vergleich, der Uebung halber, oder um ein Muster gerichtlicher Beredsamkeit aufzustellen, und setzte sie deshalb

---

[1]) Demosth. 12. [p. 851 ed. Franc.] Ihm folgt Isidor. Pelus. IV, 205. [533. 536 ed. Paris.]
[2]) S. 580 f.
[3]) S. 548. 1.
[4]) Nach Demosth. v. d. Krone S, 260. 24. konnte man nach der Hypomosie des Klägers auch ein Gesetz liegen lassen, gegen welches ein anderer als gegen ein gesetzwidriges klagen zu wollen bekräftigt hatte; welches zwar etwas anderes, aber doch ähnliches ist. Vergl. Pollux VIII, 56. und 44.

In Umlauf, etwa wie Cicero die zweite Handlung der Verrinen; 70 oder er hatte schon vor dem Vergleich die ganze Rede vorbereitet und liess sie unbenutzt liegen, sie wurde jedoch Freunden zur Belustigung und zur Schmach des Meidias mitgetheilt, abgeschrieben und mit oder ohne Willen des Verfassers so auf die Nachwelt gebracht: wenn wir nicht etwa sagen wollen, sie sei wie Platons Gesetze erst nach seinem Tode aus den hinterlassenen Schriften herausgegeben worden, welches wegen der unglücklichen Verhältnisse des spätern Lebens unseres Redners und seines Todes auf der Flucht, wo sich alle Schriften leicht verlieren konnten, eben nicht sehr wahrscheinlich ist. Die erste Ansicht werden diejenigen fassen, welche mit Taylor und Wolf[1]) erst nach Olymp. 106. geschehene Thatsachen in der Rede erkennen, welche er denn später hineingemischt hätte; sie müssten denn behaupten, diese in Olymp. 107, 4. gesetzten Begebenheiten seien dennoch vor dem Vergleich vorgefallen, indem die Rechtssache vier Jahre und drüber geschwebt hätte: aber abgesehen, dass beide Annahmen unhaltbar sind, weil offenbar, wie wir unten sehen werden, jene angeblich spätern Thatsachen in unmittelbarem Zeitzusammenhang mit der Beleidigung des Demosthenes an den Dionysien stehen; bestimmen ganz überwiegende Gründe dafür, dass die Rede vor dem Vergleich mit Meidias geschrieben sei. Denn erstlich ist wohl nicht anders anzunehmen, als dass Demosthenes bald nach der Probole anfieng, seine Anklage gegen Meidias vorzubereiten und seine Gedanken in Ordnung zu bringen, ehe ihm manches entfiele oder dunkel würde; er belehrt uns selbst, dass er sich mit besonderer Sorgfalt bereitet habe,[2]) und so sahen auch Plutarch und Isidor von Pelusium die Sache an, dass Demosthenes sich mit aller Macht zu dem Rechtshandel gerüstet und hierzu vor dem Vergleich die Rede geschrieben habe.[3]) Sodann rühmt sich Demosthenes durchweg, dass er die Sache nicht aufgegeben habe: gleich im Anfang sagt er, er sei anwesend

---

1) Taylor a. a. O. S. 562. Wolf Prolegg. Lpt. S. CVIII.
2) S. 576. 18 f.
3) Plutarch a. a. O. τὴν κατὰ Μειδίου παρασκευασάμενος εἰπεῖν δίκην. Isidor a. a. O. ὅτι μὲν γὰρ ἐβούλετο αὐτὸν ἑλεῖν, διὸ καὶ παντὶ σθένει τὴν κατηγορίαν ἔγραψε, δῆλον.

um die Anklage zu machen, obgleich er vieles Geld hätte bekommen können, wenn er dieses hätte lassen wollen, und viel Bitten, Gunstbezeugungen und Drohungen habe ausstehen müssen; einige von Meidias Bekanntschaft hätten ihn angegangen, sich abfinden zu lassen, hätten ihn aber nicht bewegen können; er habe gleich bei der Probole allen Versuchen zum Vergleich widerstanden, und als Blepäos der Wechsler an ihn herangekommen sei, und das Volk geschrieen habe, er wolle Geld nehmen, habe er vor diesem fliehend den Mantel im Stich gelassen, und sei beinahe nackt im Unterkleidchen davon gelaufen; Aristarch habe ihm viele Noth gemacht, indem er die Aussöhnung bewirken wollte; er hebt öfter seine Standhaftigkeit hervor, dass er weder die Athener noch sich selbst verrathen habe, mit welchem Worte er die Sache gern belegt; endlich stellt er sich mit Wichtigkeit denen gegenüber, welche anders gehandelt hätten. Er höre, erzählt er, Meidias wolle für sich anführen, dergleichen Beleidigungen seien schon öfter vorgefallen, und hätten so viel gar nicht zu bedeuten; ein Thesmothet sei wegen einer Flötenspielerin geprügelt worden, Polyzelos habe einen Proedros geschlagen: aber diese Geschichten könne man der seinigen nicht vergleichen: denn der Thesmothet habe sich weder um das Athenische Volk noch um die Gesetze bekümmert, sei nicht über das Verbrechen aufgebracht gewesen, und habe sich, für welche Summe es immer gewesen sein möge, bewegen lassen, den Kampf aufzugeben; der andere habe sich auch verglichen, und den Gesetzen und dem Volk Lebewohl gesagt und den Polyzelos nicht vor Gericht gestellt: er habe nichts genommen, noch versucht etwas zu nehmen, sondern verfolge seine Klage. Auch mit Meidias hätten sich früher einige verglichen, weil sie es vielleicht für zuträglich gehalten hätten.[1]) Endlich sagt er von Euktemon, der eine γραφὴ λειποταξίου gegen ihn erhoben, nachher aber fallen gelassen hatte, er bedürfe von diesem keiner Genugthuung, sondern habe dadurch hinlängliche, dass jener durch das Aufgeben der Klage sich selbst für ehrlos erklärt habe.[2])

---

1) S. 515. 4. S. 543. 17. S. 583. 15 ff. S. 552. 25. S. 553. 19 ff. S. 554. 24, 29. S. 526 ff. S. 591. 14.
2) S. 548. 7.

Welche Stirn müsste man nach allem diesem einem Demosthenes
zutrauen, der bei den gemeinsamen Gebrechen seiner Landsleute
und Zeitgenossen dennoch einer der Edelsten war, wenn er dieses
niedergeschrieben hätte, nachdem er selbst eben dieses Verge-
hens in hohem Grade schuldig geworden? und zu welchem Zweck
hätte er das alles gegen sich selbst so kräftig aussprechen sollen?
Wer erkennt nicht, dass Demosthenes hier nicht den Schauspieler
macht, sondern aus dem Herzen redet? Es leuchtet also ein,
dass Demosthenes, als er die Rede abfasste, den angebotenen
Vergleich, noch erhitzt und von Rache glühend, verschmähte,
und erst später seine Klage verliess, nachdem vielleicht der Geg- 72
ner, von des Redners Ernst und der Gefahr immer mehr überzeugt, und von Zwischenträgern unterrichtet, welche, wie schon
aus einer der ausgehobenen Stellen, und am deutlichsten aus
Aeschines gegen Ktesiphon hervorgeht, die Gründe der Partheien
einander im Voraus zuzubringen pflegten, alle Schreckmittel und
zugleich alle Versprechungen aufgeboten hatte. Hätte ferner Demosthenes die Rede nach dem Vergleich in völliger Musse als
ein Muster der Beredsamkeit oder auch nur zu eigner Uebung
geschrieben und bekannt gemacht, so wäre man berechtigt, den
höchsten Grad der Vollendung zu erwarten: wovon wir aber, was
auch Taylor und Spalding anerkennen, das Gegentheil finden*).
Um dieses noch mehr ins Klare zu setzen, wollen wir auch dar
über einige Betrachtungen mittheilen.

Etliche der Alten bei Photios meinten nämlich schon, die
Rede sei nur ein nicht zur Herausgabe ausgefeilter und nicht
völlig ausgearbeiteter Entwurf, und daher kämen die Wiederho-
lungen, welche darin vorkommen: wohin die auffallende Erscheinung gehört, dass an zwei Stellen[1]) eine nur in wenigen
Worten abweichende Vergleichung der Lebensweise des Menschen
mit dem Beitrag zu einem Hülfsverein (ἔρανος) gefunden wird,
welche an keiner von beiden mit Sicherheit ausgeworfen und
noch weniger an beiden gutgeheissen werden kann, zumal nicht

---

*) [Ueber die Mängel der Rede Spengel Philol. XVII. 606 ff. Otto
Haupt: Ueber die Mid. S. 7 nimmt Verfälschungen an. Vgl. Schäfer
Dem. Bd. III. Beil. LII, 1.]

1) S. 547. S. 574.

an der letztern, wo doch diese nichtssagende Wiederholung desto sonderbarer ist, da der Redner eben vorher gesagt hat, er wolle nur das Nothwendigste beibringen. An beiden Orten setzt er ferner auseinander, dass Meidias werde Mitleid erregen wollen, seine Kinder bringen, weinen werde, um sich loszubitten: nur geht dieses in der einen Stelle vor jener Vergleichung her, in der andern folgt es nach. Dieser Sache kann man schwerlich einen andern Gesichtspunkt abgewinnen, als dass Demosthenes die Stelle an beiden Orten geschrieben hatte und selbst noch nicht wusste, an welchem von beiden sie zuletzt stehen bleiben sollte. Schwerer ist die Entscheidung über die Wiederholung einer Formel, welche zuerst der Erzählung seiner alten Feindschaft mit Meidias vorausgeschickt wird:[1] ἔσται δὲ περὶ αὐτῶν βραχὺς ὁ λόγος, κἂν ἄνωθεν ἄρχεσθαι δοκῶ; nachher aber wieder zur Einleitung einer andern Sache gebraucht ist:[2] ἐγὼ καὶ τοῦτο διδάξω, ἄνωθεν δέ· βραχὺς γὰρ ἔσθ' ὁ λόγος, ὃν λέξω, κἂν ἄνωθεν ἄρχεσθαι δοκῶ. Denn letzteres lässt die sehr gute erste Augsburger Handschrift von ἄνωθεν δέ an weg; und es könnte scheinen, dass es aus der erstern Stelle zugeschrieben sei, um das ἄνωθεν δέ, was aber freilich in jener Handschrift auch fehlt, zu erläutern. Indessen ist es mir doch wahrscheinlicher, dass Demosthenes beides geschrieben habe, und die Austilgung des letztern erst einem Kritiker einfiel, der die Wiederholung entdeckte: zumal da auch in der Rede von der Krone, welche einige der Alten nach Photios auch für unvollendet hielten, solche Formeln auf eine befremdende Art sich wiederholen. Ausserdem scheine ich mir noch etliche verdecktere Spuren des Unvollendeten gefunden zu haben, obgleich ich zugebe, dass in solchen Feinheiten ein Irrthum unterlaufen könne. Gleich im Anfang[3] fällt mir der Ausdruck auf, er sei anwesend den Meidias anzuklagen, da einer die Rechtsache einführe in den Gerichtshof (ἐπειδή τις εἰσάγει): als ob er noch ungewiss sei und erst näher bestimmen wolle, wer denn der Einleitende sein werde.

---

[1] S. 539. 21.
[2] S. 566. 20. Vergl. Spalding Vorw. S. XIX.
[3] S. 515. 14.

Nun begreift man freilich nicht, wie er darüber zweifelhaft sein konnte, wenn die Thesmotheten ein für allemal die Einleitung der Probole zu besorgen hatten:*) allein einerseits lässt sich bei den vielen, wenigstens für uns bis jetzt vorhandenen Unbestimmtheiten im Attischen Rechts- und Gerichtswesen allerdings denken, dass eine Unsicherheit über den einleitenden Beamten entstehen konnte, zumal da diese Probole sich auf Schändung des Heiligen oder Gottlosigkeit bezog, welche vor den Archon König gehörte;[1] theils konnte der Redner die Behörde, wie Cicero in der ersten Handlung gegen Verres, lobend erwähnen wollen, liess aber dies beim ersten Entwurf weg, weil er sie noch nicht kannte. Aber wenn auch letzterem darum nicht wahrscheinlich sein sollte, weil diese Redner eben nicht viel Lobeserhebungen in ihre Vorträge mischen, so kann ich mich dennoch nicht überzeugen, dass nicht etwas Besonderes in dem unbestimmten Εἶπερ stecke.**) Ver-

---

*) [S. 524, 19 könnte τῶν θεσμοθετῶν τούτων darauf führen, dass die Anwesenheit der Thesmotheten als ἡγεμόνες δικαστηρίου vorausgesetzt werde: da im Folgenden der Archon ohne solchen Zusatz genannt ist, so ist dies gewiss so: aber es folgt weiter nichts, als dass diese Stelle unter der Voraussetzung geschrieben sei, es hätten die Thesmotheten die Hegemonie. Indess wird οὗτος auch in andern Fällen angesetzt, z. B. S. 597, 29.]

1) [Es ist auch möglich, dass Demosthenes Probole für den ἐπώνυμος als Aufseher der Dionysien sich eignete. Doch ist beides unwahrscheinlich.] Auch Schömann de com. Ath. S. 230. bezweifelt, dass die Thesmotheten alle προβολάς einleiteten; und wenigstens die προβολή gegen Beamte, gegen welche in der ersten Volksversammlung (κυρία ἐκκλησία) bei der Epicheirotonie des Volkes eine Klage gestattet worden war, wird nach Pollux selbst (VIII, 87.) von den neun Archonten eingeleitet, nicht von den Thesmotheten insbesondere. Vergl. Schömann a. a. O. S. 232. [Aber Pollux nennt die gegen Beamte bei der Epicheirotonie gestattete Klage nicht προβολή, sondern er sagt von den neun Archonten: τὸν δ' ἀποχειροτονηθέντα κρίνουσι: erst nachher erwähnt er die προβολή unter den Thesmotheten. Es scheint daher die Klage gegen die Archonten, worauf eine solche ἀποχ. erfolgte, gar keine προβολή gewesen zu sein. — Att. Proc. S. 273. wird die προβολή gegen die Magistrate so dargestellt, dass sie nichts mit der ἐπιχ. zu thun hatte. Aber diese ἐπιχ. genügte überhaupt und es ist nicht abzusehen, wozu noch die προβολή hinzutreten sollte.]

**) [Am wahrscheinlichsten ist jenes ἐπειδή τις εἰσάγει nur eine unbestimmte Redensart, die freilich vor Haltung der Rede natürlicher ist, als bei der Haltung. Att. Proc. S. 276. giebt noch eine andere Er-

worren ist dasjenige, was dem Meidias in den Mund gelegt wird,[1]) dass Demosthenes hätte Privatklagen (δίκας ἰδίας) gegen ihn gebrauchen sollen, wegen des an den Kränzen, Kleidern und sonst zugefügten Schadens eine Klage auf Schadenersatz (βλάβης), wegen der persönlichen thätlichen Beleidigung die Klage ὕβρεως, er hätte ihn aber nicht sollen öffentlich belangen (δημοσίᾳ κρίνειν), und in Gefahr einer Schätzung bringen, was er leiden oder zahlen solle (τίμημα ἐπάγειν ὅ,τι χρὴ παθεῖν ἢ ἀποτῖσαι): denn wiewohl man einsieht, dass der Gegensatz vorzüglich das προβάλλεσθαι und δικάζεσθαι betrifft, und Demosthenes nur in dieser Hinsicht die Klage ὕβρεως, welche eine öffentliche war, Privatklage nennt, weil sie als δίκη der προβολή entgegengestellt wird, indem er selbst deutlich sie als öffentliche bezeichnet,[2]) so bleibt dennoch immer eine Unrichtigkeit im Gedankengang, weil gerade die γραφὴ ὕβρεως auch mit einer Schätzung verbunden ist, was einer leiden oder zahlen solle, und in dieser hier allein in Betracht kommenden Beziehung ganz die Eigenschaft der öffentlichen Klage hat. Diese Verwirrung wird gesteigert, wenn er fortfährt: „Lasset ihn also dieses nicht sagen, dass mir das Gesetz Privatklagen gestatte und die Schriftklage der thätlichen Beleidigung: denn es gestattet sie: sondern dass er nicht gethan hat, was ich ihm Schuld gebe, oder wenn er's gethan hat, nicht gegen das Fest sündigt, soll er zeigen, denn darauf erhob ich die Probole gegen ihn, und darüber werdet Ihr jetzt abstimmen: wenn ich aber den Vortheil von den Privatklagen (ἐπὶ τῶν ἰδίων δικῶν) aufopfernd dem Staate die Bussen abtrete, und diesen Kampf vorzog, von welchem ich keinen Gewinn ziehen kann, so muss mir dieses wohl billig Gunst, nicht Schaden bei euch bringen".[3]) Denn hier wird offenbar die Schriftklage der thätlichen Beleidigung wieder auf eine Linie mit den Privatklagen gesetzt, als ob sie dem Kläger Gewinn bringen könnte, da der Redner doch hernach selbst er-

---

klärung und zwar unter der nicht unwahrscheinlichen Voraussetzung, dass die προβολαί wirklich alle vor die Thesmotheten gehört haben.]

1) S. 522. 23 ff.
2) S. 523. 18. S. 524. 21. S. 528. 25 ff.
3) S. 528. 17.

klärt, die Busse falle in derselben dem Staate anheim:[1]) so dass hier die Ungenauigkeit unverkennbar ist. Kurz vorher[2]) setzt der Redner die ihm angethanen Beleidigungen auseinander, dass ihm Meidias die heilige Kleidung und Kränze in der Wohnung des Goldschmiedes habe verderben wollen und zum Theil verdorben habe; den Chorlehrer und sogar den Archon gegen ihn bestochen, die Choregen wider ihn verhetzt, die Richter ungünstig gestimmt, und ihm die Zugänge zum Theater verstellt habe, von welchem letztern, da es unter des Volkes Augen geschehen, die Richter alle ihm Zeugen wären, und wie er endlich ihn persönlich und thätlich beleidigt habe. Ich habe aber, fährt er fort; auch andere Schlechtigkeiten desselben gar viele, und Beschimpfungen und Wagstücke dieses Verruchten gegen euch, viele und schreckliche zu sagen; ich will aber zuerst erweisen, was für Schimpf mir angethan worden, dann was ihr für Unrecht erlitten habt, zeigen. Jenes, ich will erweisen ($\dot{\epsilon}\xi\epsilon\lambda\acute{\epsilon}\gamma\xi\omega$ 521, 20.), ist die Ankündigung der Zeugnisse, und wirklich lässt er sogleich das Zeugniss des Goldschmiedes über den Anschlag auf die Kleidung und die Kränze verlesen als das erste: $\lambda\acute{\epsilon}\gamma\epsilon$ $\mu o\iota$ $\tau\grave{\eta}\nu$ $\tau o\tilde{\upsilon}$ $\chi\varrho\upsilon\sigma o\chi\acute{o}o\upsilon$ $\pi\varrho\acute{\omega}\tau\eta\nu$ $\lambda\alpha\beta\grave{\omega}\nu$ $\mu\alpha\varrho\tau\upsilon\varrho\acute{\iota}\alpha\nu$. Aber mit dem Anfang sind wir schon am Ende: gleich nach des Goldschmiedes Zeugniss wiederholt er: Ich habe nun, Athenische Männer, noch vieles zu sagen, was er gegen die andern Ungerechtes gethan hat, wie ich im Anfang der Rede sagte ($\H{\omega}\sigma\pi\epsilon\varrho$ $\epsilon\tilde{\iota}\pi o\nu$ $\dot{\epsilon}\nu$ $\dot{\alpha}\varrho\chi\tilde{\eta}$ $\tau o\tilde{\upsilon}$ $\lambda\acute{o}\gamma o\upsilon$): denn es sei ihm äusserst leicht geworden, alles zusammen zu sammeln, indem die Leute selbst zu ihm gekommen seien, und ihm alles angezeigt hätten; diese Sammlung wird aber vorläufig übergangen, und weiter unten[3]) mit der Aufschrift Ὑπομνήματα τῶν Μειδίου ἀδικημάτων zum blossen Vorlesen eingeschaltet. Nun fehlen also hinter dem Zeugniss des Goldschmiedes alle übrigen mit Ausnahme vielleicht der Zeugnisse über die offenkundigen Sachen, wegen deren er die Richter zu Zeugen aufgerufen hatte, obgleich auch solche noch besonders bezeugt

---

1) S. 528. 25 ff. Vergl. Staatsh. Bd. I., S. 401. [1², 493.]
2) S. 519 ff.
3) S. 557. 18.

zu werden pflegten; und der Redner selbst erkennt eine gewaltige Lücke an, indem er, was kurz vor dem Zeugniss des Goldschmiedes gesagt war, im Anfang der Rede gesprochen nennt.[1]) Dass dieses alles zufällig von den Abschreibern ausgelassen worden sei, wäre eine schlechte Aushülfe: da aber in vielen Reden die Actenstücke fehlen, und wo sie noch vorhanden sind, doch in einer und der andern Handschrift mangeln,[2]) so könnte man allerdings sagen, sie fehlten auch hier auf dieselbe Weise mit Absicht. Allein warum fehlt denn das erste Zeugniss nicht? Und da gewöhnlich zwischen den einzelnen Actenstücken etwas eingesprochen, das Ergebniss des Zeugnisses ausführlicher oder kürzer wiederholt, oder wenigstens der Unterbeamte aufgerufen wird, nun das folgende zu verlesen, warum ist von allem dem nichts zu finden? Darum, glaube ich, weil Demosthenes bei der ersten Ausarbeitung sich bei diesen Zeugnissen nicht aufhalten wollte oder konnte, die er vermuthlich noch nicht alle zur Hand hatte, oder weil er diese Stelle auszuarbeiten überhaupt nicht nöthig erachtete, sondern sie aus dem Stegreif ergänzen wollte: wie Cicero das Zeugenverhör der ersten Handlung gegen Verres nicht ausarbeitete. Dies lässt sich aber nur denken, wenn Demosthenes die Rede zu seinem Gebrauch vor dem Vergleich niederschrieb: wäre sie nach demselben geschrieben worden, um ein Meisterstück abzugeben, so würde wenigstens ein so auffallender Mangel nicht stehen geblieben sein, dass nach Ankündigung des ersten Zeugnisses von den andern kein Wort gesagt würde. Und ich weiss nicht, ob die eigene Art, wie die übrigen Unbille des Meidias eingeflochten und wieder eigentlich ausgelassen sind, nämlich durch das Kunststück der abzulesenden Denkschrift, eben

---

1) Dass jenes ὅπερ εἶπον ἐν ἀρχῇ τοῦ λόγου nicht auf die Worte S. 514. Anfg. ᾗ πρὸς ἅπαντας ἀεὶ χρῆται Μειδίας, noch auf S. 516. 13. ἐὰν ἐπιδείξω Μειδίαν τουτονὶ μὴ μόνον εἰς ἐμὲ, ἀλλὰ καὶ εἰς ὑμᾶς καὶ εἰς τοὺς νόμους καὶ εἰς τοὺς ἄλλους ἅπαντας ὑβρικότα, bezogen werden könne, bedarf keines Beweises.

2) So ist das Gesetz über die öffentliche Injurienklage S. 529., das Zeugniss und Gesetz S. 544. und S. 545. nicht in allen Handschriften: Ja das letztere Gesetz hat man nicht ohne Schein als nicht hierher gehörig auswerfen wollen; dies beruht aber auf einem Missverständniss, welches zu beseitigen zu weit führen würde.

dahin zielt, dass Demosthenes beim ersten Entwurf der Rede seine Sammlung noch nicht beendigt hatte, und auf jene Weise ohne Störung des Zusammenhanges ein noch nicht fertiges in die fertige Rede einschieben wollte. Zum Schluss erwähne ich noch der etwas schlecht geschriebenen Stelle von dem Streite des Euthynos und Sophilos. In welcher man nicht einmal leicht übersehen kann, wer der Tödtende und wer der Getödtete war:[1]) kann man mit allerlei Ueberlegungen die Sache auch zur Entscheidung bringen, und finden sich gleich ähnliche Ungenauigkeiten in den Alten, so kann sie deshalb doch nicht vertheidigt werden.

Nachdem wir also gezeigt haben, dass die Rede vor dem Vergleich, während der Rechtshandel schwebte, geschrieben wurden, so kann die Zeit des Rechtshandels selbst von der Zeit der

---

1) S. 637. 13. Ἀλλ' ἴσασιν ἅπαντες, εἰ δὲ μή, πολλοί γε, Εὔθυνον τὸν παλαίσαντά ποτε, ἐκεῖνον τὸν νεανίσκον, Σώφιλον τὸν παγκρατιαστήν· ἰσχυρός τις ἦν, μέλας, εὖ οἶδ' ὅτι γιγνώσκουσί τινες ὑμῶν ὃν λέγω· τοῦτον ἐν Σάμῳ ἐν εὐνουσίᾳ τινὶ καὶ διατριβῇ οὕτως ἰδίᾳ, ὅτι ὁ τύπτων αὐτὸν ὑβρίζειν ᾤετο, ἀμυνάμενον οὕτως, ὥςτι καὶ ἀποκτεῖναι. Ulpian hielt den Euthynos, Reiske den Sophilos für den Getödteten: letzteres ist richtig. Denn Euthynos steht voran, und eben so in derselben Verbindung und unmittelbarem Zusammenhang mit dem vorigen Satze hernach Eufion, der den Böotos tödtete, vergl. S. 638. 9. Zweitens hebt Demosthenes absichtlich hervor, Euthynos sei ein junger Mann, Sophilos ein starker und geübter Pankratiast gewesen; aber der Gedanke der Beleidigung sei so mächtig, dass der Jüngere und Schwächere den Geübteren getödtet habe. Ferner wird Sophilos als todt betrachtet; denn es wird gesagt, er sei stark und schwarz gewesen; den Euthynos bezeichnet er mit den Worten τὸν παλαίσαντά ποτε, ἐκεῖνον τὸν νεανίσκον, wie es scheint, als einen lebenden. Endlich muss man den Sophilos als Urheber des Streites ansehen: beide rangen mit einander; Sophilos aber, weil er als Pankratiast beim Ringen gewohnt ist die Faust zu gebrauchen, giebt dem andern einen Hieb, welchen er als Beleidigung von Seiten des Sophilos aufnimmt. Καὶ vor Σώφιλον ist wieder herzustellen: sogar den Sophilos, einen geübten Pankratiasten, habe er erschlagen. Οὕτως muss man nicht anfechten; sie übten sich nur so für sich, nicht als ob sie in einem öffentlichen Wettkampf aufgetreten wären, wie οὕτως überall vorkommt und gleich S. 653. 13. οὑτωσὶ καθεζόμενος. Τοῦτον ist der Accusativ des Objects im Gegensatz von Εὔθυνον, und bezeichnet den Sophilos; das von ὑβρίζειν abhängige αὐτὸν bezeichnet den Euthynos; das übrige ist nach Buttmanns Vorschlag entweder zu erklären oder zu verbessern, oder

Rede nicht weiter getrennt werden, sondern man kann allein noch untersuchen, wann die Rede geschrieben worden und folglich der Rechtshandel im vorläufigen Gange gewesen sei, und wie lange vorher sich die Beleidigung ereignet habe. Ueber die Zeit der Rede haben wir aber in ihr selbst eine Angabe, dass der Redner nämlich jetzt zweiunddreissig Jahr alt sei;[1] wir werden folglich hier auf die Untersuchung zurückgeführt, wann Demosthenes geboren wurde. Dionysios von Halikarnass [ad Amm. p. 724.] bestimmt die Geburt des Redners in Olymp. 99, 4., berechnet darnach die Zeit der Reden des Demosthenes, und setzt eben darum den Demosthenes unter dem Archon Timokrates (Olymp. 104, 1.) als eingetreten in das siebzehnte Jahr.[2] Eben dieser Meinung folgt Plutarch [vita Dem. c. 15], ohne Zweifel dem Dionysios nachtretend, und Zosimos [Westerm. Biogr. p. 302] mit andern; nur das Leben der zehn Redner und Photios geben Olymp. 98, 4., also gerade eine Olympiade früher an. Obgleich nun die letztere Meinung schlechtere Gewährsmänner hat, haben sich dafür Petitus, Corsini und Wolf[3] entschieden; und es würde genug sein, auf Corsini zu verweisen, wenn nicht theils dieser

---

wenn φάτω auf den Tödtenden bezüglich ist, muss ὁ τύπτων als ein fehlschliessendes Glossem gelöscht werden.

1) S. 564, 19. δύο καὶ τριάκοντα ἔτη γέγονα.

2) Welcher Irrthum bei letzterer Bestimmung zum Grunde liege, hat Welcke gezeigt *de hyperbole errorum in Philippi historia commissorum genitrice*, Th. 3. S. 14. Ueberhaupt findet sich in dieser gelehrten Schrift, welche nach Abfassung meiner Abhandlung erschienen ist, manches was mit meiner Ansicht übereinstimmt.

3) Petit. Att. Ges. S. 267. Corsini F. A. Bd. II. S. 138. Wolf Prolegg. Lept. S. LXII. Becker Demosth. Bd. I. S. 7. giebt keine Untersuchung aus den Quellen. [Clinton Fasti Hell. App. c. 20 will beweisen, dass Dem. zur Zeit geboren sei, die Dionysius angiebt oder wenigstens nicht viel verschieden. Sein Beweis ist ein Gewebe von Verkehrtheit. Er glaubt, die jungen Leute hätten 16jährig ihr Vermögen angetreten und versteht nichts von Allem dem, was in der Abhandlung über die Ephebie [Ind. lect. sest. 1819. Kl. Schr. Bd. IV.] von mir gelehrt ist. Eine kritische Auseinandersetzung der Meinungen von mir und Clinton aber ohne Entscheidung im Philol. Mus. Cantabr. N. V. 1833. — Brückner König Philipp S. 334. setzt die Misshandlung des Dem. durch Midias in Ol. 107, 2. Er hat daselbst eine Abh., worin er die Geburt des Dem. auf Ol. 99, 3 setzt. Dindorf S. LXXXVI. Chron. Thuc. und Schäfer Philol. V. S. 15. entscheiden sich für meine Bestimmung der Lebenszeit des Dem.]

seiner Beweisführung einiges Schiefe eingemischt hätte, theils für unsern Zweck die möglichste Genauigkeit in der Zeitbestimmung aus den sichersten Gründen nöthig wäre. Folgendes erhellt aus unserem Redner selbst. Als sein Vater starb, war Demosthenes sieben Jahr alt ($\H{\varepsilon}\pi\tau'$ $\grave{\varepsilon}\tau\tilde{\omega}\nu$), also im achten Jahre:[1] dann stand er zehn Jahre unter Vormundschaft, während welcher Zeit er die in der Rede gegen Meidias erwähnte zehnjährige Hegemonie der Symmorie hatte;[2] dass es aber volle zehn Jahre waren, sagt er deutlich: $\delta\acute{\varepsilon}\kappa\alpha$ $\grave{\varepsilon}\tau\tilde{\omega}\nu$ $\delta\iota\alpha\gamma\varepsilon\nu o\mu\acute{\varepsilon}\nu\omega\nu$, $\H{o}\lambda o\iota\varsigma$ $\grave{\varepsilon}\tau\varepsilon\sigma\iota$ $\delta\acute{\varepsilon}\kappa\alpha$;[3] und darnach berechnet er auch immer den Ertrag des für ihn verwalteten Vermögens. Die Minderjährigkeit hörte aber in Athen mit der Bürgerprüfung ($\delta o\kappa\iota\mu\alpha\sigma\acute{\iota}\alpha$) auf. Nun heirathete Aphobos die Schwester des Onetor im Skirophorion dem letzten Monat unter dem Archon Polyzelos Olymp. 103, 2., Demosthenes selbst aber wurde gleich nach der Hochzeit geprüft, beschwerte sich über die Vormünder und forderte Rechenschaft, worauf die beiden folgenden Jahre unter Kephisodor und Chion Olymp. 103, 3. und 4. mit Streitigkeiten hingingen, bis unter Timokrates Olymp. 104, 1. die vor den Gerichtshof gebrachte Klage eingegeben wurde.[4] Folglich wurde Demosthenes um das Ende Olymp. 103, 2. geprüft. Aus diesen Zeitbestimmungen ergiebt sich, dass Demosthenes mit Ablauf des Jahres Olymp. 103, 2. über siebzehn Jahre hatte. Mit der Prüfung erhält der Bürger als Ephebos die eigene Verwaltung seines Vermögens, und wird

---

1) G. Aphob. I, S. 814. 9.

2) G. Aphob. I, S. 815. 1. S. 824 unten. S. 832. 5. und zu Ende der Rede g. Aphob. w. falsch. Zeugn. S. 862. 9. g. Meid. S. 565. 12.

3) G. Aphob. I, S. 835. 14. g. Onetor $\grave{\varepsilon}\xi o\upsilon\lambda$. II, S. 880. 8. [de cor. S. 236, 23 sagt freilich Demosthenes auch $\tau\rho\varepsilon\tilde{\iota}\varsigma$ $\H{o}\lambda o\upsilon\varsigma$ $\mu\tilde{\eta}\nu\alpha\varsigma$ und es sind nur 2 Monate und 10 Tage; aber dort ist auch von einer alten Geschichte die Rede.]

4) G. Onetor $\grave{\varepsilon}\xi o\upsilon\lambda$. I, S. 868. Die Hochzeit ist nicht die des Demosthenes, sondern des Aphobos und der Schwester des Onetor, wie der Zusammenhang lehrt. Corsini nennt statt der Schwester des Onetor die Schwester des Demosthenes: und indem ich, ohne den Inhalt der Rede gerade gegenwärtig zu haben, die Corsinische Untersuchung zu Grunde legte, pflanzte sich, wie ich gestehen muss, dies Versehen Anfangs auch auf mich fort. [Nämlich in den Abh. d. Akad. Der Separatabdruck der Abhandlung enthält schon die Berichtigung. — E.] Uebrigens ist es für diesen Gegenstand gleichgültig.

In das Lexiarchikon eingeschrieben, welches, wie anderwärts bemerkt worden ist, mit dem Eintritt in die Epheble zu Ende des bürgerlichen Jahres im achtzehnten Jahre des Alters geschah.[1]) Rechnet man aber von Olymp. 103, 2. zu Ende zurück, so finden wir, dass Demosthenes Olymp. 98, 4. unter Dexitheos oder in der ersten Hälfte ungefähr des folgenden Jahres geboren sei: wir werden aber besser thun, wenn wir das Ende des Jahres Olymp. 98, 4., welches die Ueberlieferung nennt, oder wenigstens gleich den Anfang des folgenden Jahres annehmen; so dass Demosthenes Olymp. 103, 2. zu Ende oder kurz darauf volle achtzehn Jahre hatte. Von diesem Jahre an berechnet ist es auch, wenn im Leben der zehn Redner[2]) Demosthenes Alter unter dem Archon Kallimachos Olymp. 107, 4. auf siebenunddreissig Jahre angegeben wird. Ich übergehe die Schlüsse, welche man aus dem Alter des Demosthenes, in welchem er gestorben sein soll, machen will, da die Angaben schwankend und mit seinen eigenen Aussagen nicht übereinstimmend sind;[3]) und betrachte statt dessen noch einen von Corsini übersehenen Punkt. Gleich nach des alten Demosthenes Tod zog nämlich Aphobos der Vormund der Kinder ins Haus, nahm allerlei zum Eigenthum der Mutter gehöriges an sich, und zog so viel Geld ein, als die Mitgift derselben betrug; nachdem er dies hatte, war er im Begriff, als Trierarch nach Korkyra zu schiffen.[4]) Nun kennen wir um diese Zeit nur zwei Züge nach Korkyra, den einen des Timotheos, durch welchen die Insel in Athenische Gewalt kam,[5]) welchen Diodor in Olymp. 101, 1. und Dodwell[6]) in das letzte Viertel desselben, nämlich um das Frühjahr Olymp. 101, 1/2. setzt; ihm folgte das Seetreffen bei Leukas: der zweite war anfangs ebenfalls dem Timotheos aufgetragen, welcher aber, weil er die Ausrüstung in Athen

---

1) S. die Vorrede zum Verzeichniss der Vorles. der hiesigen Universität, Sommer 1819. [Kl. Schr. IV, 141.]

2) S. 262. Bd. VI. des Tübing. Plat.

3) Vergl. Leben der zehn Redner. S. 266. Demosthenes starb Olymp. 114, 3. und dennoch soll er, nach diesem unüberlegten Schriftsteller, 67 oder 70 Jahre alt geworden sein.

4) G. Aphob. I, S. 817. 17 ff.

5) Xenoph. V, 4, 63 ff. Diod. XV, 36. [An letzterer Stelle wird nur Kephallenia genannt. — E.]

6) Ann. Xenoph. S. 54. Schneid. Ausg.

nicht bewerkstelligen konnte, nicht dorthin abging, sondern sich im Aegeischen Meere herumtrieb, er wurde aber von Iphikrates ausgeführt, den Timotheos nach Diodor begleitete:[1]) diesen erzählt Diodor unter Olymp. 101, 3. und die Rede gegen Timotheos lehrt, dass Timotheos im Munychion, dem zehnten Monat, also im Frühjahr, unter dem Archon Sokratides Olymp. 101, 3. nach den Inseln absegelte.[2]) Sonderbar genug stimmt die letztere Zeit mit der Angabe überein, welche den Demosthenes Olymp. 99, 4. geboren werden lässt; aber man werde dadurch an so starken Beweisgründen für das Gegentheil nicht irre, sondern versuche vielmehr, ob nicht der erste Zug gen Korkyra gemeint sei. Da nämlich die ältern Geschichtschreiber in der Ordnung des natürlichen Jahres, von Frühling zu Frühling, rechneten, so geschieht es dem Diodor nicht selten, dass er das erste Vierteljahr mit seinen Begebenheiten, welches noch zum vorhergehenden Olympischen Jahre gehörte, unter dem Olympischen Jahre befasst, in welches die drei übrigen Vierteljahre des natürlichen fallen,[3]) zumal wenn der geschichtliche Zusammenhang dazu veranlasst. Setzen wir nun die Schlacht bei Leukas in den Sommer Anfangs Olymp. 101, 1.,*) die Abfahrt des Timotheos nach Korkyra aber in den Frühling Olymp. 100, 4., nicht aber mit Dodwell erst ins folgende natürliche Jahr, so werden wir die bessere Angabe über Demosthenes Geburt mit dem ersten Zuge nach dieser Insel leicht vereinigen können. Denn starb Demosthenes Vater im Winter Olymp. 100, 4., so war Demosthenes, wenn er um das Ende Olymp. 98, 4. geboren wurde, damals 7½ Jahr alt, er konnte aber auch schon 7¾ Jahre haben, wenn der Vater

---

1) Xenoph. VI, 2. 9 ff. Diod. XV, 46. 47.
2) Rede g. Timoth. S. 1186, 10. Vergl. S. 1187, 4.
3) Vergl. Staatshaush. Bd. II, S. 118. [I² 744.]
*) [Dies bestreitet Krüger zu Clinton S. 116. Ob er Recht hat? Polyän III, 10, worauf er sich stützt, erweiset nichts, als dass die Schlacht bei Leukas allerdings nicht in den Anfang des Olympiaden-Jahres, sondern ans Ende fiel, in den Attischen Skirophorion, was aber für die Zählung der Olympiaden-Jahre keinen Unterschied macht, da der letzte Attische Monat häufig kann der erste Olympische gewesen sein. Wer Recht hat, lässt sich nur aus dem fortlaufenden Zusammenhange der Begebenheiten sehen.]

erst gegen das Frühjahr gestorben war. Und dass Timotheos Zug nach Korkyra früher, als Dodwell meint, unternommen war, dahin deutet auch Xenophons Erzählung. Denn dieser betrachtet denselben als eine Wirkung des arglistigen Anschlages, welchen Sphodrias der Spartaner unter dem Archon Nausinikos Olymp. 100, 3. auf den Piräeus gemacht hatte, den aber Diodor seiner Gewohnheit gemäss wieder erst unter Olymp. 100, 4. vorträgt.[1]) So muss freilich denn auch die am 16. Boedromion[2]) gelieferte Seeschlacht bei Naxos nicht mit Dodwell in Olymp. 101, 1., sondern mit Diodor in Olymp. 100, 4. gerückt werden: sie gehört in den Herbst desselbigen Olympischen Jahres, in dessen Frühling hernach Timotheos gen Korkyra zog, und wird deshalb von Xenophon auch unmittelbar vorher erzählt: ausser dass zwischen beiden von der Thebaner Furcht vor einem Feldzug der Lakedämoner gegen sie gesprochen wird, der wahrscheinlich Ende Winters vorbereitet wurde, und gerade der Anlass zu dem Angriff gegen Korkyra war.

Demosthenes war also, wenn er um das Ende Olymp. 98, 4. geboren war, in dem Jahre nach Olymp. 106, 4. zweiunddreissig Jahr alt, das heisst, in seinem dreiunddreissigsten Jahre, und verfasste um diese Zeit die Rede. Ich sage um diese Zeit: nicht gerade in dem Jahre Olymp. 107, 1., was noch gar nicht folgt. Denn da er die Rede, wie wir anzunehmen gedrungen sind, bald nach der Beleidigung abfasste, dabei aber nicht voraussetzen konnte, dass der Rechtshandel sogleich werde abgeurtheilt und die Rede alsbald gehalten werden, so ist es leicht möglich, dass er erst im zweiunddreissigsten Jahre war, von diesem Jahre seines Lebens aber so schrieb, als ob er es bereits vollendet hätte, weil er voraussetzte, dass sich die Einleitung in den Gerichtshof noch bis zur Vollendung dieses seines Lebensjahres hinziehen würde. Wir haben aber einen guten Grund, dass dies wirklich sich so verhalte; da ich jedoch diesen erst am Schlusse zu entwickeln zweckmässiger finde, so setze ich dies einstweilen als erwiesen voraus, und setze als die Zeit der Ab-

---

1) Vergl. ebendas. Bd. II. S. 22. [1ᵉ 637.]
2) Schneider zu Xenoph. Hellen. S. 820. [591 der 2. Ausgabe.]

fassung der Rede das Jahr Olymp. 106, 4. selbst. Hiermit vereinigt sich, wie ich anderwärts bereits ausgeführt habe,[1]) die Angabe in einem Zeugniss,[2]) dass der Reduer acht Jahre vorher dem Meidias eine *actio iudicati* angehängt hatte, betreffend eine ihm zuerkannte Busse für wörtliche Beleidigung, die ihm Meidias damals zugefügt hatte, als der Rechtshandel gegen Aphobos vor den Gerichtshof gebracht werden sollte. Die förmliche Klage gegen Aphobos wurde aber Olymp. 104, 1. eingegeben: bis sie vor den Gerichtshof kam, mochte indess noch einige Zeit hingehen; durch diese und die darein verflochtenen Streitigkeiten verhindert, mochte auch die Klage wegen der wörtlichen Beleidigung Demosthenes etwas verschoben haben; dann erfolgte erst der Spruch über letztere, und erst nach Verfluss der Frist, in welcher die Busse fällig war, konnte die *actio iudicati* eingegeben werden. Dass diese also acht Jahre vor Olymp. 106, 4., das ist in Olymp. 104., 4., drei Jahre nach der gegen Aphobos anhängig gemachten Klage fiel, kann man noch begreifen: dass sie aber erst in Olymp. 105, 4. gehören sollte, wie man annehmen müsste, wenn die Rede gegen Meidias mit Dionysios in Olymp. 107, 4. zu setzen wäre, ist kaum glaublich. Wie aber, wenn, wie Taylor und Wolf sagen, spätere Begebenheiten in der Rede vorkommen? Dann müsste Demosthenes die Rede erst nach dem Vergleich mit Meidias geschrieben haben, was nicht möglich ist;[3]) und er hätte sich in der Bestimmung seines Alters, und folglich überhaupt in der ganzen Abfassung in die Lage und Zeit zurückversetzt, als er gegen Meidias aufzutreten im Sinne hatte, wäre aber aus der Rolle gefallen, indem er spätere Thatsachen einmischte, wie etwa Platon thut, der jedoch nicht zur Entschuldigung dienen könnte, theils weil er auch hierin Absicht und Verstand zeigt, die in unserem Falle

---

1) Staatshaush. Bd. II. S. 109. (I¹ 733.]
2) S. 541. 10.
3) Ich bemerke hier, dass auch Dionysios nicht etwa dieser Meinung ist, und den Rechtshandel nicht etwa in Olymp. 106. 4., die Rede aber in Olymp. 107. 4. setzte, sondern er giebt deutlich zu verstehen, dass sie nach dem Vorurtheil des Volkes während des Rechtshandels aufgesetzt war: Brief an Amm. S. 121. 19. Sylb. ὁ κατὰ Μειδίου λόγος, ὃν συνετάξατο μετὰ τὴν καταχειροτονίαν, ἣν ὁ δῆμος αὐτοῦ κατεχειροτόνησεν.

nicht zu finden sein möchten, theils weil dem philosophischen Schriftsteller Thatsachen und Zeitverhältnisse bloss zur Einkleidung gehören, dem Redner aber, wo nicht Zweck, doch mit seinem Zwecke innig verwebter Stoff sind. Am besten ist es daher, oder vielmehr ganz nothwendig wegzuläugnen, dass spätere Thatsachen in der Rede vorkommen; und da die berühmten Kritiker zunächst gewiss an den Olynthischen Feldzug[1] von Olymp. 107, 4. gedacht haben, und vielleicht noch an den Euböischen von Olymp. 109, 4., so müssen wir behaupten, dass diese Unternehmungen in unserer Rede nicht gemeint sind. Dies zu zeigen ist aber nicht besonders schwierig. Gesetzt nämlich, Demosthenes hätte bei späterer Abfassung der Rede auch spätere Begebenheiten eingemischt, so durfte er diese doch nicht in die Zeit zurückschieben, in welche er sich versetzt hatte. Letzteres thut er aber mit dem Olynthischen und Euböischen Zuge. Der Olynthische Feldzug begab sich nach Demosthenes vor dem von ihm genannten zweiten Euböischen,[2] dauerte aber noch fort, als der zweite Euböische beendigt war, indem die Reiterei, welche in Euböa gedient hatte, nach Olynthos gesandt wurde;[3] die freiwillige Trierarchie für diesen Zug nach Euböa setzt aber der Redner eben in die Zeit seiner Rechtssache, und sagt sogar ausdrücklich, Meidias habe während dieses Krieges in Euböa ihn an den Dionysien beleidigt, als er gerade mit der Flotte hätte in Euböa sein sollen.[4] Wir sind daher genöthigt, beide Unter-

---

1) S. 566, 26. S. 578, 3. an welcher Stelle Ulpian schon an Olymp. 107, 4. oder die damals geschehenen Sachen denkt.
2) S. 566, 28. Beide zusammen erwähnt die Rede g. Neära S. 1346, 14. [Letztere Stelle kann auch auf Ol. 107, 4 bezogen werden. S. Aesch. π. παραπρ. § 12 Dk. Der Krieg scheint bis Ol. 107, 4 gedauert zu haben, wo ihn Molottos fortführte. — Vgl. dagegen Krüger zu Clinton unter Ol. 107, 3, wo er aus der Rede gegen Aristokr. S. 656. schliesst, bis Ol. 107, 1 sei noch nicht von Athen den Olynthiern Hilfe geleistet. Die Sache ist allerdings scheinbar, aber es folgt nur, dass sie noch keine förmliche Symmachie hatten. Vgl. auch de arch. pseud. S. 136 A. 3 der Abh. der Akad. und Winiewski ad Dem. de cor. p. 61.]
3) S. 578, 3.
4) S. 567, 15. Auf denselben Zug bezieht sich auch die Stelle S. 568, 2 ff. Dass während dieses Krieges auch die Volksversammlung gehalten wurde, in welcher Demosthenes Probole vorkam, bezeichnet

nehmungen kurz vor unsere Rede in Olymp. 106. zu setzen. Aber auch durch die geschichtlichen Umstände ist wenigstens dieser Feldzug in Euböa von dem in Olymp. 109, 4. fallenden völlig geschieden. Die Athener führten nämlich in Demosthenes Zeiten mehre Kriege in Euböa, deren erster auch in der Rede gegen Meidias erwähnter in Olymp. 105, 3. fällt und gegen Theben gerichtet war:[1] der andere, während dessen Meidias den Demosthenes beschimpfte, ist durch das Treffen bei Tamynä ausgezeichnet, in welchem Phokion die Philippischen und Phokischen Söldner schlug, indem er dem Plutarch von Eretria gegen Demosthenes Rath zu Hülfe geschickt worden war: und zwar sagt der Redner, dass er dagegen gewesen sei, schon in der Olymp. 108, 3. gehaltenen Rede vom Frieden.[2] Plutarch selbst betrog nachher das Athenische Volk, worauf auch in unserer Rede eine Anspielung geht;[3] hierauf verjagte ihn Phokion; aber Molottos, der nach Pausanias schon für Plutarch, als Phokion den Oberbefehl hatte, nach Euböa geschickt war, führte nachher den Krieg unglücklich.[4] Endlich setzte Philipp mehre Tyrannen in Euböa, deren einer Kleitarch zuletzt von Phokion Olymp. 109, 4. geschlagen wurde.[5] Die Vertreibung dieser Tyrannen hatte aber vorzüglich Demosthenes bewirkt.[6] Da sich also unter diesen Umständen nicht mehr daran denken lässt, dass der Olynthische Feldzug, welcher in unserer Rede erwähnt wird, der von Olymp.

---

der Redner S. 577. 1., wenn man diese Stelle mit S. 567. 15. zusammenhält.
1) G. Meid. S. 566. 23. S. 570. 23. Diodor XVI. 7. Mehr davon nebst den Stellen des Demosthenes s. Staatshaush. d. Athen. Bd. II. S. 88. [I² 710.]
2) G. Meid. S. 566—568. Vergl. Demosth. v. Frieden S. 58, 3, Aeschlu. x. παραπρσβ. S. 332 ff. (in Olymp. 109. 2.) g. Ktesiph. S. 480 ff. Rede g. Böot. v. Namen S. 999. 8. Plutarch Phok. 12. 13.
3) S. 550. 26. Die andere Stelle S. 579. 2. werde ich unten berücksichtigen. Vergl. zu jener Demosth. v. Frieden a. a. O. u. Staatshaush. Bd. II. S. 110. [I² 731.], wo ich überhaupt S. 108—112. das Meiste hierher gehörige erörtert habe.
4) Plutarch Phok. 14. Pausan. 1, 36, 4.
5) Diodor XVI, 74. mit dem in meiner Staatshaush. d. Athen. a. a. O. ausgeführten.
6) V. d. Krone S. 252. S. 254. 16 f.

107, 4., und der zweite Euböische der von Olymp. 109, 4. sei, so bleibt nichts übrig als die Verwunderung, warum wir doch von jenem Olynthischen weiter keine Nachricht haben, und warum von diesem Euböischen, da er doch so bekannt ist, nirgends eine Zeitbestimmung gegeben wird. Aber warum sollte jener ausser den Stellen des Demosthenes und des Redners gegen Neära, welche sich auf ihn beziehen, nicht aus der Geschichte haben verschwinden können, da dieser trotz den häufigen Erwähnungen in den Rednern wenigstens aus der Geschichte des Diodor weggeblieben ist? Und diese Lücke in der Darstellung dieses Geschichtschreibers hat uns gerade um ein ausdrückliches Zeugniss über die Zeit desselben gebracht, welches wir nun aus der Rede gegen Meidias ergänzen müssen. Uebrigens ist es äusserst auffallend, dass gerade die von uns gerügte Verwechselung der beiden Olynthischen Feldzüge von Olymp. 106. und Olymp. 107, 4., und der Euböischen von Olymp. 106. und Olymp. 109, 4. schon den Alten begegnete. Denn Plutarch, von dessen Gelehrsamkeit man in seinem Phokion eine zusammenhängende und nach der Zeit geordnete Darstellung gerade erwarten sollte, erzählt das Treffen bei Tamynä, welches zur Zeit der Beleidigung des Meidias gegen Demosthenes vorfiel, ziemlich ausführlich, und fügt sodann Einiges von den Folgen hinzu, und dass Molottos hernach den Krieg schlecht führte: dann geht er aber über auf Philipps Unternehmungen gegen den Chersones, Perinthos und Byzanz, welche Staaten jedoch von den Athenern gerettet wurden. Gerne möchte man hier an die Sendung des Chares nach dem Hellespont denken, welche Olymp. 106, 4. gesetzt wird,[1]) da Plutarch ausdrücklich sagt, Chares sei zuerst gegen Philipp geschickt worden, erst hernach Phokion mit grösserem Glück: aber man findet doch aus dieser Zeit von Plutarch durchaus nichts erwähnt, nicht einmal den bekannten Olynthischen Feldzug von Olymp. 107, 4. und die Zusammenstellung von Byzanz, Perinthos und dem Chersones beweiset hinlänglich, dass er die Begebenheiten von Olymp. 109, 4. oder 110, 1. berührt.[2]) In welcher

---

1) Diodor XVI, 34.
2) Diodor XVI, 74 ff. Philochor. Bruchst. S. 75 f. [Müller fr. hist.

Zeit auch Chares noch lebte;¹) und so befindet er sich denn, nachdem er weuige Worte über eine Unternehmung der Athener nach Megara vorausgeschickt hat, mit einemmal in den Zeiten der Schlacht bei Chäronea (Olymp. 110, 3.) und den folgenden, als Phokion keine Anführerstelle mehr erhielt. Von dem Kriege des Phokion gegen die Philippischen Tyrannen in Euböa, namentlich gegen Kleitarchos, deren Vertreibung Demosthenes unmittelbar vor den Angelegenheiten von Byzanz, Perinthos und Chersones erwähnt, ²) weiss Plutarch nichts. Nun aber erzählt Diodor unter Olymp. 109, 4. zuerst Phokions Ueberwindung des Kleitarchos in Euböa und unmittelbar darauf Philipps Angriffe auf Perinthos und Byzanz, wobei Plutarch den Phokion ebenfalls die Hauptrolle spielen lässt; und eben so lässt Plutarch diese Geschichten auf den Euböischen Krieg für und gegen Plutarch folgen. Was ist also klarer, als dass Plutarch die beiden Feldzüge in Euböa, den einen für und wider Plutarch, welchen wir, wie unten erhellen wird, Olymp. 106, 3. setzen müssen, und den andern gegen Kleitarch von Olymp. 109, 4. als einen und denselben betrachtet, wodurch in seiner Darstellung nun wenigstens zwölf ganze Jahre übersprungen werden? Nicht so grob, aber doch ebenfalls offenbar irrte Philostratos, ³) welcher den Euböischen Krieg bei Tamynä mit dem Feldzug gegen die Böoter von Olymp. 105, 3. verwechselte. Und wenn Plutarch ein so ungeheures Versehen begangen hat, darf man sich dann verwundern, wenn Ulpian ⁴) oder die alberne Schollensammlung, die seinen Namen führt, das geringere begeht, den Olynthischen Feldzug, der ebenfalls in Olymp. 106, 3. gesetzt werden muss, mit dem bekannten von Olymp. 107, 4. zu verwechseln? Aus demselben Missverständnisse löst sich endlich das Räthsel, wie Dionysios dazu kam,

---

Gr. I 406. fr. 135.] Demosth. v. d. Krone S. 254 ff. Vergl. meine Staatshaush. d. Athen. Bd. II. S. 115—118. [I² 740 ff.]

1) Vgl. s. B. Diodor XVI, 85.
2) V. d. Krone S. 252 ff. besonders S. 254.
3) Leb. d. Sophist. I, 18, 1. [p. 215 Kayser.] *Ἰσθροούμενος τὸ ἐν Ταμύναις ἔργον, ἐν ᾧ Βοιωτοὺς ἐνίκων Ἀθηναῖοι.*
4) Zu der Stelle S. 679. 8. Reiske selbst verwechselt diesen Feldzug von Olymp. 106. mit einem viel frühern des Timotheos, wovon s. Staatshaush. d. Athen. Bd. II. S. 112. [I² 735.]

die Geburt des Demosthenes auf Olymp. 99, 4. unter dem Archon Demophilos, und die Rede gegen Meidias auf Olymp. 107, 4. unter Kallimachos zu bestimmen. Dionysios [1]) sagt nämlich, unter diesem Archon habe Demosthenes die drei Olynthischen Reden geschrieben, um die Athener zu ermahnen, den von Philipp bekriegten Olynthiern Hülfe zu leisten, und unter eben demselben sei auch die Rede gegen Meidias verfasst. Er hatte offenbar die Olynthischen Reden wohl inne, und kannte den Zeitpunkt, auf welchen sie sich beziehen; eben weil ihm aber dieser lebhaft vorschwebte, hielt er den Olynthischen Feldzug in der Rede gegen Meidias für denselben, auf welchen die Olynthischen Reden gehen, und setzte demnach unsere Rede in Olymp. 107, 4., und da in derselben ein ausdrückliches Zeugniss über das Alter des Redners vorkommt, berechnete er hiernach die Geburt des Demosthenes auf Olymp. 99, 4., worüber er sonst kein Zeugniss hatte, ohne zu bedenken, dass eine andere Bestimmung aus den Reden gegen Aphobos und den damit zusammenhängenden hervorgehe. Denn dass Dionysios seine Zeitangaben auf solche Weise auszumitteln pflegte, erkennt man vorzüglich aus seinem Dinarch; in diesem setzt er auch wieder die Rede gegen Boeotos vom Namen in Olymp. 108, 1., weil darin das Treffen bei Tamynä [2]) als neulich vorgefallen angeführt werde, welches er nämlich aus der Rede gegen Meidias wegen der Verbindung mit dem Olyn-

---

1) Brief an Amm. 8. 121, 14. Sylb.
2) Nicht bei Pyli, s. meine Staatshaush. d. Athen. Bd. II. S. 61 f. [I² 080ᵃ, wo ich vieles geändert habe.] Welske a. a. O. S. 37. zweifelt an meiner Erklärung der von Dionysios gegebenen Zeitbestimmung, weil Dionysios nach meiner Erklärung die in Frage stehende Rede in Olymp. 107, 4. nicht 108, 1. hätte setzen müssen; der Einwurf hebt sich aber leicht dadurch, dass die Rede von Dionysios nach der Schlacht bei Tamynä gesetzt worden musste, diese Schlacht aber gegen das Ende des Jahres, in den achten Monat fiel, und ausserdem auch die Dionysien im neunten Monat noch erwähnt werden, folglich die Rede vernünftiger Weise ins folgende Jahr gesetzt werden konnte. Nimmt man übrigens dies nicht an, sondern will mit Welske den Dionysios die Rede gegen Boeotos vom Namen in Olymp. 106, 4. setzen lassen, so verwickelt man sich theils in eine andere Schwierigkeit, die von Welske nicht zu gelöst ist, dass man dabei sich beruhigen könnte, theils wäre dann nicht begreiflich, wie Dionysios die Schlacht bei Tamynä in Olymp. 106, 4., und dennoch die Rede gegen Meidias in Olymp. 107, 4. setzen konnte.

thischen Feldzug in Olymp. 107, 4. verlegte. Ausser diesen missverstandenen Thatsachen aber wird man keine einzige nach dem Jahre Olymp. 106, 4. vorgefallene in unserer an geschichtlichen Beziehungen so reichen Rede nachweisen können: einzeln jedoch zu zeigen, dass alle Begebenheiten, von welchen wir in unserer Rede und ausser derselben zugleich Kunde haben, früherer Zeit angehören, ist ein unnöthiges Unternehmen, und ich will daher nur von einigen reden. So werden Iphikrates und Chabrias in derselben als todt betrachtet; wenigstens wird von ihnen so gesprochen, wie man eher von Todten als Lebendigen spricht. Chabrias starb aber vor Chios Olymp. 105. 3., des Iphikrates Todesjahr ist meines Wissens nicht bekannt; [1]) Nepos[2]) lässt ihn im Alter sterben, aber er war auch bereits Olymp. 96. ein angesehener Anführer, und die späteste Erwähnung desselben geschieht unter Olymp. 106, 1.,[3]) endlich wird in der Rede gegen Aristokrates,[4]) die in Olymp. 107, 1. fällt, immer gerade so wie in unserer, in der vergangenen Zeit von ihm gesprochen; und will man, was dort von demselben gesagt wird, noch wie von einem Lebenden gesprochen ansehen, so könnte er auch in der Rede gegen Meidias noch als lebend betrachtet werden. Die in Samos vorgefallene Geschichte von Euthynos und Sophilos möchte einer leicht auf die Zeit beziehen, als daselbst Attische Kleruchen waren, da beide Athener gewesen zu sein scheinen, oder wenigstens Euthynos; und die Kleruchen wurden dem Philochoros[5]) zufolge doch erst Olymp. 107, 1. nach Samos geschickt: gehörten also jene wirklich zu diesen, so müsste die Rede viel später geschrieben sein, weil jener Vorfall schon ziemlich lange vor der Rede geschehen sein musste. Allein obgleich

---

1) Diodor erwähnt ihn mit Chabrias als todt unter Olymp. 110, 3. (XVI, 85.) woraus Reiske *Ind. Demosth.* die wunderwürdige Nachricht gezogen zu haben scheint, er sei Olymp. 110, 2. gestorben. Die von Diodor XVI, 57. Olymp. 108, 2. erzählte Begebenheit, worin Iphikrates noch vorkommt, gehört in den Korkyräischen Zug von Olymp. 101, 3.

2) Iphikr. 3.

3) Diodor. XVI, 21.

4) S. 663. 4 ff. S. 665. 4.

5) Bei Dionysios S. 118, 40. Sylb. [Müller *fr. hist. Gr.* I 405. fr. 181.]

mir Philochoros Angabe ganz unverdächtig scheint, gegen welche die verderbte Stelle des Diodor[1]) nichts beweiset, und für die vorzüglich auch die Geschichte des Epikur spricht:[2]) so verdient doch eine andere Nachricht beim Scholiasten des Aeschines nicht ganz weggeworfen zu werden, nach welcher unter dem Archon Nikophemos Olymp. 104, 4. Kleruchen gen Samos geschickt sein sollen; und wenigstens möchte darin die Thatsache liegen, dass damals eine Athenische Macht, seien es Kleruchen oder nicht, in Samos war, bei welcher sich jener Handel mochte zugetragen haben. Auch den an Böotos verübten Todschlag[3]) könnte man nach Olymp. 106, 4. setzen, wenn man diesen Böotos für denselben halten wollte, gegen welchen die beiden Reden in Demosthenes Werken gerichtet sind; aber jener nannte sich nicht einmal Böotos, sondern Mantitheos, und dass mehre jenes Namens da waren, erkennt man aus einer dieser Reden selbst.[4])

Ich komme nun auf die letzte Frage, wie viel Zeit zwischen der Beleidigung und der unmittelbar darauf anhängig gemachten Probole, und der Abfassung der Rede selbst verflossen sein mochte; woraus sich zugleich die möglichst genauen Bestimmungen für beides ergeben müssen. Diesen Zwischenraum kann ich mir schon aus allgemeinen Gründen nicht sehr bedeutend denken. Denn obgleich der Rechtsgang zu Athen nicht immer schnell war, wovon wir schon oben ein Beispiel gegeben haben, wozu noch die Klage darüber in einer andern Stelle unserer Rede kommt,[5]) so ist es doch unwahrscheinlich, dass Demosthenes, zumal nachdem er das Vorurtheil der Volksversammlung für sich hatte, mit der Abfassung der viele Vorbereitung erfordernden Rede länger sollte gezaudert haben, als bis die Hauptbeweise und Zeugnisse beisammen waren, da ihm ohnehin später allerlei Einzelheiten, auf die manchmal viel ankommt, leicht entfallen

---

1) XVIII, 18.
2) Wie schon Wesseling zu Diod. a. a. O. bemerkt. Auch habe ich die Angabe des Philochoros selbst schon früher anerkannt. Staatshaush. d. Athen. Bd. I. S. 460. [1² 580º.]
3) S. 537 f.
4) G. Böst. v. d. Mitgift. S. 1015, 18. Auch sonst kommt der Name noch vor.
5) S. 551, 13.

konnten: auch ist die Annahme eines grossen Zwischenraumes
desto bedenklicher, da die Rede vor dem Vergleich geschrieben
sein muss. Zu grösserer Sicherheit führt indess folgende Ueberlegung. Schon vor dem Treffen bei Tamynä wurden in Athen
freiwillige Trierarchen aufgeboten; wozu Meidias Anfangs nichts
gab, später aber, als das Heer bei Tamynä eingeschlossen war,
ein Schiff stellte. Diese freiwillige Trierarchie, sagt Demosthenes, ist jetzt geschehen (τρίται νῦν αὗται γεγόνασιν ἐπιδό-
σεις).[1]) Ein solcher Ausdruck kann doch unmöglich nach langer
Zeit noch gebraucht werden; am wenigsten hier, wo die jetzt
vorgekommene freiwillige Trierarchie für den Eubölschen Feldzug, der andern für den Olynthischen entgegengesetzt wird, welcher selbst, wie oben gezeigt worden, ganz kurz vor dem Euböischen war unternommen worden. Der Auszug nach Tamynä aber
wurde im achten Monat Anthesterion um die Zeit der Choen (12.
Anthesterion) unternommen;[2]) die Rede ist Olymp. 106, 4. geschrieben; und die letzte in derselben erwähnte Thatsache, welche
nach dem Olynthischen und dem fast gleichzeitigen Eubölschen
Feldzuge vorfiel, kann nicht unter den Anfang von Olymp. 106,
4. herabgerückt werden: hieraus folgt von selbst, dass der Euböische Krieg mit dem genannten Treffen nur in das Jahr Olymp.
106, 3. fallen könne, und in eben dasselbe, aber einen Monat
später, im Elaphebolion, die Beleidigung des Demosthenes an den
Dionysien gesetzt werden müsse.*) Um dies zu bewähren, ist
nur noch übrig, die Begebenheiten, welche in der Rede als solche
bezeichnet werden, die nach der Beleidigung vorfielen, zu betrachten: woraus erhellen wird, warum ich die Abfassung der
Rede nicht in Olymp. 107, 1., sondern in Olymp. 106, 4. gesetzt
habe, und dass wir nicht genöthigt sind, die Rede von der Thatsache, worauf sie sich bezieht, weiter abzurücken.

Zuerst gehört hierher die Klage über Verlassung des Posteus
(γραφή λειποταξίου), welche Meidias gegen Demosthenes von
Euktemon erheben liess; sie wurde vermuthlich noch während

---

1) S. 568, 28.
2) O. Böot. v. Namen S. 999. 9.
*) [Arn. Schäfer war früher derselben Meinung, giebt sie aber
auf in Schneid. Philol. Jahrg. 9 S. 163].

des Euboischen Feldzuges eingegeben, in welchem Demosthenes als Hoplite gedient,[1]) wahrscheinlich aber sich bald beurlaubt hatte, um mit den Mitgliedern des Chores, die auch erst vom Kriegsdienste befreit werden mussten,[2]) seiner Choregie obzuliegen, woraus der Vorwand zur Klage entnommen sein mochte; da sie aber nicht einmal zur vorläufigen Untersuchung gebracht, sondern gleich fallen gelassen wurde,[3]) so war diese Sache in Kurzem abgethan. Ferner war Nikodemos, nach Ulpian einer der grössten Anhänger des Eubulos, von Aristarch Moschos Sohn, einem Liebling des Demosthenes ermordet worden; Meidias suchte Anfangs den Mord auf Demosthenes selbst zu bringen: als dieses fehl schlug, verfolgte Meidias den Aristarch wegen des Demosthenes.[4]) Meines Erachtens fiel auch diese Sache gerade um die Zeit der Beleidigung an den Dionysien. So wie nämlich das Vergehen des Meidias gegen Demosthenes aus altem politischen Hass entsprang,[5]) und vermuthlich zunächst durch eine besondere politische Erbitterung veranlasst war, so war auch Nikodemos Ermordung[*]) eine Folge des Parteigeistes, wie schon der Umstand zeigt, dass ihm nicht allein die Augen ausgeschlagen, sondern auch die Zunge ausgeschnitten wurde, mit welcher er, nach Aeschines Ausdruck, den Gesetzen und dem Athenischen Volk vertrauend freimüthig gesprochen hatte. Wie leicht konnten beide Frevelthaten, die eine von einem Gegner des Demosthenes, die andere von einem Freunde desselben verübt, aus einer und eben derselben Ursache hervorgehen? Nikodemos war ein Freund des Eubulos, Eubulos ein Freund des Meidias;[6]) beider Gegner war

---

1) S. 558, 19. ταῦτα γὰρ εἰς τοὺς ὁπλίτας ἡμᾶς ἀπηγγέλλετο· οὐ γὰρ εἰς ταὐτὸν ἡμεῖς τούτοις διέβημεν.
2) S. 519, 15., wo στρατείας statt χορείας die richtige Leseart ist.
3) S. 517. 26 f.
4) S. 518, 10 ff. S. 549, 21 ff. S. 652 ff. Vergl. Aesch. g. Timarch, S. 168. π. παραπρ. S. 328. Dinarch g. Demosth. S. 24. [§ 30 Bk.]
5) Dass sie Gegner waren, steht S. 523, 28. ὅτι τούτῳ πολεμῶ. Das οὐκ ἐκ πολιτικῆς αἰτίας S. 581, 13. wird man nicht gegen uns anwenden wollen.
*) (Von dieser Sache Susemihl in Fleckeisens Jahrb. für Philol. 1865. S. 366 ff.)
6) S. 580 f.

Demosthenes, und Aristarch war sein Anhänger. Als aber der Olynthische und Euböische Feldzug unternommen werden mussten, dieser gewiss, jener wahrscheinlich [1]) auch gegen Philipp und seine Anhänger, war so grosse Noth im Staate, dass freiwillige Trierarchen aufgerufen werden mussten, wie wir gesehen haben, und aus Geldmangel löste sich die Kriegsmacht auf; [2]) die Gerichte erhielten selbst nach der Rückkehr des Heeres aus Euböa aus Mangel keinen Sold.[3]) Da machte Apollodor Pasions Sohn, für den Demosthenes viele Reden geschrieben hat, den Vorschlag, den Ueberschuss der Verwaltungskosten zu den Kriegsgeldern zu schlagen, und wurde der Gesetzwidrigkeit ($\pi\alpha\rho\alpha\nu\acute{o}\mu\omega\nu$) angeklagt In eine Geldstrafe von funfzehn Talenten verurtheilt. [4]) Niemand war aber heftiger gegen jene Verwendung des Ueberschusses von der Verwaltung als Eubulos, der das furchtbare Gesetz bewirkt hatte, wer sie vorschlage, solle des Todes schuldig sein; denn er wollte alle diese Gelder durch das Theorikon, welches er mit besonderem Zutrauen verwaltete, dem Volke in den Bauch jagen, wodurch er dem Philipp von Macedonien bedeutenden Vorschub leistete; Demosthenes dagegen, wiewohl er den Feldzug nach Euböa für Plutarch widerrathen haben will, ohne Zweifel weil er Plutarchs Verrätherei ahnete,[5]) während sein Feind Meidias gerade der Gönner des Plutarch war, [6]) spricht überall gegen Eubulos Grundsatz,[7]) und erscheint schon in unserer Rede als ein diesem Volksschmeichler verhasster, wie sehr er auch des angesehenen Mannes Feindschaft von sich abzulehnen sucht.[8]) Was ist natürlicher als dass gerade diese Verhältnisse in einem äusserst wichtigen Zeitpunkt für den Staat den Partheihass gewaltig aufregten, und jene beide Verbrechen des Meidias und Aristarch

---

1) Vergl. Staatshaush. Bd. II. S. 112. [I² 735°.]
2) Rede g. Neära S. 1346, 9 ff.
3) Rede g. Böot. v. Namen S. 999, 14. nach der richtigen Erklärung des Hier. Wolf.
4) Rede g. Neära S. 1346, 14 ff.
5) Vom Frieden S. 58, 3.
6) $\Pi\lambda o\upsilon\tau\acute{\alpha}\rho\chi o\upsilon$ $\pi\rho o\xi\epsilon\nu\epsilon\acute{\iota}$, g. Meid. S. 579, 2. Vergl. S. 550, 26 ff.
7) Von allem diesem vergl. Staatshaush. Bd. I. S. 194. S. 197. S. 161. S. 242. (I² 247. 250 f. 204. 316 f.)
8) G. Meid. S. 580 f.

erzeugten? Wenigstens sieht die Gegenparthei, Aeschines und Dinarch, den von Aristarch verübten Mord als eine Anstiftung des Demosthenes an, und nach Ulpian[1]) soll dies auch Eubulos geglaubt haben. Ist der von uns aufgestellte Zusammenhang nun gegründet, so fiel die Sache des Aristarch und was damit zusammenhängt, nicht lange nach der Beleidigung an den Dionysien, vielleicht gleichzeitig mit dem unglücklich ausgefallenen Rechtshandel des Apollodor. Hiernächst beschuldigte Meidias den Demosthenes, er sei Ursach der Euböischen Angelegenheiten, bis man erfuhr, Meidias Freund Plutarch sei der Anstifter.[2]) Offenbar wird der Abfall des Plutarch und Euböa's hier bezeichnet, auf welchen die Vertreibung des erstern erfolgte.[3]) Dieser Abfall begab sich aber eine kleine Zeit nach der dem Plutarch geleisteten Hülfe,[4]) vermuthlich gleich nach der Rückkehr der Attischen Heeresmacht aus Euböa: diese trat zwar erst nach den Dionysien ein, indem Meidias nach dem Feste selbst noch nach Euböa zu Schiffe ging;[5]) aber nachher kehrte die Flotte von Styra nach dem Piräeus zurück mit dem Heere,[6]) und dieses scheint nach der Rede gegen Böotos vom Namen[7]) nicht lange nach den Dionysien gewesen zu sein; so dass man den Abfall des Plutarch noch in die letzten Monate des Jahres Olymp. 106. 3. setzen darf. Ungeachtet aber die Rede nach Plutarchs Verrätherei geschrieben ist, führt Demosthenes[8]) an, Meidias schimpfe und schreie und thue gross nach der Probole, statt dass er bescheiden und zurückgezogen sein sollte: „wird eine Behörde durch Cheirotonie erwählt, so wird Meidias der Anagyrasier vorgeschlagen; er ist Plutarchs Proxenos, er weiss die Geheimnisse." Das letzte wird aus der Person der Freunde des Meidias gesprochen, welche ihn damit zu der Stelle empfehlen wollen.

---

1) Die Stelle giebt Spalding S. 55.
2) S. 550, 25.
3) Vergl. Staatshaush. Bd. II, S. 110. [I² 734.]
4) Demosth. v. Frieden S. 58, 3 ff.
5) S. 567, 10.
6) S. 568 f.
7) S. 999., wo dies im ganzen Zusammenhange liegt.
8) S. 579. oben: χειροτονεῖταί τις· Μειδίας Ἀναγυράσιος προβέβληται. Πλουτάρχου πρόξενοι, τὰ ἀπόῤῥητα οἶδεν.

Diese Empfehlung konnte aber nur damals statt finden, als Plutarch noch bei den Athenern in Gunst war: hinterher führt sie Demosthenes spottend an. Aber der Spott verliert seine Spitze, wenn die Sache schon alt und vergessen war: die Hülfe für Plutarch, sein Verrath und die Abfassung der Rede dürfen daher nicht weit auseinander liegen. Die letzte Beleidigung endlich, welche Meidias dem Redner zufügte, war, dass als Demosthenes eine Stelle im Rath erloost hatte, Meidias bei der Prüfung gegen ihn klagend auftrat.[1]) Hier werden wir nun deutlich auf das Ende des Jahres, und wie sich gleich ergeben wird, des Jahres Olymp. 106, 3. hingewiesen; Demosthenes wurde aber wirklich in den Rath aufgenommen, und verrichtete für denselben das Eintrittsopfer (εἰσιτήρια):[2]) und dieses sowohl, als dass Demosthenes die gemeinsame Theorie für den Staat als Architheoros dem Nemeischen Zeus führte, gab Meidias zu, ungeachtet er ihn der Ermordung des Nikodemos beschuldigt hatte. In dieser Darstellung liegt sichtbar wieder, dass beide heilige Handlungen nicht sehr lange nach der Anschuldigung des Mordes vorgenommen wurden, und beide nicht weit auseinander lagen. Das Opfer für den Rath wurde natürlich beim Anfang des nächsten Jahres dargebracht: und die Theorie für den Nemeischen Zeus zeigt am Ende der Untersuchung, dass alles übrige unmittelbar vor dem Jahre Olymp. 106, 4. vorfiel, also in den vier letzten Monaten des Jahres Olymp. 106, 3. vom Monat Elaphebolion an, das Opfer für den Rath aber im Anfang von Olymp. 106, 4. Es ist nämlich offenbar, dass diese Theorie die gewöhnliche zu den Nemeischen Spielen gesandte sei: nach den neuesten und genauesten Forschungen des Corsini[3]) wurden aber die Nemeischen Spiele im vierten Olympischen Jahre im Sommer, und zwar, wie wir zeigen werden, im zweiten Monat, und im zweiten Olympischen Jahre im Winter nach der Mitte des Olympischen Jahres gefeiert. Nun aber kann die Rede, da sich Demosthenes zweiunddreissigjährig nennt, auf keinen Fall später als Olymp. 107, 1. sein,

---

1) S. 561, 1.
2) S. 552, 1.
3) Diss. agonist. III, 4 ff.

oder in den Anfang Olymp. 107, 2. fallen, weil sonst Demosthenes schon dreiunddreissig volle Jahre gehabt hätte; folglich darf die Winternemeade Olymp. 107, 2. hier nicht in Betracht kommen, sondern wir sind genöthigt, an die vorhergehende Sommernemeade Olymp. 106, 4. zu denken, und demnach fällt die letzte in der Rede erwähnte Thatsache in den zweiten Monat Olymp. 106, 4. Da nun Demosthenes von der folgenden Zeit gar nichts mehr erwähnt, so kann die Rede unmöglich lange nachher geschrieben sein; und wir sind also nicht berechtigt, die Abfassung der Rede unter Olymp. 106, 4. herabzurücken, sondern müssen vielmehr annehmen, dass in diesem Jahre die Rede geschrieben sei, und Demosthenes, der sich erst im zweiunddreissigsten Jahre befand, sich zweiunddreissig vollendete Lebensjahre zuschreibe, entweder ungenau, oder weil er sah, dass denn doch dieses Jahr noch hingehen würde, ehe der Rechtshandel vor den Gerichtshof käme. Einen grössern Zeitraum als höchstens ein halbes Jahr braucht man also zwischen der Beleidigung und der Abfassung der Rede nicht anzunehmen; denn die ohnehin kaum Rücksicht verdienende Entgegensetzung der Zeit der Probole und der Zeit, wo der Rechtshandel vor Gericht kommen sollte,[1]) und die beiläufig angebrachte Bemerkung, dass die Geringen, unter welche er sich rechnet, in Athen nicht gleiches Recht mit den Reichen hätten, sondern diesen die Wahl des Zeitpunktes überlassen werde, wann über sie geurtheilt werden solle, und ihre Ungerechtigkeiten altgebacken und kalt vor Gericht kämen, während der Arme frisch vor seinen Richter gestellt werde,[2]) erklärt sich hinlänglich aus der Unsicherheit, in welcher sich Demosthenes der Natur der Sache nach bei Abfassung der Schrift über die Zeit befinden musste, wann der Rechtshandel vor Gericht würde abgeurtheilt werden.

---

1) S. 577, 2. S. 578, 27 f. S. 580, 25 f. S. 583, 6. S. 586, 25.
2) S. 551, 8 ff.

Anhang.

Ueber die Zeit der Feier der Nemeischen Spiele.

Zur Rechtfertigung dessen, was ich von der Feier der Nemeischen Spiele gesagt habe, muss ich noch folgendes hinzufügen. Ich habe nämlich mit Berufung auf Corsini behauptet, die Sommernemeade sei im Anfang des vierten, die Winternemeade nach der Mitte des zweiten Olympischen Jahres gefeiert worden. Auch hat Corsini hinlänglich erwiesen, dass die Sommernemeade im vierten Olympischen Jahre gefeiert wurde, nennt aber bestimmt den 12. Hekatombäon, weil der Scholiast des Pindar[1]) die Feier der Nemeischen Spiele auf den 12. Panemos ansetzt: denn es sei der Korinthische Panemos, nicht der Macedonische gemeint, jener aber entspreche dem Attischen Hekatombäon. Jeder wird gerne zugeben, dass der Macedonische nicht gemeint sei: aber auch eigentlich nicht der Korinthische, sondern es muss ein Nemeischer Monat sein, und der Monat Panemos scheint überhaupt von den Nemeischen Spielen ausgegangen zu sein und seinen Namen davon zu haben, *Πάνεμος* statt *Παννέμειος*, wie *Παναθήναια*, *Πανιώνια*, *Πανελλήνια*: so wie in Delphi der *Βύσιος*, der Monat der Pythischen Spiele nichts anderes ist als der *Πύθιος*: denn die Form *Πάναμος* und *Πάνημος* giebt bei der ausserordentlichen Verschiedenheit der Dialekte, besonders im Peloponnes, keinen gegründeten Einwurf gegen diese Ableitung. Allein es ist natürlich, dass der Panemos der benachbarten und stammverwandten Korinther derselbe war, wie der Argolisch-Nemeische; wenn gleich Corsini erinnert, der Korinthische Panemos habe dem Argolischen Hermäos, der später *Τέταρτος* hiess, entsprochen, und folglich seien in letzterem die Sommernemeaden gehalten worden, weil er sich von Dodwells Meinung,[2]) das Nemeische Jahr habe mit dem Frühling angefangen, täuschen liess. Dodwells Begründung ist aber völlig nichtig. Ueberhaupt wissen wir vom Argolischen

---

1) Inh. zu Nem. (Pind. II, 1 p. 425.)
2) *De Cycl. Diss.* VII, 9. Vergl. 8.

Kalender fast nichts; auch was Corsini[1]) darüber sagt, ist grundlos, und einen Theil davon hat schon Müller[2]) zerstört. Nur das wissen wir, dass der vierte Monat ehemals Hermäos, nachher schlechthin Τέτρατος hiess; eine Veränderung des Namens, die wahrscheinlich deshalb gemacht wurde, weil man den Jahresanfang und den ganzen Kalender veränderte, und nun lieber die alten Namen ganz wegwarf, um nicht Irrungen zu veranlassen: weshalb denn auch nicht angenommen werden darf, dass der Hermäos ehemals gerade der vierte Monat war. Aber freilich steht es schlecht mit der Corsinischen Beweisführung,[3]) dass der Korinthische Panemos der Attische Hekatombäon sei, so scharfsinnig sie auch angelegt ist: denn er muss bei Demosthenes[4]) Βοηδρομιῶνος in Ἑκατομβαιῶνος verwandeln. Philipp bescheidet nämlich daselbst die Peloponnesier, dass sie nach Phokis kommen sollten, τοῦ ἐνεστῶτος μηνὸς Λῴου, ὡς ἡμεῖς ἄγομεν, ὡς δὲ Ἀθηναῖοι Βοηδρομιῶνος, ὡς δὲ Κορίνθιοι Πανέμου, Olymp. 110, 2. Wir lernen aus diesem ältesten Zeugnisse, welches man sich nicht verderben lassen darf, dass in jenem Jahre der Macedonische Loos und Korinthische Panemos dem Attischen Boedromion entsprachen: obgleich später allerdings der Macedonische Loos dem Attischen Hekatombäon entsprechend gesetzt wird; welches wahrlich nicht befremden darf, da der Macedonische Kalender auch ausser der abweichenden Form, welche bei den Syrern gebräuchlich war und die Syro-Macedonische heisst, mit der Einführung des Sonnenjahres verändert wurde, weshalb sich die Schriftsteller freilich widersprechen.[5]) Wenn man nun aber anerkennt, dass der Korinthische Panemos, alte Macedonische Loos im Moudenjahre, und Attische Boedromion Olymp. 110, 2. sich entsprachen, so gelangt man zu einem merkwürdigen Ergebniss,

---

1) F. A. Bd. II. S. 400.
2) Aeginetic. S. 152.
3) F. A. Bd. I. S. 140 ff.
4) V. d. Krone S. 280, 13. Dieser Brief ist nicht Olymp. 110, 3., sondern Olymp. 110, 2. geschrieben, wie Taylor zeigt: wodurch Corsini's ganzer Beweis fällt.
5) Corsini F. A. Bd. II. S. 458 ff. [Nach Isidor Löwenstern wäre die Veränderung mit der Aera der Seleukiden eingetreten, jedoch mit Beibehaltung des Mondjahres. Das Sonnenjahr ist erst später.]

welches den älteren Chronologen verborgen blieb, weil sie bei der Vergleichung der verschiedenen alten Kalender die Verschiedenheit der Schaltperioden meist unbeachtet liessen, und daher in jenen oft keine Uebereinstimmung finden konnten. Vor dem Loos geht nämlich im Macedonischen Kalender der Panemos her: dieser ist aber im Korinthischen Kalender Olymp. 110, 2. einen Monat später, nicht weil er nicht derselbe Monat wäre, sondern weil die Korinthischen Monate wegen früherer Einschaltung um einen Monat weiter vorgerückt sind. Der Macedonische Panemos entsprach, weil er gerade vor dem Loos ist, Olymp. 110, 2. dem Attischen Metageitnion; und eben diesem entspricht nach Plutarch der Böotische Panemos:[1]) hieraus kann man schliessen, dass der Panemos in allen drei Staaten ein und derselbe Monat war, die Korinther aber eine andere Einschaltungsperiode hatten als die Böoter und Macedonier, welche letztere mit einander bis auf einen gewissen Punkt übereinstimmten. Eben dies gilt nun auch vom Argolischen Panemos, der folglich Olymp. 110, 2. entweder dem Attischen Metageitnion oder Boedromion entsprach, jenes, wenn die Argolische Schaltperiode der Böotischen, dieses, wenn sie der Korinthischen einigermassen entsprach. Wahrscheinlicher jedoch ist es, dass die Argolische und Korinthische Schaltperiode zusammenstimmten: aber dadurch gelangt man noch nicht dahin, zu wissen, ob ohne Rücksicht auf die Schaltperioden bloss nach dem fest bestimmten Jahresanfang im Anfang der Perioden der Panemos dem Attischen Metageitnion oder dem Boedromion entsprach: aber theils weil der Metageitnion von Plutarch dem Böotischen Panemos allgemein und ohne Rücksicht auf die Verschiedenheit der Schaltperioden verglichen zu sein scheint, theils weil die Nemeade im Sommer soll gefeiert worden sein, und der Boedromion doch schon ganz am Ende des Sommers, gegen den Herbst liegt, entscheide ich mich dafür, dass der Macedonisch-Böotisch-Korinthisch-Argolische Panemos dem Attischen Metageitnion schlechthin und ohne Rücksicht auf die Schaltperioden entsprach, und folglich den 12. Metageitnion die Nemeade gefeiert wurde.[2]) Man wird uns gegen die Einerleiheit des Panemos

---

1) B. Corsini P. A. Bd. II. S. 412.
2) Es ist hierbei natürlich vorausgesetzt, was nur Unverstand ver-

kennen kann, dass das Macedonische Mondenjahr wie das Attische durch
Cyklen mit der Sonne einigermassen in Uebereinstimmung gebracht
wurde, wenn auch nicht eben nach Metonischer Art. Die grosse Verwirrung übrigens, welche in den Untersuchungen der Chronologen über
den Macedonischen Kalender herrscht, nöthigt mich noch möglichen
Einwürfen zu begegnen, indem ich zugleich die Schwierigkeiten löse,
welche die Betrachtung etlicher Stellen der Alten der Einsicht in die
Beschaffenheit der Macedonischen Zeitrechnung in den Weg gelegt hat.
Mit der Stelle des Philippos stimmt nämlich der spätere Macedonische
Kalender, wie er nach dem Sonnenjahr geordnet war, schlechterdings
nicht, indem in demselben die Macedonischen Monate den Attischen so
entsprechen:

Dios	Pyanepsion
Apellaeos	Mämakterion
Audynaeos	Poseideon
Peritios	Gamelion
Dystros	Anthesterion
Xanthikos	Elaphebolion
Artemisios	Munychion
Däsios	Thargelion
Panemos	Skirophorion
Loos	Hekatombaeon
Gorpiaeos	Metageitnion
Hyperberetaeos	Boedromion.

Die Beweise hierzu liegen bei Corsini F. A. Bd. II. S. 463., wobei ich
noch zur Erläuterung hinzusetze, dass nach Usher das Macedonische
Sonnenjahr den 24. Sept. beginnt. (Vergl. Idelers astron. Beob. d. Alten
S. 236 f.) Um die Schwierigkeit zu lösen, hat Usher angenommen, bei
der Veränderung des Macedonischen Kalenders, vermöge welcher das
Sonnenjahr an die Stelle des Mondenjahres gesetzt worden, seien die
Monate um zwei Stellen hinaufgerückt worden; in Philipps Brief, in
welchem der Loos als Boedromion, und folglich der Panemos als Metageitnion erscheint, sei aber noch das Mondenjahr zum Grunde gelegt.
Diese Ansicht befriedigt durchaus, konnte aber niemandem glaublich
scheinen, weil er sich dieselbe selbst wieder verdarb, indem er nämlich eine Angabe des Plutarch missverstehend annahm, das Sonnenjahr
sei schon in Alexanders Zeit bei den Macedoniern eingeführt gewesen;
was er aber so darstellt, dass bei folgerechter und gründlicher Durch-
führung seiner Vorstellung es auch wieder weiter zurück bis zur Geburt
des Alexander, und folglich in frühere Zeit als Philippos Brief, hinauf-
geschoben werden müsste. Dieser verkehrte Gedanke hat alle spätern
Untersuchungen fruchtlos gemacht. Die Sache ist sehr einfach. Ushers
Ansicht über die Versetzung der Macedonischen Monate ist ein trefflicher und durchaus richtiger Blick; es bleibt uns nur übrig zu zeigen,
dass, wenn man diesen Satz anerkennt, die Plutarchischen Angaben
nicht zu der ungereimten Behauptung nöthigen, das Sonnenjahr sei
schon in Alexanders Zeiten zu setzen, indem wir kürzlich darauf auf-

merksam machen, dass Plutarch bei seinen Vergleichungen der Attischen und der Macedonischen Monate das Macedonische Sonnenjahr seiner Zeit zum Grunde gelegt hat, wodurch auf einmal alle Bedenken und Schwierigkeiten gehoben werden. Erstlich sagt Plutarch, Alexander sei den 6. Hekatombäon geboren, welchen die Macedonier Loos nennen: *ἐν τῇ Ἑκατομβαιῶνος ἱσταμένου, ὃν Μακεδόνες Λῷον καλοῦσιν*. (Vergl. Coruini F. A. Dd. II. S. 459.) Hieraus hat man geschlossen, als Alexander geboren wurde, habe der Loos schon dem Hekatombäon entsprochen. Aber spricht denn Plutarch nicht ausdrücklich von seiner Zeit, *ὃν Λῷον καλοῦσιν*? Offenbar hatte Plutarch in seiner Quelle nur nach Attischer Zeitrechnung angegeben gefunden, Alexander sei den 6. Hekatombäon geboren; weil aber Alexander ein Macedonier ist, will er auch den Macedonischen Namen des Monates angeben, und nennt denjenigen Monat, der zu seiner Zeit dem Hekatombäon entsprach, entweder nicht wissend oder sich nicht darum kümmernd, dass als Alexander geboren wurde, der Monat noch nicht so hiess, weil die Veränderung des Kalenders noch nicht vorgenommen war. Eben so verhält es sich natürlich auch mit seiner andern Angabe, welche den Macedonischen Däsios dem Attischen Thargelion gleich setzt; denn wie er mit Alexanders Geburtstag und den Monaten Hekatombäon und Loos verfahren ist, musste er auch mit dem Monate Däsios, an dessen 28stem nach der Ephemeris oder 30stem nach Aristobul Alexander starb (Plutarch Alex. 75. 76.), und mit dem Thargelion verfahren. Er hatte in den Alten gelesen, dass die Schlacht am Granikos im Monat Däsios geschlagen worden, in welchem sonst Macedoniens Könige das Heer nicht auszuführen pflegten (Alex. 16.): hier ist offenbar eine Angabe nach alter Macedonischer Zeitrechnung und nach dem Mondenjahre; in seiner Zeit entsprach aber dem Däsios des Macedonischen Sonnenjahres der Attische Thargelion; daher lässt er anderwärts (Camill. 19.) die Schlacht am Granikos im Thargelion vorfallen. Gesetzt auch, er hätte gewusst, der alte Däsios in Alexanders Zeit habe nicht mit dem damaligen Thargelion übereingestimmt, wie könnte man ihm zumuthen, er hätte den vortrefflichen Satz, der Thargelion sei den Barbaren immer nachtheilig gewesen, nicht auch mit der Schlacht am Granikos belegen sollen? Denn nur dies zu thun, dazu muss gerade in der angeführten Stelle die angebliche Thatsache dienen, dass die Schlacht am Granikos in den Thargelion falle; eben davon hat auch frölich der unkritische Aelian (V. H. II, 25.) etwas vernommen, der aber so wunderlich spricht, dass man auf ihn nicht einmal Rücksicht zu nehmen braucht. Wie viel Glauben Plutarch übrigens in solchen Dingen verdient, habe ich bereits an einem andern Beispiele anderwärts (Vorrede zum Verzeichnisse der Vorles. d. Berl. Univ. Sommer 1816. (Kl. Schr. IV 68 A. 2.]) gezeigt. Er hält den Doedromion eben da, wo er von der Schlacht beim Granikos und vom Thargelion spricht, für einen den Hellenen günstigen Monat, und versetzt, verführt durch einen anderweitigen falschen Grund, auf dessen dritten Tag die Plataeische Schlacht, indem er zugleich ebenfalls aus einem falschen Grunde meint, dieser Tag habe dem 27. Panemos der Böoter damals entsprochen, ungeachtet er selbst

und Metageitnion nicht einwerfen wollen, dass in einem erdichteten Briefe des Themistokles[1]) der zehnte Korinthische Panemos dem letzten Attischen Boedromion verglichen wird: denn wenn der Sophist, welcher dies schrieb, den Attischen Boedromion dem Korinthischen Panemos gleich setzt, den zehnten des letztern aber dem dreissigsten des erstern, so ist es höchst wahrscheinlich, dass dieser gute Mann das erstere, wie schon Corsini annahm, aus dem Demosthenes gezogen hat, das andere aber darauf beruht, dass er im Korinthischen Kalender, wahrscheinlich durch den Macedonischen Panemos veranlasst, ein Sonnenjahr voraussetzt, ohne welches diese Verschiedenheit der Zahlen der Tage gar nicht erklärt werden kann. Aber billig darf man fragen, der wievielte Monat denn nun dieser Panemos im Nemeisch-Argivischen Kalender gewesen sei; woraus sich eine andere Schwierigkeit gegen unsere Annahme ergeben möchte. Wenn nämlich der Panemos von dem Nemeischen Feste den Namen hat, so darf man weiter schliessen, die Sommernemeade sei die wichtigere und ursprünglichere gewesen, die Winternemeade aber erst später durch Interpolation dazwischen gesetzt worden; wohin auch dieses weiset, dass der Scholiast des Pindar nur von der erstern spricht. Um meine Meinung hierüber klarer zu machen, muss ich weiter ausholen. Ich halte mich nämlich überzeugt, dass die vier heiligen Spiele der Hellenen uralte Schaltperioden, und zwar Oktaeteriden von 99 Monaten sind, welche Periode unter den brauchbaren und verständigen die kleinste ist, die vier- und zweijährige Feier aber erst nachher hinzugefügt war. So machten zwei Olympische Penteteriden 99 Monate;[2]) und von den Pythischen

weiss, dass der Panemos der Böoter der Attische Metageitnion ist, und ungeachtet niemals der 27ste des einen und der 3te des andern Mondenmonates zusammentreffen konnten, wenn nicht der ganze Kalender in einer ungeheuren Unordnung war, welche anzunehmen selbst der Götter Klagen bei Aristophanes nicht berechtigen.

1) Vergl. Corsini F. A. Bd. I. S. 145.
2) Schol. Pind. Olymp. III, 35. Dodwell hatte auch schon den Gedanken, dass zwei Olympiaden eine oktaeterische Schaltperiode gewesen seien, wogegen Corsini *Diss. agon.* I, 5. spricht; ich will jedoch die Sache nicht mit den genauen Bestimmungen, wie sie Dodwell giebt, geltend machen, und in der Allgemeinheit, wie ich sie aufstelle, lässt sie sich auch schwerlich widerlegen.

Spielen wird ausdrücklich noch überliefert, dass sie ursprünglich alle acht Jahre gefeiert wurden.¹) Auch lässt sich eine Beziehung auf die Sonne in allen finden; den Olympischen Kampf ordnete Herakles für den Zeus, welche beide in gewissen mythischen Systemen Sonnensymbole sind; die Pythischen Spiele werden im Frühling dem Apoll gefeiert, der jung entstandenen Frühlingssonne, welche den Winter überwunden hat; auf dem Isthmos hatte vor Poseidon Helios seinen Thron aufgeschlagen, und sein Dienst, verdrängt von dem Poseidonischen, wie an mehren andern Orten, wovon Müller über Aegina treffliche Beweise gegeben hat, zog sich auf die Burg zurück, wo überall die ältesten Dienste sind; und Nemea weiset eben dahin, wie wir gleich zeigen werden: wobei wir nur vorläufig bemerken: dass bedeutungsvoll Nemea selbst des Zeus und der Selene Tochter heisst.*) Sollte man diese Sätze für zu gewagt halten, so betrachte man nur eine ähnliche und ganz unzweideutige Erscheinung. In Böotien, in Theben feierte man, wie

---

1) Schol. Pind. Inh. d. Pyth. 8. 208. meiner Ausgabe. Eben dies lehrt Censorinus *de die nat.* 18. *Delphis quoque ludi, qui vocantur Pythia, post octavum annum olim conficiebantur:* wo er vorher von der Oktaëteris gesprochen und von ihr gesagt hat: *Ob hoc multae in Graecia religiones hoc intervallo temporis summa caerimonia coluntur.* Vor dem Trojanischen Kriege weist eine solche achtjährige Feier der Pythien Demetrios der Phalerer bei Eustath. z. Odyss. ε, S. 1160. 51. Rom. Schol. Odyss. γ, 267. Mai. Schwerlich zusammenhängend damit ist der Umstand, dass von der Einsetzung des χρηματίτης ἀγών Olymp. 47, 3. bis zur Einführung des στεφανίτης ἀγών Olymp. 49, 3 in der Parischen Chronik neun Jahre gerechnet werden, wie schon Corsini Diss. agon. II, 2 bemerkt hat. (Der Verfasser hat später diesen Zusammenhang angenommen, wie ein handschriftlich hinzugefügtes „doch" beweist. Vgl. C. I. Tom. II. p. 336. — E.) Dagegen enthält Plutarch (*Quaest. Gr.* 12.) eine unverwerfliche Andeutung der alten oktaeterischen Zeitrechnung zu Delphi. Endlich hat Müller (Orchomenos und die Minyer S. 218. 219.) noch zwei Spuren dieser alten Periode nachgewiesen, dass Kadmos für die Tödtung des Drachen dem Ares ein ewiges Jahr von acht gewöhnlichen Jahren diente, und Apoll nach der Erlegung des Python acht Jahre landflüchtig war, bis er gesühnt mit dem Lorbeerzweige wiederkehrt. Dieser treffliche Forscher hat übrigens unabhängig dasselbe Ergebniss gefunden.

*) (Müller Dorier I, S. 442. — Der Nemeïsche Löwe soll aus dem Monde gefallen sein. Vgl. Meineke *Anal. Alex.* p. 85 und *Exercitt. philol. in Athen.* 1. p. 3. f.)

eine treffliche Stelle des Proklos aus der Chrestomathie [p. 321 Bk.] lehrt, angeblich wegen eines in die Zeit der Böotischen Einwanderung aus Arne her gesetzten Vorfalles dem Apoll die Daphnephorien, und zwar enneaeterisch oder oktaeterisch; denn diese Ausdrücke sind gleichbedeutend: die Art der Feier zeigt aber hinlänglich die astronomisch chronologische Bedeutung. Auf einem mit Lorbeer und Blumen bekränzten Olivenstock befindet sich eine eherne Kugel; von dieser herab hängen kleinere; in der Mitte des Stammes ist gleichfalls eine kleinere Kugel. Oben bei der grossen Kugel sind purpurne Kranzgewinde, unten eine safranfarbige Umkleidung; die obere Kugel bedeutet die Sonne oder Apoll, die darunter den Mond, die andern Kügelchen die übrigen Sterne und Gestirne, die Gewinde den Jahreslauf; denn es sind ihrer 365. Hier sieht man doch sehr deutlich eine achtjährige Schaltperiode dargestellt; dass das Fest aber so jung sei, ist nicht glaublich, und Pausanias [1] setzt wenigstens das Priesterthum des Daphnephoros viel höher hinauf, und den Herakles selbst als Daphnephoros. Nicht minder scheint auf einen solchen Cyklus auch die merkwürdige Dichtung bezüglich, dass Herakles seine zehn ersten Arbeiten in acht Jahren und einem Monate vollendete. [2]

---

[1] IX, 10.
[2] Apollodor II, 5, 11. Bei dieser Gelegenheit kann ich eine Bemerkung nicht unterdrücken, welche denen befremdlich scheinen muss, die aus der in der Abhandlung über die Dionysien aufgestellten und von dem Eindrucke zusammentreffender Umstände erzeugten empirischen Erklärung des Limnäischen Dienstes schliessen möchten, ich sei der tiefern Deutung der Mythen abgeneigt und läugne den Zusammenhang mit dem Morgenländischen, welchen ich vielmehr anerkenne, obgleich ich gestehen muss, dass die viele Fabelei und Faselei, welche jetzt in der Mythologie getrieben wird, und der Mangel an Kritik und Sichtung mir höchlich zuwider sind. Die Rolle, welche das Astronomische und Chronologische in der Mythologie unläugbar spielt, berechtigt ohne Zweifel, einen uralten und zwar, wie bei den Persern, einen bildlosen Sternen- und Lichtdienst bei den Griechen, ja selbst bei den übrigen westlichen Völkern anzunehmen, so wie denn sogar die ältesten bürgerlichen Einrichtungen der Perser mit den Griechischen und Germanischen so ähnlich waren als ihre Sprache: denn dass sogar die Perser in ältern Zeiten ein freies Volk waren, so frei als Germanen und Griechen und Römer unter ihren Volkshäuptern, lehren tiefere Forschungen. Wie die Perser die himmlischen Lichter bildlos verehren, so war der Pelasgische, das

War nun aber, um wieder zu unserem Hauptgegenstande zurück- 99
zukehren, die Sommernemeade die ursprüngliche, so wird auch
das Nemeische Jahr mit dieser Nemeade begonnen haben, wie das
Olympische und Pythische Jahr mit der Feier der Spiele übereinstimmt.
Allein die Jahresanfänge der Hellenen sind an gewisse himmlische
Begebenheiten geknüpft; so bestimmte man den Anfang des Olympischen und neuen Attischen Jahres nach der Sommersonnenwende:

Ist uralte Griechische Dienst der Himmelslenker bildlos (Herodot II, 52.
Vgl. I, 131, cf. Plat. Cratyl. 397 C. D.), so bildlos und innig der uralte
Dienst der Ganymode zu Phlius (Pausan. II, 13, 3.), und nach Plutarch
(Num. 3.) die alte Römische Religion; so schauten die Germanen das
Göttliche in Ehrfurcht ohne Bild (Tac. Germ. 9.) in ihren Eichenhainen,
wie die Pelasger unter Dodona's alten Eichen. Aus diesem bildlosen
Sternendienst gingen die astronomischen Festcyklen hervor; aber die
Bedeutung verlor sich mit der Bedeutung des alten Dienstes, oder dessen
Umformung, und sparsam sind wenigstens die sichern Spuren. Da diesen Gegenstand zu erschöpfen hier nicht mein Zweck ist, will ich nur
auf eine der sichersten Spuren aufmerksam machen. Es ist bekannt,
dass bei den Persern das Ross dem Lichtgott, der Sonne, heilig ist und
geopfert wird; daher die Vorahnung aus dem Rossewiehern, welche auch
bei der Art, wie Darios Hystaspis Sohn König wurde, zum Grunde liegt
[womit man die Pferdeopfer am Anfang des Ramayana vergleichen kann
und] womit man sehr richtig die Germanische Divination durch Rosse
(Tac. Germ. 10) zusammengestellt hat. Ganz augenscheinlich stimmt
hiermit mancher Dienst im Peloponnes überein, welcher auch durch die
Korinthische Medea und den Argivischen Perseus in eine höchst merkwürdige Verbindung mit dem Morgenlande und besonders Medien und
Persien gesetzt wird. Korinth, Tänaros, Kalauria sind die uralten Sitze
des Sonnendienstes; Helios wurde aber zum Poseidon, der Indess der
Gott der Rosse bleibt, die ursprünglich dem Helios gehören: [Nach
Eustath. 1515, 32 sind Pferde dem Helios heilig ὡς ταχυτάτῳ ταχύτατοι.
Pferdeopfer für Skamandros bei Hom. Φ 132. Wachsmuth Hell. Alterth.
II, 2, 229. Im Allgemeinen vgl. Eustath. p. 1227, 35. 658]: der Sonnendienst hielt sich jedoch auf Taleton, der einen Bergspitze des Taygetos,
wo dem Helios wie in Persien Rosse geopfert werden (Pausan. III, 20).
[Helena und die Dioskuren waren offenbar Lichtgötter, worauf die Sage
hindeutet, dass das Ei, woraus Helena entstanden, aus dem Monde gefallen sei s. Meineke Exercitt. philol. in Athen. I p. 8.]; als Tyndareos
die Freier der Helena schwören liess, geschieht dies bei einem Pferdeopfer; das Pferd wird begraben; daher Ἵππου μνῆμα in Lakonika: in
der Nähe desselben stehen sieben Säulen, nach alter Weise die sieben
Planeten vorstellend (Pausan. III, 20, 0.). [Hermann: diss. de Apoll.
et Diana II, 11 stimmt mit meiner Ansicht vom Parsismus überein, tadelt
aber, dass Helios Rosse Anlass zu den Poseidonischen gegeben haben
sollen: was er von mir anführt, ist nicht ganz meine Meinung.]

das Böotische und alte Athenische berechnete man wiederum nach der Wintersonnenwende; andere richteten sich nach der Nachtgleiche. Für das Nemeische, wenn es mit dem Metageitnion begann, will sich nicht gleich ein solcher ausgezeichneter Anfangspunkt finden; und man könnte desshalb also unsere Annahme bezweifeln. Aber auffallend erscheint uns hier der von dem Sonnenherakles erlegte Nemeische Löwe, dessen Verbindung mit den Nemeischen Spielen ein viel älterer Mythos zu sein scheint, als was von den Sieben gegen Theben erzählt wird; welches letztere weit weniger den Stempel alter Religionsgeschichten trägt. Die Olympischen Spiele wurden vom 11. Hekatombäon an gefeiert, vor dem Vollmond nach der Sommersonnenwende, wenn die Sonne in das Zeichen des Krebses tritt: am 12. Metageitnion, also vor dem Vollmond nach dem Eintritt der Sonne in das Zeichen des Löwen, fällt nach uns die Feier der Nemeischen Spiele, und mit dem vorhergehenden Neumond vermuthlich der Anfang des Nemeischen Jahres. Der Löwe aber ist in den alten Religionssystemen in die engste Beziehung mit der Sonne gesetzt worden; er ist den Aegyptern der Sonne Haus; die Löwen waren bei ihnen der Sonne heilig, und wenn die Sonne im Löwen stand, hatten die Tempelschlüssel Löwenköpfe:[1]) es kann daher nicht auffallen, wenn der Anfang des Jahres mit dem Eintritt in dieses Zeichen gemacht wurde. Ja man geräth sogar auf den Gedanken, dass in diesem Nemeischen Spiele noch das Andenken überliefert sei der Sommersonnenwende im Bilde des Löwen zur Zeit, als die Frühlingsgleiche in das Bild des Stiers fiel; weshalb eben Löwe und Stier so bedeutsam in den alten Systemen erscheinen. Befriedigt diese Vorstellung, so erkennt man auch von selbst, dass Corsini's Annahme, die Winternemeade sei auf den zwölften Gamelion gefallen, die nach seiner Ansicht, wenn auch nicht erwiesen, doch wahrscheinlich war, nicht mehr statt finde; auch lehrt ein Stück aus Pindars Dithyramben, [fr. 3. Pind. II, 2, 675. 578.] dass dabei schon Vorboten des Frühlings erschienen. Dagegen halte ich seinen Beweis aus dem Diodor, dass dieselbe nicht in das erste, sondern in das zweite Olympische Jahr gehöre, für völlig sicher, obgleich

---

1) S. Creuzer Symbolik. Bd. III, S. 320. (IV, 85 der dritten Ausgabe.)

Petau, Scaliger und Dodwell die andere Meinung, welche sich auf die in der Eusebischen Chronik*) in Olymp. 53, 1. gesetzte erste Feier der Nemeischen Spiele durch die Argiver gründet, haben aufrecht erhalten wollen. Zwar liesse sich denken, dass die Nemeaden, welche immer ungefähr theils 1½, theils 2½ Jahre auseinander liegen mussten, bisweilen im Anfang des

---

*) [Der griechische Kanon kommt nicht in Betracht. Diesen hat Scaliger gemacht, wie Schömann richtig sah und ich zu Manetho S. 206 bemerkt habe. Die griechischen Worte hat Scaliger sowol im ersten Buche S. 50 als im Kanon S. 162 aus Synkell p. 454 Dind. gezogen, aber bei Synkell findet sich keine genaue Zeitbestimmung. Dennoch hat Scaliger nicht unbedacht die Sache geordnet: Ol. 53, 1 setzt nämlich Hieronymus im Kanon die Notiz und diesem folgt Scaliger [*und ich; denn das ist die Eusebianische Chronik, die ich meine; denn Hieronymus hat dies und es ist genau die Uebersetzung der Worte, die Synkell aus Eusebius abgeschrieben hatte.* — Späterer Zusatz]. Nun soll zwar nach Schömann, der in den Prolegg. zu Phil. Ag. et Kleom. p. XLII ff. die Sache wieder behandelt hat, der Armenische Kanon die Notiz zu Ol. 51, 4 geben; ich habe den Arm. Kanon nicht zur Hand und die Sache muss erst untersucht werden [*C. Fr. Hermann Rel. Alterth. III, 49, 4 [9 Bl.] zeigt sich zu der Annahme, welche im Arm. Euseb. angegeben ist. Es ist daraus auch klar, dass in der Arm. Uebersetzung [II, 195 Aucher vgl. Schöne: Euseb. Chron. 94] wirklich Ol. 51, 4 steht. Der Mailändische Arm. Euseb. ist erst 1818 erschienen und konnte von mir noch nicht benutzt werden.* — Späterer Zusatz.] Die Winternemeade will Schömann p. XLVIII in das erste Olymp. Jahr setzen mit einem ziemlich sichern Beispiele; für das zweite spricht Diod. XIX 64, der doch unter Ol. 116, 2 nicht konnte die Feier der Nemeade aufführen, wenn sie in dieses Jahr nicht fiele. Heinrichs in Mützells Ztschr. 1855 S. 208 setzt daher, wie ich vermuthet, einen abweichenden Cyklus, der so zu stehen kommt:

Ol. 53, 1. N. hiberna
4. - aestiva } 2½ } 5
54, 2. - hiberna } 2½ } 5 } 8
4. - aestiva } 1½ } 3
55, 1. - hiberna } 1½ } 3
4. - aestiva } 2½ } 5
56, 2. - hiberna } 2½ } 5 } 8
4. - aestiva } 1½ } 3
57, 1. - hiberna } 1½ } 3

Vielleicht hing dies mit einem Schaltorbit zusammen. Doch scheint Julian in der von Scaliger zu Nam. Euseb. 1435 [Tom. II, 91] angeführten Stelle dagegen zu sein.]

vierten und nach der Mitte des ersten Olympischen Jahres, bisweilen auch wieder im Anfang des vierten und nach der Mitte des zweiten Olympischen Jahres wären gefeiert worden; allein ich traue der Angabe des Eusebios um so weniger, da mir aus dem schon angeführten Grunde die Sommernewmende die ursprüngliche scheint, bei der Angabe des Eusebios aber nothwendig an die Winterfeier gedacht werden müsste. Und wollte man auch die Theorie für den Nemeischen Zeus bei Demosthenes in den Winter Olymp. 107, 1. setzen und hiernach das Opfer für den Rath in den Anfang Olymp. 107, 1, und gleicherweise die übrigen Zeitbestimmungen von Olymp. 106, 3. in Olymp. 106, 4 herabrücken, so bliebe noch immer anstössig, dass aus der ganzen Zwischenzeit von dem Opfer für den Rath im Anfange des Jahres bis zu der Theorie nach Nemea gegen Winters Ende nichts in der Rede vorkäme: wogegen nach unserer Ansicht die Thatsachen alle sich schön aneinander schliessen.

IV.

Erklärung einer Aegyptischen Urkunde auf Papyrus in Griechischer Cursivschrift.

Vorgelesen am 24. Januar 1821.

Der Herr General von Minutoli, welcher gegenwärtig auf einer Reise durch Aegypten begriffen ist, hat die Güte gehabt, der Königl. Akademie der Wissenschaften ein Fac-simile einer Papyrusrolle zu übersenden, welche der Schwedische Consul zu Alexandria, Herr Johann D'Anastasy, in seinem Kabinete zwischen zwei Gläsern entrollt aufbewahrt.*) Diese Urkunde ist

---

*) [Sie kam 1828 nach Leyden. s. Ann. Acad. Lugd. Bat. 1828—29. — Reuvens: Lettres à M. Letronne sur les papyrus bilingues et grecs et sur quelques autres monuments greco-égyptiens du musée d'antiquité de l'Université de Leide 1830. — Recensionen und Erläuterungschriften: St. Martin: Journ. des sav. Sept. 1821 S. 534 ff. — Champollion-Figeac: Eclaircissements historiques sur le papyrus grec, connu sous le nom du contrat de Ptolémaïs. Paris 1821. — St. Martin über die Papyrus von Cassati im Journ. des sav. Sept. 1822 p. 558—60, 562 ff. — Jomard: Revue Encycl. 1821 Mai S. 372 und Eclaircissements sur un contrat de vente égyptien. Paris 1822, worüber ein Referat in der Sitzung der Asiatic Society vom 25. Dec. 1822, abgedruckt in der Calcutta Government Gazette vom 2. Jan. 1823. — Rose im Mus. crit. Cantabr. T. II fasc. VIII p. 636 ff. — Heidelb. Jahrb. 1822 No. 4 p. 63. — Göttinger gel. Anz. 1828 p. 1134. — Nebenbei behandeln vorliegende Rolle: Buttmann: Abh. der Berl. Akad. 1824 p. 89. Spohniana ed. Seyffarth, gut recensirt von Kosegarten Hall. Allgem. Litt. Zeitg. 1832 No. 51—53. Droysen Rh. Mus. 1829. Bd. III. 4 p. 491. — Am übereinstimmendsten mit der von mir edirten Urkunde ist die von Young in den Accounts of some recent discoveries herausgegebene Griechische, welche der Contract ist, wozu die Buttmannsche Rolle (s. oben) die Zahlung der Abgaben enthält. Sie ist von Osann: Auct. lex. Graec. p. 190 f. mitgetheilt. Sehr ähnlich der unsrigen ist auch eine Rolle von Cassati, unvollständig übersetzt in: A journal of Science, Literature and Arts edited at the Royal Institution of the Great Britain Vol. XIV No. 28 p. 269, welche von Ptolemaeus Philometor, Physkon oder Lathyros zu sein scheint.]

mit dem grössten Fleisse bis auf die Löcher des Papiers und dessen Farbe nachgeahmt; und die Abbildung kann die Stelle der Urkunde so weit vertreten, als überhaupt eine Nachahmung zu reichen im Stande ist. Indessen ist kein Zeichner fähig die Züge, zumal wenn sie theilweise verloschen sind, mit der Sicherheit wiederzugeben, mit welcher sie der Schreibende hinwarf, und es ist daher zu bedauern, dass wir nicht im Besitze der Urschrift sind, von deren Betrachtung die Lösung mancher Zweifel noch erwartet werden kann. Nachdem Hr. Ideler das Fac-simile der Akademie vorgelegt hatte, hat sich zunächst Hr. Bekker mit der Entzifferung beschäftigt und den grössern Theil gelesen; hierauf habe ich, nach mir hat Hr. Buttmann die dunkeln Züge zu enträthseln versucht, und die gemeinschaftliche Arbeit kann insofern gelungen genannt werden, als über den Inhalt und den Zusammenhang der Worte kein Zweifel mehr obwaltet und nur sehr Weniges, und meist nur Unwesentliches noch unklar ist.

2 Die Schrift ist ungeachtet ihres Alters von 1925 Jahren wohl erhalten; denn der Papyrus ist ausserordentlich dauerhaft, und die Trockenheit des Grabes, in welchem die Schrift lag, verbunden mit dem Balsamischen der Mumie, der die Rolle ohne Zweifel beigelegt war, mochte die Erhaltung begünstigen; auch soll der Papyrus angezündet einen aromatischen Rauch geben[1]), so dass in ihm selbst etwas Balsamisches zu sein scheint. Die Schrift ist eine Urkunde über den Verkauf eines Grundstückes, welches Nechutes angekauft hatte; diesen betrifft der Inhalt vorzugsweise, und wahrscheinlich ist es also sein Grab, in welchem sie gefunden wurde, indem ihm dieselbe bei der Bestattung mitgegeben wurde als ein Denkmal seines Lebens; da zumal in dem Grabe seiner Heiligkeit wegen die Urkunde selbst auf den Fall, dass sie wieder gebraucht würde, eben so sicher als zu Hause oder noch sicherer aufbewahrt war. Links erscheint ein Kopf, Gemälde oder Stempel oder Siegel; er ist bärtig, nach Griechischer Sitte. Die Urkunde ist übrigens in mehrern Hinsichten höchst wichtig. Einmal lernen wir daraus mehreres die Verhältnisse der Aegypter betreffende; dann aber ist sie ein äusserst bedeutendes Denkmal

---

1) Schow *Charta papyr. Mus. Borg. Velitr.* S. IV.

für die Geschichte der Schrift. Ich bekenne, niemals geglaubt zu haben, die Griechen hätten im gemeinen Leben mit den gewöhnlichen Capitalbuchstaben oder Versalien geschrieben; zum Verkauf gefertigte und mit Sorgfalt geschriebene Bücher schrieb man mit abgesonderten ansehnlichen Buchstaben; für den täglichen Gebrauch eignete sich eine so schwerfällige Schrift nicht. Indessen besassen wir bisher kein so altes Denkmal einer vollkommenen Cursivschrift als dasjenige, von welchem ich rede. Die Inschrift aus nicht genau bestimmbarer Zeit, welche Åkerblad[1]) herausgegeben hat, auf einer in einem Attischen Grabe gefundenen Bleiplatte, ist kein Cursiv, sondern nur eine kleine gekritzelte Schrift, ohne Verbindungsstriche; auch eignete sich freilich eine Cursivschrift nicht für Kritzeleien auf Blei. Bei Resina fand man auf einer Wand den Vers aus Euripides Antiope angeschrieben: ὡς ἓν σοφὸν βούλευμα τὰς πολλὰς χεῖρας (χέρας) νικᾷ[2]): sogar mit Accenten und Hauchzeichen; wodurch sich **Torremuzza** und **Villoison**[3]) täuschen liessen; allein der Charakter dieser im J. 1743. bemerkten Schrift ist ganz neu, und es hatte sie eben erst einer aus Scherz an die Wand gezeichnet. Eine wenigstens ächte Spur cursiver Schrift zeigen die Kritzeleien an den Säulen der Kaserne zu Pompeji, welche im J. 1767. neben dem Thore daselbst entdeckt worden ist: diese sind aber nicht von Bedeutung[4]). Die wirklich cursiv geschriebene Papyrus-Urkunde endlich, welche **Schow**[5]) bekannt gemacht hat, wird von ihm ins zweite oder dritte Jahrhundert der Christlichen Zeitrechnung gesetzt und kann auch schwerlich höher hinaufgerückt werden. Hier haben wir aber Cursivschrift aus vollkommen bestimmter Zeit,

---

1) *Iscrizione Greca sopra una lamina di piombo trovata in un sepolcro nelle vicinanze di Atene*, Rom 1813. 4. [C. I. No. 539.]

2) *Pitture di Ercolano* Bd. II. S. 34.

3) Anecd. Bd. II, S. 143. 267. Epist. Vinar. S. 100. 120. Vgl. Åkerblad a. a. O. S. 40 f.

4) Mit schlechten Erklärungen versehen hat sie **Murr** gegeben: *Specimina antiquissima scripturae Graecae tenuioris s. cursivae ante Imp. Titi Vespasiani tempora.* Nürnberg 1792. 4.

5) *Charta papyracea Graece scripta Musei Borgiani Velitris, qua series incolarum Ptolemaidis Arsinoiticae in aggeribus et fossis operantium exhibetur.* Rom. 1788. 4.

aus dem Jahre 104.*) vor der christlichen Zeitrechnung, und wir können überzeugt sein, dass eben dieselbe schon Jahrhunderte vorher geübt war. Noch verdient bemerkt zu werden, dass nach unserer Urkunde zu schliessen die Griechische Sprache schon damals in ganz Aegypten, selbst in Ober-Aegypten, die amtliche selbst in Privatsachen war.

Die Urkunde zeigt zwei Haupttheile: der grössere Theil der Schrift enthält den Vertrag über den Verkauf selbst; rechts ist mit kleinerer Schrift etwas zugeschrieben, welches nichts anderes sein kann als eine Bescheinigung über die Eintragung des Gekauften in die dazu bestimmten Bücher einer Behörde. Diese Zuschrift ist später und von einer anderen flüchtigern Hand gemacht; woraus von selbst folgt, dass die erhaltene Urkunde keine Abschrift, sondern die Urschrift selbst ist. Die Haupturkunde enthält Z. 1—5. die gewöhnlichen Zeitbestimmungen, welche zu der Gültigkeit der Form gehörten; Z. 6—13. folgt alsdann die Verhandlung selbst. Wir werden daher zur bequemern Uebersicht das Ganze in jene drei Abschnitte abtheilen, und hierbei so verfahren, dass diejenigen Worte, deren Entzifferung noch ganz unklar ist, in dem Griechischen Text und der Uebersetzung ausgelassen werden; was zwar noch nicht sicher entziffert ist, aber doch mit mehr oder weniger Wahrscheinlichkeit, haben wir gleich in den Text aufgenommen; über beides werden die kurzen Erläuterungen nähere Auskunft geben. Diese letztern machen keinen Anspruch auf den Ruhm eines ausführlichen Commentars, sondern sollen nur das Nothwendigste vorläufig aufklären und auf das vorzüglich merkwürdige aufmerksam machen.

I.

(1) Βασιλευόντων Κλεοπάτρας καὶ Πτολεμαίου υἱοῦ τοῦ ἐπικαλουμένου Ἀλεξάνδρου, θεῶν φιλομητόρων σωτήρων, ἔτους ΙΒ τοῦ καὶ Θ̄, ἐφ' ἱερέως τοῦ ὄντος (2) ἐν Ἀλεξανδρείᾳ Ἀλεξάνδρου καὶ θεῶν Σωτήρων καὶ θεῶν Ἀδελφῶν καὶ θεῶν Εὐεργετῶν καὶ θεῶν Φιλοπατόρων καὶ θεῶν Ἐπιφανῶν καὶ θεοῦ (3) Φιλομήτορος καὶ θεοῦ Εὐπάτορος καὶ θεῶν Εὐεργετῶν, ἀθλοφόρου Βερενίκης Εὐεργέτιδος, κανηφόρου Ἀρσινόης Φιλαδέλφου καὶ θεᾶς Ἀρσινόης (4) Εὐπάτορος τῶν

*) [Aber vgl. S. 214 Anm. — E.]

ὄντων ἐν Ἀλεξανδρείᾳ, ἐν δὲ Πτολεμαΐδι τῆς Θηβαΐδος ἐφ᾿ ἱερέων Πτολεμαίου, τοῦ μὲν Σωτῆρος, τῶν ὄντων καὶ οὐσῶν (5) ἐν Πτολεμαΐδι, μηνὸς Τυβὶ ΚΘ, ἐπ᾿ Ἀπολλωνίου τοῦ πρὸς τῇ ἀγορανομίᾳ τὸν μῆνα ἐπὶ τῆς ψιλοτοπαρχίας τοῦ Ταθυρίτου.

„Unter der Regierung der Kleopatra und Ihres Sohnes Ptolemäos, zubenannt Alexander, der mutterliebenden rettenden Götter, Im Jahr 12, welches auch 9; unter dem Priester, der es ist zu Alexandria, des Alexander, und der Götter Erretter, und der brüderlichen Götter, und der Götter Wohlthäter, und der vaterliebenden Götter, und der sichtbaren Götter, und des mutterliebenden Gottes, und des guten Vater habenden Gottes, und der Götter Wohlthäter; als Preisträgerin der Berenike der Wohlthäterin, Korbträgerin der Arsinoe der Bruderliebenden und der Göttin Arsinoe der guten Vater habenden waren die Personen, die es sind zu Alexandria: zu Ptolemaïs der Thebais aber unter den Priestern des Ptolemäos, des Erretters nämlich, die es sind, männliche und weibliche, zu Ptolemaïs, den 29. des Monates Tybi, unter Apollonios dem Vorsteher der Agoranomie den Monat bei der Behörde, welche den baumlosen Grundstücken vorgesetzt ist im Tathyritischen."

Π.

(6) Ἀπέδοτο Παμώνθης, ὡσημεμες, μελάνχρως, καλὸς, τὸ σῶμα μακρός, στρογγυλοπρόσωπος, εὐθύριν, καὶ Ἐναχομνεὺς, ὡσηαμέσος, μελίχρως, (7) καὶ οὕτος στρογγυλοπρόσωπος, εὐθύριν, καὶ Σέμμουθις Περσινηῒ, ὡσηηβμετηῒ, μελίχρως, στρογγυλοπρόσωπος, ἐπίσιμος, φύσχη, καὶ Μελὶτ (8) Περσινηῒ, ὡσηερμετηῒ, μελίχρως, στρογγυλοπρόσωπος, εὐθύριν, μετὰ κυρίου τοῦ ἑαυτῶν Παμώνθου τοῦ συναποδομένου, οἱ τέσσαρες (9) τῶν πετωλιτοστῶν ἐκ τῶν Μεμνονείων σαυτείων, ἀπὸ τοῦ ὑπάρχοντος αὐτοῖς ἐν τῷ ἀπὸ νότου μέρει Μεμνονέων .... (10) ψιλοῦ τόπου πήχεις ΕΝ περιτονῇ. Γείτονες, νότου ῥύμη βασιλική, βορρᾶ καὶ ἀπηλιώτου Παμώνθου καὶ Βοκὸν Ἕρμιος ἀδελφὸς (11) καὶ κοινὸς πόλεως, λιβὸς οἰκία Τέφιτος τοῦ Χαλόμν, ῥεούσης ἀναμέσον διαφ..εισ..ανωεν. Γείτονες πάντοθεν. Ἐπρίατο Νεχούτης (12) Μικρὸς Ἀσω-

τος, ασημεμες, μελίχρως, τερπνός, μακροπρόσωπος, εὐθύριν, ἡ οὐλὴ μετώπῳ μέσῳ, χαλκοῦ νομίσματος ΧΛ. Προκωλῆται καὶ (13) βεβαιωταὶ τῶν κατὰ τὴν ὠνὴν ταύτην οἱ ἀποδόμενοι. ἐνεδέξατο Νεχούτης ὁ πριάμενος.

Darunter eine unleserliche Unterschrift, nicht mit gewöhnlichen Buchstaben, sondern in tachygraphischen Noten geschrieben, dergleichen die Tironischen bei den Lateinern sind. Von dieser Art Schrift handelt Kopp Tachygr. vet. Dd. I, S. 435 ff.; es ist mir aber nicht gelungen durch Vergleichung der von ihm herausgegebenen Noten diese Unterschrift zu entziffern: fast möchte ich jedoch vermuthen, dass der Name Apollonios in dem letzten Theile der Züge enthalten sei.

„Es verkaufte Pamonthes, ... schwärzlich von Farbe, schön, von Körper lang, runder Gesichtbildung, gerader Nase, und Enachomneus, ... gelbfarbig, ebenfalls runder Gesichtbildung, gerader Nase, und Semmuthis Persinei, ... gelbfarbig, runder Gesichtsbildung, etwas gebogener Nase, aufgedunsen, und Melyt Persinei, ... gelbfarbig, runder Gesichtbildung, gerader Nase, mit ihrem Herrn Pamonthes dem mitverkaufenden, alle vier gehörend zu den Petolitosten unter den Memnonischen Lederarbeitern, von dem ihnen zugehörigen in dem südlichen Theile der Memnonier belegenen . . . . baumlosen Grundstück 50/50 Ellen ins Gevierte. Nachbarn: Im Süden die königliche Gasse, im Norden und Osten des Pamonthes Grundstück und Hokon des Hermis Bruder und das Gemeineland der Stadt, im Westen das Haus des Tephis des Sohnes Chalomn, so dass . . . . in der Mitte durchflesst. Nachbarn von allen Seiten. Es kaufte dasselbe Nechutes Klein Prasser, ... gelbfarbig, angenehm, von langer Gesichtbildung, gerader Nase, eine Narbe mitten auf der Stirn, für 601 Stück Kupfergeld. Makler und Gewährleister des in diesem Kaufe festgesetzten die Verkäufer. Dies nahm an Nechutes der Käufer."

III.

(1) Ἔτους $\overline{IB}$ τοῦ καὶ $\overline{Θ}$, Φαρμυθὶ $\overline{K}$., ἐπὶ τῆς[τὴν] . . . τρ . . . (2) . . ρα . ἐφ' ἧς Δι . . Ο . . . . . διαγραφ . . . Χωτ-

λιύφης (3) ὑπογρα. [κατὰ διαγραφὴν χωτλι, ὑφ' ἣν ὑπογράφει] Ἡρακλείδης ἀντιγρα. τῆς ὠνῆς, (4) Νεχούτης Μικρὸς Ἄσωτος ψιλὸν τόπον (5) π ἘΝ...... τὸν ἐν τῷ ἀπὸ νότου μέρει (6) Μεμνονίων, ὃν ἐωνήθη παρὰ (7) Παμώνθης, τοῦ καὶ Ἐναχομνέως (8) [ἐπι]γράψαντος, σὺν ταῖς ἀδελφαῖς, (9) ΧΖΛ Ν̃ — Χ.*)

Dabei noch einige Zeichen, welche wir nicht kennen, die aber ungefähr so etwas wie bei uns ein Loco Sigilli oder in fidem copiae, kurz eine Beglaubigung sein mögen.

„Im Jahr 12, welches auch 9, den 20sten Pharmuthi, unter o der .... unter welcher Di .. th ..... Steueranleger [war], Chotleuphes Unterschreiber, Herakleides Gegenschreiber des Kaufes: [schreibt ein] Nechutes Klein Prasser ein baumloses Grundstück, 5050 Ellen, das in dem südlichen Theile der Memnonier, welches er gekauft hatte von Pamonthes, indem auch Enachomneus seinen Namen zuschrieb mit seinen Schwestern, für 601 Stück Kupfergeld."

So weit unsere Entzifferung; wobei nur weniges, namentlich im dritten Theile [Z. 8.] das Eingeklammerte, hypothetische Annahme ist; mehr zu leisten scheint fast unmöglich, da die kleinere Schrift am rechten Rande zu flüchtig hingeworfen, und wie es scheint, noch dazu stark verloschen ist, und an den leer gelassenen Stellen nur wenige Buchstabenformen erkennbar sind. Eine Hauptschwierigkeit entsteht besonders dadurch, dass die Schrift bisweilen äusserst gedehnt, dann wieder gedrängter ist, und ebenso die Buchstaben oft genauer verbunden, oft wieder mehr getrennt sind, je nachdem der Schreibende schneller oder langsamer schrieb. Auch würde es, um das Unklare zu entziffern, wenig helfen, wenn wir,

---

*) [Die eingeklammerten Worte sind spätere Entzifferungen Böckh's, bis auf das hypothetische [ἐπι]γράψαντος. Im Verein mit Buttmann stellte er dann später mit Hilfe des ähnlichen Oros-Protokolls in den Abh. d. Berl. Ak. 1824 p. 103 ff. den Text folgendermassen fest: Ἔτους ΙΒ τοῦ καὶ Θ Φαρμοῦθι Κ ... ἐπὶ τὴν ἐν Ἑρμώνθει τράπεζαν, ἐφ' ἧς Διονύσιος, δικαίης ἐγενείλου κατὰ διαγραφὴν Χὰ τελώσου, ὑφ' ἣν ὑπογράφει Ἡρακλείδης ἀντιγραφεὺς τελώνης Νεχούσης κτλ. Das Folgende stimmt mit der früheren Lesart, bis auf μήχεις Z. 6; ἐωνήσατο Z. 8 und Z. 9, welche lautet: γαλκοῦ ταλ. α', υἱὸς γ' und als Unterschrift: Διονύσιος τραπεζίτης. — E.]

wie Schow bei seinem Papyrus gethan hat, ein Alphabet entwerfen wollten; ist dies für Jemanden Bedürfniss, so kann er sich die Buchstaben aus den entzifferten Stellen mit leichter Mühe herauslesen, und wird dann finden, dass manche mehrere Formen haben, wie T, H, O und andere: Einzelnes der Art wird bei den Erläuterungen berücksichtigt werden. Lücken kann ich in dem Papyrus nicht erkennen, es sind zwar einige Löcher darin, aber nur Z. 9. hat ein kleiner Theil des T an einer Stelle gestanden, welche jetzt weggefressen ist. Mir scheinen die Löcher schon da gewesen zu sein, als das Blatt beschrieben wurde, oder wo sie jetzt sind, hatte das Papier schon schlechte Stellen, und der Schreibende vermied diese oder fuhr schnell darüber hin; daher an solchen Orten die Buchstaben breiter gezogen sind.

Erläuterungen.

Βασιλευόντων Κλεοπάτρας καὶ Πτολεμαίου υἱοῦ ἐπικαλουμένου Ἀλεξάνδρου,*) θεῶν φιλομητόρων σωτήρων, ἔτους ΙΒ τοῦ καὶ Θ| In der Entzifferung ist nichts Unsicheres noch Unklares, ausser dass von ἔτους die drei letzten Buchstaben undeutlich sind; daher einer etwa auch ἔτει könnte lesen wollen: ἔτους ist aber gewiss, da es deutlicher in der Nebenschrift gleich zu Anfang steht, und der Gebrauch es rechtfertigt, wie in dem Eingange der Rosetteschen Inschrift in demselben Zusammenhange Zeile 4. ἔτους ἐνάτου [C. I. No. 4697 T. III p. 335], and auf den Münzen, zum Beispiel auf denen der letzten Kleopatra, welche Champollion-Figeac Annales des Lagides Dd. II, Taf. 1. zusammengestellt hat. Dass dasselbe Jahr das zwölfte und neunte heisst, beruht auf der Sitte wegen gewisser Umstände nach einer doppelten Aera zu rechnen. So wurde das sechzehnte Jahr der Regierung der letzten Kleopatra zugleich das erste, weil Kleopatra in jenem Jahre, in welchem sie den Titel θεὰ νεωτέρα annahm, von Antonius auch Chalkis und die angrenzenden Länder in ihre Gewalt erhielt, daher auf den Münzen

---

*) [Des Ptolemäos Fmo ist nicht genannt, wie in der Inschrift v. Apollinopolis parva nicht die des Soter des zweiten. Vgl. Letronne Rech. S. 106. 130 f. C. I. 4716 e.]

derselben: ἔτους ΚΑ̅ τοῦ καὶ ς̅. Vgl. Champollion-Figeac a. a. O. Bd. II, S. 354 ff. Ebenso war das fünfte Jahr derselben Kleopatra das erste des Ptolemäos ihres zweiten Brudern (Champoll. ebendas. S. 335.). Ueberhaupt waren die Alexandrinischen Könige in der Zählung der Jahre sehr willkührlich, wie man aus demjenigen sehen kann, was Porphyrios bei Eusebios Chronic. S. 60, 11 f. (Amsterd. 1658.) von der Jahreszählung der Regierung des Ptolemäos Euergetes II. Physkon lehrt. Aehnlich erklärt sich auch die doppelte Aera in unserer Urkunde, und die Zeit der letztern wird dadurch ganz genau bestimmt. Ptolemäos Physkon hatte zuerst zur Gemahlin seines Bruders Philometor Wittwe, seine Schwester Kleopatra; er verstiess diese und heirathete dann Kleopatra Kokke, die Tochter der vorgenannten Kleopatra und des Philometor. Dieser hinterliess er bei seinem Tode, im J. 117. vor Christus, das Reich mit der Verordnung, dass sie denjenigen ihrer beiden Söhne, welchen sie wollte, zum Mitregenten machen sollte. Obgleich sie den jüngern Alexander lieber wollte, musste sie dennoch, von dem Herkommen und dem darauf haltenden Volke genöthigt, den ältern, Ptolemäos Soter II., Lathyros genannt, zum Theilnehmer in der Regierung nehmen*); dagegen wurde Alexander im vierten Jahre der gemeinschaftlichen Regierung seiner Mutter und des Lathyros König von Cypern. Im zehnten Jahre der gemeinschaftlichen Regierung aber entfernte Kleopatra ihren Sohn Ptolemäos Soter II. vom Throne, welcher hierauf nach Cypern ging, und setzte statt dessen den jüngeren Ptolemäos Alexander I. als Mitregenten ein. Diese Thatsachen sind aus mehreren Stellen der Alten gewiss, und bereits von Champollion-Figeac [Ann. II, 8, ch. 11.] genugsam erörtert; um aber die Zählung der Jahre aus der Hauptquelle selbst vor Augen zu stellen, setze ich die Worte des Porphyrios bei, welche in den Sammlungen des Eusebios (a. a. O.) aufbehalten sind: Πτολεμαίου δὲ τοῦ δευτέρου Εὐεργέτου ἐκ Κλεοπάτρας γίνονται υἱοὶ δύο Πτολεμαῖοι καλούμενοι, ὧν ὁ μὲν πρεσβύτερος Σωτὴρ ἐπεκαλεῖτο, ὁ δὲ νεώτερος [Ἀλέξανδρος] . . . . . .

*) [Ueber diese Sachen Letronne Rech. S, 106 ff.]

ὁ πρεσβύτερος ὑπὸ τῆς μητρὸς ἀναδειχθείς. δοκῶν δὲ αὐτῇ εἶναι πειθήνιος ἄχρι μέν τινος ἠγαπᾶτο, ἐπεὶ δὲ κατὰ τὸ δέκατον ἔτος τῆς ἀρχῆς τοὺς φίλους τῶν γονέων ἀπέσφαξεν, ὑπὸ τῆς μητρὸς διὰ τὴν ὠμότητα τῆς ἀρχῆς καθῃρέθη, καὶ εἰς Κύπρον ἐφυγαδεύθη· τὸν δὲ νεώτερον ἡ μήτηρ ἐκ Πηλουσίου μεταπεμψαμένη βασιλέα ἀπέδειξε σὺν ἑαυτῇ. συνεβασίλευεν οὖν ὁ νεώτερος τῇ μητρί, τῶν χρηματισμῶν ἀναφερομένων εἰς ἀμφοτέρους· καὶ ἐνδέκατον μὲν Κλεοπάτρας ἀνηγορεύθη, ὄγδοον δὲ Πτολεμαίου Ἀλεξάνδρου. συνανέλαβε γὰρ ἀπὸ τοῦ τετάρτου ἔτους τῆς τοῦ ἀδελφοῦ βασιλείας εἰς ἑαυτὸν τοὺς χρόνους, ἀφ' οὗ τῆς Κύπρου ἐβασίλευσε. Nach diesen obgleich etwas verstümmelten dennoch unzweideutigen Worten des Porphyrios wurde also bei der Thronbesteigung des Sohnes der Kleopatra, Ptolemäos Alexander festgesetzt, dass das eilfte Jahr der Kleopatra das achte des Alexander sein sollte, indem letzterem die Jahre seiner Regierung in Cypern vom vierten Jahre des Soter II. an zugerechnet wurden; so ist also das zwölfte Jahr der Kleopatra des Alexander neuntes, wie in unserer Urkunde steht. Beiden zusammen, der Mutter und dem Sohne, schrieb man die Geschäfte zu; τῶν χρηματισμῶν ἀναφερομένων εἰς ἀμφοτέρους, sagt Porphyrios; folglich mussten auch die Jahre der Regierung beider in den Verhandlungen bezeichnet werden. Uebrigens ist Alexander ein Beiname wie Σωτήρ: daher steht in der Urkunde ἐπικαλουμένου, wie Porphyrios sagt ἐπεκαλεῖτο. Will man endlich die Aegyptische Zeitbestimmung auf unsere Zeitrechnung zurückführen, so muss man bemerken, dass die Jahre der Aera der Lagiden mit dem letzten Monate des Frühlinges beginnen*), und das zwölfte Jahr der Kleopatra Kokke nach den genauen Tafeln

---

*) [Diese Annahme, auf welcher meine Berechnung beruht, ist nicht durchzuführen. Giebt man sie auf, so kommt als das Datum heraus a. 105. Febr. 14. Vgl. Champoll. Ecl. S. XL. Ideler Hdb. d. Chron. Bd. I. S. 124. Dass ich den letzten Monat des Frühlings als Anfang der Jahre angenommen habe, muss auf dem Antritt der Regierung des Ptol. I. oder etwas Aehnlichem beruhen. Aber nach der Analogie der Berechnung der Kaiserregierungen ist das Gewöhnliche anzunehmen, dass die Regierungsjahre der Ptol. vom 1. Thoth des Jahres ihres Antritts berechnet werden.]

des Champollion-Figeac (Bd. II, S. 399.) im J. 105. [106]*) vor der Christlichen Zeitrechnung anfängt. Da nun unsere Urkunde, wie hernach gezeigt werden wird, im Februar abgefasst ist, so erhellt daraus, dass sie in das Jahr 104. [105] vor der Christlichen Zeitrechnung gehöre. Am Schluss der Worte, welche wir eben erläutern, heissen Kleopatra und Alexander $\vartheta\epsilon o\iota$ $\varphi\iota\lambda o\mu\acute{\eta}\tau o\rho\epsilon\varsigma$ $\sigma\omega\tau\tilde{\eta}\rho\epsilon\varsigma$, indem sie nach Aegyptischer Sitte als Götter betrachtet und diesen Göttern schmeichelhafte Beiwörter gegeben werden. $\Phi\iota\lambda o\mu\acute{\eta}\tau\omega\rho$ konnte nun Alexander genannt werden als Liebling der Mutter, wobei die Erwiederung der Liebe von seiner Seite vorausgesetzt wird; dass er sechzehn Jahre später (vor Christus 89.) seine Mutter ermorden liess, hat freilich seinen Beinamen nicht gerechtfertigt. Indessen wurde sogar sein Bruder Lathyros, obgleich er mit der Mutter zerfiel und ihr überhaupt verhasst war, $\Phi\iota\lambda o\mu\acute{\eta}\tau\omega\rho$ genannt, wie freilich Pausanias (I, 9, 1.) behauptet, aus Spott, welches jedoch nicht ganz gegründet sein dürfte. Auf welche Art aber der Name $\Phi\iota\lambda o\mu\acute{\eta}\tau\omega\rho$ auch auf Kleopatra ausgedehnt werden konnte, kann zweifelhaft sein; besondere Beweise der Liebe zu ihrer Mutter Kleopatra hatte sie schwerlich gegeben, wiewohl auch daraus, dass sie nach der Scheidung ihrer Mutter von Physkon denselben heirathete, nachdem er sie schon vorher geschwächt hatte, auch das Gegentheil nicht folgt; denn unter dem Joche eines so scheusslichen Tyrannen wie Physkon mussten alle Gefühle schwelgen, wenn nur überhaupt die Gemüthsart der Kleopatra Kokke irgend eines zarteren Gefühles fähig gewesen wäre. Nicht unwahrscheinlich ist dagegen eine andere Vorstellung, dass nämlich der Ausdruck $\varphi\iota\lambda o\mu\eta\tau\acute{o}\rho\omega\nu$, von Kleopatra und ihrem Sohne in Verbindung gebraucht, auf das wechselseitige Verhältniss der Liebe der Mutter und des Sohnes bezogen wurde, welche bei der gemeinschaftlichen Regierung vorausgesetzt ward, weil man bloss die äussere Erscheinung des Zusammenherrschens berücksichtigte. Und so bin ich auch überzeugt, dass schon Lathyros vorher aus demselben Grunde $\Phi\iota\lambda o\mu\acute{\eta}\tau\omega\rho$ genannt worden war, und

---

*) [106 hat Böckh hier und p. 225 nach St. Martin im Journ. des sav. 1821. p. 537. verbessert. — E.]

nicht aus Spott, wie Pausanias will; da aber eben derselbe
Σωτήρ heisst, vermuthlich weil er nach dem Tyrannen Physkon als ein neuer Stern erschien, so ist es natürlich zu sagen,
Kleopatra und Lathyros hätten schon φιλομήτορες σωτῆρες
geheissen, und nach Lathyros Entfernung sei denn diese Benennung von ihm auf Alexander übertragen worden, während
sie ja auch Kleopatra behielt*). Auf den Münzen wird jedoch
Lathyros bloss Σωτήρ genannt; von Kleopatra und Alexander finden sich auf Münzen keine Beiwörter der Art. Aber auffallend ist es, dass Kleopatra und Alexander nachher θεοὶ
Εὐεργέται genannt werden; wovon ich nachher reden werde.

'Εφ' ἱερέως τοῦ ὄντος ἐν Ἀλεξανδρείᾳ Ἀλεξάνδρου καὶ
θεῶν Σωτήρων καὶ θεῶν Ἀδελφῶν καὶ θεῶν Εὐεργετῶν καὶ
θεῶν Φιλοπατόρων καὶ θεῶν Ἐπιφανῶν καὶ θεοῦ Φιλομήτορος καὶ θεοῦ Εὐπάτορος καὶ θεῶν Εὐεργετῶν] Nach den
Königen wird zuerst der Alexandrinische Priester des Alexander und der Ptolemäer bis herab auf die Regierenden genannt,
letztere mit eingeschlossen. Alle werden Götter genannt mit Ausschluss des Alexander, bei welchem die Benennung Gott fehlt,
weil er bei seinem eigenen Namen genannt ist, die andern aber
nur durch Hülfe des göttlichen Attributs umschreibend bezeichnet
werden. Ebenso in der Roselleschen Inschrift, welche jedoch,
da sie unter Ptolemäos Epiphanes verfasst ist, nur bis auf
diesen die Bezeichnung der königlichen Götter enthält, indem
nach dem pomphaften Titel des Königes und Nennung der Jahrzahl
fortgefahren wird [C. I. no. 4697 Tom. III p. 335, wo Ἀέτου]: ἐφ'
ἱερέως Ἀέτου τοῦ Ἀέτου Ἀλεξάνδρου καὶ θεῶν Σωτήρων καὶ
θεῶν Ἀδελφῶν καὶ θεῶν Εὐεργετῶν καὶ θεῶν Φιλοπατόρων
καὶ θεοῦ Ἐπιφανοῦς εὐχαρίστου. Beiden Urkunden gemein sind
ausser Alexander θεοὶ Σωτῆρες, nämlich Ptolemäos der
Lagide Soter, und seine vierte Gemahlin Berenike, mit welcher er seinen Nachfolger Philadelphos erzeugte: θεοὶ Ἀδελφοί, Ptolemäos Philadelphos und seine nachher von ihm
geschiedene Gemahlin Arsinoe, Tochter des Lysimachos und

---

*) [Eine andere Ansicht giebt Letronne Recherch. S. 101 f. Vgl.
noch über eine Besonderheit S. 105 f. Vgl. S. 463 f.].

der Schwester des Philadelphos, Mutter des Thronfolgers
Euergetes. Dass diese allein gemeint sein kann, und nicht
etwa des Philadelphos zweite Gemahlin Arsinoe, die Schwester
des Philadelphos und Wittwe des Lysimachos, geht hervor
aus der Adulitanischen Inschrift [C. I. n. 5127.], woselbst Euergetes der Sohn dieser θεῶν ἀδελφῶν genannt ist: *Βασιλεὺς
μέγας Πτολεμαῖος υἱὸς Βασιλέως Πτολεμαίου καὶ βασιλίσσης
Ἀρσινόης θεῶν Ἀδελφῶν, τῶν βασιλέων[ς] Πτολεμαίου καὶ
βασιλίσσης Βερενίκης θεῶν Σωτήρων ἀπόγονος*: welches Eckhel
D. N. Bd. IV, S. 9. ungeachtet er die Stelle der Adulitanischen
Inschrift anführt, übersehen hat. Ferner sind unserer Urkunde
mit der Rosetteschen gemein *θεοὶ Εὐεργέται*, Ptolemäos Euergetes der erste und seine Gemahlin Berenike Euergetis,
die Tochter des Magas von Kyrene, Mutter des Thronfolgers
Ptolemäos Philopator; und *θεοὶ Φιλοπάτορες*, Ptolemäos
Philopator und seine Gemahlin und Schwester Arsinoe, Mutter
des Thronfolgers Ptolemäos Epiphanes, welche beide auch in
der Rosetteschen Inschrift mit Namen genannt und dann mit dem
Titel *θεοὶ Φιλοπάτορες* geziert werden, da sie in der Ueberschrift nur ohne Namen mit dieser Benennung bezeichnet sind.
Aber in der Rosetteschen Urkunde folgt nun *θεοῦ Ἐπιφανοῦς
εὐχαρίστου* im Singular, und in unserer *θεῶν Ἐπιφανῶν*. Als
nämlich die Urkunde von Rosette abgefasst wurde, vor Christus
196., war Ptolemäos Epiphanes 13 Jahr alt eben erst gekrönt worden und noch unverheirathet; In unserer Urkunde dagegen ist seine Gemahlin Kleopatra von Syrien, die Mutter des
Thronfolgers Philometor, mit einbegriffen: *εὐχαρίστου* wird
in der Inschrift von Rosette hinzugefügt, um den Lebenden noch
mehr zu lieben; nach seinem Tode war dieses Beiwort nicht
mehr allgemein gebräuchlich. So heisst Ptolemäos Euergetes II. oder Physkon in der Inschrift, welche Jomard zu
Kairo fand (s. Champollion-Figeac Bd. II, S. 407. N. 8.
[C. I. 4698.]), blos der Sohn *θεῶν Ἐπιφανῶν*: doch finden
wir noch in der Inschrift des Tempels von Antäopolis, welche
Pococke ehemals verstümmelt gegeben hatte, Jomard, Hamilton und Champollion-Figeac (ebendas. S. 405. N. 5.
[C. I. 4712.]) richtiger liefern, den Vorgänger Physkons, Pto-

lemäos Philometor als Sohn genannt *Πτολεμαίου καὶ Κλεοπάτρας θεῶν Ἐπιφανῶν καὶ εὐχαρίστων*; beide Beinamen lesen wir auch in einer Inschrift, wovon Hr. General von Minutoli eine Abschrift eingesandt hat [C. I. 4677.]. In unserer Urkunde wird ferner noch *θεὸς Φιλομήτωρ* hinzugesetzt, Ptolemäos genannt Philometor, und *θεὸς Εὐπάτωρ*, offenbar Euergetes II. wie er öffentlich hiess, auch Physkon, Kakergetes und von seiner zoologischen Schriftstellerei Philologos genannt; man scheint sich geschämt zu haben diesen gräulichen Tyrannen nach seinem Tode noch *Εὐεργέτης* zu nennen, und ehrte ihn bloss durch seinen Vater, indem man ihn *Εὐπάτωρ* nannte. Indessen scheint er den Beinamen *Εὐπάτωρ*, der auch in der Familie der Seleukiden bei Antiochos V., desgleichen bei dem Pontischen Könige Mithradat dem Grossen und in der Familie der Ptolemäer nach unserer Urkunde weiter unten bei Arsinoe vorkommt, auch schon bei Lebzeiten getragen zu haben; wenigstens wenn auf ihn sich die Inschrift von Cypern bei von Hammer (topogr. Ans. S. 179. [C. I. no. 2618.]) bezieht: *Βασιλέα Πτολεμαῖον θεὸν Εὐπάτορα Ἀφροδίτῃ*: sie aber auf ihn zu beziehen, ist am natürlichsten, weil er mit eben diesem Namen in unserer Urkunde genannt ist, und so viel wir wissen weiter kein Ptolemäer diesen Beinamen trug*). Uebrigens ist in unserer Urkunde bei Philometor und Physkon die Gemahlin nicht mit einbegriffen; Philometors Gemahlin war aber Kleopatra seine Schwester, Physkons Gemahlin ebendieselbe und deren Tochter Kleopatra Kokke, die Mutter des Lathyros und Alexanders des Ersten, welche in der Urkunde vorkommt. Dass diese Frauen nun nicht mit den Königen ihren Ehemännern zusammen als Götter genannt werden, kann nicht ohne Grund geschehen sein; denn obgleich jene göttliche Verehrung Thorheit war, so war doch in solchen Thorheiten jederzeit Methode. Reden

*) [Champollion: Eclaire. p. 25 ff. will diesen Eupator, den auch die Rolle von Cassati im Journ. des Sav. 1822. p. 556. erwähnt, zu einem Vorgänger des Energetes II. machen, welcher nur kurze Zeit regiert habe. Letronne Rech. p. 124. stimmt ihm hierin bei und mit Recht, wie ich Anfangs [in einer handschriftlichen Bemerkung zu unserer Stelle. — E.] geleugnet, dann aber C. I. Tom. II. p. 439. zugegeben habe.]

wir zuerst von Kleopatra der Schwester und Gemahlin des
Philometor und Physkon. Hätte [man diese einem ihrer
beiden Ehemänner als θεά Φιλομήτωρ oder θεά Εὐεργέτις oder
Εὐπάτωρ zugesellen wollen, so würde man doch in Verlegenheit
gerathen sein, welchem von beiden sie verbunden werden sollte: ist
aber auch davon abgesehen, wurde sie aus einem andern Grunde
ausgelassen. Man muss nämlich bei dieser göttlichen Ehre diejenige unterscheiden, welche der Gemahlin des Königes während
der Ehe, und diejenige, welche ihr später, insbesondere nach
dem Tode erwiesen wird. Während der Ehe hat jede Königin
mit ihrem Gemahle zusammen jene göttliche Ehre zu Alexandrien;
und daher wird auch jene ältere Kleopatra, die Tochter des
Epiphanes, mit Philometor zusammen bei Lebzeiten beider
mit göttlicher Ehre in den Inschriften genannt, welche Champollion-Figeac Dd. II, S. 405 f. zusammengestellt hat, wozu
noch die Inschrift von Parembole (Hamilton Aegyptiac. S. 43.
[C. I. no. 4079.]), die Inschrift von Methone bei Trözen
(Dodwell Tour through Greece Bd. II, S. 282. [C. I. no. 1191.]),
und eine andere kommt, welche wir in den Villoisonschen
Papieren gefunden haben und neuerlich Dubois (Catalogue d'an-
tiquités de Choiseul-Gouffier S. 25. [C. I. no. 2451.]) vom
Steine selbst herausgegeben hat: Ὁ δᾶμος ὁ Θηραίων ὑπὲρ
βασιλέως Πτολεμαίου καὶ βασιλίσσας Κλεοπάτρας, θεῶν Φι-
λομάτορων, καὶ τῶν τέκνων αὐτῶν Διονύσῳ. Ebenso ist
dieselbe mit Physkon zusammen unter dem Titel θεῶν Εὐερ-
γετῶν begriffen in der Inschrift von der Insel Essehel bei den
Katarakten (Fundgruben des Orients Dd. V, H. IV, S. 433. [C.
I. no. 4893.]: Ὑπὲρ βασιλέως Πτολεμαίου καὶ βασιλίσσης
Κλεοπάτρας τῆς ἀδελφῆς, θεῶν Εὐεργετῶν, καὶ τῶν τέκνων.
Aber nach der Ehe und dem Tode des Gemahls dauert in jenem
Dienste die göttliche Ehre nur bei den Frauen fort, welche den
Thronfolger für das Aegyptische Reich geboren haben, wie man
aus dem vorhergesagten sieht, wo immer darauf aufmerksam gemacht worden ist, dass die Göttin die Mutter des Thronfolgers
war. Kleopatra die Gemahlin des Philometor und Physkon gebar aber keinen König Aegyptens; und darum dauert ihre
göttliche Verehrung nicht fort: denn dass ihre Tochter Kleo-

patra Kokke eben als unsere Urkunde verfasst wurde, regierte,
kann nicht in Betracht, da nur auf den männlichen Thronfolger
gesehen wurde. Erst mit Kleopatra Kokke zeugte Philo‑
metors Bruder Physkon die Thronfolger Lathyros und Ale‑
xander I. Daher konnte nur Kleopatra Kokke mit göttlicher
Ehre genannt werden; aber sie wird darum nicht mit ihrem Ge‑
mahl Physkon zusammen mit dem göttlichen Namen genannt,
weil sie noch regiert und mit ihrem Sohne Alexander durch
die Worte θεῶν Εὐεργετῶν gemeint ist, welche zuletzt stehen.
Dieser Beiname stimmt nun, wie oben bemerkt worden, nicht
13 überein mit den Worten θεῶν Φιλομητόρων Σωτήρων; man
kann diesen Widerspruch schwerlich anders als so lösen, dass
zwar beide öffentlich den Titel Φιλομήτορες Σωτῆρες hatten,
bei dem heiligen Dienste der Ptolemäer aber ihnen noch beson‑
ders das Beiwort Εὐεργέται beigelegt war, welches Kleopatra
Alexanders Mutter bei Lebzeiten des Physkon mit diesem ge‑
meinschaftlich trug, und nun mit ihrem Sohne theilt. Lathy‑
ros als verstossen konnte gar nicht genannt werden.

In der Entzifferung der ganzen Stelle bleibt nichts Unsiche‑
res; nur ist zu bemerken, dass Z. 2. der erste Zug C kein Sigma
ist, sondern mit dem folgenden das E bildet. In Rücksicht des
Sinnes aber wird man überrascht zu finden, dass nachdem die
Priesterwürde sehr ausführlich bezeichnet worden, dennoch der
Name des Priesters selbst fehlt, welcher auf dem Rosetteschen
Stein ausdrücklich genannt ist, nämlich dort Ἀετός τοῦ Ἀετοῦ:
indessen bemerkt man sogleich, dass τοῦ ὄντος die Stelle des
Namens vertreten soll, und zwar mit dem Beisatze ἐν Ἀλεξαν‑
δρείᾳ, welcher in der Rosetteschen Urkunde nicht gemacht ist;
und aller Zweifel wird gehoben, wenn man im weitern Verfolge
der Schrift τῶν ὄντων ἐν Ἀλεξανδρείᾳ und τῶν ὄντων καὶ
οὐσῶν ἐν Πτολεμαΐδι ganz in derselben Beziehung wieder findet.
Warum man nun, statt die Namen zu nennen, sagte der es ist,
die es sind, kann ungewiss scheinen. Da diese Priesterwürden
offenbar jährlich sind, so könnte man sagen, in Ober‑Aegypten,
wo die Urkunde verfasst ist, habe man nicht jedes Jahr die
Namen der Würdenträger gekannt; allein da auch die Namen
der Priester zu Ptolemaïs nicht genannt sind, welches doch wenig

entlegen von dem Orte der Abfassung ist, gebe ich diese Ansicht auf. Vielmehr scheint es Sitte gewesen zu sein, der Abkürzung halber, wie wir ein Und so weiter schreiben, in solchen Privaturkunden eben nur die Würden an bezeichnen, weil dies zur amtlichen Form gehörte, die Namen aber nicht zu nennen, da das Jahr doch ohnehin schon durch die Jahrzahl der Aera hinlänglich bestimmt war.

Ἀθλοφόρου Βερενίκης Εὐεργέτιδος, κανηφόρου Ἀρσινόης Φιλαδέλφου καὶ θεᾶς Ἀρσινόης Εὐπάτορος τῶν ὄντων ἐν Ἀλεξανδρείᾳ] Unser Fac-simile giebt *Φιλαδέλφου Εὐπάτορου* und sogar *Εὐεργεδιτος*. Schreibfehler oder Fehler der Nachahmung; das Wahre lässt sich auch ohne den Stein von Rosette erkennen, auf welchem [Zeile 5.] nach dem Priester des Alexander und der Ptolemäer ebenfalls folgt: *ἀθλοφόρου Βερενίκης Εὐεργέτιδος Πύρρας τῆς Φιλίνου, κανηφόρου Ἀρσινόης Φιλαδέλφου Ἀρείας τῆς Διογένους, ἱερείας Ἀρσινόης Φιλοπάτορος Εἰρήνης τῆς Πτολεμαίου*. Unsere Urkunde weicht hier in einigen Worten ab, besonders aber darin, dass wieder statt der Namen *τῶν ὄντων* steht, um so auffallender, da Weiber zu verstehen sind: man erinnert sich aber bald, dass *οἱ ὄντες* die seienden Personen heisst, Personen aber im Griechischen, selbst wenn sie weiblich sind, masculinisch bezeichnet werden können, wie besonders die Tragiker lehren. Zuerst wird unter den weiblichen heiligen Stellen die Kampfpreisträgerin der Berenike Euergetis genannt; Berenike Euergetis ist die Gemahlin des Ptolemäos Euergetes I. wie wir aus Eratosthenes wissen (Kataster. 12.), dessen Worte Eckhel (D. N. Dd. IV, S. 14.) auf eine unbegreifliche Art angezweifelt hat; sie ist die Tochter des Magas von Kyrene, ein Weib von grossem Geist, dieselbe deren Haupthaar unter die Sterne versetzt worden. Diese hat eine *ἀθλοφόρος*, welche nichts anderes als die Trägerin und Spenderin des Kampfpreises sein kann in Spielen, welche dieser Berenike geweiht waren. Mit welcher ausschweifenden Pracht dergleichen Spiele und die damit verbundenen Pompaufzüge unter den Ptolemäern gefeiert wurden, lehrt Kallixenos von Rhodos in dem vierten Buch über Alexandria (b. Athen. V, S. 196, A ff. bis S. 203 B.). Näheres wissen wir davon nicht, wie auch Heyne (Commentar. Gotting. Bd. XV. S. 268. zur Rosett. Inschr.) gestehen musste. [Vgl. C. I. III. p. 306 f.] Bei einem solchen Pompaufzuge, der der Arsinoe Philadelphos geweiht war, hatte ferner diese selbst eine Kanephore, worüber ebenfalls nichts Näheres bekannt ist. Arsinoe Philadelphos kann die erste Gemahlin des Ptolemäos Philadelphos sein, welche zwar nicht seine Schwester, sondern seine Schwestertochter war, aber doch mit ihrem Gemahl zusammen den Beinamen Θεῶν Ἀδελφῶν führte; oder dessen zweite Gemahlin und Schwester Arsinoe. Letzteres hat Eckhel (D. N. Bd. IV. S. 12.) vorgezogen, ersteres Champollion-Figeac. Nach letzterem heirathet Philadelphos seine Schwester im siebenten Jahre seiner Regierung: auf den Münzen der Arsinoe Philadelphos kommt aber das Jahr 33. vor, woraus hinlänglich klar ist, dass darauf die Schwester gemeint sei; hingegen kommt auch das Jahr 2. und 6. vor, welches wohl nur auf die Schwestertochter bezogen werden kann; so dass beide Gemahlinnen des Ptolemäos Philadelphos jenen Namen führten. Doch entscheide ich mich mit Champollion-Figeac für die Schwestertochter in Bezug auf jene Kanephore, aus dem von ihm angegebenen Grunde, weil sie Mutter des Thronfolgers war, welcher nicht leicht der andern Arsinoe, um deren Willen Ptolemäos Philadelphos die erstere verstiess, würde die Ehre einer Kanephore gegeben oder gelassen haben. Endlich wird noch die Göttin Arsinoe Eupator genannt, und ihr eine Kanephore zugeschrieben, von welcher man dem strengen Wortverstande nach annehmen müsste, sie sei dieselbe, welche Kanephore der Arsinoe Philadelphos ist: in der Rosetteschen Inschrift hat sie eine Priesterin, heisst aber nicht Eupator, sondern Philopator. Entweder wurde also die Priesterin derselben später zu einer Kanephore umgestaltet, oder ihr Priesterthum mit der Kanephorie der Arsinoe Philadelphos vereinigt; denn dass die Arsinoe Eupator dieselbe sei mit der Arsinoe Philopator der Rosetteschen Urkunde, leidet wohl keinen Zweifel, zumal da der Name Göttin Arsinoe mit der Nachricht in der Rosetteschen Inschrift, dass sie eine Priesterin habe, so sehr zusammenstimmt. Sie ist keine andere als Arsinoe, die Schwester und Gemahlin des Ptolemäos Philopator, Mutter des Epiphanes; warum sie aber in unserer Urkunde statt Philopator Eupator heisse, weiss ich nicht anzugeben; auf den Münzen (Eckhel D. N. Bd. IV. S. 15.) heisst sie wie in der Rosetteschen Inschrift Philopator. Noch könnte man fragen, wodurch sich Arsinoe Philopator diese besondere Verehrung erworben habe; und ich möchte beinahe glauben, dass sie diese Ehre dem Verdienste verdankt, welches sie sich in der Schlacht bei Rhaphia erwarb; denn sie trug zu dem Siege ihres Bruders in jenem grossen und denkwürdigen Treffen nicht wenig bei, indem sie mit fliegenden Haaren durch die Reihen der Krieger lief, und deren Muth durch grosse Versprechungen entflammte, wie in dem dritten Buche der Makkabäer [Init. Septuag. T. II. p. 576. Tischendorf] erzählt wird. Uebrigens sind die weiblichen heiligen Stellen nicht nach der Zeit geordnet, wie die Fürstinnen nach einander folgten, sondern nach einem unbekannten Anordnungsgrunde, indem Arsinoe Philadelphos älter ist als Berenike Euergetis.

Ἐν δὲ Πτολεμαΐδι τῆς Θηβαΐδος ἐφ' ἱερέων Πτολεμαίου, τοῦ μὲν Σωτῆρος, τῶν ὄντων καὶ οὐσῶν ἐν Πτολεμαΐδι, μηνός Τυβὶ ΚΘ, ἐπ' Ἀπολλωνίου τοῦ πρὸς τῇ ἀγορανομίᾳ τὸν μῆνα ἐπὶ τῆς ψιλοτοπαρχίας τοῦ Ταθυρίτου] Da der Ort, wo die Urkunde abgefasst wurde, in der Thebais lag, so musste nach den Königen und den das ganze Aegypten angehenden Priesterwürden auch eine Priesterwürde der Thebais genannt werden; und zwar werden Priester von Ptolemais bezeichnet, welches damals die bedeutendste Stadt der Thebais war, im Nomos Thinites, wie Ptolemäos der Geograph lehrt, indem er sagt: Θινίτης νομός, καὶ μητρόπολις Ἑρμίου Πτολεμαΐς; und Strabo XVII, S. 1167. Alm. [813 C.]: Ἔπειτα Πτολεμαϊκὴ πόλις, μεγίστη τῶν ἐν τῇ Θηβαΐδι καὶ οὐκ ἐλάττων Μέμφεως, ἔχουσα καὶ σύστημα πολιτικὸν ἐν τῷ Ἑλληνικῷ τρόπῳ. Damit aber die Stadt bestimmter bezeichnet werde, wird τῆς Θηβαΐδος zugesetzt, um sie von andern gleiches Namens, besonders der Arsinoïtischen und Troglodytischen Ptolemais zu unterscheiden. Dort also hatte Ptolemäos Soter einen Dienst, ohne Zweifel als Gründer, und bemerkenswerth ist es, dass er nicht Gott genannt wird; es scheint, da Ptolemais nach Strabo eine Hellenische Stadtverfassung hatte, auch in der Religion sich das Hellenische mehr befestigt zu haben und daher Ptolemäos nur als Heros und Stifter, nicht als Gott verehrt worden zu sein. Auffallend finde ich, dass Ptolemäos mehrere Priester haben soll; noch auffallender ist das μέν in τοῦ μὲν Σωτῆρος, welches nichts entsprechendes hat: beides zusammen bestimmt mich anzunehmen, dass der Abfasser unserer Urkunde sich eine Abkürzung erlaubt habe, indem er einen andern Ptolemäer ausliess, welcher mit τοῦ δέ hätte eingeführt werden müssen, ἐφ' ἱερέων Πτολεμαίου, τοῦ μὲν Σωτῆρος und hier der Name des Priesters, τοῦ δὲ Φιλαδέλφου zum Beispiel, und dann der Name des Priesters. Dies konnte aber nur alsdann passend geschehen, wenn auch die Namen der Priester wirklich genannt worden wären; da dies nicht geschieht, sondern die Namen durch τῶν ὄντων ἐν Πτολεμαΐδι vertreten werden, so wurde der Abfasser verführt, den andern Ptolemäer zu überspringen, und zu der stellvertretenden Formel τῶν ὄντων . . . . ἐν Πτολεμαΐδι hinzueilen. Hätte er die beiden Ptolemäer anführen und dennoch die Namen der Priester nicht nennen wollen, so wäre die Abfassung sehr schwerfällig so ausgefallen: ἐφ' ἱερέων Πτολεμαίου τοῦ μὲν Σωτῆρος τοῦ ὄντος ἐν Πτολεμαΐδι, τοῦ δὲ Φιλαδέλφου (beispielsweise) τοῦ ὄντος καὶ τούτου ἐν Πτολεμαΐδι. Die Annahme dieser Abkürzung wird zur Gewissheit erhoben, wenn man erkannt hat, dass sogar noch eine grössere statt findet. Denn da nicht bloss τῶν ὄντων, sondern auch noch ganz deutlich καὶ οὐσῶν dabei steht, so müssen auch Priesterinnen angenommen werden; und da die Ptolemäer keine Priesterinnen haben können, so sind Ptolemäische Frauen ausgelassen, denen die Priesterinnen gewidmet sind, etwa Soters und Philadelphos Gemahlinnen: wobei man sich nicht daran stossen darf, dass hier die Priesterinnen im Gegensatze gegen die Priester durch οὐσῶν bezeichnet werden, ungeachtet oben bei der Kampfpreisträgerin und Korbträgerin ὄντων statt οὐσῶν vorkam: denn solche Ungleichheit der Abfassung schleicht sich leicht in Privaturkunden ein. Nachdem nun das Jahr auf alle

Weise bestimmt ist, wird noch der Tag des Monats angegeben, wie in der Steinschrift von Rosette Z. 6. Ich nehme die Zahl für $\overline{K\Theta}$, 29: doch ist der zweite Buchstab zweifelhaft, indem er auch ein B sein kann, nach einer Form desselben, welche in unserer Urkunde öfter, nur nicht gerade in Zahlen vorkommt. Tybi ist der fünfte Aegyptische Monat; das bewegliche Aegyptische Jahr fängt aber vor Christus 105. [106.]*) mit dem 18. September der Julianischen Zeitrechnung an, wie man aus Censorin (de die nat. 21.) berechnen kann und Champollion-Figeac (Bd. II. im Anhang Num. F.) richtig angiebt. Die Monate haben also folgende Anfänge:

Thoth	18. Sept.	Phamenoth	17. März
Phaophi	18. Oct.	Pharmuthi	16. April
Athyr	17. Nov.	Pachon	16. Mai
Choiak	17. Dec.	Payni	15. Juni
Tybi	16. Jan.	Epiphi	15. Juli
Mechir	15. Febr.	Mesori	14. August:

so dass unsere Urkunde den 13. Febr. des Jahres vor Christus 104. [105.] ausgestellt ist. In dieser Zeit steht in Aegypten die Saat noch auf den Feldern, und es scheint sich dieselbe also nicht zum Verkauf eines Grundstückes zu eignen; aber dies darf uns nicht anstössig sein, da wir die Verhältnisse nicht so weit ins Einzelne verfolgen können, um die Zweckmässigkeit der Handlung zu beurtheilen. Nachdem nun Jahr und Monat bestimmt sind, kann man, wenn noch eine Behörde genannt wird, wie wirklich geschieht, diese nur für eine solche halten, welche eine nähere Beziehung hat auf den Gegenstand der Urkunde oder den Ort, wo sie verfasst worden, und eine monatliche ist. Dies liegt offenbar in den folgenden Worten; es wird der Vorsteher des Marktwesens, ὁ πρὸς τῇ ἀγορανομίᾳ genannt, und sein Name ist im Genitiv angegeben Ἀπολλωνίου: die Entzifferung dieses Namens ist gewiss; wenn einer auch an Ἀμμωνίου denken wollte, so bedarf es nur ihn auf Z. 9. (vergl. auch Z. 8.) zu

---

*) [S. S. 215 Anm. Mit der Jahreszahl 106 statt 105 müssen auch die folgenden Monatsdaten von Thoth bis Mechir (September bis Febr.) um einen Tag später gesetzt werden, während die Reihe Phamenoth bis Mesori unverändert bleibt. — E.]

verweisen, wo απο gerade wie hier 'Απολλωνίου geschrieben
ist. Auch τόν ist deutlich; was darauf folgt, halte ich mit Dittmann für μῆνα und ἐπί, bis jemand etwas Besseres erfindet.
Das nächste kann nur als τῇ oder τῆς gelesen werden; wir
müssen uns für letzteres entscheiden, weil .... τοπαρχίας
folgt; was vor τοπαρχίας hergeht, kann ich nur für ψιλο nehmen, in welchem das λ gegen das ο hin sehr lang gezogen ist,
um über eine schlechte Stelle des Papiers wegzugleiten. Ψιλοτοπαρχία ist zwar ein unbekanntes Wort, aber richtig gebildet,
und passt vollkommen in den Zusammenhang; denn das Verkaufte
wird ψιλός τόπος genannt. Die Hellenen setzen die γῆ ψιλή
der γῆ πεφυτευμένη entgegen; πεφυτευμένη ist das mit Bäumen
bepflanzte Land, wie Weingärten, Olivenwälder und dergleichen;
ψιλή ist baumloses Feld. Es ist aber sehr natürlich, dass beide
Ländereien in Rücksicht der Aufsicht der Regierung getrennt
waren, und eine Behörde bestand, welche über das baumlose
Land gesetzt war, sowohl in finanzieller als agrarischer Hinsicht;
wogegen das bepflanzte einen abgesonderten Verwaltungszweig
bildete, wie heutzutage die Forsten, über welche auch schon bei
den Alten besondere Waldaufseher (ὑλωροί) gesetzt waren. Bei
jener Behörde mochte nun monatlich einer das Amt der Agoranomie verwalten, welches über Kauf und Verkauf auf dem Markte
gesetzt war, und wohl auch über den Kauf und Verkauf überhaupt eine Aufsicht haben konnte; weshalb denn gerade der Agoranom genannt scheint. Etwas Näheres über diese Aegyptischen
Behörden wissen wir nicht; doch ist von Inschriften noch manches zu erwarten: wie wir eben erst kürzlich durch einen Stein
im Brittischen Museum die Aegyptischen τοπογραμματεῖς und
κωμογραμματεῖς kennen gelernt haben [C. I. Tom. III. pag. 293.
319.] Das folgende τοῦ Ταθυρίτου, in welchem das zweite τ
etwas stark geschlängelt aber doch erkennbar ist, kann unmöglich zu 'Απολλωνίου gehören, sondern hängt von ψιλοτοπαρχίας
ab. Ταθυρίτης muss ein Nomos sein, so wie in der Rosettischen Inschrift Z. 22. ἐν τῷ Βουσιρίτῃ vorkommt mit ausgelassenem νομῷ; ebenso ἐν τῷ Ὀμβρίτῃ in der Inschrift des Tempels von Ombos [C. I. no. 4859. vgl. 4860.]. Ὀμβείτου in einer
Inschrift bei Legh S. 85., Ἑρμωνθείτου καὶ Λατοπολείτου

in einer Memnonischen Inschrift bei Hamilton [C. I. no. 4722.]; und ähnliches in andrren. Der Tathyritische Nomos hat den Namen von dem Flecken *Ταθυρίς*, woselbst der Ort der Memnonier liegt, gegenüber vom alten Theben: denn Ptolemäos der Geograph sagt, nachdem er von dem Tentyritischen Nomos und was dabei liegt gesprochen: *εἶτα ὁ Μέμνων καὶ μεσόγειος κώμη Ταθυρίς*; dass aber ein Tathyritischer Nomos vorhanden war, wissen wir freilich aus keiner andern Stelle, und lernen es nur eben aus unserer Urkunde für ihre Zeit*). Was Ptolemäos ὁ *Μέμνων* nennt, ist der Ort dem östlich belegenen Theben gegenüber, wo die Memnonischen Denkmäler sind; dort muss eine Gemeine oder Stadt gewesen sein, genannt οἱ *Μεμνονεῖς*, wie οἱ *Δελφοί*, οἱ *Θούριοι*, οἱ *Ἁλιεῖς***); wie auch Hamilton

*) [Aus Plin. II. N. V, 9. setzt man in diese Gegend den Phaturites, welchen Namen ich für falsches Lescart statt Tathyrites halten würde, wenn nicht so viele Aegyptische Namen einander sehr ähnlich wären. — Jomard schreibt an Böckh d. d. Paris Août 17. 1822. La lecture du mot *Παθυρίτου* lève toute difficulté sur la question géographique: le nom est le même que *Φαθυρίτου*. Die Schreibart mit *Π* fand Böckh auch in den Papyrusrollen von Turin bei Raoul-Rochette im Journ. des Sav. 1824. p. 601. vgl. Tochon d'Annecis sur les noms d'Eg. unter Phaturites und notirte ein *Π* auch am Rande des Textes oben p. 209. — E.]

**) [Minutoli schreibt hierüber an Böckh d. d. Venedig 8. Januar 1822.: „Das Memnon oder Memnonium bildete nach meiner Ansicht einen Theil von Theben und folglich lag diese Stadt auf beiden Ufern des Nils, wie dies aus folgender Stelle des Plinius h. n. XXXVI. c. 14, worin es heisst: 'Man spricht von hängenden Gärten, ja von einer hängenden Stadt, ich meine von Theben in Aegypten. Ohne dass es die Einwohner merkten, liessen die Könige ganze Armeen unter der Stadt und dem durch sie fliessenden Fluss hinmarschiren' — satisam hervorgeht. Dafür scheint nebst noch vielen anderen Gründen die Sage der Eingebornen, dass im Innern einer Cysterne sich ein unterirdischer Gang befinde, der unter dem Strom durchführte, zu bürgen. Auch darf man sich darüber nicht wundern, wenn einzelne Theile Thebens Memnonium, Medinet-Abou u. s. w. benannt wurden, da es bei uns ein Bewohner der Louisen- oder Friedrichs-Stadt sehr übel nehmen würde, wenn man ihn nicht für einen rechten Berliner anerkennen wollte. Uebrigens liesse sich allenfalls die Identität des tentyritischen Nomos, worin der Ort der Memnonier liegen soll, erweisen, wenn man erwägt, dass Tentyris nicht weit von Theben und zwar auf dem linken Nilufer liegt und dieser Theil der Stadt zu jenem Nomos gehören konnte, so wie Berlin zu zweien Kreisen gehört." — E.]

Medinet-Abou, die Stadt des Vaters, als das Memnonium, und dieses als den Hauptort des westlichen Thebens ansieht (Aegypt. S. 134. 148.). In der Feldmark dieses Ortes der Memnonier lag das Grundstück, welches hier von Einwohnern dieses Ortes verkauft wird, die selbst ja gleich hernach Memnonier genannt werden. So stimmen die Orte alle zusammen, und man begreift nun auch, wie die Urkunde in ein Thebäisches Grab gelangte, da wir die hier vorkommenden Leute in der Nähe von Theben finden.

Ἀπέδοτο Παμώνθης, ὡσημεμις, μελάνχρως, καλός, τὸ σῶμα μακρός, στρογγυλοπρόσωπος, εὐθύριν, καὶ Ἐναχομνεύς, ὡσηκμεσος, μελίχρως, καὶ οὗτος στρογγυλοπρόσωπος, εὐθύριν, καὶ Σέμμουθις Περσινῆς, ὡσηκβμετηῖ, μελίχρως, στρογγυλοπρόσωπος, ἐπίσιμος, φύσχη, καὶ Μελὺτ Περσινῆ, ὡσημμετηῖ, μελίχρως, στρογγυλοπρόσωπος, εὐθύριν, μετὰ κυρίου τοῦ ἑαυτῶν Παμώνθου τοῦ συναποδομένου] In diesem manchen Schwierigkeiten unterworfenen Abschnitte bemerke ich zuerst zwei den Kennern alter Schreibart nicht auffallende paläographische Eigenheiten, das Ν in μελάνχρως, und das einfache Ρ statt des doppelten in εὐθύριν. Die Eigennamen sind alle Aegyptisch: Παμώνθης Παμώνθου hat aber Griechische Form, ungeachtet III, 7. auch im Genitiv Παμώνθης steht. Indem jener Theil der Urkunde aus einer andern Feder floss: Aegyptische Mannsnamen auf ης finden sich viele, wie hernach Νεχούτης, bei Schow Παυείτης, Ἄννης, Κηβήτης, Λακίης, Τουτούης. Παβρίης und andere. Mit Πα fangen sehr viele Aegyptische Namen an, weil es den Artikel enthält: so in Schows Papyrus Πάησις, Πάωφις, Παυείτης, Πατίβαῦς, Πάνουφις, Παβρίης, Πάμουνις, Πάμουτις, Πάκηκκις und andere (vgl. Schow S. 46. S. 88 f.). Ἐναχομνεύς ist ebenfalls ein Mannsname. III, 7. auch in der Genitivform Ἐναχομνίως erscheinend; wie Ἀχωρεύς Name eines Königes, bei Schow Ἰχρεύς, Ὀρσεύς, Σανενεύς, Σανενίως, und dergleichen mehr der Griechischen Biegung angeschmiegte Namen. Dagegen sind Semmuthis und Melyt Weibernamen; wie Thermuthis, ohne Griechische Endung Thermuth oder Thermuthi (vgl. Schow S. XXXIX.). Menuthis; Κολλαῦθ, Πελαῦθ, Νηῖθ, Ταφορσαῖτ, Τεφορσαῖτ, Θιοδούτ, Κρονούτ, Ἡρακλούτ, Σαρακιούτ, Ἀπολλωνοῦτ, Νεμεσοῦτ, Κελλαῦτ, Ταεῦτ, Τανεῦτ, welche Namen ausser der bekannten Neith alle bei Schow als Weibernamen vorkommen [1]). Semmuthis und Melyt sind aber die Schwestern des Enachomneus, wie man aus III, 7. 8. schliessen kann; auch haben sie alle drei einerlei Hautfarbe. Beide Schwestern werden noch mit dem Zusatze Περσινηῑ genannt, der bei Enachomneus als Manne fehlt; wahrscheinlich ist dies der Name ihrer Mutter, wie man denn aus dem Papyrus von Schow sieht, dass der Muttername bei den Aegyptern sehr gewöhnlich sogar bei Männern zugesetzt wird. Nach allen vier Aegyptischen Namen und ebenso Z. 12. nach dem Namen Νεχούτης Μικρός Ἄσωτος folgt ein ως oder ωση und dann etwas unerklärbares; mit Buttmann lese ich bei Pamonthes ωσημιμες, bei Euachomneus ωσηκμεσος, bei Semmuthis Persinei ωσηκβμετηῑ, bei Melyt Persinei ωσηρμετηῑ, bei Nechutes Mikros Asotos aber wieder ωσημεμες. Alle diese Namen fangen mit ως oder ωση an; die beiden vornehmsten, Pamonthes der Herr und Nechutes der Käufer, haben gleichen Beinamen, die beiden Schwestern Beinamen gleicher Endung auf μετηῑ, wie Περσινηῑ. Ich habe wohl einen Augenblick geglaubt, dass, da bei der Personenbeschreibung das Alter fehlt, eben dieses in diesen Zügen enthalten sei, ὡς aber von denselben getrennt ungefähr bedeute; dies lässt sich aber nicht durchführen, und wir müssen uns begnügen zu sagen, es liege hier eine unbekannte Aegyptische Bezeichnung, über welche sich, wenn nicht neue Angaben hinzukommen, nicht einmal eine Vermuthung wagen lässt [*]). Höchst

---

1) Schow sieht alle diese Namen auf OTT als Abkürzungen des Genitivus an, Κρονοῦτος, Ἡρακλοῦτος, vom Nominativ Κρονοῦς, Ἡρακλοῦς, nach der Analogie der Aegyptisch-Griechischen Weibernamen Μαρθοῦς, Εὐσταθοῦς (S. 52. 53. 62. 70. 139.). Auch sind jene Namen in seinem Papyrus wirklich Genitive, und es ist auch sicher, dass die Namen bloss abgekürzt sind, da auch vollständigere Formen der Art vorkommen, wie Πτολλαρούτος: aber die ursprünglich Aegyptische Form ist doch schwerlich die auf OTΣ gewesen, sondern es möchte auch bei den Genitivformen Ἡρακλοῦτος, Κρονοῦτος die Aegyptische Endung auf ουτ zum Grunde gelegen haben. Die Endung des Nominativs auf ις, υς, ους, erkennt Schow selbst an; s. besonders S. 139.

*) [Auszug eines Briefes v. Thom. Young an H. J. Rose, welchen mir dieser 17. April 1822 mitgetheilt hat: „Ego quidem praeter propria

merkwürdig ist es aber, dass alle in dem Vertrage handelnden
Personen beschrieben werden, damit ihre Persönlichkeit desto
genauer bestimmt sei; Hauptkennzeichen sind Hautfarbe, Gesichts-
form, Nase; doch scheinen bei einigen auch andere Bezeichnun-
gen gebraucht zu sein, deren Entzifferung Schwierigkeiten unter-
liegt: diese Sitte ist den Hellenen völlig unbekannt und ursprünglich
Aegyptisch; auch kann die Aufmerksamkeit auf die Physiognomie
bei einem so kunstreichen Volke nicht befremden. Eben so wenig
fällt es auf, dass viele Kennzeichen den meisten gemein sind;
so wie die Aegypter überhaupt einen bestimmten Charakter des
Gesichtes hatten (Aristot. Physiogn. S. 10. [806ᵃ 27 Bk.] Adamantios Physiogn. S. 318. Franz.), so mussten auch wieder viele Einzelne dieselben besonderen Kennzeichen an sich tragen. Vorzüglich hebe ich die Farben heraus; Herodot (II, 104.) giebt zu
verstehen, dass die Aegypter μελάγχροες, schwärzlich sind,
womit die Aristotelische Physiognomik (S. 138 f. Franz. 812ᵃ
12 Bk.) übereinstimmt; diese Farbe hat aber nur Pamonthes
der Herr; die drei Unterthanen sind nebst Nechutes gelbfarbig, μελίχροες: bei den drei ersten ist dieses Wort klar, obgleich die Züge in unserem Fac-simile nicht vollkommen gleich
erscheinen; bei Nechutes ist der Anfang des Wortes unklarer,
aber ich stimme unserem Buttmann bei, dass darin doch nichts
anderes als μελίχρως liege. Μελίχρως oder μελίχροος ist wie
Lucrez [4, 1160.] zeigt, ein geringerer Grad von Schwärze;
natürlich ein solcher, welcher ins Gelbliche fällt; der Ausdruck
wird von den Hellenen nicht selten gebraucht (s. meine Abhandlung in Plat. Min. et Legg. S. 138 ff.), und scheint einerlei mit
μελίχλωρος, welches Wort die Physiognomiker zu ihren Bezeich-
nungen anwenden (Aristot. S. 140. [812ᵃ 19.] Polemon

nomina, nullas Aegyptiacas voces Graecis mixtas vidi. Sed huiusmodi
aliquid locus mihi requirere videtur, ᾧ σημεῖα μὲν ἐστί. In papyro
me indice legi potest: Παμωνθης ᾧ σημε[ι]οις μελαγχρως, Σισροοθις
Πιροιν ᾗ αἱ σημηνις μελιχρως, Μελυτ Πιροιν ᾗ αἱ σημηνις. μελιχρως, Νεχουτης Μιαρος Λεοντος ᾧ σημειω.ς μελιχρως. Nisi, quod
forsan verisimilius, ea omnia ᾧ, ᾗ, αἱ notae sunt, quae initium de-
scriptionis monstrent." Diese nicht ungeschickte Vorstellung ist näher
zu erwägen. Sollte das ᾧς nicht Zusammenhang haben mit dem bei
Aegyptischen Namen vorkommenden ὡς χεηρατιζω?]

S. 185. nach sicherer Verbesserung, Adamantios S. 414.), und die Glossen durch fuscus erklären. Es scheint aber diese Verschiedenheit der Farbe auf Stammverschiedenheit zu deuten, da zumal die Unterthanen μελίχροες sind und ihr Herr μελάγχρως: dass Nechutes auch μελίχρως, ist dagegen kein Einwurf. Der Schwärzliche scheint von einem Stamme, der die meisten der Gelblichen unterjocht und sich das Grundeigenthum zugeeignet hatte, wovon nachher wieder die Rede sein muss; doch sind alle als Aegypter zu betrachten. Durch besondere Kennzeichen hervorgehoben sind Pamonthes der Verkäufer und Herr der drei andern, und weiter unten Nechutes der Käufer; doch hat auch Semmuthis ein besonderes beschreibendes Beiwort. Um hier den Nechutes gleich mitzunehmen, so wird ganz schlechthin bei ihm gesagt: οὐλὴ μετώπῳ μέσῳ, eine Narbe mitten auf der Stirn: ausserdem wird er vorher τερχνός genannt, angenehm, freundlich; denn anders kann man schwerlich lesen. Es ist ungefähr das was die Hellenen sonst ἐπίχαρις nennen, womit, wie die Alten sagen, schmeichelnde Liebhaber den Fehler des Angesichtes, wenn der Geliebte eine gebogene Nase hatte, zu beschönigen suchten (s. in Plat. Min. et Legg. a. a. O.): eine Vergleichung, die ich natürlich nur im Allgemeinen zu halten und nicht auf die Nase anzuwenden bitte. Warum sollte aber Nechutes der kleine Prasser, wie er genannt wird, nicht ein recht behagliches, freundliches Wesen haben? Wie bei Nechutes gleich nach der Farbe τερχνός steht, so lese ich bei Pamonthes ebenfalls gleich nach der Farbe καλός, schön, muss aber gestehen, dass das ο fehlt; dies war nämlich an das λ angeschlungen, wie Z. 10. Anfg. in ψιλοῦ: dann lese ich τὸ σῶμα μακρός. Μακρός ist, dünkt mich, deutlich; aber dies für sich allein ist zu allgemein; τὸ σῶμα μακρός ist dagegen ein hier sehr natürlicher Ausdruck, da gleich hernach das runde Gesicht angemerkt wird: von Körper lang, rundes Gesichtes. Τὸ σῶμα zu καλός zu nehmen, wäre der Stellung nach gut, schwerlich aber nach dem Sprachgebrauche. Denn man sagt gewiss nicht leicht καλός τὸ σῶμα, wenn man nicht die Schönheit der Seele der körperlichen entgegensetzen will. Freilich muss ich zugeben, dass σῶμα nicht deutlich ist, sondern jeder eher σμιμι lesen würde; indessen kann doch der letzte Buchstab ein α gewesen sein; und μι ist eben auch nicht völlig deutlich, sondern was als ι erscheint, scheint wirklich das eckige Ende des ω zu sein, wie es öfter in der Urkunde gezeichnet ist. Enachomneus hat mit dem Herrn die Gesichtform und Nase gemein; daher lese Ich καὶ οὗτος στρογγυλοπρόσωπος, εὐθύριν, und beziehe das vorangehende καὶ οὗτος auf beides, Gesichtform und Nase: gewöhnlicher steht zwar ein solches καὶ οὗτος nach, kann aber auch vorangestellt werden, und ich bin nicht im Stande etwas anderes herauszulesen: O ist bloss durch eine kleine Rundung am Anfang des T augedeutet; das T ist etwas schräger als sonst gelegt und durch einen langen Bindestrich an das T geknüpft. Semmuthis wird noch mit einer Eigenschaft bezeichnet, deren Benennung φύσχη ist. Anders kann nämlich das letzte Wort der Beschreibung derselben nicht gelesen werden; der an dem Ende des Φ anhängende fast senkrechte Strich ist kein Buchstab, sondern der Schreiber ist vom Φ etwas herabgefahren, um wieder zum T in die Höhe zu steigen, wie Z. 1 in Κλεοπάτρας vom Π in die Höhe gefahren ist, um wieder zum Α herabzusteigen; das Σ ist ganz an das T angehangen, und weit herabgezogen, um dann wieder zum X empor zu steigen. Φύσχη ist nun freilich kein bekanntes Wort; aber es lässt sich doch gut erklären. Φύσκος und φύσκη von φυσᾶν bezeichnet etwas Aufgeblasenes, wie eine Wurst; da beide Formen vorkommen, ist offenbar das Wort adjectivisch gewesen, wenn gleich φύσκη auch den Bauch und den dicken Darm bezeichnet (s. Hesych. Pollux VI, 52. und das. Kuhn, und VI, 58.). Daher nannte Alkäos den Pittakos, so wie die Alexandriner den Ptolemäos Euergetes II. Φύσκων, wegen des aufgedunsenen Wanstes oder Schmeerbauches. Da κ und χ so häufig verwechselt werden, scheint es keine gewagte Muthmassung φύσχη statt φύσκη für ein beschreibendes Beiwort des Weibes, aus dem Gebrauch des gemeinen Lebens hergenommen zu halten, in der Bedeutung von dickbäuchig, aufgeschwollen, gedunsen, wanstig. Uebrigens wird am Schluss dieses Absatzes bemerkt, dass diese drei das Grundstück mitverkaufen mit ihrem Herrn Pamonthes, der zuerst mit dem Verbum ἀπέδοτο, wovon der

Anfang in der Schrift unklar ist, also als Hauptverkäufer, genannt war. In der kleinern Nebenschrift wird Pamonthes ebenfalls als Hauptverkäufer genannt, aber bemerkt, dass Enachomneus und seine Schwestern urkundlich eingewilligt haben. Pamonthes heisst ferner κύριος der übrigen. Hierbei könnte man daran denken, dass zwar Enachomneus und seine Schwestern ebenfalls völlig frei und mit Pamonthes gleicher Rechte seien, die Mädchen aber als solche keine rechtliche Handlung vornehmen könnten, und eben so Enachomneus, den man alsdann wohl als minderjährig betrachten müsste. Auf diese Art wird κύριος oft gebraucht, wie, um ebenfalls eine öffentliche Urkunde anzuführen, in dem bekannten Testamente der Epikteta bei Gruter Thes. Inscr. S. CCXVI – CCXIX, und Maffei Mus. Veron. S. XIV. [C. I. no. 2448.] Col. 1. Anfg.: *Ἐπὶ Ἐφόρων τῶν σὺν Φοιβοτέλει τάδε διέθετο νοοῦσα καὶ φρονοῦσα Ἐπικτήτα Γρίννου μετὰ κυρίου Ὑπερείδους τοῦ Θρασυλέοντος* u. s. w. und Col. 4. Anfg.: *Ἐπειδὴ Ἐπικτήτα Γρίννου μετὰ κυρίου τοῦ τᾶς θυγατρὸς ἀνδρὸς Ὑπερείδους τοῦ Θρασυλέοντος* u. s. w. Hier ist κύριος derjenige, in dessen Gewalt der Freie ist in Bezug auf die Verfügung über sein Vermögen. Auf dieselbe Weise sind nach Attischem Rechte die Söhne einer Epikleros, wenn sie mündig geworden, κύριοι der Mutter und des Vermögens (Hyperides bei Harpokration in *Ἐπιδικτὶς ἡβῆσαι*, vgl. meine Abhandlung vor dem Verzeichniss der Vorlesungen der Berl. Univ. Sommer 1819. S. 5. [Kl. Schr. IV, 140.]). In dieser Bedeutung ist derjenige κύριος der andern, in dessen Gewalt (potestas) letztere sind, obgleich als Freie, und diese Gewalt hat eine Aehnlichkeit mit der väterlichen Gewalt. Wollte man nun diese Bedeutung bei der Erklärung unserer Stelle zum Grunde legen, so müsste man, da Pamonthes und die drei übrigen zusammen das Grundstück besitzen, annehmen, dass sie Verwandte seien, entweder Geschwister oder in entfernterem Grade verwandt, und durch Erbschaft ihnen das gemeinsame Grundstück zugekommen sei, Pamonthes aber die Gewalt über die andern aus den oben angegebenen Gründen habe. Aber diese Vorstellung befriedigt nicht. Pamonthes ist gewiss nicht der Bruder der drei andern: denn in der Nebenschrift werden die beiden Mädchen

geradezu Schwestern des Enachomneus genannt, da es, wenn
auch Pamonthes ihr Bruder war, näher gelegen hätte, sie
Schwestern des Hauptverkäufers Pamonthes zu nennen; und
gegen Blutsverwandtschaft überhaupt (von Verschwägerung ver-
lohnt sich nicht zu reden), spricht die Verschiedenheit der Farbe
des Pamonthes gegen die drei übrigen zu stark. Auch scheint
der Sprachgebrauch durchaus zu erfordern, dass κύριος hier
24 nicht die bisher bezeichnete Gewalt anzeige, welche einer über
sonst ihm gleiche Freie, vermöge der Unmündigkeit der letztern
oder ihres Geschlechtes hat; denn in diesem Falle müsste meines
Erachtens gesagt sein: κυρίου ἑαυτῶν oder τοῦ ἑαυτῶν κυρίου
oder τοῦ κυρίου ἑαυτῶν ὄντος: wogegen der Ausdruck κυρίου
τοῦ ἑαυτῶν den Pamonthes als wirklichen Herrn derselben
bezeichnet. Deswegen sind aber diese nicht seine Sklaven: denn
er heisst nicht δεσπότης, sondern bloss κύριος; und da die drei
andern Antheil am Besitze des Pamonthes haben, so kann an
Sklaven gar nicht gedacht werden. Sie sind also Unterthanen;
wie aber dies Verhältniss zu denken sei, werden wir hernach
betrachten.

*Οἱ τέσσαρες τῶν πεντηκοστῶν ἐκ τῶν Μεμνονίων σκυ-
τέων*] Οἱ τέσσαρες kann ich nur zum Folgenden ziehen; also
wird hier angegeben, welcher Art diese vier Leute seien. Sie
sind Memnonier, in deren Gebiet ihr Grundstück liegt, und zwar
gehören sie zu den Memnonischen Lederarbeitern (σκυτεῖς). Obgleich unsere Urkunde in die Ptolemäischen Zeiten fällt, wird
man doch nicht geneigt sein, hierbei an eine blosse Zunft zu
denken; ich bin überzeugt, dass wir hier noch einen Rest der
uralten Kastenverfassung haben, welche die am Alten klebenden
Aegypter lange festhielten und die, zumal in den höhern Gegenden bei Theben, so leicht nicht aufgelöst werden konnte. Es
ist bereits von andern bemerkt, dass die Kaste der καπήλων,
wie sie Herodot nennt (II, 164.), alle Gewerbtreibenden enthielt; Herodot weiss nichts von einer besondern Kaste der
Handwerker, welche Diodor (I, 74.) annimmt und von den
Ackerbauern (γεωργοῖς) als einer besonderen Kaste, die Herodot nicht kennt, unterscheidet; und wenn dieser auch in kleinen
Einzelheiten irren sollte, kann ich ihm, wenn zumal nur Diodor

gegenübersteht, dennoch nicht zutrauen, dass er in einer so
grossen Sache irrig berichtet gewesen. Diese Kaste der καπήλων war durchaus geschlossen; ob aber wiederum die einzelnen
Gewerbe, welche darunter enthalten waren, erblich geschlossen
waren, wird bezweifelt und von Heeren (Ideen Th. II, S. 584.)
verneint. Ich bin anderer Meinung; selbst bei den Hellenen finden sich im entferntesten Alterthum und sogar später noch Spuren
geschlossener Gewerbe, welche in den Familien fortgepflanzt werden, und da die Kunst Anfangs auf dem natürlichsten Wege vom
Vater auf den Sohn fortgelernt und fortgeerbt wurde, so ist es
höchst wahrscheinlich, dass die Gesetzgebung, die ihrem ge-
sammten Geiste nach in Aegypten beschränkend war, dies be- 25
schränkte und beschränkende, aber ursprünglich natürliche Verhältniss befestigt habe. Unsere Urkunde scheint dies zu bestätigen, da ich, wie gesagt, unter den Memnonischen Lederarbeitern
keine blosse Zunft denken kann; waren sie eine blosse Zunft,
so war es kaum wichtig hervorzuheben, dass diese Leute, auch
die Weiber, dazu gehörten, da das Zunftwesen im Alterthum
ganz unausgebildet und untergeordnet war und sich davon ausser
Rom nur wenige Spuren finden. Bedarf es noch eines Beweises,
dass die Trennung der einzelnen Gewerbe erblich war, so liefert
ihn Herodot vollständig, wenn er sagt, dass bei den Lakedämonern wie bei den Aegyptern der Herold, Flötenspieler, Koch
darum dies Geschäft treibe, weil es sein Vater getrieben habe,
ohne dass ein anderer wegen grösserer natürlicher Fähigkeit zum
Beispiel den durch die Geburt zum Herolde bestimmten verdrängen dürfe (VI, 60.): Συμφέρονται δὲ καὶ τάδε Αἰγυπτίοισι
Λακεδαιμόνιοι. οἱ κήρυκες αὐτέων καὶ αὐληταὶ καὶ μάγειροι
ἐκδέκονται τὰς πατρωΐας τέχνας· καὶ αὐλητής τε αὐλητέω
γίνεται καὶ μάγειρος μαγείρου καὶ κῆρυξ κήρυκος· οὐ κατὰ
λαμπροφωνίην ἐπιθέμενοι ἄλλοι σφέας παρακληΐουσι, ἀλλὰ
κατὰ τὰ πάτρια ἐπιτελέουσι. Dies vorausgesetzt entsteht die
neue Frage, wie weit diese erbliche und völlige Scheidung der
Gewerbe ins Einzelne gegangen sei. Es war Aegyptisches Gesetz,
dass niemand zwei Gewerbe treiben solle (Diodor I, 74.): dies
deutet schon dahin, dass überall die besonderste Fertigkeit bewirkt werden sollte; und hiermit stimmt überein, was Herodot

lehrt, dass unter den freilich zu der Priesterkaste gehörigen Aerzten eine vollkommene Theilung der Kunst war, indem der eine nur die Augen, der andere die Zähne, der eine den Kopf, der andere den Unterleib, wieder ein anderer die unsichtbaren Krankheiten (ἀφανεῖς νούσους Herodot II, 84.) behandelte. Die Hirten trennt Herodot sogar in verschiedene Kasten, Kuhhirten und Schweinehirten, gewiss nicht ganz ohne Grund; Diodor nennt die Vogelhalter (ὀρνιθοτρόφοι) und Gänsehirten (χηνοβοσκοί) wie besondere Gewerbe in der von ihm angenommenen Hirtenkaste. Man wird daher nicht irren, wenn man eine sehr ins Einzelne gehende Trennung der Gewerbe setzt, welche denn nach dem Vorigen in dieser Trennung erblich waren; und dahin scheint auch Diodor zu deuten, wenn er den Vogelhaltern und Gänsehirten eine ausnehmende von den Vorfahren überlieferte Geschicklichkeit zuschreibt, welche ihnen eben nur dann vor andern Völkern zukommen kann, wenn das Gewerbe in der Familie sich fortpflanzte. Natürlich trennten sich also die Lederarbeiter, die ja sogar heutzutage in Schuster, Riemer, Täschner, Handschuhmacher und dergleichen zerfallen, in verschiedene Gewerbe, zu deren einem die vier genannten gehören. Leider aber wissen wir nicht anzugeben, was das Gewerbe ist, zu denen als gehören; obgleich das Wort πετωλιτοστῶν deutlich dasteht. Denn es ist in diesem Artikel nichts, was schwer zu lesen wäre, ausser τῶν vor Μεμνονίων, welches etwas enge zusammen geschrieben ist, so dass das ω kaum erkennbar; welches für das oben [p. 231.] von mir angenommene καλός, wo das o fehlt, zu merken sein dürfte. Dass nun aber diese Lederarbeiter Grundbesitz haben, ist besonders merkwürdig, und ich glaube nichts Unnöthiges zu thun, wenn ich hierüber und über die übrigen verwickelten Verhältnisse der Besitzer noch etwas hinzufüge, da wir über die Beschaffenheit des Grundeigenthumes im alten Aegypten noch gar nicht hinlänglich unterrichtet sind; kommen noch mehrere solche Urkunden zusammen, wozu nicht alle Hoffnung fehlt, da Aegypten immer mehr untersucht wird und schon wieder eine Griechische Schrift auf einer Papyrusrolle aus einem Aegyptischen Grabe angekündigt ist, so lässt sich für die Zukunft mehr Licht erwarten. Herodot kennt keine Kaste der Landbauer, Diodor nennt diese allerdings als eine Kaste und stellt sie als Pachter der Grundstücke des Königes, der Priester und Krieger dar (I. 74.); Heeren ist der Meinung, die auch vor ihm schon aufgestellt worden, dass die Ackerleute zu der Kaste der καπήλων gehörten, jedoch mit einer Einschränkung. „Da es in Aegypten," sagt er (Ideen Th. II, S. 584.), „in den niedern Klassen nach Diodors Bericht keine Landeigenthümer gab, so konnten diese keine eigene Kaste ausmachen, sondern alle niedern Kasten, etwa die nomadischen Hirten ausgenommen, waren zugleich Ackerleute oder konnten es doch sein. Auch mochte es unter ihnen eine grosse Menge Einzelner geben, die kein anderes Gewerbe trieben, sondern Landbau zu ihrem einzigen Geschäfte machten; aber sie konnten keine eigene Kaste bilden, weil nach dem herrschenden Princip der Priester diese Beschäftigung so viel immer möglich allen Bürgern gemein sein sollte." Diese Ansicht finde ich sehr genügend, und lasse mich nicht, wie andere gethan, durch Diodor irre machen; doch dürfte auch sie noch einer neuen Beschränkung bedürfen. Es bleibt nämlich auch so noch auffallend, dass nach Herodot (II, 109.), wie Heeren selbst bemerkt, Sesostris allen Aegyptern das Land austheilte; und ich glaube daher, dass die oben aufgestellte Meinung dahin umzuändern sei, König, Priester und Krieger hätten alle ländliche und einen Theil der städtischen Grundstücke besessen, wie ehemals in andern uns nähern Ländern, die städtischen Bürger aber in ihrem besonders abgegrenzten Gebiete ebenfalls Grundeigenthum gehabt, wie hier die Memnonier eine Feldmark haben, in deren südlichem Theile das verkaufte Grundstück liegt. Man wird sagen, im Jahr 104. vor Christus könne man nicht mehr von den alten Verhältnissen Aegyptens reden; allein nicht nur verändern sich die Verhältnisse des Grundeigenthums so langsam und selten, dass man selbst jetzt noch eine Aehnlichkeit mit der alten Verfassung des Grundeigenthums nicht mit Unrecht in Aegypten zu finden glaubt, sondern was aus unserer Urkunde hierüber hervorzugehen scheint, ist auch so beschaffen, dass man es aus Hellenischem Gebrauch jener Zeit nicht erklären kann, sondern als Ueberrest der Urverfassung ansehen muss: ist man aber dazu genöthigt, so wird man geneigt sein auch das als Rest der

Urverlassung anzuerkennen, dass hier Lederarbeiter Grundeigenthum und Grundbesitz haben. Was aber nicht aus späterem Ursprung erklärt werden kann, wie ich eben bemerkt habe, ist Folgendes. Pamonthes ist der Herr der drei übrigen; dennoch haben die drei ein Recht an das Grundstück, und es kann nicht ohne ihre Einwilligung verkauft werden; ja gleich im Folgendes steht deutlich, dass der verkaufte Boden ein Theil dessen sei, welcher ihnen zugehöre: ἀπὸ τοῦ ὑπάρχοντος αὐτοῖς . . . . φιλοῦ τόπου. Sklaven im eigentlichen Sinne haben kein Recht an ihres Herrn Grundstück; wohl aber Unterthanen, deren Vorfahren in entfernter Zeit in ein abhängiges Verhältniss als Hörige gerathen sind; und als solche erkenne ich die drei Diener selbst an der Verschiedenheit der Farbe. Diese unwürdige Unterthänigkeit, die nur selten sich zu etwas Edlerem gestaltet hat, ist ein allgemeines Grundverhältniss der alten Welt, welches sich auch bei den freien Hellenen, zu Sparta an den unglückseligen Heloten, in Thessalien an den Penesten, in Heraklea in Bithynien an den Mariandynen, in Athen ehemals an den Theten, in Rom an den Clienten und in vielen andern Staaten darstellte, was hier auszuführen nicht zu meinem Zwecke gehört. Im Einzelnen gestalten sich aber solche Verhältnisse überall anders; die Heloten konnten nicht ausser Landes und nur mit ihrem Grundstücke zusammen verkauft werden; in Aegypten finden wir das Grundstück verkauft ohne die Hörigen, dagegen müssen diese, wie natürlich, in den Verkauf willigen oder mitverkaufen. Dies ist den übrigen Verhältnissen genau angemessen. Wir sehen nämlich, dass die Hörigen dasselbe Gewerbe haben wie ihr Herr und Meister Pamonthes; alle vier sind Lederarbeiter und Petolltosten: und so war es gewiss fast durchgängig. Da aber das Grundeigenthum auch auf Leute übertragen werden konnte, welche nicht zu dieser Kaste oder Kastenabtheilung gehörten, indem es allgemeiner Besitz ist, der keiner Kaste ausschliesslich zusteht, so konnte der Hörige nicht mit dem Grundstücke verkauft werden, wenn ein verständiges Gesetz diese Verhältnisse bestimmt hatte, sondern der Verkauf musste mit Einwilligung der Hörigen geschehen, welche bei ihrem alten Herrn verbleiben. Fassen wir die Sache so, so sind Enachomneus und seine Schwestern Theten des Pamonthes,

Im alten, nicht in dem spätern Sinne; und wir gewinnen die Thatsache, dass in den Aegyptischen Kasten der niedern Art wieder ein Unterschied war zwischen Herrn und Theten, welcher so natürlich ist, dass er kaum fehlen konnte. Eben dies lässt sich mit Wahrscheinlichkeit auch auf die Kasten der Priester und Krieger insofern anwenden, als nämlich vermuthlich ein grosser Theil oder ursprünglich die Gesammtheit ihrer Pachter nicht unabhängig war, sondern eben solche zu der Kaste der παχήλων und andern niedrigen gehörige Theten. Endlich darf nicht übergangen werden, dass auch des Enachomneus Schwestern Antheil an dem Grundbesitz hatten. Offenbar war also wenigstens in Bezug auf solche Theten in Argypten ein ganz anderes Erbrecht gültig als das Hellenische, nach welchem die Töchter nur dann Erbinnen sind, wenn kein männlicher Erbe da ist.

Ἀπὸ τοῦ ὑπάρχοντος αὐτοῖς ἐν τῷ ἀπὸ νότου μέρει Μεμνονίων . . . . . . ψιλοῦ τόπου πήχεις ΕΝ περιτονῇ. Γείτονες, νότου ῥύμη βασιλικὴ, βυρρᾶ καὶ ἀπηλιώτου Παμώνθου καὶ Βοκὸν Ἕρμιος ἀδελφὸς καὶ κοινὸς πόλεως, λιβὸς οἰκία Τέφιτος τοῦ Χαλμὸμν, ῥεούσης ἀναμέσον διαφ. εισ . . ανωῖν. Γείτονες πάντοθεν] Hier folgt die nähere Bezeichnung des Theiles Land, welches dem Nochutes verkauft wird. Das Ganze gehörte dem Pamonthes und seinen Theten; einen Theil verkaufen sie gemeinschaftlich. Nach Μεμνονίων steht ein unleserliches Wort, woraus man πίλπεις machen kann, auch . . . καὶ σ; beides giebt keinen Sinn. Vielleicht ist ersteres der Name des südlichen Theils der Memnonischen Feldmark. Statt ἀπὸ νότου könnte man ἀπονότῳ, eine unbekannte Form, lesen wollen; aber ἐν νότου ist in der Nebenschrift deutlich, und muss demnach auch hier gelesen werden. Ueber ψιλὸς τόπος ist oben gesprochen worden. Man erwartet dann das Maass des Landes, welches gegeben ist in den Worten πήχεις ΕΝ περιτονῇ; in der Nebenschrift erscheint ā ΕΝ wiederum. Περιτονῇ ist deutlich, ausser dass was ich als Iota setze, auch ein verloschenes N sein könnte, περιτονήν; das E ist lang gezogen, um über eine schlechte Stelle des Papiers zum P überzugleiten. Περιτονή, welches Schneider im Wörterbuche in Einschlusszeichen giebt, kann ich nicht mit einer Stelle belegen; ich zweifle jedoch nicht an der flüchtigkeit der Lesung. *Περίτονος* ist überspannt, umspannt; daher *περιτόναιον δέρμα* das Bauchfell, welches den Unterleib umspannt: hier bezeichnet *περιτονή*, Umspannung, die Fläche, weil diese nicht durch eine gerade fortlaufende nichts einschliessende Linie bestimmt wird, sondern durch eine oder mehrere den Raum umspannende Linien. Denn offenbar ist nur von Flächenmaass die Rede, nicht vom Umfang, welcher keine genaue Bestimmung gäbe und ein übermässig grosses Grundstück voraussetzen würde. Das Grundstück hat also das Maass von 5050 Ellen in der Fläche. Die Aegypter maassen nämlich, wie Herodot (II, 168.) lehrt, das Land nach Ellen; und ihre Grundstücke waren nach der Eintheilung des Sesostris ursprünglich alle Quadrate (Herodot II, 109.). Die *ἄρουρα* der Aegypter war ein Quadrat, dessen Seite 100 Ellen maass (Herodot II, 168.), also 10,000 Ellen in der Fläche. Hieraus ist wohl klar, dass das verkaufte Grundstück eine halbe *ἄρουρα* war, 50 Ellen an der einen Seite, 101 Ellen aber an der grössern Seite, indem diese Seite ursprünglich unrichtig vermessen und eine Elle zu gross gemacht worden war. Nach der Angabe des Maasses werden die Nachbarn bestimmt, und nachdem diese genannt sind, wird kurz bemerkt, dass die Nachbarn von allen Seiten angegeben seien. Letzteres ist nämlich, glaube ich, der Sinn der Worte *Γείτονες πάντοθεν*. Wollte man sagen, sie bedeuteten, das Grundstück habe von allen Seiten Nachbarn, so sehe ich nicht ein, wie es von Einer Seite keinen Nachbarn haben sollte, da die Nachbarn hier offenbar nur die angrenzenden Flächen bezeichnen, auch das Gemeinland, und also nicht etwa von Privatleuten im Gegensatz gegen öffentliches Land zu verstehen sind; man müsste denn an den Strom denken, woran ein Grundstück liegen kann: aber dann ist auch er wieder Nachbar. Die Grenzen werden nach den vier Weltgegenden angegeben; wahrscheinlich waren die Grundstücke der Aegypter alle genau nach denselben gelegt, da die Alten, wie die Etrusker, besondere agrimensorische Grundsätze der Art hatten. Im Süden, also an der von der Stadt der Memnonier abgewandten Seite liegt die *ῥύμη βασιλική*, die königliche Gasse, womit offenbar keine Gebäude gemeint werden, sondern ein die übrigen Felder wie eine Gasse durchschneidender

Streif von Feldern, welche dem Könige gehören, der einen sehr grossen Theil des Landes besass. Im Norden und Osten, welche zusammengefasst sind, werden drei Nachbarn angegeben, das Land des Pamonthes, welches er nämlich mit seinen Theten besitzt und wovon das Verkaufte nun getrennt wird, dann Bokon des Hermis Bruder und das Gemeinland. Das erste wird mit dem Genitiv bezeichnet, Παμώνθου: Bokon wird selber statt seines Landes genannt, wie beim Hause in dem bekannten Virgilischen [A. II, 311.] Proximus ardet Ucalegon; bei dem Gemeinland wird κοινὸς πόλεως gesagt, mit ausgelassenem ἀγρός oder τόπος, wie bei Παμώνθου. Zwar ist καί vor κοινός undeutlich, und πόλεως könnte man ganz bestreiten wollen, da τοιλεως dasteht, welches man als Genitiv des Vatersnamens eines Mannes, Koinos genannt, ansehen möchte: ein anderer wird vielleicht τῷ Λεφ lesen. Ich kann mich aber nur schwer von κοινὸς πόλεως trennen; π statt τ zu lesen scheint keine grosse Sünde; den langen Strich nach o halte ich für einen falschen Federzug, den jeder einmal macht. Uebrigens ist das breitgespreizte Λ zu merken, welches wieder auf eine Stelle trifft, wo das Papier schadhaft war. Doch um wieder zu dem Inhalte zurückzukehren, so befremdet die Zusammenfassung der nördlichen und östlichen Grenzen; wahrscheinlich veranlasste dazu der Umstand, dass des Pamonthes ihm verbleibendes Feld sich vom Norden nach Osten herum erstreckte, so dass im Norden Pamonthes allein, im Ost aber er und die zwei genannten Nachbarn waren, und also vermuthlich die längeren Seiten des Grundstückes in der Richtung von Süd nach Nord liefen. Noch ist der West übrig, welcher λίψ genannt wird. Λίψ ist in Hellas Südwest, Africus, weil Libyen den Hellenen südwestlich liegt, wovon er genannt ist: den Aegyptern liegt Libyen gerade westlich; also ist ihnen λίψ der West selbst, wie wir hier lernen. Im Westen liegt dem Grundstück ein Haus, das des Tephis; dieser Name ist Aegyptisch, wie Paophis und dergleichen; der Zug hinter dem E ist der Anfang zum Φ, und kann nicht etwa für P genommen werden, wofür er zu kurz ist; der folgende Aegyptische Name, etwa Χαλόμν, ist der Name des Vaters. Zwischen dem Hause und dem verkauften Grundstück fliesst ein Wasser, ohne Zweifel ein Abzugskanal: hier ist aber eine Stelle, welche wir noch nicht haben entziffern können. Vielleicht liegt in dem noch unerklärten der Aegyptische Name des Kanals. Denn Namen hatten die Kanäle gewiss, wie auch die Papyrusrolle von Schow zeigt, obgleich nicht gewiss ist, wovon dieselben hergenommen waren (s. Schow *Chart. papyr. Mus. Borg. Velitr.* S. XXXI f.).

Ἐπρίατο Νεχούτης Μικρὸς Ἄσωτος, ὡσημεμες, μελίχρως, τερπνός, μακροπρόσωπος, εὐθύριν, οὐλὴ μετώπῳ μέσῳ, χαλκοῦ νομίσματος ΧΑ. Προκωλητοὶ καὶ βεβαιωταὶ τῶν κατὰ τὴν ὠνὴν ταύτην οἱ ἀποδόμενοι. ἐνεδέξατο Νεχούτης ὁ πριάμενος] Der Name des Käufers Nechutes ist offenbar von Nechos abgeleitet; der Zuname Klein Prasser, wie ich übersetze, scheint ursprünglich Uebername gewesen zu sein. Beinamen und doppelte Namen kommen in Aegypten häufig vor: s. Pausan. V, 21, 5. Niebuhr *Inscr. Nub.* S. 11. [C. I. no. 5069.]*) Alles übrige die Persönlichkeit des Mannes betreffende ist bereits oben erörtert worden. Der Kaufpreis ist in Kupfergeld bestimmt, ΧΑ,**) welches nach gewöhnlicher Bezeichnung, die auch oben bei $\overline{EN}$ angenommen worden, 601 ist. Rechnen wir die Aegyptische Elle Längenmaass, die nach Herodot der Samischen gleich ist, zu 1½ Fuss, so betrug das Grundstück ungefähr 11,400 Fuss Flächenmaass, wofür 601 Stück Kupfergeld genug scheint, so viel man eben ohne die Preise des Landes und Geldes näher zu kennen, urtheilen kann. Dass über 600 noch Eins bezahlt wird, kann wunderlich scheinen; aber dies mag auf einem irgendwie begründeten Herkommen beruhen. Uebrigens erscheint die Summe wieder am Ende der Nebenschrift. Die Einheit des Geldes ist unbekannt; an Drachmen, welche gewöhnlich bei den Griechen, jedoch nur bei Silber, gemeint sind, kann man schwerlich denken; ich glaube vielmehr, dass grosse Aegyptische Kupfermünzen, also Stücke gemeint sind, da auch nicht χαλκοῦ, son-

---

*) [Hierher gehört auch das Beispiel des Archibius bei Ignarra *Pal. Neap.* S. 33, aus einer Neapolitanischen Inschrift, [C. I. no. 5804.] Ferner von einem Aegypter Ἀσκληπιάδης ὁ καὶ Ἑρμόδωρος Orater CCCXIV 1. Mehr giebt Letronne Recherches p. 247 f. 285. 487 f.]

**) [Das Zeichen, welches man für Χ hielt, bedeutet Talent. S. Buttmann Abh. d. Akad. 1824, p. 111. — E.]

dern ausdrücklich χαλκοῦ νομίσματος gesagt ist: was für Stücke gemeint seien, verstand sich nach dem Gebrauch von selbst. Nach der Summe werden angeführt προπωληταί, die Makler, und βεβαιωταί, die Gewährleistenden, oï βεβαιοῦσι τὴν ὠνήν, welches aus den Classikern bekannt ist; diese Stelle vertreten aber die Verkäufer selbst, so dass der Verkauf, wie wir sagen, ohne Einmischung eines Dritten geschieht. Bis κατὰ τήν mit Einschluss dieser beiden Wörtchen ist alles sicher; aber auch das folgende bis zu oî kann schwerlich anders gelesen werden als :: ὠνήν ταύτην, wie Dekker entziffert. Ἐνεδέξατο soll den Sinn haben, dass Nechutes diese Gewährleister angenommen habe; aber man erwartet vielmehr ἐδέξατο, und statt ἐν findet sich in dem Fac-simile ον. Will man dies ον zum vorhergehenden ziehen, so kann man ἀποδομένων lesen, wobei ich aber keinen Sinn absehen kann.

Die Nebenschrift*), über welche ich noch wenige Worte zusetzen will, ist drei Monate später im Pharmuthi geschrieben, der Idus Φαρμυθί genannt scheint, wenn nicht das o wie in der Haupturkunde Z. 7. in οὗτος durch Einbildungskraft zu ergänzen ist; der Tag ist nicht deutlich, ausser dass der erste Buchstab K̄ sein möchte; folglich ist dieser Zusatz nicht vor dem 20. Pharmuthi, 5. Mai gemacht. Nicht bloss aus dieser Zeit, sondern auch weil der Verkauf als schon vollendet erwähnt wird, ist es gewiss, dass diese Nebenschrift nicht ein blosses Summarium, noch auch eine Bestätigung des Kaufes sei; so bleibt nichts übrig als sie für eine Bescheinigung zu halten, dass Nechutes das Grundstück in den Kataster habe eintragen lassen, indem er anzeigte, dass er das Grundstück gekauft habe. Wäre Aegypten nicht früher schon katastrirt gewesen, so würden die Perser, wie in dem übrigen Reiche, Kataster eingeführt haben für die Erhebung der Abgaben; aber schon Sesostris hatte nach Herodot (II, 109.) eine solche Einrichtung getroffen. Denn indem dieser jedem Aegypter ein gleiches quadratförmiges Grundstück gab, wovon jährlich eine bestimmte Abgabe (ἀποφορά) erlegt wurde, musste der Besitzer, wenn der Strom etwas weggenommen hatte,

---

*) [S. oben p. 211 Anm. — E.]

dies anzeigen; der König schickte dann Leute, welche das Grundstück in Augenschein nehmen und neu vermessen mussten, um darnach die Abgabe zu ermässigen: wobei also ein Kataster vorausgesetzt wird. Da die hier vorkommende Eintragung erst drei Monate nach dem Verkaufe vorgenommen wird, so ist es wahrscheinlich, dass sie nicht zu jeder Zeit vorgenommen werden konnte, sondern nur in einem gewissen dazu angesetzten Termin, in welchem alle Eintragungen der Art geschahen, etwa nach der Ernte, welche in Aegypten im April vollendet ist. Der Name dieses Terminus wird Z. 1. $\dot{\varepsilon}\pi\grave{\iota} \tau\tilde{\eta}\varsigma \ldots \varepsilon\varrho \ldots$ und Z. 2. in $\ldots \varrho\alpha \ldots$ bestimmt; es müssen zwei Worte gewesen sein, deren erstes Z. 1. schloss; denn wir finden durch die ganze Urkunde, dass die Zeilen immer mit einem vollen Worte geschlossen werden. Auf $\dot{\varepsilon}\pi\grave{\iota} \tau\tilde{\eta}\varsigma \ldots$ bezieht sich dann Z. 2. das klare $\dot{\varepsilon}\varphi'$ $\tilde{\eta}\varsigma$; hierauf folgte der Name des Vorstehers, wovon $\varDelta\iota \ldots$ der Anfang ist. Z. 3. ist zu Anfang $\dot{\upsilon}\pi o\gamma\varrho$ deutlich; über dem ϱ ist ein Winkelhaken, welcher gleich hernach über dem ϱ in $\eta\varrho$ wiederkehrt, und in ebenderselben Zeile noch einmal über dem ϱ in $\gamma\varrho$; auch war er schon Z. 2. über dem ϱ gleich zu Anfang der Zeile da, und ist in ebenderselben Zeile noch einmal in $\delta\iota\alpha\gamma\varrho\alpha\varphi$. wie ich lese, auch Z. 6. zu Ende in $\pi\alpha\varrho\alpha$. Aus der Vergleichung aller dieser Stellen wird es unzweifelhaft, dass dieser Winkelhaken ein α bedeute, jedoch so, dass bisweilen dies übergeschriebene α zugleich Andeutung einer bedeutendern Abkürzung ist. Nach $\dot{\upsilon}\pi o\gamma\varrho$ Z. 3. folgt nämlich deutlich $'H\varrho\alpha\kappa\lambda\varepsilon\acute{\iota}\delta\eta\varsigma$, ein in Aegypten sehr gewöhnlicher Name; hieraus ist klar, dass $\dot{\upsilon}\pi o\gamma\varrho$. oder $\dot{\upsilon}\pi o\gamma\varrho\alpha$. eine Abkürzung sei, und dieselbe kann nichts anderes als $\dot{\upsilon}\pi o\gamma\varrho\alpha\mu\mu\alpha\tau\varepsilon\acute{\upsilon}\varsigma$ oder wie ich wegen der Aehnlichkeit der Worte, von welchen ich gleich sprechen werde, lieber möchte, das gleichbedeutende $\dot{\upsilon}\pi o\gamma\varrho\alpha\varphi\varepsilon\acute{\upsilon}\varsigma$ sein. Nach $'H\varrho\alpha\kappa\lambda\varepsilon\acute{\iota}$- $\delta\eta\varsigma$ folgt ein dunkles Wort, $\ldots \gamma\varrho\alpha$, hierauf etliche zusammenhängende Züge, welche den Artikel $\tau\tilde{\eta}\varsigma$ zu dem folgenden deutlichen $\dot{\omega}\nu\tilde{\eta}\varsigma$ zu enthalten scheinen. Das Ganze kann schwerlich etwas anderes sein als der Name des Amtes zu $'H\varrho\alpha\kappa\lambda\varepsilon\acute{\iota}\delta\eta\varsigma$. Ich lese $\dot{\alpha}\nu\tau\iota\gamma\varrho\alpha$, und halte dies für $\dot{\alpha}\nu\tau\iota\gamma\varrho\alpha\varphi\varepsilon\acute{\upsilon}\varsigma$: $\tau\iota$ scheint zusammengeschlungen in das mit einem links vorspringenden Strich versehene Viereck; das τ in $N\varepsilon\chi o\acute{\upsilon}\tau\eta\varsigma$ Z. 4. bildet hierzu einen analogen Zug. Das Ende von Z. 2. kann man Χωτλεύφης lesen, worin das ν dem in σὺν Z. 8. nicht unähnlich ist: dies wäre der Name des ὑπογραφεύς. Was nun Z. 2. zwischen ἐφ' ἧς und Χωτλεύφης übrig ist, muss den Namen und das Amt der Hauptbehörde enthalten, bei welcher dieser Chotleuphes Unterschreiber ist. Vom Namen ist Δι nach ἐφ' ἧς der Anfang, wie ich bereits bemerkt habe; das Amt muss vor Chotleuphes Namen ausgedrückt gewesen sein. Unverkennbar ist aber hier wieder γρ mit dem darüber gezogenen Haken, und vorher geht deutlich δια: nach γρ mit dem Haken oder γρα scheint aber noch ein φ zu stehen, so dass διαγραφ. entsteht, welches ich für Abkürzung von διαγραφεύς halte. Man kann sich daran stossen, dass hier noch ein φ dabei steht, welches bei ὑπογρα. und ἀντιγρα. nicht gefunden wird; aber ich weiss nichts besseres, und sehe auch nicht ein, warum eine völlige Gleichheit und Beständigkeit in der Schreibart sollte vorausgesetzt werden müssen. Nach ἀντιγραφ. und Χωτλεύφης steht noch ein Zug, den ich nicht entziffern kann, der aber nach dem Zusammenhange ἦν 24 sein könnte. Dies alles vorausgesetzt ergiebt sich allerdings eine vernünftige Ueberschrift. Es wird nämlich bemerkt, an welchem Tage des Jahres die Handlung, welche in dieser Nebenschrift enthalten ist, vorgenommen war, dann wer in der Zeit, in welche der Termin fällt, διαγραφεύς war, nämlich Δι........; sodann dessen Unterschreiber, Notar, Protokollführer, Chotleuphes nämlich: endlich wer Gegenschreiber des Kaufes, ἀντιγραφεὺς τῆς ὠνῆς. Dies alles passt vollkommen zur Sache. Da nämlich Aegypten katastrirt war und die Grundstücke zum Behufe der Steueranlage eingetragen werden mussten, so musste eine Behörde bestehen, welche den Kataster hatte und nach Maassgabe des Grundstückes die Steuer anlegte; der Kataster nebst den Steuerregistern heisst aber gewöhnlich διάγραμμα und die Personen, welche den Kataster und die Steueransetzung besorgen, sind διαγραφεῖς: s. meine Staatsh. d. Ath. Bd. I, S. 169. Bd. II, S. 70, [I? p. 212. 690.] Vor diese Behörde gehörte natürlich die Eintragung der Grundstücke. Dass sie einen Notar hat, versteht sich von selbst; auch im Attischen Staate finden wir ὑπογραμματεῖς oder ὑπογραφεῖς; s. Staatshaush. Bd. I, S. 201. 202.

203. [1² p. 260 ff.]. Bei derselben Behörde mochte nun eine dem διαγραφεύς untergeordnete Person angestellt sein, welche das besondere Geschäft hatte, die geschehenen Verkäufe einzuschreiben und so das Grundstück von dem vorigen Eigenthümer auf den neuen überzuschreiben; da dieses Geschäft eine Controle des Kaufes ist, heisst dieser Angestellte der Gegenschreiber des Kaufes, ἀντιγραφεύς τῆς ὠνῆς. Vergl. über die ἀντιγραφεῖς Staatsh. d. Ath. Bd. I, S. 201 ff. [1² p. 261 f.] So viel von der Ueberschrift. Ganz klar ist alsdann der Name des Käufers mit dem Gekauften in vierten Camus Z. 4. Νεχούτης Μικρὸς Ἄσωτος ψιλὸν τόπον; Z. 5. aber steht das Maass, wie schon oben bemerkt, π ΕΝ; πήχεις ist durch π angedeutet; das π ist jedoch wunderlich geformt. Was auf ΕΝ folgt, möchte man der Haupturkunde zu Liebe περιτονῇ lesen: allein wenn man auch, um dies zu bewerkstelligen, das τόν, wie ich lese, zunehmen wollte, wird es dennoch nicht herauszubringen sein. Ueberdies geräth man hier in Verlegenheit, weil zu dem ganzen Satze von Νεχούτης an das Verbum fehlt, welches schwerlich im Vorhergehenden liegen kann; um es wenigstens anzudeuten, habe ich in der Uebersetzung eingeklammert gegeben Schreibt ein, welches aber allerdings zur Bezeichnung der vorausgesetzten Handlung zu schwach und ungenügend ist. Hernach folgen klar die Worte τὸν ἐν τῷ ἀπὸ νότου μέρει Μεμνονίων, ὃν ἐωνήθη παρὰ Παμώνθης: woraus man ersieht, dass der Verkauf schon als vollendet angesehen wird, und folglich hier nur seine Anzeige und die Eintragung des Grundstückes bezeichnet sein kann. Vor παρά ist ein überflüssiger Zug, wahrscheinlich zur Verbindung des ἐωνήθη mit παρά; Bekker will jedoch diesen Zug als ο nehmen und ἐωνήσατο lesen. Deutlich ist Z. 7. τοῦ καὶ Ἐναχομνίως, und Z. 8. zu Ende σὺν ταῖς ἀδελφαῖς; aber der Anfang von Z. 8. scheint ausgelöscht zu sein, und was noch dasteht, sieht aus wie πιγραψαιτο. Da nun nothwendig ein Zusammenhang hineingebracht werden muss, weiss ich nichts anderes als ἐπιγράψαντος, da auch Enachomneus bei dem Verkauf seinen Namen zuschrieb mit seinen Schwestern, Semmuthis nämlich und Melyt. Hierbei ist es nicht nöthig eigenhändige Unterschrift vorauszusetzen, da das Wort auch so gebraucht sein kann, dass dadurch die blosse Ein-

willigung in den Verkauf mittelst schriftlicher Urkunde bezeichnet wird; auch glaube ich nicht, dass $ἐπιγραψαμένου$ erfordert werde. Vielleicht mag es auch $ὑπογράψαντος$ heissen. Am Schluss ist offenbar die Kaufsumme wiederholt, $\bar{χ}Ζα$, getrennt durch das Zeichen Z; $\hat{N} = X$ erkläre ich $νομίσματος χαλκοῦ$, nach Anleitung von Z. 12. der Haupturkunde. So gewinnt man wenigstens einen nicht unwahrscheinlichen Zusammenhang, wobei nur noch die auffallende Stellung des $καί$ in $τοῦ\ 'Ευαχομνέως$ Bedenken erregen könnte. Die gemeine Wortstellung, die man in einer Urkunde erwartet, wäre diese: $ἐπιγράψαντος καὶ τοῦ\ 'Ευαχομνέως$: die von uns vorausgesetzte enthält zu viel Ethos, und befremdet daher in einer Urkunde, obgleich sie in einem gebildeten, zumal einem naiven Schriftsteller wie Herodot nicht anstössig sein würde. Indessen konnte diese schöne Wendung durch den Gebrauch geläufig geworden sein, und auf keinen Fall kann man daraus einen Einwurf gegen den von uns angenommenen Zusammenhang hernehmen. Die letzten Züge sind völlig unerklärbar und scheinen, wie oben bemerkt worden, amtliche Zeichen zu sein.

Die beigefügte Nachahmung des uns übersandten Fac-simile giebt die Schrift so ähnlich wieder, als es irgend möglich gewesen ist; und wenn ich die im Anfange auch über das Fac-simile gemachte Bemerkung hier wiederhole, dass keine Nachahmung die Fertigkeit und Bestimmtheit der ursprünglichen Striche völlig zu erreichen fähig ist, so soll hierdurch keinesweges die Treue dieser Nachbildung verdächtig gemacht werden. Da auch die Löcher in der gedruckten Tafel nachgeahmt sind, ist beim Lesen Vorsicht nöthig, damit sie nicht an einzelnen Stellen für Schriftzüge genommen werden.

V.

Ueber die kritische Behandlung der Pindarischen Gedichte.

Gelesen am 3. Februar 1820, 13. Juli 1821 und 7. März 1822.

1. Bei dem gegenwärtigen Zustande der Philologie des classischen Alterthums scheint es ein wesentliches Bedürfniss zu sein, dass nachdem von allen Seiten viel versucht und in manchen Zweigen Entgegengesetztes aufgestellt worden, auch einmal wieder der Blick auf das Formale und Methodische gerichtet werde, über welches noch wenig und nicht besonders eindringend gedacht ist. Denn die Meisten, welche sich mit dem Studium des Alterthums beschäftigen, haben kaum einen Begriff von dem innern Zusammenhange der verschiedenen Theile desselben, und von dem Wesen und Leben der dabei in Anwendung kommenden Thätigkeiten, sondern betreiben die Philologie mit einer gewissen Gedankenlosigkeit als ein gewohntes Geschäft oder eine Liebhaberei, höchstens von einem dunklen Gefühle der innern Vortrefflichkeit des Gegenstandes daran festgehalten; und selbst diejenigen, welche ein sogenanntes Lehrgebäude der Philologie haben entwerfen wollen, zeigen eine nicht geringe Unfähigkeit Begriffe zu bilden, und einen so auffallenden Mangel an Bewusstsein von ihrer eigenen mit ausgezeichnetem Glück geübten Thätigkeit, dass man, um nur ein Beispiel anzuführen, die Grammatik, welche offenbar einen Theil des Stoffes der Philologie enthält, mit der Hermeneutik und Kritik als eine bloss formale Wissenschaft zu dem Organon der Philologie verbunden hat. Betrachtet man diese

und ähnliche Erscheinungen, so könnte man sich verwundern, wie man bei solchen Vorstellungen dennoch so weit gekommen sei, als man wirklich doch scheint gekommen zu sein; wenn man sich andererseits nicht erinnerte, dass der gesunde Sinn fast bewusstlos weiter reicht als die ausgebildetste Reflexion. Dennoch ist die Vernachlässigung des Formalen und Methodischen ein Haupthinderniss schönerer Blüthe unserer Wissenschaft: die Folgen davon zeigen sich besonders bei der Erklärung und Kritik der Schriftsteller, welche, im Ganzen genommen, so weit zurück sind, dass ausgezeichnete Erscheinungen, wie unseres Schleiermacher's höhere Erklärung der Platonischen Schriften, von der Masse der philologischen Gelehrten nicht einmal begriffen werden, und eben darum sehr selten sind; meistens werden Kritik und Erklärung spielend und ungeregelt betrieben, und sowohl das Ziel, wohin sie streben, als die Gesichtspunkte, nach welchen sie geleitet werden müssen, schweben nur dunkel und unvollkommen vor; Kunst sind sie, wenn wir ehrlich sein wollen, noch nicht mehr geworden, als zur Zeit des Hippias und Antisthenes, welche sogar auf der andern Seite vor der unsrigen eine genauere Aufmerksamkeit auf die Eigenthümlichkeit des Ausdruckes und der Schreibart voraus hatte. Nicht als ob man nicht einzeln eingesehen hätte, wie wichtig die Methode einem Studium sei, auf dessen schwankem Boden kein Schritt ohne Gefahr geschieht; aber die ehemals aufgestellten Grundsätze der Hermeneutik und Kritik sind so flach und zusammenhangslos gerathen, dass sich niemand lange dabei aufhielt: und da, wie überall, so auch in der Philologie, Theorie erst gedeihen kann, wenn bedeutende Muster der Ausübung vorangegangen sind, so wird die Theorie nicht tiefer gehen als die jedesmalige Ausübung; indem sie jedoch was dem einen und andern der Ausübenden klar geworden ist, geprüfter, vollständiger und zusammenhängender darstellt, wird sie den Blick der Nachfolger schärfen und sie vor Verirrungen hüten, und endlich das bewirken, dass man in jedem Augenblicke der philologischen Thätigkeit seines Zweckes sich völlig bewusst ist, und das Geschäft des Philologen wahrhaft künstlerisch wird. Nach den mannigfaltigen philologischen Bestrebungen fehlt es aber jetzt nicht mehr an Stoff für den philologischen Theo-

retiker, um mit philosophischem Sinne ausgestattet darzustellen,
was nach allen Seiten hin die Aufgabe der Kritik und Erklärung
sei, und wie sie umfassend und so sicher als möglich gelöst
werden könne.

2. Nicht um dieses zu leisten, was ohnehin die Grenzen
einer akademischen Abhandlung weit überschreiten würde, habe
ich diese Betrachtungen vorangestellt, sondern um sie auf meinen
besondern Fall anzuwenden. Nachdem ich mich nämlich an der
Kritik des Pindar ansübend versucht habe, finde ich, dass dem
Ueberzeugenden meiner Darstellung wenigstens für diejenigen,
welche sich nicht auf demselben Standpunkte befinden, weil sie
nicht denselben Weg gegangen sind, die Einsicht in die Methode
fehle, welche beim Finden geleitet hat; so dass also, wenn das
Einzelne anders und wieder anders gemacht wird, am Ende jegliche dieser Behandlungen auf gleiche Weise gültig erscheinen
könnte. Denn es liegt hier ein Unbekanntes vor, welches wir
ausmitteln sollen; wenn nun der Eine dies, der Andre jenes ausgemittelt hat, lässt sich, wer das Wahre gefunden hat, nicht
immer an dem Gefundenen selbst erkennen, weil das Eine und
das Andere im Allgemeinen möglich ist: die mittheilbare Ueberzeugung beruht daher vorzüglich auf der Sicherheit der Methode,
welche aber bei der kritischen Behandlung eines Schriftstellers,
wo alles vereinzelt erscheint, nicht zur völligen Klarheit kommen
kann. So wie ich daher für Erklärung und Kritik überhaupt
jetzt eine Methodik für vorzüglich wichtig halte, so scheint mir
eben auch bei diesem besondern Gegenstande die Betrachtung
des Methodischen sehr nützlich, damit nicht nach Einfällen und
Willkühr verfahren werde, sondern kunstmässig und auf eine begründete Weise; und nachdem mir das Bedenken, welches leicht
eintritt, wenn man über die Methode, welche man selbst hat
befolgen wollen, sich erklären soll, durch unseres Buttmann's
Aufforderung und Ermunterung dazu gehoben worden, habe ich
mich entschlossen, diesen Gegenstand hier abzuhandeln, so jedoch,
dass ich das zu Allgemeine, und alles, was vom Besondern bei
jedem Schriftsteller ebenso in Anwendung kommt, möglichst aus-
sondere, und nur dasjenige berücksichtige, was aus der eigenthümlichen Beschaffenheit dieser kritischen Aufgabe hervorgeht.

Ganz neue Ergebnisse werden, nach der Natur der Sache, nur wenige hierbei ausgemittelt werden können; vielmehr kommt es darauf an, vereinzelt schon gesagtes in Zusammenhang zu bringen und dadurch fester zu begründen; und da die Gegensätze nach dem alten Sprichworte sich erläutern, werde ich mir zugleich erlauben, im Vorbeigehn gegenüber zu stellen, was kürzlich auf 261 ganz unmethodischem Wege, nicht ohne Anmassung, aber ohne Erfolg, versucht worden ist.

3. Die Aufgabe der hermeneutischen Kunst ist das Verstehen; die Aufgabe der Kritik das Urtheilen; da man aber nicht urtheilen kann, ohne verstanden zu haben, so wird von der Kritik die hermeneutische Aufgabe als gelöst vorausgesetzt. Allein man kann sehr oft das zu Verstehende auch nicht verstehen, ohne schon ein Urtheil über dessen Beschaffenheit gefasst zu haben; daher setzt das Verstehen auch die Lösung der kritischen Aufgabe voraus: woraus ein Cirkel entsteht, welcher uns bei jeder nur einigermaassen schwierigen hermeneutischen und kritischen Aufgabe hemmt, und der es eigentlich ist, mit welchem die Philologen bei ihrem ganzen Geschäfte fortwährend kämpfen, um diesen magischen Kreis durch die Beschwörungsformeln ihrer Kunst zu lösen. Allein sie sind nicht bloss in diesen grossen Kreis gebannt, welchen wir hier nicht weiter berücksichtigen wollen, sondern es liegen in demselben wieder immer neue und neue, indem jede Art der Erklärung und Kritik wieder die Vollendung der übrigen hermeneutischen und kritischen Aufgaben voraussetzt; das muss jeder Philolog einsehen, wenn er sich dessen, was er thut, bewusst wird; doch steht es in keiner Theorie, und ich will mich auch nicht rühmen, es erfunden zu haben, da ich es von Schleiermacher gelernt habe. Die verschiedenen Arten der Kritik aber, welche sich wechselsweise voraussetzen, glaube ich am besten so bestimmen zu können. Das Urtheil bezieht sich nämlich erstlich auf die Sprachelemente: ob jedes Sprachelement an jeder gegebenen Stelle angemessen sei oder nicht, welches in dem letzteren Falle das angemessenere sein würde, und ob das angemessenere oder das entgegengesetzte das ursprünglich wahre sei; dies nennen wir die niedere Kritik, oder die grammatische oder Wortkritik. Ihr zur Seite geht die historische

Kritik, deren Aufgabe ganz dieselbe ist, ausser dass statt des Sprachelementes die in einer gegebenen Stelle überlieferte Thatsache in Betracht gezogen und jene Fragen theils in Bezug auf die Stelle, theils in Rücksicht der geschichtlichen Wahrheit selbst untersucht werden; wie beide Arten sich wechselsweise voraussetzen, wird Jeder leicht finden. Wenn nun in beiden Fällen das Urtheil sich immer auf eine Einzelheit bezieht, so ist dagegen das Geschäft der sogenannten höhern, oder wie ich sie lieber nenne, Individual-Kritik, eine ganze gegebene Schrift als ein geschlossenes Ganzes mit einem bestimmten Individuum als Verfasser zu vergleichen, und die Angemessenheit oder Unangemessenheit beider gegeneinander festzustellen, und zu entscheiden, ob diese Unangemessenheit, wo sie gefunden wird, ursprünglich statt gefunden habe, oder die Schrift einem andern angehöre, welchem sie angemessen ist; daher man diese Kritik die des Aechten und Unächten genannt hat: Ihr zur Seite geht aber die Gattungskritik, welche das gegebene Ganze überhaupt mit der Idee der Gattung, unter welche es fällt, nach den Gesetzen der Kunst vergleicht, und welche wir, abgesehen von einzelnen Schriften, welche keinen ästhetischen Gesichtspunkt erlauben, nach der Mehrheit die ästhetische nennen. Auch beide letztere können nicht bestehen, ohne ihre Aufgaben wechselseitig gelöst vorauszusetzen, welches aber hier zu entwickeln zu weit führen würde; und ebenso setzen die beiden letzteren Arten die beiden ersteren, und umgekehrt, voraus. Uebrigens entsprechen diese Arten der Kritik eben so vielen gleichlaufenden Arten der Erklärung und des Verständnisses. Alle zusammen kommen auch beim Pindar in Betracht, und sind alle mit eigenthümlichen Schwierigkeiten gerade hier verbunden; wir beschränken uns jedoch, da die übrigen Gattungen der Kritik wie der Erklärung bei ihm noch wenig zur Sprache gekommen sind, jetzt auf die niedere Kritik und denjenigen Theil der Individuellen und Ästhetischen, welcher die äussere Form der Gedichte oder das Versmaass betrifft; welche Gesichtspunkte im genauesten Verhältnisse stehen, so dass die Entscheidung über das eine die über das andere streng genommen immer schon voraussetzt, da jedes Sprachelement der metrischen Form angemessen sein muss, und die Destimmung der metrischen Form von der Gesammtheit der Sprachelemente abhängt.

4. Gleich hierin liegt die Hauptschwierigkeit der Kritik bei Pindar und allen übrigen Resten der Hellenischen Lyrik gleicher Art. Könnte nämlich die metrische Form wirklich als bekannt vorausgesetzt werden, so wäre die Beurtheilung der Sprachelemente und Lesearten wenigstens in Beziehung auf die metrische Form keinem Zweifel mehr unterworfen; aber da die metrische Form, in welcher die Lyriker überliefert sind, unsicher ist, so wird die Festsetzung derselben sehr oft von der Verschiedenheit der Leseart abhangen, wie umgekehrt bei der Beurtheilung der letztern die metrische Form als gegeben vorausgesetzt werden muss. Von welcher Seite man also die Lösung der Aufgabe anfangen mag, wird man auf die andere hingetrieben; und wenn ich gleich nicht nur zugebe, sondern auch behaupte, dass das durch Uebung geschärfte künstlerische Gefühl den Kreis mit Einem Schlage lösen könne, so ist dies dennoch nicht genug; theils weil man, um zur Klarheit zu gelangen, das Gefühl in Begriffe aufzulösen bestrebt sein muss, und das Gefühl selbst, wenn davon keine Rechenschaft gegeben werden kann, wenigstens in vielen Fällen, verdächtig wird; theils weil das Gefühl nicht unmittelbar mitgetheilt werden kann, und folglich, wenn Ueberzeugung hervorgebracht werden soll, Gründe angegeben werden müssen, welche den Urtheilsfähigen, unabhängig vom Gefühl, zur Einsicht zwingen. Die ohne Kritik und Methode kritisiren, pflegen nun gewöhnlich nach gewissen allgemeinen und unbestimmten Vorstellungen von Schönheit, Symmetrie, Eleganz und was dergleichen Ausdrücke mehr sind, sowohl die Lesearten als die Versmaasse zu beurtheilen; oder sie bauen in Rücksicht der letztern sogenannte Theorien auf, welche diesen Namen nicht verdienen, weil sie in der Luft stehen als Hirngespinste und subjective Ansichten; ja um den Mund noch voller zu nehmen, hat man von einer *a priori* zu entwerfenden Metrik gesprochen, welche die Gesetze der Sylbenmaasse, wie der Generalbass die der Melodie und Harmonie angebe, und wonach man die Dichter regeln müsse. An einer solchen Theorie der Metrik und an ihrer Nothwendigkeit wird kein Mensch zweifeln; und sie wird recht nützlich sein,

wenn sie folgerecht und *a posteriori* wie *a priori* richtig ist; was aber die derer, welche so sprechen, von keiner von beiden Seiten ist: dagegen ist es eben so ungereimt, Pindars Versmaasse aus einer solchen Theorie zu beurtheilen, als wenn man irgend eines Philosophen System so oder anders feststellen wollte, weil der Geschichtschreiber der Philosophie, der ihn behandelt, dieses oder jenes philosophische System für wahr hält. Wer da sagt, man muss Pindars Gedichte nach metrischen, *a priori* gefundenen Grundsätzen beurtheilen, kann eben so gut sagen: „man braucht sich nicht zu bemühen, das Heraklitische oder Pythagorische System aus den Quellen zu studiren; ich habe einen philosophischen Generalbass, woraus sich ohne weiteres *a priori* ergiebt, was jene Männer gedacht haben." Nur wer von allem historischen Sinn entblösst ist, kann mit einer allgemeinen Theorie auszureichen glauben; der metrische Stil ist, wie jeder andere, nach der Eigenthümlichkeit des Schreibenden so verschieden, dass ein Bestimmteres zu wissen nöthig ist; und in verschiedenen Zeitaltern und bei verschiedenen Völkern sind so abweichende Formen ausgeprägt worden, dass man aus einer allgemeinen, nicht geschichtlich unterstützten und entwickelten Theorie nicht beurtheilen kann, was zur Zeit der Perserkriege diesem oder jenem Hellenischen Dichter metrisch schön war. Erst alsdann, wenn man aus dem Dichter hervor sein Gefühl gebildet, und in seinen Geist versenkt, die Form seines Geistes sich angeeignet hat, kann man aus dem Gefühle des Schönen und der eigenthümlichen Gestaltung, welche die allgemeine rhythmische Möglichkeit bei ihm angenommen, ein Urtheil fällen: aber dies bringt uns vom Anfang herein der Lösung der Aufgabe um nichts näher, weil sie hier schon als aufgelöst vorausgesetzt wird. Es ist daher einleuchtend, dass man nur mittelst allmähliger Annäherung bald aus der Leseart das Versmaass, bald aus dem Versmaasse die Leseart bestimmen könne; und betrachtet man, wie viele einzelne Thätigkeiten zu dieser fortschreitenden Lösung der Aufgabe erfordert werden, so erscheint die Kritik eines solchen Schriftstellers wie eine grosse Kette von Rechnungen, durch welche aufeinanderfolgend eine Menge unbekannte Grössen mittelst verschiedener Formeln gefunden werden: und manche werden auch nicht vollkommen genau gefunden. Natürlich kann der Anfang der Lösung nur vom Bekannten ausgehen: was ist aber in diesem Felde bekannt? Etwa die Metrik im Allgemeinen? Das Allgemeinste davon freilich; aber das ist für diese Aufgabe ein Nichts; die näheren Bestimmungen, auf welche es ankommt, sind eben die unbekannten Grössen. Oder der Sprachschatz in lexikalischer und grammatischer Hinsicht? Auch hiervon ist ein grosser Theil bekannt; aber bei den schwierigern Aufgaben fällt auch dieser in das Gebiet der unbekannten Grössen, und muss erst eben durch solche Untersuchungen noch näher bestimmt werden. Vielmehr kommt es, da das allgemeine Bekannte zu allgemein ist, darauf an, etwas Bekanntes zu haben zu dem zu behandelnden Werke selbst, was uns bei dessen Betrachtung im einzelnen Fall und unmittelbarer leiten kann, als das Allgemeine des Metrischen und des Sprachschatzes; dies kann aber nur das sein, was auf sicherer Ueberlieferung oder auf einer einfachen Zerlegung des Werkes beruht und aus beiden mit voller Klarheit hervorspringt. Die Ueberlieferung leitet zunächst bei der niedern, die Zerlegung bei der metrischen Kritik; doch ist bei keiner von beiden das andere Hülfsmittel ausgeschlossen; und allerdings muss auch das allgemeinere Bekannte des Metrischen und Sprachlichen zu Hülfe kommen; auch versteht es sich von selbst, dass alle Gesichtspunkte der Beurtheilung der Lesearten,*) ihrer Angemessenheit in Beziehung auf Zusammenhang und Zweck des Dargestellten und dergleichen, auch hier eintreten; welches aber, als nichts dieser Kritik Eigenthümliches, hier übergangen wird. Lässt man diese Hülfsmittel gehörig in einander greifen, so unterstützen sie sich von allen Seiten so mächtig, dass ein fester und sicherer Gang entsteht, und nur Weniges unauflöslich bleibt.

5. Das erste, allgemeinste und sicherste Ergebniss, welches aus einer einfachen Zerlegung der Pindarischen Gedichte hervorgeht, ist dieses, dass aus keinem Verse in den andern ein Wort übergehe. Denn da wir gewiss wissen, dass die Verse untereinander durch den Hiatus, die Endsylbe von unbestimmtem Maass

---

*) [In Rücksicht der Lesearten je nach dem Alter der Mss. ist Tycho Mommsens Behilft: „Scholia Germani" zu vergl.]

und die häufig wiederkehrende Interpunction sich trennen, unter
unzähligen Beispielen aber ein so bestimmtes Vers-Ende so gut
als niemals in die Mitte eines Wortes fällt, und umgekehrt, kein
angenommenes Vers-Ende, wodurch die Worte zerschnitten würden, von jenen Kennzeichen bestätigt wird[1]; so ist das Gesagte
so erwiesen, dass ich überzeugt bin, diejenigen, welche strenge
Beweise würdigen können, ich meine die Mathematiker oder welche
mathematisch gebildet sind, müssen es zugeben; zweifeln können
nur solche, welche, wie Philolaos sagte, den Danaidenfässern
ähnliche Seelen haben, in welchen keine feste Ueberzeugung
haftet. Was man dagegen gesagt hat, diese Weise, die Verse
von hinten zu bestimmen, komme gerade so heraus, als wenn
jemand in einem Musikstück, in welchem die Taktstriche ausgelassen seien, von der letzten Note zu singen anfangen, und dadurch Melodie und Takt auskundig machen wollte[2], lautet recht
lustig, wie mehres andere gegen diese Lehre Vorgebrachte, ist
aber eben weiter nichts als lächerlich; denn es ist handgreiflich,
dass man vom Gewissen zum Ungewissen übergehen muss, das
Gewisse mag hinten oder vorn liegen; und wer darauf bestehen
wollte, schlechterdings vom Anfange anzufangen, würde eben so
unvernünftig handeln, als wenn ein Mathematiker in einer Formel,
worin mehre unbekannte Grössen vorkommen, durchaus die erste
zuerst suchen wollte, ungeachtet die Art der Aufgabe es mit sich
bringen kann, dass er die letzte zuerst suchen muss: nicht zu
gedenken, dass, da ja der erste Anfang des Gedichtes schon bestimmt ist, durch die Aufsuchung des ersten Endes eben der
Anfang des zweiten Verses bestimmt wird, und so fort; so dass
diese *a posteriori*, das heisst auf die Erfahrung gegründete Methode gar nicht von hinten anfängt und folglich der Witz sein
Ziel gänzlich verfehlt hat. Weit scheinbarer kann man sagen,
der Hiatus, die unbestimmte Sylbe und die Interpunction kämen
doch auch anerkannt in der Mitte des Verses vor; folglich seien
diese Kennzeichen nicht schlechthin entscheidend. Dies ist wahr;
aber es ist ein grosser Unterschied, ob jene drei Erscheinungen

---

1) *Metr. Pind.* S. 318 f.
2) Ahlwardt Vorrede d. Pind. VIII.

vereinzelt vorkommen, oder massenweise in dieselbe Stelle fallen:
und Hiatus und unbestimmte Endsylben unterscheiden sich in
erlaubte und unerlaubte in der Mitte des Verses, so wie die Interpunctionen häufig Cäsuren bezeichnen; auf welches alles der
Kritiker aufmerksam sein muss: endlich hebt eine grosse Anzahl
Hiatus das Digamma, und auch die erlaubten sind vermieden
worden. Ueber mehre dieser Punkte sind die Gelehrten freilich
nicht einig; aber hierüber wird die Zeit entscheiden: doch kann
man schon jetzt getrost sagen, das Digamma verläugnen und den
Hiatus ohne Unterschied vertheidigen nur diejenigen, welche gar
nicht oder schlecht untersucht haben oder nun einmal schlechterdings nichts davon wissen wollen, wenn man ihnen auch die
schlagendsten Beweise an die Hand giebt[1]. Am scheinbarsten
ist es endlich einzuwenden, es sei unwahr, dass wenn man die
Vers-Enden nach obiger Weise bestimme, kein Wort getheilt werde,
indem man doch etliche Stellen verändern müsse[2]); allein diese
sind gegen die gewaltige Masse der übrigen ganz unbedeutend,
und rechnet man diejenigen ab, welche aus andern Gründen verdächtig sind, und aus guten Handschriften und den Scholien hergestellt worden, so bleiben nur drei übrig, *Olymp. I.X*, 18. 19.
Nem. X, 41. welche gegen die übrigen völlig verschwinden; und
da sie der Dichter leicht anders wenden konnte, als sie ehemals
gelesen wurden, so müssen sie für verderbt erklärt werden. Denn
man kann nicht annehmen, dass er unter unzähligen Stellen dreimal und zwar zweimal nacheinander von seiner so allgemeinen
Regel abgewichen sei. Will man, wie neulich geschehen ist, um
solcher Stellen willen Asynarteten im Pindar annehmen, so müsste
man dafür erst andere Beweise bringen; die Beispiele aber, welche
man angeführt hat, beweisen nichts. Endlich kommt der metrischen Zerlegung der Gedichte auch die Ueberlieferung zu Hülfe;
denn nicht allein sagt Hephästion, $Π\grave{α}ν$ $μ\acute{ε}τρον$ $ε\acute{ι}ς$ $τελείαν$
$περατοῦται$ $λέξιν$[3]), welchen ganz allgemeinen Ausspruch man

---

[1] Ueber das *Digamma* bei Pindar verweise ich, ausser den Büchern
de metris Pindari [S. 309], auf meine Staatsh. d. Ath. Bd. II. S. 387 ff.
[der 1. Ausg.]

[2] *Metr. Pind.* S. 319.

[3] *Metr. Pind.* S. 82.

vergeblich von der chorischen Lyrik auszuschliessen versucht, sondern ein glücklicher Zufall hat auch noch einige sehr unscheinbare Scholien erhalten; aus welchen deutlich erhellt, dass, was sich früher nur vermuthen liess, die Alten selbst bei Pindar diese Lehre anerkannten [1]. Denn wir wissen jetzt aus dem Breslauer Scholiasten, dass *Olymp. XI*, 24. 25. *vulg.* (22).

Πελώριον ὁρμάσαι κλέος ἀ-
νὴρ θεοῦ σὺν παλάμᾳ,

eine Periode von siebzehn Sylben sei: und es ist erfreulich, dass hier zugleich durch das Ansehen eines Alten, der mehr als die gewöhnlichen Grammatiker von der Metrik verstanden haben muss, die von mir befolgte Versabtheilung bestätigt wird gegen die neueste übrigens nicht schlechte, wornach Ep. 9. 10. so getheilt wird:

θήξαις δέ κε φύντ᾽ ἀρετᾷ ποτὶ πελώριον
ὁρμάσαι κλέος ἀνὴρ θεοῦ σὺν παλάμῃ:

wiewohl unsere Abtheilung auch schon durch zwei Interpunctionen Ep. γ΄. δ΄. durch einen aus den besten Büchern hergestellten Hiatus Ep. γ΄. und durch einen andern Ep. ε΄. gerechtfertigt ist, welchen der letzte Herausgeber gegen seine sonstige Leichtigkeit den Hiatus zu vertragen, mittelst einer auf keine Handschrift gegründeten Textveränderung entfernt hat. Derselbe Scholiast lehrt auch, dass *Olymp. IX*, 134. 135. (95.) die Verse,

Οἷον δ᾽ ἐν Μαραθῶνι συ-
λαθεὶς ἀγενείων

ein Ganzes bilden, wie es jetzt angenommen ist; einen dritten Fall will ich übergehen, weil leider, da das Scholion verstümmelt ist, die Meinung des Grammatikers sich nicht genau angeben lässt. Nach diesen Beweisen gegen die Brechung der Worte braucht man nicht einmal darauf sich zu berufen, dass Vertheilung eines Wortes zwischen zwei Verse, wenn nicht etwa eine scherzhafte Malerei dadurch bezweckt wird, schon an sich eine Ungereimtheit ist; was man schon längst würde eingesehen haben, wenn nicht lange Gewohnheit und gedankenloses Ansehen dieser Brechungen den Sinn abgestumpft hätte.

[1] Vorr. zum Schol. B. II. S. XXXII.

6. Kaum bedarf es der Bemerkung, dass auch Vers-Enden vorkommen können, welche durch kein sicheres Kennzeichen ausgezeichnet sind; bildet hier nicht die rhythmische Analogie, welche aus dem durch sichere Kennzeichen erlernten gezogen werden muss, so bleiben diese unsicher, welches besonders bei kurzen Gedichten und vorzüglich in den Epoden eintritt: wovon später Beispiele vorkommen werden. Aber in der Regel reichen die sichern Kennzeichen zu, und hat man aus diesen die Vers-Enden bestimmt, so kann man in der Beurtheilung der rhythmischen Eigenthümlichkeiten, inwiefern die Lesearten sicher sind, weiter schreiten, wovon ich etliches Einzelne anführen will. Sehr häufig ist die Erscheinung, wovon sich auch der Grund leicht findet, dass die Verse gern mit gewissen Partikeln geschlossen werden, wie mit *ἐπεί*, *ὅτι*, *δτάρ*, dem enklitischen *τοι*[1]); indem nämlich die Stimme auf einem solchen diewell, jedoch, aber ausruht, wird diese Partikel nachdrücklich hervorgehoben, was bisweilen eine gute Wirkung hervorbringt. Zweifelhafter kann es sein, dass Verse mit hypotaktischen Partikeln oder Encliticis anfangen; und Bentley's[2]) bekannte aber nicht für die Lyriker aufgestellte Regel, dass *μέν*, *δέ* und dergleichen Partikeln den Vers nicht beginnen, möchte sich allerdings auch für diese bewähren. Jedoch lasse ich *κοτ'* im Anfang des Verses, weil dies nicht bloss hypotaktisch ist, sondern auch protaktisch ganz im Anfange einer Rede gefunden wird; auch lasse ich Enclitica, die durchaus hypotaktisch sind, zu, wenn ich einen Grund sehe, weshalb der Dichter sich diese Freiheit genommen haben kann, und ich finde diesen Grund in etlichen Stellen in dem musicalisch-malenden Ausdruck des Schrecklichen, welches durch diese Zerrissenheit des Sprachzusammenhanges vortrefflich dargestellt ist[3]). Ich schweige von *Isthm. VII*, 9—12. um am Schluss darauf gelegentlich zurückzukommen; aber *Nem. IV*, 63. 64.

---

1) *Explicatt. ad Olymp. VI*, 47. Eben so im Bonar, wie *ὅτι* in dem Verse bei Aeschines g. Timarch S. 155. Helak. und Plin. Briefe IV, 27. und hier und da in den Dramatikern, z. B. Sophokl. Philoct. 325. 549. Doch eine grosse Menge Beispiele liefert schon die einzige Antigone. Eben dies findet bei *ἐπεί* statt, und bei *τὸ γάρ*.

2) *Fragm. Menandr.* S. 108.

3) *Metr. Pind.* S. 312.

ὄνυχας ὀξυτάτους ἀκμάν
τε δεινοτάτων σχάσαις ὀδόντων,

möchte ich mir den herrlichen Eindruck durch die neuliche Verbesserung καὶ δεινοτάτων nicht verkümmern lassen, obgleich in allen übrigen Strophen der zweite Vers mit einer Länge beginnt; zumal da in jener Verbesserung die gezwungene Stellung des καί auch darum noch anstössiger ist, dass dasselbe von dem Worte, wozu es gehört, nämlich von ἀκμάν, durch den Vers eben so getrennt ist wie das τε. Lassen wir also das τε, und stossen uns nicht an der Kürze; diese scheint eben hier aus der bezeichneten Ursache absichtlich vorgezogen zu sein. Wem dergleichen Malerei unwahrscheinlich vorkommt, den verweisen wir auf den Horaz, einen viel geringern musicalischen Künstler, der dennoch dieser Schönheit nicht entbehrt[1]): bei Pindar kommt noch hinzu, dass der Zweck dieser rhythmischen Andeutung durch die musicalische und orchestische Begleitung noch deutlicher und wirksamer konnte hervorgehoben werden. Der neueste Herausgeber ist dieser Ansicht entgegen, hat aber dennoch τήν einmal zu Anfang des Verses gestellt, wo ich es selbst nicht einmal billigen würde. Eine verwandte Frage ist die, ob apostrophirte Worte zu Ende des Verses geduldet werden können; zu der Beantwortung derselben ist schon *Metr. Pind.* S. 318. der Grund gelegt. So lange nämlich *Olymp. III,* 26. ὥρμαιν' nicht entfernt sein wird, bleibt es unleugbar, dass man apostrophirte Worte zu Ende des Verses zulassen darf; und dadurch wird *Pyth. II',* 9. ἀγκομίσαιθ' geschützt, und *Nem. VIII,* 38. καλύψαιμ', wiewohl in letzterer Stelle der Rhythmus fortgehen dürfte. Auch *Pyth. V,* 72. könnte γηρύοντ' dadurch vertheidigt werden; aber die Verbindung von *Ep.* 7. 8. ist ohne Zweifel vorzuziehen. Wiewohl nun auch die andern Beispiele leicht entfernt werden können, wenn man *Nem. VIII.* die Verse zusammenhängt, *Olymp. III.* und *Pyth. IV.* aber ὥρμα und ἀγκομίσαι schreibt, so kann ich mich dennoch dazu noch nicht entschliessen, so lange nicht Handschriften zu Hülfe kommen, verwerfe jedoch unbedingt das *Nem. VI,* 52. gesetzte ἔμπαξ', so wie das alte ἔμπεσ'. Auch

---
[1] S. *Metr. Pind.* S. 82. 83.

habe ich mich durch genauere Erwägung der Stellen überzeugt, dass Pindar sich nicht erlaubte, was Sophukles sich seit der grammatischen Tragödie des Kallias in den Trimetern häufiger als das Apostrophiren grösserer Worte erlaubt hat, nämlich ein δέ oder τε zu apostrophiren. Die meisten Fälle der Art werden durch leichte Verbindung der Verse gehoben: *Olymp. III*, 46. (und zugleich damit der Apostroph in ἄξονθ' Vs. 30.), wo das Zusammentreffen zweier apostrophirten Worte die Verknüpfung der Verse noch stärker empfiehlt; *Olymp. IX*, 47. *XI*, 16. *Pyth. IX*, 101. *Isthm. IV*, 29. In dem vierzehnten olympischen Gedichte Vs. 13. kann durch andere Abtheilung geholfen werden (s. Abschn. 41.); *Pyth. IV*, 55. wird weiter unten beseitigt werden (s. Abschn. 20.); und ebendaselbst 179. In ταχέως δ' tilge ich ohne Bedenken δ' aus: denn das Asyndeton ist dort einzig schön und dem Sprachgebrauch angemessen, weil die Ausführung des Vorhergesagten folgt; Pindar musste, möchte ich fast sagen, das δέ weglassen, wenn es auch vom Versmaasse so sehr empfohlen würde, als das Gegentheil statt findet. Eben so verhält es sich mit *Isthm. VII*, 31., wo ich δ' entferne, und das Asyndeton ebenso erkläre (vgl. über die Versabtheilung in jener Stelle der Strophe Abschn. 14.). Das δέ rührt von Grammatikern oder Schreibern her; vgl. *Nott. critt. Olymp. VI*, 74. So tilge ich denn auch *Isthm. VII*, 17. δ' aus, wie man längst, auch ohne das Versmaass zu kennen, wünschte, und Dissen auch aus andern Gründen verlangt hat: wie es herein kam, lässt sich leicht errathen. Auch *Isthm. V*, 29. hat wohl die Austilgung des τ' hinter Μερόπων kein grosses Bedenken, da es durchaus nicht nothwendig ist.

7. Ein Hauptergebniss jener einfachen Zerlegung der Gedichte nach jenem sichern Verfahren ist ferner auch dies, woran man noch immer einen besondern Anstoss nimmt, dass längere und kürzere Verse abwechseln, ja manche sehr lang, andere sehr kurz sind. Gestützt auf die Festigkeit der metrischen Analyse überlasse ich jedem, sich darüber zu verwundern[1]); wiewohl eine

---

[1]) Wer da glaubt, die Verse wären zu lang, um in Einem Athem gelesen zu werden, vergisst, dass sie für den Gesang geschrieben wur-

verständige Betrachtung der Natur des lyrischen Gedichtes, besonders in Rücksicht des musikalischen Gehaltes und des Eindruckes auf die Empfindung, nicht nur die Angemessenheit, sondern sogar die Nothwendigkeit dieser Erscheinung lehrt: und wenn in der neuern Lyrik dieses anders ist, so liegt davon der Grund nicht in dem Wesen der lyrischen Dichtung, sondern in der eigenthümlichen Beschaffenheit unserer Poesie, welche keine grossen rhythmischen Formen zu bilden fähig, und durch den Reim gezwungen ist, gleichartige Glieder zu bauen. Mit völliger Zuverlässigkeit behaupte ich, dass alle Versuche, die kürzern und 375 längern Verse zu verdrängen, missslungen sind und immer misslingen werden; und dass man sich rühmte, dieses Kunststück durchgeführt zu haben, ist um so auffallender, da man, abgesehen von der Verkehrtheit des Verfahrens, dadurch häufig nichts weiter bewirkt hat, als dass angeblich zu kurze oder zu lange Verse, wo sie vorher waren, verdrängt, anderwärts aber neue der Art gebildet worden sind: und auch die willkührlichste Kritik hat es *Pyth. I, str. 6.*, wo der lange Rhythmus am Schluss der Strophe höchst vortrefflich ist, nicht zwingen können, ihn zu zertheilen, sondern hat sich begnügen müssen, vier Strophen für verderbt zu erklären, ohne sie verbessern zu können; verständige Kritiker werden nicht daran denken, dass irgend eine dieser Strophen verderbt sei. Dass die Hellenen lange rhythmische

den, oder muss sich vorstellen, die Hellenischen Sänger, die gewiss eine gute Brust hatten, wären schwindsüchtig gewesen. Man hat mir nach erzählt, dass Einige sagen: die Verse könnten unmöglich so lang gewesen sein, weil die Hellenen kein so breites Papier gehabt hätten. Abgesehen davon, dass man auch auf das schmalste Papier lange Verse schreiben konnte, weil sie nicht in Eine Zeile brauchten geschrieben zu werden, so weiss ich im Gegentheil, dass das Hellenische Papier sehr breit war, und die Hellenen so lange Zeilen schrieben, dass es dem Auge schwer fällt, sie zu überschauen. Doch was sollte es fruchten, jedes Urtheil der Unberufenen zu widerlegen? Bloss zur Ergötzung mag gesagt sein, dass der Eine derselben, ein gewisser Alf, unter vielem Aehnlichen auch dies vorträgt, da die menschliche Stimme eines Individuums nur dritthalb Octaven umfasse, könne man so lange Taktmassen nicht annehmen. Dieser Kunstrichter kann also den Takt nach Octaven messen. Seine kritisch-grammatische Kenntnisse und Fertigkeiten sind von derselben Vortrefflichkeit; und schwerlich wird sich jemand die Mühe geben, ihm seine Phantasmen zu zerstören.

Perioden bildeten, beweisen schon die Systeme ἐξ ὁμοίων; der
alles durchdringende Geist Bentley's sah sehr wohl, dass die
ionische Dekapodie, welche sechzig Moren hat, Ein Vers sei, und
er theilt sie nur aus Bedürfniss, nach Einschnitten (zu *Hor. carm.
III*, 12.). Er, der Gelehrsamkeit mit Geist und historischem
Sinn vereinigte, wäre im Stande gewesen, eine Lehre zu würdigen, welche man mit nichts sagenden Gründchen beseitigen zu
können glaubt; er, der zugleich den Muth hatte, sich über die
Vorurtheile der Kunstgenossen hinwegzusetzen, würde dieselbe
Lehre aufgestellt haben, wenn ihn sein Weg zum Pindar geführt
hätte. Eine geringe Aufmerksamkeit lehrt bald, dass der Dichter
längere Rhythmen besonders am Schluss liebt, welches ich auch
bei den Tragikern bemerkt habe; der Rhythmus sucht gleichsam
das Ende, ohne es gleich zu finden, und indem er diese und
jene Wendung nimmt, fügt sich ein Glied an das andere an, damit
ein befriedigender Fall und Ausgang entstehe. Die auffallendste
Ungleichheit ist übrigens ohne Zweifel *Olymp. VII. str.* 3., wo
auf einen katalektischen trochaischen Trimeter ein iambischer
Monometer folgt und vor einem bedeutend langen Verse hergeht.
Obgleich nun auch hier des Dichters Kunst ganz augenscheinlich
hervortritt, da er solche kurze Reihen niemals durch Trochäen
bildet, welche zu schwach und schlaff sind, sondern nur durch
den mittelst seiner aufsteigenden Bewegung lebhaftern Iambus
und in den von der musikalischen Begleitung ohne Zweifel stark
hervorgehobenen kurzen Vers überall bedeutsame und kräftig zu
betonende Worte und Gedanken gelegt sind, welches auch in der
glücklichen Uebertragung von Thiersch gefühlt werden kann;
so wäre es dennoch nicht zu verwundern gewesen, wenn Metriker,
die mit den Fingern und Augen, nicht mit Ohr und Sinn messen,
sich daran ärgerten, hätte der Dichter nicht gerade hier seine
Versabtheilung so deutlich bezeichnet, dass keine Gewalt sie ver-
wischen kann:

$$\text{\textasciimacron}\smile\text{\textasciimacron}\text{\textasciimacron}\text{\textasciimacron}\smile\text{\textasciimacron}\text{\textasciimacron}\text{\textasciimacron}\smile\times$$
$$\text{\textasciimacron}\text{\textasciimacron}\smile\text{\textasciimacron}$$
$$\circ\text{\textasciimacron}\smile\text{\textasciimacron}\text{\textasciimacron}\text{\textasciimacron}\smile\text{\textasciimacron}\text{\textasciimacron}\text{\textasciimacron}\smile\text{\textasciimacron}\smile\smile\text{\textasciimacron}\text{\textasciimacron}\smile\smile\text{\textasciimacron}\times$$

Ant. α'.

ἀνδράσιν πέμπων, γλυκὺν καρπὸν φρενός

ἱλάσκομαι

Οὐλυμπίᾳ Πυθοῖ τε νικώντεσσιν. ὁ δ' ὄλβιος. ὃν
φᾶμαι κατέχοντ' ἀγαθαί.

Hier ist der kleine Vers beiderseits abgetrennt, vom vorhergehenden durch die unbestimmte Sylbe, vom Folgenden durch den Hiatus. *Str. β'.*

ξυνὸν ἀγγέλλων διορθῶσαι λόγον
Ἡρακλέος
εὐρυσθενεῖ γέννᾳ. τὸ μὲν γὰρ πατρόθεν ἐκ Διὸς εὔ-
χονται· τὸ δ' Ἀμυντορίδαι.

Hier ist der kurze Mittelvers beiderseits durch die unbestimmte Endsylbe abgetrennt. *Ant. γ'.*

καὶ παρέλκει πραγμάτων ὀρθὰν ὁδόν
ἔξω φρενῶν.
καὶ τοὶ γὰρ αἰθοίσας ἔχοντες σπέρμ' ἀνέβαν φλογὸς
οὔ· τεῦξαν δ' ἀπύροις ἱεροῖς.

Vom vorhergehenden ist hier der kurze Vers durch die unbestimmte Sylbe deutlich geschieden. *Str. δ'.* ebenso:

καί ῥά μιν χώρας ἀκλάρωτον λίπον
ἁγνὸν θεόν.
μνασθέντι δὲ Ζεὺς ἄμ πάλον μέλλεν θέμεν. ἀλλά μιν
οὐκ εἴασεν· ἐπεὶ πολιᾶς.

Und ebenso scheidet Ihn *Ant. δ'.* die unbestimmte Sylbe vom folgenden:

χεῖρας ἀντεῖναι. θεῶν δ' ὅρκον μέγαν
μὴ παρφάμεν,
ἀλλὰ Κρόνου σὺν παιδὶ νεῦσαι, φαεννὸν ἐς αἰθέρα
μιν πεμφθεῖσαν ἑᾷ κεφαλᾷ.

so wie endlich nach *str. ε'.* ihn der Hiatus vom vorhergehenden trennt. Diese Beweise, wobei nicht einmal die Interpunctionen in Anschlag gebracht worden sind, treffen so schlagend zusammen, dass man nur bei gänzlicher Urtheilslosigkeit daran denken kann, dass die Stellen verderbt seien; die vorgeschlagenen und in den Text aufgenommenen Aenderungen, welche nicht durch Eine Spur in den Handschriften gerechtfertigt werden, sind auch alle völlig unwahrscheinlich: man hat nämlich den kleinen Vers an den vorhergehenden angeschlossen, und *ant. α'.* φρενῶν, *ant. γ'.* ὀρθὰς ὁδούς, endlich *str. δ'. ἀκλάρωτόν γ' ἕλικου* geschrieben, in letzterem Fall mit einem Tribrachys statt des Iambus, welches in Gedichten dieser Art nicht zulässig ist; und selbst diese metrisch mangelhafte Aenderung hat nicht bewirkt werden können, ohne das Flickwort *γ'* an unrechter Stelle einzuschieben. Wer an solcher Kritik Vergnügen findet, dem wollen wir dasselbe unverkümmert lassen.

8. Von einer grossen Anzahl fruchtbarer Bemerkungen, zu welchen eine fortgesetzte Zergliederung der Gedichte führt, will ich nur noch eine anführen, auf welche Hermann zuerst aufmerksam gemacht hat, die jedoch auch den Alten nicht entgangen war[1]), wie ich später erwiesen habe; ich meine die Verschiedenheit des rhythmischen Baues nach der Verschiedenheit der bei dem Gedichte zum Grunde gelegten Tonart. Hierdurch werden wir in den Stand gesetzt, musicalische Charactere zu unterscheiden, welche sich dann auch bis zu ihren Gründen verfolgen lassen; und wenn die Zergliederung bis zu diesem Punkte gediehen ist, bilden sich rhythmische Analogien[2]), ohne deren Kenntniss der Kritiker weder auf diesem Felde noch in den lyrischen Theilen des Drama irgend einen Schritt thun kann. Doch kann zu deren Erkenntniss nur ein eindringendes Studium führen, und es würde vergeblich sein, denen, welche dies nicht gemacht haben, Vorschriften und Lehren darüber zu geben. Der neueste Herausgeber ist bis dahin nicht durchgedrungen, und er giebt uns daher Versabtheilungen, welche der rhythmischen Analogie völlig widersprechen, so wie sie denn auch von keinem entscheidenden Kennzeichen unterstützt werden. *Olymp. III. str.* 3. 4. nöthigt schon die rhythmische Analogie zu dieser durch die Kennzeichen hinlänglich erwiesenen Abtheilung:

Statt dessen hat man so getheilt:

1) S. die Vorrede zu den Scholien. [S. XXXIII ff.].
2) *Metr. Pind.* S. 275 ff.

wo die Zerstörung der Analogie in der ersten Zeile abgerechnet, gleich ant. α'. In θέσιν die Kürze statt der Länge eintritt, welche gar nicht vertheidigt werden kann, str. γ', aber in derselben Stelle der Hiatus: ein so starker Beweis für das wahre Vers-Ende, dass man sich nicht einmal auf die ebendahin fallenden Interpunctionen str. β'. ant. γ'. zu berufen braucht. Dieselbe Bemerkung hebt die *Olymp. VI*, str. 3. 4. kürzlich gemachte falsche Versabtheilung gänzlich auf, wo überdies ant. γ'. der Hiatus, da zumal noch ant. ε'. die unbestimmte Endsylbe zukommt, das Wahre lehrt. Wer aber nicht einmal in diesen Dorischen Oden, deren Analogie leicht fasslich ist, sich ein Urtheil erworben hat, kann vollends bei den Lydischen und Aeolischen, von welchen besonders die letztern einen viel verwickeltern Rhythmus haben, nicht glücklich sein, und eben so wenig die zuletzt noch in Betracht kommende besondere Analogie der einzelnen Gedichte richtig würdigen; daher man, um auch hiervon nur ein Beispiel anzuführen, neulich *Olymp. V*, ep. 2. gegen die Analogie dieses Liedes auf die unpassendste Art gespalten hat. Hat man dagegen diese Analogie sich eingeprägt, so ist man sogar in den Bruchstücken im Stande das Versmass sicher zu beurtheilen, und selbst wo die Leseart verderbt ist, das Wahre zu finden; denn obgleich die Analogie auch ihre Ausnahmen leidet, so unterscheidet sich doch meistens bald, ob der Dichter eine Ausnahme gemacht oder der Schein derselben in einer irrigen Leseart ihren Grund habe: ja es ist für die Herstellung der Bruchstücke nichts von grösserer Wichtigkeit als die Kenntniss der rhythmischen Analogie, ohne welche man nicht einmal entscheiden kann, welche Bruchstücke Einem Gedichte angehört haben können. So ist *Fragm. Hymn.* I. in dem zweiten Verse eine verschiedene Leseart, indem von den Worten ἢ Κάδμον, ἢ σπαρτῶν ἱερὸν γένος ἀνδρῶν in einer andern Anführung das letzte Wort fehlt; nun aber ist der Rhythmus jener Strophe streng Dorisch:

```
–∪–––∪––∪–
–∪–––∪––∪[––]
–∪––∪––
∪–––∪––∪–
–∪–––∪––∪––
∪–––∪––∪–––∪––∪–⏑
```

daher muss Vs. 2, wenn ein Vers hier endigen soll, ἀνδρῶν hinzugefügt werden; so wie eben aus diesem Grunde Vs. 4. die Leseart τὸ πάνυ statt τὸ πάντολμον ausgeschlossen wird: ein um so schlagenderes Beispiel, da ein glücklicher Zufall die Gegenstrophe erhalten hat (*Fragm. Hymn.* 2.), aus welcher die Richtigkeit dieses Urtheils sich bewähren lässt. In dem ebenfalls Dorischen Bruchstücke *Prosod.* 1. ist im zweiten Verse eine Leseart, welche der rhythmischen Analogie zuwider läuft:

χαῖρ', ὦ θεοδμάτα, λιπαροπλοκάμου
παιδὸς Λατοῦς ἱμεροέστατον ἔρνος:

denn der doppelte Spondeus zu Anfang des zweiten Verses ist ohne Beispiel in der Dorischen Form: so zwingt daher das Versmaass das zu setzen, was ohnehin der Sinn erfordert, παισὶ Λατοῦς, oder weil dies leichter aus παιδός hervorgeht, besser παίδεσσι.

_ ⌣ _ _ ⌣⌣ _ ⌣⌣ _
_ ⌣ _ _ ⌣⌣ _ ⌣⌣ _ _

So kurz das Bruchstück *Fragm. inc.* 72. ist;

ὦ πόποι, οἷ ἀπατᾶται φροντὶς ἐφαμερίων οὐκ εἰδότα,

so sicher ist die Dorische Bewegung darin, welcher aber οὐκ εἰδότα durchaus widerspricht, so dass die Verbesserung erfordert wird, welche sich von selbst ergiebt, ἰδότα.

⌣ _ _ _ _ ⌣ _ ⌣ _ _
⌣ _ _ _ . . . .

9. Was von der rhythmischen Analogie bei Pindar gesagt worden, gilt eben so sehr von allen übrigen Resten der Lyrik und den dramatischen Chören; und was in letztern Chören Dorischer Tonart ist, lässt sich, wenn man seinen Sinn nach Pindar gebildet hat, welchem sie grösstentheils analog sind, mit der leichtesten Mühe herstellen. Von dieser Art sind die Chöre in der Euripideischen Medea zum Theil, worauf schon Hermann in den *Elementis doctrinae metricae* aufmerksam gemacht hat; und zwar lässt der Dichter jederzeit auf einen Dorischen Gesang einen andern in freiern Rhythmen folgen; was auch Aeschylos im Prometheus gethan hat. Hermann hat diese Strophen nicht abgetheilt, indem sie jeder selbst ordnen könne; da jedoch die Erfahrung das Gegentheil lehrt, und mein Weg mich gerade da-

hin geführt hat diese Anordnung zu machen, so will ich dieselbe hier mittheilen; zumal da sie auch Porson wegen seiner geringen Kenntnisse von den strophischen Gedichten ungeordnet gelassen hat. Wer die Dorische Form kennt, wird zugleich bemerken, dass Euripides und vor ihm schon Aeschylos das Ende aller Strophen mit einem Rhythmus gemacht hat, welcher von der Dorischen Form gänzlich abweicht, aber einen schönen Schluss und passenden Uebergang zu der folgenden freiern Form giebt¹). *Eurip. Med. Vs.* 411.

```
◡ – ◡ – ◡ – – ◡ – ◡ –
– ◡ – – ◡ ◡ – ◡ ×
– ◡◡ – ◡◡ – – ◡ – – ◡ – – ◡ – ⌓
– ◡ – – ◡ ◡   ◡ – ◡ ◡ – ⌓
– ◡ – – ◡ – – ◡ ×
– ◡◡ – ◡◡ – – ◡ – ◡ ‖
```

Str. Ἄνω ποταμῶν ἱερῶν χωροῦσι παγαί,
καὶ δίκα καὶ πάντα πάλιν στρέφεται.
ἀνδράσι μὲν δόλιαι βουλαί· θεῶν οὐκέτι πίστις ἄραρεν.
τὰν δ' ἐμὰν εὔκλειαν ἔχειν βιοτὰν στρέφουσι φᾶμαι·
ἔρχεται τιμὰ γυναικείῳ γένει·
οὐκέτι δυσκέλαδος φάμα γυναῖκας ἕξει.

Ant. Μοῦσαι δὲ παλαιγενέων λήξουσ' ἀοιδᾶν
τὰν ἐμὰν ὑμνεῦσαι ἀπιστοσύναν.
οὐ γὰρ ἐν ἁμετέρᾳ γνώμᾳ λύρας ὤπασε θέσπιν ἀοιδάν
Φοῖβος ἁγήτωρ μελέων· ἐπεὶ ἀντάχησ' ἂν ὕμνον
ἀρσένων γέννᾳ. μακρὸς δ' αἰὼν ἔχει
πολλὰ μὲν ἁμετέραν ἀνδρῶν τε μοῖραν εἰπεῖν.

Vs. 627.

```
◡ – ◡ – – ◡ – – ◡ – ◡ – ◡ –
– ◡ – – ◡ ◡ – ◡ – ◡ – – ◡ – –
– ◡ – – ◡ –
– ◡ – – ◡ – ◡ – – ◡ – – – ◡ – – ◡ – ◡ – ⌓
```

Str. Ἔρωτες ὑπὲρ μὲν ἄγαν ἐλθόντες οὐκ εὐδοξίαν
οὐδ' ἀρετὰν παρέδωκαν ἀνδράσιν· εἰ δ' ἅλις ἔλθοι

---

1) Abweichungen von der strengsten Dorischen Form findet man hie und da auch in den Pindarischen Dorischen Gedichten, wie schon früher bemerkt worden [Metr. Pind. S. 281 ff.]. Dahin gehört auch in den Bruchstücken des Dichters, auf die ich ehemals nicht Rücksicht genommen habe, *Thren.* 2. der Diiambus zu Anfang des letzten Verses,

Κύπρις, ούκ άλλα θεός εύχαρις ούτω.
μήκυτ', ώ δέσποιν', έπ' έμοί χρυσέων τόξων έφείης
ίμέρω χρίσασ' άφυκτον οίστόν.

Ant. Στέργοι δέ με σωφροσύνα, δώρημα κάλλιστον θεών·
μηδέ ποτ' άμφιλόγους όργάς άκόρεστά τε νείκη
θυμόν έκπλήξασ' έτέροις έπί λέκτροις
προςβάλοι δεινά Κύπρις· άπολέμους δ' εύνάς σεβί-
ζουσ' όξύφρων κρίνοι λέχη γυναικών.

Str. Vs. 2. hat Porson aus Unkenntniss des Metrums *έν άν-
δράσιν* geschrieben, welches, wenn es dagestanden hätte, würde
zu tilgen gewesen sein. Uebrigens muss χρυσέων gelesen werden.
Vs. 820.

⏑–⏑–⏑–⏑⏑–
–⏑––⏑–⏑––⏑⏑–⏑⏑––
–⏑––⏑––⏑⏑–⏑–⏑⏑––⏑⏑––
–⏑⏑–⏑⏑––⏑––
⏑–⏑–⏑–⏑–

Str. Έρεχθείδαι τοπαλαιόν όλβιοι   282
καί θεών παίδες μακάρων, ίεράς χώρας άπορθήτου
τ' άποφερβόμενοι
κλεινοτάταν σοφίαν, άεί διά λαμπροτάτου βαίνοντες
άβρώς αίθέρος, ένθα ποθ' άγνάς
έννέα Πιερίδας Μούσας λέγουσιν
ξανθάν Άρμονίαν φυτεύσαι·

Ant. Τού καλλινάου τ' άπό Κηφισού ροάς
τάν Κύπριν κλήζουσιν άφυσσαμέναν χώρας καταπνεύ-
σαι μετρίαις άνέμων
ήδυπνόους αύρας· άεί δ' έπιβαλλομέναν χαίταισιν
εύώδη ροδέων πλόκον άνθών
τά σοφία παρέδρους πέμπειν έρωτας
παντοίας άρετάς ξυνέργους.

Ant. Vs. 3. Ist in αύρας eine unregelmässige Zusammenziehung,
welche ohne Zweifel im Gesange durch die Modulation versteckt
wurde, was bei einem solchen Diphthong wie αυ sehr leicht ist.

den ich, hier bemerkbar machen will, weil er in meiner Ausgabe durch
einen Schreib- oder Druckfehler verdunkelt ist:

–⏑–|⏑–––⏑–––×
δείκνυσι τέρπνων έφέρποισαν χαλεπών τε κρίσιν.

Ebenso *Sophokles Antig.* 825. in παγκλαύτοις. Sicherlich sind in der Melodie auf dieses αυ zwei Töne gesetzt worden. Vs. 972.

```
- ◡ - - ◡ ◡ - ◡ - -
- ◡ - - ◡ ◡ - ◡ ◡ -
- ◡ - - ◡ ◡ - ◡ ◡ -
- ◡ - - ◡ ◡ - -
- - ◡ - - ◡ - - ◡ - - ◡ - ◡ - ⏖
```

Str. Νῦν ἐλπίδες οὐκέτι μοι παίδων ζόας,
οὐκέτι· στείχουσι γὰρ ἐς φόνον ἤδη.
δέξεται νύμφα χρυσέων ἀναθεσμῶν,
δέξεται δύστανος ἄταν·
ξανθᾷ δ᾽ ἀμφὶ κόμᾳ θήσει τὸν Ἀίδα κόσμον αὐτά γ᾽
ἐν χεροῖν λαβοῦσα.

Ant. Πείσει χάρις ἀμβρόσιός τ᾽ αὐγὰ πέπλους
χρυσότευκτόν τε στέφανον περιθέσθαι·
νερτέροις δ᾽ ἤδη πάρα νυμφοκομήσει.
τοῖον εἰς ἕρκος πεσεῖται,
καὶ μοῖραν θανάτου προςλήψεται δύστανος, ἅταν δ᾽
οὐχ ὑπερδραμεῖται.

Ant. Vs. 1. hat Porson πέπλων, Ald. πέπλου: der Sinn erfordert πέπλους, woraus sich die Verbesserung des zweiten Verses χρυσότευκτόν τε, statt des unmetrischen χρυσεότευκτον von 283 selbst ergiebt. Uebrigens beweisen auch diese Strophen, dass man, wie die Pindarische Kritik lehrt, am Schlusse längere Verse liebt. Aehnliche Dorische Strophen findet man, wie schon Hermann bemerkt hat, bei Aeschylos; wie im Prometheus 886 ff. eine solche Strophe und Gegenstrophe von der grössten Schönheit, die, gut gelesen, wahrhaft erhebend ist, und welche man sich nicht im ersten Verse durch die Kritik des Triklinius verderben lassen muss:

```
- ◡ ◡ - ◡ ◡ - ◡ - - ◡ ◡ - ◡ ◡ - - ◡ ◡ - ◡ - -
- ◡ ◡ - - ◡ ◡ - ◡ - - ◡ ⏓
- - ◡ ◡ - - ◡ ◡ - ◡ -
- ◡ - - ◡ ◡ - ◡ - -
- ◡ ◡ - ◡ ◡ - - ◡ -
```

Ἦ σοφὸς ἦ σοφὸς ἦν, ὃς πρῶτος ἐν γνώμᾳ τόδ᾽ ἐβάστασε καὶ γλώσσᾳ διεμυθολόγησεν,
ὡς τὸ κηδεῦσαι καθ᾽ ἑαυτὸν ἀριστεύει μακρῷ·
καὶ μήτε τῶν πλούτῳ διαθρυπτομένων,

μήτε τῶν γέννᾳ μεγαλυνομένων
ὄντα χερνήταν ἐραστεῦσαι γάμων.

Nur wer ohne musikalischen Gefühl ist, kann etwa an dem ersten langen Rhythmus anstossen; aber in diesen Strophen bedarf es vorzüglich der musikalischen Beurtheilung, durch die man auch erkennen kann, dass Vs. 3. 4. die gleichmässige Endung einen harmonischen Zweck habe, daher sie auch in der Gegenstrophe wiederkehrt. Ganz verschieden von dem Dorischen Charakter aber, welchen die Strophen haben, ist, wie bei Euripides, so auch bei Aeschylos, die Epode, welche auf diese Strophen folgt:

```
 ⏑‿⏑ ́‿ ‿‿ ‿‿ ‿‿ ‿‿ | ‿́‿ ‿ ‿ ⏑ ‿
 ⏑ ⏑ ‿ ‿ ⏑ ⏑ ‿ ⏑ ‿ ‿ ⏑ ‿ ‿

 ‿ ́‿ ‿‿ ‿‿ ‿‿ ‿‿ | ⏑ ⏑ ‿ ‿ ‿ ‿
 ⏑ ‿ ‿ ‿ ⏑ ‿ | ‿ ‿ ‿ ‿ ‿
```

Ich setze noch die andere Strophe aus dem Prometheus Vs. 526 ff. her:

```
⏑‿‿‿⏑‿‿‿
⏑‿‿‿⏑‿‿‿⏑‿‿‿
⏑‿‿‿/‿‿‿⏑‿‿‿⏑‿‿‿
⏑‿‿⏔⏑‿‿‿‿‿‿⏑‿‿
⏑‿‿‿⏑‿‿‿
⏑‿‿⏔⏑‿‿‿‿⏑‿‿⏑‿⏕
```

Μηδάμ' ὁ πάντα νέμων
θεῖτ' ἐμᾷ γνώμᾳ κράτος ἀντίπαλον Ζεύς,
μηδ' ἐλινύσαιμι θεοὺς ὁσίαις θοίναις ποτινισσομένα
βουφόνοις, παρ' Ὠκεανοῦ πατρὸς ἄσβεστον πόρον,
μηδ' ἀλίτοιμι λόγοις·
ἀλλά μοι τόδ' ἐμμένοι καὶ μή ποτ' ἐκτακείη.*)

10. Aus dem Bisherigen erhellt zur Genüge, dass unser Gang durchaus analytisch ist, weshalb auch von der Bestimmung der Grenzen ausgegangen wird; wollte man synthetisch verfahren, so würde man nie sicher sein, ob man dem Dichter, welcher durch Synthesis diese Grenzen gebildet hat, richtig nachgegangen sei oder nicht: ohnehin könnte die Synthesis nur von schon bekannten Thatsachen und Grundsätzen ausgehen, deren Anwend-

---

*) [Ein schönes Dorisches Lied Soph. Tereus p. 391 Wagner. fr. 518 Ddf.].

barkeit aber erst durch die mittelst der Analyse zu erwerbende Bekanntschaft mit der eigenthümlichen Form dieser Gedichte entschieden werden müsste: und ehe dies geleistet ist, läuft man immer Gefahr, etwas Fremdartiges hereinzutragen. So hat man daktylische Hexameter in Pindar zu finden geglaubt; die unbefangene Analyse lehrt aber, dass dergleichen nicht in ihm seien, und denkt man nach, so findet man auch den Grund dazu: nur muss man niemals von solchen Gründen ausgehen und dadurch Thatsachen setzen wollen, sondern die Thatsachen erst analytisch ausmitteln und dann dazu die Gründe suchen, weil unsere Kenntnisse von der lyrischen Dichtung der Hellenen fast ausschliesslich auf den wenigen Resten derselben beruhen, und folglich nichts aus allgemeinen Grundsätzen zusammengesetzt, fast alles auf dem Wege der Zergliederung gefunden werden muss. Wie leicht man sich irren kann, wenn man aus allgemeinen Grundsätzen urtheilen will, zeigt ein mit dem eben Gesagten genau zusammenhangendes Beispiel. Derselbe Grund nämlich, weshalb der daktylische Hexameter ausgeschlossen ist von der Pindarischen Rhythmik, kann auch auf die Ausschliessung des dramatischen Senars ausgedehnt werden: nichts desto weniger findet sich dieser *Nem. I*, *str.* 4. unzweifelhaft. Indessen ist die sichere Ueberlieferung über die Beschaffenheit der alten Rhythmen deshalb nicht ohne Einfluss auf die metrische Kritik: vielmehr darf in derselben nichts angenommen werden, was der Ueberlieferung durchaus widerspricht, und eben so wenig, was den sichern allgemeinen Grundsätzen zuwider läuft. Kein Hellenischer Dichter, dessen Werke zur musikalischen Aufführung bestimmt waren, kann Rhythmen gebildet haben, welche nach der Beschaffenheit der Hellenischen Musik in seinem Zeitalter unausführbar waren. Da wir nun aus den alten Philosophen und Musikern zuverlässig wissen, dass ausser den drei Rhythmengeschlechtern, dem gleichen oder daktylischen, dem doppelten oder iambischen, und dem anderthalbigen oder päonischen, keines vorhanden war, ausser dass in den frühesten Zeiten noch das epitritische oder Einunddreivierteigeschlecht geübt und nachher verworfen worden; so schliesst ein kritisches Verfahren alle die Rhythmen aus, welche der hochverdiente Hermann erfunden hat, namentlich auch die von den Kretikern unterschiedenen Päonen und die Epitriten, inwiefern sie nicht blosse trochäische Dipodien sind[1]). Zwar kann man in Bezug auf die Epitriten sagen, wir wüssten nicht bestimmt, ob sie zu Pindar's Zeit noch einen besondern Rhythmus gebildet haben oder nicht; allein wir brauchen dies für unsern Zweck gar nicht zu wissen. Denn da man die Epitriten in den schweren trochäischen Dipodien sucht, welche in den Dorischen Gedichten vorkommen, diese Dipodien aber wie im Pindar noch vielfältig im Platonischen Zeitalter vorkommen, so genügt es, um zu zeigen, dass man ohne Grund und Beweis die Epitriten in den Dorischen Gedichten als einen besondern Rhythmus ansehe, wenn man bewiesen hat, dass im Platonischen Zeitalter, in welchem jene Epitriten vorkommen, kein eigenthümlicher epitritischer Rhythmus anerkannt wurde: denn alsdann ist auch kein Grund mehr vorhanden, eine Erscheinung, die in Platon's Zeitalter nicht aus einem besondern Rhythmus erklärt werden kann, sondern auf den trochäischen zurückgeführt werden muss, gerade im Pindar aus dem epitritischen Rhythmus zu erklären. Dass aber Platon den epitritischen Rhythmus nicht kennt, ist bereits anderwärts bemerkt [Metr. Pind. p. 24.]; und doch war er der Liebhaber Dorischer Musik, welcher gerade jene Epitriten eigen sein sollen. Hiermit sind denn alle im Pindar gemachte Aenderungen, welche bloss der Epitritentheorie zu Liebe erdacht sind, als unbegründet ausgeschlossen.

11. Dies ist in der Hauptsache der Gang, welchen die Kritik zu nehmen hat; ihn weiter ins Einzelne zu verfolgen, würde zu weit führen. Auf diesem analytischen Wege mit Zuziehung der sichern Ueberlieferung und des allgemeinen Metrischen, so weit es zuverlässig ist, habe ich mein in den Abhandlungen *de Metris Pindari* enthaltenes System gebaut, und den Thatsachen, nachdem sie gefunden waren, Gründe untergelegt; aber in der wissenschaftlichen Darstellung musste die Art der Findung verwischt, und das Ergebniss der Analyse synthetisch vorgetragen werden: die Gründe gehen voran, die Thatsachen folgen, und die Einzelheiten belegen sie; aber in der Findung steht alles umgekehrt.

---

[1]) Vergl. meine Vorrede zu den Scholien. [XXXIII ff.].

Wo die Analyse nebst allem Uebrigen zur Entscheidung nicht hinlänglich ist, habe ich dies grösstentheils angezeigt, und beide Arten die Verse zu ordnen angemerkt. Der neueste Herausgeber weicht nun gerade in den letztern Fällen häufig ab, und hierüber ist wenig zu sagen, da die Entscheidung unmöglich ist: dagegen hat er bei einer grossen Menge Stellen das Versmaass so bestimmt, dass es den Gedichten widerspricht und also geschnitten und geflickt werden musste. Ich habe bei demselben wenig zugleich Neues und Gutes gefunden; um dem Leser das Urtheil vorzubereiten, will ich was ich von bedeutenden Abweichungen bemerkt habe, hier zusammenstellen. *Olymp. I, str.* 3—5. folgen sich drei kurze Verse, und ihnen ein bedeutend langer; die Leichtigkeit der Bewegung in jenen und das Anschwellen des Rhythmus in diesem befriedigen ein wohlgewöhntes Ohr: und durch Verbindung von Vs. 4. 5. ist nichts gewonnen als zwei Hiatus in der Mitte *ant. α'. str. δ'.* Brechungen finden sich nach meiner Anordnung nicht; eine würde nur dann Statt finden, wenn Vs. 62, 63. τ' ἔδωκεν statt τε δῶκεν eine richtige Aenderung wäre. *Ep.* 1. 2. lese ich so:

Συρακόσιον ἱπποχάρμαν βασιλῆα. λάμπει δέ οἱ κλέος
ἐν εὐάνορι Λυδοῦ Πέλοπος ἀποικίᾳ.

Der neueste Herausgeber theilt dagegen so:

Συρακόσιον ἱπποχάρμαν βασιλῆα.
λάμπει δέ οἱ κλέος παρ' εὐάνορι — ἀποικίᾳ.

Hermann hat irgendwo bemerkt, dass, wer über Versmaasse urtheilen wolle, sich im Lesen üben müsse; sowohl diese als viele andere Versabtheilungen lassen mich vermuthen, dass dies nicht beherzigt worden: wie denn auch diese neue Versabtheilung das Ohr nicht befriedigt. *Ep. α'.* ist παρ' ohne Zweifel falsch, und ἐν die wahre Leseart, welche aber der neuesten Anordnung widerspricht: und *ep. β'.* fällt nun ein hässlicher Hiatus in die Mitte des Verses. *Ep. Vs.* 6. hat man den Vers nach ἦ θαυμαστά πολλά geschlossen, vermuthlich um *ep. β'.* τάν statt ἄν beibehalten zu können; dieser Abtheilung wollte sich aber *ep. γ'.* nicht fügen:

ὥς ἐννέπεν· οὐδ' ἀκράντοις ἐφάψατ' ὦν ἔπεσι, τὸν μὲν
ἀγάλλων θεός:

daher wird ohne eine Spur in den Büchern umgestellt:

ὣς ἔννεπεν· οὐδ' ὢν
ἐφάψατ' ἀκράντοις ἔπεσι. τὸν μ. ἀ. ϑ.

und doch ist es nicht bewirkt worden, das Versmaass herzustellen; sondern statt der mittlern Länge in ἀκράντοις wird eine kurze Sylbe erfordert. *Olymp. II*, str. 6. 7. hat man verbunden; die dabei zum Grunde gelegte Lesart str. α'. γεγωνητέ' ὄπι (man wollte wohl ὀπί schreiben), τὸν δίκαιον ξένων kann zwar so nicht angenommen werden; indessen gehe ich diese Verbindung zu. Da nämlich Vs. 6. ὄπῖ (ὄπει) zu lesen ist, bleibt dieses zu kahl, wenn man nicht mit Hermann ξένων schreibt; wodurch die unbestimmte Endsylbe, welche in ξένον war, entfernt wird. *Ant. α'.* Ist zwar in Ἀλφεοῦ | Ἰανϑείς ein Hiatus, aber kein unerlaubter. So verschwinden die Kennzeichen des Vers-Endes bei ξένων, und der lästige Anfang eines Verses mit δέ str. β'. empfiehlt nun die Zusammenknüpfung beider Theile. *Ep. 5. 6.* sind ebenfalls verbunden, welches möglich ist, aber nicht gewiss; die daraus entstehende Länge des Schlusses ist allerdings etwas, was für die Verbindung spricht; doch möchte ich mich dadurch in Fällen, wo auch die Trennung einen angenehmen und genügenden Fall giebt, wie hier und *Olymp. IV.* am Ende der Epode, und sonst, nicht allein leiten lassen, will jedoch die nicht tadeln, welche solche Verse lieber verknüpfen, wenn ihrem Gefühl der Zusammenhang derselben einleuchtend ist. Die falsche Abtheilung von *Olymp. III*, str. 4. 5. ist schon oben (Abschn. 3.) gerügt; wogegen ich überzeugt bin, dass die noch unverbundenen Verse *ep. 4. 5.* zusammenzuziehen sind (vgl. oben Abschn. 6.), welches auch von einigen andern gilt, wo jetzt noch ein δ' am Ende des erstern vorkommt. *Olymp. IV.* übergehe ich ganz; meine Abtheilung habe ich ausführlicher gerechtfertigt *Metr. Pind. III*, 25. [p. 334 ff.]; eine Verbesserung des Punctes, der mir in derselben anstössig war, habe ich jetzt gefunden, und werde sie unten (Abschn. 41.) vortragen. Von *Olymp. V.* ist oben (Abschn. 3.) das Nöthige angedeutet worden; woselbst auch die falsche Theilung von *Olymp. VI*, str. 3. 4. bereits gerügt ist; ausserdem ist aber *Olymp. VI, ep. 2.* getrennt:

εἶπεν ἐν Θήβαισι τοιοῦτόν τι ἔπος·
ποθέω στρατιᾶς ὀφθαλμὸν ἐμᾶς,

gegen die deutliche Fortsetzung des Rhythmus und ohne irgend einen Grund. Die Neuerungen in *Olymp. VII.* habe ich schon vorhin (Abschn. 7.) beleuchtet; die ebendaselbst *ep.* 2. 3. gemachte Abtheilung lasse ich gelten, sie ist aber schon in meinen Anmerkungen gegeben. *Olymp. VIII, str.* 5. 6. sind verbunden worden; die unbestimmte Endsylbe lehrt die Trennung, und nur insofern hangen diese Verse zusammen, als zu Ende des erstern für den Takt nicht pausirt wird[1]). Dagegen hat man *ep.* 6. gespalten; die kräftigste Analogie erfordert aber, sie zu verbinden[2]). *Olymp. IX, str.* 6. 7. können allerdings verbunden werden (s. *noll. critt.*), und wegen *ant. β'.* wo sonst ἄτερ δ' ans Ende des Verses käme, ziehe ich dies jetzt vor: aber 8. 9. sondern sich durch sichere Kennzeichen; in der Epode mag man Vs. 1. 2. trennen oder verbinden: denn Kennzeichen und Analogie verlassen uns hier; Vs. 3. 4. würde ich nur dann für verbindungsfähig halten, wenn nicht *ep.* δ'. μέν die richtige Leseart wäre: *ep.* 8. in zwei zu zerschneiden, verbietet die Analogie. *Olymp. X*, 19. 20. sind verbunden worden, vermuthlich damit τὸ γάρ nicht von ἐμφυές getrennt werde, welcher Grund aber leicht widerlegt werden kann; man lese nur die Tragiker, z. B. *Sophokl. Antig.* 67. 238. *Oed. Tyr.* 231. — *Olymp. XI, str.* 3. ist gespalten, und dadurch der herrliche Rhythmus seiner Zierde beraubt. *Ep.* 4. 5. können, wie ich schon früher zugegeben habe, verbunden werden, und ich ziehe dies zur Vermeidung des apostrophirten δέ *ep. α'.* vor; aber 7. 8. müssen getrennt bleiben, wie sich unten bei der Kritik der Lesearten zeigen wird; über 9. 10. habe ich mich schon oben (Abschn. 5.) erklärt. Uebrigens hat dies Gedicht so viele metrische Eigenthümlichkeiten, und weicht dem Gesammteindruck nach so sehr von den andern Pindarischen ab, dass ich mich noch mehr von der Vermuthung (*Metr. Pind.*

---

1) Vgl. *Metr. Pind.* S. 77. *Explicatt. ad Olymp. VI.* zn Ende der Einleitung.
2) Vgl. die *Metr. Pind.* S. 127. unter dem *Trimeter catalecticus in diagit.* angeführten mit *bis* bezeichneten Stellen.

S. 279.) überzeugt habe, es folge der Lokrischen Harmonie. *Olymp. XII, str.* 6. welchen Vers man gespalten hat, entscheidet die Analogie für die Verbindung, die dem Gefühl ganz einleuchtend ist: in der Epode habe ich diejenigen Verse getrennt gelassen, deren Verbindung nach der Natur der Sache nicht erwiesen werden kann, und die Unsicherheit der Abtheilung angemerkt; jedoch gebe ich zu, dass Vs. 2. und 3. so wie Vs. 5. und 6. gut verbunden sind. Ganz verwerflich ist dagegen der Schluss so getheilt:

καὶ δὶς ἐκ Πυθῶνος Ἰσθμοῖ τ',
Ἐργότελες, θερμὰ Νυμφᾶν
λουτρὰ βαστάζεις ὁμιλῶν παρ' οἰκείαις ἀρούραις:

denn ein nach der Pindarischen Analogie auch nur mässig gebildetes Ohr und das apostrophirte τε lehrt, dass Ἐργότελες zum Vorhergehenden gehört; dann muss sich also θερμὰ Νυμφᾶν dem folgenden Vers anschliessen, welcher als Schluss, wie gewöhnlich, länger ist. Was *Olymp. XIII.* geneuert ist, kann, weil die Wortkritik dabei in Betracht kommt, hier noch nicht berücksichtigt werden. *Olymp. XIV.* übergebe ich hier; nur glaube ich bemerken zu dürfen, dass durch die neueste Ausgabe dieses schöne Gedicht, um mich des Ausdruckes eines Freundes zu bedienen, ganz struppig geworden ist.

12. Kürzer als bei den Olympischen Oden können wir uns bei den Pythischen fassen. Möglich, aber nicht gut ist *Pyth. I, ep.* 7. die Trennung nach der zweiten Dipodie; und *Pyth. II, ep.* 1. wird, wer den Fall der Pindarischen Rhythmen kennt, nicht nach χάρις (*ep. α'.*) schliessen: *ep.* 6. 7. können allerdings verbunden werden; aber die Trennung ist nicht übel, besonders auch wegen τοι Vs. 94. welches, wie oben (Abschnitt 6.) bemerkt worden, gerne den Vers schliesst. Ganz schlecht ist *Pyth. III, str.* 4. nach Κρόνου geschlossen; die Länge des daktylischen Rhythmus,

⏑–⏑⏑–⏑⏑–⏑⏑–⏑⏑–

erfordert durchaus noch einen Zusatz, damit der Sinn beruhigt werde. Dass *Pyth. V, ep.* 7. 8. verbunden werden können, habe ich schon in den *noll. critt.* anerkannt, und ich ziehe diese Verbindung jetzt vor, wegen Vs. 72. (s. Abschn. 6.). *Pyth. VI.* 290 beruht die Verbindung von Vs. 2. 3. auf gänzlicher Unkenntniss des Vermaases; ist Vs. 2, nicht selbständig, so muss er eher dem ersten Verse verbunden werden, wie ich schon in den *nott. crit*. (S. 482, vgl. zu Vs. 38. 39.) erwähnt habe: um aber Vs. 6. 7. die unstatthafte Verbindung zu bewerkstelligen, hat man mit Zuziehung des berühmten Flickwortes *γε* schreiben müssen *καὶ μὰν Ξενοκράτει γ'*; Vs. 8. 9. zu verbinden, hätte schon der Hiatus *str. α'*. hindern müssen, nicht zu gedenken des hässlichen Rhythmus, welcher ersonnen worden. *Pyth. VII.* muss beim Mangel sicherer Kennzeichen unentschieden bleiben, ob die Verse, wie ich sie das weniger Kühne vorziehend gelassen habe, getrennt bleiben oder verbunden werden sollen. *Pyth. VIII. str.* 3. 4. hat man verbunden; für die Trennung entscheidet der in dieselbe Stelle treffende Hiatus *ant. γ'. ἰ.* Dass *ep.* 3. 4. in meiner Ausgabe nur durch Versehen getrennt erscheinen, ist in den *nott. crit.* bereits bemerkt. *Pyth. IX, str.* 6. ist nach diesem Maasse:

⏑—⏑⏑—⏑—⏑⏑—⏑⏑

der Vers geschlossen; ich bin aber völlig überzeugt, dass der Herausgeber eine Cäsur für ein Vers-Ende gegriffen hat; und wenn Vs. 118. die keineswegs ganz verwerfliche Verlängerung von *χορὸν* anstössig ist, kann sie leicht verbessert werden *(Metr. Pind.* S. 128.). Ebendaselbst ist *ep.* 2. nach dem Maasse

⏑—⏑⏑——

ohne Grund geschlossen; da dies Vs. 122. nicht passen will, wird auf die schlechten Varianten der ganz unbrauchbaren Neapolitanischen Handschriften, die wir noch näher werden kennen lernen, eine Aenderung gegründet, welche höchst verwerflich ist. *Ἄνδρα* wird nämlich bloss aus Vermuthung in *ἀνέρα* verwandelt, und aus den genannten Handschriften *ποτὶ γραμμᾷ μέν* in *γραμμᾷ ποτὶ μέν* verändert, eine Leseart, welche selbst dann, wenn gute Bücher sie hätten, nicht zu billigen wäre; und dennoch ist damit keine Gleichheit des Maasses erreicht worden, sondern es ist eine Auflösung ⏑⏑—⏑⏑ statt ⏑—⏑⏑ vorausgesetzt, welche man, wo sie nicht aus innern Gründen oder auf diplomatischem Wege sicher ist, nicht annehmen darf, wenn man die Kritik mit Verstand üben will. *Pyth. X.* ist der erste Vers der Strophe mit der Hälfte des zweiten verbunden; aber *ant. γ'.* beweiset die Unrichtigkeit dieser Abtheilung durch die unbestimmte Sylbe in *φυγόντες*, welche man durch das geflickte φυγόντες γ' für den Verständigen nicht gehoben hat. Den angeblich ersten Vers schliesst man nach μάχαιρα Θεσσαλία; *str. β'*. Ist durch Druckfehler der Schluss nach δόσιν gemacht, statt dass dies in den folgenden Vers gehört hätte; jene Abtheilung ist aber nur scheinbar, weil nach dem Choriamben eine Cäsur ist: *str. γ'*. Vs. 38. passt sie auch nicht, sondern zerschneidet σφετέροι'σι παντᾶ: was man dafür gesetzt hat σφετέροις ἁπαντᾶ, würde recht gut sein, wenn ein Grund da wäre, den Vers hier zu schliessen. Auch *ep. i's*. 1. 2. hat man damit verbunden; Vs. 49. trennt sie aber der Hiatus. Dass *Pyth. XI. ep.* 1. 2. verbunden werden können, habe ich schon in den *nott. critt.* erinnert.

13. Ueber die Nemeischen Oden müssen wir etwas ausführlicher sein. *Nem. I, str.* 4. 5. sind verbunden worden, gegen den Hiatus Vs. 58. aber Vs. 7. ist in zwei getheilt worden; wobei jedoch scharf geschnitten werden musste: denn Vs. 25. wird statt χρὴ δ' ἐν εὐθείαις ὁδοῖς στείχοντα geschrieben χρὴ δ' ὁδοῖς στείχοντ' ἐν εὐθείαισι, welche Wortstellung schlecht ist, weil das Wort, welches den Hauptnachdruck hat, zu spät kommt; ebenso musste Vs. 43. ὁ δ' ὀρθὸν μὲν ἄν'τεινεν κάρα In ὁ δ' ἄντεινε μὲν ὀρθὸν κάρα verwandelt werden; beides ohne eine Spur in den Handschriften, und nur Vs. 68. wo δικαῖοι κείνου φαιδίμαν in δικαῖς τέκνου τὰν φαιδίμαν verändert ist, geben diese Leseart die Neapolitanischen Handschriften, welche durchaus interpolirt sind. *Nem. II, str.* 4. ist nach ἀγώνων getheilt; schon der Gang des Rhythmus lehrt die Unrichtigkeit dieser Trennung, wenn auch nicht Vs. 19. in Παρνασῷ eine Drehung entstände. Παρνασῷ ist die einzig wahre Leseart, die auch in den Scholien befolgt ist; was hier in den Neapolitanischen Handschriften dafür steht, πέτρᾳ θεοῦ, ist eine kläglich allgemeine Bezeichnung, welche auf viele andere Felsen gehen könnte und Pytho gar nicht hinlänglich bestimmt; dass diese Leseart auf Interpolation beruhe, ist mir nach der Beschaffenheit jener Handschriften ganz gewiss: wiewohl ich nicht einsehe, wodurch diese Interpolation veranlasst wurde, wenn nicht in der Handschrift des Kritikers eine Lücke war. Dass *Nem. III, ep.* 1. nach πλαγᾶν getheilt werden kann, ist freilich klar, und in den *nott. critt.* schon

angezeigt: überzeugt bin ich jedoch davon nicht; aber da man, wo der Zusammenhang der Verse nicht deutlich ist, die Trennung vorzuziehen geneigt sein muss, finde ich diese hier lobenswerth, da zumal den Schwachen dadurch weniger Aergerniss gegeben wird. *Nem. II*, *str.* 2. 3. sind zusammengezogen worden: Vs. 10. 34. 82. 90. liefern durch Hiatus und unbestimmte Sylbe den Gegenbeweis; denn wie man das Versmaass erklärt hat, um die unbestimmte Sylbe zulässig zu machen, davon zu reden lohnt nicht der Mühe. *Nem. V*, *str.* 1. Ist nach dem iambischen Dimeter $\_\cup\_\cup\_\cup\_\_$ ein Vers geschlossen; welches nach der Schreibart der guten Bücher nicht angeht, weil Vs. 7. 37. Brechungen eintreten; aber diese glaubt der neueste Herausgeber überwunden zu haben, indem er aus den schlechten Lesearten der *Neapp. Mss.* Vermuthungen gebildet hat. Statt der Leseart der guten Bücher Vs. 7. ἐκ δὲ Κρόνου καὶ Ζηνὸς ἥρωας geben nämlich die *Neapp. Mss.* ἥρωας ἐκ δὲ Κρόνου καὶ Ζηνός, welche Wortstellung theils wegen des δέ, theils auch ausserdem schlecht ist; aber was soll man erst zu der sagen, welche daraus gebildet worden ist, ἥρωας ἐκ Κρόνου δὲ καὶ Ζηνός? Vs. 37. steht γαμβρὸν Ποσειδάωνι πείσαις, ὃς Αἰγᾶθεν: die *Neapp. Mss.* haben: Ποσειδάωνα οἱ πείθων: hieraus ist, indem auch ὅς in ὅσπερ verwandelt worden, nunmehr gemacht: γαμβρὸν Ποσειδᾶν' οἱ πιθών, ὅσπερ Αἰγᾶθεν. Auf diese Weise kann freilich alles bewirkt werden. Die Lesearten jener Handschriften sind gemachte; und sie haben deshalb, dass ich nicht finden kann, warum sie so gemacht sind, nicht mehr Ansehen, als die andern, bei welchen man die Gründe erkennen kann, warum sie gemacht sind. *Nem. V*, *str.* 2. Ist hinter ἀκάτῳ geschlossen, welches darum nicht möglich, weil, während kein Kennzeichen des Schlusses da ist, gleich fünf Sylben später sich ein sicherer Schluss darbietet durch den Hiatus Vs. 26. und die wiederkehrenden starken Interpunctionen. *Ep.* 1. ist nach Ψαμάθεια, *ep.* 2. nach εἰπεῖν getrennt, weil ich nicht getrennt hatte; der Leser wird leicht finden, welches von beiden besser sei. Dem vierten Verse ist aus unserem fünften ein Kretikus *(ep. α'. κερδίων)* zugesetzt; es gereicht mir zum Vergnügen, dies als vortrefflich hervorheben zu können, da es die Worte ἐξ οὐρανοῦ Vs. 34. 35. in Verbindung bringt. Umgekehrt ist *Nem. VI. str.* der Schlusskretikus des vierten Verses dem fünften vorgeschlagen worden, und diese Abtheilung kann man einen Augenblick für wahr halten, da Vs. 11. und 27. die Interpunctionen sie empfehlen. Allein man kommt bald davon zurück, wenn man Vs. 50. sieht, dass die unbestimmte Endsylbe in $\tau\eta\lambda\acute{o}\vartheta\varepsilon\nu$ verlangt, diesen Kretikus an das Ende des vorhergehenden Verses 293 zu bringen; denn die Leseart $\tau\eta\lambda\acute{o}\vartheta\varepsilon\nu\ \gamma'$, welche man aus der *Ald.* genommen hat, ist Flickwerk, um der falschen Abtheilung zu Hülfe zu kommen. Dazu kommt, dass Vs. 11. $\mathring{\eta}\lambda\vartheta\acute{\varepsilon}\ \tau o\iota$ nach einer oben gemachten Bemerkung den Vers sehr gut schliesst (s. Abschn. 6.): und man kann sich also nur wundern, warum der Dichter gerade zweimal vor dem Kretikus interpungirt habe. Der kritische Metriker muss auch auf solche Kleinigkeiten aufmerksam sein; und je weiter die Wissenschaft gediehen ist, desto besser kann man auch in diese eindringen. Hier mag es genügen, darauf aufmerksam zu machen, dass der Dichter gerade vor dem Schlusskretikus zu interpungiren pflegt; den Grund dieser unläugbaren Erscheinung kenne ich noch nicht: Beispiele starker Interpunctionen an dieser Stelle sind *Olymp. III*, 9. 13. *Pyth. I*, 16. 17. *III*, 19. 40. *Nem. VII*, 6. *IX*, 9. 17. 53. *Isthm. IV*, 16.; auch bei aufgelösten Kretikern, *Pyth. I*, 35. 75. *Nem. III*, 3.; schwächere Interpunctionen der Art sind *Pyth. III*, 17. 63. 94. *IX*, 47. *XII*, 3. 6. *Nem. I*, 71. *V*, 19. *XI*, 1. — In demselben Gedicht *Nem. VI, str.* 6. ist der letzte Ditrochäus *(str. a'. ἄμμε πότμος)* dem nachfolgenden Verse zugetheilt worden: Vs. 13. ist aber der Hiatus dagegen, und wenn auch dieser fehlte, wäre die Abtheilung doch unrichtig, weil sie keinen Rhythmus giebt: denn ein solches Maass,

$$\smile\smile-\smile-|\smile\smile-\smile\smile-\smile-$$

ist im Pindar ein Unding: daher muss $\smile\smile-\smile$ ans Ende des vorhergehenden Verses, indem hier die unbestimmte Endsylbe der trochäischen Dipodie den Schluss vollkommen beweiset. *Ep.* 6. 7. sind verbunden worden; dass Vs. 44. $\varkappa o\tau'$ im Anfange des Verses nichts gegen sich hat, und folglich nicht für die Verbindung beweiset, ist schon in den *not. crit.* erläutert; denn $\varkappa o\tau'$ ist öfter proklitisch ganz im Anfang des Satzes gebraucht worden; und Vs. 20. ist die unbestimmte Endsylbe vor $\check{\varepsilon}\pi a v\sigma\varepsilon\ \lambda\acute{a}\vartheta a v$

gegen die Verbindung. Um sie zu bewerkstelligen, hat man denn umgestellt λάθαν ἔπαυσε, welche willkührliche Wortstellung auch der Sinn nicht empfiehlt; denn der Nachdruck liegt auf ἔπαυσε. Wenn diese beiden Verse zusammenzuziehen sind, so muss man κάππαυσε λάθαν schreiben. *Nem. VII, ep. 3.* Ist in dem, dem häufigen Gebrauche nach etwas längern Schlussverse, wie ich ihn gegeben habe, nach πόθεν getrennt; um dies zu bewerkstelligen, hat Vs. 84. νίν zu Anfang des Verses gestellt werden müssen, was ich nicht irgendwo thun würde, wenn nicht ein malender Ausdruck es erforderl, der hier nicht statt findet (vergl. oben Abschnitt 6.). Wie nun aber der Kritiker, der S. 152. so erbost ist, dass ich enklitische Wörtchen den Vers anfangen lasse es selbst thun konnte, mögen Andere begreifen. Doch nicht genug: Vs. 105. widerspricht obendrein jener Abtheilung in τέκνοισιν ἅτε: rasch schreibt er τέκνοις ὥστε, unbekümmert darum, dass er statt des Tribrachys einen Trochäus in die Stelle bringt, welchen der Dichter hier nirgends gebraucht hat. *Nem. VIII, str. 1.* ist nur getheilt, weil ich verbunden habe; auch *str. 3.* ist getrennt, wogegen sich ausser dem *ant. β'* (Vs. 25.) aus Ende kommenden δ' Vs. 42. stemmte: χρεῖαι δὲ παντοῖαι φίλων ἀνδρῶν: statt ἀνδρῶν haben die *Neapp. Mss. ἐντί*: daraus ist nun die unwahrscheinliche Leseart gebildet: χρεῖαι φίλων δέ ' ἐντὶ παντοῖαι. Dem zweiten Verse der Epode ist aus dem dritten das Maass ‿‿‒‿‿‒ zugefügt; den Gegenbeweis liefern Vs. 12. 29. die Iliaina und Vs. 46. die unbestimmte Endsylbe in λάβρον, welche man durch die Aenderung λάβρον γ' kläglich versteckt hat, *Ep. 7.* ist nach φυτευθείς getrennt; möglich, aber nicht wahrscheinlich. *Nem. IX, str. 2.* ist nach diesem Maasse ein Vers geendigt worden:

‿‿‒‿‿‒‿‿‒‿‿‒

Meistens endet ein Wort hier, welches aber nur in der Cäsur nicht im Vers-Ende gegründet ist; und schon das δ' Vs. 14. (uns. Ausg.), welches ans Ende kommt, ist dagegen. Vollends aber Vs. 22. wo Ἰσμηνοῦ gespalten werden müsste, beweiset für die Verbindung mit dem folgenden. Dies hat jedoch der Herausgeber seiner Meinung nach gehoben. Denn statt ἔντεσιν· Ἰσμηνοῦ δ' ἐπ' ὄχθαισι γλυκύν schreibt er: ἔντεσιν· ἐπ' ὄχθαισι δ' Ἰσμηνοῦ γλυκύν.

Aber abgerechnet, dass diese Wortstellung rhetorisch schlechter, und dass ἐπ' ganz abgetrennt nach beiden Seiten hin, stümperhaft ist, enthält diese Leseart zugleich einen metrischen Fehler, indem auch in der unbestimmten Endsylbe die Kürze nicht statt der Länge stehen darf, wenn sie vor dem Apostroph steht *(Metr. Pind.* S. 62.). Ebendaselbst *str.* 4. ist nach folgendem Maasse getheilt:

$$\smile\smile-\smile-\smile\smile--$$

ohne das geringste Kennzeichen: zwei Stellen sind dagegen, Vs. 20. ἐγχέων ταύταν θανάτου πέρι καὶ ζωᾶς ἀναβάλλομαι, und Vs. 34. ὑπασπίζων. An letzterer halfen die elenden *Neapp. Mss.* durch die Leseart ὑψασπιγῶν: diese hat man aufgenommen, aber ἐῶν schreiben müssen, weil ὧν nicht Pindarisch ist. An der andern Stelle ist geschrieben worden: ἐγχέων ζωᾶς πέρι καὶ θανάτοιο ' τὰν δ' ἀναβάλλομαι; einigermaassen auch mit Hülfe jener Handschriften, welche geben: ἐγχέων τάνδε ζωᾶς πέρι καὶ θανάτου ἀναβάλλομαι; aber gesetzt auch, dass dieselben besser wären, so bewiesen sie doch immer noch nicht für jene willkührliche Veränderung.

14. Wir kommen zu den Isthmien. *Isthm. I, str.* 3. 4. sind verbunden worden; Vs. 26. macht der, obgleich nicht unerlaubte Hiatus die Trennung dennoch wahrscheinlicher. Derselbe Fall, auch in Rücksicht des Hiatus (*ep. α'.)* ist *Isthm. II, ep.* 2. 3. so wie *ep.* 5. 6. welche verbunden werden können: warum ich es nicht gethan habe, ist *nott. critt.* S. 501. gesagt. *Isthm. III.* in den Epoden sind nach meiner Abtheilung die vier ersten Verse kurz, die zwei letzten lang: dies kann freilich Vielen anstössig sein, bedarf aber nach allem schon Gesagten keiner Rechtfertigung, und geht aus der unbefangenen Zerlegung als Ergebniss hervor. Jetzt hat man Vs. 2. 3. verbunden, ungeachtet Hiatus, unbestimmte Endsylbe und Interpunctionen durch alle vier Epoden so zusammentreffen, dass kein Zweifel an der Trennung übrig bleibt. Vs. 5. ist ohne irgend ein Kennzeichen nach σύννομοι getrennt, da doch der Rhythmus augenscheinlich ununterbrochen fortgeht; Vs. 6. wird ebenfalls getrennt, wo aber gleich Vs. 18. geändert werden musste, weil die beliebte Trennung das Wort ἐξάλλαξεν nach der ersten Sylbe zerschneidet. Nun ist zwar die gemachte Aenderung ἄλλοτε | ἄλλαξεν statt ἄλλοτ' ἐξάλλαξεν scheinbar sehr leicht;

aber abgesehen von der Analogie, welche den langen Schlussvers vertheidigt, schon deshalb unverzeihlich, weil durchaus nicht begreiflich ist, wie ἐξάλλαξεν hätte entstehen sollen. Denn wenn man noch sagen könnte, ἄλλοτ' ἐξάλλαξεν hätte ein Metriker geschrieben, um die unbestimmte Endsylbe zu verdrängen, die nach sonstiger Abtheilung in die Mitte des Verses gefallen sei, so wäre das etwas gesagt; allein die Alten schlossen den Vers gerade mit ἄλλοτ' ἐξ- und so hätte das ἐξ eher wegfallen können am Ende des Verses, als dass es Irgend Einer zusetzen konnte. *Isthm. IV*. ist stark verbunden, erstlich *str.* 3. 4. dann 5. 6. beides als möglich in den *noll. critt.* schon zugegeben: ja Ich habe noch mehr zugegeben, dass nämlich 5—7. verbunden werden können; und wenn einmal Einer hier ans Verbinden geht, muss er nicht auf halbem Wege stehen bleiben. Wenigstens ist ein Grund vorhanden, Vs. 6. und 7. zu verbinden, was ich jetzt thue, damit nämlich *str. β'.* das apostrophirte δέ zu Ende des Verses entfernt werde. Hierdurch entsteht ein langer Schlussvers, wie er so oft vorkommt. *Ep.* 3. 4. sind ohne allen Grund verbunden; durch alle drei Epoden treffen die Kennzeichen, Hiatus und starke Interpunction, wie auch *ep. γ'.* ein erlaubter Hiatus ist, so zusammen, dass die Verbindung unzulässig wird. *Isthm. V*, *str.* 3. ist nach ὦ Ζεῦ getheilt, möglich, aber unwahrscheinlich; da ich jedoch, wo sichere Kennzeichen der Verbindung fehlen, die Trennung vorzuziehen pflegte, wäre es folgerechter gewesen, wenn ich dort getrennt hätte, da zumal die Länge des Rhythmus vielen Anstoss geben konnte. *Ep.* 4. 5. ist die gemachte Verbindung möglich, und ist mir auch wahrscheinlich; da niemand an ihr Anstoss nehmen wird, möchte ich sie befolgt haben. *Isthm. VI, str.* 5. ist der Schluss ‒ ‒ ‒ ‒ ‒ zu einem eigenen Verse gemacht; widerlegt kann dies nicht werden; aber die Analogie spricht für das Gegentheil. *Ep.* 3. 4. ist die schon in meinen Anmerkungen als möglich anerkannte Verbindung ungewiss; *ep.* 6. 7. sind auch verbunden; und wenn Vs. 33. der Hiatus, den man nicht ertragen kann, gehoben sein wird, werde ich dagegen nichts einzuwenden haben. So lange dies nicht geschehen ist, kann man die Verse nur so, wie ich gethan habe, abtheilen: die Leseart der Neapolitanischen Handschriften aber, Ὀπαλέος τε κατὰ', welche verwandelt in παιδά τ' Ὀικλήος dem Hiatus abhelfen würde, kann man nicht berücksichtigen, da jene Handschriften aller diplomatischen Glaubwürdigkeit entbehren, wie genaue Untersuchung mich belehrt hat. *Isthm. VII*, 1. 2. sind verbunden worden zu diesem Unding von Versmaass:

⏑–⏑–⏑–⏑–|⏑⏑–⏑–⏑–⏑–

Will man nicht das Ende von Vs. 1. und den Anfang von Vs. 2. an verschiedenen Stellen ändern, so können beide nicht verbunden werden; denn es würden aus den jetzigen Lesearten zwei unvereinbare metrische Figuren entstehen,

Str. α'. β'. δ'. (wenn man Ἔϊπε liest) *ς'. ζ'*.

⏑–⏑–⏑–⏑–⏑⏑|⏑⏑–⏑–⏑–

und *Str. γ'. ε'*.

⏑–⏑–⏑⏑–⏑|⏑⏑–⏑–⏑–⏑–

und will man auch *str. ε'*. Vs. 41. mit Hermann εὐθύ schreiben, so bleibt doch *str. γ'*. Vs. 21. 22. übrig, wo Hermann's Veränderung zu hart und gewaltsam ist, als dass sie angenommen werden könnte. Hermann, dessen grosse Verdienste nicht nur um die Metrik, sondern auch um den Pindar insbesondere wiederholt anzuerkennen mir heilige Pflicht ist, hat sehr wohl eingesehen, dass jene beiden metrischen Figuren unvereinbar sind, und daher die eine durch Veränderungen zu vernichten gesucht; so lange nun diese nicht anerkannt werden können oder durch bessere ersetzt sind, muss eine andere Auskunft getroffen werden. Diese liegt aber in der Trennung der Verse, welche jene beiden metrischen Figuren einzig vereinigen kann:

⏑–⏑–⏑–⏑–⊙
⏗⏑⏑–⏑–⏑–

wobei nur die Auflösung der Anakruse des zweiten Verses Anstoss erregt, welcher aber gering ist, weil die Auflösung in den Eigennamen Ἐλέναν fällt. In derselben Ode ist jetzt Vs. 5. in drei getheilt; ein Setzerkunststück, wodurch dieser zwar lange aber äusserst schöne und kunstreiche Rhythmus, der nur in dieser Einheit vollständig begriffen werden kann, in beziehungslose Glieder zerstückelt wird. Dieser systematische Rhythmus kann eben so wenig abgeläugnet werden, als die Alkäische Ionische Dekapodie; will man ihn aber für das Auge, nicht für Stimme, Ohr und

Sinn, nach Einschnitten in Kola theilen, wie Bentley jene Dekapodie, so werden diese Abschnitte allerdings am besten nach dem dritten und fünften Choriamben gemacht; nur muss man sich nicht einbilden, es seien dadurch drei Verse entstanden. Endlich hat man noch Vs. 8. 9. verbunden: allein dies Vers-Ende, welches auch Hermann verdunkeln will, ist eines der klarsten. Die *str. δ'* Vs. 38. stehende Schlusslänge statt der in dem Gedichte herrschenden Kürze will ich zwar nicht als Beweis anführen, da die Leseart des folgenden Verses unsicher ist und je nach der Art der Verbesserung auch die vorhergehende dadurch eine andere Gestalt erhalten kann: aber *str. β'*. Vs. 18. trifft in diese Stelle ein Hiatus, der allein den Beweis zu führen hinreichte; und unter sieben Strophen treffen ebendahin fünf starke Interpunctionen, die nicht einmal als Kennzeichen einer Cäsur hier angesehen werden könnten, und wovon nur die letzte Vs. 68. zweifelhaft gemacht werden kann, weil sie auf einer nachher zurückgenommenen Veränderung von Hermann beruht: wir wollen uns aber das nicht nehmen lassen, was er ehemals richtig eingesehen und aus dem Bestreben, noch besseres zu finden, wieder aufgegeben hat.

15. Wir verlassen jetzt die metrische Zergliederung des Werkes, wobei uns zugleich schon die Ueberlieferung und das allgemeine Metrische zu Hülfe kam, und werden uns zu dem zweiten Haupthülfsmittel der Kritik, der sicheren Ueberlieferung in Bezug auf die Lesearten, wobei denn wieder das Allgemeine aus der Kenntniss der Sprache uns unterstützen muss; zugleich werden wir hierbei auf die metrische Analyse wieder zurückkommen und zeigen, wie diese und die Ueberlieferung über die Lesearten einander die Hand bieten, und durch ihre Vereinigung in vielen Punkten die Untersuchung abgeschlossen wird. Unter der sichern Ueberlieferung in Bezug auf die niedere oder Wortkritik verstehen wir aber alles dasjenige, was durch geschichtliche Betrachtungen mit möglichster Zuverlässigkeit ausgemittelt werden über die ursprüngliche Beschaffenheit des Textes und die Veränderungen, welche er allmählig erlitten hat. Jede Leseart ist ein geschichtlich Gegebenes; es kommt darauf an, aus der Masse dieser gegebenen kleinen Thatsachen ein Ganzes zu bilden, in

welchem zugleich die Geschichte des Textes überhaupt und die Geschichte jeder einzelnen Stelle, wobei ein Bedenken statt finden könnte, enthalten sei. Da alle geschichtliche Ueberlieferung auf den Quellen beruht und nach deren Beschaffenheit beurtheilt werden muss, so ist die Würdigung der Quellen hierbei eine Hauptsache, um so mehr bei der Geschichte eines Textes, bei welcher die Quellen mit dem Stoffe, welchen sie überliefern, zum Theil eins sind: denn jeder Text einer Handschrift ist zugleich Quelle und zugleich als Text der Stoff der Ueberlieferung. Es kann natürlich auch hier nicht die Absicht sein, in eine ausführliche Erörterung allgemeiner kritischer Grundsätze einzugehen, sondern ich wende mich gleich zu unserer besondern Aufgabe, nur weniges voraus erinnernd. Die geschichtlichen Quellen der Leseart sind die Anführungen, Anwendungen und Nachahmungen der Alten, die Scholien, Handschriften und ersten Ausgaben, welche aus Handschriften gezogen sind; letzterer haben wir bei Pindar zwei, die Aldinische und Römische; doch ist bei letzterer der Text hier und da von Kalliergos schon nach den Scholien festgesetzt. Die Anführungen, Anwendungen und Nachahmungen zeigen, was der, von welchem sie herrühren, in seinem Texte gelesen hat; sie sind meist älter als die übriggebliebenen Handschriften; nur muss man wissen, ob der Schriftsteller, bei welchem sie vorkommen, wirklich so geschrieben hat, oder auch seine Worte entstellt oder aus einem spätern Texte des angeführten Schriftstellers verändert und demselben angepasst seien; auch ob der Anführende oder Nachahmende nicht absichtlich oder aus Nachlässigkeit oder Gedächtnissfehler die Stelle anders gegeben habe, als er sie vorfand. Die Scholien, welche die Handschriften enthalten, geben die Lesearten, welche die Grammatiker in ihren Handschriften vorgefunden oder hineingesetzt hatten; die Handschriften von welchen die ersten Ausgaben, wenn sie nicht mit kritischer Auswahl der Lesearten gemacht sind, nicht unterschieden zu werden brauchen, geben ausser den Schreibfehlern und einzelnen Irrungen, wohin die Aufnahme von Glossemen statt der glossirten Worte gehört, irgend einen zu einer gewissen Zeit gangbaren Text. Zeigt sich bei Vergleichung aller dieser Quellen eine bedeutende Verschiedenheit der Leseart, so verliert sich die Wahrscheinlichkeit, dass diese Verschiedenheit zufällig entstanden sei, und des Kritikers erstes Bestreben muss alsdann sein, die absichtlichen Recensionen zu entdecken, welche der Text erlitten hat, und sie auf ihre Urheber zurückzuführen, sei es auf den Verfasser selbst, woran man bei Pindar nicht denken kann, oder auf Grammatiker. Hat man erst Recensionen aufgefunden, so wird man nicht mehr bloss die einzelnen Lesearten aus sich selbst beurtheilen, welches häufig nicht zum Ziele führt, sondern die Kritik wird gleichsam systematisch und geht aus ihrer gewöhnlichen Kleinlichkeit ins Grosse; mit einem Schlage eröffnen sich weite Aussichten und das Urtheil erstreckt sich zugleich auf ganze Massen von Lesearten. Diese Art Kritik gewährt nicht nur eine grössere Sicherheit, sondern sie befriedigt auch den Geist weit mehr als das schwankende Abwägen der verschiedenen Lesearten, wo man häufig eben nur von der Schönheit der einen oder andern Leseart reden, keineswegs aber zu einer geschichtlichen oder diplomatischen Ueberzeugung gelangen kann. Nicht als ob dieses Abwägen ausgeschlossen wäre: vielmehr wo Auffindung und Beurtheilung der Recensionen erst aus den Einzelheiten zusammengesetzt werden muss, geht auch diese Kritik von jenem aus, und überall muss bei derselben Kenntniss der Sprache, allgemeine und analytische Beurtheilung des Versmaasses und alles, was sonst zur Würdigung der Lesearten gehört, mitwirken: hat man aber an gewissen Stellen, wo die Entscheidung mit grösserer Gewissheit möglich ist, ein sicheres Urtheil gebildet, so entscheidet dies für die Gesammtheit der Lesearten aus derselben Recension, vorausgesetzt, dass die Einerleiheit der Recension nicht im Zweifel sei. Freilich kann man nicht läugnen, dass die Auffindung der Recensionen und die Vertheilung der Lesearten unter dieselben bisweilen mit grossen Schwierigkeiten verbunden ist: und darum darf man sich nicht wundern, dass dieses kritische Verfahren bei manchen Schriftstellern, wo es sehr nothwendig wäre, wie bei Herodot, noch nicht bedeutend angewandt worden; wo es aber, wie bei Pindar, weder an geschichtlichen Zeugnissen über die Veränderung des Textes, noch an deutlichen Kennzeichen für die Beurtheilung der Handschriften fehlt, kann diese Kritik völlig zur Klarheit gebracht werden, und würde sich noch leichter üben lassen, wenn die verglichenen Handschriften alle gleich vollständig und nach derselben Ausgabe verglichen wären. So weit die bis jetzt bekannten Quellen reichen, wollen wir nun im Folgenden die Geschichte des Textes in allgemeinen Umrissen darstellen, und mit einzelnen Beispielen belegen; von welcher Untersuchung alle Lesearten ausgeschlossen bleiben, welche nicht aus den obenberührten Quellen herrühren: denn ausser den beiden ersten Ausgaben sind alle übrigen ohne Ansehen, und brauchen in der Kritik nicht berücksichtigt zu werden.

10. Wollen wir aber diesen Gegenstand bei der Wurzel fassen, so müssen wir wo möglich bis in das Pindarische Zeitalter selbst zurückgehen. Aus den Händen des Dichters kamen die Gedichte einzeln; wer sie zuerst gesammelt und wie man über die Anordnung gestritten habe, ist nicht unbekannt[1]); und dass bei der Sammlung und Anordnung die Grammatiker den Text in eine ihren Zeitgenossen leserliche Gestalt brachten, versteht sich von selbst, wenn es auch nicht überliefert wäre. Fragt man aber, wie die frühesten Handschriften beschaffen waren, so kommt hier vorzüglich dreierlei in Betracht: in welchen Zeiten, mit welcher Schrift, und wie treu sie geschrieben waren. Man müsste sehr unbekannt mit dem Schriftwesen des Alterthums sein, wenn man glauben wollte, die Alten vor den Grammatikern hätten diese Verse, welche, wie man sie auch ordne, sehr ungleich sein müssten, abgesetzt geschrieben; heroische Hexameter, elegische Distichen und solche gleichartige und ungefähr gleich lange Verse schrieb man häufig abgesetzt, wie mehrere Inschriften zeigen; aber diese ungleichartigen wurden gewiss in der Regel ohne Unterscheidung geschrieben, da man ja auch die Sätze und Worte nicht regelmässig abtheilte, sondern nur hier und da theils Sätze, theils Worte, selbst solche welche zusammengehören, wo es nöthig schien durch Interpunction trennte, namentlich durch :, nachher ·, welche beide Formen der Interpunction, wie die Inschriften zeigen, die ältesten sind; und auch diese warf man nachher weg, bis die Grammatiker neue erfanden. Höchstens kann man zugeben, dass

---

[1] S. die Vorrede des Scholienbandes, Bd. II. S. IX. ff. und die Einleitung zu den Bruchstücken, desgleichen die Einleitung Bd. II. Th. II. S. 19. unten.

ähnliche Zeichen auch in zweifelhaften Fällen zur Unterscheidung der Verse gebraucht wurden; übrigens waren sie gewiss so zusammengehäuft, wie die Verse in unsern Gesangbüchern. Soll dies bewiesen werden, so beweiset es die Ueberlieferung, dass Aristophanes von Byzanz und andere die Gedichte der Lyriker, und namentlich des Pindar, in Glieder (κῶλα) theilten[1]); ohne Zweifel auch mit Zulassung von Brechungen, welche wie wir gesehen haben, Andere wieder aufhoben: hieraus erhellt, dass keine Abtheilung, wie sie überliefert worden, ein geschichtliches Ansehen hat, weil keine ins höhere Alterthum reicht. Aber in welcher Schrift waren die ältesten Texte abgefasst? Bekanntlich bedienten sich die Hellenen zuerst des sogenannten Kadmeischen oder Attischen, und nachher des Simonideischen[2]) oder Ionischen Alphabetes, beider jedoch mit gewissen Abweichungen je nach der Gewohnheit einzelner Städte und Zeitalter oder auch einzelner Menschen: die Beschaffenheit beider Alphabete ist bekannt, und weder sie noch die verschiedenen Eigenheiten der Städte, Zeitalter und Einzelner in der Schreibart hat für die Kritik Wichtigkeit, wenn man das Digamma, die Doppelung oder einfache Schreibung der Mitlauter und die Selbstlauter ausnimmt. Ich übergehe die beiden erst genannten Puncte der Kürze wegen; bei den Selbstlautern aber ist es sowohl in Rücksicht des Dialektes als auch wegen vieler Lesearten sehr wichtig zu wissen, in welcher von beiden Schriften diese Gedichte ursprünglich geschrieben waren: was ich früherhin nur leise zu berühren wagte[3]). Folgendes sind die Hauptfragen: Ist in den ältesten Handschriften *Epsilon*, *Eta* und EI unterschieden worden, oder sind sie alle mit E bezeichnet gewesen, und ist demnach der Zug H noch zur Bezeichnung des Hauches gebraucht, oder das *Eta* schon mit H, der Hauch aber mit ⊢ oder gar nicht bezeichnet worden? waren *Omikron*, *Omega* und OY verschieden oder alle mit O bezeichnet? die Lösung dieser Fragen hängt von der Geschichte des Alpha-

---

1) Vorr. zu den Schol. S. X.
2) Ich nenne es nach dem Haupturheber das Simonideische, ohne auf den Antheil, welcher dabei dem Epicharmos zugeschrieben wird, Rücksicht zu nehmen.
3) Noll. critt. Nem. I, 24. X, 62. Pyth. XI, 38.

bets ab, welche aber noch nicht so ins Einzelne betrachtet ist, dass wir uns auf Andere berufen könnten; die sicherste Quelle sind aber die Inschriften, welche in jenen einfachen Zeiten unmöglich in einer andern Schreibart als der jedesmal gewöhnlichen verfasst sein können, ausser dass an einigen Orten die öffentlichen Schriften des Staates länger als anderwärts in einer alterthümlichen Schrift konnten geschrieben werden, die aber doch noch allgemein verständlich sein musste. Man weiss, dass bis auf den Archon Euklides *Olymp.* 94, 2. zu Athen alle öffentlichen Staatsverhandlungen in der alten Attischen Schrift abgefasst wurden, und dass man sich zuerst bei der Aufschreibung der damals bekanntgemachten neuen Gesetze auf den Vorschlag des Archinos des Ionischen Alphabets bediente: daher bildet jene Epoche in den von Staatswegen geschriebenen Inschriften der Athener einen so festen Abschnitt, dass man ohne Ausnahme angeben kann, ob ein in einer Inschrift aufbehaltenes Denkmal, welches von Staatswegen abgefasst worden, vor oder nach dem Beschluss des Archinos verfasst worden; und unter so vielen Denkmälern findet sich nur ein einziges, noch nicht herausgegebenes [jetzt C. I. No. 24], wo das H vor Euklid etliche mal vorkommt. Da dies aber auf einer Verordnung beruht, welche der Staat ausgehen liess, und diese erst dann erfolgen konnte, wenn das Ionische Alphabet nicht mehr ungeläufig war, so folgt hieraus nicht, dass früher das Simonideische oder Ionische Alphabet nicht schon sehr häufig im Gebrauch gewesen[1]): indessen würde es eben so verkehrt sein zu glauben, man habe sich desselben seit Simonides allgemein und ausschliesslich anderwärts oder in Athen bedient. Eine neue Schreibart wird nur allmählig allgemein, und man fällt oft wieder in die alte zurück: davon geben die Attischen Inschriften selbst des Staates, bei welchem wir dies am leichtesten verfolgen können, den deutlichsten Beweis, indem in denselben keineswegs völlige Gleichheit herrscht. Dass H als Bezeichnung des Hauches fehlt schon sehr häufig in den Inschriften vor Euklid in einzelnen

---

[1]) Dass Euripides im Theseus (*Fragm.* 5. [3 Ddf.]) das H schon beschreibt, ist bekannt, und er und seines gleichen schrieben also gewiss im Ionischen Alphabet.

Wörtern, die dennoch aspirirt gesprochen wurden; *Olymp.* 94, 2. verschwindet es ganz, indem es Zeichen des *Eta* wird, zugleich mit der Einführung des Ω; statt ΩΙ findet man dennoch später nicht selten ΟΙ. In der Schrift vor Euklid wird statt OY in der Regel O geschrieben; aber dennoch ist in gewissen Worten, wie οὗτος, οὐκ und in Eigennamen selbst in den Attischen Inschriften OY gesetzt worden[1]. In Eigennamen bisweilen auch Y statt OY[*]; nach der Einführung des Ionischen Alphabetes wird noch bis weit über die 100. Olymp. hinaus ου mit O bezeichnet, und in der Sandwicher Steinschrift aus Olymp. 101. [C. I. no. 158.] findet man gar OK statt οὐκ, wofür früher OYK gefunden wird. E für EI ist vor Euklid nicht selten, nach ihm seltener, aber nicht ohne Beispiel; und dies alles findet sich in öffentlichen, offenbar mit nicht geringer Sorgfalt geschriebenen Actenstücken. Schon hiernach leuchtet also ein, dass man sehr irren würde, wenn man glauben wollte, als Simonides und Epicharmos das Alphabet vervollständigt hatten, habe man diese Schreibart allgemein angenommen, und nur der Attische Staat habe aus Eigensinn die alte Weise zu schreiben beibehalten; sondern die neue Schreibart, zu der auch vor Simonides hier oder dort die Elemente schon verborgen lagen, griff allmählig um sich. Schon lange hat Wolke seine neue Schreibweise die Deutschen gelehrt und eigene Bücher darin drucken lassen; sollten die Deutschen je so thöricht sein sie anzunehmen, wie die Hellenen so klug waren die Simonideische einzuführen, so würden doch die Spätern sehr irren, wenn sie glaubten, unsere Zeitgenossen hätten sich so schnell bekehrt. Auch enthält die Geschichte selbst Spuren, dass die neue Erfindung so rasch nicht Eingang fand; daher denn Kallistratos erst wieder das Verdienst haben soll, die Buchstaben, welche man zugesetzt hatte, mit den alten zusammen in eine Reihe oder Ordnung gebracht zu haben, und das neue Alphabet zuerst in Samos öffentlich soll gebraucht worden sein[2].

1) S. Staatshaush. d. Athen. Bd. II, S. 201. 261. 323. [II² 62. 277. 291. 319.]
*) [Das Letztere beruht auf der falschen Lesart Σονιάδου in der Inschr. C. I. no. 160 Zeile 7.]
2) Vgl. *Wolf. Prolegg.* zu Homer, S. LXIII.

Es bleibt also, um zu erfahren, wie Pindar's Zeitgenossen
schrieben, nichts übrig, als die Inschriften zu befragen; da wir
aber das Zeitalter der ältesten so genau nicht bestimmen können,
so will ich, ohne mich hier auf Zeitbestimmungen einzulassen,
die wichtigsten der schon herausgegebenen[1]) nicht - Attischen zu
Rathe ziehen, und bemerken, was aus jeder klar wird: eine werde
ich hier übergehen und sie weiterhin nachholen; eine andere,
nämlich die Krissäische, von Hughes herausgegebene, erwähne ich gar nicht, weil sie noch Kelner entziffert hat; und
obgleich mir dies gelungen ist [C. I. no. 1.], würde es doch zu
weit führen, dies erst zu entwickeln. Folgendes ist kürzlich das
Ergebniss. In der Eleischen Rhetra [C. I. no. 11.] ist statt
des Ω immer O; EI kommt darin bereits vor. Dagegen scheint
in der sehr alten Inschrift von der Burg Larissa zu Argos
[C. I. no. 2.] Κλέετος ΚΛΕΤΟΣ ohne I geschrieben zu sein.
In der untern Schrift des Sigeischen Steins [C. I. no. 8.]
kommt EI in εἰμί und sonst vor, aber auch E statt ει; ου ist
immer durch O bezeichnet, Eta und Omega durch E und O;
in der obern jüngerer Weise folgenden Schrift ist Eta und Omega
schon mit H und Ω bezeichnet; statt ει ist in εἰμί E gesetzt;
ου noch mit O durchgängig bezeichnet. Das Polykratische
Weihgeschenk [C. I. no. 6.] zeigt E statt Eta; ebenso der
Kumäische Kessel bei Payne Knight [C. I. no. 32.], welcher
auch O statt Ω hat. Die Petilische Erztafel [C. I. no. 4.]
bezeichnet Ω mit O, wohin auch die Worte ΔΑΜΙΟΡΓΟΣ, ΕΠΙ-
ΚΟΡΟΣ, gehören, da es wahrscheinlich ist, es sei δαμιωργός
und Ἐπίκωρος gesprochen worden. Die Delische Inschrift
der Bildsäule [C. I. no. 10.] bezeichnet ου mit O, statt EI giebt
sie E in εἰμί. Auf dem Melischen Säulenschaft [C. I. no. 3.]
steht O statt Ω, aber wie es scheint, OY in τοῦτο, wenn, wie
ich glaube, τοῦτ' ἐτέλεσσε zu lesen. In der einen jedoch nicht
ganz sichern Pembrokeschen Inschrift [C. I. no. 38.] steht
O statt Ω in ΜΕΛΠΟΜΕΝ; E in ΞΑΝΘΟΚΑΡΕΝΟΝ. Die andere
ebenfalls nicht völlig unverdächtige Pembrokesche Inschrift,

---

1) Die mir bekannten ungedruckten führen ebenfalls zu keinem
andern Urtheil.

einen Sieger im Fünfkampf betreffend [C. I. no. 34], giebt regelmässig OY und EI, aber das H als *Eta* kommt darin noch nicht vor: über Ω lässt sich nicht urtheilen, da keine Veranlassung dazu in der Inschrift ist: welche Bemerkung auch von den übrigen Inschriften bei den Buchstaben gilt, von welchen ich nichts gesagt habe.

17. Diejenigen dieser Inschriften, welche ganz zuverlässig sind, scheinen theils älter als Pindar, theils gehen sie gewiss bis in die Zeit seines hohen Alters oder noch weiter herab: nur einige sind nicht völlig sicher; die Sigeische ist, meiner Ansicht nach, zwar sicher, aber nicht so alt, als die Schriftart derselben. Aus allen erhellt, dass H als *Eta* und Ω durchaus nicht sehr alt sind: und ehe sie Simonides in Umlauf setzte, waren sie gewiss fast nirgends in Hellenischen Staaten in irgend bedeutendem Gebrauche; sie erscheinen nur in dem modernen Theile der Sigeischen Inschrift; so dass, wenn man zumal die Fortdauer der ältern Schrift zu Athen bis Olymp. 94, 2. bedenkt, kaum gezweifelt werden kann, dass E statt H, und O statt Ω im Pindarischen Zeitalter noch so allgemein war, dass vielleicht fast niemand als Simonides die neue Schreibart befolgte, wenigstens nicht ausser Samos und Ionien, wo sie, wie der Name sagt, zuerst angenommen worden. Zwischen E und EI schwankt dagegen der Gebrauch in der Sigeischen Inschrift, selbst in der, welche die ältere Schriftform hat; denn ob ich gleich die ganze Sigeische Inschrift für das Werk einer spätern, Altes nachahmenden Zeit ansehe, so bleibt sie doch als ein Bild älterer Schrift nicht ohne Beweiskraft. Die Eleische Rhetra giebt uns ebenso das EI beständig, so wie die Pembrokesche den Sieger im Fünfkampf betreffende: wiewohl die letztere wie gesagt nicht ganz unverdächtig, und wenn sie auch als ächt anerkannt wird, auf keinen Fall sehr alt ist. Dagegen findet sich OY nur in der letztern, und wahrscheinlich auf dem Melischen Säulenschaft, aber nur in τοῦτο, worin es auch in den Attischen Inschriften vor Euklid nicht selten war. Uebersieht man diese Bemerkungen, so wird man es schon sehr wahrscheinlich finden, dass Pindar H noch für den Hauch schrieb, für *Eta* aber E, und für Ω noch O: dass er EI schon gebrauchte, wenigstens theilweise, kann nicht geläugnet werden: dass er OY schrieb, ist ausser

einzelnen Worten, wie οὖτος, οὐκ, höchst unwahrscheinlich; denn diese letztere Schreibart ist, wie schon oben bemerkt worden, bis über die 100. Olymp. hinaus nicht allgemein geworden; sonst würde sie in den Attischen Inschriften auch nach Aufnahme des Simonideischen Alphabetes nicht so lange fehlen. Um zu grösserer Sicherheit zu gelangen, wäre es wünschenswerth, eine Anzahl nicht-Attischer Inschriften zu besitzen, welche mit völliger Sicherheit in Pindar's Zeitalter gesetzt werden könnten; aber es sind nur zwei Denkmäler dieser Art auf uns gekommen, deren eins so wunderliche Schicksale gehabt hat, dass es kaum angeführt werden kann. Ich meine das Epigramm des Simonides, welches Dekker aus Fourmont's Papieren abgeschrieben hat und das von mir anderwärts herausgegeben ist[1]; es war nach den Schlachten bei Salamis und Mykale, Olymp. 75, 2. oder kurz darauf zu Megara in Stein gehauen, und wurde in barbarischen Zeiten, vielleicht im fünften oder sechsten Jahrhundert unsrer Zeitrechnung, in den Schriftzügen dieser Zeit erneuert. Betrachtet man die fehlerhafte Uebertragung desselben in die damalige Schrift, soweit sich aus Fourmont's ebenfalls fehlerhafter Abschrift urtheilen lässt [C. I. no. 1051.], so wird wahrscheinlich, es sei ursprünglich in Simonideischer Schrift geschrieben gewesen, indem statt des Hauchzeichens H das andere ⊢ darin gebraucht gewesen zu sein scheint; denn für gewiss will ich es nicht ausgeben: alsdann folgt von selbst, dass H *Eta* war. Allein wenn dies auch gegründet ist, so folgt hieraus nichts für alle Schriftsteller ausser Simonides. Denn es versteht sich von selbst, dass das Epigramm nach Simonides Handschrift eingehauen wurde, und dieser sein Alphabet befolgte. Dagegen sind wir so glücklich, ein anderes zwar kleines aber unvergleichlich erhaltenes Denkmal aus der Blüthezeit des Pindar, Olymp. 76, 3., vor Kurzem erhalten zu haben, die Aufschrift des Tyrrhenischen Helmes, welchen Hieron, der König von Syrakus, nach Olympia geweiht hatte[2]; also ein Freund des Simonides, der gerade damals

---

1) Vorrede zum Verzeichnisse der Vorlesungen der hiesigen Univ. Sommer 1816. [Kl. Schr. IV. S. 125 ff.]
2) S. die Einleitung zu *Pyth. I.* in meinen Erklärungen des Pindar. [C. I. no. 16.]

bei jenem lebte; denn wir finden den Simonides schon Olymp.
75, 4. bei Hieron in Sicilien[1]), wo er Olymp. 77, 4.—78, 1.
starb. In dieser Inschrift findet sich zu einem *Eta* zwar keine
Veranlassung; aber da in dem Worte ΒΙΑΡΟΝ das alte Zeichen
des *Eta* Β Zeichen des Hauches ist, so folgt, dass *Eta*, wenn
es vorkäme, noch mit E würde bezeichnet worden sein, wiewohl, wie bisweilen in den Attischen Inschriften vor Euklid,
in dem Artikel ὁ der Hauch nicht bezeichnet erscheint; statt Ω
aber findet sich in dem genannten Denkmal O in TOI (τῷ) und
ΒΙΑΡΟΝ (Ἱέρων); für ου ist darin keine Gelegenheit, EI kommt
in ΔΕΙΝΟΜΕΝΕΟΣ vor, wobei jedoch bemerkt werden muss,
dass Eigennamen, worin ει oder ου vorkommen, mit EI und OY
geschrieben wurden, während die andern Worte noch mit E und
O. Nach dieser Inschrift wird man das von Pindar's Schreibart
oben bemerkte fast für unbezweifelt halten müssen; und eine
einfache Ueberlegung bringt mich vollends zu der festen Ueberzeugung, dass Pindar das *Eta* und *Omega* noch nicht mit den
Zeichen H und Ω schrieb. Bedenken wir nämlich, dass Pindar's Jugendbildung, da er nach wahrscheinlicher Rechnung
schon Olymp. 64, 3. geboren wurde, in die Zeit fiel, da Simonides entweder erst kürzlich oder noch gar nicht seine Neuerung
bekannt gemacht hatte; so wird man nicht glauben, dass Pindar
nach derselben unterrichtet und daran gewöhnt worden sei: erst
die nächsten Zeitalter, in welchen die Jugend nach dieser Schreibart angelehrt wurde, konnten dies Alphabet aufnehmen; die nach
dem alten gelehrt worden waren, blieben, wie Hieron, gewiss
auch beim Alten. Nehmen wir nun als sicher an, was mir kein
Bedenken hat, dass Pindar in der alten Schrift (ἀρχαίοις γράμ-
μασι) schrieb, die in den Inschriften vor Euklid zu Athen
herrschte, so sind seine Werke erst nachher in die gewöhnliche
Ionische und später gebräuchliche Schrift übertragen worden;
wann, wissen wir nicht; theilweise konnte dies schon vor den
Alexandrinern geschehen sein; aber eine vollständige und nach
Grundsätzen geleitete Uebertragung aller Werke in jener frühern
Zeit hat keine grosse Wahrscheinlichkeit, da die Gedichte erst

---

1) S. die Einleitung zu *Olymp. II.* ebendas. [Bd. II. Th. II, S. 118 ff.]

im Alexandrinischen Zeitalter gesammelt worden. Auch lässt sich nicht läugnen, dass die ersten Alexandriner, namentlich Zenodot, noch alte Handschriften aus der Pindarischen Zeit haben konnten. Von Olymp. 84, 3., in welchem Jahre nach meiner Rechnung Pindar wahrscheinlich starb, bis zur Flucht des Phalerer's Demetrios von Athen nach Theben und dann nach Aegypten, wo dieser den Lagiden Ptolemäos zur Gründung der Alexandrinischen Bibliothek bestimmte, Olymp. 118, 2., sind 136 Jahre: warum sollte Zenodot, der unter dem ersten Ptolemäos lebte, nicht von einzelnen Theilen der Pindarischen Werke 150 Jahr alte Handschriften gehabt haben? Dem sei wie ihm wolle, immer hatte doch irgend wer die Uebertragung gemacht; diese war aber keinesweges ganz leicht, und musste vielfach dem Zweifel unterworfen sein: auch konnte es nicht an Versehen und Unregelmässigkeiten fehlen, welche hierbei unterliefen. Eine vollkommen sichere Spur hiervon ist *Nem. I*, 24. (34.) sogar in den Scholien übrig geblieben: dort hatten noch Aristarch's Texte ἰσλός, ohngeachtet die zweite Sylbe nothwendig lang ist; daher Aristarch bemerkt: καταλείπεται δὲ τῇ ἀρχαίᾳ σημασίᾳ τὸ 'Εσλός· ἡ γὰρ ἀντίστροφος ἀπῄτει τὸ ὖ. Man sieht also, dass Pindar's älteste Handschriften O statt OY hatten, welches letztere, wie Aristarch anmerkt, hier erfordert wird; aber durch ein Versehen ist hier die alte Schreibart geblieben. Wir werden auf diesen früher nicht hinlänglich berücksichtigten Punct wieder zurückkommen: fügt man hierzu die Ungewissheit über *Omikron* und *Omega*, welche das O bedeutete, das zugleich für ου gesetzt wurde, und das Schwanken zwischen E, H und vielleicht hier und da auch EI, so wird man begreifen, wie bedeutend der Einfluss der Uebertragung der alten Schrift in die neue auf das Urtheil über den Dialekt und einzelne Lesearten sein müsse.

18. Da diese Uebertragung nun keinesweges eine unbedeutende und mit keiner Schwierigkeit verbundene Sache war, so befremdet es, fast keine Spur zu finden, dass sie unter die Beschäftigungen der Grammatiker gehörte; denn wenn dieselbe auch grösstentheils vor den Grammatikern gemacht sein mochte, so war sie doch jederzeit dem Urtheil der letztern wieder unter-

worfen, und konnte von ihnen unmöglich unberücksichtigt bleiben. Daher bin ich auf den freilich nicht sichern Gedanken gerathen, dass in einer Erscheinung, die schon im Zeitalter des Julius Cäsar hervortritt und ohne Zweifel auch diesem nur aus einem ältern überliefert war, noch ein Rest jener frühern umfassenden Beschäftigung lag; zumal da kaum begreiflich ist, wie das wovon ich rede, so früh hätte entstehen können, wenn es nicht ursprünglich einen tiefern Grund gehabt hätte. Ich meine die sogenannten *Epimerismen*. Boissonade hat unter dem Namen des Herodian *Epimerismen* herausgegeben, worin nach alphabetischen Rubriken gelehrt wird, mit welchen Vocalen jegliches Wort geschrieben werden müsse, z. B. ob ein Wort, welches mit dem Laute *Be* anfängt, mit $\beta\varepsilon$, $\beta\eta$ oder $\beta\alpha\iota$ zu schreiben; wenn es mit dem Laute *Li* anfängt, ob es mit $\lambda\iota$, $\lambda\eta$, $\lambda\varepsilon\iota$ zu schreiben, und ebenso in den mittlern und Schlusssylben; denn man benannte, um mit Boissonade[1]) zu reden, mit dem Namen *Epimerismen* die Anfangs- Mittel- und Endsylben, in deren Schreibung wegen der zweifelhaften Aussprache der Vocale eine Schwierigkeit oder Ungewissheit statt findet: oder vielmehr, um eine Erklärung zu geben, welche aus dem Folgenden sich rechtfertigen wird, ein *Epimerismus* war eine Darlegung der Worte nach ihren verschiedenen Sylben mit Bestimmung der Vocale, mit welchen sie zu schreiben sind, im Verhältniss zu andern, welche mit andern Vocalen geschrieben werden müssen. Offenbar richtete sich die Anfertigung solcher *Epimerismen* nach dem Zeitalter, und um sie zum Nachschlagen gebrauchen zu können, wurden sie alphabetisch eingerichtet, mit Beifügung von Etymologien und Wortbedeutungen, Accentverschiedenheiten und dgl. weshalb auch die *Epimerismen* häufig im *Etym. M.* angeführt werden: ein Gebrauch, der aus der Bestimmung dieser Schriften ganz einfach folgte. Die *Epimerismen*, welche Herodian's Namen führen, sind aus später Zeit, und gründen sich auf die verderbte Aussprache des Griechischen: und eben nachdem die alte Aussprache sich zu verlieren angefangen hatte, wurden die *Epimerismen* sehr nothwendig, damit man orthographisch schrieb: sie bildeten einen

---
1) Vorrede S. IX.

Theil der Schedographie¹). Indessen ist ihr Ursprung älter: obgleich das Buch, welches Herodian's Namen trägt, nicht von ihm ist, was schon Eustathius und der Verfasser des *Etym. M.* wusste, so hatte doch Herodian Ἐπιμερισμούς oder eine μεριχὴν προςῳδίαν geschrieben, und zwar schon alphabetisch, weil sein Zweck allgemein grammatisch war; aber man schrieb sie auch bloss in Bezug auf einzelne Schriftsteller oder Theile ihrer Werke, selbst noch in den spätern Zeiten, und diese möchten älter als die allgemeinen sein. Freilich die *Epimerismen* zum Psalter, welche *Etym. M.* S. 29. 1. anführt, sind jung: Georg Choeroboskos hatte solche *Epimerismen* über den Psalter geschrieben, welche sich nebst ähnlichen Sachen handschriftlich zu Paris befinden²); aber schon Didymos hatte einen *Epimerismos* über das erste Buch der Iliade verfasst (*Schol. Odyss.* δ, 797.)³), in einer Zeit, wo man schwerlich so schale Bemerkungen brauchte, wie sie der falsche Herodian enthält. Wohl aber konnte man, wenn zumal Aeltere dies angefangen hatten, auch nach der Festsetzung des Homerischen Textes Untersuchungen über die Vocale anstellen, mit welchen die Worte bei Homer geschrieben werden müssten, zumal über das erste Buch, aus welchem sich für das Ganze alsdann schon das Nöthigste ergab; eingedenk der ursprünglichen Beschaffenheit der Homerischen Handschriften, welche gewiss in der alten Schrift geschrieben waren³). Und so scheint mir überhaupt diese Art Schriftstellerei zuerst von Bemerkungen über einzelne Schriftsteller ausgegangen zu sein und mit dem steigenden Bedürfniss eine weitere Ausdeh-

---

1) Boissonade ebendas. S. XI. Vergl. über die Schedographie die von Wilken angeführten Stellen *Rerum ab Alex. I. gestar.* p. 488.

2) Boissonade ebendas.

*) [Die Epimerismen zu Homer herausgegeben von Cramer *Anecd. Oxon.* T. I. sind etwas verschiedener Art. Sauppe in Zimmermanns Ztschr. 1835 S. 865 will zuerst gezeigt haben, was Epimerismen ursprünglich gewesen. Das Wort scheint von μερισμός, der Eintheilung der Wörter in die partes orationis, oder auch von der Abtheilung der Rede in Wörter u. s. w. herzukommen nach Lehrs im Rh. Mus. N. F. 2. Jahrg, 1843, S. 119 ff.].

3) Hierauf hat schon Heyne aufmerksam gemacht in der Abhandlung *de antiqua Homeri lectione. Commentatt. Gott.* Bd. XIII. S. 175. 177. (1795—1798.), und früher *Chishull Anti. Asiat.* S. 4.

nung erhalten zu haben. Auch möchte der Name Ἐπιμερισμός ursprünglich schwerlich auf die alphabetische Vertheilung und lexikographische Anordnung nach den Sylben sich bezogen haben, sondern nur auf die Zutheilung und gleichsam Austheilung der Vocale, welche φωνήεντες ἀντίστοιχοι heissen, unter die verschiedenen Wörter, so dass der *Epimerismos* in Bezug auf die Rechtschreibung gerade das war, was in Bezug auf den Begriff der Worte eine Bestimmung der verschiedenen Bedeutung sogenannter Synonymen ist. Die ältesten *Epimerismen* möchten sich daher vorzüglich darauf bezogen haben, ob ein Wort mit O, Ω oder OY; OY oder Y*); E, H oder EI zu schreiben sei, worüber zum Theil in den ältesten Schriftstellern die Handschriften im Zweifel liessen; daran konnten sich aber auch viele andere Fragen knüpfen, z. B. ob ein Wort mit E oder AI zu schreiben, worin schon in den frühesten Zeiten bisweilen geschwankt wird, wie in Ἐπιήνες, Αἰνιᾶνες: oder mit EI oder I, wie in τειρή und τιμή, νείσσομαι νίσσομαι u. dgl.

19. Bei der Uebertragung aus der alten Schrift in die neue, einem Verfahren, welches mit der von den Masorethen bewirkten Punctation im Hebräischen eine Aehnlichkeit hat, konnte nur ausdrückliche schriftliche oder mündliche Ueberlieferung, auf die lebende Sprache gegründete Analogie, und wo der *Epimerismos*, um mich gleich dieses Kunstausdruckes, wie ich seine Bedeutung in Bezug auf die ältesten Schriftsteller bestimmt habe, ohne Scheu zu bedienen, nicht bloss die Rechtschreibung sondern eine den Sinn verschieden machende Leseart betraf, eine verständige Kritik, endlich in vielen Stellen das Versmaass leiten. Ich will gleich einzelne Beispiele geben, und zuerst eines, wobei freilich zugleich die verbessernde Kritik in Thätigkeit war. *Nem. IV*, 59. wo jetzt τᾷ δαιδάλῳ δὲ μαχαίρᾳ steht, las man ehemals Δαιδάλου; in den alten Handschriften stand gewiss nur ΔΑΙΔΑΛΟ, indem das *Iota* zufällig weggefallen war; dies wurde dann fälschlich in Δαιδάλου übertragen, bis Didymos merkend, dass *Dädalos* hier nicht an seiner Stelle sei, den *Epimerismus* dieser Stelle richtig bestimmte [Schol. v. 95.]: Γράφειν δεῖ διὰ τοῦ ὦ μεγάλου.

---

*) [Vergl. jedoch S. 202 Anm. *). — E.]

Der Accusativ des Plural auf ος ist *Nem. III*, 28. und *Olymp. II*, 78. in ἐσλός und νᾶσος sicher; das Versmaass erfordert dort die Kürze, und der freiere Rhythmus, in welchem jene Gedichte geschrieben sind, gestattete die Anwendung dieser Formen. Aber auch wo das Versmaass die Länge zulässt, findet man die verkürzte Form untermischt mit der langen, welches seinen Grund in der alten Schreibart zu haben scheint, bei welcher der *Epimerismos* nicht vollständig und folgerecht bestimmt worden war: so ist *Nem. III*, 23. ὑπερόχος stehen geblieben, wiewohl andere Mss. ως und ους geben; Vs. 45. aber ist κάπρους τε gesetzt, welches mit jenem nicht übereinstimmt. *Nem. X*, 62. ist ἥμενος offenbar die ursprüngliche Leseart, weshalb Aristarch und ihm folgend sein Schüler Apollodor ἥμενον schrieb; Didymos wollte ἡμένος oder ἡμένως; es kam nur auf die Bestimmung des *Epimerismos* an, so konnte man auch, was ich aus gewissen Gründen gethan habe, ἡμένους schreiben. Dies hatte der Aeltere, welcher die alte Schrift in die neue umsetzte, hier nicht gethan; Aristarch aber fand den Text schon umgeschrieben vor; denn er würde gewiss nicht HEMENOΣ in ἥμενον, sondern in ἡμένους verwandelt haben. In dieser Umschreibung aber ist der Accusativ des Plural, die oben angeführten Beispiele und *Olymp. I*, 53. ausgenommen, beständig auf ους bestimmt; wenn auch vereinzelt einmal in einer Handschrift ein Accusativ auf ως vorkommt, so erhellet dagegen, dass schon Aristarch das ους anerkannte, nach *Schol. Nem. I*, 24. (34.). Hier tritt nun aber eben die Frage ein, wie man bestimmen konnte, ob dieser Accusativ bei Pindar ως oder ους gelautet habe: weshalb ich hier gerade von diesem Gegenstande rede. Offenbar ist die für ους ausgefallene Entscheidung entweder durch mündliche Ueberlieferung möglich gewesen, indem man die Pindarischen Lieder sang und mit der Melodie auch die Vocale einlernte; oder es wurde die Entscheidung durch einen aus der Analogie gezogenen Schluss bewirkt, welchen man zunächst auf den Simonides bauen konnte. Denn wenn es auch nicht sicher ist, ja sogar nicht wahrscheinlich, dass Simonides OY schrieb, so schrieb er doch Ω: stand also bei ihm ΛΟΓΟΣ, so war klar, dass dies nicht λόγως, sondern λόγους heisse, wenn nämlich die letzte Sylbe lang war;

und ebendasselbe gilt von dem Genitiv λόγου, welcher im Pindar herrscht, nicht λόγω: von Simonides aber war man auf Pindar zu schliessen völlig berechtigt, da beide zu Einem dichterischen Character gehören und mit einigen Andern zusammen gleichsam Eine Schule bilden.

20. Verfolgt man die hier aufgestellte Ansicht, so wird Manches in der jetzigen Beschaffenheit des Textes klarer als vorher, Anderes dunkler; aber offenbar ist man erst hier auf den Punct gekommen, wo die Kritik den Text bei seiner ursprünglichen Form ergreift. Die wenigen Stellen, wo die älteste auf uns gekommene Recension statt ους ohne Noth ος giebt, werden nun sehr verdächtig als entstanden aus einer unrichtigen Uebertragung der alten Schrift in die neue; aber zur Sicherheit kann man dennoch nicht gelangen, weil der Dichter in einzelnen Gedichten das ος vielleicht auch ohne metrische Nothwendigkeit zuliess. So ist *Olymp. I*, 53. κακηγόρος von der alten Recension überliefert; und wie ich *Metr. Pind.* S. 65. vermuthet habe, konnte dies zur Bezeichnung des Vers-Endes vom Dichter selbst benutzt sein; wobei denn freilich angenommen werden müsste, die Form auf ος sei musicalisch-grammatisch gerade hier überliefert gewesen: aber das ος kann man auch nur der Unvollständigkeit der Uebertragung verdanken. Wie dem auch sei: diese Leseart ist die einzig alte, und darf bei dem Schwanken des Urtheils nicht verdrängt werden. In Bezug auf den Genitiv auf ου oder ω ist es mir immer aufgefallen, dass ungeachtet die erstere Form durch eine überwiegende Mehrheit der Stellen und die Analogie des Accusativs auf ους als die einzig richtige gerechtfertigt ist, dennoch etliche Male das ω mit Gewalt in ου verwandelt werden muss; die Lösung liegt in der jetzt aufgedeckten Verschiedenheit der ursprünglichen Schrift von der spätern; denn dass die jüngern Abschreiber bloss durch Fehler ω statt ου in den Text gebracht hätten, dies anzunehmen, verbieten viele Gründe; vielmehr rühren jene Genitive auf ω aus einer Unachtsamkeit bei der ersten Uebertragung her. So steht *Pyth. I*, 39. in den Mss. theils Παρνασῷ,, theils Παρνασσῷ, wofür man Παρνασῶ als Genitiv wollte: und wirklich ist der Genitiv nothwendig; ich zweifle nicht, dass wirklich hier ursprünglich in den Alexandrinischen

Texten *Παρνασώ* als Genitiv stand, welcher durch einen Irrthum aus ΠΑΡΝΑΣΟ übertragen war. Noch deutlicher ist dies *Nem. III.* 10. wo aus OPANO falsch *ούρανώ* übertragen war; die Grammatiker hielten es dann für den Dativ, da es doch nothwendig Genitiv sein muss, und für letztern nahm es der ältere Scholiast, indem er es für Aeolisch erklärt. Wie zweifelhaft nun alle verschiedenen Lesearten werden, wo es sich um O, OY, Ω handelt, und wie selbst derjenige, welcher das diplomatische Verfahren ehrt, freieren Spielraum erhalte, ist klar genug; ob man *Pyth. X*, 1. *Λακεδαίμον* oder *Λακεδαίμων*, *Pyth. XI*, 38. *άμευσιπόρων* oder *άμευσίπορον*, *τριόδων* oder *τρίοδον* schreibe, ist diplomatisch fast gleichgültig; will man *άμευσιπόρους*, *τριόδους* schreiben, wie der Greifswalder Herausgeber thut, und schon früher vorgeschlagen worden, so empfiehlt sich dies allerdings durch die von demselben geschickt angeführten Stellen, wo *δινείσθαι κατά τι* vorkommt (*Odyss. ι*, 153. *Iliad. ρ*, 680.): man entfernt sich aber in demselben Grade von der diplomatischen Wahrscheinlichkeit, und der Genitiv scheint nicht unerträglich zu sein. Wo gerade etwas Auffallendes, wie *Olymp. I*, 53. *κακαγόρος*, übrig geblieben ist, wird man freilich geneigter sein, eben dies wieder höher zu schätzen. *Nem. II*, 25. *VII.* 41. *Isthm. III*, 54. *VII*, 52. finden wir die Leseart *Τρωΐα* (statt *Τροία*), 911 und ebenso *Τρωΐαθεν*, *Τρφανδε*, obgleich in beiden erstern Formen das ω sogar kurz ist; und diese Lesearten sind alt. Denn Eustathius zu *Iliad. β*. S.65 Rom. Mitte, oder vielmehr die Alten, welche er ausschrieb, sagen, es sei schwer zu vertheidigen, dass man *Τροίη*, die Stadt, mit *Omikron* schreibe, und die Verlegenheit werde noch dadurch vermehrt, dass Pindar *Τρωίαν* in den Isthmien *Τρωίαν* nenne.*) Pindar schrieb TPOIAN, und was das war, ob *Τρφαν*, *Τρωΐαν* oder *Τροίαν*, lässt sich diplomatisch nicht entscheiden; der aber die Uebertragung machte, scheint wirklich das ΩΙ vorgezogen zu haben[1]), und wir werden sicherer

---

*) [Eustath, *Opusc.* p. 57 findet sich dasselbe wieder in Bezug auf Pindar als sein Gebrauch angegeben, jedoch etwas anders ausgedrückt: *Ἰστέηθις δὲ καὶ τὸ τὴν Τροίαν Τρωΐαν Πινδαρικῶς λέγεσθαι κατ' ἔκτασιν τῆς ἀρχούσης, καὶ τὸ ἐκεῖθεν ἐπίρρημα Τρωΐαθεν.* Auch für Hom. gilt das ω. S. Ahrens Philol. VI im Anfang.]

1) Man vgl. hierzu Lachmann *de choric. Syst. trag. Gr.* B. 165.

gehen, wenn wir diesem folgen, und darnach die wenigen Stellen (*Olymp. II,* 89. *Nem. II,* 14. *III,* 57. *Isthm. I',* 27.) verändern. Dieselbe Unsicherheit entsteht zwischen H und E, so dass uns selbst gegen die ältesten Quellen der Leseart das Urtheil offen bleibt: welches unter andern *Pyth. IV,* 4. bei αίετῶν und αίητῶν gilt, und *Olymp. XIII,* 6. bei ἀσφαλής und ἀσφαλίς: wer hier ἀσφαλής, was die meisten Mss. haben, in ἀσφαλίς verwandelt, weil er es aus andern Gründen besser findet, dem kann von diplomatischer Seite nichts eingewandt werden. Geringere Freiheit scheint zwischen E und EI gestattet, da es oben (17.) wahrscheinlich erschienen ist, dass Pindar wenigstens theilweise EI geschrieben habe; aber aller Zweifel ist nicht ausgeschlossen. Nur zwei Stellen sind noch im Pindar, wo statt der herrschenden Form des Infinitivs auf ειν die seltenere auf εν vorkommt[1]), die eine sogar gleich im Anfange der Olympien, wo gar nicht daran gedacht werden kann, dass man sie den jüngern Abschreibern verdanke; denn so wie diese überhaupt bei Werken solcher Art genauer waren, als die meisten glauben, so besonders im ersten Anfange: wohl aber kann man zweifeln, ob Pindar die Form hier aus demselben Grunde, wovon ich bei ταχαγόρος gesprochen habe, absichtlich gesetzt, oder zwar ΓΑΡΥΕΝ geschrieben, aber γαρύειν gelesen habe. Auch in der Sigeischen Inschrift finden wir ΜΕΛΕΔΑΙΝΕΝ, ohne Zweifel statt μελεδαίνειν, und Aehnliches häufig in den Attischen Inschriften; und dies könnte zu der Voraussetzung berechtigen, dass aus irgend einem Grunde gerade in den Infinitiven für das gesprochene ει häufig noch E geschrieben wurde. Glaubt man dies, so wird man mit mir sehr geneigt sein, *Pyth. IV,* 55. 56. nach Thiersch χρόνῳ ὑστέρῳ, [jedoch] mit einem [vorhergehenden] Komma, und dann ἀγαγεῖν zu lesen, und das ohnehin metrisch anstössige δ' auszutilgen: [so dass ὑστέρῳ χρόνῳ aus dem Gesichtspunkt der Medea gesprochen ist oder so erklärt wird, wie ich es in den erklärenden Anmerkungen gethan habe]: denn war einmal ΑΓΑΓΕΝ falsch in ἄγαγεν übertragen, so konnte das δέ leicht hinzugesetzt werden: und nur dies Eine könnte noch zu-

---

[1]) *Metr. Pind.* S. 293.

rückhalten, dass die alten Scholien δέ für δή erklären, und also ἀγαγίν als Infinitiv nehmen: so dass man annehmen müsste, ἄγαγεν wäre zwar ursprünglich falsch aus ΑΓΑΓΕΝ übertragen und deshalb δέ zugesetzt worden, die Spätern hätten aber dies nicht mehr gewusst, und während sie richtig einsahen, dass der Infinitiv stehen müsse, diesen durch Accentveränderung hereingebracht und das falsche δέ durch Erklärung zu retten gesucht: eine Vorstellung, die allerdings die richtige scheint.

21. Offenbar hatte der Text nach dem Bisherigen durch die Umschreibung erst die Gestalt erhalten, in welcher wir ihn jetzt im Ganzen genommen haben; blieben einzelne Reste der alten Schreibart in κακαγόρος, γαρύεν und ähnlichen Formen übrig, von welchen sich nicht entscheiden lässt, ob sie nicht noch andere Gründe hatten, so ist es auf jeden Fall gerathen, mit Verzichtung auf völlige Gleichförmigkeit jene Formen als ehrwürdigen Rost des Alterthums beizubehalten, inwiefern sie nicht, wie *Nem. X*, 62. von einer falschen Ansicht des Sinnes herrühren, oder wie *Nem. I*, 24. das Versmaass einen andern Epimerismos fordert. Das letztere Beispiel ist jedoch einzig in seiner Art; und wenn die Uebertragung überhaupt viele Kenntnisse erforderte, so scheint gerade das Metrische nicht die schwächste Seite der Uebertragenden gewesen zu sein; wenn nicht etwa in Stellen, wo wir den feinen Sinn in der Anordnung des Textes bewundern, äussere Zeichen leiteten. Bekanntlich theilten die Alten die Worte in der Regel nicht ab: wie konnte man nun in Fällen, wo eine verschiedene Abtheilung möglich war, das finden, was der Dichter gemeint hatte? Bei einer solchen Stelle wie ποτεβρεχε, welches ποτὲ βρέχε und ποτ' ἔβρεχε sein kann, woher war da die Entscheidung zu nehmen? Wollte man sagen, man sei einer allgemeinen Ueberlieferung gefolgt, so passt dies nicht auf die Beispiele, welche gerade die merkwürdigen sind. Denn freilich konnte eine allgemeine Ueberlieferung lehren, das Augment werde beibehalten und das vorhergehende Wort apostrophirt, wo es anginge: aber an etlichen Stellen wie *Olymp. VII*, 34. ποτὲ βρέχε und *Olymp. XI*, 59. ἀρχε, βρέχετο hat man gerade das Gegentheil gesetzt, und augenscheinlich richtig. In beiden Stellen herrscht nämlich eine metrische Diäresis, welche

ποτὲ βρέχε (s. noll. crill.) und ἄρχε, βρέχετο vorzuziehen zwingt; obgleich sie vernachlässigt werden kann und auch in einzelnen Strophen vernachlässigt erscheint. So sicher diese Theilung ist, so zweifelhaft muss es bleiben, wie sie bestimmt worden. Da in Handschriften und auf Steinen die apostrophirten Buchstaben häufig zugesetzt gefunden werden, kann man annehmen, dass wenn das Augment weggeworfen wurde, geschrieben war ποτεβρεχε, wenn beibehalten, ποτεεβρεχε[1]: wahrscheinlicher ist es, dass schon der Dichter durch Interpunction zu Hülfe kam, ΠΟΤΕ: ΒΡΕΧΕ und ΑΡΧΕ: ΒΡΕΧΕΤΟ; wer Inschriften aus der ältesten Zeit gelesen hat, wird an einer solchen Interpunction nicht zweifeln, da man selbst zwischen genau zusammenhangenden Worten, wo es nöthig schien, interpungirte. Aber man kann auch glauben, dass die Ordner des Textes aus metrischer Kenntniss mit Berücksichtigung der Abschnitte verfuhren. Dagegen gab die ununterbrochene Schrift auch Anlass zu Irrungen, wovon *Olymp. VII.* 61. ἄρπαλον statt ἂρ πάλον ein Beispiel giebt, über welches ich nach meinen Anmerkungen nichts zuzusetzen finde.

22. Nachdem wir die Art der Schrift in den ältesten Exemplaren betrachtet haben, müssen wir noch die Frage beantworten, wie treu dieselben geschrieben sein mochten. Wie die Inschriften, so waren gewiss auch die Bücher sorgfältig und genau geschrieben; aber Fehler mussten sich dennoch früh einschleichen, und es giebt einige schlagende Beispiele, dass schon vor den Alexandrinern sich manche, zum Theil sehr auffallende Verderbungen eingeschlichen hatten. Dass nach *Olymp. II.* 48. *vulg.* ein ganzes Kolon: φιλέοντι δὲ Μοῖσαι in den Text gekommen war, welches zuerst Aristophanes ausmerzte, ist vorzüglich merkwürdig, und es könnte Einer sogar sagen, es seien solcher einzelnen Verse mehr dagewesen und verloren gegangen, weil sie ausser den Strophen gestanden hätten und von einem besondern zwischen das Uebrige einfallenden Chor gesungen worden; aber ich halte dies Kolon für einen reinen Fehler. *Olymp. II.* 7. *vulg.* scheint man vor Zenodotos ἀκροθίνια gelesen zu haben, wenn

---

[1] In der Vorrede zu Pindar Bd. I, S. XXXVI. ist eine hiervon abweichende Annahme, die ich nicht mehr billige.

dem Breslauer Scholiasten zu trauen ist, nach welchem Zenodotos zuerst das ι gesetzt hatte: wenn es auch den Anschein haben könnte, diese Anmerkung beziehe sich darauf, dass Zenodotos statt der wahren Leseart ἀκρόθινα unrichtig ἀκροθίνια geschrieben habe, so wird dies doch dadurch unglaublich, dass auch *Olymp. XI,* 69. *vulg.* in demselben Scholiasten ἀκροθόνια vorkommt: so möchte also Zenodotos erst durch die Etymologie unterstützt (vgl. Vorrede z. Schol. B. II, S. X.) das Wahre gesetzt haben. *Olymp. XI,* 55. *vulg.* las man Ἅλιν: richtig ist aber Ἅλισιν, welches etst die Alexandriner in den Text setzten, Aristodemos Aristarch's Schüler, Leptines, Dionysios der Phaselite; mit Recht erkannte man dies an, wie Pausanias, der dieser Leseart folgt. *Pyth. IV,* 195. *vulg.* war ἀμετέραν und ἀρχεδίκαν überliefert; das wahre ἀμετέρων und ἀρχεδικᾶν ist eine Aenderung des Chäris. Obgleich nun frühzeitig Fehler in den Text kamen, ist dennoch nichts wichtiger zu wissen, als was die Alexandriner oder die noch Frühern gelesen haben, indem man, wenn dies ausgemacht ist, die ganze nachfolgende Zeit überspringen und die Leseart bis zur höchsten Quelle, soweit wir nämlich dringen können, verfolgt hat; und offenbar darf man einer Leseart, welche der Alexandrinischen widerstreitet, kein diplomatisches Gewicht beilegen, so lange nicht klar wird, dass die für Alexandrinisch gehaltene etwa bloss durch Verbesserung eines Grammatikers entstanden sei, zumal wenn die widerstreitende Leseart aus einer später gemachten willkührlich interpolirten Recension herstammt. Um aber die ältesten Lesearten kennen zu lernen, dazu dienen vorzüglich auch die Anführungen der Alten, welche, wo nicht auf die Urexemplare, doch auf die Alexandrinischen Recensionen gegründet sind.

23. Ausser Chamäleon von Herakla, einem Zeitgenossen des Theophrast und Pontischen Herakliden, beschäftigte die Sammlung, Anordnung, metrische Abtheilung, Verbesserung und Erklärung des Textes, soviel aus den bisherigen Quellen bekannt ist[1]), den Ephesier Zenodotos, Kallimachos, Aristophanes von Byzanz, den Stoiker Chrysipp, die Aristo-

---

1) Vorrede z. Schol. Bd. II, S. IX f.

phaneer **Kallistratos** und **Diodoros**, den **Leptines**, **Aristarch**, **Krates**, **Artemon** den Pergamener, **Apollonios** den Eidographen, die Aristarcheer **Ammonios** von Alexandrien und **Aristodemos**, den **Asklepiades**, **Aristonikos**, **Cháris**, **Dionysios** von **Phaselis**, **Dionysios** von **Sidon**, endlich den **Didymos**, dessen Commentare die Reihe der Alten abgeschlossen und den Hauptgrund zu den alten Scholien gelegt zu haben scheinen. Regelmässige Recensionen machten nur Wenige; die erste ist offenbar die **Aristophanische**; da **Aristophanes** die Werke ordnete, die Strophen in Glieder theilte, und auch sein Obelos angeführt wird, kann man sicher sein, dass er eine Recension machte. **Aristarch** wird nächst **Didymos** in den Scholien am häufigsten angeführt; und da auch andere Spuren[1]) auf zwei Alexandrinische Recensionen hinweisen, wird man am sichersten auf **Aristarch** rathen, dessen Text **Didymos** als sein Schüler zum Grunde gelegt haben möchte. Was der **Eleatische Palamedes** und Andere nach **Didymos** geleistet haben mögen, lässt sich nicht bestimmen, und ich übergehe dies und manches Andere, was ich bereits in meiner Vorrede zu den Scholien ausgeführt habe; nur bemerke ich, dass es nicht wahrscheinlich ist, es sei nach **Aristarch** bis auf die Byzantinischen Grammatiker irgend eine neue Recension des Pindarischen Textes gemacht worden: und auch die beiden alten Recensionen scheinen, die Folge der Haupttheile der Pindarischen Werke abgerechnet, nicht so verschieden gewesen zu sein, dass wir nicht berechtigt wären, im Allgemeinen alles was vor den Byzantinern geleistet worden, als ein Ganzes anzusehen und diesem die Byzantinische Kritik gegenüber zu stellen, welche dem Text eine ganz andere Gestalt gegeben hat, offenbar aber auf die Siegeslieder beschränkt war. Denn die andern Werke scheinen früh verloren gegangen zu sein. Die genauere Beobachtung des eben aufgestellten Grundsatzes ist die Hauptsache in der Kritik der Lesearten, und der grösste Theil des Folgenden wird sich daher mit der Darstellung der Beschaffenheit der neuern, Byzantinischen Kritik beschäftigen, um auszuscheiden, was diese unüberlegt dem Dichter aufgedrängt

---

1) R. *Prooem. Fragm.*

hat¹). Indem sie sich bemühte, die Anstösse zu entfernen, welche sich ihr darboten, und welche zum Theil auf den mittlerweile entstandenen Fehlern der Handschriften beruhten.

24. Den Reigen der neuern Grammatiker, welche sich mit Pindar beschäftigten, führt Thomas Magister, welchem Manuel Moschopulos der Aeltere von Kreta folgte: an ihn schliesst sich Demetrios Triklinios an: dass diese die Verfasser der neuern Scholien sind, ist glaubhaft überliefert²); dass Thomas zugleich die alten überarbeitet habe, scheint mir eine nicht gewagte Vermuthung³). Doch sind wir über die Arbeit des Thomas am wenigsten unterrichtet; von Moschopulos und Triklinios wissen wir gewiss, dass sie sich mit der Festsetzung der Lesearten nach den Regeln der Syntax und metrischen Gründen beschäftigten und um beider willen vieles änderten, wessen sich Triklinios selbst rühmt, während er dem Moschopulos dasselbe Lob giebt⁴). So entsteht die Aufgabe, zu finden, welche Leseart in jeder Stelle von den Neuern herrühre und welche vor ihnen dagewesen sei: hat man dies erst gefunden, so wird in der Regel das Urtheil nicht schwer sein, ob die Leseart der Neuern gemacht oder ob sie von ihnen aus alten Handschriften genommen ist, welche nicht überall mit dem gewöhnlichen Texte übereinstimmten. Glücklicher Weise bietet uns die Ueberlieferung nicht geringe Hülfsmittel zur Unterscheidung des Alten und Neuen. Das Alte bezeichnen die zahlreichen Anführungen der Schriftsteller und die alten Scholien; das Neue bei den Olympien die neuern Scholien; wozu ich auch die kleineren von mir herausgegebenen Bemerkungen über die Lesearten rechne. Es kommt nur noch darauf an, zu wissen, welche Handschriften nach den alten, welche nach den neuen Recensionen geschrieben sind. Diejenigen Handschriften nun, welche älter

---

1) Die ersten Linien des Folgenden findet man schon in der Vorrede zum Text, B. I, S. IX ff.
2) *Schol.* S. 3.
3) Vorrede zu den Scholien Bd. II, S. XXVII, wo mehr von diesen Grammatikern.
4) *Schol. Olymp. VIII*, l. extr. Vgl. Vorrede Bd. I, S. XII, Bd. II, S. XXXV.

sind als das vierzehnte Jahrhundert, können nur den alten Text
320 enthalten, welches Urtheil sich von selbst auf die jüngern, welche
mit jenen übereinstimmen, überträgt; den neu gemodelten Text
enthalten diejenigen, in welchen wir die, noch dazu mit besondern Bemerkungen ausgestatteten Lesearten finden, welche den
neuern Scholien zum Grunde liegen. Ueberdies lässt sich der
neuere Text noch in zwei Recensionen sondern; denn in den
Handschriften, welche in diese Klasse gerechnet werden müssen,
findet sich wieder diese Verschiedenheit, dass ein Theil mehr,
ein anderer weniger Neuerungen, und auch mehr oder weniger
Scholien enthält; wir sind berechtigt anzunehmen, dass die erstere
der jüngern Recensionen von Moschopulos, die zweite von
Triklinios abgeschlossen war: Thomas scheint wenig geneuert
zu haben, und was er etwa änderte, lässt sich schwerlich von
dem Moschopuleischen unterscheiden. Anzunehmen, die erstere
der jüngern Recensionen sei von Thomas, die andere enthalte
das Moschopuleische und Triklinische zusammen, verbieten manche
Umstände, unter welchen ich nur diesen anführen will, dass sich
ein Kennzeichen für die aus der Triklinischen Recension geflos-
senen Handschriften findet, diejenigen aber, welche nicht zu
dieser gehören, dennoch so viele Aenderungen enthalten, dass
man die letztern nicht bloss dem Thomas zuschreiben kann:
denn dieser wird gar nicht als Neuerer aufgeführt, wogegen wir
gerade von Moschopulos wissen, dass er viele willkührliche
Aenderungen machte. Dies alles lässt sich bei den Olympien zur
völligen Klarheit bringen, weil wir bei ihnen mehr Hülfsmittel
haben; hat man sich aber an ihnen geübt, so ist es leicht, diese
Art Kritik auch auf die übrigen Theile anzuwenden. Ich beschränke mich zuerst auf die Olympien. Die Handschrift *Par. A.*
wird ins dreizehnte Jahrhundert gesetzt, die Göttinger in dasselbe oder ins vierzehnte; diese enthalten sicher die alte Recension, so wie die alten Scholien, obgleich die Göttinger auch
Randbemerkungen aus den neuern Scholien darbietet; mit diesen
Mss. stimmen in den Olympien *Ald. Pal. C. Mosc. A. Aug. B.
Vatic. Ciz.* und andere überein, und mit der ganzen Klasse alle
Quellen der alten Leseart, namentlich die alten Scholien. Die
völlig interpolirte Recension giebt *Mosc. B.* mit den dazu gehö-

rigen Scholien und Bemerkungen; und damit stimmt besonders die Römische Ausgabe in den Olympien. Die mittlere Moschopuleische Recension enthalten im Durchschnitte *Pal. A. D. Lips. Guelph. Cygn. Aug. A. Bodl. α. β. γ. Leid. A. B.* und andere; das Hauptkennzeichen, wodurch sich diese Handschriften von der Triklinischen Recension unterscheiden, habe ich *not. crit. Olymp. II*, 29. angegeben, doch giebt es auch andere, von welchen ausgehend ich auch den *Cygn.* hierher ziehe, obgleich auf ihn jenes Kennzeichen nicht anwendbar ist. Indessen ist nicht zu läugnen, dass in den Handschriften dieser Klassen noch Verschiedenheiten vorkommen; Lesearten der einen Klasse konnten leicht einzeln in Handschriften einer andern Klasse übertragen werden, zumal da viele Bücher nicht aus einer, sondern aus mehrern abgeschrieben wurden. Daher ist es unmöglich, dass nicht Ausnahmen vorkommen, deren Gründe theils gefunden werden können, theils nicht; wo sie gefunden werden können, würde es oft zu weitläufig sein sie klar zu machen, und der Kritiker muss sich auf den Verstand des Lesers verlassen, dass er die gehörigen Ausnahmen von selbst begreife. Nur grössere Abweichungen müssen bezeichnet werden; wohin dies gehört, dass in mehrern Handschriften die Olympien und die einzelnen übrigen Abtheilungen des Werkes aus Büchern ganz anderer Recension abgeschrieben sind. Dies gilt sogar von einzelnen Gedichten. Die Göttinger Handschrift enthält den alten Text, auf Baumwollenpapier; aber das erste Olympische Gedicht ist später auf Lumpenpapier aus einer andern Handschrift vorgesetzt worden, und zwar aus einer interpolirten Recension. Von den übrigen Theilen der Siegeslieder will ich nur bemerken, dass in den Pythien *Bodl. C.* und *Par. D.* interpolirte Recensionen enthalten; die bedeutendsten Veränderungen aber liefern die Neapolitanischen Handschriften in den Pythien, Nemeen und Isthmien, so wie sie auch in den Olympien interpolirt sind. Der Urheber dieser elenden Recension ist so unbekannt als die übrige Beschaffenheit der Handschriften; die Thatsache ist nicht zu bezweifeln, und schon anderwärts von mir nachgewiesen[1]; von keiner der auffallend abweichenden Lese-

[1] Anhang zu Bd. II. Th. II. meiner Ausgabe. [p. 689 ff.]

arten findet sich eine Spur in den alten Scholien; die Gründe der Interpolation sind fast überall leicht zu erkennen; die Lesearten nach gewissen Grundsätzen gemacht, deren Anwendung öfter wiederkehrt; und wo wir alte Zeugnisse über die Leseart haben, wie *Nem. III*, 10. von Aristarch, dem ältern Ammonios und dem Scholiasten des Euripides, und *Isthm. I*, 25. von Tryphon und dem jüngern Ammonios, widersprechen diese jenen Lesearten durchaus. Uebrigens führt die Unterscheidung der Recensionen nicht weiter als zur Beurtheilung des diplomatischen Gewichtes der Leseart, indem sie den Werth einer solchen, wenn sie aus der spätern Recension herstammt, aufhebt. Aber es ist möglich, dass sie dennoch gut sei, als eine das Wahre treffende Muthmaassung; ja es kann auch nicht ohne Schein gesagt werden, und ist auch einzeln wirklich richtig, dass eine von dem Texte alter Recension, wie er auf uns gekommen, abweichende Leseart aus einer andern ältern Handschrift stammt: da jedoch letzteres nicht diplomatisch unterschieden werden kann, so bleibt in beiden Fällen zur Beurtheilung nichts übrig als andere von den diplomatischen verschiedene Gründe. Aber diese anzuwenden kommt man selten in den Fall, sobald man erst das Verhältniss der alten und neuen Recensionen gehörig festgestellt hat. Bei dem Gegeneinanderhalten der Lesearten bemerkt man nämlich leicht, dass die Byzantinischen Kritiker von gewissen Grundsätzen der Metrik, Prosodie, Syntax und anderer Theile der Grammatik ausgegangen sind, und darnach ihre Lesearten gestempelt haben; jene Grundsätze entdecken sich theils durch Vergleichung der Lesearten selbst, theils werden sie durch die kritischen Bemerkungen in den Scholien und durch den metrischen Scholiasten klar; und es kommt daher nur darauf an zu untersuchen, ob sie richtig oder falsch seien. Hier tritt denn wieder theils die metrische Analyse, theils die Sprachkunde ein; und die Uebereinstimmung beider mit den Lesearten, welche die diplomatische Kritik als die gewichtigern vorzuziehn genöthigt ist, krönet das Werk. Die grosse Anzahl der Beispiele, welche ich zusammenstellen werde, wird die Wahrheit des Gesagten zeigen und das Verfahren anschaulich machen.

25. Billig eröffnen den Zug diejenigen Stellen, bei welchen

uns kritische Scholien aus einer Handschrift späterer Recension von der gemachten Aenderung unterrichten, zumal da sich dabei zugleich Gelegenheit findet, den spätern Grammatikern, wo sie es verdienen, Ehre zu erweisen. Das wichtigste Scholion hierüber ist *Olymp. VIII, 8.* (In meiner Scholiensammlung [bei *Olymp. VIII,* 1. *extr.*), wo die alte Leseart ἄνεται δὲ πρὸς χάριν εὐσεβίας ἀνδρῶν λιταῖς, theils aus andern Gründen, theils weil εὐσεβείας geschrieben war, so verändert wurde: πληρέονται πρὸς χάριν εὐσεβέων δ᾽ ἀνδρῶν λιταί, das letzte Wort nach Asklepiades falscher Muthmaassung; so erscheint die Leseart im *Mosc. B.* und den damit übereinstimmenden Quellen, ausgenommen der Römischen Ausgabe, in welcher eine vom Herausgeber aus den Scholien gezogene Leseart steht; das neuere Scholion, dessen Verfasser ohne Zweifel Triklinios ist, erklärt sich unverholen, wie man schreiben müsse, und dass der Verfasser dieser Anmerkung nebst Moschopulos vieles andere, welches dem Versmaasse nicht angemessen sei, geändert habe; als Grund der Veränderung werden Syntax und Versmaass angegeben. Kürzer sind die andern kritischen Scholien, welche, wie ich (Vorrede der Scholien, Bd. II, S. XXVIII.) vermuthet habe, von Triklinios zu sein scheinen; doch mögen auch etliche den Moschopulos zum Verfasser haben, oder aus ihm gezogen sein, indem sie Triklinios wieder aufnahm: wenigstens wenn das Kreuz (†) nicht trügt[1]), müssen wir dem Moschopulos die Bemerkung zu *Olymp. I,* 80. (128.) zuschreiben: οἱ μναστῆρας γράφοντες οὐκ ἴσασι τὰ περὶ μέτρων· χρὴ τοίνυν ἐρῶντας γράφειν, ἵν᾽ οἰκεῖον ᾖ τὸ κῶλον τῇ στροφῇ. Rein diplomatisch verfahren, müsste hier μναστῆρας vorgezogen werden, welches die Mss. alter Recension nebst *Gregor. Cor.* und *Schol. Lycophr.* haben; allein dabei treten bedeutende Bedenken ein: einmal die rhythmische Analogie, welche den Spondeus statt des Iambus hier verwerfen muss; dann dass die meisten Mss. μνηστῆρας haben, welches wegen des Dialektes als Glossem verdächtig ist. Philostratos *Imagg. I,* 17. wo er unsere Stelle berührt, nennt dort diese Freier freilich auch μνηστῆρας, nach gewöhnlicher Sprache;

---

1) Vgl. Vorrede der Scholien, Bd. II. S. XXXVII.

aber eine andere Stelle *I*, 30. wo er von Oenomaos sagt: κτείνων (τοὺς) τῆς Ἱπποδαμείας ἐρῶντας, kann mit diesem auffallenden Ausdrucke gerade die andere Leseart zu bestätigen scheinen, da er häufig Pindarische Ausdrücke gebraucht. Ebendaselbst Vs. 104. ist die Leseart ἄλλον ἦ, wie es scheint, nicht alt: die Göttinger Handschrift giebt die in meinen kritischen Anmerkungen mitgetheilte, in den Scholien ausgelassene Bemerkung: οἱ γράφοντες ἅμα ἀγνοοῦσι τὰ μέτρα· χρὴ τοίνυν ἄλλον γράφειν. Es ist schwer dieser Bemerkung Glauben zu schenken; da jedoch Hermann's Verbesserung ἀλλὰ καί hart ist (vergl. Hand *de partic. Gr. diss. I.* S. 10.), so weiss ich für jetzt keinen Ausweg. Ich füge noch etliche Beispiele bei, wo der kritische Scholiast gut urtheilt. *Olymp. II*, 78. (129.) ist die Bemerkung ganz richtig: νᾶσος χρὴ γράφειν διὰ τὸ μέτρον; so wie auch Vs. 85. ὑπέρτατον die wahre Leseart scheint, wozu das Scholion gehört: οἱ γράφοντες ὕπατον ἀγνοοῦσι τὰ μέτρα. Zweifelhafter ist die Kritik *II*, 67. (100.), wo ebenfalls ein solches Scholion vorkommt. *XI*, 66. (74.) ist die bessere Leseart ἐν δόξᾳ auch in guten Mss. wie *Par. A.* erhalten, und mit Recht sagt das Scholion: οἱ γράφοντες ἐνδόξαν οὐ καλῶς γράφουσιν. *VIII*, 15. sagt der älteste Scholiast, ὑπερελθόντων, welches die wahre Leseart ist, stände für ὑπερελθοῦσιν: dies letztere ist in die Mss. der mittlern Klasse gekommen, sei es als Glossem oder aus Interpolation; aber mit Recht ist in der jüngsten Recension wieder die Leseart der ältesten aufgenommen, mit der Bemerkung: ὑπερελθόντων χρὴ γράφειν, οὐχ ὑπερελθοῦσιν· οὕτω γὰρ ἔχει πρὸς τὸ μέτρον ὀρθῶς; auch erklärt sich ein anderes ausführlicheres Scholion gegen ὑπερελθοῦσιν. Dies ausführlichere Scholion fehlt im *Cygn.*, worin gerade die Triklinischen Scholien nicht enthalten zu sein scheinen[1]). Triklinios scheint es also zu sein, der die alte Leseart wieder herstellte. Dagegen beruht der weit grössere Theil der mit Scholien versehenen Aenderungen offenbar auf Willkühr. *Olymp. II*, 61. (102.) steht in dem alten Text ἐτυμώτατον, daher der alte Schol. ἀληθινώτατον zur Erklärung gebraucht; auch las man ἔτυμον und ἐτήτυμον, welches

---

[1]) Vgl. Vorrede zum Schol. Bd. II. S. XXVII.

letztere richtig ist; und Vs. 62. ist die alte Alexandrinische Leseart ἔχων, welche auch Aristarch anerkannte, da er εἴ τις οἶδεν verband: ἔχει findet sich erst in den neuern Scholien, und ebendasselbe haben die Mss. neuerer Recension, so wie ἀλαθινόν statt ἐτήτυμον. Beides empfiehlt die Bemerkung: Ἀλαθινὸν γράφε, ἵν' οἰκεῖον ᾖ τὸ μέτρον, καὶ μὴ ἔτυμον. καὶ ἔχει, μὴ ἔχων· οὐ γὰρ ἔχει καλῶς τὸ ἔχων πρὸς τὴν σύνταξιν. VI, 18. 19. (31.) ist folgende Bemerkung vorhanden: Νῦν πάρεστι γράφε διὰ τὸ μέτρον, καὶ οὐ δύςερίς τις· εἰ δ' ἄλλως γράφεις, οὐκ ὀρθὸν ἔσται. Das erstere, πάρεστι, ist eine ganz fabelhafte synkopirte Form; die wahre Leseart πάρεσσι, ohne νῦν, ist keinem Zweifel unterworfen, sobald man die metrische Analyse verständig angestellt hat; die andere Leseart ist aus der alten οὔτε δύςερις gemacht, welche freilich dem Versmaass entgegen ist; aber gute Mss. haben das wahre οὔτε δύςηρις erhalten, und was man neulich dagegen gesagt hat, ist nicht werth widerlegt zu werden; übrigens schrieb Pindar ΔΥΣΕΡΙΣ, und man hat hier ein Beispiel, wie Kenntniss des Versmaasses zugleich und der Sprachformen den *Epimerismos* leiten musste. Eine ebenso deutliche Interpolation ist VII, 32. wo die Bemerkung: οὐ χρὴ γράφειν εὐθὺν πρὸς τὸ πλόον· ἀσύντακτον γάρ [τοῦτο]· ἀλλὰ στέλλε ἢ στέλλου· οὕτω γὰρ ἔχει ὀρθῶς. Von derselben Art sind folgende Stellen: IX, 62. (88.) παῖδα γράφε διὰ τὸ μέτρον, οὐχὶ θυγατέρα, καὶ Ὀποῦντος, οὐ μὴν Ὀπόεντος, welche letztere Verschiedenheit jedoch bloss orthographisch ist; und XI, 26. οὕτως ἄμεινον γράφεσθαι· βίῃ Ἡρακλίης· οἱ γὰρ γράφοντες ἕτερον οὐκ ὀρθῶς γράφουσιν: der alte Text, welchen auch die Scholien anerkennen, war: βωμὸν ἐξάριθμον Ἡρακλίης; er erwartet noch seinen Verbesserer. XI, 73. sagt das Scholion: οὕτως ἄμεινον γράφεσθαι ᾐείδετο· ὃς δ' ἄλλως γράφει, οὐ καλῶς γράφει; wo selbst der Dialekt des ᾐείδετο die Interpolation beweiset. Die wahre Leseart ist, wie ich gezeigt habe, ὠλιροδίου: dass der vierte Fuss statt des Kretikus steht, hat kein Bedenken, da Eigennamen eine Veränderung des Versmaasses, welche der Rhythmus gestattet, begründen; was dagegen neulich beigebracht worden, verdient kaum Erwähnung. Denn von den aufgestellten

Muthmaassungen geben zwei, ἀπὸ Μαντινέας Σᾶμος ὁ ἐπιῤῥό-
θου und οὑπιῤῥόθου die unzulässige Nachsetzung des Artikels,
während das folgende Wort mit dem, wozu der Artikel gehört,
nicht in der Verbindung des Genitivs steht; denn παῖς ὁ Λατοῦς
u. dgl. kann gar nicht verglichen werden; und wie kann ein
Kritiker glauben, weil bei *Pausan. VIII, 8.* erzählt wird, die
Mantineer hätten *im Peloponnesischen Kriege* den Eleern und
Athenern geholfen, darum werde Mantinea im Pindar die
hülfreiche heissen in einer Erzählung von der ersten Feier
der Spiele unter Herakles? Nicht zu gedenken, dass derselbe
Mann, der den vierten Päon in einem Eigennamen nicht vertragen kann, zuletzt den ersten Päon statt des Kretikus setzt, und
zwar so, dass das abwehrende Maass in ein Adjectiv fällt. Fernere
mit Scholien bezeichnete Aenderungen der Byzantiner sind *XI*,
75. ὑπὲρ ἅπαντας γράφε, καὶ μὴ ὑπὲρ ἁπάντων· οὕτω
γὰρ ἔχει πρὸς τὴν σύνταξιν ὀρθῶς: wovon das Gegentheil der
erklärende Commentar lehrt: *XIII*, 80. (116.) διὰ τὸ μέτρον
πληροῖ γράφε, οὐ τελεῖ, ungeachtet jenes ganz unpindarisch
ist; *XIII*, 110. μὴ δίδοι γράφε, ἀλλὰ διδούς· οὕτω γὰρ
κάλλιον. Die alten Quellen der Lesearl geben δίδοι, die Dorische Form des Imperativs; und nach dem was ich in den *not.
crit.* gesagt habe, finde ich nichts weiter zu erinnern, als dass
die neulich aufgenommene Veränderung des ἄνα in jener Stelle
in ἄγε das Gepräge der Willkührlichkeit hat, die Voranstellung
des ἄνα dagegen vor Ζεῦ bei einem Lyriker, dessen Wortstellung freier als die epische ist, nicht das mindeste Bedenken haben
kann und keines Beweises durch Parallelen bedarf.

26. Diesen Beispielen füge ich andere bei, in welchen die
neueren Urheber der Recensionen Aenderungen gemacht haben,
weil sie an dem Sprachlichen Anlass zur Aenderung fanden.
Olymp. I, 28. geht aus den Handschriften alter Recension und
den alten Scholien klar hervor, dass man so las: καί πού τι
καὶ βροτῶν φάτις ὑπὲρ τὸν ἀλαθῆ λόγον δεδαιδαλμένοι ψεύ-
δεσι ποικίλοις ἐξαπατῶντι μῦθοι: nur kommt ausser φάτις
noch die Schreibart φάτιν in den alten Scholien vor, welche ich
für einzig richtig halte (s. *not. crit.* und den erklärenden Commentar). Φάτιν erklärte man durch φρένας, nicht übel; nämlich

das Gerücht, oder die das Gerücht glaubenden und fortpflanzenden Sinne der Menschen: diese werden getäuscht von den Fabeln, welche über die wahre Rede, d. i. über die Wahrheit hinaus geschmückt worden. Der Gedanke ist untadelig, auch ist er schön ausgedrückt; nur ein ganz grobkörniges Urtheil kann sagen, die Leseart sei schlecht, weil φάτις und λόγος einerlei sei: denn φάτις als Sage oder Gerücht ist sehr verschieden von ἀληθὴς λόγος, ja sellst in den meisten Fällen von λόγος. Das Glossem φρένας ist aber in die neueren Mss. gekommen, und endlich geben die Neapp. Mss. eine ganz neue Leseart, βροτῶν φρένας ὑπὲρ τοι ἀλαθῆ φάτιν. Mit geradem Sinn und gesunder Beurtheilung muss jeder erkennen, dass dies eine plumpe Interpolation ist. Φρένας ist ja ausdrücklich Glossem zu φάτιν; φάτιν stand also da, wo in andern Handschriften φρένας oder φάτις steht: φρένας fand auch der Urheber der Neapolitanischen Recension vor, und da φάτις wirklich durch λόγος erklärt wird, hielt er, wie Heyne, λόγον für Glossem von φάτιν, welches er als Variante angemerkt fand, und setzte φάτιν an die Stelle von λόγον. Nun war aber τὸν ἀλαθῆ φάτιν falsch, und τάν erlaubte das Versmaass nicht; also schrieb er ὑπὲρ τοι ἀλ. φάτ. indem er das τοι als Flickwort gebrauchte, wie sonst γε. Dasselbe hat ebenderselbe *Pyth. I*, 42. gethan, wo καθέσσαντο, μονόδροπον stand; die wahre Leseart, welche anzuerkennen man sich vergeblich sträubt, ist κάθεσσαν, τὸν μον., welches geschrieben war TOMMON; daher das eine M (oder N) leicht wegfiel; die Neapp. Mss. geben aber wieder das ganz falsche τοι: κάθεσσάν τοι μον. Und eine dritte Interpolation der Art findet sich *Nem. III*, 72. schon in dem sonst reinen *Gotting*. μακρός τοι αἰών statt ὁ μακρὸς αἰών, in welchem der Artikel ὁ verloren gegangen war und dann die angeführte Interpolation gemacht wurde, welche aber nicht nur gegen den Sprachgebrauch, sondern auch gegen das Versmaas ist: denn τοι muss hier abgekürzt werden, was im iambisch-trochäischen Rhythmus ausser den dreisylbigen Füssen nicht zulässig ist. Schon dieses diplomatische Verfahren lehrt also die Unrichtigkeit der Leseart φρένας ὑπὲρ τοι ἀλαθῆ φάτιν: aber auch von Seiten des Gedankens ist sie schlecht. Man kann wohl sagen:

„das Gerücht, welches leicht irre geführt werden kann, täuschen „Fabeln, die über die Wahrheit hinaus geschmückt sind;" aber nicht: „die Sinne der Menschen werden getäuscht durch Fabeln, „die über das wahre Gerücht hinaus geschmückt sind;" denn das Gerücht kann zwar bisweilen wahr sein, ist aber häufig falsch: da also das Gerücht nicht vorzugsweise die Eigenschaft der Wahrheit hat, [man kann ja nicht wissen, ob das Gerücht wahr sei,] so ist es ungereimt, das wahre Gerücht zum Markstein der Wahrheit zu machen, wie nach jener Leseart geschieht. Nicht minder bedeutend ist in dieser Hinsicht *Olymp. III*, 18. 19. wo die Interpolation völlig aus falscher Sprachansicht entstand, da bei der vorigen Stelle zwar auch etwas Sprachliches zur Veränderung Anlass gab, nämlich dass man glaubte, λόγον sei Glossem von φάτιν, aber zugleich eine wirkliche Verwirrung der Leseart Nebenursache der Interpolation wurde. Folgendes ist die diplomatisch überlieferte Leseart der Stelle nach dem alten Texte:

Δᾶμον Ὑπερβορέων πείσας Ἀπόλλωνος θεράποντα λόγῳ.
πιστὰ φρονέων Διὸς αἴτει πανδόκῳ
ἄλσει σκιαρόν τε φύτευμα ξυνὸν ἀνθρώποις στέφανόν
τ' ἀρετᾶν.

die Leseart ἀρεταῖς scheint eine absichtliche Aenderung, um, was nicht einmal schön ist, ein Entsprechendes zu ἀνθρώποις hervorzubringen, und sie kommt nur in den Mss. neuerer Recension vor, welche auch ὅγε statt λόγῳ haben; eine garstige Interpolation, gemacht, um ein Subject zu αἴτει zu gewinnen, das diese Kritiker, wie die neuern Scholien zeigen, für das Verbum erkannten: auch mochte λόγῳ überflüssig scheinen. Einen andern Weg schlug der Kritiker der *Neapp. Mss.* ein. Wir sehen nämlich aus Eustathios und Gregorios, dass man sich vorstellte, αἴτει sei in dieser Stelle von einem unbekannten Worte αἴτος, ἐνδιαίτημα; nun construirte man entweder πιστὰ φρονέων Διὸς αἴτει, oder man sah Διὸς αἴτει und πανδόκῳ ἄλσει als Apposition an. Dies war allerdings schlecht: daher ist in den *Neapp. Mss.* für ἄλσει geschrieben worden ἄλσιν, welches der nicht ungelehrte Grammatiker aus dem *Etym. M.* kannte. Um die Kühnheit zu vollenden, hat der neueste Herausgeber noch Ἄλτει statt αἴτει geschrieben. Ob *Olymp. III, extr.* οὐ μήν eine wegen unzulänglicher Kenntniss der Grammatik gemachte Aenderung oder aus οὖ μιν zufällig entstanden sei, mag dahin gestellt bleiben; dagegen bietet *Olymp. VI, 83.* wieder ein deutliches Beispiel der Interpolation aus grammatischem Grunde. Dort steht in den Mss. alten Textes, ja selbst noch in denen der ersten Byzantinischen Recension, προςέρπει mit dem Accusativ; erst Triklinios offenbar hat dafür προςέλκει geschrieben, weil er in seinem Sophokles προςέρπει mit dem Dativ fand. *Olymp. VII, 11. 12.* las man gewöhnlich ἀθυμελεῖ θ' ἅμα μὲν φόρμιγγι παμφώνοισί τ' ἐν ἔντεσιν αὐλῶν; welche Stelle ich aus guten Büchern durch die Schreibart θαμά geheilt habe. Wie sie vorher war, konnte τε und μέν nicht zusammen bestehen; darauf gründete der Kritiker der *Neapp. Mss.* die Veränderung ἀθυμελεῖ θ' ἁμᾶ ἐν ᾧ, welche nicht ungeschickt, aber auch nicht schön ist. *Olymp. VIII, 32.* steht μέλλοντες ἐπὶ στέφανον τεῦξαι: die Mss. der mittlern Recension vorzüglich, namentlich *Guelph. Lips. Leid. A. B. Aug. A.* vier Bodlejanische, auch der neuere Schollast, gehen dagegen τεύξειν. Ich habe oben gesagt, dass Moschopulos diese mittlere Recension abgeschlossen haben muss; da nun gerade er und sein Vorgänger Thomas den Aorist bei μέλλω verwerfen, so ist die absichtliche Aenderung augenscheinlich; das Seltnere wurde dem Gewöhnlichen aufgeopfert. Nach einem ähnlichen Grundsatz verfuhr man auch bei andern Verben, und es ist nicht zu bezweifeln, dass auch bei ἕλπομαι der Aorist dem Futurum, wo Varianten sind, vorzuziehen, wie ἀμεύσασθαι, statt des gemeinen ἀμεύσεσθαι *Pyth. 1, 45.* Der neueste Herausgeber hat diese Art Verderbungen vermehrend, auch *Pyth. IV, 243.* πράξασθαι in πράξεσθαι verwandelt. In allen diesen Stellen ist obendrein der Aorist grammatisch richtiger (s. Wunderlich Vorr. zu Demosthenes und Aeschines *de cor.*). *Olymp. VIII, 38.* steht in den alten Texten der Mss. οἱ δύο μέν κάχετον oder κάχχετον: die Stelle des Alkman, wo καβαίνων vorkommt, vertheidigt hinlänglich das κάχετον, und musste vor der Umstellung κάχχεσον οἱ δύο μέν warnen; denn beide Stellen, des Pindar und Alkman, zu verändern, verstösst gegen die ersten Grundsätze der Kritik. Die Neapolitanischen Handschriften sind hier, weil man an κάχετον anstiess, höchst lächerlich interpolirt: οἱ δύο καδδέπεσον: nahm der Grammatiker dies für κὰδ δ' ἔπεσον, so steht das δέ falsch. und *Isthm. VII,* 15. welches man zur Unterstützung anführt, passt nicht von ferne. Die alten Scholien lasen μέν. Auch das αὐθί τ' ἀτυξ., welches man statt αὖθι δ' ἀτυξ. aus denselben Mss. genommen hat, ist unnöthig. *Olymp. VIII,* 59. ist ebenfalls der Sprache wegen ἐκ παγκρατίου in der Byzantinischen Recension in ἐν παγκρατίῳ verwandelt, und gerade so *Olymp. XII. extr.* ἐκ Πυθῶνος in ἐν Πυθῶνι. *Olymp. XI,* 21. 22. liest man gewöhnlich θήξαις δέ κε φύντ' ἀρετᾷ ποτὶ πελώριον ὥρμασε κλέος. Betrachtet man die alten Quellen der Leseart mit Einschluss des Schol., so sieht man, dass ursprünglich ΟΡΜΑΣΑΙ stand; da dies aber theils ὁρμᾶσαι, theils ὠρμᾶσαι geschrieben wurde, konnte man die Structur nicht begreifen, und so entstand die Leseart ὥρμασε. Aber ὥρμασέ κε giebt keinen richtigen Sinn, welchen dagegen ὁρμάσαι κε giebt. Da ὥρμασε nun bloss eine Veränderung ist, darf man darauf nicht leicht eine weitere Verbesserung gründen; die neulich vorgeschlagene δέ τε ist um so unzulässiger, da δέ τε, eine epische Partikel, im Pindar nicht vorkommt; bei Bacchylides in dem Bruchstück, welches ich *Metr. Pind.* S. 337. hergestellt habe, steht es auch nur scheinbar; denn setzt man dort Vs. 2. nach ἄνθεα ein Komma, so entspricht sich τίκτει δέ τε und δαιδαλέων τ' ἐπὶ βωμῶν. *Olymp. XIII,* 87. ist die alte Leseart διασωπάσομαί οἱ μόρον ἐγώ, mit einer Auflösung des letzten Kretikus in den vierten Päon, welche durch die in dem raschern Maasse dargestellte Vorstellung des jähen Todes begründet ist; Versmaass und Sprache zusammen verführten die Grammatiker zu der Aenderung διασιγάσομαι αὐτῷ μόρον. Aber διασωπάσομαι ist sicher; das Wort ist Aeolisch, wie ich in dem Commentar nachträglich bemerkt habe. Durch die neue Aenderung διασιωπάσομαί οἱ μόρον ἐγώ hat man nun dies seltene Wort ausgemerzt, und noch dazu ebendaselbst dann πέφνε statt ἔπεφνεν schreiben müssen; und um die Sache zu vollenden, ist auch *Isthm. I,* 63 σεσωπαμένον durch das gemeine σεσιγαμένον verdrängt. *Pyth. II,* 36. musste die alte Leseart ποτὶ καὶ τὸν Ἴξουτ' allerdings Anstoss geben von Seiten der Sprache: in den *Neapp. Mss.* steht κοτ' ἐκεῖνον ἴχοντ', und ποτὶ κεινὸν ἴχοντ', woraus der neueste Herausgeber ποτὶ κεινὸν ἴχοντ' gemacht hat; die Beschaffenheit der Mss. nicht allein, sondern auch, dass die Hauptschwierigkeit, welche in der Verkürzung der ersten Sylbe von ἴχοντ' liegt,*) nicht gehoben ist, zeigt hinlänglich, woher die Leseart stamme. Der Irrthum als ob ἵκω mit kurzem Iota ein Wort sei, bedarf keiner Widerlegung; doch werde ich nachher darauf zurückkommen. Uebrigens zweifle ich jetzt nicht mehr, dass an der alten Leseart nichts zu ändern sei, als ἴχοντ' in ἑκόντ': καὶ τόν heisst auch ihn. Pyth. IV, 36. ist of statt νιν in den Neapp. Mss. offenbar eine syntaktische Interpolation, welche man indessen aufgenommen hat und noch verschlimmert durch das N in ἀπίθησεν. Pyth. X, 28. steht βρότεον ἔθνος ἁπτόμεσθα, nicht ohne metrische Schwierigkeit: handgreifliche Interpolation ist βρότεα ἔθνεα in den Neapp. Mss. woraus der neueste Herausgeber βρότε' ἔθνη gemacht hat; der alte Kritiker wollte die Verbindung des βρότεον ἔθνος mit dem Plural wegschaffen, so wie er Nem. V, 43. dadurch, dass er μετάιξαν (oder μετάιξαν, wie er vielleicht wollte) statt μετάιξαντα schrieb, die hinlänglich gesicherte Verbindung von μετάιξαντα ἔθνος entfernt hat: aus einem ähnlichen Grunde war in andern Mss. μετάιξας gesetzt worden. Doch diese Beispiele mögen genügen.

27. Besonders häufig sind die Interpolationen, welche der Mangel an Kenntniss der Pindarischen Prosodie erzeugt hat, theils überhaupt, theils in solchen Fällen, wo die Aussprache durch die alte Art der Orthographie verdunkelt wurde; wie viel in dieser Hinsicht verändert wurde, besonders in den Neapp. Mss., würde unglaublich sein, wenn es nicht augenscheinlich wäre: nur der Greifswalder Herausgeber hat den ältern Kritikern auch hierin den Preis entrissen. Es sei erlaubt, ehe wir auf die Beispiele der Interpolation kommen, Weniges von der Orthographie zu sagen. Welcher Schreibart sich der Dichter in einzelnen Worten bedient habe, ist ein Gegenstand geschichtlicher Untersuchung,

---

*) [ἵκωμι II. ι 414 ist zu betrachten; auch in wie weit die Leseart richtig. ἱκών kommt sicher nicht vor; und ἵκωμι ist bloss Conjectur in der Hom. Stelle, wo ἵκωμαι φίλην steht; vielleicht ist zu lesen ἱμήν].

331 welche auf Zeugnissen und Combination beruht; die letztere muss häufig aus Analogien schliessen; von den erstern verdienen die ältern den Vorzug, zumal wenn sie etwas Selteneres aufbewahrt haben, welches eben, weil es selten war, leicht verändert werden konnte. Um zuerst von der Analogie zu sprechen, so muss jeder, der den Pindar unbefangen studirt hat, Hermann's auf den Gang der Literatur selbst gegründete Bemerkung bestätigt finden, dass der epische Dialekt Grundlage des Lyrischen und Pindarischen sei. Hiernach muss man auch das Prosodisch-Orthographische beurtheilen, so lange sich nicht deutliche Spuren des Entgegengesetzten finden. Dies ist zum Beispiel bei der Verlängerung der Sylben durch die *muta cum liquida* ohne Hülfe des paragogischen N keineswegs der Fall: die Mss. führen, wo ich nicht sehr irre, dahin, dass in solchen Fällen das N im Pindar nicht zu Hülfe genommen ist; der Greifswalder Herausgeber hat dagegen auch hierin den Text verunstaltet, durch Schreibarten wie diese: *Olymp. I.* 47. ἔννεπεν κρυφᾷ, *IX*, 3. ἄρκεσεν Κρόνιον, *XI*, 22. ὥρμασεν κλέος, 68. ποσσὶν τρίχων, *XIII*, 37. Ἀθάναισιν τρία, *Pyth. I,* 33. ἀνδράσιν πρῶτα, *II*, 51. ἔκαμψεν βροτῶν, *IX*, 117. παρθένοισιν, πρίν, *Nem. XI*, 7. σφιν βρέμεται, *Isthm. IV*, 18. θνατοῖσιν πρέπει, *V*, 27. Τιρυνθίοισιν πρόφρονα. *Pyth. X*, 60. ὑπέκνιξεν φρένας. Anderwärts hat er es vergessen, wie *Pyth. XII*, 22. In ἀνδράσι θνατοῖς, *Isthm. VII*, 14. ἀνδράσι κρέμαται. Vorausgesetzt, dass der Dichter, der überall eine genaue Aufmerksamkeit auf die Sprache zeigt, sich gleich blieb, darf man nun auch nicht *Olymp. VIII*, extr. σφιν Ζεύς schreiben; denn das N ist das paragogische, und σφι kommt auch *Nem. VI*, 62. vor. Dass vor οἶ kein paragogisches N angewandt worden, auch niemals ein Wort vor demselben apostrophirt wird, hat Hermann längst bemerkt, und dies lehren ebensowohl die Mss. als die Combination. Mangel an Untersuchung hat dagegen folgende Leseartn erzeugt: *Olymp. II*, 46. ἐπέφνέν οἱ, *Pyth. II*, 42. ἄνευ δ' οἱ, *IV*, 36. ἀπίθησέν οἱ, *IX*. 87. τίκε δ' οἱ, *Nem. IV*, 59. φύτευέν οἱ, *VII*, 22. ψεύδεσίν οἱ, *X*, 79. ἤλυθέν οἱ, *Isthm. III*, 82. τίκεν οἱ. Nach derselben Analogie richtet sich ὅς statt ἑός; daher ist παῖδα ὅν *Pyth. VI*, 36. untadelig, und schon um des Auffallenderen willen der Leseart der Neapp. Mss. παῖδ' ἑόν vor-

zuziehen. Die guten Handschriften des alten Textes liefern aber
eine Menge orthographischer Eigenheiten, welche zugleich durch
anderweitige Gründe wieder unterstützt sind, und von welchen
man nicht ohne Grund abweichen darf. Wie genau sie sich an
den alten Text halten, wie er den Alexandrinern gegeben war,
und dass erst die spätern Kritiker diese Eigenheiten entfernten,
kann man schon an jenen orthographischen Abweichungen sehen,
von welchen oben gesprochen worden; so ist *Olymp. I*, 3. γαρύεν
wohl erhalten worden in guten Büchern, wogegen die *Neapp. Mss.*
das gemeine γαρύειν geben; *Olymp. I*, 53. haben mehrere Bücher
κακαγόρος, und nur *Mosc. A.* obgleich er zur alten Recension
gehört, giebt hier κακαγόρως, indem in der ersten Olympischen
Ode auch in einigen guten Büchern, die später geschrieben waren,
Interpolationen vorkommen; denn die Spätern verdrängten die
Eigenheit: daher hier der neuere Scholiast κακαγόρως verlangt,
widersprechend dem ältern, der κακαγόρος ohne υ ausdrücklich
erklärt, und darin mit andern alten Grammatikern, namentlich
Schol. Theocr. V, 84. *Hort. Adon.* S. 187. *A.* völlig übereinstimmt. Man mag über diese Formen urtheilen wie man will,
so wird man wenigstens die Sorgfalt der Ueberlieferung anerkennen müssen; und diese hat uns eben in vielen Stellen in
diesen orthographisch-dialektischen Kleinigkeiten das Wahre erhalten. So lehrt eine leichte Induction, dass Pindar in der Regel
nicht ὥστε sondern ὦτε in der Bedeutung Wie schrieb: *Olymp.*
XI, 90. giebt zwar der durchaus interpolirte *Mosc. B.* allein,
jedoch gewiss nicht nach einer absichtlichen Veränderung ὦτε,
die andern, so weit die Collationen zureichen, ὥστε; allein ausser
Pyth. IV, 64. *Nem. VII*, 71. wo ὥστε ebenfalls vorkommt, führen
überall, *Pyth. X*, 54. *Nem. VII*, 62. 93. *Isthm. III*, 36. die
Quellen der Lesearl auf diese seltnere Form, welche der *Schol.*
Nem. ausdrücklich anerkennt (vgl. *not. crit. Olymp. XI*, 90.),
und es wäre daher Urtheilslosigkeit, ὥστε beibehalten zu wollen.
Ich habe es *Nem. VII*, 71. entfernt, weil in demselben Gedicht
in zwei andern Stellen die Quellen ὦτε darbieten, und ὥστε nur
Pyth. IV, 64. stehen gelassen, weil die Handschriften nichts anderes geben, und der Gebrauch des Dichters, als er jene Ode
schrieb, aus keiner andern Stelle gelernt werden kann. *Olymp. IX*,

120. findet sich in den Handschriften der verschiedensten Recensionen die alte Schreibart Ἰλιάδα, welche der alte Schol. ausdrücklich als Pindarisch anerkennt: Pindar war des Digamma in dem Worte noch eingedenk; Οἱλιάδα hat nur ein und der anderer Schreiber in den Text gebracht. Statt ἥκω geben die Mss. alter Recension, ja selbst noch andere ἵκω, welches als Homerische Form anerkannt ist, worüber uns Eustathius hinlänglich unterrichtet (vgl. nott. critt. Olymp. IV, 11.): da nun die Handschriften eben dahin führen, so sieht man leicht, dass ἥκω nur aus der spätern Sprache in Pindar's Text gekommen ist. Die Bemerkung des neuesten Kritikers: „Ἴκω penultimam corripit; ubi „longa syllaba requiritur, ἥκω scribendum," ist um so bedauernswerther, da ἵκω mit kurzem ι so gut als gar nicht nachgewiesen werden kann (vgl. nott. critt. Pyth. II, 36. Reisig Aristoph. Nub. S. 129.). Ein ganz besonderer und vorzüglich merkwürdiger Fall, der nicht übergangen werden soll, ist die Verschiedenheit der Schreibart: κρατήρ κρητήρ, Ἀμφιάραυς Ἀμφιάρηος. Κρατήρ und Ἀμφιάραος ist das bekanntere und später gangbare: man kann daher, obgleich κρητήρ auch in den Attischen Dichtern vorkommt, wie Aristoph. Acharn. 935., dennoch nicht glauben, dass das seltenere κρητήρ und Ἀμφιάρηος von den jüngsten Kritikern oder von den Abschreibern herrühre. Aber sonderbar ist es, dass Olymp. VI, 91. κρατήρ gerade in den Büchern der alten Recension vorkommt, auch in Vat. C. welcher in den nott. critt. noch nicht angeführt werden konnte; dagegen in den andern κρητήρ: Nem. IX, 49. hat sich κρητῆρα als gewöhnliche Leseart erhalten; Med. B. hat nebst dem Lemma des Schol. κρατῆρα; doch sieht man aus dem Scholiasten des Lucian (Conviv. 32.), der obgleich schlecht, dennoch älter als alle unsere Pindarischen Mss. sein dürfte, dass auch hier κρητῆρα eine alte Schreibart war, und dieselbe Leseart steckt in dem verderbten παραγηρητῆρι bei Orion in Βάκχος; Isthm. I, 2. geben die Bücher κρατῆρα, bis jetzt ohne Variante. Ἀμφιάρηον geben Olymp. VI, 13. die Mss. der neuern, aber auch die meisten der ältern Recensionen; dasselbe hat sich Pyth. VIII, 58. Nem. IX, 13. in dem gewöhnlichen Texte erhalten, in welchem dagegen Isthm. VI, 33. die Form mit A bis jetzt ohne Variante steht.

Man sieht, dass κρητήρ und Ἀμφιάρηος auch schon vor den Byzantinischen Kritikern bestand; man könnte also sagen, die gemeineren Formen seien auch in den Mss. der alten Recensionen nur von den Schreibern gesetzt. Allein es ist viel wahrscheinlicher, dass beide Schreibarten schon von den Alexandrinern gebilligt waren, die eine von Diesem, die andere von Jenem. *Odyss. o*, 244. las Zenodot Ἀμφιάρηον, Aristarch Ἀμφιάρηον. Es scheint daher, dass auch bei Pindar in der einen Alexandrinischen Recension das A, in der andern das H vorgezogen war. Wollen wir uns aber für das eine oder andere bestimmen, so können wir nicht einen Augenblick anstehen, uns für das H zu entscheiden. Denn wie hätte Jemand auf den Gedanken gerathen sollen, dem dorisirenden Pindar das H aufzudringen, wenn nicht in den alten Mss. H oder E sich vorgefunden hätte? Wohl aber konnte man, um eine Regel durchzuführen, welche der Dorismus zu erfordern schien, die alte Leseart verändern und das dem Dialekt des Dichters angemessener scheinende in den Text setzen; doch rechtfertigt sich das H aus dem Dorismus selbst, welcher dasselbe in mehreren Worten nach dem P dem A vorzieht, wie in χρῆσθαι.

26. Da das Prosodische, zu welchem ich jetzt übergehe, nicht überzeugend erörtert werden kann, ohne zugleich das Versmaass in Betracht zu ziehen, so tritt hier einer von den Fällen ein, wo metrische Analyse und Kritik der Lesearten so zusammenstossen, dass an gewissen Stellen über Versmaass und Leseart auf einmal entschieden werden muss; eben deshalb ist der Unkundige hier schwer zu überzeugen; aber denjenigen, welcher in solchen Untersuchungen geübt ist, zwingt die Gewalt der Induction unwiderstehlich. Wenige Beispiele werden die Sache klar machen. Man hat vor Hermann angenommen und darauf auch neulich wieder gefusst, dass bei Pindar in den daktylischen Versen wie in den Epikern statt des Daktylus der Spondeus stehen könne. Untersucht man diese Maasse, so ergiebt sich, dass in der allergrössten Mehrheit die Spondeen nur an gewissen Stellen stehen, und in eben diesen Stellen zuweilen auch der Trochäus vorkommt. Da nun der Trochäus nicht statt des Daktylus gebraucht werden kann, so ist klar, dass in diesen Stellen der Spondeus nicht statt

des Daktylus, sondern statt des Trochäus stehe, das ist, die daktylischen Rhythmen haben da, wo der Spondeus oder Trochäus vorkommt, eine Katalexis, z. B.

$$-\smile\smile-\smile\smile-\overline{\smile}-\smile\smile-\smile\smile-\overline{\smile}$$

Zugleich folgt, dass statt eines solchen dem Trochäus gleich bedeutenden Spondeus nicht könne der Daktylus gebraucht werden, weil dieser der Katalexis widerspricht: worauf wir später zurückkommen werden. Ausser den Katalexen dagegen findet sich der Spondeus fast nirgends in daktylischen Versen: wo er gefunden wird, steht er entweder in einem Eigennamen, wobei die Dichter sich die Freiheit genommen haben, die metrische Regel zu verlassen und das Wort nur dem Rhythmus anzupassen; oder die Stellen sind von der Art, dass alsbald ein Zweifel über die Leseart, die Form oder die Prosodie entsteht (vgl. *nott. crit.* S. 450.). Das klarste Beispiel vom letztern giebt das Wort χρύσεος, welches diesen scheinbaren Spondeus am häufigsten erzeugt: *Pyth. IV.* war er ausser den Katalexen dreimal angemerkt, aber immer nur aus diesem Worte; ähnlich in andern Gedichten. Aber er verschwindet, wenn man χρύσεος dreisylbig liest, so dass die erste Sylbe kurz ist: und hieraus folgt, da zumal auch andere Stellen des Pindar zu Hülfe kommen, und überdies in den Tragikern dieselbe Erscheinung eintritt, unmittelbar, dass χρύσεος wirklich dreisylbig und mit der Kürze in der ersten Sylbe zu lesen sei. Wo nun die Kritiker, welche so feine Unterschiede zwischen dem Gebrauche des Daktylus und Spondeus nicht ahneten, χρύσεος durch Annahme des Spondeus statt des Daktylus für richtig hielten, findet sich nirgends eine Interpolation: aber kam χρύσεος mit kurzer erster Sylbe ausserdem vor, so mussten sie zur Aenderung schreiten. *Olymp. I,* 87. las man gewöhnlich: ἔδωκεν δίφρον χρύσεον ἐν πτεροῖσίν τ' ἀκάμαντας ἵππους; aber treffliche Mss. alter Recension haben: ἔδωκεν δίφρον τε χρύσεον πτεροῖσίν τ' ἀκ. ἵ. Nach der in den metrischen Scholien aufgestellten Ansicht ist der hier in Betracht kommende Vers epionisch;

$$\smile\smile-\smile|\smile\smile--\smile\smile-$$

Nimmt man hier χρύσεον, die alte Leseart vorausgesetzt, zweisylbig, so steht statt des Ionicus a maiori ein Molossus:

ἔδωκεν δίφρον τε χρύ|σεον πτεροῖ-

welches zwar im Allgemeinen nicht falsch scheinen konnte, wohl aber in Bezug auf solche Rhythmen, in welchen ein Molossus statt des Ionicus a maiori nicht vorkommt und von den Grammatikern nicht anerkannt wird. Daher kann man nicht umhin zu muthmaassen, dass die Grammatiker aus Unkenntniss der Prosodie die Stelle verändert haben; die andere Leseart entspricht dem Versmaase, welches sie setzten, und zwar so, dass χρύσεον die erste Sylbe lang hat: wogegen die alte Leseart jener guten Mss. nur dann dem Versmaass entsprach, wenn χρύσοον in der ersten Sylbe kurz genommen wurde. Dass dennoch auch in bessern Büchern die Leseart vorkommt, welche wir als Interpolation betrachten, kann nichts beweisen, indem in der ersten Olympischen Ode die Lesearten verschiedener Recensionen vielfach gemischt sind; auch möchte ich nicht zuversichtlich behaupten, dass diese Interpolation erst von den spätesten Grammatikern herrühre. Wenn nun χρύσεος mit kurzer Anfangsylbe gebraucht worden ist, so konnte eben dies in χρυσός geschehen, obgleich es seltner sein muss, weil die Bequemlichkeit des Dichters χρύσεος abzukürzen öfter erfordert als χρυσός. *Nem. VII,* 78. ist indess ein unverfängliches Beispiel: κολλᾷ χρυσόν ἔν τε λευκὸν ἐλέφανθ' ἁμᾶ: um jedoch die Kürze zu verbannen, ist ohne Sinn und Verstand in den *Neapp. Mss.* κρόκον statt χρυσόν gesetzt worden, als ob *Krokus* die Farbe oder Blume gefügt, geleimt, gelöthet werden könnte; der Herausgeber dieser seinen Lesearten hat aber noch etwas Schöneres ausgedacht: χρυσόν κολλᾷ ἔν τ. (lies κολλᾷ ' ν), unbekümmert darum, dass nun ein Spondeus statt des Daktylus sogar in eine logaödische Reihe gebracht ist, welcher diese Vertauschung am wenigsten ansteht. Ein anderes Beispiel von Interpolation aus Unkenntniss der Prosodie und der Pindarischen Metrik zugleich, bietet das Wort Πέλλανα, *Olymp. XIII,* 105. wo die guten Texte haben: Πελλάνα τε καὶ Σικυών _ ι _ _ _ _ , so dass also die letzte Sylbe kurz ist, Πέλλανᾰ. Will man dies nicht gelten lassen, so muss τε ausgestrichen und der Spondeus statt des Daktylus durch den Eigennamen entschuldigt werden. Allein es wird bald klar, dass Πέλλανα vollkommen richtig sei. Der Achäische Ort dieses Namens, welcher hier gemeint ist, hiess im gemeinen Dialekt Πελλήνη, wie der Lakonische; da aber der

Lakonische bei *Pausan. III,* 1, 4. *III,* 21, 2. *Ἑλλάνα* heisst, so hiess, da der Name beider derselbe ist, auch der Achäische *Πελλάνα*. Allein wie sollte Pausanias darauf kommen, die Dorische Form in dem Lakonischen Namen zu nennen, wenn *Πελλάνα* statt *Πελλήνη* war? Nennt er doch das Lakonische *Θεράπνη* nicht *Θεράπνα*. Um kurz zu sein, die ältere Form, welche sich in dem Lakonischen Pellana hielt, war *Ἑλλανά*, und man muss den Accent bei Pausanias ändern; nun begreift man, warum er nicht *Πελλήνη* schrieb. Dazu kommt die Analogie von *Αἴγινα*, *Καμάρινα* und ähnlichen Namen. Schon dies wird lehren, dass auch der Achäische Ort *Ἑλλανά* hiess, obgleich nachher die andere Form, die dann auch Pausanias hat, *Πελλήνη* nämlich, für den Achäischen Ort gebräuchlicher wurde. So wird man ablassen, das *τε* auszustreichen, welches jedoch in den *Neapp. Mss.* durch Interpolation geschehen ist, weil man die Prosodie des Wortes nicht kannte. Um den Beweis zu vollenden, betrachte man *Olymp. VII,* 86. Dort steht in den interpolirten *Mss.* beider Byzantinischen Recensionen: *Αἴγινα Πελλάνα τε*, mit langer Endsylbe in *Πελλάνα*: aber die alten Quellen der Leseart haben durchaus *Ἑλλανά τ᾽ Αἰγίνα τε*, wo *Ἑλλανα* die letzte kurz, *Αἴγινα* aber lang hat. Beides bewog den Kritiker, der jene Leseart gemacht hat, vermuthlich den Moschopulos, zur Umstellung: aber setzt man die alte Leseart in ihr Recht ein und schreibt *Αἰγίνα* als Dativ, so ist alles in Ordnung. Indessen, um wieder zu den falschen Spondeen zurückzukommen, haben die Alten weit weniger dergleichen Fehler begangen, als der letzte Kritiker, welcher den Unterschied zwischen Daktylus und Spondeus bei Pindar nicht bemerkt hat: häufig trifft man bei ihm auf Daktylen statt Spondeen, wo sie nicht stehen können, so wie überhaupt auf Auflösungen, welche selten oder gar nicht statt hatten; welche zu finden man nur die metrischen Schemata zu durchlaufen braucht, obgleich diese, wie *Pyth. X, str.* 4. nicht immer dem Texte entsprechen; häufig auch auf Spondeen statt der Daktylen. Ein solcher aus verkehrten prosodischen Begriffen entsprungener Spondeus ist *Nem. VI,* 23. durch die Veränderung des Anapästen *νἑων* in *νἱῶν* entstanden; und *Pyth. XI,* 11. 27. in *ἑπταπύλοισιν Θήβαις. ἀλλοτρίαισιν γλώσσαις*, weil der Herausgeber nicht begriff, dass Vs. 43. statt Πυθιονίκῳ zu lesen sei Πυθονίκῳ, welche Form ausser den in den kritischen Anmerkungen und dem Commentar angeführten Beispielen durch den Namen Πυθόνικος bei *Andokides de myst.* S. 6. f., und durch das Femininum Πυθονίκη in Inschriften [und bei Diod. XVII, 108] gerechtfertigt wird. Der schlechteste Spondeus ist aber vielleicht *Pyth.* I.X, 109. in δόξαν εεῶν, wo ξεν εεῶν den Spondeus bildet, und die Leseart nicht einmal dem Sinne angemessen ist. Besonders hat solche derselbe Kritiker auch dadurch hervorgebracht, dass er nicht einsah, in ἥρωος und den davon abgeleiteten Formen werde das ω bisweilen gekürzt. Von diesem gilt vollkommen wie von χρύσεος, dass man schon aus der metrischen Analyse, wenn auch weiter keine Beweise da wären, die Kürze erkennen könnte, weil, wenn das ω lang gemacht und eine Zusammenziehung angenommen wird, dadurch ein Maass entstände, welches immer nur darauf beruhte, dass ω nicht gekürzt wird; man sehe *Pyth.* I, 53. III, 7. IV, 58. *Nem.* VII, 46. Im Homer, *Odyss.* ζ. 303. könnte man zwar zusammenziehen; doch hat sich Buttmann (ausführl. Gr. Gramm. Bd. I, S. 231.) mit Recht für die Abkürzung erklärt: bei Pindar aber ist die Zusammenziehung völlig unmöglich.

20. Sehr viele Interpolationen, welche der Prosodie wegen gemacht sind, bedürfen dagegen keiner Untersuchung über das Versmaass, weil es klar da liegt, und was daher geneuert ist, wurde bloss darum versucht, weil in der Prosodie eine wahre oder eingebildete Schwierigkeit lag: die wahre hat ihren Grund in kleinen Fehlern, die leicht gehoben werden können, die eingebildete in der falschen Vorstellung, dass es keine verschiedene Prosodie in denselben Worten gebe. Wir wollen von beiden einige Proben geben. *Pyth.* II, 82. las man: σαίνων ποτί πάντας ἄγαν πάγχυ διαπλέκει: wo ἄγαν, sehr, ausser dem dass es dem Sinne nicht ganz gemäss ist, eine Länge in der ersten Sylbe hat, die man nicht annehmen kann. Das Wahre ist ἀγάν. Ἀγή ist die Brechung; aus dem Bruch entstehen Krümmungen, Wellenlinien; daher ist ἀγή dann die Krümmung, wie hier; und so kommt bei Arat ἀγή und ἐπιαγή vor, welches anzuerkennen man sich vergeblich sträuben wird. Dagegen haben die *Neapp. Mss.* eine grillenhafte Interpolation: καθ' ἅπαντας (und πρὸς ἅπαν-

τας) ἄκταν πάγχυ διαπλέκει. Offenbar soll ἄκταν aus ἀπάταν syukopirt sein, wie ein anderer Grammatiker Olymp. VI, 18. πάρστι aus πάρεστι syukopirt hat. · Das aus jener Interpolation gemachte σαίνων ποτὶ ἀπάταν ἅπαντας πάγχυ διαπλέκει ist gegen Sinn und Rhythmus. Nem. XI, 40. stand sonst πάσαις ἐτέων περιόδοις, worin eine metrisch-prosodische Schwierigkeit liegt, weil statt περιόδοις ein Anapäst erfordert wird. Zwar hebt sich das Bedenken leicht, indem es sicher ist, dass man περί apostrophiren konnte (s. nott. critt. Olymp. VI, 38. Fragm. inc. 23.)*), was selbst die Induction aus Pindar allein lehren konnte, Olymp. VI, 38. περ' ἀκλάτου, wo neulich περὶ ἀκλ. geschrieben worden, wie ehemals stand, als ob damit etwas geholfen wäre; Pyth. IV, 265. ψᾶφον περ' αὐτᾶς, wo man wieder περ zurückgerufen hat, welches unpassend ist; Pyth. III, 52. περάπτων, wo man παράπτων ausgedacht hat. Indessen dergleichen Induction ist nicht die Sache fahrlässiger Grammatiker; daher in der Stelle der Nemeen in den Neapp. Mss. die Interpolation πάντεσσι (schreibe πάντεσσ') ἐτέων κύκλοις; κύκλοις soll nämlich den Anapäst vertreten, indem der Urheber nicht wusste, dass in dem daktylischen Maasse ohne besondern Grund nicht so dürfe rhythmisirt werden: – ⏑ ⏑ – ⏑⏑ – Wie die andere Lescart der Neapp. Mss. πάσαις ἐτέων ὁδοῖς entstanden sei, habe ich anderwärts [Pind. Dd. II. Th. II. Appendix S. 692.] gezeigt; die daraus geschöpfte Vermuthung πάσαις ἐτέων ἐν ὁδοῖς ist so schlecht, dass sie nicht aufgenommen werden könnte, wenn sie die besten Handschriften hätten: ἐτέων περίοδοι ist ein trefflicher Ausdruck, ἐτέων ὁδοί ungereimt. Pyth. I, 45. steht das bekanntlich sichere δὲ ῥίψαις, dafür ist δ' ἐκρίψ. von einem unwissenden Grammatiker in den Text gebracht worden. Pyth. II, 76., wo man in den guten Büchern findet ἀμφοτέροις διαβολιᾶν ὑποφάτιες hat der Kritiker der Neapp. Mss., um die Länge in διαβολιᾶν wegzuschaffen, κακαγοριᾶν gesetzt, welches ihm aus Vs. 53. im Andenken war. Die Stelle des Theognis (324.) πειθόμενος χαλεπῇ, Κύρνε, διαβολίῃ, beweiset die Richtigkeit des διαβολιᾶν, welche auch schon in meinen nott. critt.

---

*) [Eustath. opusc. p. 57 führt πίροδος ausdrücklich aus Pindar an; ebenso der Gram. bei Cramer Anecd. Oxon. IV. wo auch περιέναι als Pindarisch erwähnt wird.]

anderweitig begründet ist. Hört man freilich den letzten Herausgeber, der überall von Glossemen träumt, so wäre διαβολιᾶν ein Glossem zu κακαγοριᾶν: aber nicht nur ist κακαγοριᾶν kein Wort, was ein Glossem veranlassen könnte, sondern διαβολία ist auch ein so seltenes Wort, dass es kein Glossator würde gebraucht haben; dieser hätte wenigstens διαβολᾶν gesetzt. Indessen hat dieser κακαγοριᾶν aufgenommen, nebst ὑποφάτορες für das allerdings unrichtige ὑποφάτιες, nach dem kühnsten greifend: zugleich findet man gegen das Metrum ἀμφοτέροισι geschrieben, indem hier zwei Recensionen dieses Kritikers sich sonderbar gemischt haben; denn ehe seine Handschriften ihr κακαγοριᾶν brachten, hat er offenbar durch die Veränderung ἠμφοτέροισι διαβολιᾶν der prosodischen Noth abhelfen wollen, damit nämlich οἴ διά statt διά stände; nachher ist diese Besserung mit der anderen zusammengeflossen. *Pyth. IV*, 150. steht πιαίνων, gewiss richtig, indem das ι vor αι, ungeachtet es gewöhnlich in diesem Worte lang ist, leicht kurz werden konnte; nirgends zeigt sich eine Spur von Variante, als in den *Neapp. Mss.*, welche λιπαίνων geben; eine klare Interpolation, obgleich πιαίνων wieder Glossem zu λιπαίνων sein soll; das eine Wort ist aber so bekannt wie das andere, und also kein Grund vorhanden, ein Glossem anzunehmen: Hesychius erklärt λιπανθείς durch πιανθείς, aber auch wieder πιαινέτω durch λιπαινέτω, πιαίνει durch λιπαίνει, πιανάτω durch λιπανάτω. *Pyth. VIII*, 4. lesen die Mss. κλάδας, κλάδας, κλαΐδας, worin ganz deutlich κληΐδας liegt, nach Homerischem Gebrauch; da man dies nicht bemerkte, sondern das Wort zweisylbig nahm, ist in dem interpolirten *Par. B.* τὰς κληΐδας geschrieben worden; und weil *Pyth. IX*, 40. und in einem Druckstücke, welches man ohne Grund dem Pindar zugeschrieben hat, wirklich κλαΐδες mit kurzem ι vorkommt, hat man τὰς κλάδας aufgenommen. Und doch fehlt es nicht an Beispielen des doppelten Maasses dieses ι, wovon noch einige unten vorkommen werden. Aus Homer, Apollonios von Rhodos und Andern ist bekannt, dass αἴσσω gewöhnlich mit langem A vorkommt[1]); die Versicherung des neuesten Heraus-

1) Vgl. Pierson zu Mör. S. 301. Dieselbe Bemerkung habe ich wie mehrere andere, die hier in methodischer Hinsicht wiederholt sind,

gebers (S. 157. S. 195.), dass dies nicht so sei, wird trotz der Berufung auf Porson, der etwas ganz anderes meint, nichts helfen; und das Gegentheil hätte er schon aus ᾄσσαι Nem. VIII, 40. was er stehen lässt, sehen können. Doch theilt der Urheber der Neapolitanischen Recension diese Unkunde; daher ist Isthm. III, 24. ἐπαΐσσων in ἐπαιγίζων oder ἐπαιγίζων verwandelt; ob dieselbe falsche Ansicht auch auf die Schreibart μεταΐξαν, wenn diese Nem. V, 43. wirklich in den Neapp. Mss. gemeint ist, Einfluss hatte, will ich unentschieden lassen, da die Interpolation jener Stelle oben (26.) schon befriedigend erklärt ist. Nem. IX, 14. glaube ich πατρῴων hinlänglich vertheidigt zu haben; wenn der neueste Herausgeber (S. 173.) nicht begreifen kann, warum ich ἴππειος in ἴππιος verwandle, und dennoch nicht πατρῴων in πατρίων, so mag ihm gesagt sein, dass das eine geschieht und das andere nicht, weil ἴππειος mit kurzem Iota eben nichts anderes ist als gerade ἴππιος, πατρῴων aber nicht einerlei mit πατρίων, sondern ein anderes Wort und ein anderer Laut. So viel über diese Art Interpolation in den Handschriften; und wahrlich es wäre der Thorheit genug und übergenug gewesen, wenn man sie auch nicht vermehrt hätte. Aber was finden wir erst in der neuesten Ausgabe! Olymp. I, 59. soll ἔχει δ' ἀπάλα-

---

in dem Anhang des Pindar Th. II. Bd. II. S. 691. bereits gemacht: wenn ich daselbst bloss von der Länge rede, hat dies in dem polemischen Zweck seinen Grund, da der Gegner den Gebranch derselben läugnet, und S. 157. bei der von Hermann und mir befolgten Leseart von einer labes versus spricht. Beispiele der Kürze hat schon Porson a. a. O. etliche gesammelt; von der Länge spricht er wie wir nur im Allgemeinen, weil an derselben kein Zweifel sein konnte. Auch halte ich es für sicher, dass die Länge in ἄεσω das ursprüngliche Maass war; da aber Vocale vor Vocalen sich leicht kürzen, ist Ausnahmsweise auch diese Messung entstanden, und es gehören hierher drei Beispiele, Eurip. Hek. 31. und die beiden dort von Porson in anderer Beziehung angeführten Stellen, welche noch mit andern aus den Tragikern vormehrt worden können, wie Eurip. Suppl. 963. Soph. Oed. Col. 1499. In der Regel sagen die Tragiker ἄεσω oder wie Porson schreiben will αἴεσω: wo sie die zusammengezogene Form haben, scheint die Kürze allerdings häufiger bei ihnen. Doch findet sich auch bei den Tragikern die Länge, wie Eurip. Troad. 157. und wie es scheint Soph. Trach. 140. nach Hermannischer Leseart; wiewohl Seidler de vers. dochm. S. 19. die Stelle anders ansieht.

μον βίον falsch sein, weil auch ἀκάλαμος vorkommt; wer weiss
nicht, dass der rhythmische Gebrauch dies A verlängert, wie in
ἀθάνατος, ob es gleich ursprünglich kurz ist? Daher wird geschrieben ἀκάλαμον δὲ ἔχει βίον, nicht nur mit einem garstigen
Hiatus, sondern auch mit einer Auflösung einer Länge, welche in
keiner Strophe erscheint, und nirgends ohne Spur der Handschriften oder grosse Noth erdichtet werden darf, wenn sie in
dem Liede selbst nirgends vorkommt. *Olymp. XI, 15.* Ist die
seltne Messung Κύκνεια bereits von Hermann mit einem Beispiele gerechtfertigt: um sie wegzubringen, wird τράπε δὲ Κύκνεια μάχα in τράπε Κυκνεία δὲ μάχα verändert, mit einer
höchst seltenen und fast überall, einige besondere Fälle ausgenommen, verdächtigen Stellung des δέ, in welche dieser Kritiker
ganz verliebt ist, weil sie ihm oft in der Noth beispringt. *Pyth.
VIII, 49.* soll Κάδμον ausgemerzt werden, weil sonst Κάδμος im
Pindar gemessen wird; warum wird nicht auch δάφνα, κίδνός
und dergleichen verwiesen? Aber die Umstellung νωμῶντα Κάδμου πρῶτον ἐν πύλαις taugt nichts; Pindar ist ein grosser
Künstler in der Wortstellung, und wollte lieber Κάδμου in der
ersten Sylbe abkürzen, als die das Gefühl einzig befriedigende
Folge der Worte νωμῶντα πρῶτον ἐν Κάδμου πύλαις aufgeben.
Aber kaum traut man seinen Augen, wenn man sieht, dass, weil
auch Κρονίων vorkommt, die Form Κρονίων nicht weniger als
fünfmal, ohne die mindeste Spur in den Handschriften, vertrieben
und Κρονίδας dafür gesetzt worden ist, *Pyth. III, 57. IV, 23.
Nem. I, 16. IX, 28. X, 76.* und das in einem Worte, in welchem die Verschiedenheit des Gebrauches allgemein bekannt ist.

30. Ausführlicher müssen wir noch von einer prosodischen
Kleinigkeit, nämlich von dem bestrittenen Maasse des πᾶν und
ἅπαν sprechen. Der Unterschied des Maasses in diesem Worte
kann sich nach dem Zeitalter richten, indem früher diese, später
jene Aussprache statt fand; die älteste Aussprache liegt aber gewöhnlich beim Epos zum Grunde, die jüngere beim Attischen
Drama, während die Lyrik in der Mitte stehet, mehr jedoch dem
Epischen folgend. Ein zweiter Grund der Verschiedenheit kann
das Versmaass sein: dieser aber löset sich in das Vorige auf, wenn
man auf die Ursachen zurückgeht; im Trochäisch-iambischen Maasse

hielten sich nämlich die, über welche wir völlig urtheilen können, die Dramatiker, mehr an die Prosodie ihrer Zeit, im Daktylisch-anapästischen aber näherten sie sich der alten epischen Prosodie. Ein dritter Grund verschiedener Messung kann in dem Dialekt liegen, welches sich jedoch zum Theil wieder auf den Unterschied der Zeitalter und deren Nachahmung zurückführen lässt; ein vierter kann darin gesucht werden, dass πᾶν als einfaches Wort anders gemessen wird, als in der Zusammensetzung zu einem mehrsylbigen. Betrachten wir die Sache zuerst ohne Rücksicht auf Pindar. Im Homer, welcher uns für das früheste Zeitalter zeugt, ist παν in allen mehrsylbigen Wörtern anerkannt kurz, wie ἅπαν, πρόπαν, Πανέλληνες: das einsylbige πᾶν ist dagegen im Homer als lang angesehen und daher circumflectirt worden. Indessen findet sich das letztere nicht sehr oft, und zwar niemals vor einem Vocal, wo man seine Länge deutlich erkennen könnte, ausser vor ἔργον und εἴρητο, wovon jenes sicher, dies wahrscheinlich das Digamma hat: man kann daher mit Buttmann (z. *Schol. Odyss.* v, 31.) annehmen, dass selbst das einfache παν im Homer kurz war, weil keine sichere Länge vorkommt; denn die Länge vor digammirten Wörtern ist keine sichere; aber man kann nicht völlig entscheiden, weil kein vollkommener Beweis der Kürze des παν vorhanden ist, welcher nur dann da sein würde, wenn *Odyss.* v, 31. mit Aristophanes ὅτι πᾶν ἦμαρ getrennt zu lesen wäre. Doch bin ich nicht abgeneigt anzuerkennen, dass auch dies einfache Neutrum im Homer kurz war; dass es aber die Grammatiker grosstentheils für lang hielten, auch im Homer, ist nach dem herrschenden Circumflex nicht zu bezweifeln. Sehen wir nun auf das andere Ende, das Drama, so finden wir in dem Iambischen Dialog, welcher der Regel Attischer Mundart am meisten folgt, das einzelne πᾶν durchaus lang; bei dem mehrsylbigen Vorkommen schwankt der Gebrauch. Die Verlängerung der zweiten Sylbe in ἅπαν und ähnlichen wird theils als Attisch angegeben, theils nur gesagt, dass diese Sylbe in den Attikern lang gefunden werde. Man lese *Lex. Seg.* S. 416. οἱ μὲν Ἴωνες συστέλλουσι καὶ οἱ ποιηταί, οἷον, τῶν δ᾽ ἅπαν ἐπλήσθη πεδίον· καὶ οἱ Ἀττικοὶ ἐκτείνουσι τὴν ὑστέραν. καὶ τοπαράπαν ὁμοίως καὶ ἅπαντα τὰ τοιαῦτα: dasselbe sagt Drakon S. 24. 18. Aber derselbe Drakon S. 29. 19. erklärt das kurze πάν für Aeolisch und Dorisch, bemerkt aber dann, dass es in mehrsylbigen Worten regelmässig kurz sei und wieder bei den Athenern lang gefunden werde. Hiermit stimmt im Wesentlichen der Verfasser der prosodischen Regeln bei Hermann *de em. rat. Gr. Gr.* S. 439. überein: Ἐπεὶ οὖν παντός φαμεν κατὰ συστολὴν, καὶ τὸ πᾶν κατὰ συστολὴν ὠφείλομεν λέγειν. ἡ μέντοι παρ' ἡμῖν ἔκτασις τοῦ α καὶ παρ' Ἀττικοῖς καὶ παρὰ τοῖς Ἴωσιν ἀφορμὴν ἔχει τοῦ περισπᾶν τὸν τόνον. ὅτε μέντοι τὸ πᾶν δισυλλάβως λέγηται, τότε ἕξει τὸ α συνεσταλμένον, σύμπαν, ἅπαν, τὸ δὲ ἅπαν εὕρηται παρ' Ἀθηναίοις ἐκτεῖνον τὸ α. Die Länge beweiset die von Buttmann (ausführl. Gr. Gram. Bd. I, S. 254.) angeführte Stelle des Menander bei *Athen. I,* S. 142. F. [Com. Gr. IV. 108 Mein.] ἅπᾶν ἐπιτιθέν· οἱ δὲ τὴν ὀσφὺν ἄκραν· obgleich Porson, *Advers.* S. 70., der in den mehrsylbigen Worten nur die Kürze anerkennt, diese hat verändern wollen¹). Die Länge hat also das Unglück gehabt, entfernt werden zu sollen; der Kürze ist es nicht besser gegangen, welche Porson's Nachahmer (z. Piud, S. 13.) hat wegschaffen wollen. Zwei Verse des Aristophanes sollen verbessert werden, *Plut.* 962. *Acharn.* 1011. [998]

ἢ τῆς ὁδοῦ τοπαράπαν ἡμαρτήκαμεν.

καὶ περὶ τὸ χωρίον ἅπαν ἐλᾷδας ἐν κύκλῳ.

In der ersten Stelle schreibt er τοπᾶν παρημαρτήκαμεν, wenn es nöthig wäre, gut; die zweite ist ein vierfüssiger phonischer oder kretischer Vers, wie die ganze Stelle zeigt, von diesem Maass,

⏑‿⏒⏑‿⏒⏑‿⏒⏑⏓

und also offenbar verderbt. Unseres Kritikers Verbesserung, welche in der Auswerfung des ἐν besteht, hilft aber nichts, wenn nicht zugleich ἐλαῖδας geschrieben wird; und so wollen wir sie uns auch gefallen lassen, nur nicht desshalb, damit ἅπαν die zweite Sylbe verlängere, worauf auch Hermann bei seinem Verbesserungsversuche mit Recht keine Rücksicht genommen hat. Denn gesetzt auch, die Annahme, ἅπαν verlängere die letzte Sylbe in den Iamben beständig, wäre so gegründet als sie ungegründet

---

1) Noch eine Stelle, des Metrodor, giebt Meineke zu Menander S. 51. τὸ νέον ἅπαν ὑψηλόν ἐστι καὶ θρασύ.

ist, so liesse sich daraus noch nicht auf den Gebrauch in den pāonischen Partien schliessen. In den Daktylen und Anapästen finden wir $ἅπαν$ mit kurzer Endsylbe in der von Buttmann augeführten Stelle Eurip. *Phoen.* 1509. und in der, auf welche sich Porson stützt, *Aristoph. Plut.* 493., und es bedarf dies nicht der Erklärung aus der Nachahmung der Epiker, da dasselbe im Dialog gefunden wird. Lange Endsylbe hat $ἐπίπαν$ bei *Aeschyl. Pers.* 43. wiewohl, wie Buttmann bemerkt, ebensowohl $ἐπὶ πᾶν$ geschrieben werden kann; denn wenn ein metrischer Grund es erfordert, kann der Dichter solche Worte als eines und als zwei ansehen, je nachdem er es bequem findet. Wir kommen jetzt auf Pindar, um zu sehen, welcher der aufgestellten Regeln er folgte. Beobachtete er den epischen Gebrauch, so konnte er in den mehrsylbigen von $πᾶν$ gebildeten Worten diese Sylbe nur kurz brauchen; das einsylbige, wenn er mit der Lehre, welche in gemeinen Texte herrscht, übereinstimmte, nur lang, wenn er der andern von Buttmann aufgestellten Ansicht folgte, nur kurz: war seine Regel der Attischen gleich, so konnte er das einsylbige nur lang, das mehrsylbige lang oder kurz gebrauchen; folgte er dem, was Dorisch und Aeolisch genannt wird, so konnte er auch das einsylbige kurz gebrauchen. Endlich kann man bei ihm, wie bei den Attikern, an einen Unterschied nach dem Versmaasse denken. Der Unterschied, welchen das Versmaass zu bedingen scheint, liegt jedoch nicht im Versmaasse selbst, sondern in dem bei jeglichem Versmaasse gewöhnlichen Ton der Rede, welcher sich von dem gemeinen mehr oder minder entfernt, und daher auch eine von der gemeinen Aussprache verschiedene Prosodie mehr oder minder zulässt; da nun aber die Lyrik unsers Dichters überhaupt einen höhern Ton hat, so kann nicht davon die Rede sein, dass er die Prosodie anders in iambischen, anders in daktylischen Versen festgesetzt habe: denn sie hängt, wie gesagt, vom Tone der Rede ab. Der Ton der Rede ist im Pindar freilich in auderer Hinsicht verschieden, nur nicht in demselben Gedichte, wenigstens hier nicht bedeutend, sondern in verschiedenen Gedichten nach den musikalischen Charakteren, welche allerdings auch prosodische Unterschiede zeigen: darum ist es denkbar, dass Pindar in den Aeolischen oder äolisirenden Gedichten, welche einen höhern

Ton haben, eine seltnere, in den andern eine gewöhnlichere Prosodie habe; und in jenen könnte er am ersten das kurze πάν gebrauchen. Doch um auch das Unmögliche zuzugeben, wollen wir sogar annehmen, dass Pindar nach der Verschiedenheit des Maasses in einem einzelnen Gedichte verschiedene Prosodie haben könne in Einem Worte; nur muss alsdann gefordert werden, dass man dies richtiger ansehe, als geschehen ist. Setzen wir zum Beispiel, er habe in daktylischem Maasse ἀπᾶν gesagt, im Iambisch-trochäischen ἀπᾶν, so muss letzteres wieder von den Tribrachen ausgeschlossen werden: denn die Tribrachen folgen wegen der Mehrheit der Kürze dem daktylischen Gesetze in der Prosodie, wo sie aus dem Versmaasse entspringt. In unaufgelösten Iamben und Trochäen kann ein langer Vokal im Hiatus nicht verkürzt werden, aber in Tribrachen, nach der daktylischen Regel. Ich muss noch einmal erklären, dass ich diese ganze Betrachtungsweise in Bezug auf das πάν verwerfe: denn die Prosodie eines solchen Wortes ist vom Rhythmus an sich unabhängig, die Abkürzung des langen Vokales vor einem Vokal im andern Worte ist dagegen unabhängig vom Tone der Rede, und nur durch die Natur des Rhythmus bedingt: aber ich will, wie ich gesagt habe, auch die Annahme unmöglicher Unterschiede zugeben, um selbst für die Spitzfindigsten die Sache zur Entscheidung zu bringen. Sehen wir nun, was Pindar selbst an die Hand giebt, und zwar zuerst nach den unbestrittenen Stellen. *Isthm. III,* 60. ist das einfache πάν lang: also befolgt Pindar nicht die Homerische Regel, wie sie Buttmann nicht unwahrscheinlich festsetzt; in allen Zusammensetzungen aber ist diese Sylbe kurz, wie in Παυέλλανες, πανάγυρις, πάντες, πάμπαν *Olymp. II,* 76. wo πάμπαν ἀδίκων ἔχειν so steht, dass die zweite Sylbe von πάμπαν in den Anfang des Tribrachen fällt. Streitige Fälle sind *Pyth. II,* 49. *Olymp. II,* 93. Dort beginnt der Vers: θεός ἄπαν ἐπὶ ἐλπίδεσσι; die Endsylbe von ἄπαν ist kurz, und zwar gerade wie *Olymp. II,* 76. im Anfang des Tribrachen. Man beurtheile es wie man wolle, so ist es richtig, nach Pindar's Gebrauch, nach der epischen Regel, selbst nach der Ansicht, welche das Versmaass über die Prosodie entscheiden lässt, sobald nur bemerkt ist, dass im Tribrachys dann daktylische Prosodie eintreten müsste. Doch die *Neapp. Mss.* haben θεύς πᾶν ἐπ' ἴλα, welches man aufgenommen hat; es ist aber offenbar eine Interpolation eines Grammatikers, der von seinen Vorgängern oder aus irgend einer Attischen Stelle das ἅπαν kannte, und nicht daran dachte, dass man auch ἅπᾶν sage: die Lesart bringt obendrein einen Trochäus statt des Tribrachys in das Versmaass, ungeachtet sonst überall der Tribrachys steht, welchen Pindar also auch hier vorziehen musste, da kein besonderer Grund den Trochäus empfahl; obendrein kommt noch ein Iambus statt des Tribrachys herein, von dem alles Gesagte ebenfalls gilt. Der Illatus ἐπὶ ἴλα, ist zwar durch jene Lesart weggeschafft, aber dieser ist durch das Digamma gerechtfertigt (*Metr. Pind.* S. 310.) *Olymp.* II, 93. las man sonst. ἐς δὲ τὸ πᾶν ἑρμηνέων χατίζει, wo πᾶν dritte Kürze eines vierten Päon ist und folglich auch eines Tribrachys. Beurtheilen wir dies nach der Regel der Attischen Dramatiker, so ist es unrichtig; denn das einfache πᾶν haben diese nie gekürzt: beurtheilen wir es nach epischer Regel, wie Buttmann sie annimmt, so ist es richtig; aber Pindar hat diese nicht befolgt, wie wir gesehen haben; so bleibt nur zweierlei übrig, um diese Stelle zu rechtfertigen. Erstlich da die zweite Olympische Ode einen höhern Ton und freiern Rhythmus hat, so kann der Dichter diesem freiern musikalischen Charakter gemäss πᾶν nach Dorisch-Aeolischer Prosodie abgekürzt haben. Dies rettet schon die Stelle; indessen habe ich einen andern Weg eingeschlagen, den ich noch immer für den richtigern halte. Ἐς τὸ πᾶν und ἐςτοπάν ist grammatisch einerlei, wie insgemein und ins gemein; nur prosodisch und orthographisch ist darin ein Unterschied; und wie im Deutschen, so im Griechischen haben diese Wörtchen einen natürlichen Hang zum Zusammenwachsen. Ich nehme daher, um dem Pindar keinen aus ihm selbst nicht bewährten Gebrauch aufzudringen, ἐςτοπάν als ein Ganzes, wovon nur das ἐς nach gewöhnlicher Tmesis wieder getrennt ist[1]). Man billige, welches von beiden man wolle, so wird man erkennen, dass der neueste

---

1) Ueber den Accent s. Reisig zu *Sophokl. Oed. Kol.* S. 66. Ich hatte ehemals ἐςτοπάν nach der nicht zureichenden Analogie von ἴπλαν, τοπαράναν u. dgl. geschrieben.

Herausgeber den Pindar verderbt hat, wenn er umstellt: ἐρμη-
νίων δ' ἐς τὸ πᾶν. Nicht zu gedenken, dass ἐς τὸ πᾶν schöner
vorausstritt, als Gegensatz des letzten Wortes συνετοῖσιν, und weil
jenes den Hauptnachdruck hat; so ist durch die Aenderung nicht
einmal das Metrum erreicht worden, sondern willkührlich ein 347
Kretikus statt des vierten Päon gesetzt: welches nicht geschehen
darf, wenn die Handschriften nicht dahin führen, oder eine un-
abwendbare Nothwendigkeit eintritt, welche aber ohne diplomatische
Gründe nicht leicht eintreten wird.

31. Merkwürdig und bei weitem noch nicht hinlänglich beachtet ist es, dass fast durchgängig wo der Dichter sich einer
Form bedient, welche eine Zusammenziehung aus zwei Sylben
enthält, die Mss. alter Recension das Unzusammengezogene geben,
welches doch als das Schwierigere Niemand in den Text gesetzt
haben würde, wäre es nicht ursprünglich überliefert gewesen.
Hieraus erhellt, dass Pindar, und ohne Zweifel die meisten
seiner Zeitgenossen, ausser den Attikern, die unzusammengezogenen Formen schrieben, und die Mischung der Laute den Singen-
den überlassen blieb: die Attiker führten es offenbar zuerst durch,
den neugebildeten Mischlaut auch durch die Schrift darzustellen,
weil er bei ihnen Regel war, wogegen er bei den Andern nur
eine Ausnahme bildete; wenn auch einzelne Krasen schon in den
Inschriften der ältesten Form auch ausser Athen vorkommen. Die
Wahrheit des Gesagten ist schon aus den *Metr. Pind.* S. 289. f.
gesammelten Stellen klar; indessen ist in dem jetzigen Texte keine
völlige Gleichheit mehr, sondern in vielen Worten ist die unzusammengezogene Form erhalten, in andern die zusammengezogene;
ja ich habe selbst einige zusammengezogene eingeführt, wo die
Zusammenziehung nicht deutlich genug schien, um richtig getroffen
zu werden, wenn sie nicht geschrieben wurde, wie Ἡρακλεῦς statt
Ἡρακλέος *Pyth. X*, 3. Πολυδεύκευς statt Πολυδεύκεος *Isthm.
IV*. 37. und ich bin auch jetzt noch der Meinung, dass man in
diesen Dingen nach den Umständen, und nicht völlig folgerecht
verfahren müsse. Ἡρακλεῦς und Πολυδεύκευς zum Beispiel,
und πνεῦν (πνέον) zu schreiben, halte ich für räthlicher, weil
doch einmal Δεινομένευς, Ἀριστοφάνευς, θεύμορος, schon im
Pindar herkömmlich ist; und in Πολυδεύκεος ist es um so

nöthiger die Art der Mischung anzudeuten, da man ja auch ganz
unpindarisch Πολυδεύχους sprechen könnte. Im Ganzen jedoch
war ich bemüht, die unzusammengezogenen Formen so viel wie
möglich wieder herzustellen: hat man so den ursprünglichen Text
der Mss. aller Recension wieder zu Ehren gebracht, so entdeckt
man auch die Gründe vieler absichtlicher Aenderungen, welche aus
Unkunde der Zusammenziehung gemacht worden sind. Augenscheinlich schrieb Pindar nicht ἐφάψῃ im Fut. Med., sondern
ἐφάψεαι, wie auch die ältesten Mss. des Homer in solchen
Formen gaben, da noch jetzt aus Homer diese Regel nicht verdrängt ist; eben so φιλέει, φιλέειν, ἀμπολέειν und ähnlich in
allen ähnlichen Formen; desgleichen gewiss durchweg ἀέλιος,
ἄεθλος, ἀέκων, wie die Spuren der Mss. lehren (vgl. nott. crit.
Olymp. I, 5. VII, 67.). Dennoch mag ich dies nicht in dem Texte
durchführen. Bei manchen Worten war es übrigens nicht gleichgültig, welche von beiden Formen, die zusammengezogene oder
aufgelöste, geschrieben wurde, weil andere Eigenheiten der Aussprache davon abhingen; wie wenn ἅλιος oder ἀέλιος gesetzt
wurde, der Hauch sich änderte; ohne Zweifel blieb aber auch in
dem dreisylbigen ἀέλιος (ἅλιος *) der Hauch weg. Pindar
schrieb ebenso nicht δώδεκα, sondern δυώδεκα, selbst wenn es
decisylbig war (nott. crit. Pyth. V, 32. Nem. XI, 10.), nicht
Ὀποῦντος, sondern Ὀπόεντος Olymp. IX, 62. wie dort die Mss.
lehren; das metrische Scholion zeigt daselbst, dass Ὀποῦντος
bloss von den neuern Kritikern herrührt; und wenn ich mir Pyth.
III, 5. νοῦν aus guten Büchern zu schreiben erlaubt habe, und
dies jederzeit thun werde, damit man nicht zweisylbig lese, wozu
dort gar leicht Einer verleitet werden könnte, bin ich dennoch nicht
der Meinung, dass Pindar so geschrieben habe; man sang νοῦν,
schrieb NOON. Dasselbe gilt von φωνάεντα φωνᾶντα (nott.
crit. Olymp. II, 93.), obgleich hier schon zusammengezogene
Formen theilweise in die alte Recension gekommen waren, wie
φωνεῦντα bei Eustathios, welches dieser aber für φωνέοντα
erklärt und mit Recht; in Olymp. XIII, 66. haben die alten
Mss. durchaus nebst Eustathios nur das zusammengezogene

*) [Welche Form sich C. I. no. 1907, 16. in einer Corcyräischen In-
schrift findet.]

ἀργᾶντα¹). Wo nun die Grammatiker erkannten, wie die aufgelöste Form zusammengezogen werden müsse, haben sie nichts verändert oder nur die zusammengezogene Form gesetzt; wo sie jenes nicht einsahen, wurde interpolirt. So ist *Isthm. IV*, 37. statt Πολυδεύκεος in den *Neapp. Mss.* Πολυδεύκης gesetzt. Die von ἀείρω zusammengesetzten Formen mit der Endung αορος sind im Pindar immer mit αο geschrieben; die zusammengezogene Form kommt an keiner Stelle vor, ehe sie der neueste Herausgeber *Olymp. II, 5. Pyth. X, 65. Isthm. III*, 17. darum einführte, weil *Pyth. II*, 4. τετραορίας ohne Zusammenziehung vorkommt, und weil τετράορος und solche Formen keine Krasis erlaubten; als ob ein Beispiel gegen das andere bewiese, und es nicht gedankenlos wäre, die Möglichkeit der Krasis in τετράορος zu läugnen, während man sie eben dadurch, dass man τέτρωρος schreibt, wirklich macht. Indessen würde gegen die Schreibung des Mischlautes wenig zu sagen sein, wenn nicht andere Fehler dadurch entstanden wären, wie *Nem. VII*, 93., wo keine Zusammenziehung, sondern eine hinlänglich begründete Abkürzung τετράδροισιν vorkommt, durch τετρώροισιν ein falscher Spondeus hereingebracht und *Olymp. IX*, 90. durch τιμωρός statt τιμάορος' der Accent verlegt wird, welcher bei der Pindarischen Zusammenziehung gewiss auf seiner Stelle blieb: τιμάορος, in der Zusammenziehung τιμῶρος. *Pyth. V*, 104. war χρυσάορα Φοῖβον in diesem Maasse gesetzt: _ ⊥ _ _ ◡, mit dreisylbigem χρυσάορα, welches der Kritiker der *Neapp. Mss.* nicht begriff und daher χρυσάορα Θεόν schrieb, indem er das Versmaass so änderte: _ ⊥ ◡ ⎯ ◡, ungeachtet diese Auflösung nirgends in den entsprechenden Strophen erscheint, und Pindar sehr ungeschickt hätte sein müssen, wenn er sie hier ohne Grund gestattet hätte. Der diese Lesart aufgenommen hat, stattet sie zugleich mit einer Anmerkung aus, welche nicht das mindeste zur Sache beiträgt, als dass sie lehren soll, auch bei *Hesiod. Theog.* 281. *Orph. Lap.* 515. wo in demselben Wort dieselbe Zusammenziehung vorkommt (χρυσαωρ, χρυσάορῳ) müsse man ändern. Dies Verfahren würdigt sich selber; ich bemerke nur, dass das Wort χρυσάορος nebst χρυσ-

---

1) Man vgl. über diese Punkte auch meine Vorrede Bd. I, S. XXXV.

ἀωρ von derselben Wurzel ἀείρω stammt, wie τετράορος und die übrigen, in welchen die Zusammenziehung sicher ist. Gehen wir zu einem andern Beispiel. *Nem. XI*, 18. ist μελιζέμεν ἀοιδαῖς ganz richtig, sobald im Lesen in ᾠδαῖς zusammengezogen wird; dies bedarf keines Beweises, findet sich aber zum Ueberfluss schon im Hesiod so. Die *Neapp. Mss.* geben dagegen zwei andere Lesearten, die eine ἐπέων ἀοιδαῖς, wovon freilich der Grund nicht einzusehen, da sie weder dem Versmaasse noch der Structur angemessen ist; die andere hat ἔπεσιν ἀείδειν, schreib ἔπεσσιν; jeder sieht, dass dies seinen Ursprung der Interpolation verdankt. Kürzlich hat man nun statt dessen μέλεσσιν ἀείδειν gesetzt, und gesagt, die seltene Form μέλεσσιν habe den Schreiber bewogen, μελιζέμεν ἀοιδαῖς zu setzen, welches doch noch viel seltener ist. *Pyth. I*, 56. ist θεός zu einer Kürze zusammengezogen, welches Hermann schon mit einem Beispiele vertheidigt hat; in den *Neapp. Mss.* wird diese Seltenheit höchst kühn verdrängt, indem statt οὕτω δ' Ἱέρωνι θεός ὀρθωτὴρ πέλοι geändert ist: οὕτως Ἱέρωνί τις ὀρθωτὴρ θεῶν; der neueste Herausgeber aber hat darauf eine schon durch die gezwungene Stelle des δέ sich als falsch bezeichnende Veränderung gegründet: ὣς θεῶν δ' Ἱέρωνί τις ὀρθωτὴρ πέλοι. Nach derselben Analogie lasse ich jetzt *Pyth. X*, 28. βρότεον als Pyrrbichius stehen. Ein schlagendes Beispiel solcher Interpolation ist noch *Nem. II*, 12. wo jetzt gelesen wird: μὴ τηλόθεν Ὠρίωνα νείσθαι. Ὠρίωνα ist eine zusammengezogene Form statt Ὠαρίωνα (*Isthm. III*, 67.); Pindar schrieb auch dort das unzusammengezogene Ὠαρίωνα, welches *Var. A. Med. B.* haben, in Uebereinstimmung mit den Anführungen der Alten *Athen. XI*, S. 490. *F. Schol. Nem. I*, 3. und Eustathios z. *Odyss. ε*, S. 1535. 50. wo verderbt τηλόθι Ὦαρ. Da der Urheber der Neapolitanischen Recension jene alte Leseart vorfand und sie mit dem Versmaasse nicht reimen konnte, schrieb er Ὠαρίωνα τῆλε νείσθαι. In mehrern dieser Fälle lässt sich noch ein näherer Grund angeben, warum die zusammengezogenen Formen dennoch in der Schrift unzusammengezogen dargestellt wurden. Setzen wir nämlich, dass Pindar τέτρωρος, ᾠδά, τιμῶρος zusammengezogen hätte schreiben wollen, so würde dies in seiner Schreibart so ausgesehen haben. ΤΕΤΡΟΡΟΣ, ΟΙΔΑ, ΤΙΜΟΡΟΣ. Dies musste aber ganz unnatürlich scheinen, da man des darin steckenden A sich noch ganz bewusst war, und in dieser Schreibart dasselbe so gänzlich verschwand, dass nicht einmal der Ersatz für das verlorene A, nämlich die Länge, in die Augen fiel. Dies wende ich auf *Pyth. II*, 92. an, wo μητίονται mit kurzer zweiter Sylbe steht. Um diese Kürze wegzubringen, hat man kurzlich μητιώνται geschrieben, welches mir Anfangs einleuchtend war: denn μητίονται konnte durch einen falschen *Epimerismos* aus METIONTAI übertragen sein, da es vielmehr in μητιώνται hatte umgeschrieben werden müssen. Allein ich gebe diese Ansicht auf; denn wenn μητιώνται gemeint gewesen wäre, so würde dies in den ältesten Mss. METIAONTAI geschrieben gewesen sein; und so verliert jene Aenderung die diplomatische Wahrscheinlichkeit. Es bleibt also noch die allgemeine kritische Beurtheilung übrig; diese aber verlangt μητιώνται nicht. Das *Iota* in μητίομαι ist nicht an sich lang, sondern richtet sich nach der metrischen Bequemlichkeit; daher ist es im heroischen Maasse in μητιάω kurz, in μητίομαι lang; denn dies ist für diese Versart nothwendig; aber beim Lyriker fällt diese Nothwendigkeit weg, und der Gebrauch der Länge und Kürze steht ihm ohne Unterschied frei; da er sogar *Pyth. II*, 9. ἰοχέαιρα gegen den gewöhnlichen Gebrauch hat, ist kein Grund vorhanden, an μητίονται zu zweifeln. Aehnliche Beispiele schwankender Maasse wird man bei Thiersch Gr. Gramm. S. 118 ff. 2. Ausg. finden.

Eine besondere Betrachtung verdient noch das Wort ἱερός. Dass dieses *Olymp. III*, 32. nach epischem Gebrauch zweisylbig sei, ist ausser Zweifel; denn obgleich allgemeine metrische Grundsätze dort die Auflösung der Länge erlauben würden, so widerstreitet ihr doch theils der Dorische Charakter des Gedichtes, theils ist es eben klar, dass die Auflösung dort wirklich nicht gebraucht ist, weil sie ausser dem Worte ἱερός in der Ode nicht vorkommt, in diesem aber die Neigung zur Zweisylbigkeit nicht geläugnet werden kann; auch geben ἱράν dort Bücher beider Texte, wiewohl ich nicht bestimmen will, ob Pindar wirklich IPAN schrieb. Länger schwanken kann das Urtheil *Pyth. IV*, 5. wo ich so lese: οὐκ ἀποδάμου Ἀπόλλωνος τυχόντος ἱρία; die

Mss. haben theils ἱέρεα, theils ἱερέα, dass letzteres richtig accentuirt
sei, ist *voll. crit.* S. 459. [vgl. C. I. II p. 108.] bewiesen; an Auflösung der Arsis aber kann man aus denselben Gründen wie *Olymp.
III*, 32. nicht denken, und folglich ist ἱρέα, wo nicht zu schreiben,
doch zu lesen nöthig. Nur kann man bei der ganzen Leseart ein
doppeltes Bedenken haben, einmal, dass gleich der nächste Vers
wieder mit ἱεράν schliesst, dann dass τυχόντος eine Kürze am
Schluss hat, welche obgleich erlaubt, in den übrigen fünfund-
zwanzig Strophen nicht vorkommt. Allein der erste Grund gegen
diese Leseart ist nicht allein deshalb nichtig, weil ähnlich wiederholte Worte doch auch anderwärts beim Pindar vorkommen;
und wenn dies eben nicht gerade schön ist, so ist es doch un-
bedenklich in einer solchen Stelle, in welcher weder derselbe
Begriff wiederholt ist noch derselbe Klang: denn ἱρέα und ἱεράν
klingt nicht auffallend gleich. Das andere aber bestätigt mir gerade die Wahrheit der Leseart. Denn aus der metrischen Analyse geht hervor (*Metr. Pind.* S. 282.), dass die Kürze am Schluss
einer trochäischen Dipodie oder in der daktylischen Katalexis in
den Gedichten Dorischen oder dorisirenden Charakters, wo sie
vorkommt, meistens gerade in der ersten Strophe, Gegenstrophe
oder Epode erscheint; wozu ein Grund vorhanden gewesen sein
muss, den ich noch nicht klar einsehe. Auch ist in guten Mss.
nicht eine Spur von verschiedener Leseart; nur die interpolirten
Neapp. Mss. haben statt ἱερέα die Leseart Πυθία, wodurch die
scheinbaren Schwierigkeiten gehoben würden. Mag sich täuschen
lassen, wer will; mir ist das Urtheil sicher. Hätte ursprünglich
Πυθία gestanden, so würde kein Mensch ἱερέα geschrieben
haben; ἱερέα kann kein Glossem zu Πυθία sein; eher konnte
ersteres durch letzteres erklärt werden. Man sagt zwar, der Schol.
scheine Πυθία gelesen zu haben; dies ist aber unwahr. Zu Vs. 9.
macht der Schol. eine Anmerkung über den Accent von ἱέρεα,
welches er also las; die andere Stelle des Schol. aber, aus der
man Πυθία hat ziehen wollen, beweiset gerade für ἱερέα: ἡ
τῶν χρυσῶν τοῦ Διὸς ἀετῶν πάρεδρος καὶ ἱέρεια τοῦ Ἀπόλλωνος Πυθία; denn hier ist Πυθία offenbar Erklärung, und
ἱέρεια τοῦ Ἀπόλλωνος ist aus dem Texte gezogen, indem zu den
letztern Worten, wenn nicht ἱέρεα oder ἱερία im Texte stand,

gar keine Veranlassung vorhanden war. Um kurz zu sein, *Πυθία* ist absichtliche Aenderung durch ein aus diesem Scholion aufgegriffenes Wort, um das Versmaass auszugleichen, vorzüglich um die letzte Sylbe zu *τυχόντος* zu verlängern. Endlich geben *Pyth.* *VI*, 4. *ἱρόν* noch die *Neapp. Mss.* in der Leseart *χθονὸς ἐς ναὸν ἱρὸν οἰχόμενοι*: und wirklich könnte man nicht, wie gemeint worden, *ἱερόν* hier dreisylbig lesen, sondern es würde zweisylbig sein müssen, wenn diese Leseart die mindeste Berücksichtigung verdiente: unläugbar ist sie aber eine Interpolation, um das von Hermann richtig verbesserte *χθονὸς ἐς ναὸν προςοιχόμενοι*, welches dem Versmaasse widersprach, wegzuschaffen. Dass ich übrigens nicht behaupten will, Pindar habe irgendwo *ἱρόν* geschrieben, ist schon bemerkt worden; doch scheint es mir nicht sicher, dass er es nicht gethan habe. Denn es giebt allerdings gewisse Formen, wo es nicht nöthig schien, die beiden Sylben, welche zu Einer zusammengezogen werden, schriftlich darzustellen. Trotz den Mss. habe ich gewagt, *Olymp. XIII*, 102. *Pyth. VIII*, 104. *Nem. I*, 72. *IV*, 9. *X*, 56. *Isthm. VII*, 35. den einsylbigen Dativ von *Ζεύς* mit Einem Iota *Δί* zu schreiben; denn *Διΐ* kann nicht bleiben, und *Διί* widerspricht der eingeführten Schreibart des Griechischen: wogegen *Δίφιλος* und ähnliche Namen, worin jene Sylbe zwei Iota enthält, dem von mir eingeführten angemessen sind. *Διΐ* ist in die Mss. nur deshalb gekommen, weil *Δί* verschollen war. Die alten Denkmäler, namentlich Payne Knight's von Gell gefundene Olympische Erztafel [C. I. n. 11.] und die Inschrift auf dem Helm, welchen Hieron nach Olympia weihte, [C. I. n. 16.] geben *Δί*: letztere Inschrift ist aus Pindar's Blüthezeit.

32. Nach den bisher angeführten Beispielen von Interpolationen aus Verkennung der Mischung der Vocale, kann es nicht befremden, wenn mehrere Krasen, welche bekannt sind, von dem einen oder anderen Grammatiker, der daran anstiess, entfernt wurden. Hierin sind die *Neapp. Mss.* einzig. *Isthm. IV*, 6. haben sie *ἄνασσα* statt des unbedenklichen *ὦ 'νασσα*, *Isthm. II*, 9. wo *τώργείου* in den übrigen Büchern steht, und durch *τὸ τώργείου* leicht geheilt wird, geben sie *τό γ' Ἀργείου*, welches weit schlechter ist, und eben wegen der mit der Herstellung des Versmaasses verdrängten Krasis Verdacht gegen sich

hat, um so mehr, da auch Vs. 10. in demselben Handschriften ἀλαθείας θείας eine nach einem alter angewandten kritischen Grundsatze gemachte Interpolation ist (s. den Anhang zu unserem Pindar Bd. II, Th. II.). Am auffallendsten ist aber die Veränderung von ὦ 'πολλωνιάς in ὦ Φοιβηϊάς Isthm. I, 6. Dass alle diese Lesearten als wichtig angesehen worden, könnte auffallen, wenn man nicht sahe, dass das Urtheil der Gelehrten überhaupt sehr gegen die Krasen eingenommen sei. Meines Erachtens lassen sich die Grenzen der Vermischung der Laute nicht ohne Beispiele bestimmen: sie ist etwas dem Volke Eigenthümliches, und kann nur nach Erfahrung oder Ueberlieferung erlernt werden, auf deren Grund Buttmann den Gegenstand mit grosser Vollständigkeit abgehandelt hat (ausführl. Gr Gramm. Th. I. S. 113 ff.). Es liegen genug Beispiele vor, um zweifelhafte Fälle darnach zu beurtheilen, von welchen ich einige behandeln will. *Pyth. IV*, 225. ist γενύων zweisylbig; ich habe dafür γνάθων gesetzt, welches Pindar auch schreiben musste, wenn γενύων anstössig war; aber ich stimme jetzt vollkommen mit Hermann (*Elem. doctr. metr.* S. 55.) überein, dass γενύων richtig sei, und es ist nach der Aufführung ähnlicher Beispiele aus den Tragikern nicht nöthig, mehr darüber zu sagen. Was man an dieser Stelle herumgemodelt hat, indem statt οἳ φλόγ' ἀπὸ ξανθᾶν γενύων πνέον (πνεῦν) geschrieben wird οἳ γενύων ξανθᾶν φλόγ' ἔπνεον, ist nicht nur höchst unwahrscheinlich, indem Worte umgestellt, ἀπό ausgestrichen, und πνέον noch in ἔπνεον verwandelt worden, sondern noch obendrein schlecht, da das Versmaass nicht erreicht, sondern statt ‿ ‿ _ _ das Maass _ ‿ ◠ _ gegen den rhythmischen Charakter des Gedichtes gesetzt ist. Πνέον kann man auch behalten; doch halte ich es der Deutlichkeit wegen für besser, πνεῦν zu schreiben, damit man wisse, wie die Laute sich mischen, zumal da ευ statt ἐο in anderen Formen bei Pindar herkömmlich ist (s. Abschn. 31.). Drei andere Krasen hat Hermann verworfen: λαοῖσι *Pyth. XII*, 12. ἅτᾳ· εἰ *Pyth. XI*, 55. οἳ ὅταν *Nem. X*, 15., und eine vierte in Ἀωσφόρος *Isthm. III*, 42. wird auch geläugnet. In der ersten Stelle Ἰναλία τε Σερίφῳ λαοῖσί τε μοῖραν ἄγων, hat man sich viel gedünkt λαοῖσι in παισί zu verwandeln, und jenes für ein Glossem zu diesem erklärt; dieses καισί soll durch die Redensart παῖδες Ἑλλήνων erläutert werden; denn παῖδες Ἑλλήνων sei λαοὶ Ἑλλήνων, παῖδες Σερίφου sei λαοὶ Σερίφου: aber wer sieht nicht, dass beiden keine Vergleichung leidet, und obendrein auch παῖδες Ἑλλήνων gar nicht λαοὶ Ἑλλήνων bedeutet? Eine Kritik, welche methodisch zu Werke geht, wird so sprechen müssen: λαοῖσι steht in allen Handschriften und genügt dem Sinn; soll es aber metrisch richtig sein, so müssen die Laute gemischt werden; leitet die Analogie zur Möglichkeit der Mischung, so muss sie angenommen werden und ist für diesen Fall historisch sicher, weil sie auf einer diplomatisch gewissen Lesart beruht. Es ist nur zu erweisen übrig, dass die Analogie zur Möglichkeit der Mischung leite. Nun ist gewiss, dass der Stamm λαός eine Neigung zur Mischung der Laute hat, zweitens, dass dieser Mischung auch von Seiten der Vocale αοι nichts im Wege steht. Ersteres ist schon in den *noll. crill.* nachgewiesen; die Neigung zur Mischung ist nämlich angedeutet in dem Bestreben der Attiker die erste Sylbe zu kürzen, λαός λεώς: denn das E ist in diesen Formen ganz schwach, so unbedeutend, dass es für den Accent als nicht vorhanden angesehen wird; daher Μενέλεως, nicht Μενελέως, wie πόλεως, nicht πολέως: ja die Beispiele von der wirklichen Mischung Μενέλεως, πόλεως, sind nicht selten, wie bei Euripides. Und auch ausser dieser Attischen Form ist in Μενέλας, Ἀρκεσίλας und allen ähnlichen die Mischung wirklich vollzogen: nicht in der Schrift, aber in der Aussprache kommt sie *Isthm. I',* 27. in Λαομεδοντιάν vor, wo man kürzlich Λαμεδοντίαν geschrieben hat, richtig für das Lesen, aber gegen die Pindarische Schreibart. Von Seiten des Wortes λαός wird also die Mischung in λαοῖσι sogar empfohlen; aber auch von Seiten der Vocale αοι kann man unbesorgt sein. Dies zeigen schon die Dative Μενέλᾳ, Ἀρκεσίλᾳ, welche zu Μενελάῳ, Ἀρκεσιλάῳ sich vollkommen verhalten wie λᾷσι zu λαοῖσι: wollte einer sagen, diese Formen seien metaplastisch nach der ersten Declination gebildet, so ist dieser Einwurf ganz unbedeutend. Denn die Sprache wird gemacht, ehe man an Unterscheidung der Declinationen denkt; die Declinationen sind nach Analogie vom Volke gebildet; das eben bemerkte analogische Ver-

haltniss behält also seine Beweiskraft. Ferner mischen sich die
Vocale αοι leicht; den Beweis giebt ἀοιδή ᾠδή. Dass λαοῖσι
ein langes A hat, ἀοιδή ein kurzes, ist nicht dagegen; denn οι
mischt sich mit dem langen Vocal eben so gut als mit dem kurzen,
wie ὦ οἰζυρέ, ᾤζυρέ. Wie endlich λεώς schon die Neigung
zur Mischung des λαός beweiset, so zeigt für λαοῖς dasselbe das
Attische λεῴς. Dieser Beweis ist durch alle Stücke durch so
schlagend, dass kein Zweifel Raum behält. Nach derselben Analogie ist Ἑωσφόρος Isthm. III, 42. zu betrachten. So wie nämlich in πόλεως, Μενέλεως, λεώς die Neigung zur Mischung
erscheinet, so in ἕως statt ἀώς oder ἠώς: wenn also, was Hermann zugiebt, ἑωσφόρος die Mischung leidet, so leidet sie auch
ἀωσφόρος: denn von Seiten der Vocale ist hier eben so wenig
als bei λαοῖσι eine Schwierigkeit, indem αω eben so gern als
εω sich mischt, wie in τάων, τᾶν. Es ist jedoch für die Aussprache ein wesentlicher Unterschied, ob ἑωσφόρος oder ἀωσφόρος, λεώς oder λαός geschrieben werde, dort nicht allein wegen
des Hauches, sondern in beiden noch wegen eines anderen Um-
standes. In allen diesen Mischungen befolgen nämlich die Attiker
und die Aeolisch-Dorischen Stämme den entgegengesetzten Grundsatz. Die Attiker eilen nach dem Ende und geben daher dem
ω den Vorzug, welches in der Mischung der überwiegende Laut
wird: τάων, τῶν; λαός, λεώς; Μενέλαος, Μενέλεως; ἀώς, ἠώς,
ἕως. Die anderen aber geben dem α den Vorzug, indem sie
den ersten Vocal hervorheben: τάων, τᾶν; Μενέλαος, Μενέλας;
und so muss man auch λαοῖσι nicht in λῶσι, sondern in λᾶσι
mischen, welches aber nur in der Aussprache geschieht. Eben
dies gilt von ἀωσφόρος. Man glaube jedoch deshalb nicht, dass
der Laut O gänzlich verschwunden sei; gewiss war das A in τᾶν,
Μενέλας und allen ähnlichen Worten dasjenige, welches in
verschiedenen Sprachen ein Mittellaut zwischen A und O ist,
wie in Åbo, dem Englischen all und in der Sprache der Schweizer
und der angrenzenden Deutschen Bergbewohner. Die Berge selbst
erzeugen diese Verschiedenheit der Aussprache durch die klima-
tische Einwirkung auf die Organe; und der Dorer Mundart ist
in den Bergen gebildet, in welchen sie wohnten. Die Stelle Pyth.
XI, 55. will ich nicht für unverderbt halten; nur muss man

nicht von der Unmöglichkeit der Mischung der Vocale in ᾶτᾳ· εἰ einen Grund hernehmen wollen. Wenn εἰλαπίνη ἠὲ γάμος, wenn ἠ εἰδόπεν Mischung erlauben, warum soll ᾶτᾳ εἰ nicht gemischt werden, welches ᾶτη εἰ ist? Etwa wegen des *Iota* in ᾶτᾳ? Mischt man doch καὶ εἰ und καὶ εἶτα in κεῖ, κᾆτα. Aber man wird sagen, die Interpunction ᾶτᾳ· εἰ hemme die Mischung. Allein dass diese eben so wenig dieser Freiheit entgegen sei als im Lateinischen der Elision, lehrt Homer's ἀσβέστῳ· οὐδέ *Iliad.* ρ, 89. Ich möchte also doch wissen, warum man jenes eine *ineptam synizesin* genannt hat. Nicht anders verhält es sich *Nem.* Y, 16. mit οἶ ὄψιν. Dieser Mischung steht von Seiten der Vocale nichts entgegen: οἱ oder ῳ, was in dieser Hinsicht keinen Unterschied macht, mischt sich mit ο ohne Anstoss, wie in τῷζλῷ: der einzige Unterschied jenes und dieses Beispieles liegt darin, dass τῷζλῷ eine aus der Sprache des Umganges gewöhnlich gewordene Mischung ist, welches von οἶ ὄψιν nicht bewiesen werden kann: aber der Dichter kann, wo er es bequem findet, der Analogie nachgeben, und ich wüsste nicht, weshalb οἶ ὄψιν eine härtere Mischung sein sollte als ἀσβέστῳ· οὐδέ oder Ἐνυαλίῳ ἀνδρειφόντῃ.*) Wenn die Kritiker sich werden gewöhnt haben, ihre besonderen Ansichten dem aufzuopfern, was handschriftliche Ueberlieferung und Analogie lehrt, und die Sucht des Verbesserns, welche auch uns, die wir derselben heutzutage entgegenarbeiten, als ein angelerntes und vererbtes Uebel leider noch oft in den Nacken schlägt, durch eine bessere philologische Schule wird verbannt sein, wird man in Zukunft solche Stellen nicht mehr antasten. An dem letzteren Orte hat man übrigens kürzlich statt Τηλεβόας ἔναρεν. καὶ οἶ ὄψιν, nunmehr geschrieben: Τηλεβόας ἔναρ'. ἤτοι οἶ ὄψιν, und dadurch die Katalexis des daktylischen Rhythmus mit einem Daktylus beschenkt, welcher eben so sehr der Theorie als dem Ergebniss einer verständigen metrischen Analyse widerspricht: aber die Lesart der *Neapp. Mss.* ἔναρεν. ἤτοι οἶ war gewiss so gemeint, und ἔναρεν statt ἔναρ' ist ohne Zweifel nur ein Schreibfehler; auch dies ist eine der vielen Interpolationen, welche der Mangel an Auf-

*) [Hom. B 651. Im Text stand aus Versehen Ἀργειφόντῃ. — E.]

merksamkeit auf die Mischung der Vocale in jenen Handschriften erzeugt hat. Nur der Urkunde des Versmasses verdanken wir die Rettung der Lesarten in etlichen Stellen, wo die Laute gemischt werden; wie ʽΗρακλέος, *Pyth. X*, 3. wo ich die Mischung durch die Schreibart ʽΗρακλεῦς aus einem besonderen Grunde bezeichnet habe (s. oben 31.); *Pyth. X*, 25. νεαρόν, *Isthm. VI*, 8. 9. ἢ ὅτε: denn man glaubte die zwei Sylben, welche zusammengezogen werden müssen, wären zwei Kürzen statt einer Länge; wogegen Analyse und Analogie das Gegentheil beweiset.

33. Wir beschliessen die Bemerkungen über die Prosodie mit der Erwähnung einer Stelle, wo eine einzige Krase Ursache wurde, dass alle Strophen einer Ode schimpflich interpolirt wurden; glücklicher Weise haben sich aber in den Handschriften alter Recension alle ursprünglichen Lesarten vollkommen erhalten. *Olymp. XIII*, 7. steht nämlich ταμίαι ἀνδράσι, wo αι mit α zusammenfliesst, was schon ehemals und jetzt von neuem mit hinlänglichen Beispielen gerechtfertigt worden; da die Byzantinischen Kritiker dies nicht bemerkten, fehlte ihnen in allen übrigen Strophen eine Sylbe, welche sie dann in jeder hineinzwängten, und dadurch Vs. 15. 29. 37. 51. 59. 73. 81. 95. 103. zu Grunde richteten.*) Hier kann nicht von zweifelhafter Kritik die Rede sein; die Sache ist diplomatisch und von Seiten der Sprache vollständig erwiesen (*nott. critt.* S. 418 ff.); und ich würde weiter nichts darüber sagen, wenn nicht die *Neapp. Mss.* neue Interpolationen statt der schon früher bekannten darböten, wobei nur zu bedauern ist, dass wir, wie sie jetzt verglichen sind, nur wenige Versuche jenes Kritikers kennen. Vs. 59. ist die wahre alte Lesart: τοῖσι μέν 'Εξεύχετ' ἐν ἄστεϊ Πειράνας σφετέρου πατρός ἀρχάν; die gewöhnliche Interpolation ist σφετέρου μὲν πατρός; die Unrichtigkeit dieser Lesart erhellt schon ohne Rücksicht auf den diplomatischen Werth aus τοῖσι μέν. Der Neapolitanische Kritiker schrieb σφετέρου ἐκ πατρός, was selbst dem Sinne nicht recht angemessen ist; doch hat man es aufgenommen. Vs. 73. ist die richtige Lesart der alten Bücher: κοιτάξατο

---

*) [Hermanns in der Abh. *de quinque carm. Olymp.* (1847.) ausgesprochene Ansicht über diese Stellen billigte Böckh nach einer handschr. Bemerkung zu Pind. 1 p. 418 nicht. — F.]

νύκτ' ἀπὸ κείνου χρήσιος, ὥς τέ οἱ αὐτά, wo ὥς τε dem vorhergegangenen ὥς τε entspricht. Die geschickteste Interpolation ist die früher bekannte ὅππως τέ οἱ: ganz ungeschickt, um nur eine Sylbe zu ergänzen, schrieb der Neapolitaner καὶ ὥστε, gegen das Versmaass: nicht viel besser ist die Verderbung des neuesten Herausgebers ἠδ' ὥστε. Vs. 103. 104. las man sonst:

ἀμφ' Ἄργεϊ θ' ὅσσα καὶ ἐν Θήβαις ὅσα τε
Ἀρκάσ' ἀνάσσων μαρτυρήσει Λυκαίου βωμὸς ἄναξ.

Dass hier ἀμφ' eine Interpolation statt ἐν sei, zeigen die Handschriften; der Dichter hat in dieser Stelle theils die Länge theils die Kürze gebraucht: ebenso ist ὅσα τε eine freilich sehr kleine Interpolation, um die scheinbar fehlende Sylbe zu ergänzen: die guten Mss. haben ὅσσα τ' und ὅσα τ'. Eine andere Schwierigkeit in Ἀρκάσ' ἀνάσσων hat Hermann's treffliche Besserung Ἀρκὰς ἀνάσσων gehoben. Ἀνάσσων ist aufsteigend, welches man neulich geläugnet, aber nicht widerlegt hat; dies Beiwort passt ganz vorzüglich für den hochgethürmten den Peloponnes beherrschenden Altar des Lykäischen Zeus auf der Bergspitze, wie der Commentar lehrt: Ἀρκάς findet sich auch in dem Cod. Brunck., dessen Worte, ἔστι καὶ ἐν τοῖς Ἀρκάσιν nur das sagen wollen, was wir wissen, dass Andere Ἀρκάσ' als Dativ lasen. Sehen wir nun gegen diese Learten, welche sich genau an den nicht interpolirten Text anschliessen, was die Neapp. Mss. geben: ὅσα ἐν Ἀρκάσιν ὅσσον. Das ὅσα ἐν ist offenbar gemacht, um die fehlende Sylbe zu ersetzen: und Ἀρκάσιν ὅσσον schrieb man, um das allerdings unbrauchbare Ἀρκάσ' ἀνάσσων wegzubringen. Dürfte man irgend etwas auf die Neapolitanische Leseart geben, so müsste man nach Ausmerzung der falschen Sylbe und Herstellung des Versmaasses, wie es sich aus den guten Mss. ergiebt, so schreiben:

ἀμφ' Ἄργεϊ θ' ὅσσα, καὶ ἐν Θήβαις ὅσ', ἐν Ἀρκάσιν ὅσσον.

Aber dann ist ὅσσον anstössig; denn da Pindar überall in dieser Stelle ὅσα hat, auch der Singular ὅσσον dem Gedanken unangemessen ist, so hätte Pindar nothwendig das vom Versmaass zugelassene, vom Sinn erforderte ὅσσα schreiben müssen. Dies hat der neueste Herausgeber auch gethan. Aber gerade dass die Handschriften nicht ὅσσα haben, sondern ὅσσον, worauf durch einen Schreibfehler nicht leicht zu kommen war, wohl aber durch

Interpolation, macht es deutlich, ὅσσον sei nur dadurch entstanden, dass der Kritiker 'Ἀρκάσ' ἀνάσσων auf die leichteste Weise entfernen wollte. Freilich konnte er auch ὅσσα gar nicht brauchen; denn da er den Vers nicht mit 'Ἀρκάσ' ἀνάσσων schloss, sondern dies in die Mitte eines Verses fiel, so bedurfte er einer Positionslänge, welche durch ὅσσον erzeugt wird. Indessen wäre nach besserer Einsicht als der der spätern Grammatiker die Kürze, auch wenn der Vers nicht mit ὅσσα geschlossen würde, erträglich, obgleich in dieser Stelle nirgends von dem Dichter gebraucht; also könnte Einer sagen, ὅσσον sei zwar eine Interpolation, aber nur statt ὅσσα, welches ehemals hier gestanden habe. Dies liesse sich hören, wenn irgend eine Handschrift ausser den *Neapp.* von ὅσσα an dieser Stelle eine Spur zeigte; da dies nicht ist, müssen wir diese Ansicht zurückweisen. Fasste Einer aber auch Muth, sich über alle diplomatische Bedenken hinwegzusetzen, so trifft er auf das höchst unangenehme Asyndeton bei ἐν Ἀρκάσιν. Aber diesem hat man mittelst folgender Lesart abzuhelfen gesucht:

ἀμφ' Ἀργεῖ θ' ὅσσα, καὶ ἐν Θήβαις ὅσ', ἔν τ'
Ἀρκάσιν ὅσσα, μαρτυρήσει Λυκαίου βωμὸς ἄναξ,

und es wird dabei versichert: „*Lectione et interpunctione mutata „turbae variarum lectionum et interpretum concidunt, et omnia „optime cohaerent.*" Wundersam! denn erstlich ist gegen das wahre Versmaass, wie es die nicht interpolirten Mss. geben, der erstere Vers um die öfter besprochene Sylbe zu lang, und sein Schluss ὅσ', ἔν τ' kläglich zusammengestoppelt und voll Misston; sodann hat die Stelle allen Verstand verloren. Denn entweder steht jetzt μαρτυρήσει Λυκαίου βωμὸς ἄναξ einzeln und unverknüpft, oder die Construction ist diese: Μαρτυρήσει δὲ Λυκαίου βωμὸς ἄναξ, Πέλλανά τε καὶ Σικυών — Εὔβοια τὰ ἐπ' ὀφρύϊ Παρνασίᾳ — ἔν τ' Ἀρκάσιν ὅσσα, ihre Thaten am Parnass und wie viel sie in Argos und Theben und Arkadien siegten, wird der Lykäische Altar und Pellana und Sikyon und Megara und Aegina und Sicilien und Euböa und Eleusis und Marathon bezeugen. Dies ist Unsinn. Ganz anders nach der richtigen Lesart: Ihrer Thaten beim Parnass und in Argos, wie viel sind sie, wie viel in Theben, wie viele wird der Lykäische Altar in Arkadien bezeugen, wie viele Pellana, Sikyon, Megara, Aegina, Eleusis, Marathon, Euböa, Sicilien bezeugen! Wollte man aber μαρτυρήσει Λυκαίου βωμός ἄναξ abgesondert als Parenthese nehmen, so fehlt es an einem Verbum zu Πέλλανα und allen übrigen Namen. Kurz die Stelle ist so gründlich verderbt, dass man den Triumphton nur belächeln kann.

34. Von diesen Irrsalen uns wegwendend, müssen wir uns leider wieder in ein neues Labyrinth begeben, aus welchem wir jedoch glücklich zu entkommen hoffen an dem Ariadnischen Faden, welcher aus der diplomatischen Kritik und der mit ihr zusammengeschlungenen metrischen Analyse gesponnen ist. Die Grammatiker haben nämlich ausser ihren auf die Prosodie bezüglichen Aenderungen eine Menge Stellen interpolirt, um die entsprechenden Sylben der Strophen einander gleich zu machen, welches wir an einer Anzahl Beispielen klar machen wollen. Schon oben (28.) ist erwähnt, dass der lyrische daktylische Vers, die Eigennamen ausgenommen, den Spondeus nur in den Katalexen aufnimmt, wo der Spondeus zugleich mit dem Trochäus erlaubt ist, dagegen wiederum nicht der Daktylus; der Daktylus wird hier sogar von der Natur des Rhythmus selbst ausgeschlossen, und die metrische Analyse führt eben dahin, nicht bloss bei Pindar, sondern ebenso gut bei den Dramatikern; wogegen die Trochäen an solchen Stellen nicht selten sind, s. oben 9. u. *Metr. Pind.* S. 128. Eben dahin leitet die diplomatische Kritik, indem sie die Nichtigkeit der entgegengesetzten Lesearten zeigt, welche hier und da in den Text gebracht wurden, weil die Grammatiker, den Aristarch (*Schol. Pyth. III*, 75.) nicht ausgenommen, diese metrischen Regeln nicht verstanden. Die einzige Stelle, wo gute Bücher den Daktylus geben, ist *Olymp. VIII,* 16. bei der Leseart ὅς σε μέν; aber gleich *Olymp. VIII,* 17. nebst den Gegenstrophen giebt von der Interpolation ein augenscheinliches Beispiel. In der ersten Epode haben wir folgenden Vers:

Ἀλκιμέδοντα δὲ πὰρ Κρόνου λόφῳ
⏑⏑—⏑⏑—⏑⏑—⏑—

worin die daktylische Reihe mit einem Trochäus endet. Pindar zieht nun zwar meistens den Spondeus vor; indessen ist der

Trochäus hier sicher, einmal weil er in der ersten Epode steht, wo, wie schon bemerkt worden, die Kürze häufig ist in diesen abweichenden Maassen; dann weil die Abweichung in einen Eigennamen fällt; endlich weil der kurze Vocal vor der *liquida* steht, wo gerade diese Erscheinung am häufigsten eintritt (*Metr. Pind.* S. 283.). Der Neapolitanische Kritiker fand jedoch Anstoss, und da er nicht wusste, dass der Daktylus in diesem Fusse nicht für den Spondeus stehen darf, setzte er, um den Trochäus zu verdrängen, Κρονίῳ statt Κρόνου. Diese Aenderung lehrt zugleich, dass der Kritiker in den entsprechenden Epoden den Spondeus vorfand; sonst würde er hier nicht den Daktylus gesetzt haben: und den Spondeus geben auch die Bücher alten Textes durchaus; wogegen die Mss. der interpolirten Recension des Moschopulos und Triklinios durchweg den Trochäus haben, weil die Urheber dieser Recension den Trochäus in der ersten Epode vorfanden, die erste Strophe aber von jenen Kritikern gewöhnlich als Regel zur Aenderung der anderen genommen wurde, wenn sie nicht durch die Schwierigkeit aufmerksam gemacht, lieber einmal auch die erste Strophe nach den übrigen änderten. So ist denn Vs. 83. 84. statt ὅν σφιν Ζεὺς γένει Ὤπασεν in der genannten Recension geschrieben ὅν σφισιν ὤπασεν Ζεὺς γένει; Vs. 61. (*ep. γ'.*) war dagegen keine Veränderung nöthig, weil das Maass des Wortes ἀπειράτων zweifelhaft ist. Vs. 39. (*ep. β'.*) haben alle Bücher aller Recension ψυχάς, welches Pindar's Sprachgebrauche angemessen ist (*nott. critt.* S. 394.) und von ihm wie hier so anderwärts von Schlangen gebraucht wird; ψυχή ist ursprünglich Hauch, und so auch in diesen Stellen zu nehmen: der Hauch enthält aber die Seele. In den interpolirten Mss., deren Vergleichung meine Ausgabe giebt, findet sich dagegen πνοάς, aus Interpolation zur Hervorbringung der Kürze; nur eine nicht eindringende Kritik, welche am Einzelnen klebend, diese oder jene Leseart nach zufälligen Vorstellungen für besser erklärt, während sie unfähig ist allgemeine Ansichten zu gewinnen und die Geschichte des Textes zu entwerfen, kann ψυχάς als Glossem zu πνοάς ansehen, da zumal πνοὰς βάλλειν von Schlangen gesagt kaum irgend einer durch ψυχὰς βάλλειν wird erklärt haben; und alle Stellen der Tragiker, womit man zeigt, dass man πνεῦμα ἀφεῖναι und dergleichen sage, beweisen nichts gegen das viel schönere ψυχάς, welches nicht nur aus Pindar's Sprachgebrauch gerechtfertigt, sondern auch diplomatisch empfohlen ist. Von derselben Art ist die Interpolation *Pyth. XII, 31,* wo der Trochäus in der Katalexis des daktyllschen Verses in δελπτίαν βαλών in der letzten Epode vorkommt, aber die Kürze in ein *Iota* fällt, wodurch eine gewisse Mittelzeitigkeit entsteht, wie Ἀκαδημία Ἀκαδημεία und unzählige Beispiele zeigen: und gerade in solchen findet sich die scheinbare Kürze oft (*Metr. Pind.* S. 283.); dies zu verdrängen ist in den *Neapp. Mss.* 362 ἀέλπτοις ἐμβαλών geschrieben. Eben dahin gehört die Leseart κεραΐζειν statt κεράϊζεν *Pyth. IX, 21.* Nicht selten hat Pindar ferner statt der trochäischen Dipodie in der Gestalt des zweiten Epitritus die reine trochäische Dipodie, meistens jedoch so, dass der Vocal der vierten Sylbe entweder ein *Iota* ist oder vor einer *liquida* steht, wodurch die vorhin berührte Mittelzeitigkeit entsteht, und auch dies gewöhnlich nur in den ersten Strophen, Gegenstrophen oder Epoden, wovon, wie gesagt, der Grund noch nicht mit Bestimmtheit angegeben werden kann: natürlich haben sich die Interpolatoren an diesen Stellen viel versucht. Ein höchst merkwürdiges Beispiel der Art *Olymp. VI, 18.* ist schon oben berührt worden, wo πάρεστι in νῦν πάρεστι verwandelt wurde: die Kürze steht hier in der ersten Epode vor der *liquida* ρ. *Olymp. VII, 2.* ist ἔνδον ἀμπέλου mit der Kürze vor der *liquida* λ in der ersten Strophe: sowohl die guten Mss. als *Athen. XI, p. 503. F.* zeigen, dass dies die wahre alte Leseart ist; aber einige Handschriften und unter diesen *Mosc. B. Bodl. C.* welche vorzüglich stark interpolirt sind, geben ἀμπέλου ἔνδον, um die Kürze wegzubringen. Schwieriger zu beurtheilen ist *Olymp. III, 27.* Ἰστρίαν νιν· ἔνθα Λατοῦς ἱπποσόα θυγάτηρ: wo die Kürze νιν zwar in der zweiten Epode, aber in einer *liquida* steht, und folglich kein Bedenken hat; aber diplomatisch verhält sich die Stelle anders als gewöhnlich: denn Mss. alter und neuer Recension*) haben durcheinander Ἰστρίαν νιν und Ἰστριανήν; doch stehen die der Triklinischen Recension für Ἰστριανήν. Es scheint

---

*) [Wie es scheint, schon vor Moschopulos, z. B. Gott. den auch Mommsen zur alten Classe zählt. *Schol. rec.* hat auch die Leseart

zu folgen, dass auch diese Lesart alt sei. In der letzten Recension aber vorgezogen wurde, weil sie die kurze Sylbe entfernte. Obgleich nun νιν meines Erachtens unentbehrlich ist, will ich dennoch, weil Andere anders urtheilen, darauf kein Gewicht legen, sondern nur diplomatisch schliessen. In den alten Scholien finden sich drei Lesearten, Ἱστρία νιν, Ἱστρίαν νιν, Ἱστριανήν: die dritte ist von Seiten des Dialektes unrichtig; doch mag zugegeben werden, dass nur die Schreiber, jedoch schon vor Triklinios, den Fehler begangen haben, und statt Ἱστριανήν ursprünglich Ἱστριανάν oder Ἱστρινάν gemeint war: es fragt sich nur, welche der drei Lesearten die in den Alexandrinischen Mss. überlieferte war, welche dagegen bloss von Vermuthungen herrühren, und folglich diplomatisch so anzusehen sind, als wären sie nicht da. Hier wissen wir so viel, dass Aristarch Ἱστρία νιν las, und dies zum Folgenden construirte, Ἱστρία νιν ἔνθα Λατοῦς ἱπποσόα θυγάτηρ δέξατ᾽ ἐλθὼν Ἀρκαδίας ἀπὸ δειρᾶν; von den zwei andern Lesearten wissen wir nichts Bestimmtes. Setzen wir aber den Fall, dass Ἱστρίαν νιν oder Ἱστρινάν (Ἱστριανάν) schon vor Aristarch vorhanden war, ist es dann wohl wahrscheinlich, dass Aristarch die Leseart Ἱστρία νιν würde befolgt haben? Ich zweifle; denn in der Leseart Ἱστρίαν νιν war keine Schwierigkeit ausser von Seiten der Kürze, welche sie mit der Aristarchischen Leseart gemein hat, und jene Leseart, wenn sie vorhanden war, musste sich gleich vor der andern Jedem empfehlen: und auch in Ἱστρινάν war weiter nichts Anstössiges, als dass zu πορεύειν das νιν fehlt, welches aber auch bei der Aristarchischen Leseart eintritt; dagegen konnte sie von Seiten des Versmaasses vorzüglicher scheinen. Um kurz zu sein, Aristarch hat bei seiner allerdings nicht empfehlungswerthen Erklärung, nach welcher ἐς γαῖαν äusserst kahl voran steht, und erst durch den Satz ἔνθα Λατοῦς — μυχῶν eine unklare und verquert nachkommende Bestimmung enthält, nichts anderes gethan, als der überlieferten Leseart aufgeholfen; Ἱστρίαν

Ἱστριανήν, wenn die Stelle in demselben, die nicht in die Structur passt, nicht von Späteren herrührt. Nach *Schol. Mosc. H.* bei Mommsen *Schol. Germ.* S. 20, hat Triklinius Ἱστριανήν gesetzt, jedoch nach dem Vorgange des Moschop. |.

νιν aber ist eine leichte an die ursprüngliche Lesearl angeschlossene Vermuthung, durch Verdoppelung des N; Andere gingen dann weiter, und schrieben zugleich auf das Versmaass gestützt Ἰστριηνάν oder Ἰστριανάν, zu γαῖαν; denn Ἰστριηνάν von ἐλθόντα abhängig zu machen, hat bis auf Hermann Niemand gewagt. Geht man also auf die älteste Beschaffenheit des Textes zurück, so erweiset sich bei unbefangener Betrachtung νιν und die Kürze als ursprünglich, und nur über Ἰστρία und Ἰστρίαν kann noch Zweifel obwalten; doch scheint mir der gerade Sinn die Tüchtigkeit des letztern gleich darzubieten. Freilich ist es auffallend, dass Hermann mit grosser Bestimmtheit sagt, der Name des Landes könne auf keinen Fall mit γαῖαν verbunden werden; was er sich dabei gedacht habe, kann ich nicht begreifen: denn an dem Uebergang des Satzes in die Epode kann er unmöglich zweifeln; und man kann im Gegentheil, denke ich, sehr sicher sein, dass jener Name nicht mit ἐλθόντα könne verbunden werden.

35. Ich habe diese Beispiele hervorgehoben, um das Verfahren in solchen Stellen zu zeigen, wo die metrische Analyse zusammengehalten mit diplomatischen Gründen zur Beurtheilung der Lesearten und zugleich des Versmaasses führt; eine vollständige Erörterung des Gegenstandes ist um so überflüssiger, da meine kritischen Anmerkungen eine Menge solcher Interpolationen nachweisen, von welchen ich, um andere zu übergehen, nur auf *Olymp. II*, 33. *VIII*, 54. *IX*, 60. 62. 73. 74. 95. *XIII*, 66. 80. verweise; manche sind auch schon oben unter einem andern Gesichtspunkt vorgekommen. Jedoch legen mir die Neapolitanischen Handschriften die Pflicht auf noch nachzuweisen, wie ihre Lesearten in gewissen Stellen, verglichen mit früher schon bekannten Interpolationen, sich würdigen lassen. *Olymp. IX*, 71. kannten wir früher schon die Interpolation λεών statt λαόν, welche gemacht ist, um eine metrisch richtige Länge zu entfernen; nunmehr kommt noch in den *Neapp. Mss.* eine zweite Interpolation derselben metrischen Stelle Vs. 41. zum Vorschein: dort steht καυχᾶσθαι mit der mittlern Länge statt der Kürze, welches die früher bekannten metrischen Versuche nicht zu entfernen gewusst hatten; in den *Neapp. Mss.* ist dies durch die

Interpolation κομπάσαι nicht κομπάσαις geleistet. Doch Vs. 101. bleibt noch die Länge, welche auch dieser Kritiker, wenn anders die Vergleichung hier nicht eine Lücke lässt, nicht wegzubringen im Stande war. Einer ähnlichen Gleichmachung verdanken wir *Pyth. VII,* 10. das τοί der *Neapp. Mss.* so wie ich auch jetzt zugebe, dass daselbst Vs. 2. die Leseart ἐρισθενεῖ in dem Interpolirten *Par. B.* darauf beruhe. Doch ist es immer möglich, dass diese Leseart dennoch nicht zu verwerfen sei; denn die Gleichmachung ist nicht schlechthin zu verwerfen, sondern nur dann, wenn sie keine Gründe hat; dort aber lässt sich ein Grund dafür angeben, welchen ich auch angedeutet habe; indessen wird man sicherer gehen, wenn man den besseren Handschriften folgt. *Olymp. IX,* 30. ist der Gleichmachung wegen δή statt δέ geschrieben worden; δή passt aber nicht; also hat der Dichter dort die Kürze in der ersten Epode, nach der öfter berührten unumstösslichen Beobachtung, deren Grund unklar ist, offenbar zugelassen. Dagegen hat man wieder die zwingende Nothwendigkeit der Gleichmachung nicht eingesehen, wo kein Grund vorhanden ist eine Ungleichheit anzunehmen, weil sie nicht diplomatisch begründet ist, wie *Pyth. IV,* 4. in αἰετῶν oder αἰητῶν: denn hier steht es, weil der Sinn derselbe ist, frei zu schreiben welches von beiden man will, da Pindar beides AIE-TON schrieb; so dass hier jener Grund, der von der ersten Strophe hergenommen werden kann, nicht anwendbar ist. Eben so ist zu missbilligen, dass *Pyth. III,* 87. *VI,* 28. ἐγένετο geschrieben worden mit einer in jenen Stellen jener Oden nicht vorkommenden Auflösung: das Wahre ist ἔγεντο, wodurch die Ungleichheit an beiden Orten gehoben wird; und der Einwurf, ἔγεντο sei neuer Dorismus, widerlegt sich eben daraus, dass die Uebereinstimmung dieser beiden Stellen lehrt, ἔγεντο sei Pindarische Form, indem man, wenn man dies nicht annehmen wollte, eine sonst nicht vorkommende Auflösung gerade nur in diesem Worte annehmen müsste: welches ungereimt ist. Doch um von dieser Abschweifung wieder auf die Neapolitanischen Handschriften zurückzukommen, so geben diese *Pyth. VIII.* wieder neue zu den alten hinzukommende Interpolationen, welche mit den frühern zusammengehalten sich verrathen: denn diese Ode ist sehr stark interpolirt worden, wie wir auch nachher an einem andern Beispiele sehen werden, und ich führe hier nur noch an, dass auch die Lesart μοῦνος *Pyth.* VIII, 54. die man kürzlich wieder aufgenommen hat, darauf beruht (s. *nott. crit.* S. 492.). Besonders haben die Kritiker den letzten Vers der Epode entstellt, wie Vs. 84. νίκαις τρίταις statt νίκαις τρισσαῖς geschrieben wurde, und Vs. 105. κάρίστῳ statt κἀγαθῷ, worüber in den *nott. crit.* hinlänglich gesprochen ist. Hierzu kommen aus den *Neapp. Mss.* Vs. 42. und 84. neue Versuche, dort Θήβαις γόνοις für υἱοῖς Θήβαις, hier νίκαις τρισίν γ᾿: der Kritiker setzte nämlich das Versmaass nach *ep. α'*. wo sonst υἱὸν πάξ gelesen wurde, und nach *ep. γ'*. so fest: _ ‿ ‿ _ wobei ich bemerke, was man schon aus Früherem wird gesehen haben, dass dieser Kritiker keine Kunde von den Interpolationen hatte, welche früher bekannt waren; sonst würde er wenigstens lieber das τρίταις statt τρισσαῖς beibehalten haben, statt das ganz unverständliche τρισίν γ᾿ auszusinnen. Zugleich erhellt aus diesem Beispiel, dass man, um den Gründen solcher Interpolationen auf die Spur zu kommen, vorzüglich suchen muss, was für ein Versmaass der Kritiker angenommen habe; wozu der metrische Scholiast meistens gute Dienste leistet. Ich begnüge mich mit einem einzigen Beispiele aus den *Neapp. Mss.* Der erste Vers von *Nem. IV.* ist nach dem metrischen Scholiasten als brachykatalektischer iambischer Dimeter behandelt worden, welcher nach den verkehrten Vorstellungen der Metriker dies Maass zulässt:

‿ – | ‿ – | ‿ – –

Der erste Fuss vertrug den Spondeus, aber der zweite nicht; dennoch findet sich dieser im zweiten Fusse:

Vs. 17. Κλεωναίου τ᾿ | ἀπ᾿ ἀγῶ-
Vs. 49. ἐν δ᾿ Εὐξείνῳ |-πελάγει.

Leicht geholfen war in der letzteren Stelle; man schrieb, wie meine Anmerkungen lehren, Εὐξένῳ, welches zwar nicht sprachwidrig, aber deswegen nicht desto weniger hier unächt ist; und um auch in der ersten Stelle den Spondeus statt des Iambus zu verdrängen, weil es wohlfeil war, gingen einige noch weiter, und setzten ἐν Εὐξένῳ. An die erstere Stelle wagten sich bescheidene Interpolatoren nicht, dachten vielleicht auch die vorletzte

Sylbe von Κλεωναίου sei abzukürzen: aber die Neapp. Mss. geben eine Leseart, von welcher man vergeblich die Quelle suchen würde, wenn man den metrischen Scholiasten nicht vor Augen hätte:

Κλεωναίου ἠδ' | ἀπ' ἀγῶ-

Hat man aber den Scholiasten verglichen, so erkennt man, dass der Metriker den Spondeus aus der zweiten Stelle entfernen will. Dies zu bewirken, setzt er, um Wortstellung unbekümmert, statt τ' ἐιν ἠδ', damit die letzte Sylbe von Κλεωναίου kurz werde, und zieht die zwei ersten Sylben dieses Wortes zusammen, welche Art der Zusammenziehung ihm aus πόλεως, Μενέλεως, bei den Tragikern, scheint geläufig gewesen zu sein. Dass er damit nichts bewirkt hat, selbst das nicht was er wollte, ist daraus klar, weil die letzte Sylbe von Κλεωναίου im iambischen Metrum diese Verkürzung kaum zulässt; aber der neueste Herausgeber, der weder die Prosodie noch das diplomatische Verfahren versteht, hat beide eben genannte Interpolationen, wie andere mehr, bei welchen ich es nicht gesagt habe, in seinen Text aufgenommen. Wie nichtig ist doch dies Bestreben! Setzt man das Versmaass im Einzelnen und die metrische Form des Pindar im Ganzen auf analytischem Wege fest, so verschwinden alle diese Nebelgebilde, und es findet sich, dass alle diese Aenderungen überflüssig und falsch sind.

367 96. Im Zusammenhange mit dem bisher Vorgetragenen steht eine grosse Anzahl Interpolationen, welche aus falscher Versabtheilung entstanden sind: denn da des Verses Endsylbe ein unbestimmtes Maass hat, so entsprechen sich häufig die Maasse der Strophen nicht mehr, sobald das Ende des Verses in die Mitte verlegt worden ist; und gewisse Arten von Abweichungen der Leseart in den interpolirten Handschriften können daher sogar auf die wahren Enden der Verse führen. Diese Interpolationen sind in der Regel die armseligsten, und die Byzantiner haben sich häufig damit begnügt, die kurze auf einen Mitlauter endigende Sylbe, wenn das folgende Wort mit einem Vocal begann, durch das sogenannte *Fulcrum* γ' zu verlängern: doch mussten sie hier und da weiter greifen, wandten auch andere ähnliche Mittelchen an. *Olymp. VI, 33.* genügte zu schreiben βρέφος

γ', 75. δρόμον γ', wie auch 28. mitten im Verse σάμερον γ' geschrieben worden, wofür die Handschriften zum Theil nur σάμερον haben, ich aber σάμερόν μ' setze; wahrscheinlich war in dem alten Texte ΣΑΜΕΡΟΜΜ. Vs. 68. musste wegen des falschen Versmaasses πατρός θ' statt πατρί gesetzt werden. *Olymp. VII*, 8. hat man φρενός γ', 46. ὁδόν γ', 59. λίπονθ' statt λίπον gesetzt; *str. β'*. war bei dieser Kritik vergessen, und erst Pauw hat λόγον γ' erfunden. Man vergleiche noch *Olymp. IX*, 81. νόον γ', 111. σεσιγαμένον γ', *XIII*, 14. ὤπασάν γ' und ὠπάσαντ', 95. ἀμφοτέρωθέν γ', *Pyth. VIII*, 13. φίλτατόν γ', 69. ἐπάγαγές γ' τ'), *Nem. VI*, 50. τηλόθεν γ', und sonst. *Olymp. I*, 84. 85. bei οὗτος ἄεθλος reichte man mit diesem einfachen Mittel nicht aus; es ist daher geschrieben οὗτοσί | ἄθλος γ', auf alle Weise fehlerhaft. Vorzüglich häufig ist diese Art Interpolation in den Olympien, die, soweit wir bisher urtheilen können, am meisten von den Byzantinern durchgearbeitet wurden; doch giebt es auch in den Pythien ausser den angeführten nicht selten Beispiele, wie *Pyth. IV*, 131. μέγαρον Πελία statt Πελία μέγαρον. *Pyth. VIII*, 33. 34. aber ist zweierlei versucht. Die wahre Lesart ist daselbst τὸ δ' ἐν ποσί μοι τράχον Ἴτω τεὸν χρέος; da aber τράχον nicht zu Ende des Verses gesetzt war, wurde statt seiner kurzen Endsylbe eine lange erfordert; daher steht im *Ven. B.* ganz schlecht τρίχων. In anderen Büchern ist umgestellt: τὸ δ' ἐν ποσί μοι ἴτω τρέχον τεὸν χρέος. Dies hat man neuerlich aufgenommen, nicht fühlend, dass diese Wortstellung auch abgesehen von ihrem diplomatischen Werthe weniger gut ist; ebenso hat man die hinlänglich bewiesene seltene Form τράχον verbannt, und obendrein ohne Noth Vr. 33. κνίξῃ geschrieben. Zu diesen Verderbungen aus falscher Versabtheilung gehört auch πάντεσσ' statt πᾶσιν *Pyth. IX*, 106. In allen diesen Stellen ist die Kürze verdrängt; bisweilen hat man auch die Länge entfernt. *Olymp. XI, str.* 4. ist am Ende des Verses zufällig die Kürze herrschend; da nun das Vers-Ende in die Mitte gerathen war, kam man Vs. 70. und 99. wo der Vers mit Längen schliesst, die durch Position entstehen, in Verlegenheit, indem diese Stellen den anderen Strophen nicht entsprechen. In dem ersteren Verse nämlich, wo man vorlautd Δόρυκλος δ' ἱερὲ πυγμᾶς τέλος, war τέλος durch Position lang, im anderen χάριν, weil τρέφοντι folgte. Letzteres wurde gehoben, indem man ἔχοντι schrieb: an ersterer Stelle setzte man um: Δόρυκλος δὲ τέλος πυγμᾶς φέρε, und verdarb so das Versmaass, indem man es verbessern wollte. In der neuesten Ausgabe sind nicht nur solche Interpolationen aufgenommen, sondern aus metrischer Unkunde und Ungeschick neue erschaffen worden, wie Olymp. XI, ep. 7. geschehen ist, weil, nachdem das Vers-Ende verfehlt worden, dreimal die Kürze weggeschafft werden musste. Vs. 63. ist daher aus den interpolirten Büchern ποταίνιόν γ', Vs. 107. χρόνον γ' aus der letzten, Triklinischen, Recension aufgenommen worden; Vs. 85. konnte mit demselben Rechte ὀρσικτύπου Διός γ', welches in derselben Recension vorkommt, beibehalten werden; aber um doch neues zu geben, ist ὀρσικτύποιο Διός geschrieben, damit die Länge durch zwei Kürzen ersetzt werde, die der Dichter nirgends in dieser metrischen Stelle gebraucht hat. Denselben Ursprung hat ebendaselbst die Leseart der Neapp. Mss. ὁρθ. Ζηνός, wodurch der Iambus ersetzt werden soll, indem wenigstens ein anderer dreizeitiger Fuss an seine Stelle gesetzt wird; freilich würde derselbe Kritiker an einer anderen Stelle wieder einen solchen statt des Iambus stehenden Trochäus wegzuschaffen gesucht haben; aber folgerecht ist sich kein Interpolator geblieben, und ein unverständiges Unternehmen muss natürlich zu widersprechenden Maassregeln führen. Jeder Verständige wird dagegen einsehen, dass das dreimal eingeflickte γ' ein Kennzeichen des Vers-Endes ist, und mit den besseren Büchern ausgelassen werden muss. Gelegentlich füge ich bei, dass dies gemissbrauchte γ' auch Pyth. XI, 47. in der Leseart der Neapp. Mss. Ὀλυμπία γ' zur Füllung angewandt ist.

37. Einige Interpolationen der Grammatiker fallen endlich in Stellen, welche wirklich metrische Fehler enthalten; nur haben die Urheber der neuen Learten in bedeutendem Aenderungen selten das Wahre getroffen, weil sie weder Fleiss genug anwandten noch hinlängliche Kenntnisse hatten; und mehrere Stellen der Art sind noch jetzt nicht verbessert. Ausser denen, welche schon unter andern Gesichtspunkten vorgekommen sind, führe ich fol-

gende Beispiele an. *Olymp. II*, 69. ist die Lesart der Bücher alter Recension ἐσλοὶ δέρκονται dem Versmaasse entgegen, welches statt der dritten Sylbe eine Kürze fordert. Ich bin keineswegs der Meinung, die Stelle sei von mir richtig hergestellt; eine der Vermuthungen aber, welche in den erklärenden Anmerkungen nachgewiesen sind, wird wohl richtig sein und die schönste ist meines Erachtens δεδόρκαντι βίον. Die beiden Interpolationen, welche in den Handschriften vorkommen, schliessen dagegen offenbar fehl. Die eine ist ἐσλοὶ νέμονται, deren Ursprung in den *not. crit.* schon nachgewiesen ist;*) die andere δέρκονται ἐσλοί bloss in den *Neapp. Mss.* obgleich der neueste Herausgeber ausser jenen noch *multos codices* dafür anführt. Diese Umstellung ist schon ohne Rücksicht auf den diplomatischen Unwerth der Leseart vollkommen unzulässig, weil die letzte Sylbe von δέρκονται dadurch, dass darauf ein Vocal folgt, im iambischen und trochäischen Maasse nicht kurz wird; man findet davon kein hinlänglich begründetes Beispiel; die man sonst hatte, beruhten bloss auf falschen Besserungen, wie *Nem. VIII*, 25. Nur bei Tribrachen, welche im iambischen, trochäischen oder kretischen Rhythmus eingemischt sind, findet diese Abkürzung nach daktylischer Analogie statt (*Metr. Pind.* S. 102. [C. I. T. I. p. 885 und n. 3684.] *not. crit. Pyth. VIII*, 29. Vgl. *Nem. III*, 37.). Dass auf der Unkenntniss dieser in der Erfahrung gegründeten Regel viele Interpolationen beruhen, ist öfter beiläufig gezeigt worden; hier mag hinzugefügt werden, dass der letzte Herausgeber ausser vielen andern Stellen auch bei *Olymp. XIII*, 47. in dieser Hinsicht gefehlt hat, indem er ἐγὼ δὴ ἴδιος schrieb: das Wahre ist δέ, welches nicht anzutasten war, weil ἴδιος bisweilen digammirt wurde (s. *Comment*.)**): dass der Schol. δή gelesen habe, weil er δὴ οὖν in seiner Erklärung hat, ist ein unrichtiger Schluss. Eine andere falsche Verbesserung einer wirklich verdorbenen Stelle geben die *Neapp. Mss. Pyth. IV*, 184. ἡμιθέοισίν γε πόθον ἔνδαυεν: die alte Leseart ist ἡμιθέοισιν πόθον ἔνδαυεν; höchst ungeschickt hat der Kritiker

---

*) [Vgl. Mommsen zu *Schol. Germ.*].
**) [Ebenso in Böotischen Inschriften. S. Preller, Berichte d. Sächs. Gesellschaft d. Wiss. 2. Dec. 1854. p. 201. Keil, *sched. epigr.* (1855.) p. 11.]

das γε vor πόθον eingeschoben, wodurch eine Auflösung in den Vers kommt, welche eben so unzulässig ist als *Pyth. IV*, 253. die gemeine Lesart: geschickter, obgleich auch gewiss falsch, hatte ein Anderer πόθον γ' geschrieben. *Pyth. IX*, 91. war ehemals die gemeine Lesart ἀεί oder αἰεί μίμνεται; da statt αἰεί ein Pyrrhichius erfordert wird, so sind hieraus drei Interpolationen in verschiedenen Handschriften entstanden; ἐπιμίμνεται statt αἰεὶ μέμν. Im *Par. B.*, ἀεί ἄμμνεται und ἀναμίμνεται in den *Neapp. Mss.* Das letzte ist nun aufgenommen, ungeachtet ἀὶ μίμνεται klar das Wahre; ἀέ wird ausdrücklich als Pindarisch angeführt, und damit ist der Fehler vollständig geheilt. *Pyth. X*, 69. fehlte eine Sylbe nach ἀδελφεοίς, welche man vielfach versuchte zu ergänzen (s. *nott. critt.*); unter allen Versuchen geben die *Neapp. Mss.* den schlechtesten: ἀδελφεοίς καὶ ἐπ. *Nem. I*, 13. war die aus dem Schol. hervorgehende Lesart σπείρί νυν ἀγλαΐαν τινὰ νάσῳ gewiss die älteste: CΓEIPE ging aber in EΓEIPE, ἔγειρε, über: nun war das Versmaass falsch: man versuchte allerlei, es herzustellen; höchst kühn und unbedachtsam schrieb der Kritiker der *Neapp. Mss.* νῦν γε πόρ' ἀγλ. und eben nicht viel besser der letzte Herausgeber νάσῳ ἔγειρέ τιν' ἀγλαΐαν νυν. *Nem. VII*, 37. stand ehemals: ἴκοντο δ' εἰς Ἐφ. πλαγχθέντες: die Form πλαγχθέντες widerspricht dem Versmaass, ist aber so antik, dass sie gewiss nicht statt einer gemeinern in den Text gekommen ist; daher suche ich den Fehler in der Wortstellung, die ich verändert habe. Die *Neapp. Mss.* haben dagegen das πλαγχθέντες durch ein sehr gemeines Wort πλάνητες (πλάνητες) verdrängt, um dem Versmaasse zu Hülfe zu kommen.

38. Bei den grossen Veränderungen, welche dem Bisherigen zufolge der Text erlitten hat, leuchtet von selbst ein, dass die Kritik überall unsicher wird, sobald sie sich auf die neue Recension im Widerspruch mit der alten stützt; obgleich nicht zu läugnen, dass Einiges von den Neuern richtig verbessert worden, wovon schon oben (25.) Beispiele vorkamen. Starke Fehler waren hier und da schon im ältern Texte, von welchen einige entweder aus andern Handschriften oder durch Vermuthung glücklich geheilt worden. *Olymp. II*, 84. haben die Alexandriner statt Κρόνος

gelesen Γᾶς (s. *nott. critt.**) und zum Schol. S. 81.); aber Κρόνος scheint ganz richtig. *Olymp. I,* 50. Ist die nüchterne Leseart δεύτατα alt; aber ich halte δεύματα trotz dem Gespötte für wahr, und dass diese Schreibart ebenfalls alt sei, lehren die Scholien. *Olymp. XIV,* 21. ist ἴθι aus der neuern Recension dem ἐλθέ der alten der Strophe wegen vorgezogen worden; allein ich gestehe, dass mir die Sache bedenklich ist: denn schreibt man in der Strophe Vs. 9. κοιρανέοισι, so ist ἐλθέ richtig, und dass κοιρανέοισιν in κοιρανέοντι überging, ist dort um so leichter möglich, da die ganze Ode viel gelitten hat. Ungeachtet dieser und ähnlicher Beispiele bleibt es gewiss, dass ein methodisches Verfahren überall auf den ältesten Text zurückgehen, und nöthigenfalls auf diesen die Vermuthungen gründen muss; und es kann nicht gebilligt werden, wenn Einer, ohne Berücksichtigung des Alters der Lesearten, Vermuthungen auf jede andere jüngere Leseart gründet, oder eine Weise, wie die Verderbung entstanden sei, annimmt, welche mit dem Alter der Leseart nicht verträglich ist. Dies wird selten beobachtet; und gern gestehe ich, dass, da mir bei der Feststellung des Textes nicht alles zur Hand war, auch ich etliche Lesearten stehen gelassen oder eingesetzt habe, welche den ältesten Quellen gemäss zu verwerfen waren; häufiger jedoch hat der letzte Herausgeber geirrt, welchem dieser diplomatische Gesichtspunkt ganz fremd ist. *Pyth. VIII,* 100. stand sonst ἄνθρωποι, welches sich durch den Hiatus als falsch verräth; ich habe ἄνθρωπος geschrieben, und die Wahrheit dieser Leseart bewährt sich aus der ältesten Anführung bei Plutarch, ferner bei *Schol. Nem.* und Eustathios; nur der Scholiast des Sophocles hat ἄνθρωποι. *Isthm. I,* 23. steht in den guten Mss. καὶ λιθίνοις ὁπότε δίσκοις ἵεν: ὁπότε ist gegen das Sylbenmaass; mit Hermann's auf jene Leseart gegründeter Verbesserung ὁπότ' ἐν ist aber die Stelle geheilt. Denn dass ὁπότε hier ursprünglich in den alten Texten stand, zeigen

---

*) [Böckh notirte zu dieser Stelle in seinem Handexemplar des Pindar folgendes von Mommsen *Schol. Germ.* p. 17 angeführte Scholion des *Musc. B.*: Κρόνος χρὴ γράφειν, οὐ γῆς, ἐν' ἔχῃ πρὸς τὰ μέτρα ὀρθῶς. — Auch die Anmerkungen zu S. 330. u. 363. stammen aus demselben Handexemplar. — E.]

die obgleich entstellten Anführungen der Alten, des Tryphon bei Eustathios λιθίνοις ὁπόταν δίσκοισιν, und des Ammonios λιθίνοις ποτ' ἀνὰ δίσκοισι. Hierauf muss man sehen; dann erkennt man, dass die Leseart der *Neapp. Mss.* λιθίνοις ὁπόσαις eine Interpolation sei, durch welche man das Versmaass herstellen wollte, und wird darauf keine neue Vermuthung gründen, wie der letzte Herausgeber sein λιθίνοισιν ὅσοις. *Isthm.* I, 41. hatten, wie in den *nott. critt.* gezeigt ist, die Alexandrinischen Handschriften: εἰ δ' ΑΡΕΤΑΙ κατάκειται: kann dies irgendwie gerettet werden, so darf man nicht ἀρετά schreiben; ich habe mit Aristarch ἀρετᾷ gesetzt, und Dissen hat gezeigt, dass dieses auch dem Sinne am angemessensten sei und dem Sprachgebrauch nicht unangemessen; der gegen diese Leseart, und nicht sowohl gegen uns als gegen Aristarch, angewandte Schulwitz führt seine Streiche in die Luft. *Olymp. II,* 50. ist bei ἔχοντι, wozu οἵδε aus Vs. 40. das Subject ist, ein Bedenken; Hermann, welchem Pindar unendlich viel verdankt, will ἔχουσι, und schreibt die Leseart ἔχοντι *grammaticis Dorismi studiosis* zu: ἔχουσι, welches auch Handschriften hätten, gehöre zum Folgenden, indem nach ῥίζαν nicht zu interpungiren sei. Ich will es im Zweifel lassen, ob diese neue Leseart schön oder gezwungen sei: aber dass keine Handschrift sie hat, ausser übergeschrieben als Glossem zu ἔχοντι, ist gewiss; nicht minder gewiss, dass ἔχοντι nicht von den Grammatikern herstammt. Nicht von den Grammatikern nach Didymos; denn dieser las ἔχοντι und construirte es wie ich; nicht von den Grammatikern nach Aristarch, denn auch dieser las ἔχοντι. Die Stelle in den Scholien über Aristarch's Erklärung und die Widerlegung derselben ist freilich dunkel; so viel ist deutlich, dass der Scholiast meint, der Accusativ ῥίζαν gehöre zum Vorhergehenden, und mit πράξει τὸν Αἰνησιδάμου beginne ein neuer Satz; ferner dass Didymos sich darum gegen Aristarch erklärt hatte, weil nach dessen Auslegung τυγχανέμεν überflüssig sei: aber bei allem diesem weiss ich mir Aristarch's Meinung aus den Scholien nicht zu gestalten, ausser dass er nach ἔχοντι nicht interpungirte, aber ἔχοντι doch las und sich mit dessen Erklärung abquälte. Also musste, wenn ἔχοντι von einem Grammatiker herrührte, dieser es vor Aristarch in den Text gesetzt haben, etwa Zenodotos oder Aristophanes. Allein es ist unwahrscheinlich, dass Aristarch dies nicht mehr gewusst, und sich mit einer Lesart so viele Mühe gegeben hätte, welche nur ein Grammatiker aus Missverstand erschaffen hätte; auch würde ein geschickter Grammatiker wie jene ἔχουσι nicht in ἔχοντι, sondern in das sich näher anschliessende ἔχοισι verwandelt haben. Das letztere gilt auch dagegen, wenn Einer sagen wollte, die Aenderung sei vor den Alexandrinern bei der Umschreibung aus der alten Schrift in die neue gemacht. Folglich verschwindet Hermann's Voraussetzung, sobald man die Lesart bis zu der ältesten Quelle verfolgt. Ebenso muss man *Nem. III*, 10. betrachten, wo οὐρανοῦ Schwierigkeit macht. Die alte Lesart war οὐρανοί, nachher οὐρανῷ, welches oben besprochen worden; die *Neapp. Mss.* geben aber δουννίσῳ und δωννόσῳ, worauf Hermann*) die schöne Vermuthung δ' ὦν νάσῳ gegründet hat, ehe er im Stande war, die Lesarten der *Neapp. Mss.* im Ganzen zu überschauen: jetzt, bin ich überzeugt, wird er darauf nichts mehr gründen. Mag in jenen Schreibfehlern der *Neapp. Mss.* enthalten sein was da wolle: sie sind unbrauchbar. Denn es ist augenscheinlich, dass οὐρανῷ die alte Lesart war, welche ausser dem *Schol. Eurip.* schon Aristarch und sein Schüler Ammonios hatten. Wollte man sagen, Aristophanes habe vielleicht anders gelesen, und seine Lesart stecke in jenen Schreibfehlern, so braucht man nur zu sehen, wie sich die Grammatiker abmühen, dem οὐρανοῦ oder οὐρανῷ einen Sinn abzugewinnen, um sich zu überzeugen, dass diese Lesart die überlieferte der Handschriften war. *Nem. III*, 23. lasen die Alten theils διά τ', theils ἰδίᾳ τ', und soviel wir wissen ἐρεύνασι; es kommt darauf an zu wissen, welches von jenen beiden das ursprüngliche ist. Ich vermuthe, διά τ' ist das ursprüngliche in den voralexandrinischen Exemplaren gewesen: denn nur unter der Voraussetzung, dass durch διά die letzte Sylbe von ὑπερόχος eine Positionslänge erhielt, ist es, wenn man nicht einen

---

*) [Ahlwardt hat dieselbe Conjectur: es ist mir aber mitgetheilt, sie sei von Hermann, wenn ich nicht irre, in einem Briefe von ihm.]

Irrthum wie *Nem. I*, 24. annehmen will, begreiflich, dass sich in dieser Stelle die alte Schreibart ὑπερόχος statt ὑπερόχους erhielt. Schwieriger ist das Urtheil *Olymp. II*, 47. wo noch ἐρι-πόντι steht, ungeachtet die guten Mss. ἐριπέντι haben. Ueber beide Lesearten spricht Apollonios v. d. Syntax, III. S. 270. 30. τούτων οὖν τῇδε ἐχόντων ἐπιστατέον τῷ ἐρίπω ῥήματι, εἰ συνωνυμεῖ τῷ πίπτω, ᾧ παράκειται κατὰ διάλεκτον γε-νομένη ὀξύτονος μετοχὴ πεσών· καὶ εἰ τὸ πεσὼν οὐκ ἔχει παθητικόν, συστατὸν δέ ἐστι φάναι πεσόντι, δῆλον ὅτι καὶ τὸ ἐριπόντι Πολυνείκει παρὰ Πινδάρῳ ἀναλογώτερον καταστήσεται διὰ τοῦ ο γραφόμενον. ἀλλ' εἰ ἦν ἀληθὲς τὸ συνωνυμεῖν τὸ ἐρίπω τῷ πίπτω, οὐκ ἂν ὑπῆρχε τὸ ἐρίπεται, ὡς οὐδὲ τὸ πίπτεται. μήποτε γὰρ μᾶλλον τῷ βάλλω συνω-νυμεῖ, καὶ ὡς βάλλω σε, οὕτως ἐρίπω σε, καὶ ὡς βληθέντι, οὕτως ἐριπέντι. Ich übergehe das Uebrige, denn es kommt nicht darauf an, wie Apollonios dies rechtfertigen will: die Rechtfertigung der Passivform ἐριπείς liegt schon in der Analogie anderer intransitiver Zeitwörter, wie ἐφύην statt ἔφυν, und ἐφ-ύην: sondern wir wollen nur wissen, was er vorfand. Da er in der Pindarischen Stelle ἐριπόντι giebt, so kann er dies vor-gefunden zu haben scheinen; aber bei näherer Betrachtung ent-scheide ich mich für das Gegentheil. Ich will nicht aufführen, dass die Bücher alter Recension ἐριπέντι haben, die der neuen nebst dem neuern Schol. ἐριπόντι: denn man könnte sagen, die Lehre des Apollonios, ἐριπέντι sei gut, habe früh um sich gegriffen, und ἐριπέντι sei in den Text gewandert: wiewohl dennoch nicht begreiflich wäre, warum dies geschehen sein sollte, da doch ἐριπόντι keinen Anstoss gab. Aber Apollonios sagt καταστήσεται im Futurum: Ἐριπόντι mit ο geschrieben bei Pin-dar wird analoger sein. Daraus ist offenbar, dass ἐριπέντι ursprünglich ist; irgend ein Grammatiker aber schrieb der Ana-logie wegen ἐριπόντι; so wurde diese Stelle ein Gegenstand der grammatischen Betrachtung, und Apollonios, die öfter bespro-chene Stelle aufgreifend, giebt erst seinem Vorgänger zu, ἐρι-πόντι würde hier analoger sein, erklärt sich aber nachher da-gegen, und rechtfertigt die überlieferte Leseart. Wäre ἐριπέντι nicht überlieferte Leseart gewesen, so konnte Apollonios gar nicht darauf kommen, gerade hier ἐριπέντι gegen ἐριπόντι vertheidigen zu wollen. Denn ἐριπών ist öfter im Homer, und deshalb anerkannt; hätte also ἐριπόντι bei Pindar in dem überlieferten Texte gestanden, warum sollte es dem ἐριπέντι, dessen Analogie zweifelhaft war, weichen, dagegen aber das im Homer vorkommende ἐριπών nicht einmal erwähnt werden? Also muss ἐριπέντι gelesen werden. Wäre damals, als ich meinen Text herausgab, durch Bekker's Auszug aus dem Chörnboskos schon bekannt gewesen, dass *Isthm.* VI, 51. Πυθοῖ alte Leseart war, so würde ich nicht mit Hermann Πύθιον geschrieben haben; auch würde ich *Pyth.* I, 26. προςιδέσθαι nicht verändert haben, wenn ich aus den vor Pindar gedruckten Ausgaben des Gellius (s. den Commentar) gesehen hätte, dass dies die alte Leseart sei, die Gellius hatte; nicht minder gewinnt *Pyth.* I, 13. die Leseart ἀτύζονται durch die dreimalige Anführung bey Plutarch (s. den Commentar) an Gewicht. *Pyth.* I, 85. mag οἰκτιρμοῦ, welches Stobäos, Palladas und einige Mss. haben, um jener Willen vorgezogen werden, nicht aber wegen dieses Grundes: „*Vulgata librario, cui ex N. T. ὁ πατὴρ τῶν οἰκτιρμῶν obversabatur animo, fortasse debetur.*" *Pyth.* II, 72. scheint καλός τοι, welches Galen schon las (s. Commentar), die einzige alte Leseart, die ich jedoch nicht erklären kann, καλός τις aber eine Interpolation.

39. Zum Schluss dieser Betrachtungen über die Beschaffenheit des alten Textes und die darauf zu gründende Kritik, erlaube ich mir die bekannte Bemerkung, dass man auch die Schriftzüge bedenken muss, aus welchen die Verderbungen erklärbar sind. Die heutzutage gewöhnlichste Art zu verfahren ist diese, dass man aus der Leichtigkeit der Verwechselung der Züge in der gewöhnlichen Cursivschrift der griechischen Schreiber, etwa nach der Anleitung wie sie Bast giebt, Schlüsse zieht, oder aus der Möglichkeit der Verwechselung durch einen Gleichklang. Das letztere beruht vorzüglich auf der Vorstellung, dass die Bücher dictirt seien, oder dass im Geiste des Schreibers sich die Züge ähnlich lautender Buchstaben mit den Buchstaben selbst verwirren und verwechseln; beides ist einzeln wahr, auf Pindar aber unanwendbar; denn er eignete sich weder zum Dictiren noch

zu einem so höchst nachlässigen Abschreiben: wenigstens ist gar keine Wahrscheinlichkeit vorhanden, dass bei ihm Fehler so entstanden sind. Auch die Verwechselung der Buchstaben nach gewöhnlicher Cursivschrift ist bei Pindar ein trügliches Hülfsmittel. Hermann hat richtig bemerkt, dass diese Art Kritik vorzüglich bei solchen Schriftstellern anzuwenden sei, wovon nur wenige Handschriften vorhanden sind: wo eine so grosse Anzahl Handschriften vorliegen, wie bei Pindar, verschwindet die Wahrscheinlichkeit, dass solche Fehler sich in alle verbreitet haben, zumal da die Handschriften des Pindarischen Textes meistens sorgfältig geschrieben sind. Diejenigen Fehler im Pindar, deren Verbesserung aus Muthmassung-nothwendig ist, sind grösstentheils viel älter, als diese Cursivschrift. Die Cursivschrift ist freilich uralt: aber die Texte unseres Schriftstellers sind später erst darin geschrieben worden, und dann gleich in ziemlicher Anzahl. Dagegen muss eine Zeit gewesen sein, da der Text des Pindar selten war; aus wenigen in älterer Schrift geschriebenen Exemplaren wurde er dann vervielfältigt; jene Exemplare waren aber alt und verblichen, wohl auch zerrissen. Dies ist bei *Olymp. XIV.* am deutlichsten; dies Gedicht ist aus einer Handschrift geflossen, die auf jenem als dem letzten Blatte fast unleserlich gewesen sein muss; daher die vielen Fehler und die Schwierigkeit der Kritik. Zu Ende der Isthmien ist ein Theil des Werkes verloren gegangen; also muss in der Handschrift, woraus unsere Texte geflossen sind, das Ende weggerissen gewesen sein; und man hatte nur diese Eine unvollständige. Hieraus kann man schliessen, dass manche Fehler auf der Unleserlichkeit der älteren Handschrift beruhen, und zwar zunächst auf der Unleserlichkeit einer solchen, welche in einer meist runden, jedoch alten grossen, und nicht cursiven Schriftart geschrieben war, wie etwa das Bruchstück aus einer Tragödie, welches Herr Hase aus einem *codex rescriptus* entziffert hat[1]. So erklärt sich wie *Nem. VII,* 20. θαμά, was gewiss das

---

[1] Ich meine das Bruchstück aus Euripides Phaëthon, welches seither durch Hermann leserlich geworden. Wünschenswerth wäre es gewesen, wenn dieser treffliche Gelehrte das Facsimile hinzugefügt hätte, welches Herr Hase der jüngere hat in Kupfer stechen lassen, wenn es

wahre, in σᾶμα überging; Θ war halb erloschen und wurde für C genommen; aus eben solcher Schrift erklärt sich *Pyth. VIII*, 21. wie Παρνασίδι in Παρνασία überging: Δ wurde für A genommen. Aber Pindar ist durch viele Schriftarten durchgegangen; diese muss man alle wohl in Erwägung ziehen und zugleich bedenken, in welches Zeitalter die Verderbung fiel. So ist *Nem. I*, 13. ἔγειρε aus σπεῖρε erst nach der Zeit des Scholiasten geworden, der aber alt ist: man wird einsehen, dass dies aus jener eben berührten Schrift entstanden, indem CΓEIPE als EΓEIPE gelesen worden, wie ich oben sagte. Andere Verderbungen sind dagegen ausserordentlich alt und gehen über die Alexandriner hinaus: dies ist *Olymp. II*, 62. der Fall, wo die Lesearl εἰ δέ μιν ἔχων τις οἶδεν τὸ μέλλον älter als Aristarch ist. Ohne Zweifel gab es auch in jenem früheren Zeitalter einen Zeitpunkt, wo fast alle Exemplare eines einzelnen Gedichtes aus Einem abstammten, und so konnten sehr leicht durch Buchstabenverwechselung Fehler entstehen. Hierauf gründe ich dort die Vermuthung, dass der Satz sich ans Vorhergehende anschliesst und εἰ γέ μιν ἔχων zu lesen sei: γε wurde nach alter Schrift ΛE oder NE geschrieben, welches sehr leicht in ΔE oder DE überging. Zwar kann es bedenklich scheinen, dass wir εἴ γε im Pindar, so viel von ihm erhalten ist, nirgends finden; aus welchem Grunde wir anderwärts δέ τε nicht bei ihm zugelassen haben; allein diese beiden Partikeln sind von sehr verschiedener Art. Δέ τε hat den Ursprung im Epischen, aus welchem es unser Dichter so wenig als καί τε aufgenommen hat: εἴ γε aber ist eine allgemeine, keinem Stil eigenthümliche Redensart, und es lässt sich keine Ursache auffinden, weshalb sie der Dichter, wenn sie dem Sinne nach passte, sollte ausgeschlossen haben. Bei allen Fehlern, welche alt sind, muss man die Schriftsteller wie Inschriften behandeln, weil sie in derselben Schrift geschrieben waren.

40. Nachdem wir den diplomatischen Gesichtspunkt von den wichtigsten Seiten verfolgt haben, das Metrische aber in den allgemeinsten Grundzügen behandelt ist, scheint nichts mehr übrig

---

auch nur auf etliche Verse bezüglich ist. Auf diesen Kupferstich bezieht sich die obige Bemerkung.

zu sein, was wegen der besondern Natur der Aufgabe bei der
Pindarischen Kritik besonders hervorgehoben zu werden verdiente.
Die durch Vermuthung verbessernde Kritik ist vom Diplomatischen,
was eben berührt worden, abgesehen, überall die gleiche; und
Pindar hat kein besseres Schicksal als andere Schriftsteller gehabt, sondern ist mit Conjecturen geplagt worden, wie die übrigen:
die ernste Beschäftigung ist bei Vielen zum Spiel der Willkühr
geworden; Missverstand, Mangel an Eindringung, an Sprach- und
Sachkenntniss, Vernachlässigung tiefgehender Erklärung und der
bekannte kritische Kitzel sind die Quellen der meisten Conjecturen;
die heilige Scheu vor den ehrwürdigen Resten des Alterthums ist
verschwunden; die Kritik ist ein Messer geworden in Kinderhand.
Doch fangen die Aelteren an umzukehren; wenige schreiten so unbesorgt als der Greifswalder Kritiker auf der Bahn des Irrthums einher.
Der bedeutendste Theil dessen, was derselbe ersonnen, oder aus trüben
Quellen zu Tage gefördert hat, ist im Vorhergehenden mit oder ohne
Hinweisung auf ihn berührt, weil Andeutung zu genügen schien; das
Uebrige will ich nach der Ordnung der Gedichte noch kürzer
durchgehen, nur Weniges vorbeilassend, weil es entweder zu un-
bedeutend, oder nicht neu, oder schon so besprochen ist, dass
es unnöthig scheint, darauf zurückzukommen. *Olymp. I*, 64. ist
aus *Ald. θέσαν* geschrieben; die Auflösung kommt aber an dieser
Stelle nirgends vor, und da die Form *θίσσαν* dem Maass entspricht, muss sie aufgenommen werden: gute Bücher der alten
Recension gehen diese, andere *θίσαν*: *ἔθεσαν* ist Erklärung von
θίσσαν. II, 25. *ἔκειεν*, willkührlich. 109. haben zwar gute
Handschriften *κάκεῖνος*: aber da Pindar statt des einzelnen
Iambus nie den Spondeus setzt und das Asyndeton angenehmer ist,
muss *ἐκεῖνος* vorgezogen werden. Eben so halte ich dafür, dass
das *καὶ Olymp. IV*, 21. ungeachtet der guten Bücher nicht ein-
zufügen sei, da es leicht aus dem vorhergehenden entstanden sein
kann und der Schol. es nicht hat. Noch vorher *Olymp. II*, 80.
ist gesetzt *δενδρίων θ'*, unnöthig und unangenehm; *VI*, 75. *τοῖσιν*
τοις, nach einer falschen Vorstellung vom Wohlklang von Hermann ehemals vermuthet, nachher mit Recht zurückgenommen.
IX, 19. *ἴσα τε Κασταλίᾳ*, mit einem Tribrachys statt des Trochäus, daher nicht sehr wahrscheinlich. *XI*, 67. hat Thiersch

durch Vermuthung das Richtige gefunden, σταδίου μ. ἀ. εὐθὺν τόνον, und eben dies hatte der Kritiker, hier einmal glücklich, in die *Neapp. Mss.* gesetzt; der Herausgeber hat Schmid's σταδίου μ. ἀ. εὐθύδρομον beibehalten, welches zwar schlecht ist, doch besser als die eigenen Vermuthungen, welche er beibringt. *XIII*, 20. ἐκπείοισιν ἔντεσσιν, nicht übel, aber unnöthig und gemeiner als die gewöhnliche Leseart. In der Epode dieses Gedichtes Vs. 5. ist eine doppelte Abtheilung möglich, die einige, und die neulich von Hermann aufgefundene, welche ich vorziehe (s. *Explicatt.*):

Hierdurch wird Vs. 21. die Leseart der alten Bücher ἐπέθηκ' gerettet, und man braucht daselbst nicht δίδυμνον für δίδυμον zu schreiben; nur ist βασιλέα statt βασιλῆα zu schreiben, und dreisylbig zu lesen, welches ohne Bedenken ist. Man bemerke noch wie schön *Ep. α'. δ'.* nach dem vorgeschlagenen Anapästen des zweiten Verses interpungirt ist, und *Ep. γ'. δ'. ε'.* neue, einen heftigen Anlauf nehmende Sätze mit diesen kraftvollen Anapästen beginnen: so dass wir dem trefflichen Hermann für diesen herrlichen Rhythmus, durch welchen das ehemals so verwirrte Gedicht nun völlig zur metrischen Klarheit gebracht ist, recht dankbar sein müssen. Dagegen ist nun eine dritte Abtheilung, ohne allen Sinn für rhythmische Analogie, ausgedacht:

Nicht zu gedenken, dass dadurch in mehreren Epoden an diese Stelle etwas höchst Unsierliches gekommen ist, hat Vs. 21. βασιλῆα δίδυμον in δίδυμον βασιλέ' umgestellt werden müssen. (*Olymp. XIV,* 7. 8. billige ich meine ehemalige Veränderung der Stelle keineswegs; aber die neueste Umstellung σεμνᾶν θεοί ist ganz verwerflich, selbst schon wegen der Wortstellung, die keineswegs überall willkührlich ist; und um nur einen Schein von Entsprechung hervorzubringen, hat auch in der Gegenstrophe νῦν μελαντειχῆ statt μελαντειχέα νῦν geschrieben werden müssen: dennoch musste aber eine trochäische Dipodie von dem unerhörten Maass ˻ ˗ ˗ ˗͝ angenommen werden! So wie gleich hernach (Vs. 6. Ahlw.) ein daktylischer Rhythmus dieser Gestalt: ˻ ͝ ͝ ˗ ͝ ͝, ein

Blendwerk, welches oben zerstört worden. Völlig abgeschmackt ist Vs. 10. 11. die von den *Neapp. Mss.* gelieferte Leseart παρὰ καὶ Πύθιον; aber auch so musste noch in der Gegenstrophe Vs. 22. νεαρὰν statt νέαν geneuert werden. Vs. 17. ist höchst unzierlich geschrieben Λυδίῳ — ἐν τρόπῳ τε μελεταῖσίν τ' ἀείδων. Auch spielt das Flickwort γε zweimal seine Rolle in diesem Gedicht. *Pyth. I*, 34. ἐοικότα δ' ἐν καὶ τελευτᾷ φερ. ν. willkührlich und unzierlich; *I*, 52. ἀμείψοντας, schon in meinen *not. crit.* widerlegt; *II*, 17. φίλων, ποί τινος! bedarf keiner Bemerkung. Dass ebendas. 53. die Leseart ὅσος ἀδινὸν, κατηγορίαν falsch sei, davon wird man sich aus meinen erklärenden Anmerkungen überzeugen. Ebendas. Vs. 66. mag man lesen wie man wolle, so ist die Leseart ποτὶ ἅπαντα mit dem Hiatus falsch. Vs. 79. ist ὀχεοίσας gesetzt; dass ἐχοίσας die einzig richtige Leseart sei, zeigen die Quellen; nur aus der *Rom.* kann ὀχοίσας mit Sicherheit nachgewiesen werden; der Sprachgebrauch erlaubt beides (vgl. unsere erklärenden Anmerkungen). Vs. 80. ist das Komma nach ἕρκος, welches ich, angeblich „*loco male intellecto et interpunctione male mutata*" gesetzt hatte, wieder getilgt; der Beweis wird nie geführt werden können. *II*, 64. ἰών, unnöthig. *III*, 28. κοινῶνι, *III*, 88. μὰν βροτῶν γ', beides nichtig. *IV*, 55. 56. welche Stelle schon oben berührt worden, ist die Falschheit der Ansicht, dass die Worte von χρόνῳ δ' bis Κρονίδα parenthetisch zu lassen seien, durch die beigefügten Zeichen der Parenthese recht anschaulich gemacht. *IV*, 206. ist λίθων βωμοῖο θέναρ nicht sicher: die guten Handschriften haben λίθινον, und λίθων bloss der interpolirte *Bodl. C.*: aber durch die neueste Umstellung θέναρ βωμοῦ λίθινον, in welcher die Worte wenigstens nach meinem Gefühle nicht richtig geordnet sind, ist die Wunde nicht geheilt, sondern versteckt. Auch ist λίθων gut, wie ungefähr *Thukyd. I*, 93. οἱ γὰρ θεμέλιοι παντοίων λίθων ὑπόκεινται. *IV*, 233. πῦρ δέ νιν αἰόλει οὔ, eine Umstellung, die leider mit *Olymp. VII*, 48. vertheidigt werden kann: aber meine *not. crit.* werden jeden Unbefangenen überzeugen, dass das Alte richtig ist, und nur δόλει statt αἰόλει zu lesen sei: denn dass *Apollon. Rhod. III*. 471. verdorben sei, wird dem Kritiker niemand glauben. Ebendas. 234.

δήσιης τ', ohne allen Grund; unverbundene Participien finden sich ja überall, und τε steht nicht einmal am rechten Orte. Ebendas. 295. ᾖραν, πολλάκις ἕν τε σοφοῖς, höchst verkehrt interpungirt. V, 33. δαίδεκα δρόμων, richtig, aber schwerlich aus richtigem Grunde: das Wahre hat Thiersch gefunden, welchem ich in dem erklärenden Commentar in Rücksicht der Leseart beigetreten bin. V, 49. 50. μναμήϊον· τεσσαράκοντα γὰρ πετόντεσσ' ἐν ἀπόχοις, völlig willkührlich. Pyth. V, 118. gebe ich meine Verbesserung τολοιπὸν ὄπισθ', ὦ Κρ. μ. nicht für gewiss, wiewohl, wer an der Häufung von τολοιπὸν ὄπισθ' Anstoss nimmt, die Figur ἐκ παραλλήλου nicht kennen muss (vgl. Explicatt. S. 294. S. 861.); ganz unbrauchbar ist aber die neueste Vermuthung τὸ λοιπόν, ἃ πλεῖστα, Κρ. μ. Pyth. VIII, 69. Ins man ehemals πενταιθλίου; Hermann will πενταθλίου schreiben; dem Setzer beliebte aber πεντάθλια zu setzen, und des letztern Fehler hat unser Kritiker in den Text aufgenommen, natürlich gegen Sinn und Versmaass; um letzterem aufzuhelfen, hat er σὺν in ξὺν verwandelt, woran Hermann nicht dachte. Ebendas. Vs. 91. ist ohne Noth δεδαγμένοι geschrieben; Vs. 96. aber πλούτοιο, mit einem Daktylus statt des Spondeus, für welchen hier nur ein Trochäus gesetzt werden kann. Pyth. IX, 100, 101. ist statt καὶ τελεταῖς ὡρίαις ἐν Παλλάδος geschrieben, κἀν τελεταῖς ὡρίαισιν Παλλάδος, völlig willkührlich; denn Pindar versetzt ἐν oft. IX, 128. πολλά νιν: die Leseart πολλὰ μέν ist in den nott. critt. hinlänglich gerechtfertigt, und wenn μιν in νιν verwandelt werden kann, wird es auch in μέν verwandelt werden dürfen. Die Widerlegung dieser Aenderung von Seiten des Herausgebers ist von der Art, dass ich nicht Ein Wort dagegen zu sagen nöthig finde, indem sie die eigentlichen Puncte gar nicht trifft. Pyth. X, Aufg. Ὀλβία Λακεδαίμον! Μάκαιρα Θεσσαλία! eine wunderliche Ausrufung, gegen allen antiken Geschmack. Vs. 6. ist ἀνδρῶν κλυτὰν ὅπα ohne Handschrift in κλυτὰν ἀνδρῶν ὅπα umgestellt und dadurch der Vers zu Grunde gerichtet; dass er irre, hätte der Herausgeber leicht merken können, da er Vs. 24. in derselben Stelle der Strophe wieder ohne Handschrift umstellen muss ἀέθλων τόλμᾳ τε καὶ σθένει εἵρῃ, noch dazu mit einem seltenen Hiatus, statt ἀέθλων εἵρῃ τόλμα τε καὶ σθένει. Der Sitz des Irrthums ist Vs. 30. die falsche Leseart θαυμαστάν, wo er nicht begriff, wie sicher θαυματάν ist, und Vs. 60. wo ὑπέκνιξεν durch leichte Aenderung von uns entfernt worden. *Pyth. XI.* 6. Ist statt μαντέων eine prosaische Form μαντικόν gesetzt; weder diese noch eine ähnliche kommt im Pindar vor. Ebendaselbst ist Vs. 4. das Sylbenmaass falsch so bestimmt: ‒ ⏖ ‒ ⏑⏑ ‒ ‒, immer weil man nicht sah, dass Spondeus und Daktylus beim Pindar nicht wie in den Epikern verwechselt werden; dennoch mussten, um dies Metrum durchzusetzen, von acht Strophen sechs ohne Handschrift verändert werden, Vs. 4. ματέρι statt ματρί, 9. Θέμιν δ' statt Θέμιν, 25 ἐννύχιοι statt ἔννυχοι, 41. δή statt δί, 52. ἀνὰ πτόλιν statt ἄμ πόλιν, wo nur ἀνά diplomatische Hülfe hat; Vs. 56. ist noch stärker geändert. *XI.* 23. ἔκνιξεν, gegen das Versmaass; 35. νέα κεφαλᾷ nach Heyne, gut. 36. ἀλλὰ σὺν Ἄρει γε χρόνῳ, eine üble Umsetzung der schlechten alten Leseart, in welcher das γε Interpolation ist; 54. φθονεροὺς δ' ἀμύν' Ἄτα, nach den *Neapp. Mss.* gebildet, die jedoch ἄμυνον ἄται haben, welche Leseart offenbar eine gemachte ist; 56. 57. μέλανα δὲ, καλλίονα Ἐσχατιᾶν, θάνατον κτᾶτο, zum Theil aus den *Neapp. Mss.* welche haben μέλανα δὲ ἐσχατιᾶν καλλίονα θάνατον κτᾶτο: worin die Interpolation schon durch das unerhörte Imperfect verrathen wird: auch ist ausserdem der Ausdruck höchst gezwungen. *Pyth. XII.* 3. ὦ ἄνασσ', nach Schmid, eben so unnöthig als auslöslig; 24. εὐκλέων λαοσσόον, welches schon in meinen erklärenden Anmerkungen beseitigt worden. *Nem. I.* 39. βασιλίς statt βασιλέα, ungeachtet schon bewiesen war, dass βασιλῆ vorkommt, wofür βασιλέα die ursprüngliche Schreibart ist; βασιλίς kannten wir als Schmid's Conjectur, fanden diese aber zu trivial, als dass wir sie nur hätten anführen mögen. Denn wer wollte βασιλίς in das ganz antike βασίλεια verwandelt haben? Nicht unwahrscheinlich dürfte βασίλεια sogar als fehlerhafte Uebertragung aus der Urschrift ΒΑΣΙΛΕΑ entstanden sein, weil E und EI in der ältesten Zeit im Schreiben nicht immer unterschieden wurden. 65. τῷ ἐχθροτάτῳ φάσέ νιν δώσειν μόρῳ, zum Theil gut; aber Besseres giebt Dissen (vgl. Abschn. 43.). 69. μὰν ἐν εἰράνᾳ τὸν ἅπαντα χρόνον γ' ἐν σχερῷ, wo γ' nach fünf

Wörtern noch zu μάν gehören soll. *II*, 24. wird κωμάξετε Druckfehler sein. *III*, 19. Ἀριστοφάνειος· οὐκέτι πόρσω, aus Verkennung des Versmaasses; 43. ἴσα τ' ἀνέμοις, mit einem Komma, damit es zum Vorhergehenden gehöre, wobei τ' überflüssig ist und Pindar vielmehr ἴσον ἀνέμοις geschrieben haben würde; 44. λεόντεσσί τ', ohne Grund; 48. τὸν ἰθάμβει δ' Ἄρτεμις, unerträglich. Vs. 47. ist aus den *Neapp. Mss.* ὅλον τ' ἔπειτεν χρόνον geschrieben; ἔπειτεν habe ich zwar auch vermuthet, halte es aber nicht für sicher genug, um aufgenommen zu werden, wo es nicht Noth thut: τ' scheint auch meine Vermuthung, ist aber in meinen *not. crit.* ein Druckfehler und verdient keine Rücksicht. *IV*. 62. θρασέων μάχαν τε λεόντων statt θρασιομαχᾶν und θρασυμαχᾶν; wirklich schön. Denn hier ist das nach dem zweiten Worte stehende τε nicht zu tadeln, weil θρασέων μάχαν ein Begriff ist. Indessen ist auch Hermann's θρασυμαχάνων untadelig. Ebendaselbst 90. ὁ σός γ', ἀείσατο, παῖ, mit dem gewöhnlichen *Fulcrum.* *V*, 10. θέσαν, παρά τε βωμόν, statt θέσσαντο πὰρ βωμόν und 11. πίτναντ' statt πίτναν τ', höchst verwerflich; 19. μάκρ' ἔμοιγ', ohne allen Grund und überdies anstössig: wogegen Thiersch's μακρὰ δὴ Αὐτόθεν, ohne μοι, sehr empfehlungswerth ist. Ebendas. 32. τοῦγε δ' ὀργάν, offenbar schlecht. 47. μάρνανται, ohne Grund. *Nem. VI*, 7. οὐδ' ἄντιν', ohne ordentliche Structur (s. Dissen); 29. 30. εὔθυν' ἐπὶ τούτων ἐπέων, ἄγ', Οὖρον εὐαλέ', ὦ Μοῖσα, ohne die mindeste Zierlichkeit; 31. ἀοιδοὶ τὰ καλὰ καὶ λόγιοι, eine unangenehme Verselzung, durch welche nicht einmal das Versmaass erreicht ist, indem statt des Trochäus ein Tribrachys in den Text gekommen. Vs. 52. 53. obgleich übel ausgebessert, will ich übergehen, weil die Stelle sehr im Argen liegt; nur bemerke ich, dass dabei Vs. 7. ein Rhythmus vorausgesetzt wird, welcher metrisch unzulässig ist; $- \smile \smile \smile - \smile -$ u. s. w. Vs. 55. τάνδε statt ταύταν, aus Verkennung des Versmaasses. Vs. 62. Ἀλκιμίδᾷ τό γ' ἐπάρκεσεν κλειτᾷ γενεᾷ; Pindar gebraucht zwar *Nem. VII,* 70, Εὐξενίδᾷ, welche Stelle sich jedoch der Herausgeber selbst entzogen hat; aber hier würde der Dichter gewiss nicht Ἀλκιμίδᾷ gemessen haben, da er durch ὅ statt τό die Abkürzung hervorbringen konnte; den Dativ könnte man ertragen, obwohl der

Nominativ κλειτά γενεά einen schönern Sinn giebt (s. Dissen), und dadurch auch das Verbum ἐπάρκεσε eine nachdrücklichere Bedeutung erhält. VII, 4. ἀδελφεάν σάν statt τεάν ἀδελφεάν, völlig willkührlich. 'Αδελφεός ist oft dreisylbig. Pindar konnte auch ἀδελφεάν schreiben; aber diese Form ist weder Pindarisch noch Homerisch. 20. Ist statt σάμα zu schreiben θαμά (s. 39.), nicht aber ἅμα, wie der Herausgeber giebt; 61. habe ich κοτεινόν statt σκοτεινόν in den Text gesetzt, und wieder in dem Anhange gemissbilligt, ohne deshalb die Vermuthung selbst für unwahrscheinlich zu halten; dieser Meinung bin ich noch; der Greifswalder Kritiker will dagegen überall mit Umstellung der Worte helfen, hilft aber gewöhnlich nur so, dass er neue Versfüsse annehmen muss. So stellt er hier um ξεινός εἴμ' ἀπέχων σκοτεινόν ψόγον: wohl, um nicht von der minder guten Wortfolge zu reden, eine Zusammenziehung zweier Kürzen in eine Länge angenommen wird, die man dann gern zuliesse, wenn sie durch leichtere Aenderung gewonnen würde, wo sie dann einen Schein hätte; diesen hat sie aber hier schwerlich. Nicht als ob eine Umsetzung gänzlich zu verwerfen sei; aber sie ist eines der schlimmsten und gewaltsamsten Rettungsmittel, welchem man meines Erachtens nur dann trauen kann, wenn das Versmaass, wie es die andern Strophen bieten, unmittelbar erreicht, nicht aber durch dieselbe etwas Neues von Bedeutung darin festgesetzt wird; denn dieses Neue steht ja sonst ganz ununterstützt in der Luft. 70. Ist gemacht ὦ Εὐξενίδα πάτρᾳ Σώγενες, ὀμνύω; nach einer verkehrten metrischen Ansicht, und gegen das richtige Versmaass; ὀμνύω statt ἀπομνύω geben nur die interpolirten Neapp. Mss. πάτραθε ist gegen alle Wahrscheinlichkeit in πάτρᾳ verwandelt, und ὦ vorangeschoben mit einem Hiatus. 83. Ist die wahre Leseart δάπεδον ἂν τόδε γαρυέμεν ἀμέρᾳ, worin nur das letzte Wort Verbesserung aus θευμερᾷ und θεμερᾷ ist; hier findet man mit wilder Willkühr geschrieben: θεομόρφῳ δάπεδον τόδ' ἄνα γαρύειν. 84. Ist ματρυδόκαις vermuthlich Druckfehler. VIII. 2. παρθενείοις οἶτε, überflüssig; 3. ἀμμοίροις, falsch (s. Dissen); 23. καὶ κεῖνος statt κεῖνος καί, vielleicht Druckfehler. IX, 17. statt meiner Vermuthung δὴ τόθεν, grammatisch und metrisch minder gut ἔνθεν ἤ. X. 5. πολλὰ δ' Αἰγύπτῳ κατὰ ἄστεα ᾤκισθεν καλάμαις

Ἐπάφου, welches eine gute Verbesserung wäre, wenn bloss κατῴκισθεν ἄστη, nicht auch ταῖς Ἐπάφου παλάμαις hätte verändert werden müssen: geführt hat darauf die Leseart des *Nenpp. Mss.* κατῴκισθεν ἄστεα παλάμαις Ἐπάφου, welche höchst wahrscheinlich in einer verunglückten Interpolation gegründet ist. Hermann hat schon bemerkt, dass der Schol. ὅπᾳ gelesen hat: sehr scharfsinnig vermuthet derselbe ἐκτιθεν; aber man kann ᾤκισεν (statt ᾤκισθεν) stehen lassen, da das Subject Ἄργος hier ebenso gut wie Vs. 10. bei ἀριστεύει ergänzt werden kann, so dass es genügt zu lesen: πολλὰ δ' Αἰγύπτῳ ὅπα ᾤκισεν ἄστη. Indessen glaube ich, dass selbst dies nicht nöthig ist. Der Schol. mag ein Relativum gelesen haben, was er freier erklärt: und man kann κατῴκισεν beibehalten, also die alte Leseart, mit der kleinsten Veränderung, wenn man nach Αἰγύπτῳ bloss τά (für ἅ) einschiebt: πολλὰ δὲ ἔστι, ἃ ᾤκισεν ἄστη: welches gerade dem Zusammenhange, der dort ist, am angemessensten scheint. 31. γνῶτ' ἀείδω θεῷ τε, ohne vernünftigen Sinn. 62. ἤμενος, nüchtern. 75. θερμὰ τέγγων δὲ στοναχαῖς δάκρυα statt θερμὰ δὲ τέγγων δάκρυα στοναχαῖς, immer wieder nach der öfter berührten Methode kühner Umstellungen, und rhythmisch matter als in der gewöhnlichen Wortstellung 76. πάτερ Κρονίδας statt πάτερ Κρονίων: die prosodische Willkühr ist schon oben gerügt; hier mache ich nur auf das dem Sprachgebrauche zuwiderlaufende Κρονίδας statt Κρονίδα aufmerksam. *Isthm. II*, 28. ohne Grund Ἄλτιν statt ἄλσος, nach Villoison: Vs. 45. ἐπεί τοί γ' statt ἐπεί τοι: wie dies entstanden sei, würde man schwerlich finden, wenn man nicht Hermann's *Elem. D. M.* S. 651. nachsähe, wo ἐπεί τοί γ' vermuthet wird, weil Hermann den Vers nicht mit diesen Worten schliessen will; aber in dieser Ausgabe steht ἐπεί τοί γ' am Ende des Verses, und ist dennoch aufgenommen. *III*, 36. ὥστε φοινικέοισιν, ἔστ' ἄνθος, ῥόδοις, völlig unverständlich. 54. ἑῷ statt ᾧ, ohne Grund. *IV*, 56. συναρίθμων, nach Hermann, obgleich der Grund, weshalb Hermann dies wollte, gar nicht in dieser Ausgabe statt findet, indem anders abgetheilt ist. *VI*, 12. ἀνίκα ὀρθῷ, mit unerträglichem Hiatus; ἁνίκ' ἄρ' ὁ. ist unzweifelhafte Verbesserung; was ἄρα hier bedeute, lehrt die tiefer gebende Erklärung. 27. αἱματος φιλίας πάτρας statt αἷμ. πρὸ φίλας πάτρας, der Leseart der Neapp. Mss. πρός φιλίας zu Gefallen; aber man sagt nicht φιλία πατρίς, sondern φίλα. 28. halte ich Thiersch's Vermuthung λοιγὸν ἄντα φέρων ἐναντίῳ στρατῷ für einzig richtig; statt der gewöhnlichen Leseart λοιγὸν ἀμύνων ἐναντίῳ στρατῷ, welche dem Versmaasse widerspricht, geben die Neapp. Mss. zwei hässliche Interpolationen λοιγὸν ἀμεύων ἀντὶ ἀντίῳ στρατῷ (vgl. Append. Pind. Th. II. Bd. II.), und λοιγὸν ἀμύνων αἶν' ἐναντίῳ στρατῷ. Aber das Verwerflichste hat unser Kritiker ausgedacht: λοιγὸν ἀντιαμευων ἀντίῳ στρατῷ: ohne handschriftliches Ansehen und ohne Noth ist eine Länge in das Versmaass gebracht, wo die entsprechenden Strophen die Kürze haben, und ἀντιαμευων ist eine unregelmässige Form, welche nur wenn sie in den Handschriften stünde, vertheidigt werden könnte, weil andere ähnliche vorhanden sind, wie ἀντιάνειρα, ἀντιοχεύω: ohne diplomatisches Zeugniss aber ist sie nicht zulässig. Bei Kallimach. Del. 52. ist ἀντιαμοιβός ebenfalls bloss aus Vermuthung; die Handschriften haben ἀντημοιβόν. Isthm. VI, 44. ὁ δὲ κτ. aus den Neapp. Mss. und nach Heyne's Vermuthung. VII, 9. 10. steht in meiner Ausgabe nach gewöhnlicher Leseart:

ἐπειδὴ τὸν ὑπὲρ κεφαλᾶς

γε Ταντάλου λίθον παρά τις ἔτρεψεν ἄμμι θεός,

wo die Worte schön geordnet sind und nichts getadelt werden kann, als dass γε zu Anfang des Verses steht, welches ich oben zu rechtfertigen gesucht habe. Die Neapp. Mss. geben die Worte höchst wunderlich durcheinander geworfen: κεφαλᾶς ἔτρεψε Ταντάλου γε πάρα λίθον τις ἄμμι θεός, eine Stellung, deren Absicht ich zwar nicht errathen kann, die aber wahrscheinlich auf einer Interpolation beruht; sicheres Urtheil wäre möglich, wenn diese Bücher vollständiger verglichen wären. Auf diese Leseart gründet der Herausgeber die seinige:

ἐπειδὴ τὸν ὑπὲρ κεφαλᾶς γ'

ἔτρεψε Ταντάλοιο πάρα λίθον τις ἄμμι θεός:

wodurch die Wortstellung höchst unangenehm wird, ohne dass wir das Mindeste gewännen: denn indem γε von dem Anfange des Verses weggeschafft ist, tritt es nun apostrophirt ans Ende, wie es niemals bei Pindar vorkommt ausser in den von unserem

Kritiker verderbten Stellen. *VII*, 13. ist κέλαι beibehalten; das Wahre haben Thiersch und Dissen, σκοπεῖν. Vs. 33. halte ich meine Vermuthung für sicher; der Greifswalder Herausgeber beliebt wie immer Umstellungen mit zukommenden Aenderungen der Formen: φέρτερον πατέρος ἄνακτα γόνον τεκεῖν. Zum Schluss die Bemerkung, dass auch Vs. 35. 37. 63. in den *Neapp. Mss.* Interpolationen vorkommen, deren Besserung in dem Anhang zu Th. II, Bd. II. unserer Ausgabe nachgewiesen ist, wovon jedoch die erste und dritte sich unseres Kritikers Beifall erworben hat.

41. Schon in dem kritischen und nachher in dem erklärenden Commentar zum Pindar nebst den dazu gehörigen Anhängen habe ich Manches an meiner Recension verändert; Anderes hat Dissen in seinen Erklärungen oder ich in den daselbst eingeschalteten Bemerkungen verbessert; Anderes habe ich in dieser Abhandlung nach meiner jetzigen Ueberzeugung berichtigt. Zum Schluss sei es erlaubt, was ich ausserdem noch, zum Theil von verständigen Wegweisern wie Hermann und Thiersch geleitet, zu ändern nöthig finde, zusammenzufassen, mit Uebergehung dessen, was noch nicht zur Klarheit gebracht werden kann und also einer bessern Zukunft überlassen bleiben muss. *Olymp. I*, 79. schreibe ich τρεῖς τε καί, die Lesart von älterem Ansehen, erinnert von Hand *(De partic. Gr. Diss. I*, S. 21.). Ebendaselbst 110. κλέΐξεν nach Thiersch. *II*, 61. stelle ich ἀρθμίος wieder her, da ἀρθαλος nicht beweisbar ist; und 101. αὐδάσομαι, welches durch die Quellen der Lesearten stärker unterstützt ist als αὐδάσομεν. *III*, 4. siehe ich παρέστα jetzt vor, und zwar deshalb, weil *Moῖσα δέ* nicht scheint Vocativ sein zu können; denn man setzt dem Vocativ das δέ nicht unmittelbar bei, sondern immer dem folgenden Wort, so: Μοῖσα, οὕτω δέ. Uebrigens scheint οὕτω sich auf das Vorhergehende zu beziehen. *Olymp. IV*, str. 4. und *Olymp. IX*, ep. 5. habe ich Molossen zugelassen ohne zu verkennen, dass sie ganz gegen die Pindarische Analogie sind *(Metr. Pind.* S. 156.). Ich sehe jetzt ein, dass sie entfernt werden können. *Olymp. IX*, ep. 5. muss man nämlich mit getrennten Spondeen oder Trochäen (vgl. *Metr. Pind.* S. 113.), die der Basis verwandt sind, so messen:

welches nicht anstössig ist, da einzelne Spondeen oder Trochäen wenigstens am Schluss der Verse nicht selten sind; und das umgekehrte $-\cup-\cup-\cup--$ ist sicher Pindarisch. *Olymp. IV.* aber hilft die Verbindung von Vs. 5. 6. ab, indem so zu messen:

$-\cup-\cup-\cup-\cup-\cup-\cup-\cup-$

Vgl. *nott. critt.* S. 489. So erhalten wir die gewöhnliche Folge von unverbundenen Trochäen, welche wie gesagt, basenartig sind, und deren erster, wie häufig, eine Anakrusis hat. Es ist leicht glaublich, dass auch der folgende Vers noch mit dem vorhergehenden zusammenhängt; da man indess verschiedener Meinung darüber sein kann, bleibe ich einstweilen beim Alten. *Olymp. V*, 11. muss man mit den bessern Quellen der Leseart Ῥανὶν lesen, und 21. offenbar Ποσιδανίαισιν (s. *Explicatt.*); auch gebe ich zu, dass Vs. 16. ἠὺ δ' ἔχ. die einfachste Verbesserung ist, da Pindar ἠύ und εὔ EV schrieb, und er in den zusammengesetzten Worten sich jene Form erlaubt hat; obgleich εὖ δὴ ἔχ. nicht zu verwerfen wäre. *Olymp. VI*, 92. wäre ich nach Buttmann's genauer Untersuchung (z. Platon's *Menon Exc.* 1.) sehr geneigt, εἶκον wieder herzustellen statt εἰκόν, welches ich gesetzt habe und Stephanus schon ehemals, auf welchen ich in meiner Kritik aus den oben angegebenen Gründen nie Rücksicht genommen habe; indessen hält mich das Ansehen des Aelius Dionysius zurück, der doch viel älter ist als alle Accentuation in den Handschriften, auf welche Buttmann's Beweisführung sich gründet. 101. setze ich wieder ἀπεσκίμφθαι statt ἀπεσκίμφθαι; das ἵμ scheint nämlich die Stelle des η (σκίμπτω et σκήπτω) zu vertreten. *VIII*, 25. tilge ich jetzt das Komma nach ἀθανάτων, wodurch die Gedanken eine raschere Folge erhalten, und die Verbindung besser wird. *Olymp. IX*. 51. kann ich mich, wenn auch οἶμος vom Wege des Gesanges gesagt wird, auch jetzt noch nicht von der Verbesserung οὖρον losmachen, da alles für diese zusammenstimmt, die Leseart ohnehin von Alters her schwankend war, und ὅρμον, welches der erste Scholiast las, dahin führt. Uebrigens schrieb Pindar OPON, wenn er οὖρον schreiben wollte; um so leichter konnte daraus ὅρμον entstehen. Ὕμνον scheint aber der neue Schol. nicht gelesen zu haben, wie ich in den *nott. crit.* aus Missverstand ehemals glaubte. 115. habe ich σοφίας statt σοφίαι schon im erklärenden Commentar zurückgenommen; es ist im *Masc. B.* ohne Zweifel nur ein Schreibfehler: dagegen hüte man sich 120). Αἰάντιον anzuzweifeln; Αἰάντειος Ἰλιάδου βωμός ist eine bekannte Wendung. *Olymp. XI,* 8. setze ich nach der alten Recension ἐμόν, da ἁμόν Interpolation scheint, wie ἀμῷ oder ἀμῷ in der Triklinischen Ausgabe des Sophokles *Antig.* 857. *Herm.* und verwerfe auch Vs. 3.' ἁμᾶς als eine schwach unterstützte und überflüssige Vermuthung des Mingarelli. Vs. 9. Ist Hermann's τόκος ὀνάτωρ (ΟΝΑΤΩΡ) ohne Artikel ohne Zweifel das Richtige, indem die alte Leseart τόκος θνατῶν (ΘΝΑΤΩΝ) ist; da ich aus dieser nichts zu machen wusste, hatte ich eine zusammengesetzte Hypothese bilden müssen, um zu erklären, wie sie entstanden sei. Vs. 46. haben die guten Bücher λαῖαν oder λαίαν: die Glosse *Masc. B.* lehrt, dass λείαν Verbesserung ist. Es ist λαίαν zu schreiben, nach Hesychios in λαιάν: Δωριεῖς λαίαν (λαίαν) ἐπὶ τῆς λείας, wie dort zu lesen. 69. ist Τεγέαν statt Τίγεαν zu schreiben, da Pindar Τεγέα sagte, *Nem. X,* 47. Vs. 74. aber ist, wie ich schon ehemals vermuthete, und Thiersch gethan hat, das δ' auszutilgen, welches die guten Quellen der Leseart nach ἄκοντι haben; nachher ist es versetzt worden. Offenbar ist es an die erstere Stelle, wo es nicht geduldet werden kann, nur zur Vermeidung des Asyndeton gekommen (vgl. *nott. crit.* S. 379. f.), und gerade dies Asyndeton macht hier die kräftigste und schönste Wirkung. Dass das δί nach zwei Worten überhaupt selten, ist anerkannt; das einzige sichere Beispiel im Pindar ist *Olymp. XI,* 103. κατὰ' ἐρατὸν δ' Ἀρχεστράτου, welches aber sehr ungezwungen und nicht so hart ist als ἄκοντι Φράστωρ δί. *Olymp. XIII,* 9. ist ἀλέξειν zu schreiben, da ἀλεξέω im Präsens nicht vorkommt. Dass Vs. 50. οὗ vor Σίσυφον auszutilgen, habe ich schon in den *nott. crit.* bemerkt; Vs. 51. ist nach Thiersch αὐτᾶ zu schreiben, und darnach auch *Pyth. II,* 34. *IV,* 265. *IX,* 64. zu ändern. *Olymp. XIII,* 66. setze ich aus dem *Vatic.* νιν, weil ich zwischen μιν und νιν die guten Mss. mit Berücksichtigung des Klanges entscheiden lasse (s. *nott. crit.* S. 401 ff. bes. S. 403. *extr.*): die Neapolitanischen können dabei nicht in Betracht kommen. *Pyth. III*, 12. wird es ebenfalls sicherer sein nach zwei wenigstens mittelmässigen Handschriften νιν zu setzen. Vs. 69. ist der Accent zu verändern, ἐπᾶλτ'. *Olymp. XIV*, kann man auf Sicherheit der Herstellung keine Ansprüche machen, und muss sich begnügen, etwas Erträgliches und den Regeln einigermaassen Genügendes zu geben. *Str.* 1. aber ist τ' am Ende des Verses nicht erträglich (s. oben): die Abtheilung ist also eben so gewiss falsch als wenn man φιλησί μολπε trennen will. Aber auch die Verbindung von *str.* 1. 2. hat keine Wahrscheinlichkeit. Dagegen finde ich, dass die Analogie der folgenden logaödischen Rhythmen, welcher ich *not. crit.* S. 429. gefolgt bin, für den ersten aufregenden Vers wol eine Ausnahme gestattet, und ziehe daher die daselbst schon angegebene Abtheilung vor, durch welche der zweite Vers einen lieblichen Einschnitt erhält:

_ ⏑ ⏑ _ ⏑ _ _
⏑ _ ⏑ ⏑ ⏑ _ ⏑ ⏑ _ ⏑ _ ⏑ _ _

Καφισίων dreisylbig zu nehmen kann ich mich nicht entschliessen: wenn jetzt auch unzweifelhaft ist, dass das *Iota* von Andern mit dem folgenden Vocal in Eine Sylbe zusammengeschlungen wird, so wird man bei Pindar doch vergeblich nach einem Beispiele suchen. Im Uebrigen bin ich darauf bedacht gewesen, so wenig als möglich zu ändern, wie die kritischen Anmerkungen zeigen. Vs. 8. ist meine Leseart τε, wie ich selbst anerkenne, leeres Flickwerk; aber die bis jetzt vorgetragenen Verbesserungen dieser Stelle sind auch nicht viel besser. Nachdem ich alles versucht habe, weiss ich nichts besseres ausfindig zu machen, als in der Strophe οὔτε γὰρ θεοί, und in der Gegenstrophe σεῦ ἕκατι in den folgenden Vers zu werfen, und μελαντειχέα etwas zu ändern: aber ich muss zu einer Freiheit greifen, die ich mir ungern erlaube, und bei der jede Vermuthung an Zuverlässigkeit verliert, so wenig sich auch, wo die Leseart sicher ist, dagegen einwenden lässt, nämlich die Basis in der Strophe spondeisch, in der Gegenstrophe tribrachisch zu machen:

Dies Metrum kommt, den Spondeus statt des Tribrachys abgerechnet, *Isthm. VII, str.* 3. vor; die Abwechselung des Maasses der Basis aber ebenso *Pyth. V, epod. extr.* Schreibt man in der Gegenstrophe μελανοτειχέα, wie μελανόγραμμος, μελανόθριξ, μελανοκόμης, μελανοκάρδιος u. dgl.; so hat man einige Entsprechung; und ich folge dieser Vermuthung so lange bis unvermuthete Heilung geleistet wird. Möglich wäre, dass der Dichter in der Gegenstrophe den Tribrachys für den in der Strophe beliebten Spondeus gesetzt hätte, um dem Satz, womit er der Echo zum Hades zu eilen aufträgt, einen raschern Anfang zu geben, da er solche Malerei liebt (s. *Metr. Pind. III*, 19.): dass aber unser Dichter auch in kleinern Oden verschiedenes Maass zuliess, vielleicht weil er sie rasch arbeiten musste, sieht man zum Beispiel *Pyth. VII.* Von *Str.* 9. ist schon oben (Abschn. 38.) die Rede gewesen. Vs. 15. hat mir die ältere Verbesserung von Hermann immer noch die meiste Wahrscheinlichkeit, indem sie klar und ungezwungen ist; auch möchte Vs. 17. schwerlich der metrische Scholiast Ἀυδῷ gelesen haben, da dessen Lesearten gewöhnlich in den Mss. neuerer Recension gegeben sind. Vs. 18. ziehe ich Hermann's Vermuthung ἔν τε μελέταις vor, und messe also darnach auch in der Strophe τὰ γλυκέα als ersten Päon.

42. *Pyth. I*, 48. nehme ich die Aenderung εὑρίσκοιτο zurück, da sie nur von zwei Handschriften unterstützt ist. Das Subject zu εὑρίσκοντο sind die Brüder, und der Dichter mochte εὑρίσκοντο schreiben, weil Hieron nicht allein, sondern vor ihm schon Gelon die Herrschaft erkämpft hatte. 70. nehme ich γ' zurück, nicht weil es schlecht wäre, sondern weil τ' vertheidigt werden kann; Vgl. *Nem. XI,* 45. und daselbst Dissen. Vs. 94. lasse man sich nicht durch Hermann's kategorische Entscheidung irre machen an der Richtigkeit der Leseart φθίνει. Das Futurum φθινεῖ ist ganz unpassend; und wie Pindar in 390 ἶσος und καλός die erste Sylbe abkürzt, so thut er es wie die Attiker auch in φθίνω, nicht allein in φθινοπωρίς und φθινόκαρπος, sondern auch in κατέφθινε *Isthm. VII,* 46. — *Pyth. II*, 87. setze ich wieder λάβρος: λαῦρος der Mss. welches auch in andern Stellen vorkommt, scheint ein blosser Schreibfehler, weil β und υ in manchen Mss. ähnlich sind. *III*, 30. gebe ich jetzt wie der neueste Herausgeber πολλὰν δ' ὄρει (statt τ'), indem

ich der Mehrheit und Güte der Bücher folge (vgl. *nott. critt.*). IV, 57. kehre ich zur alten Leseart ἢ ῥα zurück. Dass Vs. 89. Ἐφιάλτα als Paroxytonon wieder herzustellen, ist schon in den *nott. critt.* erwähnt. Vs. 209. ist δίδυμοι in δίδυμαι zu verwandeln; Pindar gebraucht das Femininum διδύμα viermal, einmal sogar in dieser Ode selbst, aber nie dafür δίδυμος. *Pyth.* V, 6 ff. wollte ich mit Vergnügen meine Erklärung und Leseart der Stelle aufgeben, wenn ich irgend eine Befriedigung bei der gewöhnlichen fände; ist τοίνυν anstössig, so schreibe man τοι νῦν. Vs. 10. stelle ich aber εὐδίαν ὅς wieder her, weil Pindar gern auf diese Art anknüpft, wie *Pyth.* VIII, 18. und öfter. *Pyth.* V, 47. ist πεδά (nicht πέδα) beizubehalten, da die Aeoler die Präpositionen in ihrer gewöhnlichen Betonung lassen (s. Osann *Syllog.* S. 187 ff.). VI, 19. dürfte man σχεθών schreiben wollen; ich bleibe aber, obgleich die aoristische Natur dieser Form nicht zu läugnen, aus Gründen, die Buttmann auseinandersetzen wird, bei der Schreibart σχέθων. *Pyth.* VII, 1. 9. stelle ich μεγαλοπόλιες und πολίεσι wieder her, obgleich Hermann meine Aenderung billigt; denn da Buttmann (ausf. Gr. Gramm. Bd. 1, S. 182.) die letztere Form hinlänglich gerechtfertigt hat, so ist kein Grund mehr vorhanden, in der Strophe von den Handschriften abzuweichen. VIII, 76. ist πόνῳ durch die Quellen der Leseart stärker unterstützt; übrigens bleibt der Sinn derselbe wie wenn χρόνῳ stände. Dass *Pyth.* IX, ep. 7, 8. zusammenzuziehen, geht aus dem Obigen (Abschn. G.) hervor, und ich habe diese Verbindung schon in den *nott. critt.* empfohlen. Vs. 99. bestätigt sich die Leseart σύν γε δίκᾳ auch durch *Nem.* IX, 44. *Pyth.* X, 27. könnte αὐτοῖς für richtig gehalten werden, wenn nicht nachher wieder Vs. 28. περαίνει folgte; daher ich αὐτῷ noch für das wahre halte. XI, 57. habe ich meine Leseart schon in den *nott. critt.* als Flickwerk verworfen; da die Handschriften zum Theil für ἴσχεν nur ἐν haben, so hat man ziemlich freie Hand; allen Forderungen genügt σχήσει, welches Thiersch vorgeschlagen hat, und was so lange in dem Texte zu stehen verdient, bis eine sichere Hülfe gefunden ist. Indessen ist nicht zu verbergen, dass der Scholiast etwas ganz anderes las: wenn auch seine Structur, wonach er ἀμύνονται εἴ τις verbindet, schwerlich richtig sein dürfte. Ueberhaupt liegt die ganze Stelle im Argen.

43. *Nem. I*, 35. muss ohne Zweifel ἐπεί wieder hergestellt und folglich Vs. 37. etwas geändert werden. Da nun daselbst ὡς οὐ in οὗτοι zu verwandeln nicht rathsam scheint, und die Leseart der Augsburger Handschrift ὡς τον τ' οὐ wohl nur ein Schreibfehler ist, so ist es meines Erachtens das Einfachste, daselbst das τ' auszutilgen, so dass ὡς nach einem Zwischensatze wieder aufgenommen ist, wie auch Hermann andeutet: τε hinzuzusetzen konnte Einer leicht durch das vorhergehende ὡς veranlasst sein. Ebendas. 66. halte ich Dissen's Verbesserung φᾶσέ νιν δώσειν μόρῳ für sicher: Vs. 65. schlägt derselbe statt τόν vor ποτ' zu lesen, welches mir ebenfalls gefällt: doch möchte ich den Artikel nicht schlechthin verwerfen, da ἀνδρῶν τινα τόν ἐχθρότατον nicht ganz unerklärlich ist; Manche Männer, die verhasstesten. *Nem. III*, 54. ist zwar ἀγλαόκρανον eine handschriftliche Leseart: doch will ich mit Welcker ἀγλαόκαρπον für zulässig halten. *Nem. IV*, 25. 31. ist das Attische ξύν und ξυνιείς zu entfernen (vgl. *Explicatt.* S. 862.); 34. ist wol ὥραι klein zu schreiben (vgl. *Pyth. IV*, 247.). In *Nem. VI*, 54. ist Ἄoος das wahre; wie Πυθοῖ von Pindar gesagt ist, so musste er auch Ἄoος sagen, wo das Metrum der übrigen Strophen so festgesetzt war, dass Ἄoος ihm genauer entsprach als Ἄoυς. *Nem. VII*, 89. halte ich jetzt ἀνέχοι, was Schneider und Thiersch wollen, für unverlässig. Andere Aenderungen in diesem Gedichte hat Hermann in der geistreichen Abhandlung „*De Sogenis Aeginetae victoria quinquertii*" vorgeschlagen, in Verbindung mit einer Erklärung jenes Gedichtes. Ich würde meinem Mitarbeiter vorgreifen, wenn ich mich darüber ausführlich erklären wollte, wozu auch hier nicht Raum ist: doch möge mir erlaubt sein zu äussern, dass ich davon nicht überzeugt worden bin, und daher die vorgeschlagenen Verbesserungen nicht annehmen kann; und zwar schon aus dem einfachen Grunde, weil Vs. 50. durch Αἴγινα, τεῶν Διός τ' ἐκγόνων nur die Aeakiden, nicht aber die Aegineten, welche Hermann annehmen muss, bezeichnet sein können. Man führe nicht *Nem. VI*, 17. wo Αἰακίδαις gar nicht die Aegineten bezeichnet (s. Dissen), oder ähnliche Stellen an; nicht etwa aus *Olymp. XIII*, 14. die παῖδας Ἀλάτα, da Aletes zu der Dorischen Bevölkerung von Korinth ein ganz anderes

Verhältniss hat, als die Aeakiden zu der Dorischen von Aegina. Man müsste also die Erklärung ganz anders wenden, und diejenigen Aegineten, von welchen dort die Rede sein soll, die Euxeniden, für Aeakiden halten; aber diese Euxeniden sollen doch in Delphi nach Hermann selbst noch niemals gesiegt haben; und da wäre denn die Zuversicht des Dichters, dass das Delphische Spiel ihren glänzenden Tugenden der Weg zum Ruhme sei, als blosse Hoffnung, die noch keine Beweise hat, etwas stark ausgedrückt. Doch auch ohne dies möchte es schwer sein, Alles aus der Hermannischen Ansicht, so fein sie auch ausgedacht ist, zu erklären. Nicht weniger muss ich gestehen, durch die gedachte Schrift, trotz der darin herrschenden Zuversichtlichkeit, nicht überzeugt worden zu sein, dass nicht einer im Pentathlon das Ringen, wenn der Gegner zu stark war, aus Furcht zerquetscht zu werden, aufgegeben habe, und dass in demselben Fünfkampf das Ringen nicht das Letzte gewesen sei. Es lässt sich kurz zeigen, dass die letztere von Hermann angefochtene Meinung das Meiste für sich, und nichts gegen sich hat. Erstlich nämlich spricht noch immer dafür der Umstand, dass das Ringen das Mühvollste und Lebensgefährlichste ist, durch welches man die Kräfte nicht zuvor für die übrigen Leistungen erschöpfen durfte; und es ist in der That kaum denkbar, dass abgearbeiteten und ermüdeten Ringern, deren Glieder oft ganz verrenkt sein möchten, noch Diskus- und Speerwerfen zugemuthet werden konnte. Sodann setzt Simonides diese Ordnung: ἅλμα, ποδωκείην, δίσκον, ἄκοντα, πάλην. Simonides aber ist der grösste Epigrammatist der Hellenen, und ein so ausgezeichneter Dichter, dass man von ihm erwarten kann, er habe in einem Epigramm, was offenbar ein Kunststück sein soll, weil sonst nicht statt des Pentathlon die einzelnen Kämpfe desselben genannt sein würden, die einzelnen Theile nicht durcheinander gewürfelt, sondern gerade darin die Schönheit des Epigramms gesucht, dass er die Theile in ihrer Ordnung folgen liess, und dennoch alle in Einem Verse aussprach. Wäre die Ordnung eine andere gewesen, hätte er auch leicht die andere in einen Pentameter bringen können, wie mich ein Versuch überzeugt hat; z. B. wenn die Ordnung diese war: Sprung, Lauf, Ringen, Diskos, Wurfspiess, konnte er schreiben:

ἅλμα, δρόμημα, πάλην, δίσκον, ἄκοντα θοόν,

und so etwas musste er setzen, wenn das Ringen das dritte war. Mit Simonides aber kann man auf keine Weise die andern Dichter vergleichen, die allerdings die Ordnung der Kämpfe nicht beobachten, und von denen der Eine das Ringen zum zweiten macht; der Andere lässt es selbst in der fünften Stelle, setzt aber den Diskos in die zweite, den Lauf in die vierte. Ueberdies stellen zwei der Grammatiker das Ringen als das letzte, *Schol. Pind. Isthm. I.* 35. *Schol. Soph. Electr.* 691. und nur der *Schol. Plat.* S. 87. setzt πάλην zuerst; dass aber dieser Unrecht habe, ist hinlänglich klar, da die drei Epigramme und beide Scholiasten übereinstimmend ἅλμα zuerst setzen, und ebendahin auch der Umstand weiset, dass zu demselben (als Anfang des Pentathlon) das Pythische Flötenspiel aufgespielt wurde (*Pausan. V,* 7. *extr.* [V, 17, 10.]) Man darf nicht übersehen, dass gerade in Rücksicht auf das erste und letzte, ἅλμα und πάλη, die Meisten unter sich und mit dem Simonides stimmen, und nur in den mittleren Kämpfen von einander abweichen: ganz natürlich, da man auf das erste und letzte am meisten aufmerksam ist, und darin weniger irren wird. Zwar sucht Hermann aus der Stelle des Pausanias *(III,* 11. 6.), welche nicht genau betrachtet zu haben, er mit Unrecht mir vorwirft, zu zeigen, dass das Ringen das dritte gewesen sei: aber dieser Beweis ist unvollständig; es folgt aus jener Stelle nichts, als dass Lauf und Sprung vor dem Ringen unternommen wurden; und man darf gewiss auch darauf nicht fussen, dass Pausanias den Lauf vor dem Sprung nennt, weil es ihm hier nicht darauf ankommen konnte, ob er den einen oder andern voranstellte. Pausanias sagt nämlich, Tisamenos habe den Hieronymos von Andros im Lauf und Sprung überwunden, sei aber von ihm im Ringen besiegt worden; so habe er gesehen, dass das Orakel ihm nicht den Sieg im Pentathlon verkündet habe. Nun sagt man, wenn das Werfen mit Diskos und Spiess vor dem Ringen hergegangen wäre, so hätte Pausanias angeben müssen, dass Tisamenos den Hieronymos auch schon in jenen beiden Kämpfen überwunden hatte; da nach Herodot *(IX,* 33.) nur das Unterliegen im Ringen dem Tisamenos den Sieg entzogen habe. Aber dabei ist nicht in Rechnung gebracht, dass beide

Kämpfer im Wurfspiess- und Diskoswerfen gleich sein konnten; so dass davon gar keine Entscheidung hergenommen werden konnte, und erst das Ringen, in welchem Tisamenos unterlag, ihm den Sieg raubte. Man bemerke, dass sowohl nach dem Ausdruck des Herodot als des Pausanias, besonders des erstern, nur diese beiden Kämpfer aufgetreten waren; von andern Mitkämpfern ist nicht die Rede, und es können andere nicht dabei gewesen sein, weil sonst die Schriftsteller sich ganz anders hätten ausdrücken müssen; leicht konnte also eine Gleichheit im Werfen statt finden, indem beide das vorgeschriebene Ziel trafen oder erreichten. Und dies ist ohne Zweifel der Sinn des Pausanias, der keineswegs meint, gleich beim Ringen, vor dem Diskos- und Wurfspiesswerfen, habe Tisamenos gesehen, dass er das Orakel missverstanden habe; sondern er will nur sagen, Tisamenos habe daraus, dass er bei seinem ersten Auftreten den Sieg nicht erlangt habe, gesehen, dass das Orakel ihm diesen nicht verheissen hatte; der Grund aber, weshalb er den Sieg nicht erlangte, war das Unterliegen im Ringen. Darum giebt er an, worin jeder von beiden den anderen überwand, und übergeht die Theile, in welchen keine Entscheidung lag. Meinte er es nicht so, so wäre es, selbst wenn das Diskos- und Wurfspiesswerfen zuletzt kam, dennoch wunderlich, dass er nicht auch angäbe, Tisamenos habe im Wurfspiess- und Diskoswerfen den Hieronymos ebenfalls übertroffen: eine Sonderbarkeit, welche wegfällt, sobald man sich die Sache so vorstellt, wie ich gesagt habe. Da ferner Tisamenos und Hieronymos die einzigen waren, welche um den Preis zusammen kämpften, so frage ich, warum der Kampf durch alle fünf Spiele fortgesetzt wurde, wenn das Ringen das dritte war. Hieronymos war schon im Lauf und Sprung überwunden: Tisamenos wird im Ringen überwunden; sie sind also beide um den Sieg herum. Warum werfen sie noch den Diskos und den Speer? Dass sie dies gethan, muss man aus Herodot schliessen, da dieser behauptet, Tisamenos hätte παρὰ ἓν πάλαισμα gesiegt. Folglich muss das πάλαισμα das letzte gewesen sein. Oberflächlich betrachtet, spricht für Hermann's Meinung die Stelle des Xenophon (*Hellen.* VII, 4. 29.) in welcher gesagt wird, bei der Ankunft der feindlichen Eleer in Olympia hätte man schon vollendet gehabt τὴν ἱππυδρομίαν καὶ τὰ δρομικὰ τοῦ πεντάθλου: und dann werden als zunächst auftretend gesetzt οἱ εἰς πάλην ἀφικόμενοι. Allein aus dieser Stelle folgt zwar, dass der Lauf mit unter die ersten Theile des Pentathlon gehört, gerade wie es Simonides setzt; aber οἱ εἰς πάλην ἀφικόμενοι sind nicht die Pentathlen, sondern die Ringer, die hierauf eintreten, damit den Pentathlen Ruhe gegönnt werde: und nach diesen Ringern treten erst die Pentathlen wieder mit den übrigen Uebungen auf, unter welchen der Diskos und Wurfspiess den Anfang machen konnten, wenn diese sich nicht schon an die δρομικά anschlossen, und von Xenophon als unbedeutender übergangen sind. Wir sehen also, dass der Ordnung des Simonideischen Epigramms nichts entgegen steht, und verbleiben bei derselben, bis sie wirklich widerlegt ist, da zumal Simonides gerade für die ältere Zeit entscheiden kann.

44. Fernerhin bemerke ich über die Nemeischen Oden folgendes. *VIII*, 23. ist ἀμφικυλίσαις zu schreiben (s. Jakobs z. *Anthol. Palat.* S. 139.). *X*, 84. gebe ich Schmids κατοικῆσαι auf, und halte allerdings dafür, dass etwas, was den Sinn von οἰκεῖν σὺν ἐμοί giebt, aus dem Schol. in den Text gesetzt werden muss; aber ich kann mich noch nicht überzeugen, dass Pindar θέλειν statt ἐθέλειν gebraucht habe, so wenig als Homer; und natürlich ist diese verderbte Stelle am wenigsten geeignet es darzuthun: da also gerade mehrere Bücher ἐθέλεις statt des gemeinern θέλεις haben, möchte ich es nicht in θέλεις verwandeln. Ich lasse daher dahingestellt sein, wie jene Lücke sich füllen möge. Es wäre möglich, dass der Dichter in dem letzten Vers der Strophe, der zweiten trochäischen Dipodie das Maass —͜ — — gegeben hätte, wie er öfter nur einmal unter vielen Strophen sich ein abweichendes Maass erlaubt hat; da man denn schreiben könnte: αὐτὸς Οὔλυμπον ἐθέλεις ναίειν (oder οἰκεῖν) ἐμοὶ σύν τ' Ἀθ. Aber man kann dieser Ansicht hier nicht vertrauen, weil sie erst durch Vermuthung gesetzt wird. Dass *Isthm. III*, 63. εἰκών zu schreiben, wie Meineke vermuthet hat, bestätigt sich durch die Lesart der Römischen Ausgabe εἰκοῖν, welche ich ehemals übersehen hatte.

Verzeichniss der Pindarischen Stellen.

Olympia I,			*Olympia III,*		
str. 3-5. vs. 62. 63.	Abschn.	11.	vs. 25.	Abschn.	6.
ep. 1. 2.	-	-	27.	-	34.
- 6.	-	-	30. 46.	-	6.
vs. 3.	-	17.	32.	-	31.
28.	-	26.	extr.	-	26.
47.	-	27.	*Olympia IV,*		
50.	-	18.	str. 4.	-	41.
53.	-	19. 20. 27.	vs. 21.	-	40.
59.	-	19.	ep. extr.	-	11.
64.	-	40.	*Olympia V,*		
79.	-	11.	ep. 2.	-	8.
80. (128.)	-	25.	vs. 11. 16. 21.	-	41.
84. 85.	-	36.	*Olympia VI,*		
87.	-	28.	str. 3. 4.	-	8.
104.	-	15.	ep. 2.	-	11.
110.	-	11.	vs. 13.	-	27.
Olympia II,			18. 19. (31.)	-	25.
str. 6. 7.	-	11.	16.	-	29. 34.
ep. 5. 6.	-	-	28. 33.	-	36.
vs. 5.	-	31.	38.	-	29.
7. *vulg.*	-	22.	68.	-	36.
25.	-	40.	75.	-	36. 40.
39.	-	35.	83.	-	26.
46.	-	27.	91.	-	27.
47.	-	18.	92.	-	41.
48. *vulg.*	-	22.	101.	-	-
50.	-	28.	*Olympia VII,*		
61. (102.) 62.	-	25. 41.	str. 3.	-	7.
62.	-	39.	ep. 2. 3.	-	11.
67. (109.)	-	25.	vs. 2.	-	34.
69.	-	37.	8.	-	36.
76.	-	30.	11. 12.	-	26.
78. (129.)	-	19. 25.	32.	-	25.
80.	-	40.	34.	-	21.
84.	-	28.	46. 59.	-	36.
85.	-	25.	61.	-	21.
89.	-	20.	86.	-	28.
93.	-	30.	*Olympia VIII,*		
101.	-	41.	str. 5. 6.	-	11.
109.	-	40.	ep. 6.	-	-
Olympia III,			vs. 6.	-	25.
str. 3. 4.	-	8.	16. 17.	-	34.
vs. 4.	-	41.	25.	-	41.
18. 19.	-	26.			

Olympia VIII,		Olympia XIII,		
vs. 32. 38.	Abschn. 26.	ep. 5. vs. 21. .	Abschn.	40.
50.	- 54.	vs. 6.	-	20.
54.	- 35.	7.	-	33.
59.	- 26.	9.	-	41.
61.	- 34.	14. [15.] . . .	- 25. 33. 36.
83. 84.	-	20.	-	40.
extr.	- 27.	37.	-	27. 38.
Olympia IX,	- 35.	47.	-	37.
str. 6. 7. 8. 9. . .	- 11.	50. 51.	-	33. 41.
ep. 1. 2. und 3. 4.	-	50.	-	33.
· 5.	- 41.	66.	- 31. 41. 35.
· 8.	- 11.	73.	-	83.
vs. 3.	- 27.	69.	-	41.
18. 19.	- 5.	90. (116.) 91.	- 25. 33. 35.
10.	- 40.	97.	-	26.
80.	- 86.	95.	- 33. 56.
41.	- 35.	102.	-	31.
47.	- 6.	103. 104. . .	-	33.
51.	- 41.	105.	-	28.
62. (68.) . . .	- 25. 31. 35.	110.	-	25.
71.	- 35.	Olympia XIV,		39.
81.	- 36.	str. 1. 2. . . .	-	41.
90.	- 31.	vs. 6. (Ahlw.)	-	40.
101.	- 35.	7. 8. . . .	-	
111.	- 86.	8.	- 6. 40. 41.
115.	- 41.	9.	-	38.
120.	- 27. 41.	10. 11. . . .	-	40.
Olympia X,		15.	-	41.
19. 20.	- 11.	17.	- 40. 41.
Olympia XI,		18.	-	
str. 3.	- 11.	21.	-	38.
· 4. vs. 70. 99.	- 36.	22.	-	40.
ep. 4. 5.	- 11.			
· 7. vs. 63. 107. 85.	- 36.			
· 7. 8.	- 11.	Pythia I,		
· 9. 10.	- 5.	str. 6.	-	7.
vs. 8. 9.	- 41.	ep. 7.	-	12.
15.	- 29.	vs. 13. . . .	-	38.
16.	- 6.	26.	-	
21. 22.	- 26.	33.	-	27.
22.	- 27.	34.	-	40.
24. 25. vulg. (22.)	- 6.	39.	-	20.
26.	- 25.	45.	- 26. 20.
46.	- 41.	48.	-	42.
53.	- 21.	52.	-	40.
55. vulg.	- 22.	53.	-	28.
66. (75.) . . .	- 25.	56.	-	31.
67.	- 40.	70.	-	42.
68.	- 27.	85.	-	38.
69. vulg.	- 22. 41.	94.	-	42.
73.	- 25.	Pythia II,		
74.	- 41.	ep. 1.	-	12.
75.	- 25.	6. 7. . . .	-	
90.	- 27.	vs. 4. 9. 92. .	-	31.
103.	- 41.	17.	-	40.
Olympia XII,		36.	-	26.
str. 6.	- 11.	42. 51. . . .	-	27.
ep. 2. 3. 4. 5. 6.	-	49.	-	30.
extr.	- 11. 26.	53.	- 29. 40.

Pythia II,			Pythia VI,		
vs. 66.	Abschn.	40.	vs. 10.	Abschn.	42.
72.	-	38.	28.	-	35.
76.	-	29.	36.	-	27.
79. 80.	-	40.	Pythia VII.		12.
82.	-	29.	vs. 1. 9.	-	42.
84.	-	40.	2. 10.	-	35.
87.	-	42.	Pythia VIII.		35.
92.	-	31.	str. 3. 4.	-	12.
94.	-	12.	ep. 3. 4.	-	.
Pythia III,			vs. 4.	-	29.
str. 4.	-	12.	13.	-	36.
vs. 5.	-	31.	21.	-	39.
7.	-	28.	33. 34.	-	36.
12.	-	41.	42.	-	35.
28.	-	40.	49.	-	29.
36.	-	42.	54.	-	35.
52. 57.	-	29.	58.	-	27.
87.	-	35.	60.	-	36. 40.
88.	-	40.	76.	-	42.
Pythia IV,			81. zweimal	-	35.
vs. 4.	-	20. 35.	91.	-	40.
5.	-	31.	96.	-	.
9.	-	6.	100.	-	38.
23.	-	29.	104.	-	31.
30.	-	26. 27.	105.	-	35.
55.	-	6.	Pythia IX,		
85. 86.	-	20. 40.	str. 6. vs. 118.	-	12.
57.	-	42.	ep. 2. - 132.	-	.
58.	-	28.	- 7. 8.	-	42.
64.	-	27.	vs. 21.	-	34.
89.	-	42.	40.	-	29.
134.	-	36.	87.	-	27.
150.	-	29.	91.	-	37.
179.	-	6.	99.	-	42.
184.	-	37.	100. 101.	-	40.
195.	-	23.	101.	-	6.
206.	-	40.	106.	-	38.
200.	-	42.	109.	-	22.
225.	-	32.	117.	-	27.
233. 234.	-	40.	128.	-	40.
243.	-	26.	Pythia X. Anfang.		40.
253.	-	37.	str. 1. str. γ΄ vs. 38.	-	12.
265.	-	29.	- 4.	-	28.
206.	-	40.	ep. 1. 2. vs. 49.	-	11.
Pythia V,			vs. 1.	-	20.
ep. 7. 8.	-	6. 12.	3.	-	31. 32.
vs. 6.	-	42.	6.	-	40.
10.	-	42.	24.	-	.
33.	-	40.	25.	-	32.
42.	-	26.	27.	-	42.
47.	-	42.	28.	-	26. 31.
49. 50.	-	40.	30.	-	40.
73.	-	0.	51.	-	27.
104. zweimal	-	31.	60.	-	27. 40.
118.	-	40.	65.	-	31.
Pythia VI,			69.	-	37.
vs. 2. 3.	-	12.	Pythia XI.		
4.	-	31.	ep. 1. 2.	-	12.
6. 7. 8. 9.	-	12.	vs. 4. 6.	-	40.

Pythia XI,			*Nemea IV*,		
vs. 9.	Abschn.	40.	vs. 34.	Abschn.	43.
11.	-	28.	40.	-	35.
23. 25.	-	40.	50.	-	19. 27.
27.	-	28.	62. 63. 64.	-	6. 40.
35. 36.	-	40.	90.		-
38.	-	20.	*Nemea V*,		
41.	-	40.	str. 1. vs. 7. 37.		13.
43.	-	28.	- 2.		-
47.	-	36.	- 4.		10.
52. 54.	-	40.	ep. 1.		13.
55. zweimal	-	32.	- 2.		-
56.	-	40.	- 4. vs 34. 35.		-
56. 57.	-	40. 42.	vs. 10. 11. 19. 32.		40.
Pythia XII,			43.		26. 29.
vs. 3.	-	40.	47.		40.
12.	-	32.	*Nemea VI*,		
22.	-	27.	str. 4. vs. 11. 27.30.		13.
24.	-	40.	- 6. vs. 13.		-
31.	-	34.	ep. 6. 7. vs. 20. 44.		13.
			vs. 7.		40.
			23.		29.
Nemea I,			29. 30. 31. 55. 62.		40.
str. 4. 5. vs. 58.	-	13.	50.	-	36.
- 7. vs. 25 43. 68.	-	-	52.	-	6. 27.
vs. 13.	-	37. 30.	52. 53.	-	40.
16.	-	29.	54.	-	43.
24. (34.)	-	17. 21.	55.	-	40.
35. 37.	-	43.	62.		-
39.	-	40.	*Nemea VII*.	-	43.
65. 66.	-	43.	ep. 5. vs. 84. 105.	-	13.
65. 69.	-	40.	vs. 4.	-	40.
72.	-	31.	20.	-	39. 40.
Nemea II,			22.		27.
str. 4. vs. 19.	-	13.	37.	-	37.
vs. 12.	-	31.	41.	-	20.
14.	-	20.	46.	-	28.
19.	-	13.	61.	-	40.
24.	-	40.	62.	-	27.
Nemea III,			70. zweimal	-	40.
ep. 1.	-	13.	71.	-	27.
vs. 10.	-	20. 24. 38.	76.	-	28.
19.	-	40.	83. 84.	-	40.
23.	-	10. 38.	89.	-	43.
28.	-	19.	93.	-	27. 31.
43. 44.	-	40.	*Nemea VIII*,		
45.	-	10.	str. 1.		13.
47. 48.	-	10.	- 3. vs. 25. 42.		-
49.	-	-	ep. 2. - 16.		-
54.	-	43.	- 7.		-
57.	-	20.	vs. 2. 3.		40.
72.	-	26.	23.		40. 44.
Nemea IV,			25.		37.
str. 2. 3. vs. 10.			28.		6.
34. 62. 90.		13.	40.		20.
vs. 1.		35.	*Nemea IX*,		
9.		31.	str. 2. vs. 11. 22.		13.
17.		35.	- 4. - 29. 34.		-
25.		20. 43.	vs. 13.		27.
31.		-	14.		29.

Nemea IX,			Isthmia IV,		
vs. 17,	. . . . Abschn.	40.	str. 5. 6. 7.	. . Abschn.	14.
28.	. . . . . -	29.	ep. 3. 4.	. . . -	-
49.	. . . . . -	27.	vs. 6.	. . . . . -	32.
Nemea X,			16.	. . . . . -	27. 40.
vs. 5.	. . . . . -	40.	20.	. . . . . -	6.
15. zweimal	. -	32.	37. zweimal	. -	31.
31.	. . . . . -	40.	56.	. . . . . -	40.
41.	. . . . . -	5.	Isthmia V,		
56.	. . . . . -	81.	str. 3.	. . . . . -	14.
62.	. . . . . -	19. 21. 40.	ep. 4. 5.	. . . . . -	-
75. 76.	. . . -	-	vs. 2.	. . . . . -	27.
76.	. . . . . -	29.	27.	. . . . . -	20. 27. 32.
79.	. . . . . -	27.	29.	. . . . . -	6.
84.	. . . . . -	44.	Isthmia VI,		
Nemea XI,			str. 5.	. . . . . -	14.
vs. 7.	. . . . . -	27.	ep. 3. 4.	. . . . . -	-
18.	. . . . . -	31.	- 6. 7. vs. 33.	· -	-
40.	. . . . . -	29.	vs. 8. 9.	. . . . -	32.
			12.	. . . . . -	40.
			27. 28.	. . . -	-
Isthmia I,			33.	. . . . . -	27.
str. 3. 4. vs. 26.	-	14.	44.	. . . . . -	40.
vs. 6.	. . . . . -	32.	51.	. . . . . -	38.
25.	. . . . . -	24. 38.	Isthmia VII,		
41.	. . . . . -	-	str. 1. 2. vs. 41. 21. 22.	-	14.
63.	. . . . . -	26.	- 5.	. . . . . -	-
Isthmia II,			- 8. 9.	. . . . . -	-
ep. 2. 3.	. . . . -	14.	vs. 9. 10.	. . . -	40.
- 5. 6.	. . . . -	-	13.	. . . . . -	-
vs. 9. 10.	. . . -	32.	14.	. . . . . -	27.
26.	. . . . . -	40.	15.	. . . . . -	26.
45.	. . . . . -	-	17.	. . . . . -	6.
Isthmia III,			18.	. . . . . -	14.
ep. 2. 3.	. . . . -	14.	31.	. . . . . -	6.
- 5.	. . . . . -	-	33.	. . . . . -	40.
- 6. vs. 18.	. . -	-	35.	. . . . . -	31. 40.
vs. 17.	. . . . . -	51.	37.	. . . . . -	-
24.	. . . . . -	29.	36.	. . . . . -	14.
36.	. . . . . -	27. 40.	52.	. . . . . -	20.
42. zweimal	. -	32.	63.	. . . . . -	40.
54.	. . . . . -	20. 40.	68.	. . . . . -	14.
63.	. . . . . -	44.	Fragm. Hymn.		
66.	. . . . . -	80.	1. 9.	. . . . . -	8.
67.	. . . . . -	31.	Fragm. Thren.		
82.	. . . . . -	27.	9.	. . . . . -	9.
Isthmia IV,			Fragm. Incert.		
str. 3. 4.	. . . -	14.	72.	. . . . . -	8.

VI.

Ueber den Plan der Atthis des Philochoros.

Vorgelesen am 12. Juli 1832.

Philochoros, Sohn des Kyknos, von Athen, war der göttlichen und menschlichen Dinge, wie sie in seinem Vaterlande vom Anfange der Geschichte bis zu seiner Zeit sich entwickelt und gebildet hatten, ausgezeichnet kundig. Wahrsager und Opferschauer in einem Zeitalter, in welchem der feste Glaube an die durch göttliche Zeichen gesandte Offenbarung des Schicksales längst erschüttert war, scheint er dennoch in tiefer und sicherer Ueberzeugung von der Richtigkeit der Seherkunst, einer Ueberzeugung, die einst den Megistias und den Wahrsager des Thrasybul dem vorauserkannten Tode durch heldenmüthige Aufopferung entgegenführte[1], mit ganzer Seele seinem Berufe gelebt zu haben; seine Erzählung, wie er den göttlichen Zeichen gemäss das Zukünftige verkündet, und der Erfolg seine Auslegung gerechtfertigt habe[2], mochte eher Folge der Selbsttäuschung sein, als ein Versuch, gegen besseres Wissen und Gewissen die Ehre der Weissagung aufrecht zu erhalten: wie niemand jene grossherzigen sich selber dem Untergange weihenden Wahrsager des Priesterbetruges zeihen kann, mag es ferne von uns bleiben, einen Mann, der mit sichtbarer Liebe fast alle Theile des Götterdienstes behandelte, für einen schnöden Scheinheiligen zu halten. Jene priesterliche Stellung des Philochoros scheint ihm die nächste Veranlassung und Anregung zu den mannigfachen Forschungen gegeben zu haben.

---

1) Herodot VII, 221. 228. Xenoph. Hellen. Gesch. II, 4, 18.
2) Dionysios in Deinarchos S. 113 f. Sylb.

wodurch er auf dem Gebiete der Gelehrsamkeit einen nicht unbedeutenden Platz einnahm. Sie führte ihn von selbst dahin, der Verkündiger und Ausleger der väterlichen Gebräuche[1]) zu sein; seine Schriften von der Wahrsagung und von den Zeichen (περὶ μαντικῆς, περὶ συμβόλων), welche vielleicht beide Ein Werk bildeten, von den Attischen Mysterien (περὶ μυστηρίων τῶν Ἀθήνησι), von den Reinigungen (περὶ καθαρμῶν), von den Opfern, den Festen, den Tagen (περὶ θυσιῶν, περὶ ἑορτῶν, περὶ ἡμερῶν), von den Attischen Spielen (περὶ τῶν Ἀθήνησιν ἀγώνων), welche mit den Festen verknüpft waren[2]), beurkunden seinen Eifer für die Ergründung der heiligen Gebräuche. Mit der Geschichte der Feste und Spiele verwandt ist auch die Geschichte der Dichter, worauf sich etliche seiner Schriften bezogen. Da die meisten Heiligthümer in dem entferntesten Alterthum und der Urgeschichte des Staates wurzelten, und der Wahrsager ohne Kenntniss der vorhandenen Staatsverhältnisse und der geschichtlichen Verwickelungen seine Stelle im öffentlichen Leben nicht ausfüllen konnte, auf welches er doch amtlich berufen war einzuwirken; so schloss sich den übrigen gelehrten Arbeiten unseres forschbegierigen Theologen sehr natürlich die Untersuchung der ältern und neuern Geschichte, Verfassung und Gesetzgebung des Vaterlandes, auch die genauere Betrachtung einzelner Theile desselben, wie der Tetrapolis, welche auch in den heiligen Dingen viel Besonderes hatte, und anderer mit Athen genau verbundener Orte, wohin Salamis und Delos gehören, und sogar die Aufzeichnung der laufenden Begebenheiten an. Wenn die ersten Gründe der Zeitrechnung und das ganze Kalenderwesen in enger Ver-

---

1) Ἐξηγητὴς τῶν πατρίων, Proklos zu Hesiods Werken und Tagen Vs. 810.

2) Seine Ἐπιτομὴ τῆς Διονυσίου πραγματείας περὶ ἱερῶν scheint mir etwas zweifelhaft, und auch nicht sicher, dass περὶ ἱερῶν nicht ein abzusondernder Titel eines Werkes war, wie er vor Küster im Snidas erscheinen. Dionysios könnte der alte Milesische Logograph sein; eine Geschichte, wie sie jener schrieb, konnte sehr wohl πραγματεία genannt werden, wie Dionysios von Halikarnass die Verfasser der Atthiden οἱ τὰς Ἀτθίδας πραγματευόμενοι nennt (Röm. Archäol. I, S. 7. Sylb.). Ist dies gegründet, so ist περὶ ἱερῶν jedenfalls ein besonderer Titel.

bindung mit den heiligen Alterthümern des Volkes stehen, so
war Philochoros unstreitig veranlasst und geeignet, auch für die
Zeitrechnung etwas zu leisten; und derjenige, aus welchem Suidas[1]) berichtet, Philochoros falle dergestalt in das Zeitalter des
Eratosthenes, dass des letztern Jugend mit dem Alter des erstern
zusammentreffe, möchte vielleicht mit dieser Zusammenstellung
mehr gemeint haben, als der erste Anblick erkennen lässt. Wie
nämlich Eratosthenes in der Erdbeschreibung den ersten Rang
erlangt hat, indem er aus ächt philologischem Triebe mit Urtheil
und Verstand die Bemerkungen und Beobachtungen anderer weit
mehr als eigene Erfahrungen zu einem Ganzen vereinigte,
so haben auch seine Zeitbestimmungen, welche grossentheils auf
fremden Angaben beruhen mussten, sich das meiste Ansehen erworben; mehrere derselben verdankt er augenscheinlich dem Philochoros[2]), und letzterer dürfte daher umsomehr als einer der
bedeutendsten Vorgänger des Eratosthenes zu betrachten sein, als
Philochoros neben Timaeos von Sicilien und mit diesem ungefähr
gleichzeitig, in zwei Büchern von den Olympiaden gehandelt
hatte, welche die Grundlage der Eratosthenischen Zeitrechnung
waren. Das Hauptverdienst jedoch um die Geschichte Athens,
vorzüglich auch in Rücksicht der Zeitbestimmungen, erwarb sich
Philochoros durch die Atthis, welche er nach dem Vorgange
anderer herausgegeben hatte, so wie ihm mehrere in dieser Bahn
nachfolgten. Entbehrte das Werk auch der künstlerischen Anordnung, wozu ein solches sich eben so wenig eignete als die Ὧροι
der Ionischen Schriftsteller, und somit auch des alten Glanzes
der Beredsamkeit, wovon die am besten erhaltenen Stellen keine
Spur zeigen, und die Atthiden insgesammt nach Dionysios Urtheil[3])
entblösst waren, so verdiente sein Verfasser dagegen nicht allein
den Lobspruch der Beachtungswürdigkeit und Genauigkeit, welchen ihm die Alten geben[4]), sondern in denjenigen Dingen, wovon man geschichtlich überhaupt etwas wissen konnte, scholut

---

1) Nach der Verbesserung in der Sammlung der Bruchstücke des
Philochoros S. 3.
2) *Corp. Inscr. Gr.* Bd. II. S. 304 a.
3) A. a. O.
4) S. die Bruchstücke S. 5.

er sogar, inwiefern ein Mensch untrüglich heissen kann, wirklich das Gepräge der Unfehlbarkeit zu tragen. Leicht erkennt man, dass nur aus einer Menge urkundlicher Denkmäler, wohin auch die Inschriften gehören, auf welche sich eine besondere Schrift desselben (Ἐπιγράμματα Ἀττικά) bezieht, dasjenige zusammengestellt werden konnte, was er aus der geschichtlichen Zeit erzählt; und wenn aus irgend einem Werke des Alterthums, konnte aus diesem sich eine sichere Zeitbestimmung für die Begebenheiten entnehmen lassen; wozu dasselbe auch Dionysios von Halikarnass vorzüglich gern benutzt. Endlich werden wir den Verfasser weder zu hoch noch zu niedrig stellen, wenn wir ihn als Alterthumsforscher mit M. Porcius Cato und M. Terentius Varro vergleichen.

Ueber das Ganze des Werkes drückt sich Suidas folgendermaassen aus: Ἔγραψεν Ἀτθίδος βιβλία ιϛ΄· περιέχει δὲ τὰς Ἀθηναίων πράξεις καὶ βασιλεῖς καὶ ἄρχοντας ἕως Ἀντιόχου τοῦ τελευταίου τοῦ προςαγορευθέντος Θεοῦ· ἔστι δὲ πρὸς Δήμωνα. Dasselbe bestand hiernach aus siebzehn Büchern; das letzte, welches glaubhaft angeführt wird, ist das sechzehnte[1]: wenn der Scholiast des Victorius zur Ilias sagt, die Geschichte des Linos sei erzählt von Philochoros ἐν τῇ ιθ΄, so liegt es nahe zu schreiben ἐν τῇ Ἀτθίδι, vorausgesetzt dass diese Sache wirklich in der Atthis vorkam; wiewohl die Erzählung selbst von der Art ist, dass man dieselbe lieber mit Lenz[2] dem Buche von den Erfindungen (περὶ εὑρημάτων) zu überweisen geneigt sein muss. Oder sollte etwa das Buch περὶ εὑρημάτων, welches wir nur aus Suidas kennen, ein Auszug von Artikeln aus der Atthis sein, welche sich auf Erfindungen bezogen? Ich wage nicht dies zu behaupten, da auch Ephoros schon ein Werk dieses Namens verfasst hatte, und angeblich bereits Simonides der Genealoge. Von der ganzen Atthis dagegen, wie es scheint, war allerdings ein Auszug vorhanden, welchen Suidas dem Philochoros selbst beilegt (ἐπιτομὴν τῆς ἰδίας Ἀτθίδος): mit Recht jedoch hat man diesen Auszug für denselben erklärt, welchen Suidas anderwärts

---

1) Harpokr. in ἄμιππος.
2) Drucbst. S. 98.

dem Trallianischen Sophisten Pollio zuschreibt; uns kann für
unsere gegenwärtige Betrachtung jener Auszug völlig gleichgültig
sein, da es nicht wahrscheinlich ist, dass derselbe von denen,
welche den Philochoros anführen, irgendwo gebraucht sei, am
wenigsten da, wo ein bestimmtes Buch der Atthis genannt wird.
Der Anfang des grossen Werkes stellt sich von selbst als der
Anfang der Attischen Mythen heraus; als den Schluss giebt Suidas das Ende der 129. Olympias. Nach ebendemselben ist es
gegen den Demon gerichtet gewesen; daher die Frage entsteht,
ob die Schrift πρὸς τὴν Δήμωνος Ἀτθίδα, welche Suidas als
eine besondere aufführt, damit einerlei sei oder nicht, und ob
in letzterem Falle es überhaupt richtig sei, dass auch die Atthis
dem Demon entgegengesetzt war. Die Einerleiheit jener Gegenschrift mit der Atthis stelle ich in Abrede: Harpokration führt
sehr oft dieses oder jenes Buch der Atthis des Philochoros an,
meist ohne zu sagen, dass es ein Buch der Atthis sei, doch bisweilen auch mit diesem Zusatze; wenn er dagegen in Ἑτεωνεία
sagt, „Φιλόχορος ἐν τῇ πρὸς Δήμωνα ἀντιγραφῇ." so kann
man nicht umhin eine Unterscheidung dieser Gegenschrift von
der Atthis anzuerkennen: wobei es nur noch möglich bliebe, dass
etwa das letzte Buch Anhangsweise die Streitschrift gegen Demon
gewesen wäre. Wie man hierüber auch denken mag, kann die
Atthis dennoch im Gegensatz gegen die Geschichte des Demon
herausgegeben sein, wenn sie auch nicht einerlei mit jener besondern Streitschrift war. Eine ähnliche Frage ist diese andere,
ob das bei Suidas erwähnte Buch περὶ τῶν Ἀθήνησιν ἀρξάντων ἀπὸ Σωκρατίδου [καὶ] μέχρι Ἀπολλοδώρου mit Joh. Gerh.
Vossius für einen Theil der Atthis zu halten oder nicht. Dass
Philochoros ein blosses Verzeichniss der Archonten von Olymp.
101, 3. bis Olymp. 107, 3. oder Olymp. 115, 2. in welchen
beiden letztern Jahren Apollodoros vorkommt, geschrieben haben
sollte, hat Corsini[1]) mit Recht für undenkbar erklärt; wenn er
aber den Sokratides für einen frühern Archon vor Olymp. 70,
und den Apollodor für einen spätern um Olymp. 130. hält, und
so jene Schrift als ein Verzeichniss des grössten Theils der

---

1) F. A. Bd. II. S. 90 f.

Attischen Archonten darstellen will, so fragen wir, warum das
Verzeichniss denn nicht mit Kreon dem ersten jährlichen Archon
anfing. Will man aber, um solchen Schwierigkeiten zu entgehen,
die genannte Schrift als einen Theil der Atthis ansehen, so müsste
sie einen bestimmten Abschnitt derselben gebildet haben, ein
oder mehrere Bücher nämlich. Könnte jedoch auch Olymp. 115, 2.
als ein passender Abschnitt eines Buches angenommen werden,
der den vorhandenen Angaben über den Inhalt der einzelnen
Bücher nicht widerspricht, so lässt sich doch von Olymp. 101, 3.
keinesweges dasselbe behaupten, indem dann eine mit der Angabe des Archon versehene Thatsache aus Olymp. 100, 3. welche,
wenn man nicht die überlieferte Zahl des Buchs willkührlich
ändern will, dem fünften verbleiben muss, nicht in der richtigen
Folge der Zeit würde untergebracht werden können[1]). Auch
führt der Titel jener Schrift nicht darauf, dass sie eine Geschichte
Athens während jenes Zeitraumes enthalten habe, sondern lässt
nur ein Werk über die Archonten selbst erwarten; und nimmt
man nur nicht an, dass es ein blosses Verzeichniss gewesen sei,
sondern dass es nähere Nachrichten über die Personen enthalten
habe, so konnte Philochoros allerdings Gründe haben, warum er
darin nur den bezeichneten Zeitraum umfasste, indem er einerseits nicht im Stande sein mochte, über die frühern Archonten
hinlängliche Nachrichten zu erlangen, die über die persönlichen
Verhältnisse grossentheils nur von den Verwandten und Bekannten
mündlich eingezogen werden konnten, andererseits aber zur Zeit,
als die Schrift abgefasst wurde, ein weiteres Herabgehen den
Verhältnissen unangemessen sein durfte; denn nichts verhindert
anzunehmen, das Werk sei eine Jugendschrift des Philochoros,
der um Olymp. 118. schon ein angesehener Zeichendeuter war.
Hiernach sondern wir die angegebene Schrift von der Atthis aus,
obgleich der Sammler der Bruchstücke sie mit Vossius für einen
Theil derselben gehalten hat.

---

[1]) Dass Olymp. 101, 3. in die Mitte des fünften Buches falle, wird
sich unten zeigen; und es lässt sich wenigstens nicht beweisen, dass
mit Olymp. 115, 2. eines der Bücher schloss, obgleich man das sechste
bis dahin könnte laufen lassen.

Der Ausdruck des Suidas, die Atthis umfasse die Geschichte oder Handlungen der Athener und die Könige und Archonten, lässt vermuthen, dass sie nach der Ordnung der Könige und Archonten, und wenigstens von der Zeit an, da eine Sonderung der Begebenheiten nach den Jahren möglich war, in der Form von Jahrbüchern fortschritt. Dies wird bestätigt durch die häufige Aufführung der Archonten, unter welchen die Begebenheiten sich ereignet haben; ja die Auszüge des Dionysios von Halikarnass aus den Theilen von Olymp. 107, 4. 110, 1. 2. lehren, dass er, in der Regel wenigstens, den Archon als Ueberschrift gesetzt und dann die unter ihn fallenden Begebenheiten ziemlich trocken erzählt habe; wenn der Auszug des Dionysios, welcher sich auf Olymp. 118, 2. 3. bezieht, in Rücksicht des letztern Jahres eine Ausnahme zeigt, so muss man bedenken, dass Olymp. 118, 3. nicht der Archon, sondern der *ἱερεὺς τῶν σωτήρων* Eponymos war, dass die Athener später diese Weise das Jahr zu bezeichnen, welche aus niedriger Schmeichelei gegen Antigonos und seinen Sohn Demetrios hervorgegangen war, wieder verwarfen, und dass Philochoros wahrscheinlich deshalb den damaligen *ἱερεὺς τῶν σωτήρων* nicht nannte; so wie später der letzte *ἱερεὺς τῶν σωτήρων* Diphilos (Olymp. 123, 1/2.) förmlich ausgetilgt wurde[1]). Diese Ansicht ist um so begründeter, da Philochoros, dessen Bruchstücke zwar zu dürftig sind, um über seine politische Ueberzeugung ein sicheres Urtheil zu erlauben, aber doch in den Stellen, welche sich auf Demetrios den Städtebelagerer beziehen[2]), durchaus keine Neigung für diesen sondern eher einen Widerwillen verrathen, nach Suidas vielmehr zur Gegenpartei gehört haben muss, indem er wegen Anhänglichkeit an die Ptolemäische Herrschaft von dem Sohne des Städtebelagerers, Antigonos Gonatas, hinterlistiger Weise soll aus dem Wege geräumt worden sein. Nach den vorzüglichsten, meist äusseren Begebenheiten, welche

---

1) Plutarch Demetr. C. 46.
2) 8. 79. 82. Die Worte, *τὰ ἱερὰ οὗτος ἀδικεῖ πάντα, τά τε μυστικὰ καὶ τὰ ἐποπτικά*, standen gewiss in einer Beziehung auf die Thatsache, dass Demetrios zugleich Mystes und Epoptes wurde, und für ihn die väterlichen Zeiten der Weihen verändert wurden (*οἱ χρόνοι τῆς τελετῆς οἱ πάτριοι μετεκινήθησαν*).

unter jedem Jahre angegeben waren, muss Philochoros dann häufig in die Darlegung der Staatseinrichtungen und Verhandlungen eingegangen sein, und eine Menge Einzelheiten erzählt haben, ohne welche das Werk weder so umfassend noch so belehrend würde geworden sein. Da dies öfter zu längeren Auseinandersetzungen veranlassen musste, so konnte freilich Manches auch unter andern Jahren, als wohin es der Zeitrechnung nach gehörte, gelegentlich angebracht werden; und da man überdies nicht gewiss sein kann, dass die letzten Bücher rein nach den Archonten geordnet waren, so ist man überhaupt nur für den grössten Theil des Stoffes und Werkes die Anordnung nach der Zeit anzunehmen berechtigt. Von diesem Gesichtspunkte aus mag man geneigt sein es zu entschuldigen, dass Lenz und Siebelis die Bruchstücke bloss nach der Zeitfolge der Begebenheiten, mit Vernachlässigung der Eintheilung in Bücher angeordnet haben, da zumal selten ein bestimmtes Buch angeführt wird, und selbst wo dies geschieht, die Leseart nicht immer zuverlässig ist. Aber anderseits kann man ja über die Zeit, auf welche sich eine Nachricht bezieht, im Irrthume sein, aus welchem man sich eher heraushelfen würde, wenn es gelänge, über den Umfang von Jahren, welche jedes Buch behandelte, ins Klare zu kommen; und jede Sammlung von Bruchstücken muss sich den Zweck vorsetzen, der ursprünglichen Form des Werkes so nahe als möglich zu kommen. Im vorliegenden Falle wird dieses nur erreicht, wenn die Bruchstücke nach der Ordnung der Bücher zusammengestellt werden, nämlich so, dass aus denjenigen Anführungen, welche ein bestimmtes Buch nennen, der Umfang eines jeden abgesteckt werde, so weit es möglich ist, dann aber die übrigen Bruchstücke nach der Zeitordnung eingeschoben werden, unbekümmert darum, ob der Schriftsteller sie vielleicht doch nicht an dieser Stelle, sondern vielmehr gelegentlich anderwärts geschrieben hatte, welches letztere ja immer das unwahrscheinlichere ist. Indem ich bemerkte, dass das Urtheil über die Zeit gewisser Thatsachen nur auf diesem Wege berichtigt werden könne, habe ich den Umfang der Bücher nach Möglichkeit zu bestimmen gesucht; die hiernach zu machende Anordnung sämmtlicher Bruchstücke liegt jedoch ausser meinem Plane.

Nach dem ersten Buche zu schliessen, muss Philochoros in der mythischen Geschichte sehr ausführlich gewesen sein; denn dieses ging nicht weit herab, und es möchte also auch das zweite Buch grösstentheils nur Mythisches umfasst haben. Gehört dasjenige, was er von den Tritopatoreu sagte [1]), in die Atthis, wie es doch wahrscheinlich ist, so scheint er vom Ursprunge des Menschengeschlechtes ausgegangen zu sein. Er kam hiernächst auf Ogygos und die Ogygische Fluth in Attika [2]), welche Africanus dem Auszuge des Moses gleichsetzt: ja Justinus Martyr behauptet sogar, Hellanikos und Philochoros die Verfasser der Atthiden, Kastor und Thallos und Alexander der Polyhistor hätten gleich Philon und Josephus des Moses als eines sehr alten Herrschers der Juden Erwähnung gethan: eine Angabe, die ich mir erlaube in Zweifel zu ziehen. Vergleicht man nämlich die Worte des Justinus Martyr mit denen des Africanus [3]), so findet sich, dass beide sich auf dieselben Schriftsteller beziehen, Africanus jedoch nur, um die erwähnte Gleichzeitigkeit des Moses mit Ogygos zu erhärten; welches von letzterem nur auf dem Wege der Schlüsse geschieht, ohne dass er sagte, Philochoros erwähne den Moses. Indem nun Justinus Martyr bereits dieselbe Zusammenstellung gemacht hatte, scheint er dem Hellanikos und Philochoros die Anführung des Moses zu leihen, welche ohne Zweifel nur einem oder dem andern der zugleich genannten spätern Schriftsteller zukommt. Von Ogygos oder Ogyges bis Kekrops rechnet Africanus 189 Jahre, der Kanon des Eusebios von der Fluth bis Kekrops 200 Jahre; dem erstern zufolge hatte wegen des bedeutenden Unterganges von Menschen in dieser Zeit kein König in Attika geherrscht; denn der Aktaeos, und was sonst für erdichtete Namen vorkämen, habe nach Philochoros gar nicht gelebt. Dieses verständige Urtheil des Philochoros verdient Anerkennung; in andern Mythen bediente er sich der geschichtlichen oder sogenannten pragmatischen Erklärung [4]), ohne dass man ihn jedoch

---

1) Bruchst. S. 11.
2) Bruchst. S. 15.
3) Justin. M. *Cohort. ad Gr.* S. 9 f. Africanus bei Euseb. *P. E.* X, 10, S. 489.
4) Lobeck Aglaopham. S. 988.

einer übertriebenen Erklärungssucht beschuldigen kann. Wahrscheinlich hat sich Philochoros des Sprüchwortes, Πολλὰ ψεύδονται ἀοιδοί, welches die einzige ganz bestimmte und durch keine verschiedene Leseart widersprochene Anführung aus dem ersten Buche ist[1]), bei Verwerfung jener mythischen Könige bedient; denn die auf uns gekommenen Beispiele der geschichtlichen Mythenerklärung, wobei es ebenfalls angebracht sein konnte, fallen nicht mehr in den Bereich des ersten Buches. Die Geschichte des Kekrops scheint sehr ausführlich gewesen zu sein; einen grossen Theil davon mag die Einführung der Heiligthümer, die ihm zugeschrieben wurde, eingenommen haben, wie der des Kronos und der Rhea[2]); anderes war anderen, auch politischen Inhaltes. Er erklärte den Beinamen des Kekrops διφυής von seiner grossen Gestalt, vermöge deren er für zwei Männer gelten konnte; zu viel wissend wusste er auch, Kekrops habe eine Volkszählung angestellt, woraus sich die Zahl 20,000 ergeben habe[*]): jeder musste einen Stein an einen dazu bestimmten Ort werfen, und man zählte dann die Steine; daher sei das Wort λαός für Volk entstanden. Insbesondere schreibt er dem Kekrops die Vereinigung des Volkes in die zwölf Städte oder Burgen zu; später habe dann Theseus diese in die eine Stadt verbunden[3]). Dies letztere scheint Philochoros gleich bei Kekrops im Voraus erwähnt zu haben; denn die Erklärung des Wortes ἄστυ, womit die Gesammtstadt bezeichnet wird, führt das *Etymologicum magnum* bestimmt aus dem ersten Buche der Atthis an[4]), wogegen freilich Stephanos von Byzanz das eilfte nennt, ohne Zweifel durch Verderbung von ά in ιά. Dies ist die einzige Stelle, aus welcher man bestätigen kann, was freilich schon an sich wahrscheinlich ist, dass die Geschichte des Kekrops im ersten Buche abgehandelt war; Theseus Thaten waren erst im zweiten erzählt.

Das erste Buch dürfte mit Kekrops abgeschlossen haben; denn da auf diesen Kranaos folgt, des Kranaos Nachfolger Amphiktyon

---

1) Druckst. S. 10.
2) Macrob. *Sat.* I, 10.
*) [Vergl. Staatsh. d. Ath. I² 49.?]
3) Druckst. S. 17.
4) Druckst. S. 85.

aber schon ins zweite Buch gestellt war, und Kranaos Ende eine
weit weniger ausgezeichnete Epoche bildet, so ist es nicht wahrscheinlich, dass Kranaos Geschichte noch zum ersten gehört habe.
Im zweiten Buche hatte Philochoros vom Areopag gehandelt,
und zwar bei Gelegenheit des ersten Rechtshandels daselbst zwischen Poseidon und Ares¹). Dieser wird von Eusebios noch unter
Kekrops gesetzt, welches Jos. Scaliger ausführlich vertheidigt²);
Philochoros muss ihn weiter herabgerückt haben, etwa unter
Kranaos, wie die Parische Chronik: letztere Stelle will ihm auch
Siebelis schon anweisen. Dies ist wenigstens wahrscheinlicher,
als dass die Sache erst nachträglich bei Erwähnung des Urtheils
über Orestes sollte erzählt worden sein. Gewiss ist, dass im
zweiten Buche die Mythen von Dionysos, insonderheit in Bezug
auf Attika ausführlich erzählt waren, und dass die Ankunft des
Dionysos in Attika von dem Verfasser unter Amphiktyon gesetzt,
und Amphiktyons Geschichte in diesem Buche enthalten war³).
Alle übrige Stellen, welche mit Bestimmtheit dem zweiten Buche
zugeschrieben werden, beziehen sich auf das Zeitalter des Erichthonios⁴), namentlich in Rücksicht der diesem zugeschriebenen
Einführung der Panathenäen⁵), auf Erechtheus, seine Töchter
und den Sohn des Xuthos Ion⁶), von dessen Heereszug zur Unterstützung der Athener Philochoros die Boedromien herleitete,
endlich auf den Theseus. Wie letzterer den Kretischen Tauros
bezwang, wird bestimmt aus dem zweiten Buche angeführt⁷); desgleichen dass die Athena Skiras von Skiros dem Eleusinischen
Wahrsager genannt sei; welcher letztere mit Theseus in Verbindung gesetzt wird, so wie auch die Verehrung jener Athena gerade von Theseus eingeführt worden sein soll⁸); auch Einzelheiten
aus den Gebräuchen dieses Dienstes waren bestimmt im zweiten

---

1) Bruchst. S. 18 f.
2) *Animadv. [in Chronologica Eusebi]* xv, vi.
3) Bruchst. S. 20—24. und besonders Athenäos II, S. 38 C. vgl. XV,
S. 693 D.
4) Bruchst. S. 24. 25.
5) Vgl. *Corp. Inscr. Gr.* Bd. II. S. 312 n.
6) Bruchst. S. 26. 27.
7) Bruchst. S. 30.
8) Ebendas. S. 31.

Buche erzählt[1]). Ebenso war im zweiten Buche von Theseus angeblicher, durch Philochoros geschichtlich umgedeuteter Fahrt zum Hades, und von seiner nach der Rückkehr von dort erfolgten Vertreibung aus Athen die Rede[2]). Nur von den Oschophoren hätte, ungeachtet die Oschophorien eine Stiftung des Theseus genannt werden, der Verfasser im zwölften Buche gehandelt, wenn Harpokration[3]) wirklich ἐν τῇ δωδεκάτῃ schrieb: aber es liegt nahe genug zu glauben, dass ursprünglich δευτέρᾳ, nämlich $\bar{\beta}$ stand, welches in $\iota\bar{\beta}$ übergegangen ist. Gewiss ist also, dass das zweite Buch wenigstens bis an das Ende des Theseus ging, bis wohin vom Tode des ersten Kekrops nach herkömmlicher Zeitrechnung des Eusebios und der Parischen Chronik 302 Jahre verflossen waren. Die hohe Bedeutsamkeit des Theseus für Athen und die nach ihm erfolgte Veränderung der herrschenden Familie konnte allerdings bestimmen, mit ihm ein Buch abzuschliessen; sichere Anzeigen fehlen jedoch. Eben so gut konnte mit Troia's Untergang, welcher gewöhnlich an den Schluss der Regierung des Menestheus oder in den Anfang des Demophon gesetzt wird, oder mit dem Anfang des Neliden Melanthos ein Abschnitt gemacht werden; im letztern Falle würde die Erwähnung des Areopags im zweiten Buche auf den Rechtshandel des Orestes bezogen werden können, den man unter Demophon setzt. Aber es hindert sogar nichts anzunehmen, das zweite Buch sei bis zur Einführung der lebenslänglichen, der zehnjährigen, ja der einjährigen Archonten (Olymp. 24, 2.) herabgegangen, und es findet sich überhaupt keine Angabe aus dem dritten Buche, welche man über Solons Staatsveränderung hinaufzusetzen berechtigt wäre. Vom Anfange des Menestheus bis zu dem ersten jährigen Archon ist ein Zeitraum von mehr als fünf Jahrhunderten; aber es wäre möglich, dass Philochoros sich hier auf die Bestimmung des Kanons der Könige und der Archonten mit Zufügung der wichtigsten Begebenheiten beschränkt hätte, und auf keinen Fall bot dieser Zeitraum so viele Erläuterungen der Heiligthümer dar, deren meiste ihren

---

1) Athen. XI. 8. 495 E.
2) Bruchst. S. 33.
3) In ὀσχοφόροι.

Ursprung angeblich in noch früherer Zeit hatten. Wir kennen von Philochoros aus dieser Zeit nur seine Bestimmung der Zwischenräume zwischen der Einnahme von Troia, der Wanderung nach Ionien, und dem Leben Homers: letztern setzte er unter den Archon Archippos; den Zwischenraum zwischen beiden ersten nahm er so gross als nachher Eratosthenes und Eusebios[1]), und es dürfte nicht gewagt sein zu glauben, dass der ganze Eusebische Kanon der Könige und Archonten vor Kreon im Wesentlichen aus dem Philochoros geflossen sei*).

Ein später Anfang ist für das dritte Buch um so wahrscheinlicher, da dasselbe einen Zeitabschnitt umfasste, welcher durch wichtige und offenbar mit Ausführlichkeit behandelte Staatsveränderungen ausgezeichnet war. Dass Philochoros von Solons Gesetzgebung gehandelt habe, würde sich von selbst verstehen, wenn wir auch kein Zeugniss darüber hätten; jedoch kommt seine Meinung über die σεισάχθεια bestimmt vor[2]). Nun hatte Philochoros ausser dem zweiten Buche im dritten von der Gerichtsbarkeit der Areopagiten gehandelt, welche sich auf beinahe alle Vergehen und Gesetzwidrigkeiten bezogen habe; im dritten aber namentlich davon, dass nur diejenigen, welche durch Geschlecht, Reichthum und sittliches Leben ausgezeichnet waren, in den Rath auf dem Areopagos hätten kommen können[3]). Den Rath der Areopagiten als solchen, nicht das Gericht, hat aber erst Solon gebildet; er bestand aus den gewesenen Archonten, die nur aus den Pentakosiomedimnen, aus welchen sie später und zwar seit Kleisthenes erloost wurden, durch Cheirotonie gewählt waren[4]), und dann nach bestandener Prüfung in den Areopag übergingen: Vermögen, Ansehen und bewährte Rechtlichkeit wird also hierbei vorausgesetzt, und mit den beiden ersten Dingen war damals alte Abkunft meist verbunden, wenn sie auch nicht nothwendige De-

1) *Corp. Inscr. Gr.* Bd. II, S. 328.

*) [Diese Annahme widerlegt Jo. Brandis *de tempor. Graec. antiquiss. rationibus* S. 16.]

2) Bruchst. S. 39 f. Was von Tyrtaeos erzählt war (Bruchst. S. 38.), mag im Anfange des dritten Buches gestanden haben, wenn anders das dritte Buch mit Kreons Jahr begann.

3) Bruchst. S. 19 f.

4) Staatsh. d. Athen. Bd. II. S. 410.

dingung der Wählbarkeit war. Sonach kann Philochoros im dritten
Buche nur vom Solonischen Areopag gehandelt haben. Die Solonische Verfassung wurde von den Thesmotheten (das heisst, wie
öfter, den neun Archonten) auf dem Markte bei dem Steine, πρός
τῷ λίθῳ, beschworen¹): daher die Erwähnung dieses Steines
im dritten Buche²). Die Erzählung von des Sikyoniers Lysander
Neuerungen in der Kitharistik passt ebenfalls sehr wohl in Solons
Zeiten, und konnte entweder bei Gelegenheit der Panathenäen,
deren musische Kämpfe Solon nach dem, was ihm in Bezug auf
die Rhapsodenspiele zugeschrieben wird, angeordnet haben muss,
oder bei der erneuerten Einführung der Pythischen Spiele angebracht sein, einer Thatsache, die in Olymp. 47, 3. oder 48, 3.
fällt, und die als allgemeine Amphiktyonische Angelegenheit nicht
allein, sondern noch ins Besondere darum Athen näher berührte,
weil der Kirrhäische Krieg, in dessen Folge jene Spiele gehalten
wurden, auf Solons Betrieb unternommen, und von den Athenern
unter Alkmaeon mitgeführt worden war³). Jene Erzählung von
Lysander stand aber im dritten Buche⁴). In ebendemselben kam
der dreiköpfige Hermes vor, welchen Hipparchs Liebhaber Pro-
kleides gesetzt hatte⁵); derselbe war einer von jenen Wegweisern,
deren Errichtung zu den Lieblingsneigungen des Hipparchos des
Peisistratiden gehörte: hier lernen wir also, dass das dritte Buch
auch die Herrschaft der Peisistratiden umfasste. Ferner waren
darin die Attischen Demen abgehandelt, und vorzüglich ihre Namen erklärt; acht Demen werden aus Philochoros angeführt, Xy-
pete, Semachidae, Alopekae, Kerameis, Melite, Oie, Oion, Kolonos
und der gleichnamige Ort in der Stadt; die beiden ersten abgerechnet, bei welchen kein bestimmtes Buch angegeben ist, werden alle ausdrücklich aus dem dritten angeführt⁶), ausser dass
bei Oion im Harpokration das dreizehnte genannt wird, wofür
aber, wie Siebelis schon vermuthete, das dritte zu setzen ist.

---

1) Plutarch Sol. 25.
2) Bruchst. S. 44.
3) Plutarch Sol. 11.
4) Bruchst. S. 46 f.
5) S. 45 f.
6) Bruchst. S. 37 f. S. 57.

Sehr irrig ist die Vorstellung, als ob diese Aufzählung der Demen
in eine topographische Uebersicht von Attika gehört habe; Kleisthenes erhob die Demen, welche vorher eben nichts weiter als
Ortschaften waren, zu Staatskörperschaften, welche in die zehn
Stämme eingeordnet wurden; indem nun Philochoros im dritten
Buche die neue Verfassung des Kleisthenes erzählt haben muss,
gab er eine Uebersicht der Kleisthenischen Demen, welche auch
gar nicht überflüssig war, da die Stammverfassung später vielfach
verändert worden*). Hesychios und aus ihm Phavorin¹) führt
auf das Zeugniss des Philochoros im dritten Buche die Weihung
des Hermes Agoraeos $Κεβρίδος\ ἄρξαντος$ an; dieser Archon ist
nicht bekannt, ist aber nach einer früher von mir geäusserten
Vermuthung²) kein anderer als der Archon Hybrilides Olymp. 72, 2.
und wer dies auch nicht zugeben wollte, könnte ihn doch nicht
mehr als etliche Olympiaden später setzen. Diese Anführung
stimmt vollkommen mit dem überein, was wir aus den übrigen
Stellen über den Zeitraum des dritten Buches annehmen müssen;
und wenn Harpokration in zwei Stellen³) bei dieser Sache statt
des dritten das fünfte nennt, so nehme ich die frühere Billigung**) dieser letztern Angabe nunmehr zurück. Denn es hat
durchaus nicht den Anschein, dass Philochoros die kleine Thatsache, zumal da er dabei den Archon nannte, ausser der Ordnung der Zeit gelegentlich angebracht habe; und könnte man
auch glauben, die Angabe des Harpokration sei der Verderbung
weniger als der Artikel des Hesychios verdächtig, weil sie zweimal
vorkommt, so muss man dagegen bedenken, dass Harpokration
schwerlich selbst einer und derselben Sache zwei Glossen ($Ἑρμῆς$
$ὁ\ πρὸς\ τῇ\ πυλίδι$ und $πρὸς\ τῇ\ πυλίδι\ Ἑρμῆς$) gewidmet habe,

---

*) [Philochoros schrieb die Einführung des Ostrakismos dem Kleisthenes zu: gehandelt hatte er aber davon $ἐν\ τῇ\ γ'$ nach dem Auh. zu
Phot. Dobr. v. $ὀστρακισμοῦ\ τρόπος$. Meier in der Abh. de ostracismo vor
dem Hall. Verz. d. Vorl. v. Winter 1835/6. hat dies mit Recht auf das
3te Buch bezogen.]

1) In $ἀγοραῖος$.
2) Abh. de archontibus Atticis pseudeponymis N. 131. in den Schriften
der Akademie aus dem J. 1827.
3) Bruchst. S. 48. 49.
**) [Vergl. die Anm. 2) angeführte Stelle.]

sondern die erstere kürzere von einem andern eingesetzt, und aus dem zweiten ausführlichern Artikel, nachdem die Zahl schon verderbt gewesen, entnommen sein dürfte. Ein passendes Ende für das dritte Buch könnten die Schlachten bei Salamis und Plataeae abgegeben haben; allein wir sind genöthigt weiter damit herabzugehen. Philochoros hatte im dritten Buche[1]) vom Theorikon gehandelt, welches für die Festschau aus der Staatskasse bezahlt wurde. Die Einführung desselben ist unzweifelhaft dem Perikles zuzuschreiben[2]); die Verwaltung des Perikles beginnt um Olymp. 77, 4. und die Theorikenspenden sind nach Plutarch eine Vorbereitung zu der Olymp. 80, 1. erfolgten Erniedrigung des Areopags geworden. Vielleicht ist diese letztere der Grenzpunkt des dritten und vierten Buches gewesen; viel später kann, wie sich zeigen wird, das vierte nicht angefangen haben, und die späteste Begebenheit aus dem dritten, von welcher eine Andeutung übrig geblieben ist, fällt kurz vorher. Nach Stephanos von Byzanz[3]) kam nämlich in diesem die Lakonische Ortschaft Aethaea vor, deren Einwohner Thukydides[4]) erwähne: unstreitig hatte Philochoros von ebenderselben auch Athen berührenden Sache gesprochen wie Thukydides im ersten Buche, welches Philochoros in der Geschichte der zunächst liegenden Zeiten häufig, zum Theil ganz wörtlich benutzt hat[5]); die Erwähnung jenes Lakonischen Ortes gehört daher zur Geschichte des Helotenaufstandes, welcher in Olymp. 79. ausbrach. Nimmt man nun die freilich nur vorausgesetzten Grenzpunkte des dritten Buches, deren zweiter jedoch nicht weit fehlen kann, so lange an, als neue Quellen zu näherer Bestimmung fehlen, so würde dieses Buch einen Zeitraum von 227 Jahren umfasst haben; die folgenden Bücher müssen da-

---

1) Bruchst. B. 70. [Vergl. Staatsh. d. Ath. I² 313 f.]

2) Staatsh. d. Athen. Bd. I, S. 236. [I² 307.] und besonders Plutarch Perikl. 9.

3) Bruchst. B. 46.

4) I, 101.

5) Man vergleiche Philochoros beim Schol. Aristoph. Vögel 557. (aus dem vierten Buche) mit Thuk. I, 112. und Philochoros beim Schol. Aristoph. Wolk. 213. mit Thuk. I, 111. wo ganze Sätzchen wörtlich dieselben sind.

gegen immer ausführlicher geworden sein, da sich die Zeiträume allmählig sehr verkürzen.

Dem vierten Buche wird ausdrücklich die Geschichte der heiligen Kriege zugeschrieben, welche in Olymp. 83. fallen[1]; hiernächst muss der Verfasser die Unterwerfung Euböa's durch den Perikles erzählt haben[2]. Genau hatte er die ungefähr gleichzeitig, unter dem Archon Lysimachides Olymp. 83, 4. angestellte Bürgerprüfung (διαψήφισις) abgehandelt[3], deren Ergebniss uns noch überliefert ist. Abgerechnet diejenigen, welchen das Bürgerrecht durch Volksbeschluss gegeben war, und diese konnten nur wenige sein, musste die Ebenbürtigkeit sich aus den Verhandlungen der Phratrien ergeben: denn die lexiarchischen Register konnten nicht genügen, weil es sich darum handelte, die falsch eingeschriebenen (τοὺς παρεγγεγραμμένους) auszumitteln: in den Phratrien sind die Geschlechter enthalten, deren Genossen γεννῆται heissen; früher sind sie nach Philochoros ὁμογάλακτες genannt worden; ein verwandter Begriff ist der der Orgeonen, welche durch gleiche väterliche Heiligthümer verbunden waren[4]. Nichts ist natürlicher, als dass Philochoros bei jener ältesten Bürgerprüfung die Grundlage derselben, die Verhältnisse der Phratrien darstellte; aus welcher Auseinandersetzung bei Suidas die Worte übrig sind: τοὺς δὲ φράτορας ἐπάναγκες δέχεσθαι καὶ τοὺς ὀργεῶνας καὶ τοὺς ὁμογάλακτας, οὓς γεννήτας καλοῦμεν. Diese Auseinandersetzung war aber im vierten Buche enthalten[5], gerade da also, wohin jene Bürgerprüfung unter Lysimachides nach der Zeitordnung gehörte, und es ist ein Missverständniss, wenn man glaubt[6], Philochoros habe jene Bürgerprüfung erst unter dem anderwärts bei ihm vorkommenden Archon Archias erzählt, unter welchem man überdies nicht den Archon von Olymp. 90, 2. sondern den von Olymp. 108, 3. hätte ver-

---

1) Bruchst. 8. 50.
2) Bruchst. 8. 51.
3) Ebendas. [Vergl. Staatsh. d. Ath. 1ᵉ 50 f.]
4) Vergl. Schömanns Vorrede zum Verzeichniss der Sommervorlesungen der Univ. Greifswald v. J. 1839.
5) Bruchst. 8. 41 f.
6) Meier *de bonis damnatorum* 8. 79.

stehen sollen. Auch die Werke, welche unter Perikles Leitung zu Athen ausgeführt wurden, berichtete das vierte Buch: unter Olymp. 85, 3. war die Aufstellung der goldenen Bildsäule im grossen Burgtempel angemerkt, unter dem Archon Euthymenes Olymp. 85, 4. der Anfang des Baues der Propyläen[1]); welcher bestimmt dem vierten Buche zugeschrieben wird, so wie der Perikleische Bau des Lykeion[2]. Ausserdem kommen nur noch zwei Anführungen vor, wobei das vierte Buch wirklich genannt ist, nämlich dass zu einer gewissen Zeit tausend Reiter zu Athen aufgestellt waren, und dass darin von der στρατεία ἐν τοῖς ἐπωνύμοις gehandelt war[3]). Die Attische Reiterei wird in der Regel auf 1200 Mann berechnet, welche seit dem Olymp. 83, 3. geschlossenen Frieden in Folge des erhöhten Wohlstandes sollen gebildet worden sein; aber öfter ist nur von tausend die Rede, und die natürlichste Erklärung ist die, dass 200 unter jenen 1200 für die berittenen Bogenschützen abzuziehen seien; denn diese sind unter den 1200 begriffen[4]). Wiewohl nun Philochoros hiervon schon vor der Geschichte des Peloponnesischen Krieges geredet haben könnte, so finden wir doch nach Anleitung des Thukydides am wahrscheinlichsten, dass er gerade wie Thukydides[5]) erst bei dieser Gelegenheit von der Attischen Macht und der Bildung des Heeres gesprochen habe. Thukydides giebt nämlich in der Perikleischen Rede die Reitermacht nebst den berittenen Bogenschützen auf 1200 Mann an; er nennt überdies die Zahl der zum Felddienste tauglichen Schwerbewaffneten, und dann der schwerbewaffneten Schutzverwandten und Bürger, welche zu Besatzungen und zur Vertheidigung der Stadt gebraucht werden könnten, worunter nur die ältesten und jüngsten Bürger begriffen sind, weil die übrigen zum Felddienste genommen werden. Diese Bestimmungen hängen wesentlich zusammen mit der sogenannten στρατεία ἐν τοῖς ἐπωνύμοις, nach denen die Kriegspflichtigkeit für den Felddienst und für die übrigen Dienste be-

---

1) Bruchst. S. 55.
2) Bruchst. S. 53.
3) Bruchst. S. 53. 42.
4) Staatsh. d. Athen. Bd. I. S. 279. S. 282 f. [I² 303. 367 f.]
5) II, 13.

stimmt, und das Aufgebot, je nach den Altersklassen, gemacht wurde. Nichts ist daher wahrscheinlicher, als dass die beiden obengenannten Nachrichten aus dem vierten Buche des Philochoros die Geschichte um den Anfang des Peloponnesischen Krieges betrafen. Von hier bis zur 100. Olymp. findet sich keine Angabe aus einem bestimmten Buche, indem diejenige aus dem sechsten, welche man in Olymp. 90, 2. gesetzt hat, einem viel spätern Jahre angehört: wovon bald die Rede sein wird. Der schicklichste Schlusspunkt für das vierte Buch ist aber unstreitig der Fall Athens nach der Schlacht bei Aegospotamoi und die Herrschaft der dreissig Männer; so dass das folgende mit der neuen Verfassung unter Euklid (Olymp. 94, 2.) beginnen würde. Dies gäbe für das vierte Buch einen Zeitraum von 57 Jahren, und für das nächste etwas weniger.

Die erste Angabe aus dem fünften Buche ist die über die Symmorien der Vermögensteuer (εἰσφορά) unter dem Archon Nausinikos Olymp. 100, 3.[1]) womit eine andere Stelle über die 1200 in Liturgie Leistenden nicht hätte verbunden werden sollen. Ausserdem bleiben nach Beseitigung der oben dem dritten Buche zugeeigneten Stelle über den Hermes Agoraeos nur noch zwei aus dem fünften übrig, welches nach dem über den Anfang des sechsten gleich zu sagenden in Olymp. 105. geendigt haben muss. Die eine dieser Stellen handelt von der Stadt Datos (Krenides), welche von Philipp von Macedonien, nachdem er sich derselben bemächtigt hatte, in Philippi umgenannt worden sei, wie Ephoros und Philochoros im fünften Buche erzählten; die andere von Stryme an der Thrakischen Küste, einem Handelsplatze der Thasier, deren Streitigkeiten mit den benachbarten Maroniten über den Besitz dieses Ortes Philochoros mit dem Zeugnisse des Archilochos belegt habe[2]). Die Einnahme von Datos durch Philipp setzt Diodor[3]) nach der von Pydna und Potidäa, und erzählt dies alles unter Olymp. 105, 3. ungeachtet sicher ist, dass Potidäa nicht vor Ende

---

1) Bruchst. 8. 72. Vgl. Staatsh. d. Athen. Bd. II, S. 50, S. 64. [1² 678. 684.]
2) Bruchst. N. 75.
3) XVI, 8.

Olymp. 105, 4. oder Anfang Olymp. 106, 1. von Philipp eingenommen worden[1]). Hiernach musste also Philippi erst Olymp. 106, 1. nach dem Macedonischen Könige benannt sein, und dieses Jahr kann dem fünften Buche des Philochoros nicht mehr beigelegt werden. Aber Olymp. 105, 1. hatten die Thasier die Stadt Krenides gegründet[2]), welche mit Datos derselbe Ort ist, und wahrscheinlich gaben diese ihm den Namen Krenides; indem es vorher schon Datos hiess, nicht aber wie Appian behauptet, zuerst Krenides, und nachher Datos. Ohne Zweifel hatte dies Philochoros im fünften Buche angemerkt; er hatte gesagt, die Thasier hätten Datos damals besetzt und Krenides genannt, Philipp aber habe es später umgenannt, ungefähr wie Diodor sagt: Θάσιοι μὲν ᾤκισαν τὰς ὀνομαζομένας Κρηνίδας, ἃς ὕστερον ὁ βασιλεὺς ἀφ' ἑαυτοῦ ὀνομάσας Φιλίππους, ἐπλήσεν οἰκητόρων. Die Streitigkeiten der Thasier und Maroniten über Stryme, welche Philochoros mit dem Zeugnisse des Archilochos belegt hatte, werden von Harpokration darum aus dem Philochoros erwähnt, weil er sie in den Schriften des Demosthenes[3]) fand. Philipp benutzt dieselben nämlich in dem Briefe an die Athener, um zu zeigen, wie wenig die Athener mit sich übereinstimmten, wenn sie ihre Streitsachen mit ihm nicht auf dem Wege der Güte und des Rechtes schlichten wollten, da sie doch die Thasier und Maroniten nöthigten, ihren Zwist über Stryme auf diese Art entscheiden zu lassen. Dieser Rechtshandel muss also kurz vorher vorgekommen sein; jedoch ist der Brief des Philippos erst um Olymp. $\frac{109, 4.}{110, 1.}$ geschrieben[4]), und es ist daher nicht wahrscheinlich, dass Philochoros bei Gelegenheit der rechtlichen Entscheidung, die doch nur wenige Jahre früher konnte angeordnet sein, von der Sache gehandelt habe, da das fünfte Buch nicht so weit herabging. Dagegen finden wir schon Olymp. 104, 4. eine Unternehmung der Athener mit den Thasiern, um Stryme zu besetzen; die Maroniten dagegen schickten sich an, den Ort zu

---
1) Winiewski *Comm. in Demosth. de Cor.* S. 43.
2) Diodor XVI, 3. und Wess.
3) S. 163.
4) Clinton *Fast. Hell.* unter Olymp. 110, 1. mit Krügers Bemerkungen.

vertheidigen, und rüsteten sich zu einem Seetreffen¹). Dies muss
der Anfang des damaligen Streites gewesen sein; die Athener
scheinen von den Thasiern aufgefordert worden zu sein, die Thasischen Ansprüche gegen die Maroniten, obgleich die Attische
Flotte letztern auf ihr eigenes Verlangen eben nur wenige Tage
vorher freundschaftliche Dienste geleistet hatte²), geltend zu
machen, und den Ort mit ihnen zu besetzen: erst später entschied sich Athen dann für die Erledigung der Sache durch ein
Gericht. Auf das Jahr Olymp. 104, 4. also ist die in Rede stehende Erwähnung der Angelegenheit im fünften Buche des Philochoros zu beziehen. Da wir nun, wenn Diodors Zeitbestimmung
der Besetzung von Krenides durch die Thasier nicht trügt, das
Jahr Olymp. 105, 1. noch dem fünften Buche zugeben müssen,
und kaum ein schicklicherer Abschnitt gefunden werden kann,
als der Regierungsantritt des Philippos und die ersten Verwickelungen der Athener mit ihm, so scheint es, Philochoros habe das
genannte Buch mit dem Jahre des Archon Kallimedes Olymp.
105, 1. in welchem Philippos zur Regierung kam, geschlossen,
wie Theopomp damit seine Geschichte eröffnet hatte, und mit
dem nächsten Jahre habe er das sechste Buch begonnen. Höchstens kann noch das Jahr Olymp. 105, 2. dem erstern beigelegt
werden. Das fünfte umfasste also nach dieser Darstellung elf
Olympiaden.

Alles, was mit Bestimmtheit in das sechste Buch gesetzt 20
wird, liegt in der Zeit von Olymp. 105, 2. bis Olymp. 110, 2.
entweder gewiss oder höchst wahrscheinlich; die Schlacht bei
Chaeronea (Olymp. 110, 3.) oder ein etwas späterer Zeitpunkt,
wie etwa Alexanders Uebergang nach Asien unter dem Archon
Euaenetos (Olymp. 111, 2.) könnte der Grenzpunkt gegen das
siebente Buch sein, dessen Anfang man nicht viel später zu setzen
geneigt sein dürfte, weil das achte schon mit Olymp. 118, 2.
schloss. Indessen kann man auch annehmen, das siebente und
achte hätten zusammen nur zwölf Jahre umfasst, wie das neunte

---

1) Demosth. g. Polykl. S. 1213. 15. Die Zeitbestimmung ergiebt sich
aus dem Zusammenhange der Rede; vgl. Clinton S. 131. d. Krügerschen
Uebers.

2) Demosth. ebendas. S. 1212. 1213.

nur höchstens vier Jahre in sich begriff: unter welcher Voraussetzung man das sechste Buch bis Olymp. 115, 2. könnte fortlaufen lassen, und das siebente mit Olymp. 115, 3. anfangen, das heisst mit demjenigen Jahre, in welchem durch die Herrschaft des Kassander der Grund zur Verwaltung des Phalerers Demetrios gelegt wurde. Hiernach würde dann das Ende des sechsten Buches mit dem Ende der oben berührten Schrift περὶ τῶν Ἀθήνησιν ἀρξάντων ἀπὸ Σωκρατίδου μέχρι Ἀπολλοδώρου übereinstimmen; und Philochoros müsste vom siebenten Buche an plötzlich viel ausführlicher geworden sein: eine allerdings nicht ungereimte Annahme, da es sogar leicht möglich wäre, dass die sechs ersten Bücher abgesondert von den übrigen als ein besonderes die Zeiten vor seinem Jünglingsalter umfassendes Werk herausgegeben waren. Folgendes sind die Anführungen aus dem sechsten Buche. Erstlich, dass die Zwölfhundert, welche die Liturgien versehen hätten, daselbst vorkamen[1]). Unstreitig sind diese die zwölfhundert Mitglieder der trierarchischen Symmorien, welche Olymp. 105, 3. für das nächste Jahr und die Folge gebildet wurden[2]): die Symmorien der Vermögensteuer waren schon im vorhergehenden Buche an ihrer Stelle abgehandelt; die Trierarchie ist eine Liturgie, die Vermögensteuer nicht. Zweitens führt Harpokration[3]) aus Demosthenes vierter, nach den gewöhnlichen Ausgaben erster Philippischer Rede[4]) die Worte an: καὶ τὴν ἱερὰν ἀπὸ τῆς χώρας ᾤχετ' ἔχων τριήρη, und setzt zur Erklärung zu: λέγοιτ' ἂν ἡ πάραλος, ὡς συνιδεῖν ἐστιν ἔκ τε τοῦ Φιλοχόρου καὶ ἐκ τοῦ Ἀνδροτίωνος ὁμοίως ἕκτης. Harpokration wollte hiermit nicht sagen, aus diesen könne man sehen, dass unter der heiligen Triere jederzeit die Paralos gemeint sei: denn es gab ja auch andere heilige Trieren[5]); sondern dass in jener Demosthenischen Stelle die Paralos verstanden werden müsse. Philipp nämlich hatte die heilige Triere weggeführt, sagt Demosthenes; dass es die Paralos war, sah man aus den Aufbieten,

---

1) Bruchst. 8. 73. aus Harpokration.
2) Staatsh. d. Athen. Bd. II. S. 09 ff. [I² 721 ff.]
3) In ἱερὰ τριήρης. Vgl. Bruchst. S. 61.
4) S. 50. 1.
5) Staatsh. d. Athen. Bd. 1. S. 258 f. [I² 339.f.]

worin dieselbe That erwähnt war. Diese wurde bei Gelegenheit einer Landung bei Marathon ausgeführt, welche jedenfalls in den angenommenen Zeitraum des sechsten Buches, und wie es scheint schon in Olymp. 106. fällt¹). Drittens war in demselben die Geschichte des Jahres Olymp. 107, 4. unter dem Archon Kallimachos enthalten²). Viertens von den Bürgerprüfungen (διαψηφίσεσι), wie sie unter dem Archon Archias vorgenommen wurden, hatten am vollständigsten Androtion und im sechsten Buche Philochoros gehandelt³). Dies bemerkt Harpokration zur Erläuterung des Aeschines, welcher in der Olymp. 108, 4. gehaltenen Rede gegen Timarch zweimal der kürzlich gehaltenen Bürgerprüfung gedenkt, und diese auch in der Rede *de falsa legatione* erwähnt. Es ist also klar, dass der Archon Archias, welchen Harpokration anführt, nicht der von Olymp. 90, 2. sein kann, sondern nur der von Olymp. 108, 3. und in der Geschichte dieses Jahres Philochoros jenen Gegenstand abgehandelt hatte; hierdurch wird zugleich der Demosthenischen Rede gegen den Eubulides ihre Stelle angewiesen, da diese zur Zeit jener Bürgerprüfung gehalten wurde. Es ist dies die zweite Bürgerprüfung, welche wir kennen; die erste fiel in Olymp. 83, 4. Dagegen ist keine Spur vorhanden, dass eine solche unter dem Archon Archias Olymp. 90, 2. angestellt sei; ein Irrthum, der besonders durch Petitus verbreitet worden, und den auch Jos. Scaliger theilt. Bekanntlich ist in dessen *Thesaurus temporum* eine sogenannte ἱστοριῶν συναγωγή enthalten, deren ersten Theil eine Ὀλυμ-

---

1) Abh. *de archont. Ath. pseudep.* S. 136. Winiewski a. a. O. S. 61 f.
2) Druchst. S. 73. [Vergl. Staatsh. d. Ath. I² 736.]
3) Bruchst. S. 61. Was hierüber zu sagen, hat mir Clinton unter Olymp. 108, 3. schon vorweggenommen. Ich setze nur zu, dass bei dieser Bürgerprüfung offenbar jener Antiphon angestossen wurde, dessen Demosthenes v. d. Krone S. 271. gedenkt, und dass hiernach die von Demosthenes dort erwähnten Thatsachen und die Delische Rede des Hyperides später zu setzen sind, als ich Staatsh. d. Athen. Bd. I. S. 441. [geändert I² 541b.] und Winiewski *Comm. in Dem. de Cor.* S. 52 ff. gethan haben. Auf den Ausdruck νεανίας, welchen Demosthenes S. 272. von Aeschines bei dieser Gelegenheit gebraucht, kann eine Zeitbestimmung dieser Sache nicht gegründet werden, da νεανίας wie νεανικός einen stattlichen, hochfahrenden, anmassenden Menschen bezeichnet (vgl. S. 329.), und nicht auf das Lebensalter des Aeschines bezogen werden darf.

πιάδων ἀναγραφή bildet; dies sehr fleissig gearbeitete Werk erweist sich jedem, der es in Verbindung mit andern Quellen öfter gebraucht, als eine Zusammenstellung, welche Scaliger aus den ihm zugänglichen Quellen gemacht und nach dem Vorworte des zweiten Herausgebers fortwährend verbessert hat. So oft dies bereits auch gesagt worden ist[1]), findet dennoch der alte Irrthum, als ob wir darin eine alte Schrift vor uns liegen hätten, immer wieder seine Liebhaber, und es wäre daher zu wünschen, dass ein junger Mann die mühselige, sonst aber nicht mit Schwierigkeiten verbundene Aufgabe löste, die Quellen, woraus alles geschöpft ist, nachzuweisen. Jene Bürgerprüfung nun hat Jos. Scaliger aus dem Harpokration fälschlich unter den ersten Archon Archias Olymp. 90, 2. eingetragen. Fünftens war in dem Buche, wovon wir sprechen, die Geschichte der Jahre Olymp. 110, 1. und Olymp. 110, 2. unter den Archonten Theophrastos und Lysimachides enthalten[2]). Beiläufig gesagt, bezeichnet Philochoros sowohl diese beiden Archonten als den von Olymp. 107, 4. näher durch ihren demotischen Namen: Καλλίμαχος Περγασῆθεν, Θεόφραστος Ἁλαιεύς, Λυσιμαχίδης Ἀχαρνεύς: eine ganz ungewöhnliche Bezeichnungsweise, welche mir bereits früher aufgefallen ist[3]), die aber, obgleich amtlich zu jener Zeit nicht gebraucht,

---

1) Sehr gut bemerklich von Niebuhr kl. Schriften Bd. 1. S. 312. Die Bemerkung von Creuzer an *Fr. Sylburgii Epistolis quinque* S. 26. als ob der Armenische Euseblos beweise, das Werk sei alt, beruht auf einem Missverständnisse, welches schon von Niebuhr hinlänglich hervorgehoben ist. Wer sich ganz kurz aus Einer Probe überzeugen will, dass das Werk von Scaliger sei, mustere nur die Attischen Archonten durch, und er wird finden, dass keiner darin vorkommt, der nicht in den Listen erscheint, welche die Neueren aus den Schriftstellern zusammengestellt haben, und dass alle diejenigen fehlen, die Scaliger nicht aus den Schriftstellern kennen konnte. Eben so verhält es sich mit allen übrigen Thatsachen.

2) Bruchst. S. 75 f. (Vergl. Staatsh. I² 742 ff.]

3) *De archont. Att. pseudep.* S. 182. [In den Listen kommt dergleichen selten vor, zur Zeit der zwölf Stämme, nach Einführung der Ptolemais, auch in den Inschriften der römischen Zeit. Vergl. C. I. Gr. No. 190 ff. Von der ganzen Sache handelt Meier: *Comm. epigr.* II. S. 73. Rangabé Antiqu. Hellén. S. 259. ist indess irrthümlicher Weise Διοκλῆς Ἑρμεύς als Archon gesetzt; die richtige Lesart ist Διοκλῆς Ἁγρ. S. Ephem. arch. Hell. No. 866.]

von Philochoros verständig angenommen worden, weil gleichnamige Archonten andere Jahre bezeichneten. Sechstens hatte er in diesem Buche die Verurtheilung der Wahrsagerin Theoris erzählt[1]), welche von Demostheues angeklagt war; die Sache wird in der ersten Rede gegen Aristogeiton unter den Demosthenischen erwähnt, und es ist wenigstens kein Grund vorhanden, sie nach der Schlacht bei Chaeronea zu setzen. Siebentens kamen die χύτρινοι ἀγῶνες daselbst vor[2]); ohne Zweifel ist die Wiederherstellung dieses Spieles durch das Gesetz des Redners Lykurg gemeint. Endlich war im sechsten Buche unter einem bestimmten Jahr die Weihung eines gewissen Dreifusses angemerkt, den Aeschraeos der Anagyrasier, nachdem er das Jahr vorher gelegt hatte, setzen liess[3]); diese Thatsache ist weiter nicht überliefert.

Die Angaben aus dem siebenten Buche sind äusserst dürftig. Wir finden daraus erwähnt, Phyle sei ein Kastell (φρούριον)[4]); die Meinung, es gehöre dies in die Geschichte des Thrasybul, widerlegt sich aus der bisherigen Darstellung sicher genug, wenn nicht etwa die Zahl des Buches verschrieben ist. Ausser jener Bemerkung werden aus diesem Buche drei Behörden aufgeführt, ἀποστολεῖς, νομοφύλακες und γυναικονόμοι[5]). Dass diese nicht bloss gelegentlich genannt waren, wird man leicht glaublich finden, da alle in demselben Buche vorkamen; die erhaltenen Worte des Philochoros selbst über die Gynäkonomen[6]), Οἱ γυναικονόμοι μετὰ τῶν Ἀρεοπαγιτῶν ἐσκόπουν τὰς ἐν ταῖς οἰκίαις συνόδους, ἔν τε τοῖς γάμοις καὶ ταῖς ἄλλαις θυσίαις, deuten klar genug auf eine zusammenhängende Erzählung von Verfassung und Gebräuchen einer gewissen Zeit, die später nicht mehr vorhanden waren. Eine neue, durchgreifende Verfassung und Verwaltung bietet aber in den spätern Zeiten nur

---

1) Bruchst S. 61. Dem. g. Aristog. I. S. 793. (Über die Zeit der Rede vgl. Clinton unter Olymp. 112, 2.) Plutarch Demosth. 14.
2) Bruchst. S. 62, vgl. das Leben der zehn Redner S. 252. (Plutarchs Werke Tüb. Ausg, Bd. VI.) und dazu meine Abhandl. über die Dionysien Cap. 20. 21. [S. oben S. 120 ff.]
3) Bruchst. S. 62.
4) Bruchst. S. 68.
5) Bruchst. S. 44. S. 41.
6) Athen. VI, S. 245 C.

die zehnjährige Regierung des Phalerers Demetrios dar, welche von Olymp. 115, 4. bis Olymp. 118, 1. beide Jahre eingeschlossen, dauerte: über welche Zeitbestimmung es genügt auf Clinton zu verweisen. Obgleich nun die ἀποστολεῖς allerdings schon im Demosthenischen Zeitalter vorkommen, so lässt sich doch bei den beiden andern Behörden ganz einleuchtend machen, dass was Philochoros von Ihnen sagte, nur auf die Zeit des Demetrios gehen kann; und wir sind demnach berechtigt zu behaupten, Philochoros habe im siebenten Buche wo nicht viele Jahre, doch wenigstens eines und das andere der Verwaltung dieses Staatsmannes und dessen neue Einrichtungen dargestellt. Nach den Urtheilen der Alten war der Staat unter dieser Regierung in dem besten Zustande[1]; dazu gehörte gute Ordnung im öffentlichen und häuslichen Leben, Beobachtung der Gesetze und zu Hause Mässigkeit, welche Montesquieu mit Recht zu den ersten Erfordernissen eines gemässigten Freistaates rechnet: für einen solchen Zustand passten sich Gynaekonomen und Nomophylaken, zwei hier und da gangbare Behörden, die namentlich zu Sparta, die letztere unter demselben Namen, sehr wirksam gewesen sein müssen, in der Blüthe des Attischen Staates aber ohne Bedeutung sein konnten, selbst wenn sie vorhanden waren. Man hat allerdings angenommen, beide hätten zu Athen schon in alter Zeit bestanden; aber ich finde keine Beweise. Ich will von beiden besonders reden. Meier hat im ersten Buche vom Attischen Prozess[2]) die Hauptstellen von den Gynäkonomen und der Aufsicht über das weibliche Geschlecht zu Athen so zu einem Ganzen verbunden, dass auf Zeitunterschiede nicht Rücksicht genommen ist; wer von dem Bestehen der Gynäkonomen zu Athen in allen Zeiten nicht überzeugt ist, wird in der Untersuchung anders verfahren müssen. Kein einziger Attischer Redner weiss etwas von den Gynäkonomen; Aristoteles[3]) spricht zweimal von Ihnen, und erklärt sie beidemale für durchaus der Demokratie entgegengesetzt; ein Urtheil, welches die Athener gewiss ebenfalls fällen mussten,

---

[1] Vgl. K. Fr. Hermann Gr. Staats-Alterthümer S. 348. [S. 520. 4. Aufl.]
2) S. 97.
3) Polit. IV, 15. [1300ᵃ 4.] VI, 8. [1323ᵃ 4.]

da sie sehr wohl wussten, was der Demokratie gemäss sei. Plutarch spricht im Solon[1]) von den gewöhnlichen Beschränkungen des weiblichen Geschlechtes nach den Gesetzen dieses Staatsmannes, aber die Gynäkonomen führt er nicht als Attische, sondern aus einer ganz andern Gesetzgebung an. Das Gesetz, welches den auf den Ausgängen eine Unziemlichkeit verschuldenden 25 Frauen eine Strafe von tausend Drachmen auferlegte[2]), ist zwar nicht Solonisch, aber älter doch, als die Verwaltung des Demetrios; allein von Gynäkonomen kommt dabei nichts vor; und wenn die Gynäkonomen nach Pollux und Hesychios[3]) die gegen die Weiber erkannten Strafen wegen Unziemlichkeit auf einer Tafel geschrieben im Kerameikos ausstellten, so folgt ja nicht, dass dies auf jene Strafe von tausend Drachmen auch schon vor Demetrios anzuwenden sei, sondern es konnte erst seit der Verwaltung desselben stattfinden. Auch die Stelle des Rhetors Menander[4]) über die Gynäkonomen sagt nichts von alten Attischen Gynäkonomen aus. Dem sei wie ihm wolle, was Philochoros von den Gynäkonomen anführt, ist ein neues Gesetz, welches nur von Schriftstellern aus dem Zeitalter des Demetrios angeführt wird; und zwar mit deutlichen Worten als ein neues. „Sie beachteten die Zusammenkünfte in den Häusern, bei den Hochzeiten und den andern Opfern," sagte Philochoros; derselbe Athenäos aber, der diese Bemerkung des Philochoros erhalten hat, führt sie im Zusammenhange mit zwei Dichterstellen an, deren eine von Menander, die andere von Timokles ist: beide scherzen über das neue Gesetz. Timokles sagt, man solle die Thür öffnen, damit die Gäste im vollen Lichte ständen, wenn etwa nach dem neuen Gesetze der Gynäkonome käme, um die Gäste zu zählen; übrigens thäte er besser, wenn er die Häuser derer untersuchte, die keine Mahlzeit hätten. Beim Menander sagt einer, er habe erfahren, bei den Gynäkonomen seien alle Köche eingeschrieben, welche auf den Hochzeiten Dienste leisteten, nach einem gewissen neuen Gesetz, damit man von ihnen erfahren könne, ob einer mehr

---

[1] C. 21.
[2] Harpokr. ὅτι χιλίας.
[3] Pollux VIII, 112. Hesychios in πλάτανος.
[4] De encom. S. 105. Heer.

Gäste gesetzt habe als erlaubt sei. Menander lehrte zu Athen von Olymp. 114, 3. an; Timokles war älter, reichte aber in Menanders Zeitalter herab[1]). Man erkennt leicht, wie genau hier alles zusammenstimmt. Nicht anders verhält es sich mit den Nomophylaken. Meines Erachtens hat Ullrich in der Abhandlung über die Elfmänner vollkommen erwiesen, dass es zu Athen vor Demetrios dem Phalerer keine Nomophylaken gegeben hat; wozu noch an einem andern Orte unterstützende Gründe hinzugefügt worden sind[2]): bei keinem Schriftsteller, welcher darüber gehandelt hat[3]), finde ich den Gegenbeweis. Um nicht zu sehr ausführlich zu werden, bemerke ich darüber nur folgendes. Aristoteles[4]) bezeichnet die Nomophylaken ausdrücklich als eine nicht demotische, oder was bei ihm ziemlich einerlei ist, nicht demokratische Behörde; kein Redner kennt dieselben als Attische Behörde ausser Deinarchos, welcher in Athen so lange lebte und wirkte als Demetrios, und mit ihm die Stadt verliess. Nur jenen führt Harpokration[5]) zum Zeugen für sie an, und nur zur Erläuterung der Stellen in dessen Reden beruft er sich auf das siebente

---

1) Meineke *Qu. scenic.* III, S. 62. Clinton *Fast. Hellen.* unter Olymp. 114, 1.
2) Allg. Schulzeitung 1830. Abth. II. St. 83.
3) Sie sind aufgezählt bei Hermann Gr. Staats-Alterth. S. 346. (4. Aufl. 400. Anm. 3, 5. 6.] Meier Att. Process S. 68 f. hat gegen Ullrich gesprochen: aber Gegenbeweise hat er doch eigentlich nicht gegeben, so weit die Sache unsern Gegenstand anlangt.
4) *Polit.* VI, 8. [1323ᵃ 8.]
5) In Νομοφύλακες, wo δῆλον zu tilgen. [In μηνυτήρ hat Harpokrat. eine Stelle aus Lykurg, die man auf die Nomophylaken beziehen könnte; aber wären sie im Lykurg vorgekommen, so würde dies unter νομοφύλακες erwähnt sein. Harpokr. kennt sie nur aus zwei Stellen des Dinarch: κατὰ Ἱμεραίου und κατὰ Πυθέου. Pytheas kann aber unter Demetr. Phal. sehr wohl in Athen gelebt haben, nachdem er zu Antipater geflohen war. Dinarch hatte gegen ihn zwei Reden geschrieben; die κατὰ Πυθ. ξενίας fällt in die Demosthenische Zeit, aber dass die Nomophyl. darin vorkamen, wird nicht gesagt. Himeraeos heisst der Bruder des Demetr. Phal. und kam Olymp. 114, 3. um. Er kommt nur bei Ps. Plut. *vit. Demosthenis* in der Harpalischen Sache, im Leben des Demosthenes bei Plut. selber cap. 1, 8. und beim Athenäos XII, S. 542e. vor. Aber es ist nicht sicher, dass dieser Himeraeos es ist, gegen welchen Dinarch die Rede hielt: es kann ein jüngerer, vielleicht sein Sohn gewesen sein.]

Buch des Philochoros, worin sowohl anderes über sie vorkomme, als dass sie die Behörden nöthigten die Gesetze zu gebrauchen: nach Harpokrations Art aber muss man annehmen, diese Bemerkung diene eben zur Erläuterung des bei Deinarchos Vorkommenden. Dies hat um so mehr Gewicht, als in den frühern Rednern viele Stellen sind, wo die Nomophylaken vorkommen müssten, wenn sie vorhanden gewesen wären; wie oft ist von Vernachlässigung der Gesetze die Rede, über deren Beobachtung sie würden gesetzt gewesen sein! Bekanntlich war der Areopag ursprünglich seit Solon der Gesetzwächter; dies ist er aber auch noch unter Euklid, unter welchem gerade ihm und fast mit denselben Worten dasjenige aufgegeben wird, was Harpokration den Nomophylaken zuschreibt, dafür zu sorgen, dass die Behörden die bestehenden Gesetze gebrauchen [1]). Warum sollten die Nomophylaken hier nicht genannt sein, wenn sie vorhanden waren? und wozu wären sie gewesen, da der Areopag gerade ihr Geschäft hatte? Die Nomophylaken hatten ferner nach den Grammatikern die Pflicht, als Beisitzer der Proedren in Rath und Volk bei gesetzwidrigen Vorschlägen die Abstimmung zu verhindern; es kann nicht zweifelhaft sein, dass sie, hätten sie bestanden, von Aeschines [2]) würden genannt worden sein, wo er gerade im Zusammenhange mit gesetzwidrigen Vorschlägen klagt, über das unziemliche Betragen der Redner könnten „weder die Gesetze, noch die Prytanen, noch die Proedren, noch der ganze vorsitzende Stamm" Herr werden. Endlich lehrt Pollux [3]) ausdrücklich, zu des Phalerers Zeit seien die Elfmänner in Nomophylaken umgenannt worden. Dies alles zusammengenommen ist es, dünkt mich, völlig klar, dass vorher keine Nomophylaken zu Athen waren, dass Demetrios sie eingeführt, und von diesen neu eingeführten Philochoros im siebenten Buche gehandelt habe: was durch Zusammenstellung mit den Gynäkonomen noch deutlicher wird. Der liederliche Artikel in dem Anhange zu der Englischen Ausgabe des Photios [4]), welcher nach dem bessern Theile

---

1) Andok, v. d. Myst. S. 40.
2) G. Ktesiph. S. 385—388.
3) VIII, 102.
4) S. 673 f. Man vergleiche dazu besonders den Suidas, um andere

aus einem andern Grammatiker ausgeschrieben ist, enthält dagegen ausser der seltsamen Behauptung, es seien sieben Nomophylaken zu Athen gewesen, die Nachricht, dem Philochoros zufolge habe man die Nomophylaken eingesetzt, als Ephialtes dem Areopag nur τὰ ὑπὲρ τοῦ σώματος übrig gelassen habe. Dies ist unstreitig Erfindung eines unwissenden Grammatikers; was dieser unter τὰ ὑπὲρ τοῦ σώματος verstanden habe, lassen wir dahin gestellt sein, sind aber sicher darüber, dass Philochoros, der nur von den Nomophylaken des Demetrios handelte, diese Faselei dabei auch nicht beiläufig könne angebracht und am wenigsten einen so ungeschickten Ausdruck verschuldet haben. Hätte Philochoros etwas von Nomophylaken zur Zeit des Ephialtes gewusst, so würde er davon zu Ende des dritten oder zu Anfang des vierten Buches gesprochen haben; aber auch der genannte Grammatiker führt wie Harpokration nur das siebente an. Es erhellt hieraus zur Genüge, dass auch für die Streitfrage, ob der Areopag durch Ephialtes die Blutgerichte verloren habe, der angebliche Philochoros im Anhang zum Photios kein entscheidendes Gewicht haben könne, theils weil τὰ ὑπὲρ τοῦ σώματος nicht soviel ist als τὰ φονικά,*) theils weil dieser Artikel gerade in dem Puncte, worauf es ankommt, den offenbarsten Irrthum enthält¹). Uebrigens blieben,

---

zu übergeben. [Bei Suidas in Νομοφύλαξ und νομοφυλακεῖον θύρα erscheinen die Nomophyl. offenbar wie die ἕνδεκα.]

*) [κινδυνεύειν περὶ τοῦ σώματος von Lebensgefahr, wie Antiphon π. τοῦ χορ. Anf., kommt natürlich öfter vor; aber auch von Ämtern: Andokid. v. d. Myst. s. Anf.].

1) Ullrich in einer brieflichen Mittheilung an mich möchte aus der Stelle im Anhange des Photios schliessen, die Elfmänner seien zu Ephialtes Zeiten eingeführt worden; diese nämlich meine der Grammatiker, wenn er die Nomophylaken nenne, indem letztere später an die Stelle der erstern getreten waren; hiernach sei die ungenaue und unklare Stelle in dem Auszuge des Pontischen Herakildes über die Einsetzung der Elfmänner zu berichtigen, wonach man den Ursprung derselben in die Zeiten des Aristides und Themistokles setzt. Mir scheint weder die letztere Meinung noch die erstere hinlänglich begründet, und ich möchte die Elfmänner am liebsten als Solonische Anstalt betrachten, so wie sie in den Solonischen Gesetzen auch vorkommen, die freilich später vielfältig verändert worden sind. [Dass die Nomophylakes zu Ephialtes Zeiten eingeführt, haben Schömann, K. Fr. Hermann, Meier und andere mit künstlichen Gründen aufrecht zu halten gesucht. S. Hermann Gr.

nach den Grammatikern zu schliessen, die Nomophylaken des Demetrios unter dem Namen der Thesmophylaken bestehen; wogegen die Gynaekonomen, wie oben bemerkt worden, als etwas Veraltetes angeführt werden; ohne Zweifel wurden letztere wegen der gehässigen Einmischung in das häusliche Leben nach dem Sturze des Demetrios wieder aufgehoben.

Von dem achten Buche kennen wir nichts als das Ende[1]) welches das Jahr des Archons Anaxikrates Olymp. 118, 2. ist; es enthielt die Einnahme Athens durch Demetrios den Poliorketen, die Aufhebung der Regierung des Phalerers und die Maassregeln gegen ihn und seine Anhänger; dem Philochoros scheint diese angebliche Wiederherstellung der Freiheit kein grosses Glück geschienen zu haben, da er dem Poliorketen und seinem Hause eher abgeneigt als zugethan war, und später wenigstens der Anhänglichkeit an das Aegyptische Königshaus beschuldigt wurde, bei welchem der Phalerer Schutz gefunden hatte. Der Anfang des neunten Buches, welcher mit Olymp. 118. 3. gemacht war[2]), ohne Nennung des Priesters der Erretter, wie es scheint, welcher damals das Jahr bezeichnete, später aber wieder aufgehoben wurde, enthielt die Prophezeiung des Philochoros über die künftige Zurückrufung der Verbannten, welche das Jahr vorher waren zum Tode verurtheilt worden. Bis hierher haben wir die Folge der Bücher an dem Faden der Zeit deutlich entwickeln können, und ein Theil der Bruchstücke, welche keinem bestimmten Buche beigelegt sind, wird sich darnach an ihrer wahrscheinlichen Stelle zwischen den übrigen einfügen lassen; aber über die folgenden Bücher lässt sich wenig ausmitteln, theils weil nicht viele Bruchstücke daraus angeführt sind, theils weil wir die Zeitgeschichte nicht genau kennen. Aus dem neunten kommt nur noch die Erwähnung der ἱεροὶ αὐλῶνες vor[3]), von denen wir weiter nichts wissen. Das zehnte handelte von der Einweihung des Demetrios

---

Staats-Alterth. (4. Aufl.) §. 129, Anm. 15. und Oncken Athen und Hellas (1865) Bd. I. S. 206 ff.].
1) Bruchst. S. 79.
2) Bruchst. S. 80. S. 2.
3) Bruchst. S. 50.

in die Eleusinischen Mysterien[1], welche in Olymp. 119, 3. fällt. Da das neunte Buch also höchstens vier Jahre umfasste, so konnten freilich die acht andern Bücher den Zeitraum von Olymp. 119, 3. bis zum Ende der 129. Olymp. leicht ausfüllen; aber es konnte auch etwa das letzte Buch die oben angeführte Gegenschrift gegen Demon enthalten, und ausserdem den letzten Büchern ausser der Ordnung der Zeit vieles gelegentlich eingestreut sein. Rechnen wir die angebliche Erwähnung des zwölften Buches ab, die wir oben auf das zweite zurückgeführt haben, so bleiben nur noch zwei aus dem zehnten und eine aus dem sechzehnten übrig. Aus der letztern Stelle wird angeführt, dass er die ἡμίππους, eine Art leichter Truppen auch πρόδρομους genannt habe[2]; eine Bemerkung, die in der Geschichte jedes kleinen Krieges vorkommen konnte. Von den beiden andern bezieht sich die eine auf die Niederlage der Lakedämonischen Mora im Korinthischen Kriege in Olymp. 96.[3] Ist also die Zahl bei Harpokration nicht verschrieben, so müsste dies gelegentlich angebracht sein. Die andere enthält die Angabe des Steuerkapitals (τίμημα) von Attika zu sechstausend Talenten[4]; diese Erwähnung knüpft Harpokration an dieselbe Angabe des Demosthenes in der Rede von den Symmorien, und wir wissen, dass in jener Zeit, seit Nausinikos (Olymp. 100, 3.), jene Berechnung galt; genau genommen waren es 5750 Talente, wozu jedoch noch die Schatzungen der Schutzverwandten kamen, durch welche das Steuerkapital sogar noch über sechstausend Talente erhoben werden musste. Kaum ist es möglich, dass nach so bedeutenden Staatsveränderungen, wie die unter Antipater, Kassander und Demetrios dem Städtebelagerer, welche das Vermögen sowohl erschütterten, als alle Verhältnisse

---

1) Bruchst. S. 81 f. Hierher gehört auch die Erwähnung des zehnten Buches bei Harpokr. in ἰαπεισπότων Bruchst. S. 82.
2) Bruchst. S. 82.
3) Bruchst. S. 73. aus Harpokr. in Σένιαδν ἐν Κορίνθῳ, welche Glosse zur ersten Philippischen Rede des Demosthenes gehört. Dass ἐν δεκάτῃ in der Breslauer Handschrift fehlt, kann nicht in Betracht kommen.
4) Bruchst. S. 77. aus Harpokr. in Ὅτι ἐξακισχίλια. Zu näherem Verständnis dient Stantsh. d. Athen. Bd. II. S. 21—28. S. 50—57. S. 59. ff. [I¹ 636—643. 667—676. 678. ff.]

umwälzten, diese Schatzung auch noch um Olymp. 120. galt; und so da Philochoros im fünften Buche von den Symmorien der Vermögenstener unter Nausinikos gehandelt hatte, wohin die Lehre vom Steuerkapital eigentlich gehörte, so muss es befremden, dass das zehnte Buch angeführt wird. Bedenkt man nun, dass auch die Niederlage der Lakedämonischen Mora in Olymp. 96. nach unserer Vorstellung in das fünfte Buch gehören würde, so kann man zu der Vermuthung kommen, der Verfasser habe bei der Fortsetzung des Werkes, welches doch wahrscheinlich stückweise in verschiedenen Zeiten herausgegeben wurde[1]), den spätern Büchern gelegentlich Nachträge zu den frühern eingewebt, dergleichen ja durch Widerspruch oder durch die Zeitumstände veranlasst sein konnten; und so dürfte das zehnte Buch insonderheit zu dem fünften Nachträge enthalten haben, wobei also, wie schon im Anfange dieser Abhandlung vermuthet worden, die Ordnung der Zeit nicht mehr wie in den ersten Büchern vollkommen festgehalten war.

1) Das achte Buch und das neunte scheinen, wenn wir den richtigen Anfang des letztern haben, so enge verbunden gewesen zu sein, dass sie zusammen herausgegeben sein dürften. Nun erwähnt Philochoros zu Anfang des neunten die später erfolgte Rückkehr der Verbannten, welche erst Olymp. 122, 1. statt fand (s. Clinton unter diesem Jahre); diese Bücher können also erst nach Olymp. 122, 1. erschienen sein; ja da der Anfang des neunten Buches, wie oben bemerkt worden, keinen ἱερὸς τῶν σωτήρων nannte, muss man annehmen, dass dieser Theil des Werkes erst nach der Verwerfung dieser Art die Jahre zu bezeichnen, also nicht vor Olymp. 123. herausgegeben war. Im siebenten waren die Gynäkonomen als eine nicht mehr bestehende Behörde erwähnt; da die Behörde schwerlich vor Olymp. 118, 2. aufgehoben wurde, und Philochoros auch nicht gleich hernach über die Verfassung und Verwaltung des Phalerers etwas bekannt gemacht haben wird, so könnte man wohl annehmen, das siebente sei mit den beiden folgenden zusammen herausgegeben. Die sechs ersten Bücher können weit früher als die folgenden geschrieben und bekannt gemacht sein.

VII.

Erklärung einer Attischen Urkunde über das Vermögen des Apollinischen Heiligthums auf Delos.

Gelesen am 10. April 1834.

I.

Athens Verhältniss zu dem Delischen Heiligthum.

1. So wie Hellas bei geringem Flächenraume durch die geistige Kraft seiner Bewohner unter allen Ländern des Alterthums die grösste Bedeutsamkeit erlangt hat, so dürfen wir auch die einzelnen Hellenischen Staaten und Landschaften nicht nach dem Maasse ihres Umfanges und ihrer natürlichen Kräfte messen. Die jetzt öde und wüst liegende Delos würde ihrer Grösse nach in den untersten Rang der Hellenischen Inseln verwiesen werden müssen; und doch erschien sie den Alten als die gottgegründete, der weiten Erde unbewegtes Wunder, durch vier stahlfüssige Grundpfeiler auf ihren Säulenköpfen getragen, und die Götter im Olymp nannten sie der dunklen Erde weitstrahlendes Gestirn[1]). Als Geburtsstätte der Zwillingskinder der Leto ist Delos durch alle Zeiten des Alterthums hindurch ein Punkt gewesen, an welchen sich die heiligsten Erinnerungen knüpften; auch die Neueren haben nicht ermangelt, dem Eiland ihre Aufmerksamkeit zu widmen, und ausser dem, was die Reisenden, vorzüglich Tournefort und in Rücksicht der Denkmäler Stuart in den Athenischen Alterthümern, zur Kenntniss desselben beigetragen haben, und

---

1) Pindar Prosod. l.

was bei den Auslegern der Alten, namentlich in Spanheims Erläuterungen zu Kallimachs Delischem Lobgesang, so wie in den Erklärungen der Sandwicher Steinschrift und der Delischen Inschriften von mehreren Gelehrten versteckt ist, giebt wo nicht Sallier's Geschichte von Delos[1]), doch Dorville's Versuch über dasselbe[2]) einen dankenswerthen Beitrag zur Geschichte der merkwürdigen Insel.

2. Dem Apollinischen Heiligthum bei weitem mehr als seinem Hafen und seiner übrigen sehr günstigen Lage[3]) verdankte Delos seine ganze Wichtigkeit, das Volk der Delier sein Glück, seine Wohlhabenheit, Handel und übrige Nahrung; nicht minder aber gereichte es ihm wiederholt zum höchsten Missgeschick. Athen erkannte mit dem scharfen Blicke, welcher seinen Staatsmännern eigen war, die Wichtigkeit dieses kleinen Punktes; es eignete sich daher, worauf es zunächst allein ankam, den Tempel zu als einen Besitz in auswärtigem Lande, dergleichen es in den Zeiten seiner Herrschaft an mehreren Orten zu erwerben wusste; überdies stand Delos, was keines Beweises bedarf, zu Athen in den Zeiten seiner Macht in dem bekannten Verhältniss der Bundesgenossenschaft; die Besetzung der Insel mit Attischen Kleruchen hat aber, abgerechnet die erste Ansiedelung, nur vorübergehend stattfinden können, ehe die Römer sie den Athenern zu solcher Besetzung übergaben. Dass schon in den Urzeiten des Attischen Staates eine Verbindung zwischen Athen und Delos gewesen sei, kann nicht durchaus in Abrede gestellt werden; indessen mag, was davon berichtet wird, von den Athenern in spätern Jahr-

---

1) *Mém. de l'Acad. des Inscr.* Bd. III. S. 376.

2) *Exercitatio, qua inscriptionibus Deliacis certa aetas assignatur, et alia ad Delum spectantia obiter tanguntur et illustrantur*, Misc. Obss. Vol. VII. P. I.

3) Vergl. Strabon X. S. 486. wo sehr richtig besonders die spätere Handelsblüthe der Insel seit Korinths Fall und einige Zeit vorher geltend gemacht wird. Den Antheil des Heiligthums gerade an der Blüthe des Handels hat obendurselbe hervorgehoben, indem er bemerkt, die Steuerfreiheit des Heiligthums ($\dot{\eta}$ $\dot{\alpha}\tau\dot{\epsilon}\lambda\epsilon\iota\alpha$ $\tau o\tilde{v}$ $\dot{\iota}\epsilon\rho o\tilde{v}$) habe die Kaufleute angezogen, und die $\pi\alpha\nu\dot{\eta}\gamma\nu\rho\iota\varsigma$ sei $\dot{\epsilon}\mu\pi o\rho\iota\kappa\dot{o}\nu$ $\tau\iota$ $\pi\rho\tilde{\alpha}\gamma\mu\alpha$. Ueber die Wichtigkeit von Delos und Rhenela als Handelsplatz vergl. das ausgezeichnete Werk von Thiersch *De l'état actuel de la Grèce*. Bd. II. S. 102.

hunderten zur Begründung ihrer Ansprüche auf den Delischen Tempel ausgeschmückt worden sein. Angeblich hatte schon Erysichthon, Kekrops des ersten Sohn, eine Theorie nach Delos geführt, welches die Alten wegen der daselbst sich niederlassenden Wachtelschwärme damals Ortygia genannt hatten[1]); von dort brachte er nach Attika das älteste Bild der Eilekhyia, welche aus dem Lande der Hyperboreer nach Delos gekommen war, um der Leto bei der Geburt hülfreich beizustehen[2]); auf dem Rückwege von dieser Theorie verstarb er, und hatte bei dem Demos Prasiae sein Grabmal: was offenbar damit zusammenhängt, dass der Attischen Sage gemäss die heiligen Sendungen der Hyperboreer nach Delos, nachdem sie mittelst der Arimaspen, Issedonen und Skythen bis Sinope gelangt, durch Hellenen nach Prasiae kamen, und von den Athenern nach Delos gebracht wurden[3]). Bedenkt man nun, dass die Deller, deren Sagen Herodot[4]) folgt, diese Gaben Attika gar nicht berühren lassen, indem dieselben nach ihnen von den Hyperboreern zu den Skythen, von diesen durch mehrere Völker bis ans Adriatische Meer, dann nach Dodona, von Dodona nach dem Malischen Meerbusen und Euboea, und durch Euboea durch bis Karystos gehen, von den Karystiern aber unmittelbar nach Tenos, von den Teniern nach Delos gebracht werden; so liegt die Vermuthung nahe, die Athener hätten ihr Prasiae in die Reihe der Stationen eingeschoben, um ihre uralte Verbindung mit dem Delischen Heiligthum zu begründen, ungefähr wie sie die Attische Landzunge Zoster in den Mythos von der Niederkunft der Leto verwebt haben; eine Vermuthung, welche uns so statthafter erscheint, da auch Sinope durch Milet von Athen abstammt. Ausser Hyperochos, dessen Delische Rede sattsamen Fabelstoff

---

1) Phanodemos bei Athen. IX. 8. 392 D. (aus dem zweiten Buche der Attikis): ὡς κατεῖδεν Ἐρυσίχθων Δῆλον τὴν νῆσον τὴν ὑπὸ τῶν ἀρχαίων καλουμένην Ὀρτυγίαν παρὰ τὸ τὰς ἀγέλας τῶν ζῴων τούτων φερομένας ἐκ τοῦ πελάγους ἱζάνειν εἰς τὴν νῆσον διὰ τὸ εὔορμον εἶναι. Κατεῖδεν ist eine ganz gute Lesart, und weder κατέσχεν noch ein Ähnliches zu schreiben, eben so wenig aber an Reinigung der Insel zu denken.
2) Pausan. I, 18, 5.
3) Pausan. I, 31, 2. vergl. Müller Dor. Bd. I. S. 272.
4) IV, 33.

darbot, mögen andere Attische Schriftsteller derselben Zeit, vorzüglich aber die Schriftsteller der Atthiden solche Vorstellungen vollends ausgebildet haben; namentlich hatte Phanodemos im zweiten Buche der Atthis des Erysichthon Fahrt nach Delos erzählt, und schwerlich irgendwoher als aus einer der Atthiden, welche die älteste angebliche Geschichte von Attika am Faden der Zeit erzählten, konnte Eusebios[1]) unter dem siebenunddreissigsten Jahre des ersten Kekrops anmerken, dessen Sohn Erysichthon habe den Tempel des Delischen Apollon gegründet. Hiermit war der älteste Anspruch Athens auf diesen Tempel gegeben[2]). Theseus Opfer auf Delos, während er gen Kreta zog, und seine Gelobung der Theorien, zu welchen man die allbekannte allerdings aus sehr alten Zeiten stammende Delische Theoris gebrauchte, konnte dagegen ein Anrecht auf die Insel oder das Heiligthum nicht begründen; dass aber nachher, als von Athen aus Ionien bevölkert wurde, auch Delos mit Attischen Ioneru besetzt worden[3]), ist schwerlich zu bezweifeln. Indessen ist diese Colonie, wie alle in ältern Zeiten ausgeführten, eine unabhängige gewesen, und nicht zu vergleichen mit dem Verhältnisse, welches später durch die Kleruchien gegründet wurde, wonach die Ansiedler Athenische Bürger blieben, und so in jeglichem Kleruchenstaate ein Volk der Athener eingesetzt war: auch konnte dadurch kein Recht Athens auf das Delische Heiligthum gegründet werden, falls nicht ersonnen wurde, bei Einsetzung der Colonie habe der Mutterstaat das Eigenthum des Tempels sich vorbehalten. So wenig ein solcher Vorbehalt wirklich stattgefunden haben dürfte, so möglich erscheint es, man habe ihn später vorgegeben; und allerdings bezog sich Hypereides in der Delischen Rede auf eine Urkunde über Gründung der Colonien (ἀποικία)[4]): wiewohl eine solche Beziehung auch sehr allgemein gewesen sein kann. Peisistratos, welcher das benachbarte Naxos eingenommen und dem

---

1) Euseb. N. 497. des Kanon, desgl. Hieronym. Vergl. Cedrenus, welchen schon Scaliger anführt.
2) Siehe Durville S. 11.
3) Vellei. I, 4. wo darauf kein Gewicht zu legen, dass Ion als Gründer Ioniens genannt ist.
4) S. unten §. 7.

Lygdamis übergeben hatte, reinigte, während er zum dritten Male Athen beherrschte, Delos nach Orakelsprüchen (*ἐκ τῶν λογίων*), entfernte jedoch die Leichname nur aus dem Bezirke des Tempels, soweit davon die Aussicht reichte, und übertrug sie auf andere Stellen der Insel¹). Dieses setzt wenigstens eine angemaasste, und freilich durch die Orakel hinlänglich gerechtfertigte augenblickliche Gewalt über den Tempel voraus. Wenn Polykrates von Samos später*) Rhenea dem Delischen Apoll weihte und mit einer Kette an Delos knüpfte²), so folgt daraus noch nicht gerade, dass er Delos beherrschte; aber es erscheint als unglaublich, dass er jenes gethan haben würde, wenn der Tempel im Besitze Athens oder der Peisistratiden gewesen wäre. Und als Datis vor der Marathonischen Schlacht der Insel sich genähert hatte, bezeigte er auf Befehl des Königs nicht allein den Deliern die grösste Milde, sondern ehrte die beiden Lichtgötter hoch³); ungeachtet später die Attischen Tempel von den Persern rücksichtslos geplündert, niedergerissen oder verbrannt wurden: ein hinlänglicher Beweis, dass Datis und sein Gebieter das Heiligthum zu Delos nicht als Attisches erkannten, indem ihnen sonst die Ehrfurcht vor den Delischen Göttern schwerlich würde in den Sinn gekommen sein. Auch erwähnt Herodot durchaus nichts davon, dass der Tempel nicht den Deliern gehört habe. So dürfte denn Athens Anspruch auf das Heiligthum erst damals sich ausgebildet haben, als die Athener die Inseln zu unterwerfen strebten. Bekanntlich war die Schatzkammer des Attischen Bundes seit der Anlegung des Schatzes (Olymp. 77, 3.)**) zu Delos, und letzterer von den Hellenotamien verwaltet, welche auch damals schon ausschliesslich von Athen und aus Athenern ernannt wur-

---

1) Herodot I, 64. Thukyd. III, 104.

*) [Nämlich nicht lange vor seinem Tode, der kurz nach seiner Feier des Delischen Festes erfolgte (Phot. Lex. *Πύθια καὶ Δήλια*.)]

2) Dorville S. 17.

3) Herodot VI, 97. *Οἱ δύο θεοί*, sagt Herodot: die Perser erkannten darin ohne Zweifel ihre Lichtgötter. [Vgl. Herodot VI, 118. wo doch auch die Delier wie Eigenthümer des Tempels erscheinen.]

**) [Wenigstens um diese Zeit, welche ich nach Dodwell Annal. Thuc. bestimmt habe; richtiger um Ol. 76, 1. Vergl. Staatsh. d. Ath. I² 621.]

den; wo sollte derselbe aber verwahrt worden sein als im Apollotempel?*) Dies konnte für Athen die nächste Veranlassung sein, den Tempel sich zuzueignen; dass später grösserer Sicherheit wegen die Gelder nach Athen gebracht wurden, kann keinen Beweis dafür abgeben, dass der Tempel damals den Athenern noch nicht gehört habe. Der Tempel, sage ich; der Staat bestand noch so gesondert von Athen, wie andere bundesgenossische aber unterwürfige Staaten¹); denn tributpflichtig wird er gewiss gewesen sein**); da alle Inseln des Aegäischen Meeres an Athen steuerten, mit Ausnahme bestimmter, unter denen Delos nicht genannt wird; und auf diese Tributpflichtigkeit scheint auch Hyperides in einer Stelle angespielt zu haben, welche später berührt werden soll. Mit der gegebenen Zeitbestimmung liesse auch die Nachricht von einem Streite der Delier gegen Athen über Delos zur Zeit des Königs Pausanias, des Sohnes des Kleombrotos, sich vereinigen, wenn gegen diese Erzählung nicht mehreres stritte, was gleich erwogen werden soll.

3. Dass allerdings bereits vor Beginn des Peloponnesischen Krieges der Delische Tempel von Athen verwaltet wurde, wird unten aus der Inschrift erhellen, welche uns zu diesen Auseinandersetzungen veranlasst hat; Dorville's Irrthum, als ob Delos im Jahre des Treffens bei Delion (Olymp. 89, 1.) von Athen völlig unabhängig gewesen, ist von Wesseling²) schon widerlegt. Gerade in diesen Zeitläuften hatte sich die Aufmerksamkeit der Athener auf das Heiligthum und die Insel gesteigert, weil jenes für die Erhaltung der Bundesverhältnisse wichtig war; wieder nach einem gewissen Orakel (κατὰ χρησμόν δή τινα, wie Thukydides mit versteckter Ironie sagt) reinigen sie Delos Olymp. 88, 3. vollständig durch Wegschaffung sämmtlicher Todtenkisten aus der Insel, und bestimmen, dass künftig auf Delos kein Weib Wochen halte und keiner daselbst sterbe, sondern Gebärende und Sterbende sollten auf die Insel Rheneia gebracht werden.

*) [Staatsh. d. Ath. I² 241 II² 693.]
1) Nur dieses konnte auch Dorville S. 19. gewollt haben, wenn er läugnet, dass Delos damals den Athenern unterworfen gewesen.
**) [Näher bestimmt ist dies Staatsh. d. Ath. II² S. 649 f.]
2) Zu Diodor XII, 70.

Nach dieser im Winter vollbrachten Reinigung feierten die Athener, offenbar im Frühjahr wie ich anderwärts bemerkt habe*), im Thargelion, zum ersten Male das grosse vierjährige, nach Hellenischem Sprachgebrauche penteterische Fest in Verbindung mit Kampfspielen, wozu sie auch Rosslauf hinzufügten; nachdem die alten Feierlichkeiten der Ioner und der Umwohner (περικτίονες) von Delos meist waren abgekommen gewesen¹). Auch die frühere Reinigung von Delos genügte bald den Athenern nicht mehr, sondern es däuchte ihnen nach Wegschaffung der Leichen noch zu fehlen, dass die Delier selbst entfernt würden, indem auch sie wegen einer gewissen alten Ursache oder Schuld unrein seien²); sie wurden daher Olymp. 89, 2. vertrieben, und begaben sich nach Atramytteion in Mysien, welches ihnen Pharnakes einräumte. Diodor behauptet, die Athener hätten den Deliern zur Last gelegt, sie hätten ein heimliches Bündniss mit Sparta geschlossen; Thukydides Stillschweigen hierüber lässt vermuthen, dass dergleichen nicht zur Sprache gekommen sei, wenn gleich zuzugeben sein mag, dass das Attische Volk den Deliern keineswegs vertraute. Athen besetzte nunmehr Delos mit eigenen Bürgern³) als Kleruchen; das Delphische Orakel jedoch, welches in den Zeiten seiner schönsten Wirksamkeit statt schnöden Priesterbetrugs und Pfaffenherrschaft die edlere Rolle milder und versöhnender Vermittelung entwickelte, befahl kurz hernach (Olymp.

---

*) [Staatsh. d. Ath. II, 218 f. (II ª 82.)]

1) Thukyd. III, 104. vergl. I, 8. Diodor XII, 58. und über die älteren Feierlichkeiten Strabo X. S. 485.

2) Dies ist ohne Rücksicht auf das Wort ἱερῶσθαι, der wahre Sinn der Stelle des Thukydides V, 1. nämlich „die Athener seien der Meinung gewesen, dies (τοῦτο, die Vertreibung der Delier) sei dasjenige, was der Reinigung noch mangle, durch welches sie die Todtenkisten entfernt und daran Recht gethan zu haben glaubten nach seiner obigen Erzählung" (III, 104.). Was er vom Glauben der Athener Recht gethan zu haben sagt, ist ein ironischer Zusatz; denn er billigte das Verfahren gewiss nicht. Daran hätte man nicht denken sollen, dass erst Olymp. 89, 2. noch Todtenkisten entfernt worden seien. Ausserdem reden von dieser Vertreibung der Delier Diodor XII, 73. Pausanias IV, 27, 5. und Thukydides selbst VIII, 108.

3) Diodor a. a. O.

89, ²/₁₁.) die Zurückführung der Delier in ihr Vaterland; die Athener leisteten um so williger Folge, weil sie geschreckt waren durch die Kriegsunfälle, von welchen sie seit Vertreibung der Delier waren heimgesucht worden¹). So wurden die Athener wieder auf den Besitz des blossen Heiligthums zurückgeführt; später, als Athen nach der Seeschlacht bei Aegospotamoi von den Spartanern belagert oder schon übergegangen war, scheinen die Delier endlich einen Versuch gemacht zu haben, auch den Tempel wieder zu gewinnen. In der Plutarchischen Schrift, genannt Λακωνικά ἀποφθέγματα, findet sich nämlich folgende Erzählung, wie die Delier vor Pausanias, des Kleombrotos Sohn, gegen die Athener gerechtet hätten: *Παυσανίας ὁ Κλεομβρότου Δηλίων δικαιολογουμένων περὶ τῆς νήσου πρὸς Ἀθηναίους καὶ λεγόντων, ὅτι κατὰ τὸν νόμον τὸν παρ' αὐτοῖς οὔτε αἱ γυναῖκες ἐν τῇ νήσῳ τίκτουσιν οὔτε οἱ τελευτήσαντες θάπτονται· Πῶς οὖν, ἔφη, αὕτη πατρὶς ὑμῶν εἴη, ἐν ᾗ οὔτε γέγονέ τις ἡμῶν οὔτ' ἔσται;* Der Ausdruck *περὶ τῆς νήσου* ist hier augenscheinlich ungenau; weder unter Pausanias Kleombrotos Sohn noch unter dem gleichnamigen Sohne des Pleistoanax konnten die Delier über ihre Insel gegen Athen rechten, da erst Olymp. 89. die Athener diese sich angeeignet und nur etwa ein Jahr besessen hatten, und ähnliche Versuche in den letzten Zeiten des Peloponnesischen Krieges und in den nächstfolgenden Jahren, als Pausanias II. regierte, gewiss nicht wieder gemacht wurden, nachdem der Delphische Gott dagegen Einspruch gethan hatte; nur also um den Tempel konnte es sich handeln, und des Königs Antwort will sagen, die Delier als Fremdlinge in ihrem Wohnsitze hätten keinen Anspruch an das Heiligthum, welches nur denen gehören kann, die daselbst ihr wahres und festes Vaterland haben. Gesetzt aber, in Olymp. 77. als Pausanias I. noch lebte, hätten die Delier sich den Athenern, die um jene Zeit allerdings den Tempel schon in Anspruch nehmen mochten, widersetzt: so war, wie Dorville richtig bemerkt, der ohnehin damals schon verhasste König von Sparta nicht derjenige, vor welchen ein solcher Handel gehörte, der lediglich nur von einem Amphi-

---

1) Thukyd. V, 32. Diodor XII, 77.

ktyonengericht entschieden werden konnte*); und schwerlich durften es die Delier in jenen Jahren wagen, auch nur Lakonische Fürsprache nachzusuchen. Dieser Grund nebst andern bestimmte bereits Dorville'n, welchem ich auch früher schon hierin gefolgt bin¹), diese Anekdote auf Pausanias des Pleistoanax Sohn zu übertragen, der Athen belagerte und einnahm, und auch während Thrasybuls Unternehmung das Lakonische Heer befehligte; diesen Zeitpunkt liessen die Delier gewiss nicht ungenutzt, um ihr gutes Recht geltend zu machen; und damals war die Entscheidung von dem siegreichen Sparta abhängig. Ueberdies stimmt die schnöde Abfertigung der Delier ganz zu dem bekannten milden Benehmen dieses Pausanias gegen Athen, welches späterhin eine der Ursachen ward, weshalb gegen ihn eine Anklage auf Tod und Leben erhoben wurde. So viel ich begreife, haben die Delier damit, dass auf Delos weder ein Weib gebären noch ein Todter beerdigt werden dürfe, die Heiligkeit ihrer Insel beweisen wollen: mag dies ursprünglich auch Delisches Herkommen gewesen sein, so wurde es offenbar doch vor Olymp. 88, 3. nicht gehalten; erst die Athener haben es damals so in Ausübung gebracht, dass die Delier sich darauf berufen konnten; und weit entfernt, dass sie darum es nicht hätten thun können, weil Athen ihnen das Gesetz auferlegt hatte, musste der Beweis desto strenger scheinen, welchen der Gegner nicht anfechten konnte. Wäre aber schon früher, um Olymp. 77. diese Sitte befestigt gewesen, wie konnten die Athener sie erst verordnen? Wie konnten, um von Peisistratus Auswerfung der Leichen nicht zu reden, in Olymp. 88, 3. noch viele Todtenkisten wegzuschaffen sein? Freilich waren die damals gefundenen über die Hälfte aus sehr alter Zeit, nämlich aus Karischen Gräbern²); aber die andere Hälfte waren doch gewiss Hellenische. Mag Pherekydes von Pythagoras auf Delos begraben worden sein, wie erzählt wird³), oder nicht, so liegt dieser Angabe jedenfalls die Voraussetzung zu Grunde, dass da-

---

*) (Dass dies zu viel gesagt, hat Meier richtig bemerkt; s. zu S. 442. Anm. *)].
1) Dorville S. 22. vergl. Staatsh. d. Ath. Bd. I. S. 441. [I² 540 f.]
2) Thukyd. I, 8.
3) Diog. Laert. VIII, 40. aus Herakleides, und dort die Ausl.

mals Todte in Delos bestattet wurden; ja nach Diodor[1]) haben
die Athener, die Ursache der berühmten Pest im Zorne der Götter
suchend, nach jenem gewissen Orakelspruch Delos eben gereinigt, weil es dadurch befleckt war, dass man die Todten dort
beigesetzt habe; woraus zu schliessen sein dürfte, dieses sei eben
kurz vorher noch geschehen. Ueberhaupt ist es, welche Scheu
vor den Göttern auch vorausgesetzt werde, ziemlich unwahrscheinlich, dass die Delier selber willig und ohne äusseren Zwang
jenem höchst drückenden Gebote sich unterwarfen; noch in Bezug
auf des Redners Aeschines Zeiten findet sich, freilich nur in einem
untergeschobenen aber hierin dennoch glaubhaften Briefe[2]), die
Delier seien damals mit einem weissen Aussatze behaftet gewesen, weil man gegen die frühere Gewohnheit einen angesehenen
Mann auf der Insel begraben habe. Erwägt man alles dieses, so
erscheint es als unglaublich, dass die Delier schon unter Pausanias I. auf ein solches Gesetz sich hätten berufen können, welches
augenscheinlich erst später durch Attische Gewalt volle Geltung
erhielt, und freilich seitdem Athen die ganze Insel als Eigenthum
besass, in seiner Wirksamkeit fortbestand; daher noch Strabon[3])
bemerkt, es sei unerlaubt, daselbst einen Todten zu beerdigen
oder zu verbrennen. Die Hellenischen Leichensteine, welche sich
in Delos finden, sind daher für Denkmäler ohne wirkliche Gräber
(κενοτάφια) zu halten; womit auch ihre Altarform übereinstimmt[4]).

4. Bekanntlich waren die Hellenischen Staaten durch verschiedene gemeinsame Heiligthümer zu mehrern Amphiktyonien
verbunden, von welchen die Pyläeische am bedeutendsten wurde;

---

1) XII, 58.
2) Aeschines Brief I. Dass die Aeschineischen Briefe untergeschoben seien, ist völlig sicher; einen schlagenden Beweis habe ich zum Pindar Th. II. Bd. II. S. 18 f. geliefert.
3) X. S. 486.
4) *Corp. Inscr. Gr.* Bd. II. S. 246 f. Hiermit will ich jedoch nicht behauptet haben, dass alle Grabaltäre der Hellenen für Kenotaphien bestimmt gewesen: was leicht zu widerlegen wäre. Die meisten Grabmäler zeigen durch ihre Form und Inschriften ihre Bestimmung zum wirklichen Bestatten; aber bei einem Altar bleibt dieser Zweck zweifelhaft, wenn nicht andere Entscheidungsgründe hinzukommen.

andere verschwanden, wie die uralte Kalaurische, oder tragen
nicht mehr diesen Namen, wie der Poseidonische Verein von
Tenos. Das Delische Heiligthum war ein Mittelpunkt der Ioner
und der Umwohner von Delos gewesen; noch Thukydides, wie
wir eben gesehen haben, spricht von dieser alten Versammlung,
und bedient sich dabei ausdrücklich des Wortes περικτίονες,
welches gleichbedeutend mit ἀμφικτίονες ('Ἀμφικτύονες) ist.
Nichts ist daher wahrscheinlicher, als dass Athen gleichzeitig mit
der ersten Festfeier (Olymp. 88, 3.), wie ich früher vermuthet
habe [1]), einen Schein von Amphiktyonie hergestellt hat; aber wie
die Athener allein und aus ihrer Mitte die Hellenotamien ernen-
nen, so auch diese Amphiktyonen, welche daher auch 'Ἀμφικτύονες 'Ἀθηναίων heissen: Ein Athener mit seinem Schreiber
bildet die eigentliche jährlich wechselnde Behörde; jedoch muss
er einen Rath gehabt haben, da man Einen nicht 'Ἀμφικτύονες
nennen konnte [2]). Vierjährig stellen sie ihre Rechenschaft zusammen, so dass das vierte Jahr der vorhergehenden und die
drei ersten der folgenden Olympiade einen Cyklus bilden. Ein
Gesetz dieser Amphiktyonen, Dinge betreffend, welche mit der
Festfeier zusammenhingen, ist von Athenäos aus dem Athener
Apollodor erwähnt, die einzige Stelle über dieselben in den Schriftstellern; über ihre Verwaltung geben die Inschriften mehr Auskunft. Die Sandwicher Steinschrift, welche in Athen gefunden
ist, enthält eine Rechnung über die Tempeleinkünfte und die
Ausgaben für die Theorie und Festfeier aus dem Zeitraume von
Olymp. 100, 4. bis 101, 3. Was die Einkünfte betrifft, auf welche
ich meinem Zwecke gemäss hier mich beschränke, sind darin
verzeichnet die Zinsen der an Staaten ausgeliehenen Gelder, welche
bezahlt waren, wahrscheinlich im Betrage von 4 Talenten 3993
Drachmen 2½ Ob., die von Privatleuten bezahlten Zinsen der

---

1) Staatsh. d. Athen. Bd. II. S. 216. [II² S. 82 f.], wo im Vorfolge
die Beweise für das Uebrige liegen. Vergl. *Corp. Inscr. Gr.* Bd. I.
S. 256 a.

2) Der Plural kommt nicht allein in dem *Marm. Sandw.* (*Corp. Inscr.
Gr.* N. 158.) in der Ueberschrift, wo mehrere Jahre zusammengefasst
sind, sondern §. 9. auch von der Behörde Eines Jahres, desgl. N. 159.
und in dem Gesetze vor, welches Apollodor bei Athen. IV. S. 173 D. f.
anführt.

ihnen geliehenen Capitalien, 4925 Drachmen, beide offenbar nur von drei Jahren; ausserdem grössere und kleinere Posten aus eingezogenen Gütern und Pfändern der in Rechtshändeln Verurtheilten, Pachtgelder der heiligen Ländereien (τεμενῶν) von Rhenela und Delos, und Häusermiethen; von welchen jedoch die Pachtgelder nur aus zwei Jahren, die Miethen aus Einem Jahre sind, das Uebrige wahrscheinlich auch nur auf wenige Jahre, und höchstens auf drei sich bezieht. Die Summe der verrechneten Einnahme beträgt 8 Talente 4644 Drachmen $2\frac{1}{2}$ Ob. Eine grosse Summe Zinsen war aber noch rückständig, nach ausdrücklicher Angabe von vier Jahren; einjährige Rückstände sind wenigstens nicht besonders berechnet; und man muss daher, da von denen, welche für drei Jahre bezahlt hatten, einige nicht unter denjenigen vorkommen, die im Rückstande waren, annehmen, dass diese im vierten Jahre nicht mehr Schuldner waren. Rechnet man die bezahlten Zinsen und deren Rückstände zusammen, so ergiebt sich eine Summe von beinahe 19 Talenten, und wird diese als vierjährige Einnahme betrachtet, so kommen auf jedes Jahr im Durchschnitt etwa $4\frac{3}{4}$ Talente, welches nach dem gewöhnlichen Zinsfusse von 12 vom Hundert ein baares Capital von ungefähr 40 Talenten voraussetzt: dabei ist jedoch nicht in Anschlag gebracht, dass unter den rückständigen Zinsen Einiges ausgefallen und ein Posten als nachgezahlt ausgetilgt ist; auch wissen wir nicht, ob dasjenige, wovon nur dreijährige Zinsen verrechnet sind, schon im vierten Jahre wieder an andere Schuldner ausgeliehen war, und Zinsen davon unter den Rückständen der vier Jahre mit enthalten seien; endlich wird unten einleuchtend werden, dass sogar nur zu 10 vom Hundert ausgeliehen sein konnte. Jedenfalls also sagen wir wenig, wenn wir ein baares Capitalvermögen von 40 Talenten, oder das Talent nur zu 1375 Rthlrn. Conv. C. gerechnet, von 55000 Rthlrn. Conv. G. annehmen, welches für jene Zeit nicht unbedeutend war. Uebrigens mochte sich das Eigenthum des Tempels fortwährend vermehren, namentlich durch erkannte Geldstrafen, deren eine grosse Summe §. 9. aufgezählt wird, und aus eingezogenen Gütern, wohin zu grossem Theil die §. 10. namhaft gemachten Grundstücke gehören: eine Folge der Attischen Verwaltung, da mehrere Delier, wahrscheinlich sogar ein Archon, des Verbrechens der Gottlosigkeit angeklagt und verurtheilt worden waren, weil sie, offenbar aus Widerwillen gegen das bestehende Verhältniss, Olymp. 101, 1. die Amphiktyonen aus dem Tempel gejagt und geschlagen hatten.

5. In Demosthenes Zeitalter brachten die Delier endlich eine förmliche Klage auf Zurückgabe des Tempels an den Amphiktyonenrath, den Pyläisch-Delphischen, wie sich ohne Weiteres versteht*); die Athener müssen nach gewöhnlicher Sitte**) vorgeladen worden sein, um in diesem Streite über das Eigenthumsrecht (διαδικασία[1]) ihre Vertheidigung zu führen; da sie grosses Gewicht auf diese Sache legten[2], so entstand ein Partheikampf um die Ernennung des Vertheidigers, welchem Kampfe wir einen Theil unserer Kenntniss der Sache verdanken, und namentlich die Möglichkeit einer näheren Bestimmung der Zeit dieses Rechtshandels, der uns übrigens belehrt, dass Athen damals noch in ungestörtem Besitze des Tempels war[3]. Antiphon der Athener

---

*) [Die entgegengesetzte Meinung, wonach die Sache vor den Delischen Amphiktyonen verhandelt sein soll, kann nur auf gänzlicher Unkunde der Verhältnisse beruhen. Gegner der Athener war in diesem Handel Euthykrates von Olynth (S. Hyperides gegen Demades παραναμων bei Longin, Walz Rhet. Gr. Bd. IX. p. 547), was nur bei den Amphiktyonen von Pylae oder Delphi möglich war. Wie hätten auch die Delier bei den völlig Attischen Amph. von Delos klagen können? Doch hat Droysen in der Abhandlung über die Psephismata bei Demosthenes de Corona S. 183 f. eine abweichende Ansicht, auch Voemel in der letzten Abhandlung gegen ihn Frankf. a. M. 1844, 4. S. 4. (Vergl. Staatsh. d. Ath. I² 541ᵇ.) Nur im Gegensatz zu den Amphiktyonen von Delos habe ich gesagt „wie sich ohne Weiteres versteht"; dass ein solcher Handel „lediglich von einem amphiktyonischen Gericht entschieden werden konnte" (S. oben S. 436.), ist allerdings, wie Meier (Von den Schiedsrichtern S. 37.) bemerkt, nicht zu beweisen. Ob die Sache durch Compromiss beigelegt, wie Meier behauptet, ist unklar.]

**) [Dem. de cor. S. 277.]

1) So bezeichnet die Sache richtig Apollonios *Prooem. in Aeschin.* S. 11. Reisk. Der falsche Plutarch (Leben des Aeschines) nennt sie ἀμφισβήτημα πρὸς Δηλίους, im übrigen nicht unangemessen, nur traten die Delier als Kläger auf, und eigentlich war es also eine ἀμφισβήτησις πρὸς Ἀθηναίους.

2) Philostrat. Leben der Sophisten I, 15, 4. Ἀθηναίων οὐ μικρὸν ἡγουμένων ἐπικεῖσθαι τοῦ ἐν Δήλῳ ἱεροῦ.

3) Da für eine genauere Ansetzung des Rechtshandels früher ein Grund fehlte, habe ich denselben Staatsh. d. Ath. Bd. 1. S. 441. auf

war in Folge einer Bürgerprüfung (διαψήφισις,¹) seines Bürgerrechtes beraubt worden (τὸν ἀποψηφισθέντα Ἀντιφῶντα nennt ihn Demosthenes); dieser Antiphon hatte sich angeblich gegen Philippos anheischig gemacht, die Flotte der Athener und die Schiffhäuser im Piräeus zu verbrennen; Demosthenes nahm ihn gefangen, Aeschines bewirkte jedoch seine Loslassung; der Areopag liess ihn wieder verhaften, und er wurde hingerichtet. Dies wissend entfernte der Areopag, als Aeschines von der Volksversammlung zum Sachwalter der Athener für das Delische Heiligthum (σύνδικος ὑπὲρ τοῦ ἱεροῦ τοῦ ἐν Δήλῳ εἰς τοὺς Ἀμφικτίονας) erwählt, der Areopag aber nachher zugezogen und zur Ernennung dieses Sachwalters bevollmächtigt wurde, den Aeschines als einen Staatsverräther, und wählte mittelst der feierlichsten, nur in grossen Angelegenheiten gebräuchlichen Abstimmung vom Altar den Hypereides als einen würdigen Vertreter des Volkes; und Hypereides wurde wirklich abgesandt²). Wie wir wissen, ist

---

Olymp. 107—108. bestimmt, und darnach Corp. Inscr. Gr. Bd. II. S. 222. diese Zeit als diejenige gesetzt, wo die Athener noch unzweifelhaft im Besitz des Tempels gewesen seien, ohne auf Inschr. N. 150. Rücksicht zu nehmen, weil die dortige Annahme des Archon Eusenetos der Aufechtung unterworfen schien, und eine den weitesten Spielraum lassende Bestimmung für das Zeitalter der dort behandelten Inschrift gegeben werden sollte; indess scheint es zulässig, die Inschrift N. 150. so zu benutzen, wie ich unten thun werde: auf dieser beruht auch die frühere in meiner Staatshaushaltung der Athener aufgestellte Behauptung, nach jenem Amphiktyonischen Rechtshandel habe der Besitzstand der Athener noch fortgedauert.

1) Dass die Sache in Folge einer διαψήφισις geschah, wussten noch Ulpian und die andern Grammatiker (s. Taylor's Anm. zu Demosth. v. d. Krone S. 271 Reisk.).

2) Demosth. v. d. Krone S. 271 f. nebst dem dortigen Zeugniss: nach welchem Demosthenes auf Pythons Auftreten zu Athen als eine spätere Thatsache übergeht. Die Geschichte von Antiphon kommt ohne weitere Verbindung mit der Wahl des Aeschines und Hypereides bei Deinarchos g. Demosth. S. 46. und bei Plutarch im Leben des Demosth. 14. vor; in Verbindung mit jener Wahl aber bei Philostratos a. a. O. §. 2. Bloss die Verwerfung des Aeschines und die Ernennung des Hypereides ohne Erwähnung des Antiphon erzählen, jedoch nur aus Demosthenes, Apollonios a. a. O. und Pseudoplutarch im Leben des Hypereides und des Aeschines (wo statt σύνδικος das ungefähr gleichbedeutende συνήγορος steht), desgleichen Photios Cod. 266.

aber eine bedeutende und in diesem Zeitalter die einzige Bürgerprüfung unter dem Archon Archias Olymp. 108, 3. gehalten worden; es leidet keinen Zweifel, dass Antiphon eben in dieser ausgestossen wurde¹). Sein Anschlag auf die Athenischen Werfte dürfte aus Erbitterung hierüber nicht lange hernach gemacht worden sein; und jedenfalls erfolgte die Verhaftung des Antiphon vor der Anwesenheit des Byzantiers Python zu Athen, welche Olymp. 109, 1. erfolgte²). Endlich leitet der Zusammenhang der Begebenheiten dahin, dass die Ernennung des Hypereides zum Sachwalter wegen Delos nicht lange nach der Verurtheilung des Antiphon sich ereignet hatte. Der Rechtshandel möchte also sehr bald oder vielmehr gleich nach Olymp. 108, 3. vielleicht sogar in diesem Jahre selbst vorgekommen sein*). Zu Anfang des genannten Jahres hatte Philippos den Phokischen Krieg gänzlich beendigt; die Bestrafung des Tempelraubes der Phokenser, welche er im Namen der Amphiktyonen ausgeführt hatte, mochte die Deller ermuthigen, auch ihre Angelegenheit vor die Amphiktyonen zu bringen, deren Mitglied der Hauptgegner der Athener, der König der Macedonier, nun geworden war.

6. Dass bei Gelegenheit dieses Rechtshandels besonders die ältere und mythische Geschichte von Delos zum Vortheil der Athener von Einheimischen ins Auge gefasst wurde, ist nicht unwahrscheinlich; da zumal die Hellenen in ihren Staatsverhandlungen nichts mehr liebten als den Anschluss an ihre vom Glauben geheiligten Mythen. Demades, der leichtsinnige aber geistvolle Demagog, hatte allerdings nichts geschrieben, was Cicero und Quintilian noch gehabt hätten, welche ausdrücklich sagen, man kenne von ihm keine Schriften³), und er habe keine Reden ver-

1) Diese Zusammenstellung und die Anwendung auf den Delischen Rechtshandel habe ich bereits in der Abhandlung über Philochoros (zum 6. Buche) [N. oben S. 419.] gemacht. Von einem solchen Ausgeworfenen (ἀποψηφισθείς) von derselben Bürgerprüfung her handelte auch eine fälschlich dem Deinarchos beigelegte Rede κατὰ Κηρύκων (Dionys. S. 116 f.).

2) Ueber diese Zeitbestimmung s. Winiewski Comm. in Dem. de cor. S. 138 f.

*) [Dagegen Droysen über die Urkunden in der Rede des Dem. de cor. S. 181, Böhnecke F. I. 288 ff. stimmt im Wesentlichen mit mir überein.]

3) Cicero Brut. 9.

fasst[1]); Suidas führt jedoch bekanntlich seinen ἀπολογισμός τῆς ἑαυτοῦ δωδεκαετίας an, und welche Bewandtniss es damit auch haben und wer immer ihn verfasst haben mag, so war eine solche Rede wirklich vorhanden, da wir selber noch ein Bruchstück davon besitzen: weshalb die von demselben ihm beigelegte ἱστορία περὶ Δήλου καὶ τῆς γενέσεως τῶν τῆς Λητοῦς παίδων ebenso als vorhanden gewesen anzusehen ist. Dürfte auch die erstgenannte Rede eben nicht von Demades herrühren, so ist dagegen kein bestimmter Grund vorhanden, die Schrift über Delos, die ja keine Rede war, mit Fabricius, Sallier und Ruhnkenius ihm ohne weiteres abzusprechen; als ein ehemaliger Seemann konnte er mancherlei von Delos wissen, wo er öfter gewesen sein mochte[2]); und in einem solchen mythologischen Schriftchen hatte leicht mittelst gelegentlicher oder vom Gange der Betrachtung veranlasster Einmischung auch dasjenige Platz, was dem Demades als eine eigenthümliche Meinung über die Gegend, wo Persephone geraubt worden sei, beigelegt wird[3], zumal da dieser Ort in Attika zu suchen sein möchte. Gerade auch mit seiner Neigung, dem Volke Festlichkeiten zu bereiten, stimmt es ziemlich überein, dass er, etwa um über die Ansprüche der Athener auf den Tempel zu Delos zu unterrichten, ein Schriftchen zusammenstellte: die Volksversammlung wird er ausserdem mündlich berathen haben. Dass nämlich, ehe die Sache beim Amphiktyonengericht vorkam, darüber zu Athen Reden gehalten wurden, beweiset schon die Wahlverhandlung. Eine solche Rede lässt sich meines Erachtens wirklich auch nachweisen. Unter den Schriften des Deinarchos, der nach Dionysios erst Olymp. 111, 1. unter dem Archon Pythodemos Reden zu schreiben anfing, befand sich eine öffentliche, also auf Staatsangelegenheiten bezügliche Rede, Δηλιακὸς λόγος: Dio- 15

---

1) Quintilian II, 17, 12. XII, 10, 49.
2) Ungefähr so urtheilt auch Dorville 8, 8.
3) Schol. Hesiod. Theog. 914. Φανόδημος δὲ ἀπὸ τῆς Ἀττικῆς, Δημάδης δὲ ἐν Νάκαις (ἡρπάσθαι τὴν Περσεφόνην φησίν). Dass Νάκαι eben auch in Attika gewesen sein dürfte, urtheilt auch Siebelis (Phanodemi, Demonis, Clitodemi, Istri Atthid. 8. 6.); es lag wahrscheinlich am Kephisos bei Eleusis, wo Persephone geraubt worden sein sollte (Pausan. 1, 38, 5.).

nysios[1]) erklärt, diese sei nach ihrer Weise und ihrem Gepräge von einem andern Schriftsteller; sie sei alterthümlich geschrieben, und bewege sich in der örtlichen Geschichte von Delos und Leros. Sie war also ein älteres Werk, wie mehrere unter den Reden des Deinarchos; sie begann aber mit Delischen Mythen. Die ersten Worte der Rede sind: Ἀπόλλωνος καὶ Ῥοιοῦς τῆς Σταφύλου. Staphylos ist des Dionysos oder Theseus und der Ariadne Sohn[2]), wodurch schon ein Verhältniss zu Athen angedeutet wird; Apolls und der Rhoeo Sohn aber ist Anius, König von Delos zur Zeit da Troia belagert und eingenommen wurde[3]). Anius also, Apolls Sohn und König der Insel, ist der Urenkel des Theseus; wie leicht konnte hieraus ein Anrecht der Athener an das Apollinische Heiligthum zu Delos abgeleitet werden? Freilich bleibt unbekannt, wie Leros in diese Angelegenheit verwickelt war; gewiss jedoch ist nichts einfacher als die Beziehung jener Rede auf den Rechtshandel, von welchem wir sprechen[4]); vielleicht war sie eine in der Volksversammlung gehaltene Deuterologie, da ihr Anfang vorauszusetzen scheint, dass der Gegenstand, worauf sie sich bezog, schon vorher besprochen war. Den Δηλιακὸς λόγος des Aeschines dagegen verwarfen die alten Kritiker, weil Aeschines die Amphiktyonische Rede nicht gehalten habe, sondern Hypereides[5]); sie mussten aus der Rede selbst erkennen, dass diese vor den Amphiktyonen gehalten sein sollte, daher man nicht sagen kann, sie könne vorher in Athen gehalten und also doch Aeschineisch

---

1) Deinarch. S. 118. Syll.

2) Schol. Apollon. Rhod. III, 997. Apollod. I, 9, 10. Plutarch Thes. 20. vergl. Homsterb. z. Aristoph. Plut. 1022. [Osann Rh. Mus. 1835. S. 246.]

3) Diod. V, 62. und dort Wess. nebst Dorville über Delos S. 12 f.

4) Unter den Reden, welche Dionysios dem Deinarchos abspricht, befand sich auch eine περὶ τῆς Δήλου θυσίας für Menealchmos (Dionys. S. 117.); diese scheint Dionysios für ein eigenes Werk des Menealchmos, welcher der Sprecher war, gehalten zu haben; wahrscheinlich bezog sich aber diese nicht auf die Attische Verwaltung des Delischen Heiligthums, sondern auf ein Opfer der Theoron.

5) Pseudoplutarch Leben des Aeschines, Philostratos Leben der Sophisten I, 18, 4. Photios Cod. 264. Schol. Hermog. de ideis S. 389. (alte Ausg.) [Walz VII, 956.] und daraus Max. Planud. zu Hermog. de ideis S. 482 Walz. Bd. V.

gewesen sein¹). Auch diese behandelte den Gegenstand vorzüglich durch Darlegung des mythischen Stoffes²); doch soll derselbe darin schlecht dargestellt gewesen sein, ungeachtet hier gerade, wie Philostratos sagt, Theologie, Theogonie und Archäologie in der Sache selber lagen³).

7. Etwas besser sind wir über den Amphiktyonischen *Δηλιακὸς λόγος* des Hypereides unterrichtet. Ungenau geben Einige der Alten an, es habe sich darum gehandelt, welche von beiden Partheien dem Delischen Heiligthume solle vorstehen (*προΐστασθαι*)⁴): es war vielmehr ein Streit über das Eigenthum des Tempels, die Ausübung des Dienstes und die Einkünfte des Heiligthums, wie wir mehrere Beispiele von solchen Rechtshändeln (*διαδικασίαις*) über das Eigenthum von heiligen Orten und die damit verbundene Ausübung der Opfer und heiligen Handlungen oder über letztere Ausübung und die davon abhängigen Ehrengeschenke (*γέρα*) allein kennen, z. B. in Athen *Κροκωνιδῶν διαδικασία πρὸς Κοιρωνίδας*⁵). Des Redners Zweck war daher

---

1) Eben dadurch wird auch das Urtheil des Caecilius bei Phot. Cod. 61. ansgeschlossen, die Rede, die dort fälschlich ὁ *Δηλιακὸς νόμος* heisst, sei von einem andern dem berühmten Aeschines gleichzeitigen Redner desselben Namens. Dass der Irrthum des Caecilius auf einer Verwechselung mit Hypereides beruhe, wie Westermann Gesch. der Beredt. Bd. I. S. 118. vermuthet, ist undenkbar, weil der *Δηλιακὸς* des Aeschines ja hiernach mit dem *Δηλιακὸς* des Hypereides eins sein müsste.

2) Schol. Hermog. und Planudes a. a. O.

3) Philostratos a. a. O. §. 4.

4) Pseudoplutarch im Leben des Hypereides, Photios Cod. 220. Tittmann Amphikt. V, 8. spricht ebenso ungefähr von Anfsicht.

5) Eine Rede, wahrscheinlich des Phllinos (Ruhnk. *Hist. crit. Orat.* S. 153.). Viele solche *διαδικασίαι* kamen in den Reden vor, welche fälschlich dem Deinarchos zugeschrieben wurden, wie *διαδικασία Ἀθμονέων περὶ τῆς Ἀμφιόντης καὶ τῆς Μίλακος, διαδικασία τῆς ἱερείας τῆς Δήμητρος πρὸς τὸν Ἱεροφάντην, Εὐδανίμων πρὸς Κήρυκας* (Dionys. S. 117.). In den ächten Reden des Deinarchos befand sich eine *διαδικασία Φαληρίων πρὸς Φοίνικας ὑπὲρ τῆς ἱερωσύνης τοῦ Ποσειδῶνος* (Dionys. S. 118.), wo *πρὸς Φοίνικας* nicht mit Sylburg anzufechten ist; ob jedoch die *Φοίνικες* ein Attisches Geschlecht waren wie die Phönikischen Gephyräer, ist mir zweifelhaft. [Obgleich Hesych. sagt: *Φοίνικες γένος τι Ἀθήνησιν* (was eben nicht vollgültig schien). Müller Orchom. S. 119. unterscheidet sie von den Gephyräern als Geschlecht.

zu beweisen, dass von Alters her die Heiligthümer in Delos den Athenern gehört hätten (ἐξ ἀρχαίου δεῖξαι τοῖς Ἀθηναίοις τὰ ἐν Δήλῳ ἱερὰ προσήκοντα)[1]): dies suchte er durch häufige Anwendung des Mythos zu erreichen, wozu ihn dem Urtheil der Rhetoren nach der gegebene Stoff genöthigt hatte. Als eine Probe davon liefern sie folgende Stelle[2]): Λέγεται γὰρ τὴν Λητώ κύουσαν τοὺς παῖδας ἐκ Διὸς ἐλαύνεσθαι ὑπὸ τῆς Ἥρας κατὰ γῆν καὶ κατὰ θάλασσαν· ἤδη δὲ αὐτὴν βαρυνομένην καὶ ἀποροῦσαν εἰς τὴν γῆν ἐλθεῖν τὴν ἡμετέραν καὶ λῦσαι τὴν ζώνην ἐν τῷ τόπῳ, ὅς νῦν Ζωστὴρ καλεῖται. Er begann folglich sogar mit den Vorboten der Niederkunft, welche er auf Attischen Boden verlegt, nach Zoster, wo dem Pausanias zufolge Athena, Apoll, Artemis und Leto einen Altar hatten. Nach der Erzählung des Aristeides ging Leto von Zoster aus immer nach Osten unter Führung der Athena Pronnia[3]); von der Landspitze von Attika aber (ἀπ' ἄκρας τῆς Ἀττικῆς) setzte sie über auf die Inseln, und weiter nach Delos, woselbst sie die Artemis und den Apollon den Patron der Athener gebar**). Unter der Land-

---

Meier de gentil. S. 63. hält sie auch für ein Geschlecht.] Sollte vielleicht gar ein Phönikischer Dienst in der Nähe des Phalerischen Gebietes gewesen sein? Mindestens ist es auffallend, dass in Attika schon drei Phönikische Inschriften gefunden worden sind. Aus Harpokr. in Ἀλόπη, wo dieselbe Rede angeführt wird, lässt sich darüber nichts Bestimmtes ersehen.

1) Schol. Hermog. de Idels S. 389, alte Ausg. Ioannes Sikeliota bei Rubnk. Hist. crit. Oratt. S. 149. Helsk. Max. Plaunies a. a. O. V. S. 481.
2) Diese setze ich so hierher wie sie Walz im Plaunides herausgegeben hat; bei Ioannes Sikeliota steht noch dabei: ἔπειτα εἰς Δῆλον διαβάσαν διδύμους τεκεῖν Ἄρτεμίν τε καὶ Ἀπόλλωνα τοὺς θεούς: welches jedoch gewiss nicht die Worte des Redners sind, sondern nur der Sinn dessen, was demnächst weitläuftiger angeführt war. Zur Sache vergl. Steph. Byz. in Ζωστήρ, Panaan. I, 31, 1. Aristid. Panath. Bd. I. S. 97. Jahb. (S. 169. Canter.) Menander Rhet. de encom. S. 42. Heeren. [Ein kleiner Nachtrag hievon aus einer später erschienenen Schrift bei Meier v. den Schiedsrichtern S. 96.]
3) Auch in Delos war ein Tempel der Athena Pronoia (Macrob. Sat. I, 17.), und der Name derselben wird sogar von ihrer Fürsorge für Leto's Geburt abgeleitet (Harpokr. Phot. in Προνοια, Lex. Seg. S. 293, 26.).
**) [Von Apoll bei Hyperoides Wals. Rhet. T. VII, p. 950.]

spitze versteht der Scholiast des Aristeides das Vorgebirge Sunion, wo der berühmte Tempel der Athena stand; dieses habe auch Hypereides im Deliakos bezeichnen wollen, und habe also gesagt: ὅτι ἀπ' ἄκρας τῆς Ἀττικῆς Λητώ ἐπέβη τῆς νήσου[1]. Hypereides muss nach Angabe der Rhetoren auch hiernächst von der Geburt der Götter gehandelt haben[2]; ohne Zweifel sehr ausführlich, da seine Weitläuftigkeit im Mythischen von Longin, einem hinlänglichen Kunstrichter, angemerkt wird, welcher zugleich seine gerade in dieser Rede enthaltene Erzählung von der Leto (τὰ περὶ τὴν Λητώ) dichterischer gehalten (ποιητικώτερα) findet[3]. Aus zerstreuten Anführungen, vorzüglich bei Harpokration, die Suidas und andere Grammatiker, ohne Immer den Deliakos zu nennen, nebst ausgeschrieben haben, erkennt man ferner, dass vieles von heiligen Gebräuchen und was damit zusammenhängt gesagt war: so kam darin das Wort ἄνετον (ἱερὸν καὶ ἀνειμένον θεῷ τινί)[4], Ἀρτεμίσιον (ein Bild der Artemis)[5], Opfer für Apollon[6] und das Opfer προηροσία[7] vor. Letzteres war bekanntlich ein Opfer für Demeter, und wurde schon seit alter Zeit von den Athenern für ganz Hellas auf Befehl eines Orakels dargebracht; offenbar sollte die Aufführung dieses Opfers dazu

---

1) Schol. Aristid. B. 13. S. 109. Frommel, Bd. III. S. 27. Dindorf. Die Nebenbemerkung des Scholiasten, Hypereides habe hiermit beweisen wollen, die Inseln seien nahe bei Attika, habe ich nicht berücksichtigt; denn sie ist handgreiflich ungereimt.

2) Περὶ τῶν πατρίων τοῦ ἱεροῦ διαλαμβάνει καὶ τῆς γενέσεως τῶν θεῶν, beisst es in den Scholiasten zum Hermogenes.

3) Longin v. Erbab. 34, 2. [Hermogenes Walz III, S. 219.]

4) Etwas verschieden im Cod. E. [Harpokrat.] bei Bekker, womit die Συναγωγὴ λέξεων χρησίμων in Bekkers Anecd.Bd. I, S.399. übereinstimmt.

5) Vergl. Bekkers Anecd. S. 448. In der Συναγωγὴ λέξεων χρησίμων, wo gesagt wird: ἴδιως μὲν Τιμοτίδης ὀνόμασι πολλάκις τὸ τῆς Ἀρτέμιδος ἄγαλμα, wahrscheinlich in derselben Rede öfter.

6) Priscian Gramm. XVIII, S. 229. Krebl Ἔνταυθὶ θύεται τῷ Ἀπόλλωνι ὀσημέραι, καὶ μέρος αὐτῷ καὶ δεῖπνον παρατίθεται. Ἔνταυθὶ kann schwerlich auf Athen bezogen werden, da die Rede vor dem Amphiktyonen gehalten ist; ich beziehe die Stelle auf Delphi, worauf der Inhalt einzig passt: so dass also die Rede vor einer zu Delphi gehaltenen Pylia gesprochen war. [Dagegen Droysen a. a. O. S. 184.] Welche Anwendung der Redner diesem Gedanken gegeben hatte, ist nicht erkennbar.

7) Harpokr.

dienen, die Würdigkeit der Athener zu beweisen, dass von ihnen auch das Delische Heiligthum für die Ioner oder alle Hellenen verwaltet würde. Ein Bruchstück beim Athenäos[1], „Καὶ τὸν κρατῆρα τὸν Πανιώνιον κοινῇ οἱ Ἕλληνες κεραννύουσιν", ist vielleicht aus einem ähnlichen Beweise, dass die Berechtigung an die Heiligthümer nicht an die Stelle gebunden sei, sondern eine Gemeinschaft vieler stattfinde, in deren Namen Einer oder mehrere, selbst auswärtige Staaten, das Heiligthum verwalteten; so würden sämmtliche Hellenen als diejenigen angesehen, welche den Panionischen Krater mischten, obgleich das Fest nur ein Ionisches sei; auch der Delische Tempel sei ein Gesammtheiligthum der Delischen Amphiktyonie, dessen Verwaltung dem Hauptstaate zukomme, wofür natürlich Athen als Mutterstaat der Ioner und der meisten benachbarten Inseln gelten musste[2]). Auch war ferner von Colonialverhältnissen die Rede; es kam darin ἀποικία[3]) in der Bedeutung vor: γράμματα καθ' ἃ ἀποικοῦσί τινες, also als Urkunde über die Gründung der Colonie; so wie προξενία καὶ εὐεργεσία eine Urkunde über verliehene Proxenie und Euergesie ist[4]). Nichts scheint natürlicher, als dass Athen auch jenes Verhältniss geltend machte. Nicht minder möchte die ehemalige Tributpflichtigkeit von Delos an Athen berührt gewesen sein; die Worte bei Harpokration in Σύνταξις: Σύνταξιν ἐν τῷ παρόντι οὐδενὶ διδόντες, ἡμεῖς δέ ποτε ἠξιώσαμεν λαβεῖν, erlauben eine andere Auslegung nicht als diese, die Deller seien jetzt niemandem tributpflichtig, Athen aber habe ehemals von ihnen Tribut empfangen; die Partikel δέ, welche ausgestrichen

---

1) X. S. 424, E. Die Auslegung von Dalecamp ist überlich. Aus dieser Stelle ist die Glosse κεραννύουσι bei Suidas.
2) Beim Scholiasten d. Aristoph. Vögel 881. wird aus Hypereides erwähnt, die Chier erstehlten von den Göttern Holl für Athen: welche Stelle man ebenfalls dem Delinkos zugeeignet hat. Sie lautet: Ὁ δὲ Τειρεσίδης ἐν τῷ Χαλκῷ καὶ ὅτι Χῖοι ηὔχοντο Ἀθηναίοις θεθήλωκεν. Statt Χαλκῷ haben Meursius, Valesius, Ruhnken u. A. geschrieben Δηλιακῷ: es ist aber vielmehr Χιακῷ zu verbessern (über dieses κτητικόν vergl. Steph. Byz. in Χίος), obgleich wir diese Rede weiter nicht kennen. Auch fehlt alle Ursache, mit Ruhnken den Titel einer Rede des Hypereides Κυθνιακός anzufechten. Ganz verkehrt aber ist es, wenn Valckenaer, dem Hubnken (Hist. crit. Orat.) zu gefällig beipflichtet, bei Plutarch de glor. Athen. 8. der Hypereides Πλαταϊκόν in Δηλιακόν verwandeln will. Der Zusammenhang erfordert dort offenbar eine Platäische Rede, und schliesst eine Delische ganz aus.
3) Harpokr.
4) Corp. Inscr. Gr. N. 90. 91. 1569.

worden, welche jedoch auch Photios in dem gleichnamigen Artikel anerkennt, muss wieder hergestellt werden. Διδόντες ἡμεῖς würde den Sinn geben, Athen zahle gegenwärtig niemandem Beiträge, habe aber ehemals welche erhalten: als ob einem Attischen Redner in Demosthenes Zeiten der Ausdruck hätte entfallen können, Athen zahle gegenwärtig keinem andern Staate Beiträge. Ohne Zweifel endlich hatte Hypereides auch die bekannte schon früher geltend gemachte Unreinigkeit der Delier besprochen. Diese beruhte auf einer gewissen alten Schuld (παλαιά τις αἰτία)[1]: welche sollte dies sein, als ein ungesühnter Mord (ἄγος), dessen Verunreinigung, wie die fortdauernde Anfechtung des Hauses der Alkmäoniden zeigt, selbst Jahrhunderte nicht tilgten? Sopatros zum Hermogenes[2] giebt nämlich aus dieser Delischen Rede eine lange Stelle, worin erzählt wird, es seien reiche mit vielem Gold versehene Aeoler auf einer Theorie nach Delos gekommen, zu und vom Meere ausgespült (ἐκβεβλημένοι) auf Rheneia todt gefunden worden: die Delier hätten gegen die Rheneier die Klage der Gottlosigkeit erhoben, die Rheneier aber hierauf gegen die Delier eine Widerklage; hiernächst werden feine auf den Umständen und Muthmaassung beruhende Gründe beider gegen einander vorgebracht, wodurch jede der Partheien es wahrscheinlich zu machen sucht, dass der andern der Frevel zur Last falle. „Warum", sagen die Rheneier, „sollen die Fremden zu uns gekommen sein, die wir weder Hafen noch Handelsplatz noch sonst Verkehr haben? Alle Leute kommen nur nach Delos, und wir selber verkehren meist auf Delos." Da die Delier erwidern, die Fremden hätten in Rheneia Opferthiere kaufen wollen, antworten die Rheneier: „Warum, wenn sie Opferthiere kaufen wollten, wie ihr angebet, brachten sie nicht ihre Sclaven mit, welche die Opferthiere führen sollten, sondern liessen sie in Delos zurück, und setzten allein über? Ueberdies, ungeachtet von der Ueberfahrt bis zur Stadt Rheneia ein rauher Weg von dreissig Stadien ist, welchen sie zum Behufe des Kaufes zurücklegen mussten, setzten sie dennoch unbeschuht über, in Delos

---

1) Thukyd. V, 1.
2) Σπάσ. S. 183, alter Ausg. bei Walz Bd. IV. S. 146. Auf diese Stelle beziehen sich die Glossen Ῥηναία (Ῥηνεία) und ἀγοράσαι bei Harpokr. u. A.

dagegen, im Heiligthum, gingen sie wohl beschuht umher." Handgreiflich ist die ganze Darstellung zum Nachtheil der Delier, welche in jenen alten Zeiten, als diese Anklage soll vor Gericht gekommen sein, die Beschuldigung nicht mochten überwunden haben.

8. Welche Gründe ausserdem vor dem Pyläischen Amphiktyonenrath von beiden Seiten vorgebracht werden konnten, ist eine müssige Betrachtung, der sich Valois[1]) und Dorville unterzogen haben; über die Entscheidung aber ist nichts bekannt, weil die Spätern hierüber aus der Rede des Hypereides nichts ersehen konnten. Wenn indessen, woran ich nicht zweifle, eine von mir herausgegebene bei Athen gefundene Urkunde der Attischen Amphiktyonen von Delos[2]) in die Zeit des[*]) Archon Euaenetos Olymp. 111, 2. gehört, so erkennt man, dass der Tempel damals noch in Attischem Besitze war. Dieses Denkmal enthält das Verzeichniss der herkömmlich den Nachfolgern übergebenen werthvollen Tempelschätze; an zinsbarem auf der Wechselbank liegendem Gelde waren damals, wenn unsere Verbesserung der Ziffer richtig ist, nur drei Attische Talente vorhanden. Wie lange dieses Verhältniss des Tempels zu Athen noch fortdauerte, ist ungewiss; schon Olymp. 115, 3. verloren die Athener den Besitz sogar von Salamis, und erhielten ihn erst wieder Olymp. 137, 1.[3]); wohl konnte also auch der Tempel von Delos ihnen schon damals verloren gegangen sein. Ganz unwahrscheinlich aber ist es, dass seitdem Ptolemaeos Philadelphos, der Olymp. 124, 1. zur Regierung kam, die Kykladen besass, den Athenern der Tempel noch als Eigenthum zustand; die Sendung attischer Theorien, welche auch damals noch fortdauerte[4]), beweiset nicht das Mindeste für den Besitz des Heiligthums, sondern ist in allen Zeiten, auch bevor die Athener den Tempel inne hatten, gebräuchlich gewesen; daher bereits in den Solonischen Gesetzen Deliasten vorkamen[5]). Dass die Delier jedenfalls vor ihrem letzten Unglück, ich meine vor

---

1) *Mém. de l'Acad. des Inscr.* Bd. V, S. 410. dessen Darstellung nicht einmal den geschichtlichen Verhältnissen genau angemessen ist.
2) *Corp. Inscr. Gr.* N. 159.
*) [Im Texte stand ursprünglich „unter den Archon" statt „in die Zeit des Archon".]
3) *Corp. Inscr. Gr.* N. 108. vgl. die *Addenda*.
4) Dorville S. 40.
5) Staatsh. d. Athen. Bd. II, S. 217. [II* 81.]

ihrer gänzlichen Vertreibung, wirklich in den Besitz ihres Heiligthums gelangt waren, beweisen die Inschriften augenscheinlich. Wir haben noch die Bedingungen, unter welchen sie die Herstellung des Tempels Unternehmern zu überlassen beschlossen hatten[1]; die Namen der darin vorkommenden Personen sind theilweise alte Delische, welche früher in der Sandwicher Steinschrift vorkommen; die Delier hatten damals ausser andern Behörden auch ihre eigenen Opfervorsteher (ἱεροποιούς), und waren folglich im vollen Genuss ihrer heiligen Rechte. Ausserdem besitzen wir drei Delische Volksbeschlüsse[2], wodurch die Aufstellung von Proxenien im Tempel den Opfervorstehern befohlen, und worin überhaupt von dem Heiligthum wie einem eigenen gesprochen wird. Erst Olymp. 153, 2. erhielten endlich die Athener durch Römische Begünstigung die Insel ganz[3]; die Delier wurden insgesammt vertrieben, wanderten nach Achaia aus, erhielten daselbst das Bürgerrecht, und führten von dort Rechtsstreite über ihr Vermögen gegen die Athener[4]. Nunmehr wurde die Insel, gerade damals ein äusserst blühender Handelsplatz, mit Attischen Kleruchen besetzt; es giebt keine eigentlichen Delier mehr, sondern ein Volk der Athener auf Delos; die einzelnen Personen nennen sich als Athener nach Attischen Gauen; sie haben zwar, wie alle Kleruchenstaaten, eigene Archonten, aber zugleich einen Attischen Epimeletes[5]; die ganze Verfassung ist Attisch, auch der Kalender der Attische. Aus dieser spätern Zeit haben wir noch eine ziemliche Anzahl Denkmäler, darunter zwei bedeutende Beschlüsse[6], in welchen die Attischen Monate Gamelion und Elaphebolion vorkommen.

II.
Erklärung der Inschrift.

9. Diese Vorerinnerungen über das Verhältniss des Delischen Heiligthums zu Athen schienen wesentlich, um ein sicheres Urtheil über das merkwürdige Denkmal zu gewinnen, welches ich nunmehr erläutern will. Dasselbe ist ein Marmorbruchstück, andert-

---
1) *Corp. Inscr. Gr.* N. 2286.
2) N. 2267—2269.
3) S. zu *Corp. Inscr. Gr.* N. 2270.
4) Polyb. XXXII. 17.
5) S. *Corp. Inscr. Gr.* N. 2286. und die dort angeführten Stellen.
6) N. 2270. 2271.

halb Fuss hoch, 1¼ Fuss breit, ungefähr 150 Schritte nordöstlich von den Resten des Prytaneums zu Athen von Hrn. Georg Psyllas, als er neulich ein Haus daselbst baute, in der Nähe eines alten Türkischen Bades gefunden, welches jedoch nicht, wie geglaubt wurde, im Zusammenhange mit dem Denkmal steht; Hr. Dr. Ross hat eine davon gemachte Abschrift drucken lassen[1]). Unterhalb und am rechten Rande ist der Marmor abgebrochen; der obere Theil ist bedeutend zerstört, weshalb man nicht beurtheilen kann, ob über dem Erhaltenen noch etwas fehlt; da die ersten sechs Zeilen etwas grösser geschrieben sind, so könnten sie scheinen der Anfang zu sein; doch ist diese Vorstellung schwerlich haltbar. Links sind Z. 20—24. bis auf Einen Buchstaben vollständig. Die Inschrift ist Z. 1—7. abgerechnet nicht στοιχηδόν eingegraben; die Ziffern sind grösser geschrieben als die andern Buchstaben. Die Formen der Schriftzüge und weniges in ihrer Stellung habe ich berichtigt nach der Urschrift des Hrn. Ross, welche mir Hr. Dr. Funkhänel zugesandt hat; ich vermisse darin noch das Ξ, welches statt Ξ erwartet wird. Der obere Theil ist schlechterdings nicht herstellbar; von Z. 9. an kann etwas mehr erkannt werden; von Z. 12. aber bis gegen das Ende ist das Meiste mit gehöriger Kenntniss der Sache so der Ergänzung fähig, dass Zusammenhang und Inhalt sich beurtheilen lassen. Ich setze nun die Inschrift, wie sie überliefert ist, hierher, und gebe zugleich die Herstellung derselben, welche nicht ohne Berücksichtigung des Raumes, der auszufüllen war, gemacht ist. Links ist nämlich die Breite bestimmt begrenzt; wie weit aber die Schrift, wenigstens in der Mehrheit der Zeilen rechts ausließ, zeigt die unfehlbare Ergänzung der vierzehnten Zeile; auch Z. 17. kann die Ergänzung schwerlich täuschen; jedoch muss man bedenken, dass eine völlige Gleichheit der Buchstabenzahl nicht erfordert wird, weil der grössere Theil der Inschrift nicht στοιχηδόν eingegraben ist. Die Herstellung wird übrigens im Folgenden theils hinlänglich gerechtfertigt werden, theils durch Uebereinstimmung aller Einzelheiten sich selbst rechtfertigen.

---

[1]) In den Jahrbüchern für Phil. und Pädag. von Jahn, Seebode und Klotz, II. Suppl. Bd. 3. Heft (Dec. 1833.) S. 436.

```
             Δ
             ΔΙΟΦ
             ΞΑΝΟΘΗΕ
             ΒΟΛΑΚΑΗΕ
             ΔΗΜΩΘΑΛΗΕ
             ΑΝΑΞΙΔΗΜΟΨ
         5   ΔΗΛΙΩΝΟΘΕΛΟΝΤ
             ΕΓΕΝΕΤΟΚΑΙΑΙΓΑΡΑ
             ΞΥΜΠΑΝΤΓΡΗΗΗΗΔ
        10   ΞΥΜΠΑΝΤΗΝΩΡΙΕΑΝΑΝ
             ΟΜΗΕΑΝΤΗΝΠΡΗΝΕΙΑΝΩΡΙΕΑΝΑΝ
             ΕΔΑΝΕΙΣΑΝΓΤΤΤΔΔΕΓΙΔΕ
             ΔΑΝΕΙΣΑΜΕΝΟΣΔΤΤΤΧΧΧΔ
             ΝΕΙΣΑΝΤΟΧΡΟΝΟΣΕΑΡΧΕΙΜΕΤΑΓΕΙΤΝΙΩΝΜΗΝΑΘΗΝ
        15   ΔΗΛΩΙΔΕΒΟΥΦΟΝΙΩΝΜΗΝΑΡΧΟΝΤΟΣΕΥΓΤΕΡΟΣ
             .ΕΡΑΝΕΜΙΣΘΩΣΑΝΚΑΙΤΟΣΚΚΗΓΟΣΕΚΑΙΤΑΣΟΙΚΙΑΣΕΚΑΙ
             .ΕΙΓΟΣΕΙΔΗΙΩΝΜΗΝΑΘΗΝΞΙΝΑΡΧΟΝΤΟΣΕΚΡΑΤΗΤΟΣΕ
             .ΝΑΡΧΟΝΤΟΣΕΥΓΤΕΡΟΣΕΤΕΑΓΩΔΙΔΟΝΑΙΤΗΜΜΙΣΘΩΣ
             .ΙΕΘΩΜΕΝΟΣΕΚΑΤΑΤΑΞΕΥΓΓΡΑΦΑΕΜΙΣΘΩΣΕΣΕΚΕΦ
        20   ΓΗΗΔΓ::ΤΩΝΔΕΑΛΩΝΕΤΩΝ:ΓΗΗΗ
             ΑΙΤΗΝΙΕΡΑΝΕΜΙΣΘΩΣΑΝΔΕΚΑΕΤΗΧΡΟΝΟΣ
             ΜΗΝΑΡΧΟΝΤΟΣΑΨΕΥΔΟΣΕΝΔΗΛΩΙΙΕΡΟΣ
             .ΟΩΣΤΕΑΓΟΔΙΔΟΝΑΙΤΟΜΜΕΜΙΣΘΩΜΕ
             ΩΕΙΝ ΤΧ ΗΔ: ΤΗΝΘΑΛΑΤΤΑΝΤΗΝΑΘ
        25   ΤΗΝΕΝΓΡΗΝΕΙΑΙΕΜΙΣΘΩΣΑΝΔΕΚΑ
```

456

```
                                    a
                        ........................      Διοφ[άντος?
                        ........................      Ξάνθης?
                    5   ........................      Βουλυκλῆς?
                        ........................      Διοφάντης.
                        ........................      Λυσιξένης.
                        ........................      Δημοθαλῆς.
                        ........................      Δημοβάλης.
                                                      Δηλίων ὀφειλόντ[ων?
                                                      ἐγένετο, καὶ αἱ παρὰ
                   10   κεφαλαίων ἀργυρίων] ἔϋμκαν [ν]ΡΗΗΗΗΔ
                        . . . . . . . . . . .στον τὸ βαλανεῖον ὥρισαν τ[ὸ?
                        ἡγοραν]ομησαν? τὴν Ῥηνείαν ὥρισαν ἀν-
                        αργυρίου δὲ] ἐδάνεισαν ΓΤΠΠΔΔ[:] ἐκδε[κάτους τόκους πέντε ἐπὶ, ὥστε ἀπο-
                        διδόναι τοὺς] δανεισαμένους ΔΤΠΧΧΔ[ΔΔ: τό, τε ἀργαῖον καὶ τοὺς τόκους ἀν
                        ἀπ]ενίσαντο. Ἰρόνος ἄρχει .Μετμικιωνῶν μὲν ἀρχὴ[σ]ὲναν ἄρχοντος Κράτητος,
                   15   ἐν] Δήλῳ δὲ Βουφονῶν μὴν ἄρχοντος Εὐπέπου, [τὴν γῆν τὴν ἐν Δήλῳ τὴν
                        ἱ]ερὰν ἐμίσθωσαν καὶ τοὺς τόπους καὶ . . . [δέκα ἔτη. Χρόνος ἄρ-
                        χ]ει Ποσιδηΐῶν μὴν Ἀθήνησιν ἄρχοντος Εὐπέρους, ἄστε ἀποδιδόναι τὴν μισθωσιν ἁπάντων τούτων τοὺς μ-
                        ι]ν ἄρχοντος Εὐπέρους, ἄστε ἀποδιδόναι τὴν μισθωσιν ἁπάντων τούτων τοὺς μ-
                        εἰ]σθωμένους κατὰ τὰς συγγραφάς, μισθώσεις κεφ[αλαίου τοῦ μὲν χρώσου ἔτους
                   20   ΡΗΗΔΓΗ [:] τῶν δὲ ἄλλων ἐτῶν : ΡΗΗΗΗ - - - . [τὴν γῆν τὴν ἐν Ῥηνεί-
                        ᾳ τὴν ἱερὰν ἐμίσθωσαν δέκα ἐπὶ. Χρόνος [ἄρχει Ἀθήνησιν μὲν ἄρχοντος Ποσιδηΐων
                        μὴν ἄρχοντος Ἀσενίδους, ἐν Δήλῳ δ]ὲ [Π]οσ[ιδηΐω]ν[ ἐπίστεινοι τοῦ ἔτους τὴν ἀρχοῦ-
                        . ου, ὥστε ἀποδιδόναι τὴν μεμισθωμένων ἐκαστοῦ τοῦ ἔτους τῆν μίσθω-
                        σιν ΙΤΧΗΔ: τὴν ἐν Ῥηνείᾳ τὴν θάλατταν τῆν Ἀθ[ηναίων οἰσαν?
                   25   κα]ι τὴν ἐν Ῥηνείᾳ ἐμίσθωσαν τὴν Ἀθηναίων οἰσαν?
```

10. Die Urkunde ist rein und vollständig in der Ionischen Schreibweise eingegraben; sie ist eine Attische Staatsschrift, und da diese nicht früher als unter dem Archon Eukleides Olymp. 94, 2. in Ionischer Art geschrieben wurden, so kann dieses Denkmal in dieser Form nicht älter als Olymp. 94, 2. sein: dass in einer Inschrift aus Olymp. 93.[1]) durch Nachlässigkeit eines wahrscheinlich jungen Schreibers einige Annäherung an die Ionische Schrift vorkommt, kann dagegen nichts beweisen. Wie lange nach Eukleides die Inschrift eingegraben sein möchte, kann allein aus orthographisch-paläographischen Gründen bestimmt werden. Der erste derselben ist dieser: statt OY steht darin durchweg O, ausser Z. 15. in dem Worte *Βουφονιών*. Aber auch vor Eukleides schon findet sich OY in gewissen Wörtern, wie in οὗτος, οὗ, obgleich nicht immer, doch häufiger; ebenso nach Eukleides in den Zeiten, in welchen übrigens O noch herrschend ist: und gerade in einem Eigennamen des Monates ist jenes OY am wenigsten auffallend. Da dieser also nicht in Betracht kommt, gehört die Inschrift in das Zeitalter, da O fortdauernd statt OY bis auf solche bestimmte Ausnahmen herrschend war. Dieses war nicht länger als Olymp. 101—102. wie die Inschriften zeigen. Die Sandwicher Steinschrift aus Olymp. 101. hat wie alle früheren Inschriften noch das O allein; aber schon Olymp. 101—103. tritt ein Schwanken zwischen beiden ein, wie die Denkmäler unter den Beschlüssen N. 85. 87. 88. zeigen, wovon das erste sogar bestimmt in Olymp. 101, 1. unter Charisandros gehört; dieselbe Schwankung zeigt der Volksbeschluss für Dionysios I. Tyrannen von Syrakus in Olymp. 102, 2—3.[2]) Ein anderes Bruchstück[3]) aus Olymp. 102, 4. worin der Laut ου nur einmal vorkommt und O geschrieben ist, verdient kaum Erwähnung. Die Actenstücke der folgenden Zeit, aus Olymp. 106, 2. unter dem Archon Kallistratos (N. 90. 91.), Olymp. 108. 4. unter Eubulos (N. 93.), Olymp. 107—109. unter einer ganzen Reihe Archonten (N. 155.),

---

1) *Corp. Inscr. Gr.* N, 149. Umgekehrt findet sich offenbar aus alter Gewohnheit des Steinschreibers noch ΧΣ statt Ξ N. 525. nach Eukleides.

2) *Corp. Inscr. Gr. Add.* N. 85, b. S. 898.

3) N. 85.c. in den *Addendis*.

Olymp. 109, 1. in einer von Mustoxydi mitgetheilten noch ungedruckten von den ἱεροποιοῖς verfassten Weihinschrift unter dem Archon Lykiskos, ferner von Olymp. 110, 1. unter Theophrastos (N. 530.), von Olymp. 111, 2. wie ich glaube unter dem Archon Euaenetos (N. 159.), von Olymp. 111, 3. 4. unter Ktesikles und Nikokrates (N. 157.), von Olymp. 114, 1. unter Hegesias (N. 99.), der Volksbeschluss des Demades (N. 96.), und eine andere Inschrift der Demosthenischen Zeit (N. 459.) geben mit einer einzigen Ausnahme in N. 159. ΟΥ schon beständig: einzelne Ausnahmen kommen dennoch auch später in gangbaren Formeln vor.*) Nach dem ersten Kennzeichen kann also die Inschrift nicht leicht unter Olymp. 102. herabgerückt werden, und passt völlig in die Zeit der Sandwicher. Der zweite Grund zur Bestimmung, wie lange nach Eukleides das Denkmal gesetzt werden könne, ist orthographisch-grammatisch, indem Z. 9. 19. ξύμπαν und ξυγγραφάς vorkommt. Bekanntlich ist ξύν alt Attisch und namentlich Thukydideisch; in den Staatsschriften, welche von wohlerfahrnen und eingeübten Schreibern eingegraben wurden, wird das Vorherrschen des ξύν vor Eukleides, des σύν aber nach demselben leicht bemerkbar. Auch vor Eukleides jedoch ist σύν bereits gebräuchlich gewesen, zumal in den letzten Jahren vor demselben, und ich habe mir daher in Ergänzungen, wo darauf nichts ankam, dasselbe etliche Male erlaubt¹). Das älteste Beispiel, in der Liste gefallener Krieger aus Olymp. 86, 3. [Σ]υνφέρμιος (N. 165, 46.) beruht freilich nur auf Ergänzung, die aber genau den Raum erfüllt: es ist indess nicht von Bedeutung, da auf Eigennamen der gangbare Sprachgebrauch wenig Einfluss hat; und Attisch ist der Name gewiss nicht, obgleich ihn ein Athener trug. Was von Volksbeschlüssen und Bündnissen vor Eukleides übrig ist, hat grossentheils ξύν, namentlich das Bündniss mit Erythrae aus der Kimonischen Zeit (N. 75. b.)²), das Bündniss mit Rhegium Olymp. 86, 4. unter dem Archon Apseudes (N. 74.), desgleichen ein mit gegenwärtiger Inschrift zusammen

---

*) [Vergl. Seeurk. S. 20. Ο statt ου im Genitiv steht oft in der Rechnungstablage der ἐπιστάται τῶν νεωρίων aus Olymp. 113, ½. In Seeurk. XIII. XIV. ist dies nicht überall ersichtlich; vergl. Ἐφημ. ἀρχαιολ.φυλλ. 45.]
1) Corp. Inscr. Gr. N. 73. 144. (S. 208, a.)
2) Bd. I. S. 801. in den *Addendis*.

herausgegebenes Druckstück eines öffentlichen Beschlusses, worin Perdikkas König von Macedonien vorkommt, welches Actenstück spätestens im Anfange des Peloponnesischen Krieges verfasst war. Ξύν dagegen findet sich in einem andern Druckstück vor Eukleides (N. 77.), und durchaus und häufig in dem Volksbeschlusse des Kallias (N. 76.), welchen ich in Olymp. 90, 2. gesetzt habe, und nicht gerne weiter herabrücken möchte; der besondere Gebrauch des Verfassers konnte hier dem gemeinen Gebrauche um etliche Jahre vorausgeeilt sein. Wenigstens dauert ξύν länger in den eine ziemlich zusammenhängende Folge bildenden Urkunden der Schatzmeister fort; wobei man freilich bedenken muss, dass in einem grossen Theile derselben, nämlich den Uebergabe-Urkunden, der Nachfolger immer das Actenstück seines Vorgängers vor Augen hatte, und also mit den daraus entlehnten gangbaren Formeln auch ξύν sich fortpflanzte. Die Uebergabe-Urkunden N. 138. 139. 141. umfassen den Zeitraum von Olymp. 87, 3. bis 90, 2. und haben ξύν; die Rechnungen N. 144. 145. wahrscheinlich aus Olymp. 91, 3. und 92, 1. desgleichen: dass dieses auch N. 146. (wahrscheinlich aus Olymp. 92, 2.) vorhanden war, beweiset das von ΧΣ übrige Χ in der neunzehnten Zeile. Aber N. 147. welche Inschrift sich bestimmt auf Olymp. 92,3. bezieht, kommt ξύν bereits nur einmal in der früheren Mustern nachgeformten Ueberschrift vor, dagegen nachher immer und zwar einundzwanzigmal σύν; und N. 148. 149. (offenbar aus Olymp. 93.) ist das letztere allein zu finden. Wir können daher sagen, dass in Olymp. 90—92. sich der Gebrauch des σύν allmählig verbreitete und somit ξύν beinahe ganz aufhörte. Nach Eukleides aber herrscht jenes vollends, wie in den Inschriften der Schatzmeister unter dem Archon Ithykles Olymp. 95, 3. (N. 150.) und unter Dexitheos Olymp. 98, 4. (N. 151, 11.), in den Volksbeschlüssen für Dionysios aus Olymp. 102, 2/3. (N. 85, b.)[1]) und für Straton den König von Sidon aus Olymp. 101—103. (N. 87.), wo namentlich σύμβολα vorkommt; desgleichen in der Inschrift aus dem Jahre des Hegesias Olymp. 114, 1. (N. 90.). Weiter herabzugehen ist überflüssig. Nur N. 80. findet sich ξυμβόλων und

---

1) Bd. I, S. 898. in den *Addendis*.

ξυμβολάς; aber wiewohl auch O und OY daselbst schwankt, trägt diese Inschrift doch mehrere schon früher nachgewiesene Spuren, dass dieselbe kurz nach Eukleides verfasst sein müsse. Nach diesem Kennzeichen scheint es also rathsamer, unser Denkmal näher an Olymp. 94, 2. als an Olymp. 102. zu rücken. Auch der Z. 7. vorkommende Gebrauch des E statt ει in ΟΦΕΛΟΝΤ passt in diese Zeit, wiewohl daraus kein so bestimmtes Kennzeichen für die engere Begrenzung derselben hergenommen werden kann.

11. Je zuverlässiger das paläographische Ergebniss ist, dass die Inschrift in dem Zeitraume von Olymp. 94, 2. bis Olymp. 102. eingegraben sei, desto mehr verwirrt Anfangs die entgegengesetzte Bemerkung, dass die obwohl lückenhaften doch mittelst der Kritik völlig zur Klarheit kommenden Zeitbestimmungen, welche darin enthalten sind, vor den Anfang des Peloponnesischen Krieges zurückweisen; so dass dieses Denkmal das älteste ist, was wir über die Verhältnisse des Delischen Tempels bis jetzt besitzen: dass es nämlich darauf bezüglich sei, kann einstweilen aus dem Folgenden vorausgesetzt werden. In Verhandlungen, die für verschiedene Staaten bestimmt waren, oder woran mehrere Theil nahmen, datiren die Alten nach der Zeitrechnung der verschiedenen Staaten. So in dem Bündniss der Athener und Lakedaemoner[1]): Ἄρχει δὲ τῶν σπονδῶν Ἔφορος Πλειστόλας, Ἀρτεμισίου μηνὸς τετάρτῃ φθίνοντος, ἐν δὲ Ἀθήναις Ἄρχων Ἀλκαῖος, Ἐλαφηβολιῶνος μηνὸς ἕκτῃ φθίνοντος. Inschrift N. 1702. Ἄρχοντος Καλλικράτεος, μηνὸς Βουκατίου (zu Delphi), ἐν δὲ Αἰτωλίᾳ στραταγέοντος τὸ δεύτερον .... ιτύρου, μηνὸς Πανάμου. N. 1707. Ἄρχοντος Στραταγηυ, μηνὸς Ποκίου, ὡς Ἀμφισσεῖς ἄγοντι, ἐν Δελφοῖς δὲ ἄρχοντος Πυθρία, μηνὸς Ἡρακλείου. Dreifache Daten kommen in den Erkenntnissen eines Austrägegerichtes über Streitigkeiten zweier Staaten vor, wie N. 2265. πέμπτης ἀπιόντος τοῦ Ἱππιῶνος μηνὸς ἐπὶ --- τῶν μετὰ Ἀρχεβίου, ὡς Ἐρετριεῖς, ὡς δὲ Νάξιοι ἐπὶ ἱερέως

---

1) Thukyd. V, 19. Ἄρχει wird hier gewöhnlich falsch verstanden; es heisst: „der Anfang des Bündnisses ist das Jahr des Ephoros" u. s. w. Siehe Corp. Inscr. Gr. Bd. I. S. 29. S. 877.

τοῦ Διονύσου Φιλοκράτου τοῦ - - - - - - μηνός, ὡς δὲ Πάρωι ἐπ' ἄρχοντος u. s. w. N. 2905. l. Ist es ähnlich; nur findet sich dort eine doppelte Ausfertigung des Erkenntnisses der Rhodier, die eine für Samos mit Rhodischer und Samischer, die andere für Priene mit Rhodischer und Prienischer Zeitbestimmung*). In Sachen des Delischen Tempels datirte die Attische Tempelbehörde, als Delos noch ein eigener Staat war, nach Attischer und Delischer Zeitrechnung mit Voranstellung der Attischen, wie in der Sandwicher Steinschrift (N. 158.) §. 1. Τάδε ἔπραξαν Ἀμφικτύονες Ἀθηναίων ἀπὸ Καλλέου ἄρχοντος μέχρι τοῦ Θαργηλιῶνος μηνὸς τοῦ ἐπὶ Ἱπποδάμαντος ἄρχοντος Ἀθήνησι, ἐν Δήλῳ δὲ ἀπὸ Ἐπιγένους ἄρχοντος μέχρι τοῦ Θαργηλιῶνος μηνὸς τοῦ ἐπὶ Ἱππίου ἄρχοντος. §. 4. ἐπὶ ἀρχόντων Ἀθήνησι Χαρισάνδρου, Ἱπποδάμαντος, ἐν Δήλῳ δὲ Παλαίου, Ἱππίου. Ebendas. ἐπὶ Ἱπποδάμαντος ἄρχοντος Ἀθήνησι, ἐν Δήλῳ δὲ Ἱππίου. §. 7. ἐπὶ ἀρχόντων Ἀθήνησι Καλλέου, Χαρισάνδρου, Ἱπποδάμαντος, Σωκρατίδου, ἐν Δήλῳ δὲ Ἐπιγένους u. s. w. ebenso §. 8. endlich §. 9. ἐπὶ Χαρισάνδρου ἄρχοντος Ἀθήνησι, ἐν Δήλῳ δὲ Παλαίου. Hiernach wird man erkennen, nach welcher Regel die Zeitbestimmungen Z. 14 f. Z. 17 f. Z. 21 f. ergänzt sind: da die zweite Zeitangabe sich in allen Beispielen mit δέ anknüpft, wird man zugeben, dass Z. 22. IE in ΔΕ (ἐν Δήλῳ δέ) zu verwandeln sei. Die Ergänzung der Namen der Archonten und Monate kann erst unten gerechtfertigt werden; davon abgesehen aber ist es augenscheinlich, dass hier sowohl als in obigen Beispielen nach Attischer Zeitrechnung zuerst, dann nach Delischer datirt sei, beidemale mit Angabe des Archon und des Monates. Nun sind Z. 17. 22. Krates und Apseudes die Attischen Archonten. Nach Eukleides aber kommen beide nicht vor; bis Olymp. 118, 2. ist unsere Liste der Archonten vollständig: von da bis Olymp. 123, 2. bezeichnete nicht der Archon, son-

---

*) [N. 1607. ist auch doppeltes Datum, aber nicht in einem Staatsbeschluss, sondern in einem Privatvertrag, was ein anderer Fall ist. Ex alio genere ist N. 1567. von einem hl. Staat; dort ist aber nur ein Datum nach zwei verschiedenen Archonten, deren zweiter vielleicht, wie Bergk will, vielmehr ein vorgesetzter ἐπιδημιουργός ist.]

deru ein ἱερεύς τῶν Σωτήρων die Jahre; dieser aber konnte in keinem gleichzeitigen Denkmal ἄρχων genannt werden, sondern nur später in gelehrten Arbeiten[1]); und auch unter diesen Priestern, deren meiste wir kennen, kommen Krates und Apseudes nicht vor. Also müssten sie nach Olymp. 123, 2. Archonten gewesen sein; aber dagegen entscheidet sowohl das paläographische Gepräge der Inschrift, wonach wir nicht unter Olymp. 102. herabgehen können, als die Geschichte des Delischen Tempels, wie sie oben entwickelt ist, da das Denkmal einer Zeit angehören muss, da Delos noch ein eigener Staat, das Heiligthum aber in Attischem Besitze war. Doch wozu bedarf es so vieler Umschweife? Apseudes, welcher an der zweiten Stelle genannt wird, ist der bekannte Archon von Olymp. 86, 4. Vor ihm erscheint Krates in unserer Inschrift; dieser wird also sein Vorgänger sein. Diodor[2]) bezeichnet nun freilich das Jahr Olymp. 86, 3. ἐπ' ἄρχοντος Ἀθήνησι Χάρητος: aber die Archontennamen sind in seinem Werke öfters etwas verändert, entweder weil er selber schon keine gute Liste hatte, oder weil spätere Abschreiber seinen Text entstellt haben; ausser bei ihm aber finden wir bis jetzt diesen Archon nirgends: offenbar ist also Χάρητος in Κράτητος zu verwandeln*). Die Inschrift bezieht sich demnach auf Olymp. 86, 3. 4. und die Urkunde selbst ist damals verfasst, aber die erhaltene Abschrift nicht vor Olymp. 94, 2. und nicht nach Olymp. 102. eingegraben. Nur die Erhaltung oder die grössere Zugänglichkeit der Urkunde konnte der Zweck dieser neuen Aufzeichnung sein, möge nun die vorhandene Abschrift der Urkunde aus den Acten oder von einem älteren Stein übertragen worden sein. Hier bietet sich zuerst der Gedanke dar, als um Olymp. 108, 3. der Rechtshandel über den Besitz

---

1) Vergl. zu *Corp. Inscr. Gr.* N. 90. Etwas andern drückt sich Clinton aus *Fast. Hell.* S. 380. vergl. *Proœm.* S. xiii. doch nicht besser: was für obige Beweisführung wesentlich ist, folgt übrigens auch aus seiner Auffassung.

2) XII, 35.

*) [Krates kommt als Archon vor in einer im J. 1835. auf der Burg gefundenen Inschrift. Lect. Katal. Sommer 1837. S. Kl. Schriften Band IV.]

des Tempels vor die Amphiktyonen gebracht wurde, möchten die Athener die ihren alten Besitzstand betreffenden Actenstücke hervorgesucht und neu ausgestellt haben; soweit wir aber urtheilen können, haben sie damals, wie oben gezeigt ist, ihre vorzüglichsten Rechtsgründe aus viel älterer Zeit hergeholt: und das Paläographische weiset uns jenseits des Zeitalters jenes Rechtshandels. Nothdürftig kann die Steinschrift allerdings in dieselbe Zeit gesetzt werden, in welcher die Sandwicher verfasst ist; und es wäre möglich, dass sie damals, vielleicht nebst mehrern ähnlichen, zur Vergleichung oder aus irgend einem andern Grunde mit jener zusammen gestellt worden: aber die paläographische Betrachtung führte uns am meisten dahin, das Denkmal gehöre in die nächste Zeit von Eukleides ab. Sollten also nicht die Athener damals, als obiger Darstellung zufolge die Delier, nach der Seeschlacht bei Aegospotamoi, ihre Rechte auf den Delischen Tempel geltend gemacht hatten, ältere Actenstücke neu ausgestellt haben, um ihre gute Verwaltung des Tempels zu beweisen, und bei ähnlichen Versuchen gegen ihren Besitz darauf sich beziehen zu können? Dies finde ich am wahrscheinlichsten. Da die alte Form ξύν damals wenigstens noch nicht gänzlich verschwunden war, konnte diese um so leichter aus der ursprünglichen Urkunde auch in diese Abschrift übergehen.

12. Wenn die Geschichte des Delischen Heiligthums gegenwärtig ist, und wer namentlich die Sandwicher Steinschrift genau kennt, der ersieht auf den ersten Blick, dass diese in Attika gefundene, nach Attischen und Delischen Archonten datirende Inschrift auf die Attische Verwaltung des Delischen Heiligthums bezüglich ist, und eine jedoch nur ganz allgemeine Rechenschaft über diese enthält. Die Behörde selbst erscheint in dem Bruchstücke nicht; da ihre Rechnung mindestens zwei Jahre, Olymp. 86, 3. 4. umfasst, so müsste die Behörde entweder mehrjährig gewesen sein, was nicht wahrscheinlich ist, oder die Abrechnungen folgten einem Cyklus, wie die Rechenschaften der jährigen Schatzmeister der Athenäa jederzeit vierjährig von den grossen Panathenäen zu den grossen Panathenäen zusammengestellt wurden: wie ferner die Amphiktyonen von Delos, obgleich sie einzeln jeder ein einziges Jahr im Amte waren, doch ihre Rechenschaft

vierjährig zusammenstellten, ohne die einzelnen Jahre überall zu unterscheiden. Der Cyklus der letztern[1]) stimmt aber mit demjenigen, welcher hier zum Grunde liegt, keineswegs überein; denn Olymp. 86, 3. 4. gehören in einen und eben denselben, während jener Amphiktyonische Cyklus mit dem vierten Olympiadenjahre beginnt. Dass die Behörde, welche unsere in Olymp. 86, 3. 4. gehörige Rechnung abfasste, den Namen der Amphiktyonen geführt habe, ist nicht erweislich; eben so wenig, dass sogenannte Deliasten sie abgelegt haben; wir lassen also den Namen der Behörde dahingestellt, und bemerken nur, dass sie die Finanzen des Tempels dürfte ganz neu geordnet haben, da sie selber das Capital erst zu einem Ganzen zusammengebracht zu haben scheint, und die Grenzen der zu verpachtenden Grundstücke bestimmt hatte. Nicht unwahrscheinlich ist es überdies, dass diese geordnetere Verwaltung des Tempelgutes in der Absicht geschah, aus den Einkünften die grosse Festfeier und die Spiele zu bestreiten, sobald das Vermögen und die Einkünfte würden eine bestimmte Höhe erreicht haben: auf diese Weise wurden öfter heilige Spiele gegründet, namentlich zu Korkyra und Aphrodisias[2]); und zu dieser Ansicht stimmt es vortrefflich, dass Olymp. 88, 3. die grosse Penteteris von den Athenern zum ersten Male gefeiert wurde, und in Olymp. 100—101. die Ausgaben für die Feier des Festes und der Spiele insgesammt, sogar der Ausfuhrzoll für die Opferstiere der Theorie, aus den Tempeleinkünften bestritten werden mussten[3]). Leider ist ein sicheres Urtheil hierüber uns dadurch geraubt, dass der Anfang des Denkmals verloren ist. Z. 2—6. sind bloss Namen übrig; dass alle diese Namen (und es müssen ihrer noch mehrere gewesen sein) aus der Bezeichnung der Attischen Behörde übrig seien, ist nicht anzunehmen; eher könnten es Namen von Schuldnern sein, da zumal Z. 7. *Δηλίων ὀφειλόντ[ων* oder etwas Aehnliches stand. Z. 2. kann der Name auch *Διοφάνης* gewesen sein. Ueber Z. 8. lässt sich durchaus nichts bestimmen: *αἱ παρὰ* - - - kann auf erfolgte

---

[1]) S. §. 4. dieser Abhandlung.
[2]) *Corp. Inscr. Gr.* N. 1845. 2741.
[3]) *Marm. Sandw.* §. 6.

Zahlungen oder Einforderungen gehen, wie in der Sandwicher Steinschrift §. 4. εἰςεπράχθη μηνυθὲν παρὰ Πύθωνος Δηλίου. Z. 9. war aber eine Summe aller vorhergegangenen, nicht mehr vorliegenden Geldposten zusammengezogen; die Ergänzung κεφάλαιον ἀργυρίου] ξύμπαν kann schwerlich weit fehlen: fast dieselbe Formel steht in der Inschrift N. 145, 16[1]). Hiernächst ist von Grenzbestimmungen die Rede: Z. 10. τὸ βαλανεῖον ὤρισαν. Dieses Badehaus war vielleicht Tempelgut, braucht aber nicht dasjenige zu sein, was die Sandwicher Steinschrift §. 10. nicht 32 als Eigenthum des Tempels, sondern als Grenze eines dem Tempel zugehörigen Grundstückes aufführt. Z. 11. wird eine zweite Grenzbestimmung berührt, welche sich auf Rheneia, nämlich auf die nachher genannten heiligen Grundstücke daselbst bezieht: τὴν Ῥηνείαν ὤρισαν. Da, wie gezeigt werden wird, bei der Verpachtung des Landes zuerst das Delische, nachher das Rheneische genannt war, die Abgrenzung des Landes aber zur Verpachtung im Verhältniss gestanden haben muss, so wird hieraus wahrscheinlich, dass die erstere Grenzbestimmung, wobei das Badehaus genannt ist, sich auf Delos bezog. Das vorhergehende OMHΣEAN wüsste ich nicht anders zu ergänzen als durch ἠγοραγόμησαν: es wäre denkbar, dass die Attische Behörde den Delischen Agoranomen, die aus einer Inschrift[2]) des unabhängigen Delos bekannt sind, die Grenzbestimmung überlassen hätte: wiewohl es nicht möglich ist, hier einen Zusammenhang in die Worte zu bringen, und das Bestimmtere zu ermitteln. Wie nun erstlich die Zusammenbringung einer Geldsumme, dann die Abgrenzung von Ländereien, und zwar eine doppelte, im Vorigen erwähnt war, so wird nächstdem von Z. 12. an von Ausleihung des Geldes und Verpachtung zweier gesonderter Partien von Grundstücken gesprochen, nämlich derer auf Delos und derer auf Rheneia, woran sich noch etwas über Verpachtung von Gewässern anknüpft. Die Behörde legte unstreitig dar, auf welche Weise sie das Capital des Tempels zusammengezogen, und das Grundeigenthum festgestellt hatte; hiernächst aber, wie jenes ausgethan, dieses verpachtet worden sei: gerade wie die Herakleischen Tafeln

---

1) Vergl. dazu die Erläuterung S. 215 f. und auch N. 157. 158.
2) N. 2266.

die Vermessung und Grenzbestimmung des Dionysischen heiligen Landes zum Behufe der hierauf erfolgten Verpachtung nachweisen. Dieses ist der Zusammenhang des Ganzen, soweit dasselbe erhalten ist; wir betrachten nun noch insbesondere die darin enthaltenen allgemeinen Angaben erstlich über die Ausleihung des Geldes, sodann über die drei Pachtverträge, wovon jedoch nur die beiden ersten sich genauer bestimmen lassen.

13. Jene in der neunten Zeile offenbar als Zusammengebrachtes aufgeführte Summe beträgt 55,410 Drachmen; sie war vielleicht aus vielen kleineren Posten zusammengezogen, welche unter einem Talent waren, und ist deshalb nicht nach Talenten angegeben, sondern mit Anwendung des in solchen Attischen Rechnungen sonst ungewöhnlichen Zeichens ⊟ für 50,000 Drachmen; wie in der Sandwicher Steinschrift[1]), jedoch nicht in Summen der Rechnung selbst, sondern nur zur Bezeichnung der besonders aufgeführten Geldstrafen M für 10,000 Drachmen vorkommt. Ob die Ziffer, worin die Geldsumme ausgedrückt ist, ganz vollständig vorliegt, bleibt ungewiss; fehlte etwas, so betrug es weniger als 40 Drachmen, und ist also von geringem Belang. Sicher ist aber, dass die Behörde 9 Talente 20 Drachmen ausgeliehen hat (Z. 12.): offenbar ist dieses die Hauptmasse des vorigen Geldes, welches 9 Talente 1410 Drachmen betrug; die übrigen ungefähr 1400 Drachmen müssen zu Bedürfnissen des Heiligthums ausgegeben worden sein, ausgenommen vielleicht einen kleinen Bestand, und werden wie die Ausgaben in der Sandwicher Steinschrift in einem andern Theile dieser Rechenschaft verzeichnet gewesen sein. Wie nun nachher in den Pachtverträgen das jährliche Pachtgeld und die Anzahl der Jahre, wie lange die Pacht dauere, und der Anfangspunkt der letztern bestimmt ist, so ist unverkennbar hier der Zinsfuss, die Anzahl der Jahre, auf welche verliehen worden, und der Anfangspunkt des Leihvertrages bestimmt. Zwar enthält das Bruchstück nur vom Anfangspunkte des Vertrages etwas Deutliches; aber aus der Vergleichung der Z. 13. erhaltenen Geldbestimmung mit der ausgeliehenen Summe geht hinlänglich hervor, dass das Capital auf eine Reihe von Jahren, also unaufkündbar für diesen Zeitraum ausgethan war,

---

[1]) Vergl. Staatsh. d. Athen. Bd. II. S. 222. welche Stelle hiernach etwas zu ändern sein wird. [S. II² 87.]

zum Theil vielleicht an Handeltreibende und Wechsler, was später von den Attischen Amphiktyonen von Delos geschah¹), desgleichen an Staaten, wie in der Sandwicher Steinschrift, aus welcher wir zugleich sehen, dass viele Gelder mindestens vier Jahre bei denselben Schuldnern standen. Ganz nothwendig musste der Zinsfuss ausgedrückt sein; diesen bestimmt man entweder nach dem monatlichen Zins vom Hundert, wie $ἐπὶ δραχμῇ$, oder nach dem Theile des Capitals, welcher als jährlicher Zins zum Capital zuzuschlagen ist, wie $ἐπιδεκάτοις τόκοις$, das ist genau genommen zu solchen Zinsen, wonach zu 100 jährlich 10 zugeschlagen werden. Unmittelbar nach der Summe des Ausgeliehenen steht aber in dem Bruchstücke ΕΠΙΔΕ, welches sich als $ἐπιδε[κάτοις τόκοις]$ darbietet: ein Ausdruck, der gerade bei Verleihung nach Jahren gebräuchlich ist. Wie ich früher vermuthet habe²), wurden die Tempelgelder gleich dem Vermögen Minderjähriger nur gegen gute Sicherheit verliehen, womit der mässige Zinsfuss von 10 vom Hundert, der unter dem gewöhnlichen steht, sehr gut zusammenstimmt. Welches war aber der Zeitraum, auf welchen die Verträge lauteten? Diesen können wir durch Betrachtung der Z. 13. erhaltenen Zahl finden. Dort werden nicht etwa die Ausleihenden ($οἱ δανείσαντες$), sondern die Schuldner ($οἱ δανεισάμενοι$) angeführt, deren natürlich, wie im Sandwicher Denkmal, mehrere waren: $δανεισαμένους$ ist noch vorhanden; und vergleicht man die nachher Z. 18. 23. bei den Pachtverträgen gebrauchte Formel, welche in der Mitte steht zwischen der Benennung des Verpachteten und dem Anfangspunkte der Pachtzeit, und wendet dieses auf den vorliegenden Gegenstand an, so ergiebt sich die Ergänzung $[ὥστε ἀποδιδόναι τοὺς] δανεισαμένους$. Die dazu gehörende Summe ist also der Betrag des Zurückzuzahlenden, wobei der Kürze halber in dieser ganz allgemeinen Uebersicht Capital und Zinsen zusammengenommen werden; eine Ansicht, welcher die höchst einfache weitere Ergänzung, $[τό τε ἀρχαῖον καὶ τοὺς τόκους ὧν ἐδα]νείσαντο$, sich anschliesst. Aehnlich ist in einer Attischen Tempelrechnung³) das Capital zwar beson-

1) Staatsh. d. Athen. Bd. II. S. 227. [II¹ 93.] (*Corp. Inscr. Gr.* Bd. I. S. 256a.) vergl. besonders auch Inschr. N. 159.

2) Vergl. meine Anm. zur Sandw. Steinschr. in der Staatsh. d. Athen. und *Corp. Inscr. Gr.* Bd. I. S. 258b.

3) *Corp. Inscr. Gr.* N. 156.

ders, dann aber eilfjähriger Zins zusammen berechnet gewesen. Nicht als wären die Zinsen erst nach Ablauf sämmtlicher Jahre zugleich mit dem Capital gezahlt worden, sondern die Fristen für die Zinszahlung waren in den Verträgen selbst bestimmt, wie dieselben für die Pachtgelder bestimmt waren, wovon nachher die Rede sein wird; in diesen Ueberblick ist aber jene Bestimmung der Fristen für die Zinszahlung eben so wenig aufgenommen als für die Pachtgelder. Nun aber beträgt was die Schuldner zu zahlen haben 13 Talente 3010 Drachmen, wozu, da das jetzige Ende der Ziffern in die Stelle des Bruches der Steinplatte fällt, noch etwas hinzugefügt werden kann, was jedoch nach dem Zahlensystem weniger als 40 Drachmen betragen muss. Man setze das Mittel, nämlich ΔΔ, 20 Drachmen zu; so erhält man 81,030 Drachmen als die Summe, welche von den Schuldnern zu zahlen ist. Zieht man hiervon das Capital mit 54,020 Drachmen ab, so bleiben 27,010 Drachmen. Ferner betragen die jährlichen Zinsen des Capitals zu 10 vom Hundert gerade 5402 Drachmen; welches fünfmal genommen 27,010 Drachmen giebt. Folglich ist das Capital auf fünf Jahre unaufkündbar ausgeliehen worden. Bis in die 100. Olymp. ist dieses zinsbare Capital des Tempels bedeutend gewachsen, da es damals, wie wir gesehen haben, mindestens 40 Talente betrug. Endlich war der Anfangspunkt des Vertrags bestimmt: χρόνος ἄρχει Μεταγειτνιῶν μὴν Ἀθήν[ησιν ἄρχοντος Κράτητος, ἐν] Δήλῳ δὲ Βουφονιῶν μὴν ἄρχοντος Εὐπτέρους, welche Ausfüllung unfehlbar ist. Die Formel für die Angabe des Anfanges ist χρόνος ἄρχει, die in dieser Inschrift bei allen drei Verträgen, deren Erwähnung etwas vollständiger erhalten ist, gebraucht war, und bei einem durch den andern sich ergänzt; auch habe ich früher schon [1]) diesen Sprachgebrauch so erläutert, dass nichts darüber hinzuzufügen nöthig ist. Der Delische Archon muss Εὐπτέρης Genit. Εὐπτέρους geheissen haben; denn Εὔπτηρ Genit. Εὔπτερος wird Niemand annehmen wollen: Εὔπτερος aber konnte er nicht genannt sein, da zweimal deutlich ΕΥΠΤΕΡΟΣ als Genitiv vorkommt. Diesem Delischen Archon entspricht nach Z. 17. 18. der Attische Krates: folglich muss Krates auch hier gestanden haben, wie ich dieses setze, wenn

---

1) Corp. Inscr. Gr. Bd. 1. S. 29. B. 877.

anders das Attische und Delische Jahr gleichen Anfangspunkt hatten. Dies ist aber wirklich der Fall gewesen. In der Sandwicher Steinschrift Olymp. 100, 101. wird nämlich immer je ein Attischer Archon mit einem Delischen so verglichen, wie es schlechthin nur bei Uebereinstimmung der Jahre geschehen kann[1]): da aber das Attische Jahr bereits vor dem Peloponnesischen Kriege denselben Anfang wie später hatte, woran nach unserer von Herrn Ideler angenommenen Folgerung aus der Marathonischen Schlachtordnung schwerlich mehr gezweifelt werden kann, so ist jene Uebereinstimmung auch für Olymp. 86. anzunehmen: wohl ich noch bemerke, dass dem Nachfolger des Krates, dem Apseudes, bestimmt wieder ein anderer Archon als Eupteres entspricht, da dessen Name nach Z. 23. sich anders als Eupteres endigt.

14. Es sei gestattet, ehe wir weiter fortschreiten, einen Blick auf den Delischen Kalender zu werfen. Corsini[2]) findet es einleuchtend, dass letzterer mit dem Attischen einerlei sei; ihn täuschten die Monate Gamelion und Elaphebolion, welche in Delischen Beschlüssen derjenigen Zeit vorkommen, wo Delos keinen eigenen Staat mehr bildete[3]), indem er nicht einsah, dass diese Angaben nicht zum Delischen, sondern zum Attischen Kalender gehören; ihn täuschte ferner der Monat Thargelion in einem bei Josephus[4]) erhaltenen Delischen Beschlusse, welcher ebenfalls von den Athenern auf Delos herrührt, und ausserdem das Vorkommen dieses Monates als eines Delischen in der Sandwicher Steinschrift. Allerdings ist der Thargelion dem alten Delischen und dem Attischen Kalender gemeinsam, und auch zeitlich derselbe Monat, weil die Thargelien, das Delisch-Attische Geburtsfest der Kinder der Leto, an ihn gebunden sind; aber deshalb stimmten beide Kalender nicht vollständig überein. In unserer Inschrift finden wir gleich einen Delischen Buphonion, und ihm entspricht der Attische Metageitnion, zunächst freilich nur in diesem bestimmten Jahre, schlechthin aber dann, wenn die Attische und Delische Schaltperiode eine und dieselbe war[*]). Höchst wahr-

---

1) Siehe die Stellen §. 11. dieser Abhandlung.
2) *Fast. Att.* Bd. II. S. 135 f.
3) Siehe oben §. 8.
4) Archäol. XIV, 10.
*) [Wenn, wie Bergk (Beiträge zur Griech. Monatskunde S. 45 ff.)

scheinlich ist es dagegen, dass der Tenische und Delische Kalender grossentheils oder völlig derselbe war, da Teos eine der nächsten Kykladen ist. Von Tenischen Monaten kennen wir, um einen zweifelhaften zu übergehen, aus einer Inschrift[1]) den Apellaon, Heraion, Buphonion, Apaturion, Posideon, Artemision, Thargelion: ihre Folge ist unbestimmt; indessen glaubte ich früher[**]) annehmen zu dürfen, sie sei ungefähr die eben gegebene: und noch sehe ich keinen Grund fürs Gegentheil, ausser dass die Reihe nicht gerade mit dem Apellaon zu beginnen braucht, sondern mit irgend einem der andern, dergestalt dass die vorangesetzten dann nachzustellen wären. Wir haben hier aber gleich den Buphonion und Thargelion wie in Delos; wir haben ferner den Poseideon oder Posideon zu Tenos, und dass dieser auch Delisch und freilich zugleich derselbe wie der Athenische sei, wird sich hernach als wahrscheinlich ergeben. Ist ferner der Tenische Apaturion dem Attischen Mämakterion gleich, was ich ehedem[2]) für den Apatureon des ältern Ionischen Kalenders vermuthet habe, und entspricht der Tenische Artemision dem Attischen Elaphebolion, wie anerkannt der Lakonische Artemisios, weil die Elaphebolien der Artemis Elaphebolos gefeiert werden; so fügt sich wirklich die angenommene Reihe der Tenischen Monate ungezwungen in die Folge, welche für die Delischen Monate Buphonion, Posideon und Thargelion angenommen werden muss.

15. Nach der Angabe des Vertrages über das ausgeliehene Capital folgen drei Pachtverträge, wovon sich die beiden ersten auf Grundstücke beziehen. Dies erhellt aus Z. 16. wo ἱ]ερáν, nämlich γῆν übrig ist, und dann καὶ τοὺς κήπους καὶ τὰς οἰκίας καὶ - - -; und aus Z. 21. wo ebenfalls ἱερáν erscheint: das heilige Land ist gemeint, in der Sandwicher Steinschrift §. 4.

wahrscheinlich macht, der Buphonion eigentlich dem Hekatombäon entsprach, so ist die Entsprechung mit dem Metag. In diesem Jahre aus Verschiedenheit der Sothisperiode zu erklären, nicht aus einer Differenz der Kalender der Athener und der Deller um einen Monat; denn dies erlaubt der Thargelion kaum.]

1) *Corp. Inscr. Gr.* Bd. II. S. 273.
**) [In der Anm. 1. angeführten Stelle.]
2) Abh. über die Dionysien S. 54. In den Schriften der Akad. v. J. 1816. 1817. [S. oben S. 72.]

τεμένη. Dass die Theilung in zwei Verträge auf eine besondere
Verpachtung des Delischen und des Rheneischen Landes bezüglich
ist, lässt die Sandwicher Steinschrift vermuthen, wo wir zuerst
finden μισθώσεις τεμενῶν ἐξ Ῥηνείας, dann μισθώσεις τεμενῶν
ἐγ Δήλου, dann noch besonders οἰκιῶν μισθώσεις. Hier ist
aber die Ordnung offenbar umgekehrt. Denn erstlich ist bei dem
zweiten Vertrag Z. 21. Αἰ übrig, welches auf [Ῥηνεί]ᾳ führt:
sodann bezieht sich der dritte Vertrag, über die Gewässer, wenigstens in seinem zweiten Theile, worauf es allein ankommt, bestimmt auf Rheneia: die Anordnung war also regelmässiger, wenn
Rheneia auch im Vorhergehenden erst nach Delos aufgeführt war.
Nach der grammatischen Wendung des Satzes kann ferner beim
zweiten Vertrag vor Z. 21. schwerlich etwas von Häusern eingeschoben werden; der Tempel besass aber Häuser auf Delos nach
der Sandwicher Steinschrift §. 10. und sollten auch jene alle erst
durch kürzlich vorhergegangene Gütereinziehung erworben worden
sein, so ist dennoch glaublich, dass er früher auf Delos, wo
nicht jedes Haus zugleich Acker haben konnte, einzelne Häuser
ohne Feld besessen habe, die nachher veräussert sein konnten,
aber dass der Tempel Häuser ohne dazu gehöriges Land auf
Rhenela, welches wie ein Landstädtchen den Ackerbau und die
Viehzucht betrieb, besessen habe, ist nicht wahrscheinlich. Hiernach wird man also den ersten Vertrag, worin Häuser einbegriffen sind, auf Delos, den zweiten auf Rheneia beziehen müssen; womit übereinstimmt, dass die Sandwicher Steinschrift die
Hausmiethen zunächst nach den Delischen Pachtgeldern nennt.
Ueberdies kommen beim ersten Vertrag ausser dem heiligen
Lande, worunter vorzüglich Triften und Ackerland zu verstehen,
auch Gärten vor, offenbar Tempelgärten auf Delos, so weit dieselben Gegenstand eines Erwerbes sein konnten. Nicht minder
nennt die Angabe über die Begrenzung, wovon oben gehandelt
ist, Rheneia zuletzt. Endlich lehrt sogar der Betrag der Pachtgelder selbst in Vergleich mit der Sandwicher Steinschrift, dass
der erste Vertrag die Delischen, der zweite die Rhenelschen Grundstücke betrifft; indem die höchste Pacht des ersten Vertrags nicht
1000 Drachmen[1]) beträgt, wie die Delische Pacht mit Einschluss

---

1) Siehe die Berechnung §. 16. dieser Abhandlung.

der Hausmiethen im Sandwicher Stein nur etwas über 1500 Drachmen ausmacht, wogegen das Pachtgeld des zweiten Vertrages und das Pachtgeld von Rheneia nach der Sandwicher Steinschrift sich über ein Talent jährlich belaufen. Dass in unserer Inschrift der Delische Pachtvertrag dem Rheneischen vorangeht, ist sachgemäss, weil Delos der Hauptort ist, und der Vertrag überdies ein Jahr früher anfängt als der Rheneische; wollte man solche Kleinigkeiten mit ängstlicher Casuistik verfolgen, so bliebe nur die Frage aufzuwerfen, weshalb in der Sandwicher Steinschrift die umgekehrte Ordnung befolgt sei: eine Frage, deren Lösung nicht schwer fallen dürfte, und eben darum nicht gegeben werden soll. Hiernach wird man erkennen, dass die Ergänzungen Z. 15. [τὴν γῆν τὴν ἐν Δήλῳ τὴν ἱ]εράν, und Z. 20. [τὴν γῆν τὴν ἐν 'Ρηνεί]ᾳ τὴν ἱεράν, im Wesentlichen sicher sind: absichtlich habe ich nicht τὴν δὲ γῆν geschrieben, weil die Erwähnung des dritten Pachtvertrages Z. 24. ohne δέ eingeleitet ist: wogegen Z. 12. ein δέ nothwendig schien, habe es nun daselbst hinter ἀργυρίου, oder schon Z. 11. bei einem andern Worte gestanden.

16. Nachdem wir so gezeigt haben, worauf sich jeder der Pachtverträge bezog, betrachten wir noch einige Einzelheiten der beiden ersten Pachtverträge in Verbindung mit einander, da der dritte mit wenigen Worten abgefertigt werden muss, weil davon beinahe nichts erhalten ist. Beim zweiten Z. 21. erhellt, dass die Pachtung auf zehn Jahre zugeschlagen worden; dasselbe gilt vom dritten wo Z. 25. δέκα [ἔτη] stand. Dies musste gleichmässig für den ersten gelten, wo ich dasselbe Z. 10. an seiner Stelle eingefügt habe. Dieser Zeitraum scheint für Landpachten von Staats- oder Gemeindegut in Attika so gewöhnlich gewesen zu sein, dass er Inschr. N. 103. in dem Vertragsentwurfe nur beiläufig angegeben ist: doch finden wir N. 93. sogar eine vierzigjährige Verpachtung von Gemeindegut: in den Herakleischen Tafeln wird auf Lebenszeit verpachtet. Der Anfang des ersten Pachtvertrages ist der Monat Poseideon (antik geschrieben Ποσιδηιῶν) des Attischen Archon Krates, also vier Monate später als die Ausleihung des Capitals; der Delische Archon ist Eupteres, der Delische Monat fehlt. Nach der Aehnlichkeit, welche wir zwischen dem Delischen und Tenischen Kalender annehmen müssen, ist es aber wahrscheinlich, dass in Delos wie in Tenos ein

Monat Poseideon war, welcher wie der Thargelion mit dem gleichnamigen Attischen Monate übereingestimmt haben dürfte. Dies erhält eine Bestätigung durch dasjenige, was beim zweiten Pachtvertrage vorkommt. Dieser beginnt nämlich unter dem Attischen Archon Apseudes, dem Nachfolger des Krates; der Attische Monat und der Delische Archon fehlen: aber es hat eine innere Wahrscheinlichkeit, dass die Pachtung um dieselbe Zeit des Jahres anfing wie in dem ersten, also mit dem Attischen Monat Poseideon. Wirklich ist nun Z. 22. nachdem daselbst IE, wie oben als nothwendig erwiesen ist[1]), in ΔΕ verwandelt worden, vom Anfange des Namens des Delischen Monates ΡΟΣ übrig, welches gewiss ΠΟΣ ist, $Ποσ[ιδηιών]$: wodurch alles in völlige Uebereinstimmung kommt*) Hiernach rechtfertigt sich die Ergänzung der Zeitbestimmungen von selbst; nur bemerke ich, dass Z. 21. das Wort $Ἀθήνησιν$ nicht nach $Ποσιδηιών μήν$ sondern vor demselben gestellt ist, anders als Z. 14. 17. Die oben[2]) angeführten Stellen der Sandwicher Steinschrift geben ähnliche Abweichungen in der Stellung des $Ἀθήνησιν$ und der Archontennamen. Der Anfang dieser Pachtungen fällt übrigens ungefähr in unsern December; in einer Attischen Urkunde[3]), wodurch auf vierzig Jahre verpachtet wird, beginnt die Pachtzeit mit dem bürgerlichen Jahre, in unserem Juni oder Juli; bei einer andern zehnjährigen Verpachtung Attischen Landes[4]) scheint dieser Zeitpunkt, da gar keiner bestimmt ist, ebenfalls vorausgesetzt, jedoch mit der Bestimmung, dass im zehnten Jahre nur die Hälfte des Landes beackert werden dürfe, damit vom 16. Anthesterion an, gegen den Frühling, anderthalb Monate nach dem Poscideon, der Acker von dem Nachfolger gebaut werden könne; eine ähnliche jedoch zu unserer Betrachtung nicht gehörige Bestimmung bietet die Urkunde über die vierzigjährige Verpachtung dar. Man erkennt

---

1) §. 11. dieser Abhandlung.

*) [Doch wird hierbei vorausgesetzt, dass in diesem Jahr die Schaltcyklen keine Differenz erzeugten, so dass der Del. und Att. Poseideon gleichzeitig blieben; und dies ist freilich unsicher. Ja Z. 17. muss $Ποσιδηιών$ falsch sein, wenn, was ich S. 470. Anm. *) bemerkt habe, richtig ist.]

2) §. 11. dieser Abhandlung.

3) Inschr. N. 93.

4) Inschr. N. 103.

aus dieser ganzen Erwägung, dass der Anfang der Pachtung vom Poseideon ab höchst passend und der Attischen Sitte nicht schlechthin unangemessen ist, und ein Zweifel über die richtige Herstellung der Zeitbestimmungen keinen Raum hat. Warum übrigens die Grundstücke auf Rheneia ein Jahr später verpachtet werden, wissen wir nicht; indess lassen sich viele Gründe denken, die jeder leicht finden wird. Die Delischen Grundstücke, welche von verschiedener Art sind, waren nach dem Z. 19. erhaltenen [μεμ]ισθωμένοις κατὰ τὰς ξυγγραφάς mittelst mehrerer besonderer Verträge an Mehrere verpachtet und vermiethet: denn den Singular [μεμ]ισθωμένος schliesst die Fügung der Worte aus. Die Rhenetschen dagegen waren nach Z. 23. an Einen verpachtet, der vielleicht einzelne Grundstücke, wie oft geschah, Unterpächtern überliess. Die Fristen für die Zahlung des Pachtgeldes sind offenbar hier eben so wenig als in dem Leihvertrag für die Zinsen angegeben gewesen: solche Besonderheiten gehörten nicht in diese allgemeine Rechenschaft, sondern waren in den Vertragsurkunden bestimmt: welches in Bezug auf den ersten Pachtvertrag Z. 18. 19. in dem Ausdruck ἀποδιδόναι κατὰ τὰς ξυγγραφάς mit einbegriffen ist, und für den zweiten sich von selber versteht: übrigens mag das Pachtgeld vielleicht nur jährlich bezahlt worden sein, wie nach der Attischen Urkunde N. 93. nur einmal jährlich zu Anfang des Jahres bezahlt wird. Doch findet sich auch Zahlung in zwei oder drei Terminen im Jahre[1]). Für die mittelst des ersten Vertrages verpachteten Delischen Grundstücke ist das Pachtgeld im Ganzen für Alles und alle Pächter angegeben; hierauf gründet sich die allerdings ungewisse Ergänzung ἁπάντων τούτων Z. 18. Es wird jedoch gesagt, die Pächter sollten nach den Urkunden zahlen; worin bestimmt war, wieviel jeder Einzelne zahlte: für die allgemeine Rechenschaft aber musste die Gesammtsumme gezogen werden, welche mit einer sehr kurzen Formel angefügt war: μισθώσεως κεφ[άλαιον. In Einem Jahre beträgt diese weniger als in den andern, natürlich im ersten, wie ich ergänzt habe; in diesem mochten die Grundstücke des schlechten Zustandes wegen zum Theil geringern Ertrag geben, weil sie früher vernachlässigt waren. Für das

---

1) N. 103. 104.

erste Jahr beträgt diese Pacht 716 Drachmen; für jedes andere über 900 und unter 1000 Drachmen, indem nach Ergänzung des Anfanges der nächsten Formel hinter der Zahl 900 eine bedeutende Lücke bleibt. In der Sandwicher Steinschrift beträgt die zweijährige Pacht der heiligen Grundstücke (τεμινῶν) von Delos 2484 Drachmen, also die jährige 1242 Drachmen, und die jährigen Hausmiethen, von Delos wie wir annehmen müssen, 297 Drachmen, zusammen 1539 Drachmen. Dies giebt, wenn in unserem Denkmale statt 900 Drachmen durch Ergänzung nebe an 1000 angenommen werden, ungefähr 550 Drachmen mehr als die grössere Pachtsumme auf unserem Stein, schwerlich weil die Pachtungen später theurer wurden, sondern weil durch Schenkungen, Gütereinziehung und andere Erwerbungen die Grundstücke auf Delos sich gemehrt hatten. So schenkte Niklas, welcher erst nach Olymp. 86. Architheoros war, dem Tempel zur Speisung der Delier und zu Opfern ein Grundstück von 10,000 Drachmen Werth[1]), ob freilich auf Delos oder Rhenela wissen wir nicht, sondern führen dies überhaupt nur als Beispiel von Schenkungen an; Beispiele von eingezogenen Gütern, besonders Häusern, giebt das Ende der Sandwicher Steinschrift. Bei dem Pachtgelde von Rhenela findet kein Unterschied der Jahre statt; ich habe daher, wiewohl unsicher, ἑκάστου τοῦ ἔτους ergänzt; denn die Ergänzungen lassen sich von dieser Stelle an so bestimmt nicht mehr machen. Das Pachtgeld ist, da auf Rhenela viel ausgedehntere Tempelgüter lagen, hier sowohl als in der Sandwicher Steinschrift weit bedeutender als für die Delischen. Es beträgt nämlich hier bestimmt 1 Talent 1110 Drachmen, in dem Sandwicher Denkmal aber für die beiden Jahre unter Charisandros und Hippodamas 2 Talente 1220 Drachmen, also von Einem Jahre 1 Talent 610 Drachmen; es ist demnach gerade um 500 Drachmen gefallen in dem Zeitraume von sechsundvierzig Jahren, welcher zwischen dem Ablaufe des zehnjährigen Pachtvertrages (Olymp. 86, 4. bis 89, 2.) und dem Archon Charisandros Olymp. 101, 1. verflossen war: wogegen der Ertrag von Delos um etwas mehr und das Capital ausserordentlich gestiegen war. Vom dritten Pachtvertrage wissen wir nur, erstlich dass

---

1) Plutarch Nik. 3. vergl. dazu Staatsh. Bd. II. S. 218. S. 230 f. [11* 82, 06.] (*Corp. Inscr. Gr.* Bd. I. S. 261. a.)

er Meergewässer betraf, wobei bemerkt scheint, dass es den Athenern gehöre, natürlich nur in einer gewissen Gegend, vermuthlich an einer bestimmten Seite von Delos; dann dass dasselbe sich ausserdem auf etwas in oder bei Rhenela bezog, vielleicht ebenfalls Gewässer. Wahrscheinlich war die Fischerei oder der Salzgewinn verpachtet, und der Pachtertrag von den Athenern als angemaassten Eigenthümern zu den Tempeleinkünften geschlagen worden*). Auch diese Verpachtung war zehnjährig. In der Sandwicher Tafel geschieht ihrer nicht Erwähnung.

*) [Vergl. Staatsh. d. Ath. I² 414c.]

Zusatz.

Nach dem Drucke dieser Abhandlung hat Hr. Dr. Ross in einem Schreiben aus Nauplia vom 15. Juni 1834. dem Verfasser angezeigt, dass Z. 23. der Inschrift (S. 23.) [455.] so anfange: . ΡΟΩΣ, und Z. 7. ΛΔΗΛΙΩΝ. Das erste ändert für die Beurtheilung der Sache, namentlich für das §. 13. zu Ende Gesagte, nichts; das letztere führt auf παρὰ Δηλίων, welches zu der §. 12. aufgestellten Ansicht vollkommen passt.

[Ross hat in dem Kunstblatt zum Morgenblatt 1830. Nr. 12. einen Parisches Horos von einem Grundstück Ἀπόλλωνος Δηλίου herausgegeben, woraus er schliesst, der Delische Apoll habe auf Paros Vermögen gehabt. Dies ist freilich wahr; nur ist es nicht, wie er glaubt, der Delische Apoll auf Delos, sondern der Delische Apoll der Parier. Was Staatsh. d. Ath. Bd. I. S. 351. (I² 444.) gesagt ist, beweist nichts dagegen.]

Nachträge und Berichtigungen.

S. 2. Anm. 5. Z. 5. ist nach Aristophanes hinzuzuf.: Frösche.
S. 18. Anm. 54. st. Pollux VII, 10. l. Pollux VII, 100.
S. 24. Zusatz zu Anm. *) [Fiedler Reise durch alle Theile des Königreichs Griechenland (1840) Bd. I, S. 36—79 handelt von den Laurischen Bergwerken mit besonderer Berücksichtigung der Arbeit Boeckh's. Hr.].
S. 26. Anm. 67. st. VII, 90. l. VII, 99.
S. 43. Z. 8. st. gewöhnliche l. gewöhnlichste.
S. 57. Anm. 181 st. VIII, 95. l. VIII, 59.
S. 71. Z. 8 v. u. [Im Texte stand ursprünglich Kallimachou; vergl. C. I. N. 2082. 3603.]
S. 72. Anm. *) st. byz. l. Cyz.
S. 77. Z. 9. st. εἰςκομίζεσθαι l. εἰςκομίζεσθαι.
S. 90. Zus. z. Anm. 74: (doch scheint ein kleineres Theater auch in Munychia selbst aufgefunden zu sein.)
S. 97. Zus. z. Anm. 81: [In dem reichhaltigen Werke von François Lenormant: Recherches archéologiques à Eleusis, Recueil des Inscr. (Par. 1862. 8.) kommt S. 272. in einer Inschrift Θίατρον τὸ Ἐλευσινίων vor.]
S. 130. Zus. z. Anm. *): (Ueber vorläufige Vorlesungen oder Vorstellungen der Dramen hat Jules Magnin in der Acad. des Inscr. eine Abhandlung gelesen, wovon im Journal des Débats 1. Aug. 1839, ein Auszug gegeben ist. Er findet Spuren: 1. in der Notiz des Appulejus, wonach Philemon während der Präparation zu einer solchen Lesung gestorben ist, 2. in der Erzählung des Valer. Max., Euripides habe *postulante populo* eine Stelle im Bellerophon gestrichen, was nur vor der Aufführung habe geschehen können (zweifelhaft), 3. in der Veränderung des Anfanges der Melanippe des Euripides (S. Fragm. No. I). — Bei den Römern fanden solche Vorlesungen sicher Statt, wie Sueton *Vita Terent.* c. 2 zeigt. Später war Sp. Mellus Tarpa eine Art Censor, dem die Stücke vorzulegen waren (Hor. *Satir.* I, 10, 37 ff.)]
S. 134. Z. 8. st. γεγραφαί l. γεγραφαί.
S. 136. Anm. 176. st. S. 270 f. l. S. 210 f.
S. 163. Anm. 1) Z. 1 v. u. l. τὰς εἰσαγγελίας εἰσαγγέλουσιν εἰς τ. δ.
S. 175. lautete die durch Anm. 4) verbesserte Stelle des Textes ursprünglich: „Nun heirathete Demosthenes Schwester, nach des Vaters letztem Willen, zehn Jahre nach dessen Tod im Skirophorion, dem letzten Monat unter dem Archon Polyzelos Ol. 103, 2. er selbst aber wurde gleich nach der Hochzeit geprüft u. s. w. — In dem schon S. 163. angeführten Briefe schreibt Boeckh hierüber an Arn. Schäfer: „Ich muss noch bemerken, dass ich zu

meiner Abhandlung über die Midiana S. 78. einen Carton habe drucken lassen, den aber die Buchhandlung in die meisten Exemplare nicht hat einheften lassen. Sie werden vielleicht auch in Ihrem Exemplar nicht das Richtige haben. Es betrifft die Hochzeit des Apbobos mit der Schwester des Onetor, worüber ich von Corsini getäuscht etwas Falsches gesagt hatte."

S. 175. Anm. 4. Z. 9 v. u. „Die Hochzeit ist nicht die (der Schwester?) des Domosthenes" u. s. w.

S. 199. Z. 7 v. o. l. erstandenen.

S. 201. Z. 10 v. u. ist die Klammer hinter „Lichtgötter" zu setzen.

S. 212. Erläuterungen Z. 1 v. o. l. οἶσθ τοῦ ἴσου.

S. 224. Z. 9 v. o. l. eingeführt werden müssen: so dass eigentlich so hätte geschrieben werden müssen, ἐφ' ἰερέων u. s. w.

S. 225. Z. 6 v. o. l. Tybl.

S. 225. Z. 1 v. u. l. hier in Ἅπ.

S. 236. Z. 21 v. o. st. denen, was auch im ursp. Text steht, l. dem .

S. 247. Z. 6 v. u. l. Festigkeit.

S. 263. v. l. des metrischen Schemas l. ⏑ — ⏑ u. s. w.

S. 264. Z. 9. v. u. l. auch st. nach. „nach" steht auch im urspr. Texte.

S. 275. Z. 12 v. u. l. str. 3. 4. statt des im ursp. Texte stehenden 4. 5.

S. 279. Z. 9 u. 10 v. o. l. hat man verbunden.

S. 286. Z. 10 v. o. l. der vorhergehende.

S. 315. Z. 1 ff. v. o. [Mommsen ad Schol. Germ. p. 16. participium pro verbo finito probat ut Pindaricum et confirmat ex Ol. X, 4, ubi πράσσων ex Par. O. legit. — Handschriftliche Bem. zu Pind. noll. crit. Ol. II. 62. in ursprünglicher lateinischer Fassung, wie die folgenden Zusätze. Die unter den Text gesetzten sind der Gleichförmigkeit wegen übersetzt.]

S. 315. Z. 13 ff. v. o. [ϑνησις nomen muliebre in gente Alenadarum Schol. Theocr. XVI, 34. ex Simonide (vulgo Εὐριδος, quod emend. Valck.) Hippocr. Epid. V, 25 [p. 1149. Foes.] Aristid. orat. XI p. 127 Dind. Anacreon. Anth. Pal. VI, 136 [Bergh. poet. lyr. III[3] p. 1086.] cf. Meineke, Monatsber. d. Akad. 1852. p. 584 ff. — Handschr. Bem. zu noll. crit. Ol. VI, 19.]

S. 324. Z. 5 ff. v. o. [Max. Planudes in Bachmanni Anecd. T. II. p. 55: τὸ ἦμα τοῖς παλαιοῖς ἔξω ἐγράφετο, καὶ Πίνδαρος γάρ τούτῳ πολλαχῇ χρῆται. — Handschr. Bem. zu noll. crit. Ol. IV, 11.]

S. 332. Z. 5 v. u. l. unzusammengezogene.

S. 313. Z. 4 v. o. l. Sylbe von τεφόντος.

S. 360. gehört die Marginalzahl 367 neben Zeile 9 v. u.

S. 381. Z. 14 v. u. αἰαῖξειν.

S. 382. Z. 3 v. o. setze ein Komma hinter „wenigstens."

S. 383. V. 5 v. u. ist in σὐτᾷ das Iota subscriptum abgesprungen.

S. 386. Z. 2 v. o. [An ταί erat? Sed hoc parum verisimile. An ᾖε ῥα, ᾖρα olim erat? — Handschr. Bem. zu noll. crit. Pyth. IV, 57.]

www.ingramcontent.com/pod-product-compliance
Lightning Source LLC
Chambersburg PA
CBHW051237300426
44114CB00011B/771